RAU'S REISEBÜCHER

W0192470

**MOBIL REISEN**

# SKANDINAVIEN

## REISEZIEL NORDKAP

Die Grand Tour
für individuelles Wohnmobil-Cruising,
Caravaning, Auto- & Motorrad-Touring

DÄNEMARK

NORWEGEN

FINNLAND

SCHWEDEN

Mit vor Ort erfassten GPS-Koordinaten

WERNER RAU VERLAG STUTTGART

Idee, Layout, Text, Karten, Stadtpläne und Fotos (falls nicht anders gekennzeichnet): Werner Rau
Titelgestaltung: HitzArtworks, 72667 Schlaitdorf
Titelfoto: Mitternachtssonne bei Hammerfest, Norwegen

10. überarbeitete Auflage 2012/2013

Herstellung: Druckerei Steinmeier, 86738 Deiningen
Printed in Germany

ISBN    978-3-926145-45-1
Geo Nr. 663 10146

## INHALT

### Zum Kennenlernen

### Mobil Reisen: SKANDINAVIEN – Die schönsten Auto- & Wohnmobil-Touren

### Über Dänemark nach Norwegen

### Über Dänemark und Südwestschweden nach Norwegen

### Norwegen

### Die schnellste Tour zum Nordkap

### Die schönste Tour zum Nordkap

## Kurzessays

## Karten und Stadtpläne

## EIN KURZPORTRÄT SKANDINAVIENS

### Dänemark

Das Königreich Dänemark (dänisch: *Kongeriget Danmark*), ältestes Königreich Europas, liegt zwischen Nord- und Ostsee und grenzt im Süden mit der Halbinsel Jütland an Schleswig-Holstein.

**Größe des Landes**: 43.094 qkm, davon entfallen auf die Halbinsel Jütland etwa 30.100 qkm (70%), der Rest verteilt sich auf gut 470 Inseln, von denen etwa 100 bewohnt sind. Die größten Inseln sind Seeland (7.025 qkm), Fünen (2.980 qkm), Lolland (1.245 qkm), Bornholm (590 qkm) und Falster (515 qkm). Ebenfalls zu Dänemark gehören – wenn auch unter autonomer Verwaltung – die Färöer Inseln und Grönland.

Die Länge der dänischen Küste misst 7.500 km! Die Landgrenze hingegen nur 67 km.

**Bevölkerung**: 5,387 Mio. Einwohner.

Der ganz überwiegende Teil der Bevölkerung (ca. 87 %) gehören der evangelisch-lutherischen Glaubensrichtung an.

Bevölkerungsdichte: 128,48 Einw./qkm.

**Hauptstadt**: Kopenhagen, rund 503.700 Einw. (ca. 1,6 Mio. Einw. inkl. der Außenbezirke).

**Staatsform**: Konstitutionelle Monarchie. Demokratische Regierungsform seit 1849 mit Einführung des Grundgesetzes.

Ein-Kammer-Parlament (Folketing) mit 179 Abgeordneten, inkl. je zwei Parlamentariern aus Grönland und von den Färöern. **Staatsoberhaupt** ist Königin Margrethe II. (seit 1972).

**Landesnatur:** Dänemark besteht aus der großen **Jütischen Halbinsel,** sowie aus den **Inseln Seeland, Fünen, Lolland, Falster, Møn, Langeland, Ærø, Alsen, Bornholm** und diversen kleineren Insel.

Das recht dicht besiedelte und landwirtschaftlich intensiv genutzte Land weist kaum nennenswerte Erhebungen auf. Lediglich einige aus der Eiszeit übriggebliebenen Endmoränen bilden „Berge" um 170 m Höhe.

**Wirtschaftliche Schwerpunkte:** Landwirtschaft mit ausgezeichneter Viehzucht und ausgedehntem Getreideanbau; verarbeitende Industrie landwirtschaftlicher Produkte; metallverarbeitende und Textilindustrie; Fischfang und damit verbundene Industriezweige. Exportiert werden vor allem Fleisch-, Milch- und Fischprodukte und Erzeugnisse der Maschinenindustrie.

Dänisches Design im Bereich des Kunsthandwerks und der Innenarchitektur wird weltweit geschätzt.

Führend im Bereich der Technologie von Windenergie.

Die **Nationalflagge „Danebrog"** ist ein querliegendes weißes Kreuz auf rotem Grund.

**Längster Fluss** ist mit 160 km Länge die **Gudenå** in Jütland.

Im Osten Mitteljütlands, südwestlich von Skanderborg, findet man auch die **höchsten Erhebungen** Dänemarks: Yding Skovhøj, 173 m hoch und Ejer Bavnehøj, 171 m hoch.

### Norwegen

Das Königreiche Norwegen (norw. *Kongeriket Norge*) liegt am Westrand der skandinavischen Halbinsel und grenzt im Westen an die Nordsee (Atlantik), im Norden ans Eismeer, im Osten an Russland (200 km Grenze), an Finnland (700 km Grenze) und an Schweden (1.600 km Grenze) und im Südosten an den Skagerrak.

**Größe des Landes:** 323.878 qkm (ohne Svalbard und Jan Mayen). Die Nord-Süd-Ausdehnung des norwegischen Territoriums beträgt 1.752 km, die Ost-West-Ausdehnung rund 430 km. Die schmalste Stelle des Landes ist nur ca. 6 km breit.

Küstenlänge: 2.650 km (Luftlinie), mit allen Fjorden und Buchten rund 21.347 km, und zusätzlich mit allen Inseln 57.009 km!

**Bevölkerung:** 4,7 Mio. Einwohner.

Bevölkerungsdichte: 12,2 Einw./qkm.

Die meisten Norweger (ca. 86%) gehören der evangelisch-lutherischen Staatskirche an.

**Hauptstadt:** Oslo, 550.000 Einwohner.

**Staatsform:** Konstitutionelle Monarchie (seit 1905) mit demokratischer Verfassung.

Norwegens Verfassung – am 17. Mai 1814 erstmals verkündet – ist eine der ältesten in Europa.

Das Parlament (Ein-Kammer-Parlament, 165 Mitglieder) wird alle vier Jahre gewählt. Das Parlament wählt aus seiner Mitte 38 Abgeordnete, die das „Lagting" bilden. Die restlichen Abgeordneten stellen das „Oldesting" dar.

**Staatsoberhaupt** ist König Harald V. (seit 1991).

**Landesnatur:** Zu drei Vierteln besteht Norwegen überwiegend aus Gebirgen, Gletschern und Tundra. Das restliche Viertel ist in erster Linie Wald, der sich in der Südostecke des Landes (Östlandet) konzentriert.

Im **Südosten** und östlich des Oslofjords wird die Landschaft geprägt von Flusstälern, wie das Österdal mit dem Fluss Glåma oder das weiter nordwärts führende Gudbrandsdal mit grünen, fruchtbaren Talgründen und waldreichen Höhen.

Die **Südküste** Norwegens vom Oslofjord bis Stavanger ist eine Fels- und Schärenküste.

Norwegens südlichster Punkt, **Kap Lindesnes** (57°57'31" nördlicher Breite), ist westlich von Mandal zu finden. Viele Täler, wie das schöne Setesdal, streben vom gebirgigen Inland hauptsächlich südwärts zur Küste.

Das **südnorwegische Hochland** ist das Gebiet der Fjells, der Hochflächen (Hardangervidda), Berge und Gletscher. Die wichtigsten Gebirgszüge hier sind das **Dovre-fjell** mit dem 2.286 m hohen **Snöhetta** und **Jotunheimen**. Hier findet man Norwegens **höchsten Berg**, den 2.469 m hohen **Galdhøpigen** und den **Jostedalsbreen**, mit 486 qkm größter europäischer Gletscher.

Die **westnorwegische Schären- und Fjordküste** umfasst den größten Teil der überaus zerklüfteten und zerrissenen Westküste des Landes. Es ist die Region der bezaubernden Fjordwelt, mit Landschaftsbildern, die jede Reise lohnen. Imposant sind die tief ins Land schneidenden, steilen Arme des **Nordfjords**, des **Hardangerfjords** oder des **Sognefjords**, Norwegens längsten Fjords, ca. 200 km lang und bis 1.308 m tief.

**Mittelnorwegen** mit den Provinzen **Sør-Trøndelag** und **Nor-Trøndelag** ist ein Mittelgebirgsland am hier abgeflachten westskandinavischen Gebirgsrücken, mit weiten Wäldern und Wiesenflächen. Das Gebiet um die historische Königsstadt **Trondheim** ist uraltes norwegisches Kulturgebiet.

**Nordnorwegen** schließlich, mit den Provinzen **Nordland, Troms** und **Finnmark**, ist das Land der Mitternachtssonne und der Polarlichter, der Samen und der menschenleeren Weiten der Tundra. Hier findet man die Inselgruppen der Vesterålen und Lofoten, sowie das **Nordkap** (71°10'21" nördlicher Breite), den nördlichsten per Straße erreichbaren Punkt Europas.

**Wirtschaftliche Schwerpunkte**: Die Bedeutung der klassischen Erwerbszweige wie Landwirtschaft und Fischerei nimmt mehr und mehr ab.

Die in erheblichem Umfang aus Wasserkraft gewonnene Elektrizität ermöglicht eine extensive Herstellung und Verarbeitung e-nergieeintensiver Produkte auf den Gebieten Metall und Chemie. Ausgeprägte Forstwirtschaft, holzverarbeitende Industrie und Papierindustrie.

Unter norwegischer Flagge fährt die viertgrößte Handelsflotte der Welt.

Seit etwa 1970 spielt die Off-Shore-Exploration in der Nordsee für Norwegens Wirtschaft eine herausragende Rolle. Große Erdöl- und Gasvorkommen machten das Land zu einem wohlhabenden Öl- und Gasexportland.

Die **Nationalflagge** ist ein querliegendes blaues, weiß umrandetes Kreuz auf rotem Grund.

**Größte Insel:** Hinnøya (Vesterålen), 2.198 qkm.

**Längster Fluss:** Glomma, ca. 600 km.

### Schweden

Das Königreich Schweden (schwedisch: *Konungariket Sverige*) – oder in der feierlich-literarischen Form *Svea Rike* – Reich der Svear – nimmt den östlichen Teil der skandinavischen Halbinsel ein. Schweden grenzt im Norden an Finnland, im Westen an Norwegen, im Südwesten an den Kattegatt und im Osten an die Ostsee und den Bottnischen Meerbusen.

**Größe des Landes:** 450.295 qkm. Schweden ist nach Russland, Frankreich und Spanien das viertgrößte Land Europas. Die größte Ausdehnung des Landes beträgt in Nord-Süd-Richtung 1.575 km, in Ost-West-Richtung 499 km.

Mit allen Buchten und Einschnitten mißt Schwedens Küste nicht weniger als über 7.600 km!

**Bevölkerung:** 9,11 Mio. Einwohner.

Rund 87% der Bevölkerung bekennen sich zur evangelisch-lutherischen Kirche, Schwedens Staatskirche.

Bevölkerungsdichte: 20,4 Einw./qkm, im Norden allerdings nur 1,2 Einw./qkm.

**Hauptstadt:** Stockholm, 782.885 Einw.., Großraum 1,7 Mio. Einw.

**Staatsform:** Konstitutionelle Monarchie mit parlamentarischer Regierungsform.

Regierungsbildender Riksdag (Reichstag), seit 1969 Ein-Kammer-Parlament mit 349 Sitze.

**Staatsoberhaupt:** König Carl XVI. Gustav (seit 1973).

**Landesnatur:** Das Land lässt sich in drei große Landschaftsregionen gliedern – in die sich nach Südosten neigenden, überaus wald- und flussreichen Ausläufer des **westskandinavischen Gebirgsrückens**, die **mittelschwedische Senke** mit den größten Seen des Landes und schließlich das fruchtbare **südschwedische Hügelland** bis zur Halbinsel Schonen. Grob stimmt diese Gliederung auch mit den alten schwedischen Regionen **Norrland**, **Svealand** und **Götaland** überein.

Es lassen sich folgende Kulturlandschaften definieren:

**Schonen** (Skåne) ist Schwedens südlichste Landschaftsregion. Die abwechslungsreiche Landschaft der „Kornkammer Schwedens" wird geprägt von ausgedehnten Agrarflächen, großen Gehöften, weiten Laubwäldern und sehr schönen Küstenabschnitten mit Fels- und Sandstränden.

**Südwestschweden** mit den Provinzen **Halland** und **Bohuslän** wird geprägt von fruchtbaren Küstenebenen, die von Felsriegeln durchsetzt sind. Der Küste sind zahllose Felsinseln vorgelagert.

Als **südschwedisches Hochland** bezeichnet man das Gebiet um Jönköping am Vättersee und südlich davon, inklusive der Småländischen Seenplatte. Das Gebiet umfaßt Teile **Smålands** und **Väster-Götlands**.

**Südostschweden** mit der Küste am Kalmarsund unterscheidet sich stark von der Westküste. Aufgrund seiner geologischen Vorgeschichte ist es als sog. Tafelland ausgebildet. Die karstigen Ebenen setzen sich auf den Inseln Öland *(alvar)* und Gotland *(hällmark)* fort.

Das **Seentiefland Mittelschwedens** umfasst das Gebiet um die großen Seen Vänern, Vättern, Hjälmaren und Mälaren mit den Provinzen **Öster-Gotland**, Teile **Väster-Gotlands, Dalsland, Närke** und **Södermanland** und reicht bis hinauf nach **Uppland** (Uppsala) und **Västmanland**. Es ist das Kulturland und die historische Wiege Schwedens schlechthin. Die Region mit ihren sanften Landschaften wird von der historischen Wasserstraße des **Göta-Kanals** durchzogen.

Das **mittelschwedische Bergland**, bildet geographisch den Übergang von der mittelschwedischen Seensenke zum Norrland. Große Teile umfassen die alte, historische Provinz **Dalarna** sowie Teile **Värmlands**.

**Norrland**, Schwedens nördliche Landeshälfte mit einer Nord-Süd-Ausdehnung von annähernd 1.000 km, umfasst die Bezirke **Hälsingland, Härjeland, Medelpad, Jämtland, Ångermanland, Väster-botten, Norrbottn, Südliches** und **Nördliches Lappland**. Die weite Ausdehnung nach Norden bedingt starke klimatische Unterschiede zwischen den südlichen und nördlichen Gebieten Norrlands.

**Wirtschaftliche Schwerpunkte:** Bedingt durch die klimatischen Gegebenheiten konzentriert sich die Landwirtschaft auf den Süden des Landes. Schwerpunkte der Agrarproduktion sind Kartoffel- und Getreideanbau, Rinder- und Schweinezucht.

Obwohl die schwedische Agrarwirtschaft sehr fortschrittlich und effizient ist, ist Schweden längst kein Agrarstaat mehr. Weit über zwei Drittel der Beschäftigten des Landes sind heute in den Bereichen Industrie und Handel tätig.

Die reichen Waldbestände im Norden werden intensiv genutzt. Entsprechend groß ist Schwedens Bedeutung weltweit in Bezug auf Holz-, Zellstoff- und Papierindustrie.

Dank des reichen Vorkommens hochwertiger Eisenerze im Norden des Landes wurde Schweden zum größten Eisenexporteur der Welt. .

Besonders nach dem 2. Weltkrieg formte sich Schweden unter dem Einfluss seiner sozialdemokratischen Regierungen zum vielbewunderten **Wohlfahrtsstaat**. Der Lebensstandard der schwedischen Bevölkerung ist der höchste in Europa und die sozialen Einrichtungen und Leistungen müssen auf fast allen Gebieten als vorbildlich bezeichnet werden.

Die **Nationalflagge** ist ein querliegendes gelbes Kreuz auf blauem Grund.

**Höchster Berg**: Kebnekaise, 2.114 m liegt in Nordschweden.

**Größter See:** Vänersee, 5.585 qkm.

**Längster Fluss:** Torneälven, ca. 570 km

### Finnland

Die Republik Finnland (finnisch: *Suomen Tasavalta*) ist das am weitesten östlich gelegene der vier nordischen Länder. Finnland grenzt im Osten an Russland, im Norden und Nordosten an Norwegen, im Westen an Schweden und an den Bottnischen Meerbusen und im Süden an den Finnischen Meerbusen der Ostsee.

**Größe des Landes:** 338.145 qkm. Größte Ausdehnung in Nord-Süd-Richtung 1.160 km, in Ost-West-Richtung 540 km.

Die längste Grenze hat Finnland mit seinem östlichen Nachbarn Russland. Sie misst fast 1.270 km.

Das Land hat eine Küstenlänge von etwas mehr als 1.100 km.

Nahezu ein Zehntel des finnischen Territoriums, ca. 31.700 qkm, ist von Seen bedeckt. Wie man ließt sollen es 187.888 Seen sein. Außerdem weist Finnland nicht weniger als 179.584 Inseln auf.

**Bevölkerung:** 5,279 Mio. Einw.

Annähernd 85 % der Bevölkerung bekennen sich zur evangelisch-lutherischen und rund 1% zur orthodoxen Kirche.

Bevölkerungsdichte: 15,6 Einw./qkm im Durchschnitt – in den südlichen Wirtschaftsregionen bis zu 90 Einw./qkm, im Norden dagegen kaum 2 Einw./qkm.

Landessprache ist Finnisch, das von 93,5 % der Bevölkerung gesprochen wird. Zweite Landessprache ist Schwedisch, das etwa 6,3 % der Einwohner sprechen.

**Hauptstadt:** Helsinki, 568.000 Einw.

**Staatsform:** Republik, parlamentarische Regierungsform nach der Verfassung von 1919 (geändert zuletzt 2000).

Der Reichstag Eduskunta, ein Ein-Kammer-Parlament, setzt sich aus 200 Abgeordneten zusammen, die auf vier Jahre gewählt sind.

**Staatsoberhaupt** ist der Staatspräsident. Er wird von 300 Wahlmännern auf sechs Jahre gewählt.

Traditionsgemäß spielte im Finnland lange die von Moskau protegierte Kommunistische Partei Finnlands eine wichtige Rolle im Parlament. Nach den Zwischenfällen in der Tschechoslowakei im Jahre 1968 allerdings zersplitterte die Partei und 1990 wurde sie sogar aufgelöst. Seitdem konnte noch keine andere Partei eine absolute Mehrheit für sich verbuchen. Minderheitenregierungen oder Koalitionen kleinerer Parteien sind die Folge.

**Landesnatur:** Es lassen sich fünf große Landschaftsregionen erkennen.

Die **südfinnische Küstenebene** erstreckt sich entlang der Küste des Finnischen Meerbusens etwa zwischen Turku und der Russischen Grenze. Die Küste ist geprägt von vielen vorgelagerten, baumlosen Felsinseln. Bemerkenswert ist, dass in diesem Landstrich – der historischen Landschaft Nyland – die sonst in Finnland allgegenwärtigen Seen fast vollständig fehlen.

Die **bottnische Küstenebene** ist von ähnlicher Natur wie die südfinnische Küstenebene. Der etwa 100 km breite Landstreifen zieht sich von Turku bis hinauf zur schwedischen Grenze. Zahlreich sind auch hier die der Küste vorgelagerten Schären, diese kahlen Felsinseln. In diesem besonders im Süden stark landwirtschaftlich genutzten Landesteil liegt im Südwesten die historische Landschaft Varsinais-Souomi, die eigentliche Wiege Finnlands. Von hier aus verbreitete sich einst das Christentum und die europäische Kultur über das Land.

Die wichtigsten Städte in der Region sind Turku (schwed. Åbo, ca. 177.000 Einw.), ein bedeutender Winterhafen des Landes, dann Pori (Björnborg, ca. 76.182 Einw.), das vornehmlich als Ausfuhrhafen für die Industrieregion um Tampere fungiert und die Hafenstadt Vaasa (Vasa, ca. 56.925 Einw.).

Die Landschaft nördlich von Vaasa ist weniger wirtlich. Weite Wälder und Moore bestimmen das Landschaftsbild. Die Küste und ihre Häfen sind im Winter oft zugefroren und durch Eis blockiert.

Oulu (Uleåborg, 129.800 Einw.) ist ein wichtiger Holzexporthafen und Kemi (22.812 Einw.) schließlich, Finnlands nördlichste Hafenstadt am Bottnischen Meerbusen, hat sich zu einem wichtigen Verkehrsknotenpunkt entwickelt.

**Die Finnische Seenplatte**, etwas höher gelegen als die Küstenebenen, ist die typisch finnische Landschaft, wie sie in zahllosen Bildern schon gezeigt worden ist. Unendlich sind die Wälder, zwischen denen immer wieder hellglänzend die weiten Flächen der Seen auftauchen. Urige Seenwildnis und weitgehend fast unberührte Natur sind hier durchaus noch zu finden.

Diese Landschaft der westlichen Seenlandschaft und des Saimaa-Seengebiets ist es, die Finnland seinen Beinamen „Land der tausend Seen" eingebracht hat. Tatsächlich findet man im Südosten des Landes sage und schreibe annähernd 62.000 Seen die eine Fläche von etwa 53.000 qkm bedecken und eine Uferlinie von weit über 4.700 km bilden, kleine Inseln und Klippen nicht mitgerechnet. Nach letzten offiziellen Zählungen sind in gesamt Finnland nicht weniger als 188.000 Seen zu finden!

Größte der südlichen Seen sind mit ca. 1.400 qkm der **Saimaasee** (Bodensee rund 540 qkm) und der **Päijännesee** mit ca. 1.110 qkm.

Die wichtigste Stadt im Seengebiet ist Tampere (Tammerfors, 204.385 Einw.), ein bedeutendes Industriezentrum des Landes und eine der modernsten Städte des Landes.

**Der mittelfinnische Rücken** im Nordosten des Landes ist ein sehr dünn besiedeltes Waldgebiet und Hügelland mit Höhen um 400 m. Große Teile des Gebietes, dessen größter Reichtum die Holzwirtschaft ist, werden von Hochmooren bedeckt.

Das Fjellgebiet im lappländischen **Nordfinnland** dehnt sich vom Polarkreis an nordwärts. Das Gebiet nimmt zwar etwa ein Drittel des finnischen Territoriums ein, ist aber überaus dünn besiedelt.

Die Landschaftsform ist unterschiedlich. Prägen im südlichen Teil noch tiefe Wälder aus denen die Höhen der Tunturis ragen, das Landschaftsbild, dominieren weiter im Norden die offenen Moor-, Heide- und Tundralandschaften. Im Nordosten prägt der Inarisee ca. (1.100 qkm) mit seiner zerrissenen Uferlinie die Landschaft.

Die **Nationalflagge** ist ein querliegendes blaues Kreuz auf weißem Grund.

**Längster Fluss:** Kemijoki, ca. 494 km.

**Höchster Berg:** Haltiatunturi, 1.324 m.

**Wirtschaftliche Schwerpunkte:** Nach wie vor sind Holz-, holzverarbeitende, Zellstoff- und Papierindustrie die wichtigsten Wirtschaftszweige des Landes und mit einem Anteil von 80% von entscheidender Bedeutung für den Außenhandel Finnlands.

Trotz des 1947 geschlossenen, die Industrialisierung des Landes beeinträchtigenden finnisch-sowjetischen Friedensvertrages, konnten sich metallverarbeitende und Maschinenbau-Industrie zu einem bedeutenden Wirtschaftsfaktor entwickeln.

## GESCHICHTE – IN STICHWORTEN

**Um 8000 – 2000 v. Chr. –** Erste Jäger und Sammler besiedeln die Küsten der dänischen Inseln.

Norwegen ist – wenn auch nur recht spärlich an den Küsten – bis in den hohen Norden von Menschen der **Steinzeitkultur** bewohnt.

Spuren aus jener Zeit sind in Form von **Felsgravuren** (Felszeichnungen – norw. *„helleristninger"*) vom Süden des Landes bis hinauf nach Alta in der Finnmark heute noch zu besichtigen. Diese Felszeichnungen zählen mit zu ersten Objekten in der europäischen Kunstgeschichte.

**Um 1000 v.Chr. –** Sog. finnisch-ugrische Volksstämme wandern aus dem Gebiet der Wolga und des Urals nach Westen und Nordwesten und siedeln u. a. auch in Finnland. Von Westen und Süden ziehen germanische Stämme in das Gebiet des heutigen Staates Finnland. Sie siedeln vornehmlich an den südlichen und südwestlichen Küsten des Landes. Schon früher hatten sich Samen (Lappen) weiter nördlich niedergelassen. Sie waren von nordöstlichen Regionen auf die skandinavische Halbinsel gekommen.

**5. Jh. v. Chr. –** Erstmals wird Eisen verwendet. Einblick in die Lebensweisen der Menschen der Bronze- bzw. der Eisenzeit bieten die rekonstruierten Vorzeitdörfer z. B. bei Tanumshede in Südwestschweden.

**Ca. 3. Jh. v. Chr. – ca. 5. Jh. n. Chr. – *Kimbern*** und ***Teutonen*** wandern von Jütland aus südwärts. Völkerwanderung. Später siedeln Dänen in den frei gewordenen Zonen Jütlands. Es bilden sich Kleinkönigreiche.

**1. – 6. Jh. n. Chr. –** In Norwegen beginnen sich Siedlungen und Stammesgemeinschaften zu bilden. Am Trondheims-fjord formt sich das erste von einem König regierte Reich.

Die Zeit um das 5. Jh., die Zeit der Völkerwanderung, bringt Bewegung in die norwegischen Stammesgebiete. Von Süden kommende Stämme drängen die Ansässigen nach Westen und Norden. Die Zeit ist geprägt von kriegerischen Auseinandersetzungen zwischen den zahlreichen Sippen, Stämmen und Kleinkönigreichen, die sich in den vielen Tälern etabliert haben.

**Um 500 n. Chr. –** Die germanischen Stämme der *Svear*, die zunächst am Mälarsee siedeln und der ***Gauten (Goten)*** aus Götaland, gründen ein Reich, dessen Metropole *Uppsala* ist.

**8. – 9. Jh. n. Chr. –** Es ist die Zeit der **Wikinger**, eine Zeit, in der sich das Augenmerk der Bevölkerung vor allem aufs Meer richtet. Wikinger bestimmen das Geschehen im nord- und mitteleuropäischen Raum.

Dänemark wird ein wichtiges Siedlungsgebiet der Wikinger. Viele ihrer Eroberungszüge in den Mittelmeerraum, in die Normandie und nach England gehen von Dänemark aus. Erster dänischer König wird *Godfred*, der 810 stirbt.

Zeugen aus der Wikingerzeit sind in Norwegen (z.B. Wikingerschiff-Museum, Oslo), in Schweden und in Dänemark noch erhalten bzw. rekonstruiert (z.B. Wikingerschiff-Museum in Roskilde).

In ihren meisterlich gebauten Holzbooten erkunden die Wikinger die Meere. Auf Handels- und Raubzügen dringen sie nach Frankreich, bis an den Bosporus, nach England, Island, Grönland, ja bis nach Nordamerika vor.

Im 9. Jh. beginnt mit dem norddeutschen Bischof *Ansgar* (801 – 865), dem „Apostel des Nordens", die Christianisierung Schwedens und Dänemarks.

**872** – König *Harald Harfagre* (Schönhaar) versucht das in viele Kleinkönigreiche zersplitterte Norwegen zu einem Reich zu einen, ohne Erfolg.

**Um 1000** – Wikingerschiffe unter *Leif Erikson* erreichen die Küste Nordamerikas. Im norwegischen Nidaros (heute Trondheim) regiert König *Olav Tryggvason*, ein Nachfahre Harald Schönhaars. Er versucht erneut, Norwegen zu einen.

Unter König Olavs Schutz beginnt die Christianisierung des Landes. Olav Tryggvason fällt bei der Insel Rügen in der Schlacht gegen die Truppen Dänemarks und Schwedens. Sein Nachfolger, König *Olav Haraldsson* (der Heilige), verhilft dem Christentum in Norwegen zum Durchbruch. Der König fällt am 29. Juli 1030 beim norwegischen Stiklestad. König Olav wird Norwegens Nationalheiliger.

Der Dänenkönig *Gorm der Alte* (gest. 950) eint sein Land und befestigt es im Süden (Schleswig) durch den Wall „Danewerk". Harald Blauzahn herrscht anschließend über Dänemark und Norwegen.

**11. Jh.** – Der Dänenkönig *Knut der Große* (1018 – 1035) dehnt das Dänenreich aus. 1028 erobert er Norwegen. 1042 wird König *Magnus Olavsson* aus Norwegen durch einen Erbvertrag auch König von Dänemark.

In Finnland haben sich verschiedene Volksgruppen etabliert. Im Süden und Südwesten wohnen die sog. „eigentlichen" *Finnen*, die sich stark nach Schweden orientieren, in der Mitte des Landes leben die *Tavasten* oder *Häme*, im Osten die *Karelier*, die sich traditionsgemäß starke Bindungen nach Russland bewahrt haben, während im Norden vor allem *Samen* siedeln.

Die Kunstepoche der **Romanik** (1060 – 1265) manifestiert sich in Dänemark und Schweden vor allem in Sakralbauten.

**1035 – 1047** – In Norwegen regiert König *Magnus Olavsson* (der Gute). Ihm gelingt es, die Eigenständigkeit und Geschlossenheit des jungen norwegischen Königreichs gegenüber Schweden und Dänemark zu festigen und zu sichern.

**1048** – oder 1050 wird Oslo von König *Harald Hårdråde* („der Harte") gegründet. 1066 fällt König Harald Hårdråde in England im Kampf um den englischen Thron. Mit ihm geht die große Zeit der Wikinger zu Ende.

**1070** – Bergen wird gegründet. Die norwegische Hafenstadt entwickelt sich rasch zu einem wichtigen Handelsplatz und wird nach Trondheim zur wichtigsten Stadt des Königreichs.

**12. Jh.** – *Valdemar I.* von Dänemark, der Große (1157 – 1182) eint nach den dänischen Nachfolgekriegen (1146 – 1157) das Reich. Kopenhagen wird gegründet.

Uppsala, die alte schwedische Königsresidenz, wird 1164 Sitz eines Erzbischofs.

Der Handelsbund der norddeutschen **Hanse** erlangt Macht und Einfluss im südlichen Schweden, u. a. in Stockholm und auf Gotland.

Finnland gerät mehr und mehr unter die Vorherrschaft der schwedischen Könige.

Das 11. und 12. Jahrhundert waren die Blütezeit der **Stabkirchen-Architektur** in Norwegen. Die älteste noch erhaltene Stabkirche des Landes ist die von Urnes. Sie entstand um 1090.

**1154** – Der Schwedenkönig Erik IX. führt einen sog. „Kreuzzug" nach Südfinnland und vereinnahmt den Südwesten des Landes für die schwedische Krone. Es folgen noch weitere solcher Eroberungszüge, die neben Landgewinn auch zum Ziel haben, die orthodoxe Kirche zurückzudrängen.

**13. Jh.** – Nicht zuletzt durch die Politik der Kirche kommt es zu Rivalitäten bei der Erbfolge am norwegischen Königshof.

**1217** – *Håkon Håkonsson* wird zum König von Norwegen gekrönt. Die Königswürde wird von nun an an den ältesten Sohn des Königs vererbt.

Mitte des 13. Jh. wird das Königreich Norwegen um die Inseln Island und Grönland erweitert.

**1252** – *Birger Jarl* legt den Grundstein zur Stadt Stockholm. Er festigt die Herrschaft Schwedens über Finnland und gründet die Königsdynastie der *Folkunger*, die zwischen 1250 und 1363 über das Land herrscht.

Höhepunkte des **gotischen Baustils** (1265 – 1550) in Dänemark sind die Dome von Aarhus, Haderslev, Maribo und Roskilde, sowie die St.-Knuds-Kirche in Odense.

Zeugen mittelalterlicher Baukunst in Norwegen sind die 1261 fertiggestellte Håkonshalle und die Marienkirche aus dem 12. Jh. in Bergen. Das wohl bedeutendste gotische Kirchenbauwerk Norwegens stellt der Nidarosdom zu Trondheim dar.

**1319** – *Magnus Eriksson* wird König von Norwegen und Schweden.

Bei den Bestrebungen um eine skandinavische Union der drei Königreiche Norwegen, Schweden und Dänemark gerät Norwegen mehr und mehr ins Hintertreffen.

**1320** – Der Bau des Nidarosdoms in Trondheim wird abgeschlossen. Der im 12. Jh. im romanischen Stil begonnene Monumentalbau ist Krönungskirche und Norwegens bedeutendster Sakralbau.

Finnland ist de facto eine schwedische Provinz geworden. Mitte des 14. Jh. erhält es das Recht, sich an den schwedischen Königswahlen zu beteiligen.

**1350** – Verheerende Pestepidemie in Norwegen. Fast die Hälfte der Bevölkerung des Landes stirbt. Norwegen wird wirtschaftlich von der Hanse, politisch von Schweden und 1380 mit *Olav Håkonsson*, der in Personalunion König von Dänemark und Norwegen ist, auch von Dänemark abhängig.

**1397** – Die **„Kalmarer Union"** wird auf Betreiben und unter Vorsitz der dänischen *Königin Margrethe* unterschrieben. Beabsichtigt ist, Schweden, Dänemark und Norwegen unter einem dänischen Unionskönig zu vereinigen. Bald aber versucht Schweden, sich der dänischen Vorherrschaft zu entziehen. Es gibt Aufstände, die der Bauernführer Engelbrekt nutzt und sich zum Reichsvorsteher Schwedens ernennen lässt. Es entsteht ein Reichstag, zu dem Adel, Geistlichkeit, Bürgertum und Bauern ihre Vertreter entsenden.

Dänemark erlebt eine Blütezeit.

Norwegen bleibt bis 1814 mit Dänemark verbunden.

**15. Jh.** – Norwegen muss die Orkney- und Shetland-Inseln an die schottische Krone abtreten.

**1477** – Im schwedischen Uppsala wird die erste skandinavische Universität gegründet.

**16. Jh.** – Finnland, das mehr denn je von Schweden dominiert wird, wird nun als *Herzogtum Finnland* bezeichnet.

**1520** – *König Christian II.* von Dänemark (1481 – 1559) versucht mit Angriffen auf Stockholm Schweden in die Union zurückzuzwingen. Am 8. November 1520 lässt er alle seine Gegner hinrichten („Blutbad von Stockholm"). Das Massaker aber schwächt die Position des Monarchen, der 1523 Dänemark sogar verlassen muss.

**1521** – *Gustav Eriksson Wasa* ruft die Männer von Dalarna (Schweden) zum Aufstand gegen den Dänenkönig auf.

**1523** – Gustav Wasa wird zum schwedischen *König Gustav I.* gewählt. Er tritt aus der Kalmarer Union aus und stellt Schwedens Unabhängigkeit wieder her. Gesamtschweden hatte damals weniger als eine Million Einwohner. Nach dem Vorbild Schwedens fasst auch in Finnland die Reformation Fuß.

**1524** – Ende der Union von Kalmar durch den „Frieden von Malmö".

**1527** – König Gustav I. fördert die lutherische Reform in Schweden und verhilft ihr zum Durchbruch. Die gewaltigen Latifundien der katholischen Kirche werden konfisziert und dem Staat einverleibt.

**1536** – König *Christian III.* (1534 – 1559) bringt die Reformation nach Dänemark. Während der Reformation werden die katholischen Bischöfe in den nordischen Ländern entmachtet. Dem dänischen und dem schwedischen Königshaus fallen riesige Ländereien zu, die ehemals im Besitz des Klerus waren.

**1537** – Durch die von Dänemark erzwungene Abschaffung des Reichsrates wird Norwegen faktisch der Status eines eigenständigen Königreichs (bis 1814) genommen. Aufstände gegen die dänische Krone scheitern.

**1548** – *Mikael Agricola*, ein Lutherschüler, übersetzt das Neue Testament ins Finnische.

**1560 – 1568** – *König Erich XIV.* wird Nachfolger Gustavs I. Unter seiner Herrschaft fällt 1561 Estland an Schweden.

**1563 – 1570** – Im Siebenjährigen Krieg wird Norwegen als Reichsteil Dänemarks in die Kriegshandlungen gegen Schweden verstrickt.

**1588 – 1648** – In Dänemark regiert König *Christian IV.*, der versucht – allerdings ohne Erfolg – in den Dreißigjährigen Krieg einzugreifen.

Beispiele der dänischen **Renaissance** (1550 – 1660) findet man vor allem in den großen dänischen Schlössern.

In Norwegen gilt der Rosenkrantzturm in Bergen aus der Mitte des 16. Jh. als schönes Beispiel der Renaissance-Architektur.

**17. Jh.** – Die erste Hälfte des Jahrhunderts ist geprägt von Kriegen zwischen Dänemark und Schweden (1611 – 1614 und 1643 – 1645), in die auch Norwegen verwickelt ist. Norwegen verliert die Provinzen Härjedalen, Jämtland und 1658 auch Bohuslän.

**1611 – 1632** – *König Gustav II. Adolf* regiert. Unter seiner Herrschaft wird Schweden zur dominierenden Macht im Ostseeraum und zur Großmacht in Europa.

Durch siegreiche Schlachten beeinflusst Gustav II. Adolf den Verlauf des Dreißigjährigen Krieges (1618 – 1648). Der König fällt 1632 in der Schlacht gegen den kaiserlichen Feldherrn Wallenstein bei Lützen.

Mitte des 17. Jh. ist der Schwede *Per Brahe* Gouverneur in Finnland, das zum Großherzogtum erhoben worden war. Hauptstadt des Großherzogtums Finnland ist Turku.

**1632 – 1654** – *Christine*, Tochter Gustav II. Adolf, ist Schwedens letzte Königin aus dem Hause Wasa. Sie regiert mit Hilfe des Kanzlers *Axel Oxenstierna*, der schon Berater ihres Vaters war. 1634 arbeitet Oxenstierna eine neue Verfassung aus.

**1640** – In Turku/Åbo wird Finnlands erste Universität gegründet.

**1645** – Schweden übt auf Dänemark solange Druck aus, bis die Dänen Gotland und die norwegischen Provinzen Jämtland und Halland an Schweden abtreten.

**1648** – Mit dem *Westfälischen Frieden* am 24. Oktober in Münster und Osnabrück, beenden das Kaiserreich, Frankreich und Schweden und deren Verbündete den Dreißigjährigen Krieg. Schweden erhält Vorpommern und Stettin, die Insel Rügen, Usedom, Wollin, Wismar, Bremen und Verden.

**1654 – 1660** – 1654 tritt die schwedische Königin Christine zugunsten ihres Vetters, *König Karl X. Gustav* aus dem Hause Pfalz-Zweibrücken, ab. Karl X. Gustav führt Kriege mit Polen und Dänemark und erringt 1658 Blekinge, Schonen und Bohuslän. Schweden ist auf dem Höhepunkt seiner territo-

rialen Ausdehnung und politischen Macht in Europa.

Seit 1660 ist in Dänemark die Souveränität der Könige erblich.

**1660 – 1697** – *König Karl XI.*, Sohn von Karl X. Gustav, regiert. Schweden ist als Verbündeter Frankreichs in Kriege verstrickt.

**1697 – 1718** – *König Karl XII.* regiert. Dem König gelingt es nicht, Schweden von den Auseinandersetzungen im Nordischen Krieg (1700 – 1721) zwischen Polen, Russland, Preußen und Hannover zu distanzieren. Die Folge sind empfindliche Gebietsverluste (u. a. Livland, Estland, Karelien, Bremen, Verden, Stettin). Schweden verliert seine Stellung als europäische Großmacht. Russland ist der große Gewinner und nimmt nun die Rolle einer Großmacht ein.

**18. Jh.** – Das politisch erstarkte Zaren-Russland dehnt seine Machtsphäre nach Westen aus. Es kommt häufiger zu Konflikten mit Schweden-Finnland.

Schließlich wird in St. Petersburg von Zar Alexander I. ein Abkommen mit Napoleon I. geschlossen, das Russland keine Hemmnisse bei seinem Expansionsbestrebungen auferlegt. Und tatsächlich gelingt es Russland im Krieg von 1808/09 Finnland zu erobern. Finnland wird ein autonomes Großfürstentum von Zar Alexanders Gnaden. Allerdings gesteht der Zar Finnland eine eigene Armee, eine eigene Regierung und Rechtsprechung zu.

**1716** – Schwedische Truppen besetzen Oslo (damals Christiania). Nach den Kriegswirren verschaffen Handelsmonopole zu Gunsten Norwegens dem Land die Möglichkeit, seine Exportgeschäfte auszubauen.

**1718 – 1720** – *Königin Ulrike Eleonore* regiert. Mit ihr sterben die schwedischen Regenten aus dem Hause Pfalz-Zweibrücken aus.

**1719** – Eine neue schwedische Verfassung soll durch Erweiterung der Machtkompetenzen der Volksvertretung die fast uneingeschränkte Regierungsgewalt des Königs einschränken. Zwei Parteien tun sich hervor, die konservativen *Hüte*, die vor allem von der Kaufmannschaft unterstützt wurden und die eher liberalen *Mützen*.

**1720 – 1751** – *Friedrich I.* aus dem Hause Hessen-Kassel ist König von Schweden.

**1751 – 1818** – Könige aus dem Hause Holstein-Gottorf regieren in Schweden (*Adolf Friedrich* 1751 – 1771, *Gustav III.* 1771 – 1792, *Gustav IV. Adolf* 1792 – 1809, *Karl XIII.*

1809 – 1818). Karl XIII. bleibt kinderlos. Er ernennt 1810 den französischen Marschall *Jean Baptiste Bernadotte* (1763 – 1844) zum Kronprinzen.

**1754** – Die 1754 gegründete „Königliche Akademie der schönen Künste" bringt neue Impulse in das Kunstleben Dänemarks. Vor allem die Maler N. A. Abildgaard und Jens Juel setzen Maßstäbe (historische -, Landschafts- und Portraitmalerei). Unter den Bildhauern tritt Bertel Thorvaldsen (170 – 1884) hervor. Thorvaldsen-Museum in Kopenhagen.

**1792** – Durch ein Komplott des Adels wird König Gustav III. von Schweden ermordet.

**1807 – 1814** – Während des Krieges Englands und Schwedens mit Dänemark/Norwegen verhängt England zwischen 1809 und 1812 eine Blockade, die die Verbindungen Norwegens mit Dänemark sehr stört und Norwegens Handelsschiffahrt hart trifft.

Schon 1807 hatten die Engländer Dänemarks Flotte beschlagnahmt. Dänemark verbündet sich daraufhin mit Napoleon I.

**1809** – Norwegen schließt Frieden mit Schweden.

**1812** – Helsinki löst Turku als finnische Hauptstadt ab.

**1814** – Kieler Frieden. Nach den Wirren der napoleonischen Kriege – Dänemark hatte während dieser Zeit mit Frankreich sympathisiert – muss sich Dänemark gegenüber England geschlagen geben und Helgoland an England und Norwegen an Schweden abtreten.

Norwegen erklärt sich mit den Resultaten des Kieler Friedensvertrages nicht einverstanden, fordert seine nationale Eigenständigkeit und beruft am 10. April 1814 in Eidsvoll eine Nationalversammlung ein, die am **17. Mai 1814** eine neue Verfassung verkündet. Zum neuen König wird der dänische Kronerbe *Christian Frederik* gewählt.

Schweden und auch England sind mit diesem Akt nicht einverstanden und bestehen auf der Einhaltung des Kieler Friedensvertrages. Es kommt im Juli und August 1814 zum Krieg mit Schweden.

Schon am 14. August 1814 aber wird ein Waffenstillstand mit Schweden geschlossen. König Christian Frederik dankt ab und geht außer Landes. Das Storting in Oslo akzeptiert die Union mit Schweden und die Weisungen der schwedischen Krone in außenpolitischen Fragen. Innenpolitisch aber kann die in Eidsvoll verkündete Verfassung an-

gewandt werden. Die Union mit Schweden dauert bis 1905.

Der Versuch Dänemarks, ganz Schleswig einzugliedern, führt zu den deutsch-dänischen Kriegen 1848, 1850 und 1864.

**1818 – 1844** – Marschall Bernadotte, Begründer der heutigen schwedischen Königsdynastie, besteigt als *König Karl XIV. Johan* den schwedischen Thron.

**1844 – 1859** – *Oskar I.*, Sohn König Karls XIV. Johan und dessen Gemahlin Désirée Clary, ist schwedischer König.

**Mitte des 19. Jh.** – 1849 wird in Dänemark die erste freie Verfassung proklamiert und eine demokratische Regierungsform gewählt.

„Nynorsk", eine aus den verschiedenen Dialekten (Landsmål) entstandene Sprache, wird offizielle Landessprache in Norwegen. Erneute Blütezeit der norwegischen Handelsschiffahrt. Industrialisierung des Landes. Starke Landflucht und 1882 Auswanderungswelle nach Amerika.

**1859 – 1872** – *König Karl XV.* von Schweden. Während seiner Regierungszeit wird der Reichstag der Stände durch ein damals neuzeitliches Zweikammersystem ersetzt.

**1860** – Bis etwa 1914 zwingen soziale und wirtschaftliche Umstände über eine Million Schweden zur Auswanderung, vor allem nach Nordamerika.

**1872** – Am 3. August 1872 wird als zweitältester Sohn des dänischen Königs Frederik VII., *Prinz Carl*, der spätere norwegische König *Håkon VII.*, geboren.

In Schweden regiert König *Oskar II.* (1872 – 1907).

**1903** – Am 2. Juli 1903 wird Olav, Kronprinz von Norwegen und späterer König von Norwegen (bis 1991), geboren.

**1905** – Das norwegische Parlament tritt zurück und erklärt am 7. Juni die Personalunion mit Schweden für beendet. Eine sehr große Volksmehrheit stimmt für eine parlamentarische Monarchie als Staatsform für das nun endgültig unabhängige Norwegen. Am 18. November 1905 wird der dänische *Prinz Carl* als *Håkon VII.* zum norwegischen König gewählt.

Im gleichen Jahr durchsegelt *Roald Amundsen* als erster mit seinem Schiff „Gjøa" die schon lange gesuchte Nordwestpassage.

**1906** – Am 22. Juni 1906 wird König Håkon VII. in der Domkirche zu Trondheim zum König von Norwegen gekrönt.

In Finnland regen sich Bestrebungen, sich von Russland, das seit Zar Nikolai II. einen harten Kurs gegen Finnland fährt, zu trennen. Ein erster Schritt zu mehr Selbständigkeit Finnlands ist eine neue Volksvertretung, die als wahrscheinlich einziges Land im damaligen Europa das aktive und passive Wahlrecht sowohl für Männer als auch für Frauen vorsieht.

**1907 – 1950** – In Schweden regiert *König Gustav V.* Unter ihm finden 1909 und 1921 Wahlrechtsreformen statt. Die Sozialdemokratische Partei wird stärkste Partei in Schweden und stellt bis in jüngste Zeit in fast ununterbrochener Folge die Ministerpräsidenten.

**1911** – Der Norweger Roald Amundsen erreicht am 4. Dezember als erster Mensch den Südpol, rund vier Wochen vor dem Engländer Scott.

**1912** – Die Frauen Norwegens erhalten das Wahlrecht.

Stockholm ist Austragungsort der Sommerspiele der 5. Olympiade.

**1914 – 1918** – Erster Weltkrieg. Dänemark, Schweden und Norwegen bleiben neutral.

**1917** – Im März muss der russische Zar abdanken. Die Oktoberrevolution schafft völlig neue Machtstrukturen in Russland. Finnland nutzt die Chance und erklärt sich am 6. Dezember für unabhängig. Leider kommt es daraufhin im Frühjahr 1918 zu blutigen Bürgerkriegen in Finnland. Das Land spaltet sich in ein linkes (die Roten) und ein rechtes (die Weißen) Lager. Die Weißen behalten die Oberhand. Finnland wird eine Demokratie nach „westlichem Muster".

**1919** – *K. J. Ståhlberg* wird erster Präsident Finnlands.

**1919 – 1940** – Nordschleswig fällt 1920 durch den Versailler Vertrag und durch Volksabstimmung an Dänemark.

**1939** – Im November kämpft Finnland im sog. „Winterkrieg" gegen Stalins Truppen. Stalin verlangte von Finnland Gebietsabtretungen an die Sowjetunion zum „Schutze Leningrads". Die Rote Armee siegt. Finnland wird gezwungen größere Teile Kareliens abzutreten.

Der 1939 zwischen Deutschland und Dänemark geschlossene Nichtangriffspakt wird 1940 von Deutschland gebrochen. Deutsche Truppen besetzen Dänemark bis 1945.

Ab 9. April 1940 beginnen Truppen der deutschen Wehrmacht Norwegen zu besetzen. Die norwegische Regierung und König Håkon VII. fliehen nach England und setzen

von dort aus den Kampf gegen Hitlers Truppen fort.

Während der fünfjährigen deutschen Besetzung führt der Norweger *Vidkun Quisling* eine den Besatzern genehme Regierung.

**1941** – Finnland startet mit Marschall Mannerheim und mit Hilfe deutscher Truppen den sog. „Fortsetzungskrieg" gegen die Sowjetunion in der Hoffnung, Karelien zurückzuerhalten. Es kommt 1944 zu einem Waffenstillstandsabkommen. Darin wird Finnland allerdings verpflichtet, Nordfinnland von deutschen Truppen zu säubern. In diesem sog. „Lapplandkrieg" wird der Norden des Landes stark in Mitleidenschaft gezogen. Mannerheim wird finnischer Staatspräsident.

**1945** – Im Mai kapitulieren die deutschen Truppen in Norwegen. Der König kehrt im Juni nach Oslo zurück. Vidkun Quisling wird zum Tode verurteilt. Im November wird Norwegen Mitglied der Vereinten Nationen (UN).

**1946** – Der Norweger *Trygve Lie* wird erster UN-Generalsekretär (bis 1952).

Schweden wird Mitglied der Vereinten Nationen.

In Finnland löst J. K. Paasikivi Marschall Mannerheim im Amt des Staatspräsidenten ab.

**1947** – Finnland schließt einen Friedensvertrag mit der Sowjetunion, darin wird der Verlust von Karelien festgeschrieben und es werden von Finnland hohe Reparationsleistungen gefordert.

Trotz der Belastungen und trotz der Aufnahme von 400.000 Kareliern schafft Finnland den Aufstieg zu einem hochentwickelten, sozial sicheren demokratischen Land. Und die Finnen sprechen in diesem Zusammenhang nicht ohne Stolz vom „Finnischen Wunder". Außenpolitisch handelte Finnland klug und überlegt und konnte sich mit seiner Neutralitätspolitik und friedlichen Koexistenz mit dem mächtigen Nachbarn UdSSR seine Souveränität erhalten.

**1949** – Dänemark und Norwegen werden Mitglieder der NATO.

**1950** – Das 1933 begonnene Rathaus von Oslo wird vollendet. In Schweden regiert König *Gustav VI. Adolf* (1950 – 1973).

**1952** – Der Nordische Rat wird gegründet. Ihm gehören alle fünf nordischen Länder Dänemark, Norwegen, Schweden, Island und Finnland an. Enge Kooperation und Annäherung der Gesetzgebung (Sozialabkommen, Arbeitsrecht, Passrecht, Entwicklungs- und Handelspolitik u. a.).

**1953** – Verfassungsreform in Dänemark, die weibliche Thronfolge wird erlaubt, das Einkammerparlament wird geschaffen.

Der Schwede *Dag Hammarskjöld* ist von 1953 bis 1961 Generalsekretär der Vereinten Nationen (UN).

**1956 – 1982** – *Urho Kekkonen* ist finnischer Staatspräsident. Seine kluge aktive Außenpolitik nutzt der Sache Finnlands sehr.

**1957** – Im Alter von 85 Jahren stirbt der norwegische König *Håkon VII.* Nachfolger wird der 1903 geborene einzige Sohn *Olav V.* Aus der Ehe König Olavs V. mit der schwedischen Prinzessin *Märthe* (gest. 1954) gingen drei Kinder hervor, die 1930 geborene Prinzessin *Ragnhild*, die 1932 geborene Prinzessin *Astrid* und der 1937 geborene Thronfolger Kronprinz *Harald*.

Zu den norwegischen Künstlern moderner Prägung zählen u. a. Bildhauer wie *Lunde, Rasmussen, Emil Lie* oder *Anne Grimdalen*, die das Reiterstandbild König Harald Hårdrådes an der Westseite des Rathauses schuf.

**1966** – Norwegen beginnt mit der Off-Shore-Exploration, der Suche nach Öl und Gas in der Nordsee.

**1971** – Erste Ölförderung auf norwegischen Ölfeldern.

**1972** – In einem Volksentscheid votiert die Mehrheit der Norweger gegen einen Beitritt zur Europäischen Gemeinschaft (EG).

*Margrethe II.* besteigt den dänischen Thron.

**1973** – Dänemark tritt der Europäischen Gemeinschaft (EG) bei.

*Karl XVI. Gustav* ist König von Schweden.

**1975** – Auf finnische Initiative findet in Helsinki die Unterzeichnungsrunde der Konferenz über Sicherheit und Zusammenarbeit in Europa (KSZE) statt, ein wichtiger Schritt zur Friedenssicherung in Europa.

**1976** – Nach jahrzehntelanger sicherer Position im Regierungslager verlieren die schwedischen Sozialdemokraten die Reichstagswahlen.

Hochzeit des schwedischen Königs Karl XVI. Gustav mit *Silvia Sommerlath* in Stockholms Kathedrale Storkyrkan.

**1982** – Die Sozialdemokratische Partei Schwedens gewinnt die Reichstagswahlen. *Olof Palme* wird erneut Ministerpräsident. *Paul Schlüter* wird Ministerpräsident in Dänemark. In Finnland wird *Mauno Koivisto* Staatspräsident.

**1986** – Am 1. März wird Olof Palme, damaliger schwedischer Ministerpräsident der sozialdemokratischen Regierung, in Stockholm auf offener Straße erschossen. Die Mordtat, die damals die Welt erschütterte, ist bis heute nicht eindeutig aufgeklärt.

**1991** – Am 18. Januar stirbt der norwegische König Olav V. Thronfolger wird sein Sohn Harald.

Am 1. Juli 1991 stellt der schwedische Ministerpräsident Carlsson in Den Haag beim EG-Ratsvorsitzenden den Antrag zur Aufnahme Schwedens in die EG.

**1992** – Finnland beantragt im März die Mitgliedschaft in der EG.

Schweden gibt mit Parlamentsbeschluss vom 26. Mai 1992 seine uneingeschränkte Neutralität teilweise auf.

Am 2. Juni Volksabstimmung in Dänemark über den Beitritt zur Europäischen Union. Mit einer knappen Mehrheit von 50,7% sprechen sich die Dänen gegen einen Beitritt aus.

**1993** – Erneute Abstimmung in Dänemark über die Maastrichter Verträge. Diesmal spricht sich eine große Mehrheit von 56,8 % für die Europäische Union aus.

**1994** – Am 6. Februar 1994 wird der Sozialdemokrat Achtisaari zum neuen finnischen Staatspräsidenten gewählt. Es war die erste Wahl der Finnen, in der sie ihren Staatspräsidenten direkt wählen konnten.

In einer Volksabstimmung spricht sich eine knappe Mehrheit der schwedischen Bevölkerung für die Europäische Union aus.

Am 2. Dezember 1994 stimmen die Norweger erneut über den Beitritt zur EU ab. 52,2% der Wahlberechtigten sprechen sich gegen einen Beitritt aus.

**1995** – Am 1. Januar 1995 wird Schweden Mitglied der Europäischen Union.

**1998** – Kulturhauptstadt Europas ist in diesem Jahr Stockholm.

**2000** – Helsinki ist ein Jahr lang Kulturhauptstadt Europas.

Die 56-jährige Sozialdemokratin *Tarja Halonen* wird am 7. Februar mit 51,6% der Stimmen zum ersten weiblichen Staatspräsidenten Finnlands gewählt.

Am 1. Juli 2000 feierliche Einweihung der 7,8 km langen Øresundbrücke zwischen Malmö und Kopenhagen.

**2001** – *Anders Fogh Rasmussen*, Chef der dänischen rechtsliberalen Venstre-Partei, gewinnt am 20. November die Parlamentswahlen. Deutlicher Rechtsruck.

**2002** – Am 28. Januar stirbt die beliebte schwedische Kinderbuchautorin *Astrid Lindgren* im Alter von 94 Jahren.

*Thor Heyerdal,* Norwegens großer Meeresbiologe und Forscher stirbt am 19. April 2002.

**2003** – Die schwedische Außenministerin *Anna Lindh* fällt am 11. September einem Messerattentat zum Opfer.

**2004** – Am 22. August werden in Oslo am helllichten Tage zwei der wertvollsten Gemälde von Edward Munch, „Der Schrei" und „Madonna", aus dem Munch Museum geraubt. Man fand sie erfreulicherweise zwei Jahre später im August wieder.

**2006** – Am 3. August 2006 verhindert die Abschaltung des Atomkraftwerks Forsmark bei Oskarshamn in Schweden einen GAU in letzter Sekunde.

**2007** – *Ingmar Bergman*, der große schwedische Filmregisseur stirbt am 30. Juli im Alter von 89 Jahren.

**2011** – Tragödie in Oslo. Am 22. Juli tötet ein politisch Verblendeter kaltblütig 77 Menschen. 8 Menschen kommen durch ein Bombenattentat in der Osloer Innenstadt ums Leben, danach erschießt der Attentäter 69 Teilnehmer eines Jugendlagers auf der Insel Utøya vor Oslo. Der Täter wird festgenommen. Die Tat bereut hat er bislang nicht.

### WIE KOMMT MAN HIN?

#### Anreise mit dem Auto

#### Dänemark

Bei der Anreise nach Dänemark führen so gut wie alle Wege über Hamburg, ob man nun auf die dänischen Inseln oder nach Jütland will.

Sind **Jütland** und die Fährhäfen Hirtshals, Hanstholm oder Frederikshavn das Ziel, nimmt man ab Hamburg die Autobahn E45/A7, passiert **Neumünster, Schleswig** und **Flensburg** und reist bei **Padborg** nach Dänemark ein. Entfernung Hamburg – Grenze ca. 165 km, Grenze – Hirtshals ca. 335 km.

Reist man dagegen über die **„Vogelfluglinie"** nach Seeland (Kopenhagen), bedient man sich ab Hamburg der Autobahn E22/A1 Richtung **Lübeck**. Die Autobahn (ab Lübeck E47/A1) endet bislang bei Oldenburg/Holstein und führt als B207 (Ausbau im Gange) über die **Fehmarnsund-Brücke** auf die Ostseeinsel Fehmarn und dort zum Fährhafen **Puttgarden** (Fähren nach Rødby). Entfernung Hamburg – Puttgarden ca. 154 km.

Die Fährstrecke Puttgarden – Rødby kann, da sie auch eine ganz wichtige Anreiseroute für Schweden-, Norwegen- und Finnlandurlauber ist, in der Ferienzeit mitunter überlastet sein. Das bedeutet lange Wartezeiten am Fährhafen. Wer seinen Reiseplan sehr knapp kalkuliert, sollte während der Hauptreisezeit eine Reservierung für einen Autoplatz vornehmen.

Den Hafen **Lübeck-Travemünde** (Fähren nach Trelleborg in Schweden und Helsinki in Finnland) erreicht man zunächst ebenfalls über die E22/A1, muss dann aber bei Lübeck die Autobahn verlassen und über die Bundesstraße B75 Travemünde ansteuern. Entfernung Hamburg – Travemünde rund 80 km.

#### Norwegen

Auch bei der Anreise nach Norwegen führen alle einigermaßen direkten Wege über Hamburg. Der weitere Weg wird vom Fährhafen bestimmt, von dem aus man nach Norwegen, bzw. über Dänemark und/oder Schweden nach Norwegen einreisen will.

Wichtig für die Wahl des Anreiseweges ist auch, ob Oslo oder Kristiansand als Ausgangspunkt für eine Reise durch Norwegen vorgesehen ist.

Abgesehen vom direkten und schnellen, wenn auch nicht unbedingt billigsten Weg mit der **Direktfähre von Kiel nach Oslo**, bietet sich der recht schnelle und bequem zu bewältigende Weg über **Flensburg** und **Jütland** nach **Hirtshals** an der dänischen Nordseeküste an. Dort nimmt man die Fähre z. B. nach **Kristiansand** in Norwegen.

Die Straßenkilometerentfernung von Hamburg nach Hirtshals (viel Autobahnanteil) beträgt rund 500 km.

Da Fähren für den Auto-, Wohnwagen- oder Reisemobilurlauber wegen der relativ hohen Frachtraten für Fahrzeuge stark zu Buche schlagen, wird man u. U. eine längere Anfahrt und dafür geringere Fährkosten in Kauf nehmen.

Nur kurze Fährabschnitte (dafür aber der längste Anteil an Straßenkilometern) sind zu bewältigen auf dem Weg über die **„Vogelfluglinie"** (Fähre Puttgarden – Rødbyhavn), weiter über die dänischen Inseln Lolland und Seeland, vorbei an Kopenhagen nach **Hel-singør**, dort mit der Fähre nach **Helsingborg** und weiter an der schwedischen Westküste entlang (E6) über **Göteborg** nach **Oslo**.

Der Straßenkilometeranteil Hamburg – Oslo beträgt auf diesem Wege ca. 850 km.

## Schweden

Die Möglichkeiten per Autofähre nach Schweden zu gelangen sind vielfältig. Zudem kann man seit geraumer Zeit auch über die Öresundbrücke bei Malmö nach Südschweden reisen.

Im übrigen gilt für die Wahl des Anreiseweges die schon weiter oben erwähnte Überlegung lange Fährstrecke, weniger Straßenkilometer oder umgekehrt.

Und der Weg über die „Vogelfluglinie", die Fehmarnsund-Brücke und die Fähren Puttgarden – Rødbyhavn sowie Helsingør – Helsingborg ist auch hier eine relativ kostengünstige Lösung.

Die Entfernung z. B. von München über Helsingør nach Stockholm beträgt rund 1.700 km.

Seit Eröffnung der großen **Tunnel-Brücken-Verbindung über den Øresund** zwischen **Kopenhagen** und **Malmö** im Juli 2000 hat sich die Anreise mit dem Auto nach Schweden zwar nicht verbilligt, aber sie ist um einiges schneller geworden. Der Bau der rund 16 km langen Straßenverbindung nach Schweden hat über 2 Milliarden Euro (man las auch schon von fast 3 Mrd.) verschlungen. Die Mautgebühren belaufen sich für einen Pkw bis 6 m Länge auf EUR 38,-, PKW bis 6 m Länge mit Anhänger/Wohnwagen, Wohnmobil über 6 m und Transporter/Kleinbusse 6 - 9 m EUR 75,-, für ein Motorrad auf EUR 21,-, Busse über 9 m EUR 157,-. www.oresundsbron.com.

## Finnland

Nach Finnland reist man am bequemsten mit den Fähren von Travemünde oder Rostock nach Helsinki.

Lange Fährpassagen, zumal dann, wenn für eine bequeme Nachtfahrt eine Kabine zu buchen ist, schmälern die Reisekasse merklich.

Andererseits kann eine Nachtfahrt auf einer längeren Seepassage Zeit sparen und dank des Komforts und Unterhaltungsangebots auf vielen der Fähren den Urlaub schon dort beginnen lassen. Ein intensiver Preisvergleich ist zu empfehlen!

Wer dagegen lange Seepassagen vermeiden will, wählt den Anreiseweg nach Finnland über Dänemark und Schweden (siehe auch weiter oben).

Seit geraumer Zeit bietet sich auch der Weg über Polen und die Baltischen Staaten an, um nach Finnland zu gelangen. In diesem Falle nimmt man die Fähren von Tallinn in Estland nach Helsinki in Finnland.

## Fährverbindungen

Zwischen den deutschen, dänischen schwedischen, norwegischen und finnischen Häfen besteht ganzjährig ein überaus reger Fährverkehr.

Man kann wählen zwischen einer ausgedehnten Seereise von Kiel nach Oslo (oder von Helsinki nach Travemünde auf der Rückreise von einer Skandinavientour) und kurzen Sprüngen über die „Vogelfluglinie" (kürzeste Fährpassage, dafür längster Straßenkilometeranteil).

Bei Reisen während der Ferienzeit empfehlen sich Platzreservierungen fürs Auto und ggf. für eine Kabine.

Endlich auf der Fähre, ist man gut beraten, sein Fahrzeug ordentlich zu verschließen. Es gibt kaum eine Reederei, die für das Gepäck im, am oder auf dem Auto haftet.

Selbstverständlich sind gasbetriebene Aggregate (z. B. Kühlschrank im Wohnmobil) während der Überfahrt abzuschalten und der Haupthahn am Gastank zu schließen!

Gerade in der betriebsamen Hochsaison werden die Autos auf den Fähren sehr, sehr dicht geparkt. Es ist deshalb wirklich kein Fehler, die Handbremse gut anzuziehen (eingelegter Gang alleine genügt nicht), um die Bewegungen des Autos während der Überfahrt so gering wie möglich zu halten.

***Mein Tipp!*** Alle Utensilien, die man während der Überfahrt zu brauchen glaubt (Fotoapparat, Lesestoff, Pullover etc.), nimmt man gleich aus dem Auto mit, denn während der Überfahrt ist das Autodeck in aller Regel nicht mehr zugänglich!

DEUTSCHLAND – DÄNEMARK

### „Vogelfluglinie" Puttgarden – Rødbyhavn (Lolland)

*Scandlines* – Ganzjähriger Verkehr, im Sommer bis zu 42 Abfahrten täglich. Abfahrten alle halbe Stunde. Fahrtdauer 45 Minuten; *www. scandlines.de*.

Scandlines bietet günstige **Kombinationstarife** für die Strecken Puttgarden – Rødbyhavn / Helsingør – Helsingborg! (Änderungen möglich).

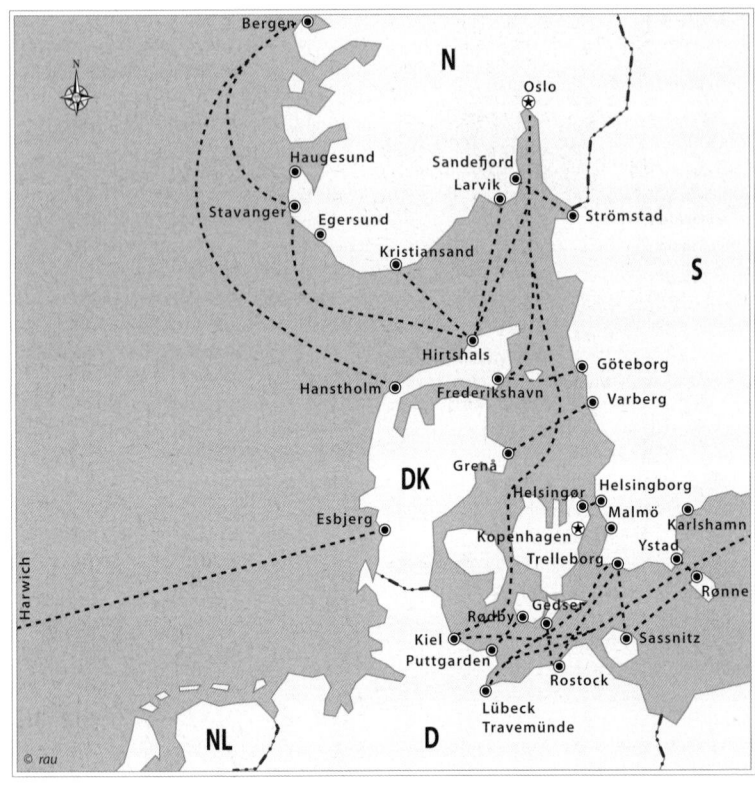

### Sassnitz/Mukran (Rügen) – Rønne (Bornholm)

*Scandlines* – Im Sommer bis zu 2 Abfahrten täglich. Fahrtdauer 3 Std. 30 Min.; *www. scandlines.de.*

Weiterreise Rønne – Ystad (Schweden).

### Rostock – Gedser (Falster)

*Scandlines* – Im Sommer bis zu 9 Abfahrten täglich. Fahrtdauer 1 Std. 45 Min.; *www. scandlines.de.*

### DEUTSCHLAND – SCHWEDEN

### Kiel – Göteborg

*Stena Line* – Ganzjährig, tägliche Abfahrten. Fahrtdauer 13 Std. 30 Min.; *www.stenaline.de*

### Travemünde – Trelleborg

*TT-Linie* – Ganzjährig, bis zu 6 Abfahrten tgl., Fahrtdauer 7 Std. auf Tagesfahrten, 9 Std. auf Nachtfahrten; *www.ttline.com.*

### Rostock – Trelleborg

*Scandlines* – Bis zu 3 Abfahrten täglich, Fahrtdauer 5 Std. 45 Min. *www.scandlines.de.*

*TT-Line* – Bis 5 Abfahrten täglich. Fahrtdauer 5 Std. 30 Min., Nachtfahrt 7 Std.; *www.ttline.com.*

### Sassnitz/Mukran (Rügen) – Trelleborg

*Scandlines* – Bis 5 Abfahrten täglich. Fahrtdauer 3 Std. 45 Min. *www.scandlines. de.*

### DEUTSCHLAND – NORWEGEN

### Kiel – Oslo

*Color Line* – Ganzjährig, tägliche Abfahrten um 14 Uhr, Fahrtdauer 19 Stunden 30 Minuten; *www.colorline.de.*

### DEUTSCHLAND – FINNLAND

### Rostock – Gdynia – Helsinki

*Finnlines* – Ganzjährig, Abfahrten 3 x wöchentlich. Fahrtdauer ca. 33 Stunden; *www. finnlines.de.*

### Travemünde – Helsinki

*Finnlines* – Ganzjährig, tägliche Abfahrten. Fahrtdauer ca. 27 Stunden; *www.finnlines.de.*

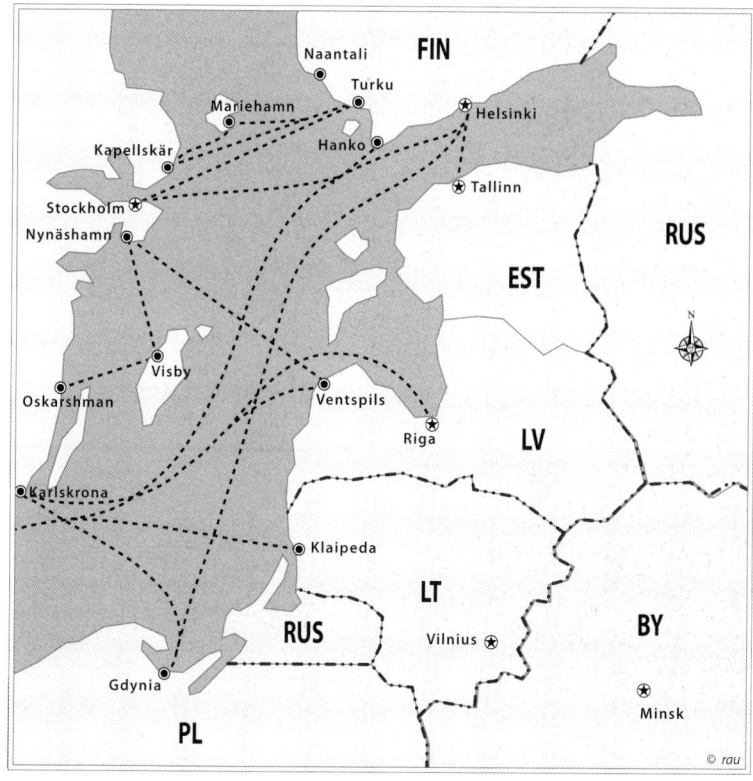

## Rostock – Gdynia – Helsinki
*Finnlines* – 3 Abfahrten pro Woche. Fahrtdauer 37,5 Stunden; www.finnlines.com

## Rostock – Hanko
*Scandlines* – Ganzjährig, bis 4 Abfahrten pro Woche. Fahrtdauer 32 Stunden; *www.scandlines.com*.

DÄNEMARK – NORWEGEN

## Hirtshals – Kristiansand
*Color Line* – Ganzjährig, bis zu 4 Abfahrten täglich. Fahrtdauer: Normalfähre 4 Std. 30 Min., Schnellfähre „Super Speed 1" 3 Std. 15 Min. Super-Sparpaket-Preise (mit Bedingungen). Höhere Wochenendpreise. *www.colorline.de*

*Fjord Line* – Katamaran-Schnellfähre „Fjord Cat", Ende Apr. bis Mitte Sept., bis 3 Abfahrten in der Hauptsaison, Fahrtdauer 2 Std. 15 Min. *www.fjordlineexpress.no*.

## Hirtshals – Larvik
*Color Line* – Ganzjährig, im Sommer bis zu 2 Abfahrten täglich. Fahrtdauer 5 Std.,

Schnellfähre 3 Std. 45 Min. Höhere Wochenendpreise. *www.colorline.de*.
Mit MS „Bergenfjord" 4 mal wöchentlich.

## Hirtshals – Stavanger – Bergen
*Fjord Line* – Ganzjährig mit der „MS Bergensfjord" wöchentlich 4 Abfahrten. Fahrzeit Hirtshals-Stavanger 11,5 Std., bis Bergen 19,5 Std.. www.fjordline.com.

## Frederikshavn – Oslo
*Stena Line* – Ganzjährig, 1 Abfahrt täglich. Fahrtdauer 8 bis 13 Stunden, je nach Tag- oder Nachtfahrt; *www.stenaline.de*.

## Kopenhagen – Oslo
*DFDS Seaways* – Ganzjährig, 1 Abfahrt täglich. Fahrtdauer 16 Stunden; *www.dfds.de*.

SCHWEDEN – NORWEGEN

## Strömstad – Sandefjord
*Color Line* – Ganzjährig, im Sommer bis 6 Abfahrten täglich. Fahrtdauer 2 Stunden 30 Minuten; *www.colorline.de*.

## DÄNEMARK – SCHWEDEN

### Helsingør – Helsingborg

*HH Ferries, Scandlines* – Ganzjährig rund um die Uhr laufende Abfahrten alle 20 Minuten. Fahrtdauer 20 Minuten.

Scandlines bietet günstige **Kombinationstarife** für die Strecken Puttgarden – Rødbyhavn / Helsingør – Helsingborg! (Änderungen möglich).

### Grenå – Varberg

*Stena Line* – Ganzjährig, 2 Abfahrten täglich. Fahrtdauer 4 - 5 Stunden; *www.stenaline.de*.

### Frederikshavn – Göteborg

*Stena Line* – Ganzjährig. Im Sommer bis 8 Abfahrten täglich. Fahrtdauer 3 Stunden 15 Minuten, mit der schnellen Katamaran-Fähre „Stena Express" 2 Stunden; *www.stenaline.de*.

### Rønne (Bornholm) – Ystad

*Bornholmstrafikken* – Im Sommer bis 8 Abfahrten täglich, Fahrtdauer 2 Stunden 30 minuten; *www.bornholmstrafikken.com*.

## POLEN – SCHWEDEN

### Swinoujscie/Swinemünde – Ystad

*Polferries* und *Unity Line* – Im Sommer je eine Abfahrt täglich, Fahrtdauer 8 bis 9 Stunden; *www.polferries.com*.

### Gdynia – Karlskrona

*Stena Line* – Im Sommer bis zu 2 Abfahrten täglich, Fahrtdauer ca. 11 Stunden; *www.stenaline.de*.

### Gdansk/Danzig – Nynäshamn

*Polferries* – Im Sommer eine Abfahrt tgl., Fahrtdauer 19 Stunden; *www.polferries.com*.

## LETTLAND – SCHWEDEN

### Ventspils – Nynäshamn

*Scandlines* – Ganzjährig, 5 Abfahrten wöchentlich, Fahrzeit 11 Stunden; *www.scandlines.de*.

## SCHWEDEN – NORWEGEN

### Strömstad – Sandefjord

*Color Line* – Ganzjährig, im Sommer bis zu 6 Abfahrten täglich, Fahrtdauer 2 Stunden 30 Minuten; *www.colorline.de*.

## SCHWEDEN – FINNLAND

### Stockholm – Helsinki

*Tallink / Silja Line* und *Viking Line* – Ganzjährig, jeweils 1 Abfahrt täglich. Fahrtdauer ca. 17 Stunden; *www.tallinksilja.de*, *www.vikingline.de*.

### Stockholm – Turku

*Tallink / Silja Line* und *Viking Line* – Ganzjährig, 2 Abfahrten täglich, morgens und abends. Fahrtdauer ca. 12 Stunden. *www.tallinksilja.de*, *www.vikingline.de*.

**Achten Sie darauf:** Scandlines, Silja Line, Viking Line und andere in der Ostsee operierende Reedereien bieten günstige **Kombinationstarife** für die Strecken Deutschland/Dänemark – Schweden und Schweden – Finnland an!

### Kappelskär – Mariehamn (Åland) – Turku

*Silja Line* und *Viking Line* – Ganzjährig, 2 Abfahrten täglich, morgens und abends. Fahrtdauer 8 Stunden, mit Stop in Mariehamn 11 Stunden; *www.silja.de*, *www.vikingline.de*.

### Umeå – Vaasa

*RG-Line* – Ganzjährig, bis 2 Abfahrten täglich, Fahrtdauer 3 Stunden; *www.rgline.com*.

## ESTLAND – FINNLAND

### Tallinn – Helsinki

*Tallink / Silja* und *Viking Line* – Ganzjährig, bis 8 Abfahrt täglich. Fahrzeit 2 Stunden; *www.tallinksilja.de*, *www.vikingline.de*.

# SKANDINAVIEN

## DIE TOUREN

### ÜBER DÄNEMARK NACH NORWEGEN

#### 3 TOUREN – CA. 4 TAGE

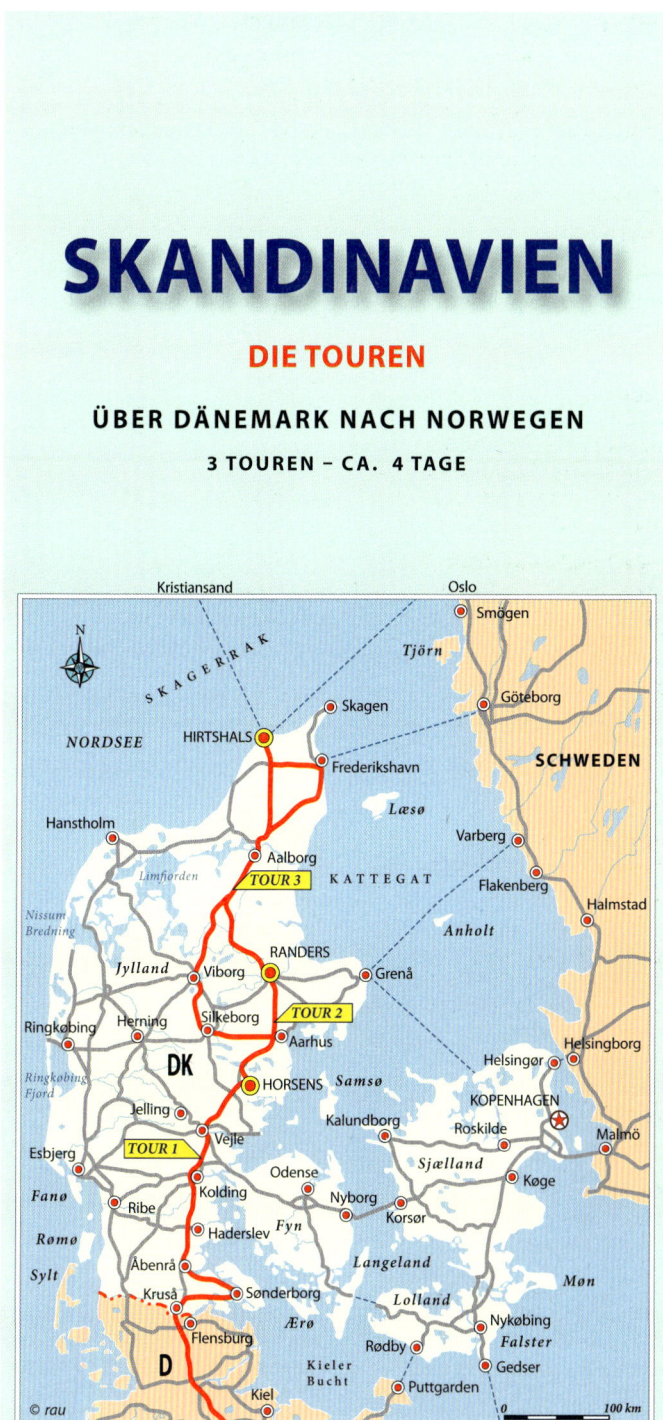

## KRUSÅ – HORSENS

**Länge der Tour:** Rund 197 km, ohne Alternativroute.

**Die Route:** Straße 170 über Åbenrå, Haderslev und Kolding bis Vejle – Straße 442 bis Jelling und zurück bis Vejle – Straße 170 bis Horsens.

**Reisedauer:** Mindestens ein Tag.

**Alternativroute:** Über Sønderborg nach Åbenrå.

**Reisehöhepunkte:** Spaziergang durch den Park von Schloss Gråsten – die Bottleschiffsammlung im Åbenrå Museum – die Runensteine von Jelling – Horsens' Museen.

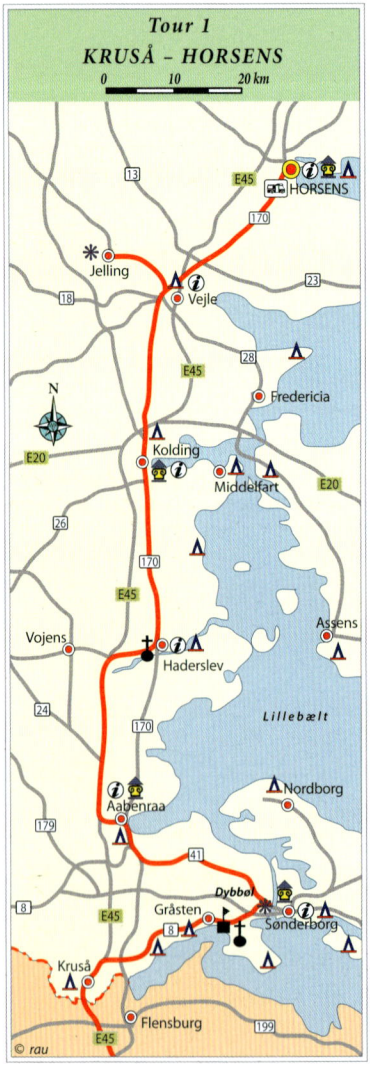

**ROUTE:** Kruså *erreicht man über* **Padborg** *und die Autobahn E45/ A7 (Ausfahrt 75) oder über* **Flensburg** *und die B200.*

Das Städtchen **Kruså [N 54° 50' 17.9" E 9° 24' 24.8"]**, dicht an der deutsch-dänischen Grenze gelegen, bietet neben einem Touristenbüro, einer Ansammlung von Tankstellen und einigen Souvenirgeschäften nichts was den Reisenden aufhalten könnte.

**Falls man auf den folgenden Umweg verzichtet,** fährt man auf der Straße 170 direkt nach Åbenrå (siehe **Hauptroute** weiter hinten):

### Umweg über Sønderborg

**ROUTE:** *Bevor man nach Norden weiterfährt, bietet sich ein kleiner Umweg ostwärts auf der Straße 8 über* **Rinkenæs** *und* **Gråsten** *nach* **Sønderborg** *an.*

In **Rinkenæs** sollte man zur **Dorfkirche** abzweigen. Die weiße Kreuzkirche steht, von Wiesen umgeben, oberhalb der Förde. Das besonders reizvolle aber ist der schöne Blick über den Meeresarm nach Broager mit seiner markanten Kirche mit den beiden Turmspitzen.

Besonders Ende Juli zur Zeit des **Ringreiterfestes** lohnt der Weg über **Gråsten**.

Höhepunkt der **Ringreiterfeste** – ein aus dem Mittelalter überkommener Brauch mit Volksfestcharakter – sind die Reiterspiele, an denen oft mehr als 400 Reiter teilnehmen. Die Reiter müssen mit lanzenartigen Stangen vom galoppierenden Pferd aus kleine

**PRAKTISCHE HINWEISE – KRUSÅ, KOLLUND, RINKENÆS**

Turistbureau, Flensborgvej 11, 6340 Kruså, Tel. 74 67 21 71, Fax 74 67 14 67.

### HOTEL

**Hotel Sønderhav 'Fjordens Perle' ** ** 13 Zi., Fjordvejen 69, Sønderehav-Kruså, Haus der mittleren Kategorie, Tel. 7467 8891, Fax 7467 83 88. – U.a.

### CAMPING

**Kruså**

**Kruså Camping** ***, Åbenråvej 7, Tel. 74 67 12 06, www.krusaacamping.dk; 1. Jan. – 31. Dez.; am nördl. Ortsrand nahe Kreuzung Straßen 8 und 170; weitläufiges Wiesengelände, durch Baumgruppen und kleine Waldstücke aufgelockert und windgeschützt; ca. 9 ha – 400 Stpl. + Dau.; gute Standardausstattung, Laden. Schwimmbad. 14 Miethütten. **V & E** **für Wohnmobile**.

**Kollund**

**Frigård Camping** *** [N 54° 50' 23.3" E 9° 27' 30.3"], Kummelefort 14, Tel. 74 67 88 30, www.frikamp.dk; 1. Jan. – 31. Dez., oberhalb der Küstenstraße; ausgedehntes Wiesengelände; 16 ha – 400 Stpl. + zahlr. Dau.; Komfortausstattung. Laden, Imbiss. Schwimmbad. 37 Miethütten. **V & E** **für Wohnmobile**.

**FDM-Camping Kollund** ** [N 54° 50' 43.3" E 9° 28' 06.3"], Fjordvejen 29 A, Tel. 74 67 85 15, www.kollund.fdm.dk; Ende März – Ende Sept.; an der Küstenstraße, Wiesengelände teils zur Straße hin abfallend, 3 ha – 150 Stpl.; zur Förde über die Straße; Komfortausstattung. Laden. 15 Miethütten. **V & E** **für Wohnmobile**.

**Rinkenæs**

**Lærkelunden Camping** ****, Nederbyvej 17-25, Tel. 74 65 02 50, www.lærkelunden.dk; Ende März – Mitte Okt.; zwischen Straße 8 und Förde; Wiesengelände; 5 ha – 250 Stpl.; gute Standardausstattung. Laden. Hallenbad, Bademöglichkeit; 10 Miethütten. **V & E** **für Wohnmobile**.

Ringe treffen, die an dünnen Leinen über der Reitbahn hängen.

**Gråsten** heißt auf deutsch *Gravenstein*. Dem Obstfreund wird der Name vertraut vorkommen. Aus den Treibhausanlagen, der Orangerie des Schlosses in Gråsten, stammt die bekannte Apfelsorte „Gravensteiner". Dort wurde sie erstmals gezüchtet.

Das **Gråstener Schloss** [N 54° 55' 29.6" E 9° 35' 50.0"] *(Park geöffnet ganzjährig 7.30 - 21.00 Uhr)* ist seit 1935 königliche Sommerresidenz. Das weitläufige Anwesen stammt aus dem 17. Jh. und wurde von den Ahlefeldts errichtet. Im Laufe der Zeit entstand dann um das Schloss herum der Ort. 1603 brannte der größte Teil des Schlosses nieder. Daraufhin entstand an der gegenüberliegenden Seeseite – damals war der See noch Teil der Flensburger Förde – das jetzige Schlossgebäude.

Prächtig im barocken Stil dekorierte **Schlosskirche** *(geöffnet Mai - Okt. Mo, Mi, Sa + So14 - 16 Uhr)*.

*Schloss Gråsten*

Der Bau des Gråstener Schlosses, so wie man ihn heute sieht, stammt aus der Mitte des 17. Jh., der Zeit des Großkanzlers Frederik Ahlefeldt. Ein Sohn des Großkanzler, ebenfalls mit Namen Frederik, brachte von einem Aufenthalt in Savoyen südlich von Genf junge Apfelbäumchen mit, die die Basis für die Zucht der Apfelsorte „Gravensteiner" bilden sollten.

In der zweiten Hälfte des 18. Jh. war der Märchendichter H. C. Andersen häufig Gast in Gråsten. Und wie man liest, soll er unter einer Eiche im Park das Märchen „Das kleine Mädchen mit den Schwefelhölzchen" geschrieben haben.

1935 kam Schloss Gråsten an das Königshaus. Der damalige Kronprinz Frederik und dessen aus Schweden stammende Gemahlin und Königinmutter Ingrid erhielten es als Hochzeitsgeschenk.

Im herrlichen **Schlosspark** mit See und angrenzenden großen Wäldern findet man markierte Spazierwege.

Allerdings sind der Öffentlichkeit das Anwesen, die Schlosskirche und der Park nur zugänglich, wenn die Königsfamilie nicht anwesend ist.

ROUTE: *Auf der Weiterfahrt von Gråsten nach Osten lohnt der Umweg über* **Broager***.*

Den Turm mit den Zwillingsspitzen der hochgelegenen **Ortskirche** von **Broager** sieht man schon von Rinkenæs aus. Das Innere des um 1200 erbauten Gotteshauses besticht durch seine Schlichtheit und Klarheit. Beachtung verdienen – neben der üppig dekorierten Kanzel – vor allem die gut erhaltenen Kalkmalereien, die teils erst in den 20er Jahren wieder freigelegt worden sind. Außerdem sieht man im Seitenschiff die historische Holzplastik „St. Georg mit dem Drachen".

In Grenzgebieten, die Nordschleswig oder Südjütland sind, findet man auch andere Denkmäler. So erinnert die **Dybbøl Banke [N 54° 54' 23.1" E 9° 45' 11.4"]**, die Dyppler oder Dybbøler Schanze – rund 6 km östlich Broager an der Straße 8 kurz vor Sønderborg – an den deutsch-dänischen Krieg von 1864.

Die **Windmühle** dort auf dem 68 Meter hohen Moränenhügel ist zum dänischen Symbol Standhaftigkeit geworden. Schöne Aussicht von der Anhöhe. Auf der Dybbøler Schanze standen sich 1864 die Truppen Dänemarks und Preußens gegenüber.

Geschichts- und Informationszentrum mit **Gedenkpavillon** und Multivisionspräsentation der Kriegsgeschehnisse *(geöffnet Mitte Apr. – 30. Sept. tgl. 10 - 17 Uhr)*.

Über die 324 Meter lange Christian X.-Brücke aus dem Jahre 1930, die den Alssund als seefahrtsgerechte Klappbrücke überspannt, kann man nach **Sønderborg** auf der **Insel Als** gelangen. Die Stadt mit großer Seefahrertradition ist stolz darauf, Sitz der ältesten Seefahrerzunft Dänemarks zu sein.

Schon von der Brücke (Straße 481/427) aus sieht man rechterhand am Ende des Kais den viereckigen Block des **Sønderborger Schlosses [N 54° 54' 27.5" E 9° 47' 06.1"]**auf einem Landvorsprung liegen. Ein Besuch lohnt,

## PRAKTISCHE HINWEISE — GRÅSTEN, BROAGER

 **Turistbureau**, Banegården, Kongevej 71, im Bahnhof, 6300 Gråsten, Tel. 74 65 09 55. mail@turistbureauet.com.

### HOTELS
**Hotel Axelhus**, 36 Betten, Borggade 16, Tel. 74 65 06 15. – U. a.

### CAMPING
**Dynt bei Broager**
**Gammelmark Strand Camping** ***, Gammelmark 20, Tel. 74 44 17 42, www.gammelmark.dk; 31. März – 21. Okt.; östlich Dynt am Strand von Gammelmark; an drei Seiten von hohen Bäumen umgebenes Wiesengelände; ca. 6 ha – 200 Stpl. + Dau.; gute Standardausstattung. Laden. 10 Miethütten. **V & E** **für Wohnmobile. Quick-Stop.**

**Skeldebro bei Broager**
**Spar-Es Camping** **, Skeldebro 32, Tel. 74 44 14 18; Anf. Jan. – Ende Dez.; über Dynt zum Strand östlich von Skeldebro; Wiesengelände; 2 ha – 90 Stpl. + Dau.; Standardausstattung. 5 Miethütten. **V &** **E für Wohnmobile.**

denn im Schloss ist heute das größte **landeskundliche Museum** außerhalb Kopenhagens untergebracht *(geöffnet Mai - Sept. tgl. 10 - 17 Uhr, Winter tgl. a. Mo. 13 - 16 Uhr)*.

Begonnen wurde mit dem Schlossbau 1160. König Waldemar der Große wollte damals den Alssund durch eine Feste gesichert wissen. Langsam begann sich dann um das Schloss die Stadt Sønderborg zu entwickeln.

Ausgangs des 16. Jh. wurde von Königin Dorothea die **Schlosskapelle** hinzugefügt. Der Kirchenraum gilt als eine der ältesten und schönsten Renaissancekapellen in Nordeuropa. Aber der älteste noch original erhaltene Raum im Schloss ist der **Drabantsaal** aus dem 15. Jh.

Von baugeschichtlichem Interesse in Sønderborg ist die **St. Marienkirche**. Sie liegt nördlich der Auffahrtsrampe zur Christian X.-Brücke. Der wuchtige, etwas gedrungen wirkende Kirchenbau stammt aus dem späten 16. Jh. Beachtenswert sind Altar, Kanzel, Taufbecken und der Herzogstuhl. Glockenspiel 8, 12 und 16 Uhr.

Schließlich kann in Sønderborg noch das **Deutsche Museum Nordschleswig** (Rønhaveplads 12) besichtigt werden. Das Museum ist nur dienstags von 14 bis 16 Uhr und Freitags von 10 bis 12 Uhr geöffnet.

*ROUTE: Von Sønderborg auf der Straße 41 in nordwestlicher Richtung über* **Bovrup** *bis* **Åbenrå**.

Die Landschaft zwischen Alssund und dem See Nybøl Nor ist für Dänemark von historischer Bedeutung. Diese Region, die in etwa dem Gebiet der Großgemeinde Sundeved entspricht, war Mitte des vorigen Jahrhunderts Schauplatz verschiedener Schlachten zwischen dänischen und preußischen Streitkräften. Schanzanlagen und Denkmäler, wie die bei Dybbøl (siehe weiter oben), erinnern an die Kämpfe von 1848 – 51 und 1864.

Und man erzählt sich, dass der Mohn, den man im Frühsommer am Wegesrand blühen sieht, noch von Mohnsamen stammen soll, den österreichische Söldner 1848 in ihrem Verpflegungstross mitbrachten.

### HAUPTROUTE

**Åbenrå** (Apenrade) **[N 55° 02′ 52.7″ E 9° 25′ 10.6″]**, am gleichnamigen Fjord gelegen, ist ein hübsches altes Schifferstädtchen, das seine Handelstradition bis ins 14. Jh. zurückverfolgen kann. Später dann, im 17. Jh., erwarb der Ort seinen guten Ruf als Silberschmiedestadt. Wer in die Innenstadt fährt, findet vor allem in der Slotsgade noch einige schöne alte Stadthäuser.

Im **Stadtmuseum** *(geöffnet Juni - Aug. tgl. a. Mo 10 - 16 Uhr, sonst Di - So 13 - 16 Uhr)* in der H. P. Hanssens Gade 33 wird u.a. die Seehandelsgeschichte von Åbenrå dokumentiert. Schöne Sammlung von **Bottleschiffen und Schiffsmodellen**, sowie das Skelett des 'Nybølmanden' aus der Bronzezeit.

**PRAKTISCHE HINWEISE — SØNDERBORG**

**Sønderborg Turistbureau**, Rådhustorvet 7, 6400 Sønderborg, Tel. 74 42 35 55, Fax 74 42 57 47. Geöffnet Mo. - Fr. 9 - 17, Sommer bis 19 Uhr. Sa. 9. 30 - 12.30, Sommer bis 14 Uhr. www.sonderborg.dk.

**Feste, Folklore: Ringreiterfest**, zweites Juliwochenende, großes Volksfest mit Ringstechen, Jahrmarkt, Festlichkeiten.

**HOTELS**

**Quality Hotel Sønderborg \*\*\***, 102 Zi., Ellegårdsvej 27, Tel. 74 42 26 00, Fax 7442 76 00, www.qualityhotelsonderborg.dk; gehobene Mittelklasse, teuer.

**CAMPING**

**Sønderborg Camping \*\*\* [N 54° 54′ 03.2″ E 9° 47′ 52.6″]**, Ringgade 7, Tel. 74 42 41 89, www.sonderborgcamping.dk; 31. März – Ende Sept.; im südöstl. Stadtbereich über Ringgade, Strandvej; dreieckige Wiese in Buchtnähe; 3 ha – 200 Stpl.; Standardausstattung. Laden. 8 Miethütten. **V & E für Wohnmobile**.

**Madeskov Camping \*\*\***, Madeskov 9, Tel. 74 42 13 93; 15. März – Ende Okt.; zwischen Sønderborg und Augustenborg abseits der Straße 8; Wiese zwischen Wald und Bucht; 1,3 ha – 70 Stpl.; einfache Standardausstattung. Laden. **V & E für Wohnmobile**.

**ROUTE:** *Von Åbenrå auf der Straße 170 nordwärts ins 25 km entfernte* **Haderslev**.

**Haderslev** (Touristeninformation) **[N 55° 15′ 00.3″ E 9° 30′ 09.3″]**, ein alter Fürsten- und Bischofsitz am Haderslev Fjord, erlangte schon ausgangs des 13. Jh. Stadtrechte. Im 16. und 17. Jh. war Haderslev zeitweise gar königliche Residenz. König Frederik II. hielt sich hier mehrmals, wenn auch nur kurzzeitig auf. Und sein Nachfolger, König Christian IV., Dänemarks baufreudiger Regent, feierte in Haderslev seine Vermählung.

Der sehenswerte historische Stadtkern wird überragt vom hohen Backsteinbau der **Domkirche**. Der Bau wurde im 14. Jh. im gotischen Stil errichtet. Im bis zu 22 Meter hohen Kirchenschiff verdienen vor allem das schöne, bronzene **Taufbecken**, das in 1485 in Flensburg gegossen worden sein soll und die beachtenswerte **Barockkanzel** Beachtung. In der Domkirche, die der hl. Maria geweiht ist, hatte Martin Luther seine Lehre erstmals in Dänemark verkündet.

Trotz des großen Stadtbrandes von 1627, der auch die Domkirche in Mitleidenschaft gezogen hatte, sind im Stadtzentrum und vor allem in unmittelbarer Nähe des Domes einige hübsche **alte Stadthäuser** und Fachwerkgebäude erhalten geblieben.

Dem **Heimatmuseum** von Haderslev in der Dalgade 7 ist ein interessantes Freilichtmuseum mit alten Fachwerkhöfen, Windmühle und Ziehbrunnen angeschlossen.

Man kann Spaziergänge entlang oder Bootsfahrten auf dem Haderslev-Dam unternehmen. Dieser größte Binnensee in Nordschleswig liegt westlich der Stadt.

**ROUTE:** *Weiterreise auf der Straße 170 über* **Kolding** [N 55° 29′ 11.2″ E 9° 28′ 19.0″] *bis* **Vejle** (49 km) *und weiter über die Straße 442 nordwestwärts bis* **Jelling** (11 km).

**Jelling** besitzt kostbare Denkmäler aus der Wikingerzeit. Die beiden **Runensteine** **[N 55° 45′ 22.8″ E 9° 25′ 12.2″]** vor der **Jellinger Kirche** in der Gormsgade 23 mit ihren Inschriften und Ornamenten sind ein unvergleichliches Zeugnis der Vorgänge vor gut 1.000 Jahren. Diese Zeit war eine wichtige Epoche in Dänemarks Geschichte, als sich langsam der Übergang vom Heidentum zum Christentum vollzog.

Der kleinere, ältere Stein ist **„Gorms Runenstein“**. Gorm der Alte war im 10. Jh. König der Wikinger. Er wollte mit dem Stein seiner Gattin Thyre, sie starb 935, ein unvergängliches Denkmal setzen. Die Runeninschrift besagt:„Gorm König / tat Denkmäler diese / nach Thyre Frau / seine – Dänemarks Flickung“. Hier wird zum allerersten Mal das Wort ᛏᛅᚾᛘᛅᚱᚲᛅᛉ „tanmarkar“ also Dänemark, erwähnt.

Der größere, dreieckige Stein ist **„Harald Blauzahns Runenstein“**. Harald war der Sohn von Gorm und Thyre. Harald Blauzahns Stein ist nicht nur mit Schriftzeichen, sondern mit schönen, verschlungenen Tierornamenten und – bemerkenswert – mit der ersten Darstellung eines Christussymbols, das im Norden bekannt ist, versehen.

Die Inschrift lautet: „Harald König gebot machen / Denkmäler diese nach Gorm Vater sein / und nach Thyre Mutter sein, der / Harald, der gewann sich Dänemark / all und Norwegen / und Dänen machte Christen“

---

*Die Runensteine in Jelling*

(Etwa: „Für Gorm seinen Vater und Thyre seine Mutter, derjenige Harald, der ganz Dänemark und Norwegen gewann und die Dänen zu Christen machte").

Im Chor der **Jellinger Kirche** kamen bei Umbauarbeiten im Jahre 1874 Freskenmalereien zu Tage, die wohl die ältesten des Landes sind. Man schätzt, dass sie zwischen 1100 und 1125 entstanden. Leider verstand man im 19. Jh. unter Gemälderestaurierung noch Übermalung der Bildnisse. Abbildungen der Originalfunde befinden sich im Nationalmuseum in Kopenhagen.

Die Kirche von Jelling wird von zwei Hügeln flankiert, die angeblichen **Grabhügel** von König Gorm und Königin Thyre, „Dänemarks Schmuck". Lange Zeit glaubte man, sie würden die letzte Ruhestätte des Wikingerkönigs beherbergen. Als dann 1820 im Nordhügel, der als Königin Thyres Grabhügel angesehen wird, durch Zufall eine 2,6 m breite, 6,75 m lange und 1,4 m hohe Holzkammer und einige Gegenstände, darunter ein kleiner Silberbecher mit Ornamentschmuck, Metallbeschläge und ein Kreuz gefunden wurden, glaubte man schon, das Grab der Königin entdeckt zu haben. Der letzte Beweis aber fehlte, nämlich menschliche Skelettteile.

Im Sommer 1861 begann man auf Geheiß von König Frederik VII. mit Grabungen in Gorms Hügel, dem südlichen Hügel. Erfolg hatte man nicht. Wo also waren die Gräber des Königspaares?

Schließlich kam man in den 50er Jahren auf den Gedanken, dass Harald Blauzahn seine Eltern in die von ihm gegründete Kirche und späteren Dom von Roskilde überführt haben könnte.

Erst 1977 machte der Archäologe Knut Krogh bei umfassenden Restaurierungsarbeiten an der Jellinger Kirche, die auch Arbeiten am Fundament einschlossen, eine sensationelle Entdeckung. Er stieß unter dem Kirchenschiff auf die Spuren eines Kammergrabes. Bei den Ausgrabungsarbeiten kamen Skelettteile und Schmuckstücke zum Vorschein. Wahrscheinlich handelt es sich um Gorms und Thyres Grab.

### Ausflug ab Jelling

Ein **historischer Eisenbahnzug** mit Dampflokomotive verkehrt von Anfang Juli bis Mitte August jeden Sonntag mehrmals zwischen Jelling über Grejsdal nach Vejle.

Unweit südlich von Jelling erstreckt sich der kleine **Faarup See** (Camping, Skovdal Kro). An der Nordseite des See findet man Parkplätze, von denen beschilderte Spazierwege ausgehen.

Einige Kilometer nordwestlich von Jelling kann man in **Givskud** den **Löwenpark** besuchen, ein Wildreservat mit Löwen, Kamelen, Lamas, Elefanten, Nashörnern, Zebras, einem Kinderbauernhof mit Streichelzoo *(geöffnet Ende April bis Ende Okt. tgl. 10 bis 18, Sommer bis 20 Uhr)*.

**PRAKTISCHE HINWEISE — JELLING**

**Turistbureau**, Gormsgade 4, 7300 Jelling, Tel. 75 87 13 01.

**HOTEL**

**Skovdal Kro**, 10 Zi., Fårupvej 23, Tel. 75 87 17 81, Fax 75 87 21 94, www.skov-dalkro.dk; hübsch am Faarup See gelegen; Restaurant. – U. a.

**CAMPING**

**Jelling Camping *** [N  55° 45' 17.1"   E  9° 24' 31.5"]**, Mølvangvej 55, Tel. 75 87 16 53, www.jellingcamping.dk; 1. Apr. – 2. Sept.; am westl. Ortsrand an der Bahnlinie beim Freibad; ebene Wiesen von hohen Hecken eingerahmt und unterteilt; ca. 6 ha – 200 Stpl. + Dau.; Standardausstattung; Laden, Imbiss; Schwimmbad, Fahrradverleih; 20 Miethütten.

**Faarup Sø Camping ***,** Fårupvej 58, Tel. 75 87 13 44, www.dk-camp.dk/faa-rup-soe; 5. Apr. – 2. Sept.; ca. 2 km südl. Jelling; Wiesengelände  am Faarup See; 10 ha - 180 Stpl. + Dau.; Standardausstattung. Laden. Schwimmbad. 18 Miethütten. **V & E** **für Wohnmobile**.

**Billund**
**Billund FDM-Camping *** [N 55° 43' 53"  E 9° 8' 8"]**, Ellehammer Allé 2, Tel. 75 33 15 21, www.billund.fdmcamping.dk; 1. Jan. – 31. Dez.; östl. von Billund, in der Nähe des Flughafens und nahe Legoland; in einem weiten Halbkreis angelegter Wiesenplatz, mit kleinen Waldstücken, durch Hecken unterteilt, im Eingangsbereich das Platzzentrum mit Versorgungsgebäuden; ca. 14 ha – 650 Stpl. und erfreulich wenig Dauercamper; Komfortausstattung; Laden, Imbiss, Restaurant. **V & E** **für Wohnmobile**.

Oder man kann einen Abstecher auf der Straße 28 nach Westen nach **Billund** (Camping s. o.) ins **Legoland,** Nordmarksvej 9, unternehmen, einem der größten und bekanntesten Freizeitparks in Dänemark *(geöffnet Ende März bis Ende Okt. tgl. 10–18 Uhr, Sommer 20 bzw. 21 Uhr; www.legoland.dk).*

**ROUTE:** *Von Jelling zurück nach* **Vejle** *(11 km) und weiter auf der Straße 170 nach* **Horsenes** *(27 km).*

**Horsens [N  55° 51' 42.6"   E  9° 50' 53.6"]**an der Bucht Horsens Fjord ist eine Hafen-, Handels- und Industriestadt. Im Zentrum der Stadt sind noch einige schöne Häuser aus dem 18. Jh. erhalten, aus der Zeit, als Horsens eine prosperierende Kaufmannsstadt war.

Ein namhafter Sohn der Stadt ist *Vitus Bering*. Er erkundete 1728 die nach ihm benannte in den Pazifik führende Beringstraße. Vitus Bering wurde 1680 in Horsens geboren. Eine Gedenktafel im Bering Park erinnert an den Entdecker. Die beiden Kanonenrohre, die die Tafel flankieren, stammen vom Schiff „St. Peter", mit dem Bering auf seiner letzten Expedition 1741 Alaska und die Aleuten erforschte.

Vom Vitus Bering Park, der ganz in der Nähe des Bahnhofs und des Touristeninformationsbüros liegt, kann man die Hauptstraßen Jenssensgade und Søndergade weiter stadteinwärts gehen.

Bemerkenswerte alte Gebäude sind **Helms Apotheke**, gebaut 1736 aus den Steinen eines alten Herrensitzes und das gegenüber in der Søndergade 17 gelegene **„Lichtenberg Palais",** heute Jørgensens Hotel. Dieses 1744 vollendete Domizil eines reichen Kaufmanns imponiert durch die reich gegliederte Fassade. Auch das Nebenhaus Nr. 15 ist ein schöner Bau aus dem 18. Jh.

Weiter stadteinwärts liegt das **Renaissance-Rathaus** von 1854. Und in der Søndergade Nr. 32 schließlich findet man den **Monbergsgård** mit einem geschnitzten Portal.

Am Stadtplatz Torvet fällt die **Vor Frelsers Kirke** auf. Sie entstand um 1200 zur Zeit Waldemars ll. und weist ein prächtiges Portal auf.

Über die Fußgängerzone Fugholm kann man zum Aboulevarden gehen und gelangt rechts zur **Klosterkirche**. Die Kirche ist der verbliebene Rest eines ehemaligen Franziskanerklosters. Im Inneren schöne Schnitzereien.

Weiter über die Stjernholmsgade zum **Industriemuseum [N 55° 51' 36.9" E 9° 51' 38.3"]** im Gasvej 17-19 *(geöffnet Juli - Aug. tgl. 10 - 16 Uhr, sonst Di - So 11 - 16 Uhr; www.industrimuseet.dk)*. Es ist untergebracht im Bau des alten Kraftwerks von 1906. Das Museumsthema „Industrialisierung" wird mittels Schauwerkstätten, Maschinen und rekonstruierten Arbeiterwohnungen aus 1850 dokumentiert. Eine Brauerei, Buchdruckerei- und Binderei, Schmiede- und Holzschuhwerkstätte sowie eine Tabakfabrik runden die umfangreichen Sammlungen ab.Hinter dem Museum trifft man um die Ny Havnegade auf eine der ersten Arbeitersiedlungen in Dänemark, die um das Jahre 1890 nach englischem Vorbild entstand.

Das **Horsens' Kunstmuseum** liegt im Carolinelundsvej 2. Es präsentiert Dänemarks bedeutendste Sammlung von Werken der Maler Mogens Ziegler und Michael Kvium.

Gleich gegenüber findet man das **Horsens Museum,** Sundvej 1A *(geöffnet Di - Fr 11 - 16, Sa + So bis 17 Uhr; www.horsensmuseum.dk),* ein kulturhistorisches Museum, mit Sammlungen aus der Region, Kunstgewerbe u. ä.

Im Sundvej Nr. 9 sieht man ein schönes **Fachwerkhaus** aus dem Jahre 1718. Erbaut wurde es einstmals von Claus Cordsens in der Søndergade. 1912 wurde das Haus hierher verlegt.

Vom Sundvej kann man nun über die Amaliegade und die Straße Kattesund zur Norregade weitergehen. Die Norregade war ehemals eine der „besseren" Straßen in Horsens. Bemerkenswert sind die Häuser Nr. 2 – 6 aus dem 17. und 18. Jh.

Auch in der **Smedegade** und am **Smedetorvet**, dem alten Pferdemark, sind noch zahlreiche alte Häuser erhalten. Hervorzuheben sind die Gebäude Nr. 34 mit schönem schmiedeeisernen Geländer, Nr. 71, das größte und besterhaltene und Nr. 91, der **Generalsgården** aus dem Jahre 1816. Letzterer war das erste Fabrikgebäude (Tabakfabrik) der Stadt und erhielt seinen Namen nach dem holsteinischen Kyrassier-General Kommandeur Flindt, der hier einige Jahre lebte.

**Ausflug**

**Glud Dorfmuseum**, Museumsvej 44, ca. 13 km östlich von Horsens. Freilichtmuseum, mit alten Bauernhäusern, Schmieden, altem landwirtschaftlichem Gerät u.ä. www.gludmuseum.dk.

---

**PRAKTISCHE HINWEISE — HORSENS**

 **Turistbureau [N 55° 51' 42.6" E 9° 50' 53.6"]**, Søndergade 26, 8700 Horsens, Tel. 70 10 41 20, Fax 75 60 21 90. www.visithorsens.dk.

**HOTELS**

 **Jørgensens \*\*\*\*,** 42 Zi., Søndergade 17 - 19, Tel. 75 62 16 00, Fax 75 62 85 85, www.joergensens-hotel.dk; zentral gelegenes, traditionsreiches Haus in einem historischen Gebäude aus dem 18. Jh., Restaurant. – U. a.

**CAMPING**

  **Husodde Camping \*\*\* [N 55° 51' 41.7" E 9° 54' 55.9"],** Husoddevej 85, Tel. 75 65 70 60, www.husodde-camping.dk; 1. Apr. – Ende Sept.; am Ostrand der Stadt, Zufahrt über die Straße 451; ebene Wiesen am Fjord, recht ansprechend und relativ ruhig gelegen; ca. 10 ha – 190 Stpl. + Dau.; Standardausstattung; Laden; Badegelegenheit im Horsens Fjord. **V & E für Wohnmobile. QuickStop.**

**Wohnmobil-Stellplatz**

  **Wohnmobil-Stellplatz Autocamperpark Horsens Marine ApS [N 55° 51' 27.3" E 9° 52' 23.5"],** Jens Hjørnes Vej, Lystbådenhavnen, Tel. 20 80 13 38, www.horsensmarine.dk. **Zufahrt/Lage:** Von der Straße 451 (Strandpromenaden) Richtung Odder. Geschottertes Gelände am Motorbåds-Klub mit Platz  für 7 Wohnmobile. **Ausstattung:** Gebäude mit Toiletten, Duschen, Küche, Waschmaschine. Ver- und Entsorgungseinrichtungen. **Gebühr:** ca. DKK 100,- inkl. Ver- und Entsorgung, Strom, Wasser.

## HORSENS – RANDERS

**Länge der Tour:** Rund 149 km.

**Die Route:** E45 bis **Skanderborg** – Straße 445 bis **Silkeborg** – Straße 15 bis **Århus** – Straßen 15 und 563 bis **Rosenholm** – Landstraße über **Clausholm** nach **Randers**.

**Reisedauer:** Mindestens ein Tag, mit Besichtigungen besser zwei Tage.

**Alternativroute:** Von Silkeborg **über Gjern** nach Århus.

**Reisehöhepunkte: Dänemarks Seendistrikt \*\*\*** bei Silkeborg – **Radwandern** im Seengebiet – die **Museen \*** in Silkeborg – das Freilichtmuseum **„Den Gamle By" \*\*\*** in Århus – **Schloss Rosenholm \*** – **Schloss Clausholm** – der **„Regenwald"** in Randers.

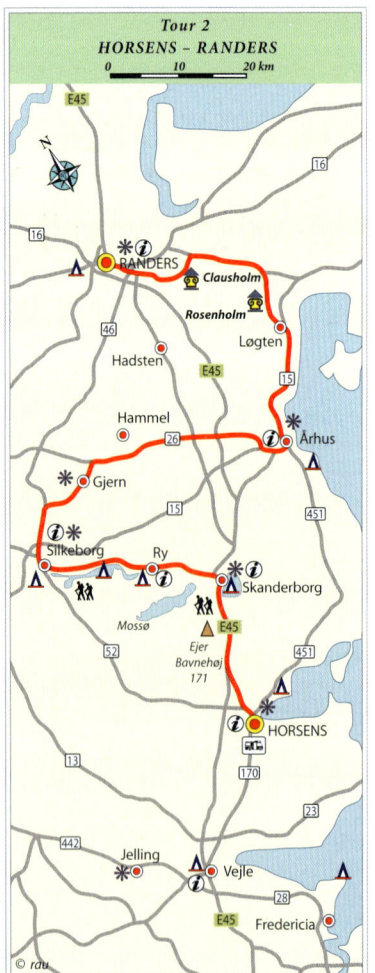

**ROUTE:** Von Horsens zur Autobahn E45 und nordwärts bis **Skanderborg**. Unterwegs passiert man die Ausfahrt Nr. 54 (Raststätte, Tankstelle) zur Anhöhe **Ejer Bavnehøj**.

Die Anhöhe **Ejer Bavnehøj** ist mit sage und schreibe 171 m die **höchste Erhebung Dänemarks**. Bis 1849 war man der Meinung, der Himmelbjerget am Julsø sei der höchste Berg Dänemarks. Auf der Höhe Bavnehøj – von der man bei klarem Wetter die beiden Brücken über den Kleinen Belt bei Kolding erkennt – wurde 1920 zum Gedenken an Christian X. und die Wiedervereinigung mit Südjütland ein 13 m hoher, triumphbogenartiger Turm errichtet.

**Skanderborg [N 56° 02' 06.0" E 09° 55' 57.9"]** liegt landschaftlich sehr reizvoll zwischen Wäldern und den Gewässern des Sees von Skanderborg.

Viel ist von der ehemaligen Königsresidenz nicht geblieben. Nur die **Schlosskirche** mit ihrem festungsartigen Turm erinnert noch daran, dass Skanderborg bis ins 18. Jh. hinein wichtige Residenzstadt war. Die Kirche entstand auf den Mauerresten des von König Waldemar I. im 12. Jh. erbauten Schlosses.

Das **Skanderborg Museum** (geöffnet tgl. a. Mo 14 - 16 Uhr) in der Adelgade 5 ist in einem ehemaligen Richterhof untergebracht. Neben heimatkundlichen Gegenständen werden auch Ausstellungsstücke zur Stadt- und Schlossgeschichte gezeigt.

**Turistbureau [N 56° 02' 06.0"  E 09° 55' 57.9"],** Parkvej 14, 8660 Skanderborg, Tel. 86 52 27 44. www.visitskanderborg.dk.

 **HOTEL**

**Skanderborghus \*\*\***, 45 Zi., Dyrehaven 3, Tel. 86 52 09 55, Fax 86 52 18 01, www.hotelsskanderborghus.dk; Restaurant, Sauna, Garage. – U. a.

 **CAMPING**

**Skanderborg Sø Camping \*\*\* [N 56° 01' 16.1"  E 09° 53' 24.5"],** Horsensvej 21, Tel. 86 51 13 11, www.campingskanderborg.dk; 1. Mai – 30. Sept.; südöstl. der Stadt zwischen Straße 170, Bahnlinie und See; ausgedehntes Wiesengelände mit Baumbestand, an ein Wäldchen grenzend; ca. 6 ha – 180 Stpl.; gute Standardausstattung; Laden, Imbiss. 11 Miethütten; zum See ca. 200 m.  **V & E für Wohnmobile.**

Von Skanderborg führt unser Reiseweg nach Westen, hinein in **Dänemarks Seendistrikt**, ein herrliches Gebiet, das mit Fug und Recht zu den **schönsten Landschaften** des Landes gezählt wird.

**Mein Tipp:** Die ganze Region zwischen Skanderborg und Silkeborg ist ein wahres **Eldorado zum Kanuwandern**. Aber ebensogut kann man per Fahrrad oder zu Fuß ausgedehnte Touren unternehmen.

**ROUTE:** *Von Skanderborg auf der Straße 445 westwärts über* **Alken, Boes** *und* **Emborg** *zunächst nach* **Ry** *und weiter nach* **Silkeborg**.

**Boes** ist ein hübsches Dorf mit strohgedeckten Häusern am Nordufer des Mossø. Und in **Emborg** gibt es die historischen Ruinen des **Øm Zisterzienserklosters [N 56° 03' 10.1"  E 09° 44' 57.5"]** aus dem 13. Jh., mit Arzneikräutergarten und Mönchsgräbern zu besichtigen *(geöffnet tgl. a. Mo 10 - 16 Uhr)*.

**Ry [N 56° 05' 34.2"  E 09° 45' 14.1"]** schließlich liegt am Ostausläufer des Julsø, dem Knudsø, der hier vom Flüsschen Gudenå gespeist wird. Ab Ry bietet es sich an, eine **Schiffspartie** über die Gudenå und

 **Ry Turistbureau,** Klostervej 3, 8680 Ry, Tel. 86 89 34 22, Fax 86 89 35 52, www.ryturist.dk, www.visitgudenaa.com.

 **HOTELS**

**Gammel Rye Kro \*\*\***, 33 Zi., Ryesgade 8, Tel. 86 89 80 42, Fax 86 89 85 46, www.glryekro.dk; Restaurant, Schwimmbad.

 **CAMPING**

**Holmens Camping \*\*\* [N 56° 04' 32.0"  E 09° 46' 08.4"]**, Klostervej 148, Tel. 86 89 17 62, www.holmens-camping.dk; Ende März. – Ende Sept.; südl. Ry Richtung Øm Kloster; Wiese am Gudensø; ca. 7 ha – 270 Stpl. + Dau.; gute Standardausstattung; Laden. Schwimmbad. 14 Miethütten.  **V & E für Wohnmobile. QuickStop.**
**Birkhede Camping \*\*\***, Lyngvej 14, Tel. 86 89 13 55, www.birkhede.dk; Anf. Apr. – Mitte Sept.; zwischen der Straße nach Silkeborg und dem Westufer des Knudsø; bewaldeter Hang am See; ca. 10 ha – 200 Stpl. + Dau.; gehobene Komfortausstattung; Laden, Imbiss; Schwimmbad, 30 Miethütten. **V & E für Wohnmobile. QuickStop.**

**Laven**
**Terrassen Camping \*\*\*\***, Himmelbjergvej 9, Tel. 86 84 13 01, www.terrassen.dk; Anf. Apr. – Mitte Sept.; in Ry 5 km Richtung Laven, beschildert; Wiesenterrassen oberhalb des Julsø; ca. 6 ha — 230 Stpl. + Dau; Komfortausstattung; Laden, Schwimmbad, 23 Miethütten. **V & E für Wohnmobile.**

die von bewaldeten Hügeln eingerahmten Seen zum Aussichtsturm auf dem **Himmelbjerget** zu unternehmen. Im Sommer gibt es zwischen 10 und 14 Uhr drei bis vier Abfahrten. Fahrtdauer ca. 40 Minuten (siehe auch unter Silkeborg).

Eine schöne **Wandertour** führt um den Knudsø herum, oder zum Himmelbjerget.

**Silkeborg [N 56° 10′ 12.3″ E 09° 33′ 15.0″]** am Silkeborg Langsø, eine relativ junge Stadt, entwickelte sich Mitte des letzten Jahrhunderts um eine Papierfabrik. Heute ist die Stadt mitten in den Himmelbergseen zwar ein Ort mit Industrie, dennoch auch Kurbad, auf alle Fälle aber ein günstiger Ausgangspunkt für Touren in die reizvolle Hügel- und Seenlandschaft.

Silkeborgs große Attraktion findet man im **Kulturhistorischen Museum**, das im Hovegarden, dem ältesten Haus der Stadt, untergebracht ist, Hovedgårdsvej 7 *(geöffnet Mai - Mitte Okt. tgl. 10 - 17 Uhr; Nov. - Apr. Mi, Sa + So 12 - 16 Uhr).* Meist bestauntes Exponat ist der sog. **„Tollundmann",** eine durch das Moor mumifizierte, etwa 2.200 Jahre alte Leiche. Der Tollundmann, der bis zur Entdeckung von „Ötzi" weltweit als der besterhaltene Urmensch galt, wurde 1950 im Tollund-Moor ausgegraben. Kaum 100 m daneben entdeckte man damals die Moorleiche des *„Ellinge-Mädchens",* ebenfalls im Museum zu sehen. Außerdem zeigt das Museum eine schöne Glassammlung und Exponate zur Stadtgeschichte.

Das **Kunstmuseum**, Gudenåvej 7–9 *(geöffnet 1. Apr. - 31. Okt. Di - So 10 - 17 Uhr, Winter bis 16 Uhr),* stellt Grafiken und Gemälde moderner Künstler aus, besonders auch von Asger Jorn. Das Großgemälde „Stalingrad" von Asger Jorn bildet das zentrale Werk im Museum.

Jorn gilt als einer der engagiertesten Künstler in der 1949 gegründeten niederländisch-skandinavischen Arbeitsgemeinschaft „COBRA" (Abk. für Copenhagen, Brüssel, Amsterdam), von der wichtige Impulse für den abstrakten Expressionismus in Dänemark ausgingen.

Darüber hinaus gehören zu den Attraktionen der Stadt Das Süßwasseraquarium **AQUA** *(geöffnet Juni - Aug. tgl. 10 - 18 Uhr,*

 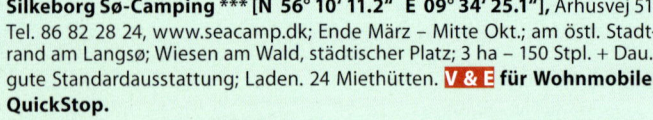

*sonst bis 16 Uhr)*, das angeblich größte seiner Art in Nordeuropa, dann das **Glockenspiel** in der 1876 im romanischen Stil erbauten Kirche – es erklingt täglich um 8, 12, 14, 16 und 18 Uhr – und die große **Fontäne** im Silkeborg Langsø, die abends beleuchtet ist.

### Ausflüge ab Silkeborg

**Bootsausflug** (bis zu 8 Abfahrten täglich) mit dem über 120 Jahre alten Raddampfer „Hjejlen" (und mit neuzeitlichen Schiffen) zum **Aussichtsberg Himmelbjerget**.

Nach 75-minütiger Bootsfahrt legt man am Fuße des Berges an und spaziert über den sog. „Schlangenweg" hinauf zum Gipfel. Die Höhe wird von einem 25 m hohen **Aussichtsturm** gekrönt. Er wurde 1875 zum Gedenken an Frederik VII. errichtet. Vom Turm genießt man eine herrliche Aussicht über die Seen und bewaldeten Hänge.

**Ausflug nach Gjern**, ca. 20 km nordöstlich von Silkeborg. Wer sich in ruhiger, ländlicher Umgebung wohlfühlt, gerne durch herrliche Natur streift, wird sich auf diesem Ausflug wohl fühlen.

Zwischen Gjern und Svostrup liegen die unter Naturschutz stehenden **Hügel Gjern Bakker** (104 m). Von der Troldhøj aus bieten sich schöne Ausblicke auf das Gudenåtal.

Sehenswert in Gjern ist nicht nur für Technikfreunde das Oldtimermuseum **„Veteranbilmuseet" [N 56° 13' 33.4" E 09° 44' 29.4"]** *(geöffnet Mai - Mitte Sept. tgl. 10 - 17 Uhr; www.jyskautomobilmuseum.dk)*. Es ist das größte Automobilmuseum in ganz Jütland und stellt über 140 Fahrzeuge aus, deren Baujahre zwischen 1900 und 1948 liegen.

**ROUTE:** *Von* **Silkeborg** *nach* **Århus**.

**Århus [N 56° 09' 11.1" E 10° 12' 11.4"]**, eine Wikingergründung, Bischofsitz seit 928 und Stadt mit Handelsrechten seit 1441, entwickelte sich zu Dänemarks zweitgrößter Stadt.

Der Stadtname Århus leitet sich übrigens ab von „ar-os", was soviel wie „Mündung der Au" bedeuten soll.

Entwickelt hat sich die Stadt aus einer günstigen Landungsstelle, einer Art natürlichem Hafen mit Namen „Mindet" unweit der Mündung der Au ins Meer, die schon im 11. Jh. von Adam von Bremen erwähnt wird. Nach der Reformation stagnierte die Stadtentwicklung, die erst zu Beginn des 18. Jh. wieder einsetzte. Heute ist Århus mit rund 298.000 Einwohnern eine der wichtigsten Kultur-, Industrie-, Hafen- und Universitätsstädte Dänemarks.

Die Sehenswürdigkeiten der Stadt liegen etwas zu weit auseinander, als dass man sie alle auf einem Rundgang besichtigen könnte. Man wird also sein Auto oder öffentliche Verkehrsmittel dazu benützen.

### Stadtspaziergang

Das **Touristeninformationsbüro (1)** [N 56° 09' 11.1" E 10° 12' 11.4"]ist im Rathaus auf der Turmseite eingerichtet, Park Allé 1.

Der Rathausturm kann im Sommer gegen Eintritt bestiegen werden.

**Wikingermuseum (2)** – Unter dem Gebäude der Handelsbank, Sct. Clemenstorv 6, wurden Reste einer Wehranlage und Hausfragmente aus der Wikingerzeit ausgegraben.

Etwas weiter sieht man den Turm mit der spitzen Haube des **St. Clemens Doms (3)** am Bispetorvet 1 aufragen. Der ursprünglich romanische Bau aus dem 13. Jh. erfuhr durch Umbauten soviel Veränderungen, dass der Besucher heute eigentlich einen Dom im spätgotischen Stil vorfindet.

Im Inneren des mit 93 m überaus langen Kirchenschiffs (angeblich das längste in Dänemark) sieht man Fresken, eine bemerkenswerte Kanzel (16. Jh.), ein altes Taufbecken (15. Jh.) und eine große Orgel aus dem 18.

*Århus, im Freilichtmuseum „Gamle By"*

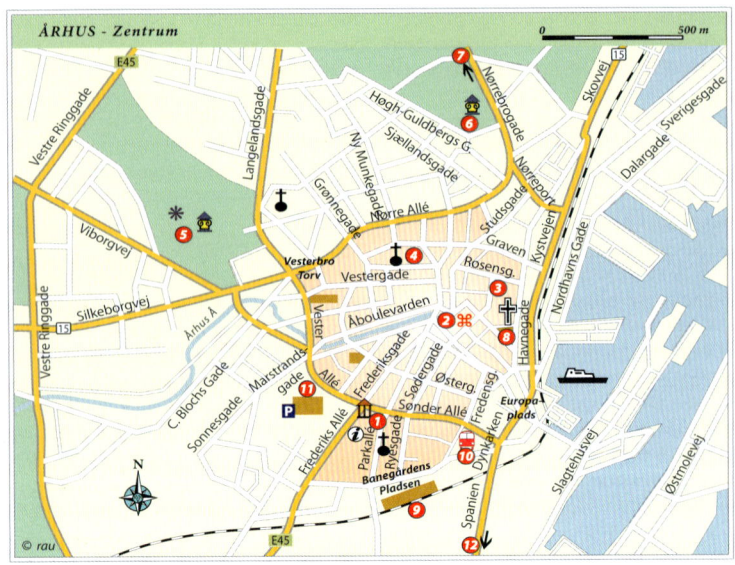

ÅRHUS – **1** Touristeninformation und Rathaus – **2** Wikingermuseum – **3** Dom St. Clemens – **4** Vår Frue Kirche – **5** Freilichtmuseum „Den Gamle By" – **6** Kunstmuseum – **7** zum Naturgeschichtlichen Museum – **8** Theater – **9** Bahnhof – **10** Busbahnhof – **11** Konzerthaus – **12** zu Schloss Marselisborg, Mindeparken, Tivoli Friheden

Jh. Beachtung verdient vor allem der dreiflügelige Altaraufsatz, geschaffen von einem Lübecker Künstler im 15. Jh. und das alte Chorgestühl.

Westlich des Doms in der Vestergade 21 liegt die **Vår Frue Kirche (4)**. Die Kirche Unserer Lieben Frau ist die alte Stadtkirche von Århus aus dem 11. oder frühen 12. Jh.

Mit zu den größten Sehenswürdigkeiten der Stadt zählt zweifellos das **Freilichtmuseum „Den Gamle By" [N 56° 09' 32.1" E 10° 11' 23.7"]**, Viborgvej 2, an der Straße 26 im Westen von Århus (geöffnet Juli - Aug. tgl. 9 - 18, Apr. - Juni bis 17 Uhr, übrige Zeit bis 16 Uhr; www.dengamleby.com). „Den Gamle By", die „Alte Stadt" wird auch als das größte Freilichtmuseum für Stadtkultur bezeichnet.

1914 begann man im westlich vom Stadtzentrum gelegenen Botanischen Garten damit, alte historische Häuser aus allen Teilen Dänemarks vom frühen 17. Jh. bis ins späte 19. Jh. hier naturgetreu wieder aufzubauen. Darunter sind **Bürgerhäuser, Gehöfte**, ja sogar **Apotheken, Kaufmannshöfe** und **Theater**. Ein Bummel durch die alten kopfsteingepflasterten, engen Gassen, vorbei an den hübschen Fachwerkfassaden mit nostalgischen Handwerksschildern und romantischen Fensternischen und ein Blick in Läden,

Werkstätten und Stuben aus Urgroßmutters Tagen, ist ein Spaziergang durch eine andere Zeit. Ein Besuch, für den man viel Zeit mitbringen sollte, lohnt sehr!

Im nördlichen Stadtteil in der Nähe der Ausfallstraße nach Randers liegt im Vennelystparken das **Kunstmuseum** (Di - So 10 - 17 Uhr), mit Werken dänischer Künstler vom 18. Jh. bis heute. Großen Raum nehmen Gemäldesammlungen aus dem sog. „Goldenen Zeitalter" ein, einer glanzvollen Periode dänischer Malerei in der ersten Hälfte des 19. Jh.

Relativ neu ist das erst 1993 in der Kunsthalle von Århus eröffnete **Plakatmuseum**. Zu sehen sind rund 90.000 Plakate, die der Kunstmaler Peder Stougaard in 25 Jahren zusammengetragen hat. Das älteste Plakat stammt aus den 80er Jahren des vorvergangenen Jahrhunderts.

Ein paar Straßenzüge weiter nördlich ist im Park der Universität das **Naturgeschichtliche Museum (7)** zu finden. Ausstellungsgegenstände zu Themen der Geologie und Zoologie. www.naturhistoriskmuseum.dk.

Ebenfalls im Universitätspark liegt das **Steno Museum**. Dieses Museum befasst sich übrigens nicht etwa mit der Geschichte der Stenographie, sondern widmet sich dem Lebenswerk des Naturwissenschaftlers und Arztes *Niels Stensen*. Entsprechend sind Ausstellungen von der Astronomie bis zur Zahnmedizin zu sehen.

Im Süden der Stadt liegt die königliche Sommerresidenz **Marselisborg**, Kongenvejen 100. Das Schloss liegt am Rande des 25 ha großen Mindeparken, der zum Gedenken an die 4.144 gefallenen Dänen des 1. Weltkriegs angelegt wurde.

Der Park ist der Öffentlichkeit nur zugänglich, wenn das Schloss unbewohnt ist. Ist die Königin anwesend, findet täglich um 12 Uhr vor dem Schloss eine Wachablösung der Königlichen Garde statt.

In der Nähe liegt der Vergnügungspark **Tivoli-Friheden**, Skovbrynet 1 *(geöffnet Mai + Sept. an Feiertagen und Wochenenden 11.30 - 19 Uhr, Juni + Aug. 11.30 - 20 Uhr Juli 11 - 22 Uhr; www.friheden.dk)*. Ein schöner Blumenpark ist angeschlossen.

Noch weiter südlich liegt in der Moesgård Allé 20 in einem Waldgebiet der ehemalige **Gutshof Moesgård** gelegen. In ihm ist das vorgeschichtliche Museum **Forhistorisk Museum Moesgård** untergebracht *(geöffnet Apr. - Sept. tgl. 10 - 17 Uhr, sonst tgl. a. Mo 10 - 16 Uhr)*. Zu den Exponaten zählen Runensteine, Gegenstände aus der Eisenzeit, Sammlungen zur Eskimokultur und der annähernd 2.000 Jahre alte „Grauballemann", eine mumifizierte Moorleiche. Freilandabteilung mit prähistorischen Hünengräbern

und Dolmen. Wikingersiedlung mit originalgetreu nachempfundenen Wohnhäusern, Werkstätten u. ä.

**ROUTE:** *Weiterreise von Århus auf der Straße 15 bis* **Legten** *und dort auf der 563 nach* **Hornslet**.

Unweit nördlich von **Hornslet** liegt an der Straße 563 **Schloss Rosenholm [N 56° 19' 59.5" E 10° 19' 59.1"]** *(geöffnet 1. - 19. Juni Sa + So 11 - 16 Uhr, 20. Juni - 31. Aug. tgl. 11 - 16 Uhr. Führungen; www.rosenholmslot. dk)*. Eine Besichtigung lohnt.

Das von breiten Wassergräben umgebene Anwesen ist seit mehr als vierhundert Jahren Stammsitz des Rosenkrantz-Adelsgeschlechts. Es gilt als älteste Familienresidenz in Dänemark.

Schloss Rosenholm ist eine überaus eindrucksvolle, in rotem Backstein aufgeführte, vierflügelige Renaissanceanlage, die mitten in einem schönen Barockpark liegt. In den zu besichtigenden Räumlichkeiten sind kostbares Mobiliar, sowie eine Gemälde- und Gobelinsammlung zu sehen.

**ROUTE:** *Von Hornslett über Landstraßen nach Nordwesten und vorbei an* **Schloss Clausholm** *nach* **Randers**.

Etwa 5 km südlich von Schloss Clausholm lohnt in **Voldum [N 56° 21' 52.5" E 10° 10' 16.3"]** ein kurzer Besuch der **Kirche von**

---

## PRAKTISCHE HINWEISE – ÅRHUS

**Turistbureau [N 56° 09' 11.1" E 10° 12' 11.4"]**, Rådhuset, Park Allé 1, 8000 Århus C, Tel. 86 12 11 77, Fax 86 12 95 90. www.visitaarhus.com.

### HOTELS

**Comfort Hotel Atlantic****, 102 Zi., Europaplads 12 - 14, Tel. 86 13 11 11, Fax 86 13 23 43, www.choicehotels.dk; Restaurant, Garage.
**Helnan Marselis****\***, 110 Zi., Strandvejen 25, Tel. 86 14 44 11, Fax 86 11 70 46, www.marselis.dk; Restaurant, Sauna, Schwimmbad, Garage. – U. a.

### CAMPING

**Århus Camping \*\*\* [N 56° 13' 37" E10° 9' 47"]**, Randersvej 400, Tel. 86 23 11 33, www.aarhusnord.dk; 1. Jan. – 31. Dez.; ca. 8 km nördl. der Stadt an der Straße 180 in **Lisbjerg**; ausgedehntes, unebenes Wiesengelände, mit teils dichtem, hohem Baumbestand; ca. 7 ha – 160 Stpl. + Dau.; Standardausstattung; Laden, Imbiss, Schwimmbad; 25 Miethütten. **V & E für Wohnmobile. QuickStop.**
**Blommehaven \*\*\* [N 56° 06' 30.9" E 10° 13' 58.2"]**, Ørneredevej 35, Tel. 86 27 02 07, www.camping-blommehaven.dk; Apr. – Mitte Sept.; städtische Anlage rund 4 km südl. der Stadt an der Århus Bucht; von der Bucht leicht ansteigendes Wiesengelände, teils am Wald; ca. 8 ha – 400 Stpl.; gute Standardausstattung; Laden, Imbiss; zum Meer ca. 100 m.

*Schloss Rosenholm*

**Voldum.** Bemerkenswert sind die prächtigen Sarkophage unter der Orgelempore mit den sterblichen Überresten der Herren von Schloss Clausholm. Wunderschön geschnitzter Altar und Kanzel.

**Schloss Clausholm [N 56° 22' 58.1" E 10° 10' 10.6"]** *(Schloss geöffnet Juli 11 - 16 Uhr, Park Mai - Sept. 11 - 16 Uhr),* so wie es sich heute präsentiert, entstand um die Wende vom 17. zum 18. Jh. Es wartet mit interessanten Ausstattungsdetails auf. Darunter sind unverändert erhaltene Stuckdecken im Salon, Rokokomöbel und die älteste Orgel Dänemarks in der Kapelle. Im Park Wasserspiele.

Zur Schlossgeschichte gehört auch die „Affäre" der *Anna Sophie Reventlow,* der Tochter des königlichen Kanzlers, später zweite Frau König Frederik IV. und Königin. König Frederik entführte 1712 die Kanzlerstochter, heiratete sie ungehörig kurze Zeit nach dem Tode seiner ersten Frau, um Anna Sophie schließlich selbst zur Königin zu krönen. Als Witwe lebte Anna Sophie später – vom Hofe verbannt – bis zu ihrem Tode 1743 wieder auf Schloss Clausholm.

**Randers [N 56° 27' 39.8" E 10° 02' 31.1"]**, mit annähernd 63.000 Einwohnern Dänemarks sechsgrößte Stadt, liegt an einer Stelle an der Mündung des Gudenå-Flusses in den Randers Fjord, die schon in früher Zeit an einer seichten Furt die bequeme Querung des Wasserlaufs erlaubte und somit den Warenstrom ungehindert in Nord-Süd-Richtung fließen ließ.

Rasch entwickelte sich ein Handelsplatz, der 1086, zu Zeiten König Erik Ejegods, erstmals auf Münzen erwähnt wird.

Auch in Randers sind es alte Fachwerkhäuser und Handelshöfe, die in einigen Stra-

ßenzügen noch etwas vom Flair der alten Tage verbreiten und zu einem Stadtbummel einladen.

Ausgangspunkt eines **Stadtrundgangs** kann das **Helligandshuset** am **Erik-Menveds-Platz sein**. Dieser alte Steinbau hinter der St. Morten Kirche mit Stufengiebel und Storchennestern auf dem Dach, wurde gegen 1500 von Mönchen des Heiliggeistordens gebaut.

Der Erik-Menved-Platz ist nach dem König benannt, der 1302 als erster der Stadt Handelsrechte verlieh.

Durch die **Houmeden**, eine der ersten Fußgängerzonen des Landes mit einem interessanten alten Fachwerkbau (1560) mit vorspringenden Etagen, gehen wir links (westwärts) bis zur Store Voldgade (Große Wallstraße), dann rechts die Borgergade hinauf.

Wir machen eine scharfe Linkskehre in die Von Hatten Straede. In der gepflasterten Straße ist das **Von Hatten-Haus** aus dem Jahre 1779 beachtenswert.

Nun kommen wir in die Vestergade. Haus **Vestergade Nr. 1** wird auch **Voldbrohus**, also Wallbrückenhaus genannt. Es erinnert daran, dass hier früher der Wallgraben begann. Ganz in der Nähe stand das westliche Stadttor.

Schräg gegenüber steht das **Randers Hospital** oder Randers Kloster. Der älteste Gebäudeteil liegt in der Hospitalsgade. Es ist ein sehr schöner Fachwerkbau mit geschnitzten Holzbalken aus dem Jahre 1620.

Die Kirkegade hinunter. Die nächste Querstraße rechts ist die **Store Kirkestraede**, eine Fußgängerzone mit Fachwerkhaus. Auf der anderen Seite der Kirkegade ragt die **St. Mortenskirche** auf. Gegen 1500 erbaut, sollte sie den Heiliggeistmönchen als Klosterkirche dienen. Geschnitzte Portale und Kanzel.

Wir gehen die Kirkegade weiter Richtung Gudenå-Fluss. Später heißt die Straße Middelgade, dann Storegade.

**Haus Storegade 13** ist ein dreigeschossiger Fachwerkbau aus dem Jahre 1643, der zu den schönsten seiner Art aus der Renaissance gezählt wird. Geschnitztes Fachwerk, Innenhof mit Laubengang.

Eine Geschichte wird erzählt, die besagt, dass im Haus der ruhelose Geist des Grafen Gert des Kahlen umgeht, den einstmals Niels Ebbesen meuchelte. Und damit der Geist des Kahlen Grafen auch immer freien Zu- und Ausgang habe, müsse eine der Luken unter dem Dach immer geöffnet sein. Andernfalls würde das Haus ein Raub des „roten Hahns" werden.

Den gleichen Weg zurück bis zur Brødregade, die rechts stadteinwärts führt. Am Eck Brødregade 25, ein ehemaliger **Kaufmannshof**, von dem nur noch die Fassade und das Eingangstor aus dem Jahre 1663 erhalten ist. Solche Kaufmannshöfe hatten früher Stallungen für 100 Pferde.

Nach ein paar Gehminuten kann man rechts in die Geschäftsstraße Dytmaersken neben dem **Busbahnhof** einbiegen und weiter bis zur Östervold gehen. Auf der anderen Seite, in der Fischersgade, liegt das **Kulturhaus [N 56° 27' 39.8" E 10° 02' 31.1"]**. Im Erdgeschoss Bibliothek, im 1. Stock das **Kulturhistorische Museum** und im 2. Stock das **Kunstmuseum** mit Werken dänischer Maler von 1780 bis in unsere Zeit.

Weiter über die Brødregade. Am Ende der Brødregade biegen wir rechts in die Slotsgade ein und gehen wenig später die Østervold (Ostwall) links hinauf. Wir passieren die Statue eines schweren, muskulösen Hengstes. Der „**Jütische Hengst**", geschaffen von Helen Schou, erinnert an die lange Tradition des Pferdehandels in Randers. Noch heute ist jedes Jahr im Mai Pferdemarkt.

Die nächste Querstraße links ist die Provstegade. Ihr folgen wir bis zur Nygade

(Neue Straße). Haus Nr. 4 dort ist das älteste Fachwerkhaus von Randers. Sein Ursprung geht in die erste Hälfte des 15. Jh. zurück. Die Nygade links bis zur Rosengade und rechts durch das ehemalige Judenviertel zum **Radhus-Torv**, dem Rathausplatz, dem alten Zentrum der Stadt.

An der Ostseite des Rathaus- und Marktplatzes steht das alte **Rathaus** von 1778. Der ganze wohlproportionierte Bau mit seinem Uhrtürmchen wurde 1930 auf Schienen 3 Meter nach Norden versetzt, um Platz für den Verkehr zu schaffen. Das Denkmal vor dem alten Rathaus stellt den sagenumwobenen Heißsporn Nils Ebbesen dar. 1340 erschlug er den holsteinischen Grafen Gert und erwarb sich den Ruf, der erste Freiheitskämpfer Dänemarks zu sein.

Seit einigen Jahren verfügt Randers über eine besondere Attraktion, den **Randers Regnskov,** den Regenwald von Randers, Tørvebryggen 11 *(geöffnet 1. Mai - 31. Aug. tgl. 10 - 18 Uhr, Winterhalbjahr bis 16 Uhr; www. randersregnskov.dk).* Unter zwei riesigen, recht futuristisch wirkenden Glaskuppeln nahe der Durchgangsstraße am Südrand der Innenstadt, findet man einen üppigen tropischen Garten, mit exotischen Pflanzen und Tieren, Felsgruppen und Wasserfällen. Es wird permanent ein tropisches Klima erzeugt, mit 99% relativer Luftfeuchtigkeit und einer Temperatur von 25 Grad.

**Elvis Unlimited,** Stemannsgade 9C *(geöffnet Mo - Fr 10 - 17.30 Uhr, Sa, So 10 - 16 Uhr),* nennt sich das angeblich einzige **Elvis Presley-Museum** außerhalb der USA. Neben einer Gitarre des King of Rock'n Roll sind Kostüme und andere Elvis-Devotionalien zu besichtigen.

## PRAKTISCHE HINWEISE — RANDERS

 **Turistbureau,** Erhvervenes Hus, Tørvebryggen 12, 8900 Randers, Tel. 86 42 44 77, Fax 86 40 60 04. www.visitranders.com.

### HOTEL

 **Randers ****,** 79 Zi., Torvegade 11, Tel. 86 42 34 22, Fax 86 40 15 86, www. hotel-randers.dk; sehr zentral, Restaurant, Garage.

### CAMPING

 **Randers City Camp** (ehem. Fladbro Camping) *** **[N 56° 27' 01.0" E 09° 57' 02.5"],** Hedevej 9, Tel. 86 42 93 61, www.fladbrocamping.dk; 1. Jan. – 31. Dez.; ca. 5 km südwestl. Randers, zunächst Straße 16 bis Hornbæk, dann Straße 525 ca. 3 km Richtung Langå; weitläufiges, ruhig gelegenes Gelände, in waldreichem Gebiet; ca. 7 ha – 150 Stpl. + Dau; Standardausstattung; Schwimmbad. 25 Miethütten. **V & E für Wohnmobile.**

## RANDERS – HIRTSHALS

**Länge der Tour:** Rund 190 km.

**Die Route:** Über die E45 bis **Hobro** – Straße 180 bis **Aalborg** – E45 bis **Frederikshavn** – Straße 35 bis **Hjørring** – E39 bis **Hirtshals**.

**Reisedauer:** Mindestens ein Tag.

**Reisehöhepunkte:** Der **Dom ** in Viborg** – die **Wikingerburg Fyrkat** bei Hobro – Spaziergang durch **Aalborg** – **Schloss Voergård** – das **Bongsbo Museum** in Fredrikshavn – die **Strände *** bei Hirtshals**.

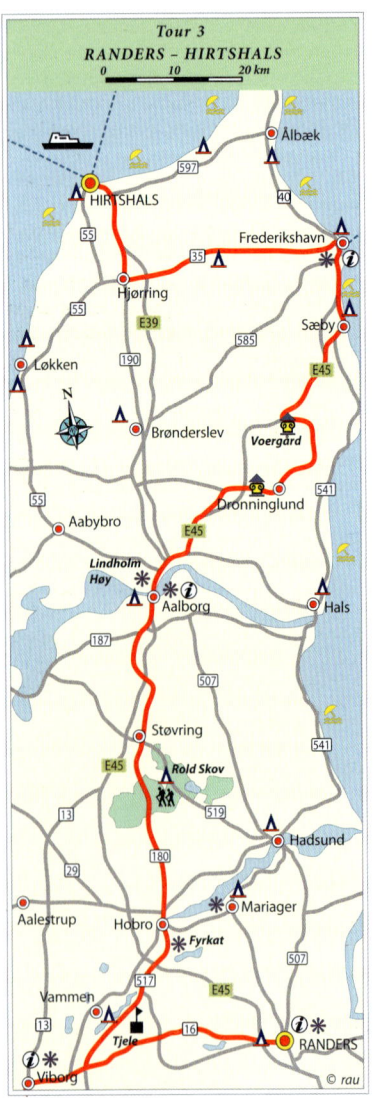

**ROUTE:** *Von Randers auf der Straße 16 westwärts nach* **Viborg**, *41 km.*

**Viborg, „Das Herz Jütlands" [N 56° 27' 03.8" E 09° 24' 33.4"],** verdankt seine Entstehung wahrscheinlich einer heidnischen Kultstätte, die in alter Zeit einmal im Jahr von den Wikingern aufgesucht wurde. Der Stadtname weist darauf hin. Nach einer Stadtbeschreibung des Touristenbüros hieß Viborg früher *Wibjerg*. „Wi" bedeutet soviel wie Heiligtum und „bjerg" heißt Hügel oder Berg. Wibjerg war also der Heilige Berg.

Die Stadtgründung wird im 8. Jh. angesiedelt. Viborg ist demzufolge eine recht alte Stadt und macht der weiter südlich gelegenen Stadt Ribe unverhohlen den Rang streitig, älteste Stadt Dänemarks zu sein.

Schon 1065 war Viborg bedeutender Bischofssitz mit Dom, sechs Klöstern und zwölf Kirchen.

Schutzheiliger der Stadt ist der Heilige Kjeld, der 1150 in Viborg starb. Ihm werden viele Wunder nachgesagt. Einer der Legenden zufolge stieg Kjeld während eines Brandes im Jahre 1145, damals Domprobst zu Viborg, auf einen der noch unfertigen Türme des Doms, um mit seinem Gebet die Flammen vom Dom abzuhalten, mit Erfolg wie überliefert ist.

Ein anderer Großbrand im Jahre 1726 vernichtete fast ganz Viborg. Damals hatte der Brand seinen Ursprung in der Küche des wohlhabenden Kaufmanns Peter Vandet. Eine Dienstmagd, so die Überlieferung, hatte mit Heidekraut ein Feuer zum Biersieden entfachen wollen und ließ den Herd eine Zeit lang unbeobachtet. Die Flammen sprangen auf das Strohdach des Hauses über. Und es wird behauptet, dass die Herrin des Hauses aus Geiz es verweigerte, dass man zum Löschen der Flammen, was im Anfangsstadium des Brandes wohl noch erfolgversprechend gewesen wäre, das kostbare Bier verwendete. In der Folge breitete sich das Feuer in rasender Geschwindigkeit über die ganze Stadt aus.

Übrigens war Bier aus Viborg bis ins vergangene Jahrhundert ein begehrtes Produkt in Jütland. Wahrscheinlich hieß es nicht umsonst: „Viborg ist bekannt für sein Bier und seine Küster". Richtiggehend berühmt war Viborgs „Skald-Bier". Letzte Relikte aus Viborgs Bierzeit sind die Bierkeller in der Sct. Mathias Gade.

Heute ist Viborg mit annähernd 41.000 Einwohnern Sitz der Kreisverwaltung, des Landgerichts und anderer wichtiger Verwaltungen.

Größte Sehenswürdigkeit ist zweifellos der **Dom [N 56° 27' 01.9" E 09° 24' 40.9"]** im Stadtzentrum (geöffnet 11 bis 16 Uhr). Schon 1130 wurde über einer Krypta eine Kirche errichtet. Nach Bränden entschied man sich 1870 zum Wiederaufbau der Kirche im romanischen Stil. Sieben Jahre später war der Dom aus Granitblöcken in der Form vollendet, wie wir ihn heute sehen.

Im Inneren sind vor allem die **Fresken** mit biblischen Motiven von Joakim Skovgård, sehenswert. Sie entstanden bald nach der Jahrhundertwende. Der Turm des Doms kann bestiegen werden. Eintritt.

Auf dem **Gammeltorv** (Altmarkt, Parkmöglichkeit) oder **Domplatz**, dem mittel-

alterlichen Richtplatz der Stadt, sieht man links vom Dom das alte **Rathaus** (Domkirkestræde 2 - 4). Den schönen Barockbau hatte der aus Altona stammende Baumeister Claus Stallknecht nach dem großen Brand von 1726 errichtet. Heute beherbergt das Gebäude das **Skovgård-Museum** (geöffnet 1. Juni – 31. Aug. tgl. 10 - 12.30, 13.30 - 17 Uhr, übrige Zeit nur nachmittags) mit Ausstellungen über den Kirchenmaler und Ehrenbürger Viborgs, Joakim Skovgård.

An der Westseite des Doms verläuft die **Sct. Mogens Gade** nach Norden. Wie man liest, war die Sct. Mogens Gade traditionell der nächtliche Austragungsort von Ehrenhändeln und Duellen. Einige bemerkenswerte alte Patrizierhäuser sind noch erhalten, z. B. Haus Nr. 7 „Hauchske Gård", Haus Nr. 9a „Villadsens Gård" mit Treppengiebel und der Jahreszahl 1520, oder Haus Nr. 11, der alte Pfarrhof „Gamle Præstegård" von 1736.

Von der Sct. Mogens Gade kann man das kurze Stück nach Westen zum großen **Marktplatz Nytorv** (Parkmöglichkeit) gehen. Der Platz ist umgeben von einigen stattlichen Häusern, wie z. B. dem klassizistischen **Stillings Gård** an der Ostseite aus dem Jahre 1813.

Am Nytorv (Neumarkt) findet man auch das **Touristeninformationsbüro** und den Sct.-Kjelds-Brunnen aus dem Jahre 1914, eine Arbeit des Bildhauers Anders Bundgård. Auf dem Brunnen blicken Eichhörnchen auf Marktfrauen herab, die ihr Gemüse waschen.

An der Nordseite des **Hjultorvet,** dem Radmarkt, auf dem traditionell der Wo-

## PRAKTISCHE HINWEISE — VIBORG

 **Turistbureau [N 56° 27' 03.8" E 09° 24' 33.4"]**, Nytorv 9, 8800 Viborg, Tel. 87 25 30 75, www.visitviborg.dk.

### HOTELS

 **Golf Hotel \*\*\*\***, 134 Zi., Randersvej 2, Tel. 86 61 02 22, Fax 86 61 31 71, www. golf-hotel-viborg.dk; Restaurant, Sauna, Schwimmbad. – U. a.

### CAMPING

 **Viborg Sø DCU-Camping \*\*\* [N 56° 26' 15.6" E 09° 25' 18.3"]**, Vinkelvej 36, Tel. 86 67 13 11, www.camping-viborg.dk; Ende März – Mitte Okt.; am Ostufer des Sees zwischen Waldstücken, zentrumsnah, ca. 3 ha – 200 Stpl. + Dau.; Standardausstattung; Laden; 5 Miethütten; **V & E für Wohnmobile**.

 **Wohnmobil-Stellplatz**
**Wohnmobil-Stellplatz Kristiansminde [N 56° 27' 48.5" E 09° 19' 58.6"]**, Jestrupvej Vest 114, Tel. 86 64 74 01; Zufahrt über die Umgehungsstraße A13, 5 km westlich von Viborg; Übernachtungsmöglich für max. eine Nacht; 4 Stellplätze; Gebühr: 10,- Euro pro Wohnmobil. Strom, Frischwasserhahn.

*In Viborg sieht man noch viele der alten Backsteinfassaden*

gerlichen gemeingemacht. Eine unmögliche Situation damals. Der Skandal war perfekt. Schließlich soll sie als Frau eines Fährmanns auf Falster geendet haben und musste nach einer Verurteilung ihres Mannes das schwere Fährgeschäft eigenhändig weiter betreiben.

chenmarkt abgehalten wird, findet man in einem Gebäude aus dem Jahre 1867 das **„Viborg Stiftsmuseum"** mit kulturhistorischen Sammlungen *(geöffnet 1 Juni - 31. Aug. tgl. 11 bis 17 Uhr, sonst tgl. a. Mo 14 bis 17 Uhr).*

Bei längerem Aufenthalt und besonders bei schönem Wetter lohnt eine Rundfahrt auf dem Stadtsee mit dem Ausflugsschiff „Margrethe I".

**ROUTE:** *Von Viborg auf der Straße 16 ostwärts Richtung Randers. Schon nach 10 km ab nordostwärts auf die Straße 517 nach* **Hobro**. *Unterwegs passiert man die Zufahrt zu* **Gut Tjele** *[N 56° 30' 45.8"  E 09° 36' 44.3"].*

**Gut Tjele** *(geöffnet tgl. 9 - 18 Uhr)* liegt am Tjele Langsø, ca. 15 km nordöstlich von Viborg.

Bis heute ist Gut Tjele (16. Jh.) in ganz Jütland bekannt wegen der dramatischen Geschichte von *Marie Grubbe*, die adlige Herrin auf Tjele um 1700.

Marie Grubbe hatte offenbar Pech mit den Männern. Verheiratet war sie anfangs mit einem Spross aus der königlichen Familie, den sie bald gegen einen gemeinen Adligen eintauschte. Als sie dann später mit dem Kutscher des Gutes das Weite suchte, hatte sie sich als Adelige mit normalen bür-

Besucher haben Zutritt zu Teilen des Gutshofes mit Kutschensammlung, Kapelle und Garten.

**Hobro (Hobro Camping Gattenborg,** April - Sept., **QuickStop [N  56° 38' 32.2" E  09° 47' 34.0"]),** am Ende des Mariager Fjords, hat eine seltene Sehenswürdigkeit zu bieten. Ca. 3 km südwestlich liegt **Fyrkat [N 56° 38' 01.8"  E  09° 48' 00.4"]**, die Reste einer rund 1.000 Jahre alten Wikingerburg in Form eines Ringforts *(geöffnet Jun. - Aug. 10 - 17 Uhr, sonst bis 16 Uhr; www.vikingecenterfyrkat.dk).* Ein rund 10 m breiter Ringwall umgibt ein Areal von annähernd 140 m im Durchmesser. Jeweils nach einem Kreisviertel findet man Einschnitte im Wall, die Zugänge in das geschützte Innere. Eines der einstmals vier Langhäuser wurde am Rande der Anlage von Archäologen rekonstruiert. Darüberhinaus konnte die Kopie eines großen Bauernhofes aus der Wikingerzeit errichtet werden.

Die in Fyrkat gemachten Grabungsfunde sind im **Museum in Hobro** zu sehen.

### Abstecher nach Mariager

**ABSTECHER:** *Von Hobro auf der Straße 555 12 km nach Osten.*

---

### CAMPING – VAMMEN

**Vammen Camping ** [N56° 31' 22"  E9° 35'40.5]**, Langsøvej 15, Tel. 86 69 01 52, www.vammencamping.dk; 1. Mai – 1. Sept.; am Südwestende des Sees, Zufahrt von der Straße 517 beschildert; geneigte Wiese am See, teils große Geländestufen, ruhige, schöne Lage, beliebter Gemeinschaftsraum im rustikalen Fachwerkhaus; ca. 5 ha – 90 Stpl.; gute Standardausstattung. Laden. Badegelegenheit im See. Rad- u. Wandertouren. **V & E für Wohnmobile**.

**Mariager**, eine fast am Ende des weit ins Land reichenden Mariager Fjord gelegene, ansprechende Kleinstadt, wird von Liebhabern gelegentlich auch „Stadt der Rosen" genannt. Im alten Ortskern sind noch einige **hübsche alte Fachwerkhäuser** erhalten, die in den gepflasterten Gassen eine recht einladende Kulisse bilden.

*Fyrkat, rekonstruiertes Wikingerhaus*

Das **Stadtmuseum** ist in einem ehemaligen Kaufmannshof untergebracht, der aus dem 18. Jh. stammt.

Zu den neuen Attraktionen Mariagers zählt das **Dänische Salz-Center [N 56° 39′ 13.4″ E 09° 58′ 46.8″]** am Hafen *(geöffnet Juni - Aug. tgl. 10 - 18 Uhr, sonst Di - Fr 10 - 16 Uhr, Sa + So 10 - 17 Uhr)*. In dem Museum dreht sich alles um das „weiße Gold", den Rohstoff Salz.

An Wochenenden wird auf der Bahnstrecke Mariager – Handest mit einer **Veteranenbahn** mit alten Dampfloks und historischen Waggons Reisenostalgie wachgerufen.

Und auf dem Mariager Fjord verkehrt im Sommer der **Raddampfer „Svanen".**

### HAUPTROUTE

**ROUTE:** *Von Hobro auf Straße 180 über* **Støvring** *nordwärts bis* **Aalborg**. *Die Straße führt mitten durch die reizvolle Landschaft* „**Himmerland**".

Auf dem Weg nach Süden passieren wir zwischen Gravlev und Rold den **Rold Skov**, das größte Waldgebiet Dänemarks. Der weitläufige Forst begrenzt den **Nationalpark Rebild**, ein hügeliges Heidegelände mit einer dänisch-amerikanischen Gedenkstätte, der „*Lincoln Log Cabin*", dem originalgetreuen Nachbau des Geburtshauses Abraham Lincolns.

Bei **Oplev** liegen die **Kalkgruben Thingbæk**, die heute ein Bildhauermuseum beherbergen.

**Aalborg [N 57° 02′ 51.1″ E 09° 55′ 13.9″]**, ca. 120.000 Einwohner, ist eine über 1.000 Jahre alte Stadt und von jeher wichtiger Handels- und Wirtschaftsplatz. Die günstige Lage am Limfjord förderte die Entwicklung des Hafens, der Wohlstand in die Stadt brachte.

Einen Stadtspaziergang beginnt man am besten am Touristeninformationsbüro an dem kleinen Platz an der Østerågade.

### PRAKTISCHE HINWEISE — SKØRPING

**Turistbureau**, Kulturstationen, 9520 Skørping, Tel. 99 82 84 40; www.roldskov-turist.dk.

## CAMPING

**Safari-Camping** ***, Rebildvej 17 A, Tel. 98 39 11 10; www.dk-camp.dk/safari;
1. Jan. – 31. Dez.; ca. 3 km westl. Skørping; ebenes Wiesengelände; ca. 4 ha –
130 Stpl. + Dau.; Standardausstattung. Laden, Imbiss; 4 Miethütten.
**V & E für Wohnmobile.**

Schräg gegenüber erhebt sich unverkennbar das mächtige, fünfstöckige, mit reichem Giebelschmuck versehene Haus des Großkaufmanns Jens Bang. Der als **Jens Bang's Stenhus,** Østeraagade 9, bekannte Bau stammt aus dem Jahre 1624 und gilt als eines der größten und schönsten Bürgerhäuser im Renaissancestil Nordeuropas.

Wenn man sich allerdings die Köpfe, Masken und Fratzen an den Giebeln etwas genauer ansieht, kann man auf den Gedanken kommen, dass Jens Bang keineswegs nur ein allseits geliebter Bürger war.

In dem Prachtbau ist seit 300 Jahren die „Svane Apothek" eingerichtet, die älteste Apotheke in Aalborg. Außerdem findet man dort den „Duus vinkjelder", einen alten Weinkeller mit historischem Inventar.

Geradezu bescheiden sieht daneben das **Alte Rathaus** aus. Der schöne Spät-

*Sehenswert – Jens Bang's Stenhus*

barockbau den wir heute sehen, entstand erst 1762.

**Gammel Torv**, der Alte Platz vor dem Rathaus, ist der historische Marktplatz der Stadt. Früher war hier die Thing- und Richtstätte und bis auf den heutigen Tag werden von hier aus die Straßenkilometer ab Aalborg gemessen. Ein Stein auf dem Platz markiert den Nullpunkt.

Die Südseite des Platzes wird begrenzt durch die **Budolfi Domkirche**, Eingang in der Algade. Der größte Teil der Kirche, die dem englischen Heiligen der Seeleute „Butolph" geweiht ist, entstand im 13. und 14. Jh. Im Inneren des Kirchenschiffs wertvolle Fresken, z. B. die vier Evangelisten in der Vierung, sowie Motive aus dem Alten und Neuen Testament. Bemerkenswert auch der Altar, die geschnitzte Kanzel, der barocke Marmortaufstein und die Empore mit Stilelementen der Renaissance und Motiven der Zehn Gebote.

In der Algade Nr. 48 findet man das **Historische Museum** (geöffnet tgl. a. Mo 10 - 17 Uhr) mit Exponaten aus der Steinzeit, Funden aus der Wikingerzeit von Lindholm Høje, Ausstellungen zur Stadtgeschichte, schöne Gläser- und Silbersammlung. Hervorzuheben ist das getäfelte Aalborg-Zimmer von 1602 mit prächtigem Renaissanceinterieur.

Die Fußgängerzone **Jomfru Ane Gade** ist Aalborgs bekannte Schlemmermeile. Viele sagen auch, es sei „die längste Theke des Landes". Jedenfalls findet man hier über 20 Kneipen, beliebte Speiserestaurants, aber auch Discos und Musikunterhaltung.

Wir gehen die Østerågade nordwärts – früher war dies übrigens ein Flusslauf und die Frachtkähne konnten direkt bis zu den Handelshäusern hier fahren – bis zum **Schloss Aalborghus** , Slotspladsen 1, erkenntlich an seinem Stufengiebel (geöffnet: Wallanlage ganzjährig 8 - 21 Uhr; Verlies 1. Mai - 31. Okt. tgl. 8 - 15 Uhr). Vom Slotspladsen am

Hafen kann man durch einen Torweg in den Innenhof gelangen.

Mitte des 16. Jh. legte König Christian III. den Grundstein zu Aalborghus, einem befestigten Schloss, das später Sitz des Königlichen Lehensmannes wurde und heute Amtssitz des Landrats ist. Zu sehen sind ein Verlies und unterirdische Gänge und Fluchtwege, sowie Kasematten.

Je nach persönlichem Interesse lohnen folgende Sehenswürdigkeiten einen Besuch:

**Nordjütlands Kunstmuseum**, Kong Christians Allé 50 *(geöffnet tgl. a. Mo 10 - 17 Uhr, Juli + Aug. auch Mo; www.nordjyllands-kunstmuseum.dk)*, untergebracht in einem modernen Bau der Architekten Aalto (Finnland) und Baruel (Dänemark). Dänische und internationale Kunst des 19. und 20. Jh. Einen Schwerpunkt bilden Werke von Künstlern der COBRA-Gruppe.

**Tivoliland**, Karolinelundsvej 40 *(geöffnet Apr. - Juni + Sept. 12 - 21 Uhr, Juli 11 - 22 Uhr, Aug. 12 - 20 Uhr)*, Vergnügungspark mit 80 Attraktionen, 15 Gaststätten, Blumenpark und Musikveranstaltungen.

**Lindholm Høje** *(geöffnet tgl. a. Mo 10 - 17 Uhr)* liegt gegenüber von Aalborg auf der nördlichen Fjordseite, nordwestlich der Vorstadt Nørresundby. Die archäologische Stätte mit ca. 700 Gräber, davon 150 sog. Schiffssetzungen, gilt als größter Begräbnisplatz in Jütland aus der Eisen- und Wikingerzeit. Dazu wurden große Gesteinsquader in der ovalen Form eines Schiffes aufgestellt, wohl in der Hoffnung, dass der Verstorbene magische Kraft genug haben würde, mit diesem symbolischen Schiff ins Reich der Toten segeln zu können.

Im **Aalborg Seefahrt- und Marinemuseum**, Vestre Fjordvej 81, wird über die Entwicklung der dänischen Seefahrt der letzten 200 Jahre informiert *(geöffnet Mai - Aug. tgl. 10 - 18 Uhr, sonst 10 - 16 Uhr)*. Besondere Attraktion des Museums sind das in Dänemark gebauten U-Boot 'Springeren' sowie das Torpedo-U-Boot 'Søbjørnen', dem schnellsten Torpedoboot der Welt.

**ROUTENALTERNATIVE:** *Von Aalborg erreicht man über die Autobahn E39 und über **Hjørring** [N 57° 27' 25.8" E 09° 59' 35.1"] (Wohnmobil-Stellplatz Gehöft Pedersen, Bredkærvej, Gebühr) rasch den 64 km weiter nördlich gelegenen Fährhafen **Hirtshals**.*

*Bei ausreichend zur Verfügung stehender*

**Turistbureau [N 57° 02' 51.1" E 09° 55' 13.9"]**, Østerågade 8, 9100 Aalborg, Tel. 98 12 60 22, Fax 98 16 69 22. www.visitaalborg.com.

### HOTELS

**Hvide Hus ****,** 200 Zi., Vesterbro 2, Tel. 98 13 84 00, Fax 98 13 51 22 www.hotelhvidehus.dk; Restaurant, Sauna, Schwimmbad, Garage.
**Slotshotellet Aalborg ***,** 155 Zi., Rendsburggade 5, Tel. 98 10 14 00, Fax 98 11 65 70, www.slotshotellet.dk; Restaurant, Sauna. – U. a.

### CAMPING

**Aalborg Camping ** [N 57° 03' 22.4" E 09° 52' 51.4"]**, Skydebanevej 50, Tel. 98 11 60 44; www.bbbb.dk; 1. Jan. – 31. Dez.; am nordwestl. Stadtrand nahe Trabrennbahn und Limfjord; weitläufiges, ebenes Wiesengelände, nahe Strandparken Camping; ca. 7 ha – 270 Stpl.; gute Standardausstattung; Laden, Imbiss; 30 Miethütten; Jugendherberge nebenan. **V & E für Wohnmobile. QuickStop.**
**Aalborg Familie Camping „Strandparken" *** [N 57° 3' 20" E9° 53' 8"]**, Skydebanevej 20, Tel. 98 12 76 29, www.strandparken.dk; 1. Apr. – 15. Sept.; am nordwestl. Stadtrand nahe Freibad und Limfjord; kleineres, parkähnliches Gelände mit hohem Baumbestand, nahe „Fjordparken" Camping; ca. 2,5 ha – 150 Stpl.; einfache Standardausstattung. Laden. 30 Miethütten. **V & E für Wohnmobile. QuickStop.**
**Lindholm Camping *,** 9400 Nørresundby, Lufthavnsvej 27, Tel. 98 17 26 83, 15. Mai - 31. Aug.; nordwestl. der Stadt beim Flughafen; kleiner Wiesenplatz mit ca. 60 Stpl.; einfache Standardausstattung.

*Zeit lohnt ein* **Umweg über Frederikshavn.** *Man verlässt Aalborg dann auf der E45 in nordöstlicher Richtung und erreicht nach rund 55 km Frederiks-havn. Unterwegs kann man den Schlössern Dronninglund und Voergård einen Besuch abstatten.*

**Dronninglund** liegt nordöstlich von Aalborg und rund 4 km östlich der E45 (Ausfahrt 16).

Am westlichen Stadtrand von Dronninglund findet man in der Slotsgade 8 **Schloss Dronninglund [N 57° 09' 18.3" E 10° 15' 50.2"]** (www.dronninglund-slot.dk), ein ehemaliges Nonnenkloster aus dem 13. Jh. und seit 1581 in adligem Besitz. Königin Charlotte Amalie, Gemahlin Königs Christian V., erwarb das Schloss 1690 das seitdem als Dronninglund bekannt ist. Das heute als Tagungszentrum und Hotel genutzte Schloss erhielt sein jetziges Aussehen beim Umbau im Jahr 1786. Schlosspark und Schlosskirche (sehenswerte Fresken, Gestühl und Empore ca. 16. Jh.) sind Besuchern zugänglich.

**Voergård [N 57° 14' 31.2" E 10° 20' 29.3"]** *(geöffnet Juni - Aug. tgl. 10 - 17 Uhr; www.voergaardslot.dk)* wird zu den prächtigsten Renaissanceschlössern Jütlands gezählt. Erbaut wurde der herrschaftliche Sitz um 1510 vom Bischof von Børglund. Später – ein aufgebrachter Schiffseigner hatte Feuer gelegt – brannte das Schloss nieder und wurde 1590 von der berüchtigten Ingeborg Skeel wieder aufgebaut.

Allerdings führte die böse Ingeborg nichts Gutes im Schilde. Wie es heißt, stieß sie den Baumeister in den Schlossgraben – natürlich erst nach Beendigung der Bauarbeiten – um sich so der Begleichung der beachtlichen Rechnungen zu entledigen.

1604 starb Ingeborg Skeel und wurde auf dem Friedhof von Voer begraben. Aber die ruchlose Tat lässt ihre Seele nicht zur Ruhe kommen. In jeder Neujahrsnacht erscheint Ingeborg Skeel und jedesmal ein Stück näher bei Schloss Voergård. Und es heißt, wenn sie eines Tages durch die Schlossfenster schauen kann, wird Voergård im Burggraben versinken.

Zur wertvollen Inneneinrichtung von Schloss Voergård gehört Inventar im Stile der Zeit Ludwigs XV. und Ludwigs XVI., dann ein Tafelservice Napoleons I., schließlich Teile des Services, das von Ludwig XVI. und Marie Antoinette vor deren Hinrichtung benutzt worden sein soll. Wertvolle Gemälde u. a. von Goya, el Greco, Rubens.

**Frederikshavn [N 57° 26' 11.2" E 10° 32' 09.8"]** hieß bis ins vorige Jahrhundert gar nicht Frederikshavn, sondern *Fladestrand*. Erst 1818 erhielt es zu Ehren König Frederiks IV. seinen heutigen Namen.

Die Namensänderung hatte wohl auch handfeste wirtschaftliche Hintergründe. Denn mit der Namensänderung wurden Frederikshavn Stadt- und Handelsrechte verliehen. Seitdem entwickelte sich der Ort – sicher mit wohlwollender Unterstützung der Krone – zu einem der wichtigsten dänischen Handels- und Fischereihäfen. Zudem wurde Frederikshavn eine Drehscheibe im Fährverkehr mit den skandinavischen Nachbarn.

Regelmäßige **Autofähren** verbinden Frederikshavn mit Oslo in Norwegen und mit Göteborg in Schweden. Außerdem bestehen Verbindungen zur Insel Læsø.

Der älteste Teil der Stadt liegt nur wenig nördlich des Fischereihafens. In dem alten Viertel, das die Frederikshavner *„Fiskerklyngen"* nennen, findet man noch einige niedere, getünchte Fachwerkhäuser mit roten Ziegeldächern an kopfsteingepflasterten Straßen und manchen romantischen Winkel. Die meisten Gebäude stammen aus der Zeit um 1800.

Am Meer sind Reste der alten Schanzanlagen **Nordre Skanse** zu sehen, die im frühen 17. Jh. angelegt worden sind.

Ein anderes Relikt aus der Zeit der frühen Festungsanlage ist der mächtige, runde, weiße Pulverturm **Krudttårnet** am Platz vor dem Fährhafen *(geöffnet 1. Apr. - 3.Okt. tgl. 10 - 17 Uhr)*. Man kann es sich kaum vorstellen, aber der ganze 4.500 Tonnen schwere Turm wurde vor Jahren mit Hydraulik-Hebern und Gleitschienen an seinen jetzigen Platz versetzt, als sein alter Standort für Hafenerweiterungen benötigt wurde. Heute ist im Pulverturm ein **Museum** eingerichtet, das alte Waffen und Kriegsgerät ausstellt.

Gegenüber, zur Stadtseite hin, ragt die 1892 erbaute **Stadtkirche** auf. Das Altarbild wurde von Michael Anker gemalt, der sich den Dichter Holger Drachmann als Modell für einen dargestellten Jünger nahm. Aus nicht mehr bekannten Gründen wurden vom Kirchenrat kritische Stimmen gegen das Modell laut und der Maler Anker sah sich gezwungen, die Gesichtszüge der Apostelfigur zu ändern. Anker änderte aber angeblich nicht den Schatten des Kopfes, so dass die Züge Drachmanns dennoch erkennbar blieben.

Schließlich kann man das etwas nördlich der Stadt nähe Nordre Strandvej gelegene **Bunkermuseet** am Nordre Strandvej besichtigen *(geöffnet Juni - Aug. Di - So 10 - 17 Uhr)*. Das Bunkermuseum gibt Einblick in die „Verteidigungstechnik des Zweiten Weltkriegs", wie es heißt.

**Weitere Sehenswürdigkeiten** liegen südlich, etwas außerhalb der Stadt:

**Pikkerbakken**, 71 m hoher Aussichtspunkt mit Blick auf die Stadt.

**Bangsbo Hovegård Museum** *(geöffnet Di - So 10 - 17 Uhr; www.bangsbo-museum. dk)*, Dr. Margrethesvej 1, Frederikshavns wichtigstes Museum, untergebracht in einem idyllisch in einem Park gelegenen alten Gutshof, dessen Anfänge bis ins 14. Jh. zurückreichen. Die heutigen Gebäude stammen aus dem frühen 18. Jh.

In alten Tagen gehörte das Anwesen zum Kloster Børglum, später war es im Besitz von Ingeborg Skeel (siehe auch unter Schloss Voergård). Steinzeitliche Sammlung, umfangreiche Schifffahrtsabteilung mit großer Gallionsfigurensammlung, mittelalterliches Schiff nach Wikingerbauart, Exponate aus dem landwirtschaftlichen Milieu, eine Wagensammlung mit Fahrzeugen aus der Mitte des 17. Jh. bis in unsere Zeit, sowie Freiheits- und Widerstandsausstellung aus der Zeit des 2. Weltkrieges.

Der **Tierpark** grenzt an das Gelände von Bangsbo Museum.

### Ausflüge zu vorgelagerten Inseln

Bei ausreichend zur Verfügung stehender Zeit und bei schönem Wetter lohnen sich **Bootsausflüge zu den Inseln Hirsholmene** und **Læsø**.

Die **Insel Hirsholmene** ist ein winziges Eiland mit gerade 10 Einwohnern. Kleine Kirche. Ein Kutter fährt montags, mittwochs und freitags um 13.30 Uhr ab Frederikshavn und um 16.30 Uhr wieder zurück. Fahrtdauer 45 Minuten. Aktuelle Abfahrtszeiten im Touristenbüro erfragen!

**Insel Læsø**, über 100 qkm große Insel im Kattegatt. Im Norden hohe Dünen. Hauptort ist **Byrum.**

**Autofähren** ab Frederikshavn nach **Vesterø Havn/Læsø** verkehren täglich bis 3 mal, Juli - Aug. täglich bis 5 mal, Fahrzeit ca. 1 1/2 Stunden. Reservierung fürs Auto ratsam, www.laesoe-line.dk. Inklusiv-Pakete für Überfahrt und Inselaufenthalt werden angeboten. Infos im Touristen Informationsbüro.

Von den früheren Bewohnern der Insel Læsø wird erzählt, sie hätten ihren Lebensunterhalt mehr oder minder unverhohlen durch Strandraub bestritten. Die Fahrrinne zwischen Festland und Insel durch die „Læsø Rende" war um 1700 angeblich kaum

20 m breit und bei schlechtem Wetter für die Schifffahrt eine Gefahrenquelle erster Güte. Hunderte von Seglern sollen hier auf Grund gelaufen sein. Und bei einem Bergungslohn von einem Drittel des Schiffswertes kann man vermuten, dass die Leute auf Læsø nicht schlecht vom Meer lebten.

### HAUPTROUTE

**Hirtshals [N 57° 35' 17.3" E 09° 57' 34.2"]** ist wichtiger Fischerei- und Fährhafen. Es verkehren regelmäßig Autofähren nach Bergen, Kristiansand, Langesund, Larvik, Oslo und Stavanger in Norwegen.

Am südlichen Stadtrand von Hirtshals im Willemoesvej 2 liegt das **Nordseemuseum/ Aquarium/Ozeanarium** *(geöffnet Juli + Aug. tgl. 9 - 18 Uhr, übrige Zeit 9 - 17 Uhr; www.nord-soemuseet.dk)*. Das Fischerei- und Meeresforschungszentrum bietet Besuchern eines der größten Seewasseraquarien Europas. Das Museum gibt nicht nur Auskunft über die Hochseefischerei, sondern zeigt neben Haien, Robben und Seehunden bis zu 70 Arten von Meereslebewesen in Freiluftbecken und Aquarien.

Das **Hirtshals Museum 'Lilleheden'** (Vendsyssel Historiske Museum) liegt in der Sophus Thomsensgade 6 *(geöffnet 16.*

*Jun. - 15.Sept. Mo - Fr 10 - 16 Uhr, Sa bis 14 Uhr, übrige Zeit Mo - Do 10 - 16 Uhr, Fr bis 13 Uhr; www.vhm.dk/vhmhi.htm)* . Es ist einem alten, typischen, 1880 aus Feldsteinen errichteten Fischerhaus untergebracht. Das Museum befasst sich in erster Linie mit der Arbeits- und Lebensweise früherer Fischergenerationen.

Unweit des Campingplatzes am Westrand des Städtchens sieht man den markanten, 57 m hohen **Leuchtturm** aufragen. Von den Dünen dort hat man einen wunderbaren Blick auf den endlos langen, breiten Strand und aufs Meer.

Hier wie an vielen Stellen der jütländischen Küste stehen noch etliche Bunker und ehemalige Geschützstellungen aus dem 2. Weltkrieg in den Dünen. Eine davon, die sog. **10. Batterie**, liegt zwischen dem Leuchtturm und dem Apartementhotels Fyrklit. Man kann durch die Gräben spazieren, die die einzelnen Bunker verbinden.

Südwestlich an der **Jammerbucht** bei Lønstrup, Løkken und bis Slettestrand, sowie östlich von Hirtshals an der **Tannis Bucht** bis Gammel-Skagen erstrecken sich etwa 35 km weit unabsehbare **Sand- und Dünengürtel mit wunderbaren, breiten Sandstränden**.

---

# ÜBER DÄNEMARK UND SÜDWESTSCHWEDEN NACH NORWEGEN

## 3 TOUREN – CA. 6 TAGE

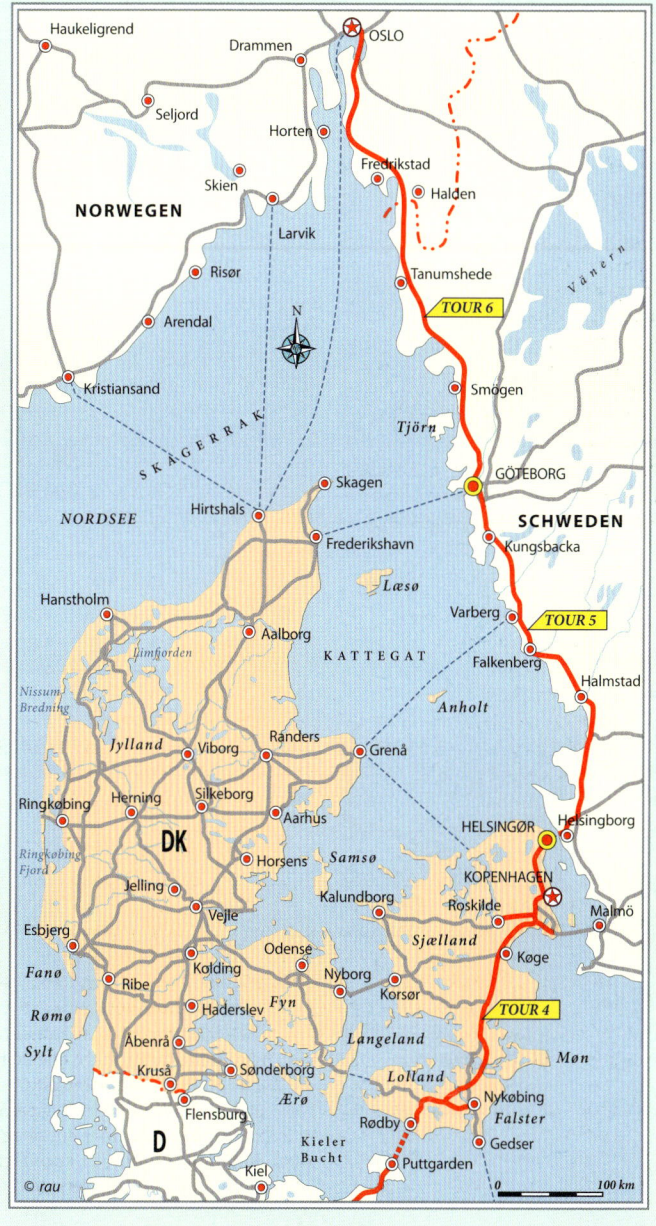

## PUTTGARDEN – KOPENHAGEN – HELSINGØR

**Länge der Tour:** Rund km 240 km, + Abstecher nach Møns Klint ca. 80 km .

**Die Route: Fähre Puttgarden – Rødbyhavn** – E47/Straßen 297 + 283 bis **Nysted** – 297 bis **Nykøbing** – E55/E47 bis **Farø** – evtl. Abstecher nach **Møns Klint** Straße 287 – E55/E47 bis **Køge** – E55 + Straße 6 bis **Roskilde** – Straße 21 bis **Kopenhagen** – Straßen 16 und 6 über **Hillerød** und **Frederiksborg** bis **Helsingør**.

**Reisedauer:** Mindestens drei Tage.

**Abstecher:** Zu den Kreideklippen **Møns Klint**.

**Reisehöhepunkte:** Das **Automuseum \*\*** bei Nysted – die Kreidefelsen **Moens Klint \*\*** – **Kopenhagen \*\*\*** – **Roskilde Dom \*\*\*** und **Wikingerschiffshallen \*** – **Schloss Frederiksborg \*\*\*** – **Schloss Fredensborg \*** – **Schloss Kronborg\*\*** in Helsingør.

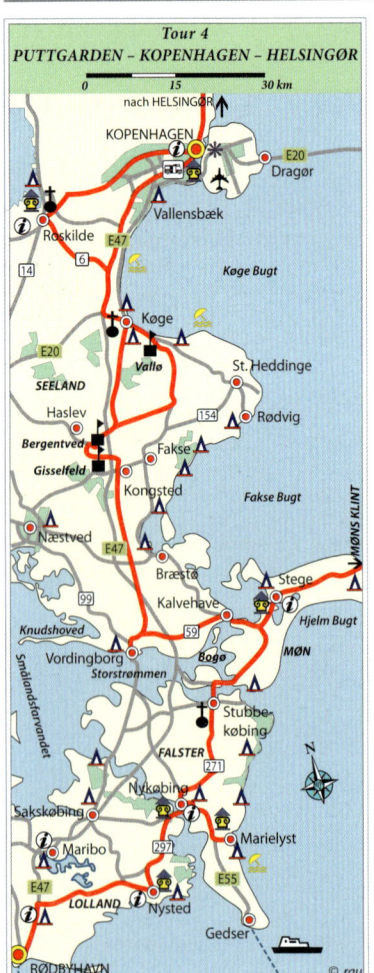

**Fähren zwischen Puttgarden und Rødbyhavn [N 54° 39' 17.4" E 11° 21' 04.0"]** auf der dänische Insel Lolland verkehren rund um die Uhr im Stundeninterval, im Sommer alle 30 Minuten. Fahrtdauer 45 Minuten. Es gibt Kombitickets für die Strecken Puttgarden – Rødby und Helsingør – Helsingborg, die etwas preisgünstiger sind als Einzelfahrscheine.

Wer seinen Reiseplan knapp kalkuliert hat, erreicht den Fährhafen Helsingør realtiv rasch und bequem direkt über die Autobahn E55/E47 – 200 km.

Wer etwas Zeit mitbringt, dem seien aber zumindest ein Stop in Kopenhagen und die Besichtigung von Schloss Frederiksborg und von Schloss Kronborg empfohlen.

ROUTE: *Vom Fährhafen Rødbyhavn auf der Autobahn E47 zunächst eine kurzes Stück nordwärts bis zur Ausfahrt 49 und dort ostwärts auf die Straße 297 (später 283) ins rund 25 km entfernte* **Nysted**.

**Nysted/Lolland** ist die südlichste Gemeinde mit Stadtrechten in Dänemark.

Zu besichtigen gibt es im Aalholm Parkvej 17 das **Aalholm Automobil Museum [N 54° 40' 08.5" E 11° 42' 29.2"]** (geöffnet Juni, Juli + Aug. tgl. 10 - 16.30 Uhr. Übrige Zeit Do, Sa + So 11 - 16 Uhr), ein wohl- sortiertes **Oldtimermuseum**, mit gut 300 wunderschön restaurierten Straßenveteranen aus der Zeit vor dem 2. Weltkrieg.

### CAMPING BEI RØDBY

**Rødby Lystskov Camping \*\***, Strandvejen, Tel. 54 60 12 16, www.rodbycamping.dk; 1. Apr. – 30. Sept.; im nördl. Stadtbereich von **Rødby**, an der Straße 153 nach Maribo; einfacher Übernachtungsplatz; ca. 1,5 ha – 90 Stpl.; Standardausstattung; Kiosk; 4 Miethütten. **V & E für Wohnmobile. QuickStop.**

### PRAKTISCHE HINWEISE — NYSTED

**Turistbureau,** Strandvejen 18, 4880 Nysted, Tel. 53 87 19 85, Fax 53 87 19 60. www.nystedturistforening.dk.

### HOTELS

**The Cottage**, 21 Zi., Skansevej 19, Tel. 54 87 16 00, Fax 54 87 16 44, Restaurant.

### CAMPING

**Nysted Camping \*\*\* [N 54° 39' 19.8" E 11° 43' 51.7"]**, Skansevej 38, Tel. 54 87 09 17, www.nystedcamping.dk; 1. Apr. – Ende Okt.; südl. der Stadt an der Bucht; Platz der Gemeinde mit Strand, durch Waldstücke windgeschützt; ca. 2 ha – 120 Stpl. + Dau.; Standard-ausstattung; Laden, Imbiss; 12 Miethütten. **V & E für Wohnmobile**.

Zu den Schmuckstücken des besuchenswerten Museums zählen u. a. ein Daimler von 1889, ein Rolls Royce von 1911, ein Bugatti von 1931, aber auch ein Volkswagen Amfibie von 1939 oder ein Maybach Zeppelin V12 8 Liter von 1939, um nur einige zu nennen.

ROUTEN: *von Nysted zurück zur 297 und weiter nach* **Nykøbing,** *ca. 20 km.*

**Nykøbing/Falster [N 54° 46' 02.8" E 11° 52' 05.5"]** liegt am Guldborg Sund an der Westküste der Insel Falster.

Besichtigen kann man im Nachbarort Sundby L. das **Middelaldercentret**, Ved Hamborgskoven 2 *(geöffnet 1. Mai - 30. Sept. tgl. 10 - 16 Uhr; www.middelaldercentret.dk)*. In diesem Freilichtmuseum werden Lebensweise und Technik des Mittelalters anschaulich gezeigt und von mittelalterlich gewandeten Interpreten demonstriert.

**Abstecher nach Marielyst**

Der **Marielyst Familiepark & Aqualand** in der Godthåbs Allé 7 im Ferienort **Bøtø By** ist ein Eldorado nicht nur für Wasserraten, sondern auch Freunde von Achterbahnfahren etc. kommen im **Sommerland Falster** auf ihre Kosten *(geöffnet Mitte Mai bis Ende Aug. tgl. 10 - 18 Uhr, im Juli bis 19 Uhr; www.sommerland-falster.dk)*.

Diese Gegend von Falster ist für seine **kilometerlangen Strände** bekannt.

Nordöstlich von Marielyst liegt bei **Væggerløse** das **Automobilmuseum Marielyst Sportscars**, Stovby Trærvej 11, mit alten Sportwagen und anderen Oldtimern *(geöffnet tgl. 10 - 17 Uhr; www.boesminde.dk)*.

### PRAKTISCHE HINWEISE – NYKØBING

**Turistbureau [N 54° 46' 02.8" E 11° 52' 05.5"]**, Østergågade 7, 4800 Nykøbing F, Tel. 54 85 13 03, Fax 54 85 10 05, www.lolland-falster.dk.

### HOTEL

**Hotel Falster \*\*\*,** 69 Zi., Skovelléen, Tel. 54 85 93 93, Fax 54 82 21 99, www.hotel-falster.dk; Restaurant, Sauna. – U. a.

### CAMPING

**Falster City Camping \*\* [N 54° 45' 58.8" E 11° 53' 39.8"]**, Østre Allé 112, Tel. 54 85 45 45, www.fc-camp.dk; 1. Apr. – 31. Okt.; Gemeindeplatz am südöstl. Stadtrand; ca. 4 ha – 100 Stpl. + zahlr. Dau; Standardausstattung; 9 Miethütten. **QuickStop.**

### CAMPING

**Marielyst bei Væggerløse**
**Marielyst Camping \*\*** Marielyst Strandvej 36, Tel. 54 13 53 07, www.marielyst-camping.dk; 1. Apr. – Anf. Sept.; 4 km östl. von Væggerløse, beschilderte Zufahrt; Wiesen in waldreicher Umgebung nahe des Strandes; ca. 2,5 ha – ca. 120 Stpl. + Dau.; Standardausstattung: Laden, Imbiss. **V & E** **für Wohnmobile**.
**Camping Østersøparken FDM \*\*\***, Bøtøvej 243, Tel. 54 13 67 86, www.oestersoe.fdmcamping.dk; Ende März – Ende Okt.; ca. 6 km südöstl. von Væggerløse in **Bøtø** südwärts; durch Hecken aufgeteilte Wiesenfelder mit Bäumen bis zum Sandstrand reichend; ca. 4 ha – 200 Stpl. + Dau.; gute Standardausstattung; Laden, Imbiss. 15 Miethütten. **V & E** **für Wohnmobile**.

**Sildestrup**
**Marielyst Ny Camping \*\*\*** [N 54° 39′ 21″ E11° 58′ 49″], Sillestrup Øvej 14 A, Tel. 54 13 02 43, www.marielystnycamping.dk; Anf. Apr.– Ende Okt.; bei Sildestrup gelegen; ebenes Wiesengelände mit Büschen und Bäumen gegliedert, zum Srand 500 m; ca. 7 ha – 250 Stpl. + Dau.; gute Standardausstattung, Laden, Imbiss. **V & E** **für Wohnmobile**.

**Ulslev**
**Camping Gården Ulslev Strand \*\*\*** [N 54° 44′ 26″ E 12° 1′ 41″], Ulslev Strandvej 3, Tel. 54 14 83 50, www.dk-camp.dk/ulslev; Mitte März – Mitte Okt.; bei Ulslev; ebene Wiesen mit Bäumen und Hecken zwischen Zufahrtsstraße und Strand gelegen; 8 ha – 200 Stpl. + Dau., Komfortausstattung, Laden, Restaurant, Imbiss. **V & E** **für Wohnmobile**.

**ROUTE:** *Von Nykøbing über die E55 bis* **Eskilstrup***, und weiter auf der E47/E55 nordwärts über* **Køge** *nach* **Kopenhagen***.*

#### Abstecher zu den Klippen Møns Klint

**ROUTEN:** *In* **Farø** *von der E47/E55 (Ausfahrt 42) ostwärts auf die Straße 287 und weiter über* **Stege** *und* **Magleby** *bis zu den* **Klippen Møns Klint***.*

Unterwegs kann man in **Stege** das **Møns Museum** [N 54° 59′ 31.4″ E 12° 17′ 07.6″] in der Storegade 75 besichtigen.
Und in **Keldby** ist die **Kirche** [N 54° 59′ 29.4″ E 12° 20′ 41.2″] sehenswert. Neben den schönen Fresken – die ältesten im Chor stammen von 1275 – und den phantasiereichen Bibeldarstellungen im Kirchenschiff aus 1325, sind zahlreiche Gemälde des „Elmelunde-Meisters" von 1480.

**Elmelundes** markante mittelalterliche **Dorfkirche** [N 54° 59′ 41.5″ E 12° 24′ 00.3″] gilt als die älteste Kirche auf der Insel Møn. Bemerkenswerte Fresken aus dem Jahr 1480 bedecken auch hier den Chor und das Kirchenschiff. Belustigende Motive wie z. B. Adam hinter einen Karrenpflug in einer Ernteszene wurden vom schon erwähnten „Elmelunde-Meister" geschaffen.
Östlich von Magleby endet die Straße am großen, in einem ausgedehnten Waldgebiet gelegenen **Parkplatz „Store Klint"** [N 54° 57′ 55.8″ E 12° 32′ 50.9″] (gebührenpflichtig) mit Cafeteria, Hotel, Toiletten und neuem Informationszentrum Møns Klint; www.moensklint.dk.
Die weißen **Kreideklippen von Møn** zählen zu den großen Natursehenswürdigkeiten in Dänemark. An der Cafeteria beginnen **markierte Spazierwege** zu den berühmten Klippen **Møns Klint**. Auf einer Länge von 8 km fällt hier das Steilufer aus Kreidefelsen ca. 130 m senkrecht ins Meer.
Einer der nächstgelegenen Aussichtspunkte über dem Steilufer ist der 128 m hohe **Dronningstolen**, der über Treppen und Waldwege in ca. 10 Minuten zu erreichen ist. Guter Ausblick auch beim Punkt **„Forchhammers Pynt"**.
Nicht allzu weit nördlich der Klippen, über Magleby und Sømarke zu erreichen, findet man das **Schlösschen Liselund** [N 54° 59′ 58.1″ E 12° 31′ 18.8″]. Es wurde 1795 als Lustschloss erbaut und liegt in einem **romantischen Waldpark** mit drei lauschigen Pavillons. Nur der Park ist gegen Eintritt zugänglich; www.liselundslot.dk.

**ROUTE:** *Von den Møns Klint zurück bis* **Stege** *und weiter über* **Kalvehave** *und die Straße 59 zur E47/E55. Vor der Weiterfahrt nach Norden bietet sich bei ausreichend zur*

*Die Kreidefelsen Møns Klint*

**Møns Turistbureau**, Storegade 2, 4780 Stege, Tel. 55 86 04 00, Fax  55 81 48 46. www.visitmoen.dk.

## HOTEL

Præstekilde Kro & Hotel ****, 46 Zi., Klintevej 116, Keldby, Tel. 55 86 87 88, Fax 55 81 36 34, www.praestekilde.dk; Restaurant, Sauna, Schwimmbad. – U. a.

## CAMPING
### Stege
**Camping Mønbroen ****, Klostervej 88, Tel. 55 81 40 70 www.moenbroen.dk; 1. Apr. – 15. Sept.; am Südende der Sundbrücke an der Stege Bucht; ca. 2 ha – 100 Stpl.; einfache Standardausstattung. **V & E** für Wohnmobile.
**Camping Ulvshale Strand ****, Ulvshalevej 236, Tel. 55 81 53 25, www.ulvs-camp.dk; 1. Apr. – 30. Sept.; nördl. Stege; Gemeindeplatz; 2,5 ha – 50 Stpl. + zahlr. Dau.; einfache Standardausstattung. Laden.
**Keldby Camping Møn ** [N 54° 59′ 26.9″   E 12° 21′ 18.8″]**, Pollerupvej 3, Tel. 40 40 11 56, www.keldbycampingmoen.dk; 1. Apr.– Mitte Okt.; östl. Stege bei **Keldby**; von hohen Hecken eingefriedetes Wiesengelände; ca. 2,5 ha – 100 Stpl. + Dau.; Standardausstattung; Laden, Imbiss, Schwimmbad, Fahrradverleih; 10 Miethütten. **V & E** für Wohnmobile. **QuickStop**.

### Borre
**Camping Møns Klint *** [N 54° 58′ 47″   E 12° 31′ 19″]**, Klintevej 544, Tel. 55 81 20 25, www.campingmoensklint.dk; 1. Apr. – 31. Okt.; an der Ostseite der Insel; naturbelassenes, hügeliges Gelände, teils Lichtungen im Wald, teils auch terrassierte Wiesen; ca. 12 ha – 3500 Stpl. + Dau.; gute Standardausstattung; Laden, Imbiss, Restaurant. Tennis; Schwimmbad, Fahrradverleih. **V & E** für Wohnmobile.

### Askeby
**Camping Vestmøn ***, Hårbøllevej 87, Tel. 55 81 75 95, www.camping-vestmoen.dk.; Ende Apr. – Anf. Sept.; am Südende der Insel Møn, südwestl. Hårbølle am Grønsund; recht einfacher Platz, aber ruhig an einem schmalen Sandstrand gelegen; ca. 2 ha – 80 Stpl. + Dau.; einfache Standardausstattung; Kiosk. **V & E** für Wohnmobile.

### PRAKTISCHE HINWEISE — VORDINGBORG

**Turistcenter**, Algade 96, 4760 Vordingborg, Tel. 55 34 11 11, Fax 55 34 03 08. www.visitvordingborg.dk

**HOTELS**

**Kong Valdemar**, 60 Zi., Algade 101, Slotstorvet, Tel. 55 34 30 95, Fax 55 34 04 95, www.hotelkongwaldemar.dk; Restaurant, Sauna.

**CAMPING**

**Øre Strand Camping** **, Ørevej 145, Tel. 55 37 06 03, www.orestrandcamping. dk; 1. Jan. – 31. Dez.; Zufahrt von der Straße 22 beschildert, westl. der Stadt am Sund mit schmalem Strand; fast ebene Wiesen, durch Hecken in mehrere lange Felder unterteilt; ca. 3 ha – 150 Stpl. + Dau.; Standardausstattung, Laden, Imbiss, Restaurant (Saison); 12 Miethütten. **V & E** **für Wohnmobile**.

---

*Verfügung stehender Zeit ein Abstecher nach* **Vordingborg** *an.*

**Vordingborg**, am Südende der Insel Seeland, hat in seinem Zentrum noch einige Reste (Fundamente, Wehrmauer und Turm) der alten **Burg** von Valdemar dem Großen aus dem 12. Jh. erhalten. Historischer Burggarten mit Arzneikräutern, Gewürz- und Zierpflanzen.

#### HAUPTROUTE

**ROUTE:** *Auf der E47/E55 nordwärts und über* **Ulse** *nach* **Køge.**

Etwa 2 km westlich von **Ulse** und der E47/E55 (Ausfahrt 36) liegt das **Renaissanceschloss Gisselfeld** (16. Jh) **[N 55° 17' 30.8"  E 11° 58' 12.6"]**. Nur der Park ist zugänglich *(geöffnet tgl. 10 - 17 Uhr; www.gisselfeld-kloster.dk)*. Er ist 44 ha groß und einer der schönsten Schlossparks in ganz Dänemark, mit Seen, Brunnen, Grotten, Wasserfall, herrlichem altem Baumbestand und Gewächshaus.

Wer gerne durch Schlossparks spaziert, kann weiter nördlich einen Umweg ostwärts über **Herfølge** zum **Schloss Vallø** machen. Das Schloss liegt ca. 10 km südlich von Køge. Es stammt aus dem 16. Jh., wurde 1737 von Königin Sophie Magdalena, der Gemahlin Christian VI., in ein „Königliches Stift für fürstliche und adelige Fräulein" (man könnte auch sagen, in ein Altersheim für „ausgediente" Hofdamen) verwandelt und nach einem Brand im Jahre 1893 etwas verändert in der heutigen Form wieder aufgebaut. Zutritt zum Schlosshof und Park.

**Køge** hat eine interessante gotische Kirche aus dem 13. Jh., die **Sct. Nicolai Kirche** *(geöffnet 10 - 12, Sommer auch 14 - 16 Uhr)*. Sie ist dem Heiligen Nikolaus von Myra geweiht. Auffallend ist der mächtige Turm mit Treppengiebel, der früher auch als Wehr- und Leuchtturm diente. Im Inneren Fresken aus dem 14. Jh., eine geschnitzte Kanzel im Stil der Spätrenaissance, spätgotisches und Renaissancegestühl, sowie ein Altaraufsatz von 1652 mit Schnitzwerk von Lorentz Jörgensen.

Für Interessierte lohnt sicher auch ein Besuch im **Kunstmuseum von Køge ,** Nørregade 29. Es liegt gleich neben der Nicolai Kirche und präsentiert eine bemerkenswerte Skizzensammlung anhand derer man die Entstehung eines Kunstwerks von der Idee bis zur Verwirklichung nachvollziehen kann. Außerdem sieht man Skulpturen, Modelle u.ä. www.skitesamlingen.dk.

Schöne **alte Fachwerkhäuser** findet man in der Vestergade, z.B. Haus Nr. 6 oder Haus Nr. 7. Haus Nr. 16 dort ist der **Richters Gaard**, ein prächtiger Fachwerkbau aus dem Jahre 1644, der heute ein gemütliches Restaurant im Stil eines urigen Landgasthauses beherbergt.

Das **Stadtmuseum [N 55° 27' 24.3"  E 12° 10' 58.1"]** von Køge ist in der Nørregade 4 im alten „Spinnhof" untergebracht *(geöffnet Juni - Aug. Di - So 11 - 17 Uhr. Sonst Di - Fr + So  13 - 17, Sa 11 - 15 Uhr)*. Stolz ist man im Museum vor allem auf den sog. „Silberschatz". Er ist 9 kg schwer und besteht aus 322 Münzen aus ganz Europa. Die älteste Münze ist ein „Pfälzer Taler", der 1548 geprägt wurde.

Die Gewässer vor Køge waren im 17. Jh. Schauplatz großer und für den Erhalt der dänischen Autonomie bedeutsamer Seeschlachten. In der Ostsee wurden damals ge-

**PRAKTISCHE HINWEISE — KØGE**

**Turistbureau,** Vestergade 1, 4600 Køge, Tel. 56 67 60 01. www.visitkoege.com.

**HOTEL**

**Niels Juel ****,** 51 Zi., Toldbodvej 20, Tel. 56 63 18 00, Fax 56 63 04 92, www. hotelnielsjuel.dk; am alten Hafen von Køge, das Hotelgebäude ist einem historischen Speicherhaus nachempfunden, Restaurant, Sauna. – U. a.

**CAMPING**

**Køge Sydstrand Camping \*\* [N 55° 27' 4" E 12° 11' 34"],** Sdr. Badevej 2, Tel. 56 65 07 69, www.kogesydstrandcamping.dk; Ende März – Ende Sept.; am südl. Stadtrand in Strandnähe; unvorteilhafte Umgebung landseitig, Tankanlage in der Nachbarschaft; ebene Wiesen, durch Hecken mehrfach unterteilte; ca. 3,5 ha – 120 Stpl. + Dau.; Standardausstattung; Laden. **V & E für Wohnmobile.**
**Vallø Stifts Camping \*\*\* [N 55° 26' 45" E12° 11' 31"],** Strandvejen 102, Tel. 53 65 28 51, www.valloecamping.dk; 1. Apr. – 30. Sept.; südl. der Stadt an der Küstenstraße 261; ausgedehntes Waldgelände; ca. 12 ha – 250 Stpl. + 200 Dau.; Standardausstattung; Laden; 25 Miethütten. **V & E für Wohnmobile.**

waltige Seeschlachten geführt. Meist trafen schwedische und dänische Flottenverbände aufeinander, die sich um die Kontrolle des Nadelöhrs und strategisch immens wichtigen Øresund, das „Tor zur Ostsee", schlugen. In diesen Gefechten erwarben die Seehelden Admiral Niels Juel, der mehrere schwedische Schlachtschiffe versenkte und der aus Norwegen stammende Ivar Huitfeldt legendären Ruhm.

**ROUTE:** *Von Køge auf der Küs-tenstraße 151 oder auf der Autobahn E47/E55 nordwärts bis kurz vor* **Solrød Strand** *(Ausfahrt 31). Hier auf die Straße 6 und nordwestwärts nach* **Roskilde** *(15 km).*

**Roskilde**, die historische Domstadt, liegt am Südende des Roskilde Fjords.

Der Sage nach soll Roskilde um das Jahr 600 von einem Wikingerkönig namens *Roar* gegründet worden sein. Bewiesen wurde das bis heute allerdings nicht. Sicher hingegen ist, dass Harald Blauzahn als erster getaufter König Dänemarks an der Stelle des heutigen Doms im Jahre 960 eine Holzkirche errichten ließ. Damals war Roskilde Königsresidenz und entwickelte sich dank seiner Lage am Schnittpunkt von Land- und Wasserwegen rasch zu einem wichtigen Handelsplatz. 1020 wird Roskilde zum Bischofsitz erhoben und baut damit seine Stellung als geistliches Zentrum in Dänemark aus.

Bischof Absalon, der Kopenhagen-Gründer, legte 1170 den Grundstein zum Dom von Roskilde, der seit dem Mittelal-

ter die Grabkirche der dänischen Könige ist und heute die Sehenswürdigkeit der Stadt schlechthin darstellt.

1998 feierte Roskilde sein 1.000-jähriges Bestehen.

Roskilde ist Universitätsstadt und als solche vor allem auf den Gebieten Landwirtschafts- und Energieforschung sehr rührig. Die Erforschung der rationellsten Nutzung der Windkraft zum Beispiel ist eines der Gebiete auf denen sich Dänemark einen ganz hervorragenden Ruf erworben hat.

Die bedeutendsten Sehenswürdigkeiten:

Neben dem Rathaus liegt der **Marktplatz Stændertorvet**, das Zentrum der Stadt. Nach Jahrhunderte alter Tradition wird hier jeden Mittwoch und Samstag vormittags Markt abgehalten.

Hinter dem Marktplatz erhebt sich der **Dom [N 55° 38' 32.5" E 12° 04' 47.2"]**(geöffnet Di - Sa 10 - 16 Uhr, So 12.30 - 16 Uhr; *www.roskildedomkirke.dk*) mit den beiden spitzen Turmhauben. Der rote Ziegelsteinbau ist eines der bedeutendsten Kirchenbauwerke des Landes.

In der Bauweise des über 800 Jahre alten Doms, dessen Fertigstellung 200 Jahre in Anspruch nahm, sind sowohl romanische als auch gotische Stilelemente sichtbar. Obwohl das 84 m lange und etwa 24 m hohe Schiff um 1300 zwar fertiggestellt war, wurde in den späteren Jahren doch immer wieder um- und angebaut. So wurde im frühen 14. Jh. die erste königliche Grabkapelle für

*Historisch, der Dom zu Roskilde*

König Christian I. hinzugefügt, der noch andere folgten. Insgesamt ruhen unter dem
Chor und in den prächtigen Sarkophagen
aus Marmor und Alabaster in den Seitenka-
pellen 38 Könige und Königinnen. Die beiden Turmspitzen wurden übrigens erst 1635
hinzugefügt.

An der Ostseite des Doms, und durch den
Absalon-Bogen aus dem 13. Jh. mit diesem
verbunden, liegt am Marktplatz Stændertorvet 3 das sog. **Palais** *(geöffnet tgl. 9 - 19
Uhr)*. Es entstand 1733 an der Stelle des alten Bischofspalais und diente als Residenz
für Personen von Hofe auf Reisen oder bei
Beisetzungen.

Heute enthält das Palais das **Museet for
Samtidskunst**, das Museum für Zeitgenössische Kunst.

Nebenan findet man das Museum **Palæ-
samlingerne** (Palaissammlungen). Dort sind
kostbare alte Möbel, Kunsthandwerk sowie
eine schöne Gemäldesammlung mit Werken
aus dem 18. und 19. Jh. zu sehen.

Zwei Straßen weiter nördlich, in der
St. Ols Gade 18, befindet sich das **Roskilde Museum** *(geöffnet tgl. 11 - 16 Uhr; www.
roskildemuseum.dk)*. Das kulturhistorische
Museum zeigt u. a. Altertumssammlungen,
sowie Abteilungen über Brauchtum, Trachten und Bauernkultur. Neu ist eine überaus
anschaulich präsentierte Dauerausstellung,
welche die Geschichte der ersten dänischen
Hauptstadt Roskilde schildert.

Etwa 1 km vom Marktplatz entfernt liegen
in der Nähe des Hafens am Roskilde Fjord die
**Wikingerschiffshallen [N 55° 39′ 01.5″  E
12° 04′ 44.5″]**, Vindeboder 12 *(geöffnet tgl.
10 - 17 Uhr; www.vikingeskibsmuseet.dk)*, ein
modernes Museum, das die kunstvoll restaurierten Reste von Wikingerschiffen zeigt.

1962 wurden bei Un-
terwassergrabungsarbei-
ten im Roskildefjord ca. 20
km nördlich von Roskilde
fünf Wikingerschiffe freigelegt. Die Holzboote wa-
ren ums Jahr 1000 versenkt
worden, wahrscheinlich um
die Fahrrinne zu blockieren
und Roskilde vor Angriffen
norwegischer Wikinger zu
schützen.

Nach der Ausgrabung
gestaltete sich die Konservierung des wasserdurch-
tränkten Holzes als sehr langwierig und
schwierig. Wäre das Holz ausgetrocknet,
wäre es für alle Zeit zerfallen. Aber mit Hilfe
der in der Zwischenzeit im Zusammenhang
mit Weinskandalen unrühmlich bekannt gewordenen Chemikalie Glykol konnten die
Holzporen in einem jahrelangen Prozess
gefüllt und damit der Zerfall der Holzfrag-
mente verhindert werden.

Als 1997 das Museumsgelände erweitert wurde, stieß man bei Grabungsarbeiten
zur Entwässerung des Terrains völlig überraschend auf sage und schreibe neun weitere, sehr alte Wikingerschiffe. Eines davon
ist das größte bislang gefundene Wikinger-
schiff der Welt, wie es heißt. Das Schiff ist
von den Wissenschaftlern nach ersten Ana-
lysen auf die Zeit um 1020 datiert worden.
Es soll als Kriegsschiff gedient haben und
von einer 100-köpfigen Besatzung, darunter mindestens 76 Ruderer, die auch Krieger
waren, geführt worden sein. Alle neun Schiffe, oder besser das, was von ihnen erhalten
ist, wurden zwischenzeitlich geborgen und
sind nun nach der Konservierungsphase im
Museum zu bestaunen.

Im Kino des Museums werden laufend
Filme über Ausgrabung, Konservierung und
Aufstellung der Roskilde-Schiffe gezeigt,
auch in deutscher Sprache.

Geht man vom Museum durch die
Parkanlage zum Hafen und von dort stadteinwärts, sieht man kaum 200 m entfernt
etwas erhöht die **St. Jørgens Kirche** am
Rande eines kleinen Parks liegen. Der Weg
dorthin lohnt, nicht nur der Kirche wegen,
sondern auch wegen des Blicks auf Hafen
und Fjord.

Der Stadtteil St. Jørgensberg, in dem die
Kirche liegt, war früher ein eigenständiges Fischerdorf. Noch heute trifft man hier auf alte,
niedere Häuser und idyllische Winkel.

### PRAKTISCHE HINWEISE — ROSKILDE

**Turistbureau**, Gullandsstræde 15, 4000 Roskilde, Tel. 46 31 65 65, Fax 46 35 14 74. www.visitroskilde.com.

### HOTEL

**Prindsen \*\*\*\***, 46 Zi., Algade 13, Tel. 46 30 91 00, Fax 46 30 91 50, www.hotelprindsen.dk; sehr zentral gelegenes, traditionsreiches Haus, Restaurant, Parkplatz.

### CAMPING

**Roskilde Camping \*\*\* [N 55° 40' 24.4"  E 12° 04' 55.4"]**, Baunehøjvej 7 - 9, Tel. 46 75 79 96, www.roskildecamping.dk; Anf. Apr. – Mitte Sept.; 4 km nördl. Roskilde abseits der Straße 6; recht weitläufiges Gelände, hügelige Wiesen mit Waldanteil am Roskilde Fjord, relativ ruhig und ansprechend gelegen, vom Strand Blick zur Stadt, nur wenig wirklich ebene, feste Stellplätze für Wohnmobile; ca. 25 ha – 300 Stpl. + 100 Dau.; einfache Standardausstattung; Laden, Imbiss, Restaurant; 10 Miethütten. **V & E für Wohnmobile.**

**Kopenhagen**, seit 1471 die Hauptstadt Dänemarks, wurde 1043 erstmals in einer Urkunde erwähnt. Kopenhagen aber hieß diese erste Siedlung am Øresund aber noch nicht.

Als 1167 *Bischof Absalon* hier eine Schutzfestung errichtete – deren Grundmauern heute unter Schloss Christiansborg liegen – entwickelte sich rasch eine Stadt. Und Bischof Absalon ist für alle Zeiten als Gründer von Kopenhagen in die Annalen eingegangen.

Bald wurde die königliche Residenz nach Kopenhagen verlegt und Erik von Pommern erhob Kopenhagen zur Hauptstadt. 1479 gründete man die Universität – Dänemarks älteste.

Zwischen dem 16. und 17. Jh. setzte während der Regierungszeit König Christians IV. eine rege Bautätigkeit ein. Viele der repräsentativen Bauten der Stadt entstanden damals, darunter die Börse und das Schloss Rosenborg.

Zwischenzeitlich wurde Kopenhagen auch seinem Namen København gerecht– nämlich ein reger Kaufmannshafen zu sein.

Heute ist Kopenhagen eine moderne Großstadt mit annähernd 1,6 Mio. Einwohnern (Großraum mit allen Vororten), Verkehrsknotenpunkt und Wirtschaftsmetropole in Nordeuropa, aber auch beliebtes und lebhaftes Touristenziel.

Die beiden folgenden **Rundgänge** sollen einen ersten Eindruck von der Kopenhagener City vermitteln. Zumindest den ersten Rundgang sollte man unternehmen und sich dafür einen ganzen Tag Zeit lassen. Bei eingehender Besichtigung aller beschriebener Sehenswürdigkeiten auf dem ersten Rundgang wird man aber mindestens noch einen weiteren Tag einplanen müssen!

Wer Kopenhagen sehr intensiv besichtigen, viele Museen und Sehenswürdigkeiten besuchen will, sollte den Erwerb der **Copenhagen Card** (www.copenhagencard.com) in Erwägung ziehen. Ausgesprochen „billig" ist die Karte allerdings nicht. Sie kostet für eine Gültigkeit von 24 Stunden DKK 199,-/Euro 29,- und für 72 Stunden DKK 429,-/Euro 58,-. Die Copenhagen Card ist gültig für 1 Erwachsenen und 2 Kinder bis 10 Jahre und es können mit ihr mehr als 60 Museen und Sehenswürdigkeiten kostenlos besucht und alle Busse und Bahnen im Großraum Kopenhagen umsonst benutzt werden. Für die Fähren nach Schweden gibt es Ermäßigungen. Und ein Gratis-Handbuch gibt es auch dazu, das aufzeigt, was man mit der Copenhagen Card alles erleben kann. Erhältlich im Touristenbüro in der Vesterbrogade 4A, auf Bahnhöfen und Flughafen, in Hotels und auf den Campingplätzen.

*Mein Tipp!* Wie in vielen anderen Großstädten macht man auch in Kopenhagen eine Stadtbesichtigung tunlichst zu Fuß oder bedient sich öffentlicher Verkehrsmittel.

Kopenhagen bietet eine freundliche Besonderheit, die sportlichen Besuchern ihren Weg durch die dänische Metropole erleichtert.

In der Innenstadt von Kopenhagen stehen zwischen Mitte April und November in den Straßen und Gassen der Kopenhagener

KOPENHAGEN – Zentrum

KOPENHAGEN ZENTRUM – **1** Information – **2** Rathaus – **3** Tivolipark – **4** Lurenbläsersäule – **5** Postamt – **6** Nationalmuseum – **7** Schloss Christiansborg – **8** Zeughaus – **9** Alte Börse – **10** Thorvaldsen Museum – **11** Kanal- und Hafenrundfahrten – **12** Nikolaj Kirche – **13** Kongens Nytorv – **14** Königliches Theater – **15** Schloss Amalienborg – **16** Frederikskirche – **17** Medizinhistorisches Museum – **18** St. Ansgarkirche – **19** Kunstindustriemuseum – **20** Freiheitsmuseum – **21** Kleine Meerjungfrau – **22** Dom Vor Frue Kirke – **23** Rundturm – **24** Schloss Rosenborg – **25** Botanischer Garten – **26** Geologisches Museum – **27** Staatliches Kunstmuseum – **28** Kunstsammlung Hirschsprung – **29** Ny Carlsberg Glyptotek – **30** Hauptbahnhof – **31** Tycho Brahe Planetarium – **32** Zirkus Benneweis Gebäude – **33** Museum Erotica – **34** Post- u. Telefonmuseum – **35** Nyboder – **36** Arbeitermuseum – **37** Gefionbrunnen

City auf 110 City Bike Parkplätzen annähernd 2.000 ziemlich neue **„bycykler", Stadtfahrräder, zum kostenlosen Gebrauch** für jedermann zur Verfügung.

Und so geht's: Man steckt zum Aufschließen eine 20-Kronen-Münze (ca. 3,- Euro) als Kaution in den Automaten am Fahrradstand und entnimmt das Fahrrad. Nach Gebrauch stellen Sie das Fahrrad dort, wo Sie sich gerade befinden, an einem der dafür vorgesehenen Fahrradständer wieder ab und erhalten die Münze automatisch zurück. Funktioniert ähnlich wie Einkaufswagen im Supermarkt.

Übrigens: Wenn Sie nicht ganz sicher mit den **Wetteraussichten** sind, werfen Sie einen Blick auf einen Turm am Rathausplatz. Sind die Aussichten gut, erscheint dort ein vergoldetes Mädchen auf einem Fahrrad in der Turmöffnung. Sieht es eher nach Regen aus, trägt das Mädchen einen Schirm.

### Stadtbesichtigung

Am besten beginnt man einen **Stadtrundgang** an der **Copenhagen Right Now Tourist Information (1) [N 55° 40' 29.9" E 12° 33' 53.6"]** in der Vesterbrogade 4 A, ganz in der Nähe des Hauptbahnhofs. Im Touristenbüro findet man auch die zentrale Zimmervermittlung der Stadt Kopenhagen.

Vom Informationsbüro gehen wir über die breite Vesterbrogade zum **Rathaus (2)** am Rådhuspladsen *(geöffnet Rathaus- und Turmbesteigung auf Führungen Mo - Sa vormittags; www.copenhagencity.dk)*.

Das Rathaus ist durch seinen viereckigen, hohen **Uhrturm** nicht zu verkennen. Der etwas düster wirkende Backsteinkomplex stammt aus der Jahrhundertwende und wird hauptsächlich durch Elemente des italienischen Renaissancestils aufgelockert. Im Inneren befindet sich ein wahres Meisterwerk des Uhrmacherhandwerks, die berühmte **astronomische Uhr** von Jens Olsen.

Gegenüber vom Rathaus, H. C. Andersens Boulevard 22, ist in einem schönen Stadtpalais, dem sog. H. C. Andersen Schloss an der Nordostseite des Tivoliparks, das **„Louis Tussaud Wachsfigurenkabinett"** untergebracht.

Der weltbekannte Vergnügungspark **Tivoli (3)**, Vesterbrogade 3 *(geöffnet Mitte Apr. - Ende Sept. tgl. 11 - 23/24 Uhr; www.tivoli.dk)*, mit schönen Parkanlagen, Seen, altem Baumbestand und gepflegten Blumenbeeten ist 1843 eröffnet worden. Der Park mit Unterhaltung für Groß und Klein bietet neben 26 Vergnügungsattraktionen (Fahrgeschäften, Geisterbahnen, Riesenrädern etc. etc.) auch 29 Restaurants. Auf den Show- und Freilichtbühnen treten Artisten, Stars und Künstler von internationalem Rang auf. Und jedes Jahr sollen hier annähernd 150 Konzerte stattfinden, darunter Promenadenkonzerte und Paraden der Tivoligarde.

Im **Tivoli Museum** wird auf drei Stockwerken anhand von Plakaten, Gegenständen, Bildern, Modellen, Filmen und Klangdokumenten die 150-jährige Geschichte des Vergnügungsparks lebendig.

An der Nordostseite des Rathausplatzes findet man das Kuriositätenmuseum **Ripley's Believe It Or Not!**

Wir überqueren den Rathausplatz. Rechts in der Vester Voldgade, vor dem Hotel Palace, sieht man die **Lurenbläser-Säule (4)**. Hier ist der Startpunkt für Stadtrundfahrten.

Weiter in die **Frederiksberggade**. Diese von Geschäften aller Art gesäumte Fußgängerzone zieht sich fast 2,5 km – die Namen wechselnd – und vorbei an der Helligåndskirken (Amagertorv), am **Georg Jensen**

*Kopenhagens hübscher Amager Platz*

**Museum** (Amagertorv 6, Kunstgewerbe, Silberschmiedekunst) und am **Tobaksmuseet W. Ø. Larsen** (Amagertorv 9, im Erdgeschoss eines über 130 Jahre alten Tabakgeschäfts, tabakgeschichtliche Raritäten sowie Pfeifen aus aller Welt) bis zum Platz **Kongens Nytorv**.

Wir gehen aber nicht den ganzen Weg bis zum Kongens Nytorv, sondern wenden uns schon am Nytorv (nicht zu verwechseln mit erwähntem Kongens Nytorv!) nach Süden in die rechts abzweigende Rådhusstræde.

Die Verlängerung der Rådhusstræde ist Frederiksholms Kanal. Rechts, Ecke Ny Vestergade, stößt man auf das **Nationalmuseum (6)**, Ny Vestergade 10 *(geöffnet tgl. a. Mo 10 - 17 Uhr. Busse Nr. 1A, 2A, 6A, 12, 15, 26, 20, 29)*. Die verschiedenen Sammlungen sind ein Kulturspiegel Dänemarks von der Steinzeit bis in die Neuzeit. Bei begrenzter Zeit sollte man die „Dänische Abteilung" den nachgenannten vorziehen. U. a. sieht man dort den berühmten **„Sonnenwagen"** aus der Bronzezeit, dann eine der ältesten Bronzeluren und natürlich zahlreiche Zeugnisse aus der Wikingerzeit.

Außerdem wird die **Königliche Münzen- und Medaillensammlung** gezeigt, ein Leckerbissen für Numismatiker; dann eine **Antikensammlung** mit ägyptischen, west-asiatischen, griechischen und römischen Exponaten und schließlich eine **Eth-**

*Am Nyhavn*

nographische Sammlung (Zugang über die Ny Vestergade 10) über außereuropäische Kulturen und Völker. Einen Schwerpunkt bildet hier die Kultur der Eskimos. Außerdem gehören zum Museum ein **Spielzeug- und Kindermuseum**.

Zudem kann man das **Nationalmuseets Klunkehjem** besichtigen, eine Stadtwohnung, die im opulenten „Plüschstil" des ausgehenden 19. Jh. eingerichtet ist und einen ausgezeichneten Einblick in das Milieu jener Epoche gewährt.

Gegenüber dem Nationalmuseum, auf der Ostseite des Kanals, erhebt sich **Schloss Christiansborg (7)** auf der sog. Schlossinsel Slotsholmen. Man erreicht das Schloss über die schöne Marmorbrücke. Seit der ersten Burganlage des Bischofs Absalon von 1167 wurden hier nicht weniger als vier weitere Schlossanlagen errichtet.

Absalons Burg wurde 1369 abgerissen. Erik von Pommern wollte eine schönere. Die immerhin stand bis 1732. Dann aber wünschte Christian IV., Dänemarks baufreudiger Monarch, keine Burg mehr, sondern ein prächtiges Renaissanceschloss. Ein Feuer 1794 vernichtete dieses aber wieder bis auf den Südflügel, die sog. Reitbahn.

Der Wiederaufbau, der einen neoklassizistischen Kuppelbau als Kirche mit einschloss, war 1838 beendet, blieb aber nur knapp 50 Jahre unbehelligt – bis zu einem neuerlichen Brand 1884.

Mit dem Bau des heutigen Schlosses begann man 1907 und hatte nach neunjähriger Bauzeit einen repräsentativen Komplex geschaffen, der heute das Folketing, Dänemarks Parlament, dann das Außenministerium, den Obersten Gerichtshof und die königlichen Empfangsräume beherbergt.

Das Reiterstandbild im Schlosshof stellt Frederik VII. dar, den „Vater der dänischen Verfassung".

**Besichtigungszeiten:**

Die **Königlichen Repräsentationsräume** mit Thronsaal und Rittersaal – *Führungen in Englisch Mai - Sept. tgl. 11, 13, 15 Uhr. Okt. - Apr. 15 Uhr; www.ses.dk/christiansborg.*

Die **Ruinen der Burg Absalons** unter dem heutigen Schloss – *Mai - Sept. tgl. 10 - 16 Uhr. Okt. - Apr. Di - So 10 - 16 Uhr.*

Die **Königlichen Stallungen** (Christiansborg Ridebane 12) mit Sammlungen von Kutschen und Prunkzaumzeug – *1. Mai - 30. Sept. Fr, Sa + So 14 – 16 Uhr. Okt. - Apr. Sa + So 14 - 16 Uhr; www.kongehuset.dk.*

Das **Theatermuseum** (Christiansborg Ridebane 18) im ehemaligen königlichen Hoftheater von 1766, ist das Museum für dänische Theatergeschichte – *Di, Mi, Do 11 - 15 Uhr, Sa + So 13 - 16; www.teatermuseet.dk.*

*Bitte beachten: Alle angegebenen Öffnungszeiten können sich ändern!*

Auf der Südseite von Schloss Christiansborg, in der Töjhusgade 3, befindet sich das **Töjhusmuseet (8)**, das Zeughausmuseum, das in einem Gebäude aus dem späten 16.

Jh. untergebracht ist *(geöffnet tgl. a. Mo 12 - 16 Uhr; www.thm.dk)*. Gezeigt werden Waffen, Fahnen, Uniformen und Kriegsgerät.

Wir gehen um die Ostseite des Schlosses herum. Östlich des Schlossplatzes sieht man das niedere, aber langgestreckte Renaissancegebäude der **Börse (9)** von 1624. Den markant gewundenen Turm bilden vier Drachenleiber. Nicht zugänglich.

Gegenüber auf der anderen Kanalseite liegt die **Holmens Kirche** von 1619, die Kirche des Königshauses.

An der Nordwestseite des Schlosses findet man das 1848 eröffnete **Thorvaldsen Museum (10)**, Bertel Thorvaldsens Plads 2, *(geöffnet tgl. a. Mo 10 - 17 Uhr)*, das Skulpturen, Skizzen, Zeichnungen und Modelle von Bertel Thorvaldsen zeigt. Thorvaldsen lebte zwischen 1770 und 1844, zählt zu den bekanntesten Künstlern Dänemarks und gilt als einer der größten Bildhauer des Landes. Zu den Exponaten zählt auch eine Sammlung von griechischen, ägyptischen, etruskischen und römischen Gegenständen.

Gegenüber, unterhalb der Brücke über dem Kanal an der Uferstraße Gammel Strand, ist der Abfahrtspunkt der **Kanal- und Hafenrundfahrten (11)**. Zwischen 1. Mai und 15. Sept. ab 10 Uhr halbstündliche Abfahrten. Von hier aus verkehren auch Boote zur „Meerjungfrau", Langelinie.

Setzt man den Rundgang zu Fuß fort, geht man über die erwähnte Brücke am Gammel Strand nordwärts bis zum **Højbro Plads** und rechts, entweder über die Lille Kongensgade und vorbei an der **Nikolaj Kirche** (– 12 –, Ausstellungen), oder über die Fußgängerzone Østergade zum Platz **Kongens Nytorv (13)**. Dort liegt das **Königliche Theater (14)** mit 2 Bühnen. Ballett, Oper und Schauspiel werden hier geboten. Das Motto des Hauses: „Ej blot til lyst – Nicht nur zum Vergnügen".

Zu besichtigen gibt es in der Østergade 16 westlich vom Platz das **Guinness World of Records Museum**, mit der Dokumentation der seltsamsten Rekorde aus dem bekannten Guinnessbuch der Rekorde.

An der Ostseite des Kongens Nytorv endet der Nyhavn-Kanal, **Anlegestelle** der DFDS Canal Tours (11) der **Kanal- und Hafenrundfahrtboote;** www.canaltours.com. Halbstündlich Abfahrten von Ende März bis Ende Okt. 10 bis 17 Uhr, von Mitte Juni bis Ende Aug. 10 bis 19.30 Uhr. Fahrtdauer 50 Minuten. .

Die Nordseite des **Nyhavn [N 55° 40' 48.4" E 12° 35' 31.6"]** ist das **alte Seemannsviertel** von Kopenhagen, mit schönen alten Häusern und einigen sog. „Seemannskneipen", in denen aber mehr Touristen als wirkliche Seeleute verkehren. Das älteste Haus ist Nr. 9. Es stammt aus dem Jahre 1681. Der Nyhavn war die ehemalige Vergnügungsmeile der Stadt, ähnlich der Reeperbahn in Hamburg. Seit längerer Zeit aber haben sich Restaurants mit hohem Niveau, Cafés und gemütliche Kneipen hier etabliert.

Am Nyhavn entlang (rechts, ostwärts) bis zur Tolbodgade und links bis zum **Schloss Amalienborg (15) [N 55° 40' 57." E 12° 35' 32.0"]** *(geöffnet 2.Jan. -30.Apr. tgl. 11 - 16 Uhr, 1.Mai - 31.Okt. tgl. 10 - 16 Uhr. Übrige Zeit Mo geschlossen. Führungen in Englisch Jul., Aug., Sept. Sa + So 13 Uhr)*.

Schloss Amalienborg, bestehend aus vier Rokoko-Palais aus dem 18. Jh., die sich um einen runden Platz gruppieren, entstand nach Plänen des dänischen Hofarchitekten Nicolai Eigtved. Damals, Mitte des 18. Jh., war das Terrain noch im Besitz der Grafen Levetzau und Moltke, dem Baron Brockdorff und dem Geheimrat Løvenskold. Die Herren hatten das Grundstück vom König geschenkt bekommen. Nach dem Brand von 1794 im Schloss Christiansborg erwarb König Chris-

*Königlicher Gardist, Schloss Amalienborg*

*Schloss Amalienborg, im Hintergrund die Kuppel der Frederikskirche*

tian VI. Amalienborg und machte das Anwesen zur neuen Königsresidenz. Noch heute ist das Schloss die Winterresidenz der königlichen Familie. In der Mitte des achteckigen Platzes sieht man ein Reiterstandbild von König Frederik V. von 1770.

Besucher können diverse Gemächer, das Arbeitszimmer von König Christian IX., den Salon der Königin Louise, einen Raum mit Kostümen und den sog. „Guldburet", den „Goldenen Käfig" mit kostbaren Exponaten besichtigen. Kurzfristige Schließungen sind möglich.

Busladungen von Touristen rollen jedesmal an, wenn täglich **um 12 Uhr die Wachablösung** zelebriert wird. Wenn „niemand zu Hause" ist, Königin Margrethe II. – die 2007 ihr 35-jähriges Jubiläum als regierende Monarchin feiern konnte – also nicht im Schloss weilt, geschieht das ohne großes Zeremoniell. Und nur wenn sich Königin Margrethe II. in Kopenhagen aufhält, findet die Wachablösung mit ganzer Prachtentfaltung statt. Die bärenfellbemützte Leibgarde der Königin zieht normalerweise in blauen Uniformjacken, bei Galaanlässen in roten Jacken auf.

Über die Frederiksgade gehen wir nach Westen und treffen bald auf die Bredgade. Auf der gegenüberliegenden Straßenseite erhebt sich die barocke Marmorkirche oder **Frederikskirche (16)** von 1894 mit einer gewaltigen, 45 m hohen, runden Kuppel.

Wir folgen der Bredgade rechts, nordostwärts, passieren das **Medizinhistorische Museum (–17–** *geöffnet Di - So 13 - 16 Uhr)*, die katholische **St. Ansgarkirche (18)** daneben und schließlich das **Kunstindustriemuseet (19),** Bredgade 68 *(geöffnet tgl. a. Mo 10 - 16 Uhr. Sa + So 12 - 16 Uhr; www.kunstindustrimuseet.dk)*. Das Museum für Kunst und Gewerbe zeigt dänisches und ausländisches Kunstgewerbe und Design vom Mittelalter bis zur Gegenwart. Glas-, Silber- und Keramikobjekte. Möbel, Textilien u. ä.

An der Esplanade gehen wir rechts, gleich darauf am **Freiheitsmuseum (20)** links, durch den Churchillpark, vorbei am **Gefion Brunnen** und über die Seepromenade am Langelinie Kaj bis zur „**Kleinen Meerjungfrau" „Den lille Havfrue" (21) [N 55° 41' 28.5" E 12° 35' 19.1"]**, dem Wahrzeichen Kopenhagens. Die fast lebensgroße Frauengestalt mit Nixenleib aus Bronze wurde 1913 aufgestellt. Das gerade mal 135 cm hohe zierliche Persönchen war verschiedentlich Ziel rüder und mutwilliger Attacken. 1964 verschwand über Nacht ihr Kopf und 1984 trennten irgendwelche Wirrköpfe einen Arm ab. Natürlich ist längst alles wieder spurlos rekonstruiert.

Der Gefion-Brunnen, den wir kurz vorher passierten, ist übrigens nach der Göttin aus der nordischen Sagenwelt benannt, der angeblich die Existenz der Insel Seeland zu verdanken ist. Der Sage nach soll der schwedische König der Göttin Gefion soviel Land versprochen haben, wie sie an einem Tag mit vier Ochsen umpflügen konnte. Kurzerhand verzauberte Gefion ihre vier Söhne in vier kräftige Zugochsen (Motiv der Monumentalskulptur auf dem Brunnen) und pflügte so ausgiebig und so tief, bis Seeland von Schweden abgetrennt und mit dem Ochsengespann „weggezogen" war.

Der gesamte Weg vom Rathaus bis zur „Meerjungfrau" ist etwa 4 km lang.

Den Rückweg vom Langeliniepavillon (Meerjungfrau) zum Rathausplatz legt man mit dem zwischen Anfang Juni und Ende August verkehrenden Direktbus Nr. 50 zurück. In der übrigen Zeit nimmt man am einfachsten die S-Bahn ab Østerport Station, westlich des Kastellet-Parks bis zur Vesterport Station nahe Rathausplatz, oder ab Østerport Station den Bus Nr. 29 bis Rathaus.

### 2. Stadtrundgang

Den **zweiten Rundgang** beginnen wir am **Rathaus (2)**, queren den Rathausplatz, gehen die Vester Voldgade links hinauf und wenden uns rechts in die Studie Stræde, die uns genau bis zum **Dom Vor Frue Kirke (22)** bringt. Der neoklassizistische Bau stammt aus dem frühen 19. Jh. Im Inneren Arbeiten von Thorvaldsen, u.a. die marmorne Christusfigur am Altar und die zwölf Apostel.

Nun links am Dom vorbei und durch die Fußgängerzone Frue Plads und St. Kannikestræde zur Købmagergade. An der Nordseite der Købmagergade 52 A sieht man links den 36 m hohe **Rundturm (23)** von 1642 *(geöffnet 1. Juni - 31.Aug. Mo - Sa 10 - 20 Uhr, So 12 - 20 Uhr, übrige Zeit 10 - 17 Uhr; www.rundetaarn.dk)*. König Christian IV. ließ den Rundbau an die anschließende **Dreifaltigkeitskirche** anbauen. Im Inneren führt eine spiralenförmige Rampe hinauf zur Aussichtsplattform. Es heißt, dass Zar Peter der Große während einer Staatsvisite die Rampe mit dem Pferd hochgaloppiert sein soll, im Gefolge seine Gemahlin in der Kutsche. Astronomische Ausstellung.

Würde man die Købmagergade ein Stück nach Osten gehen, käme man zu zwei weiteren Kopenhagener Museen, zum **Museum Erotica (33)**, Købmagergade 24, und zum **Post- und Telegrafen Museum (34)**, Købmagergade 37.

Weiter durch die Landemærket und jenseits der Gothersgade durch den herrlichen

*die „Kleine Meerjungfrau", Kopenhagens Wahrzeichen*

**Schlosspark Kongenshave** oder auch **Rosenborg Have**. An seinem Westrand, an der Hauptstraße Øster Voldgade, liegt der Eingang zum **Schloss Rosenborg (–24–** *geöffnet Juni - Aug. tgl. 10 - 17, Mai + Sept. 10 - 16 Uhr. Okt. 11 - 15 Uhr. Sonst 11 - 14 Uhr)*. Erbaut wurde Rosenborg – ein schöner Renaissancebau in roten Ziegeln aufgeführt – in den Jahren 1607 bis 1633 von König Christian IV. Neben einer Reihe prächtig möblierter Gemächer sind im Untergeschoss die **Kronjuwelen** und andere Schätze des dänischen Königshauses zu sehen. Getrennte Abteilung (Eingang Gothersgade) mit Waffen- und Uniformsammlung der Leibgarde.

Auf der Westseite der Øster Voldgade erstreckt sich der **Botanische Garten (25)** mit Palmenhaus. Eingang Gothersgade/Ecke Øster Voldgade oder Sølvgade *(geöffnet Mai bis Sept. tgl. 8.30 bis 18 Uhr, sonst bis 16 Uhr. Eintritt frei; www.botanic-garden.ku.dk)*.

Ecke Sølvgade und Øster Voldgade 5-7 findet man das **Geologische Museum (26)** mit Mineralien, Versteinerungen, Meteoriten und geologischen Sammlungen aus Dänemark und Grönland *(geöffnet tgl. a. Mo 13 bis 16 Uhr; www.geologisk-museum.dk)*.

Die Parkanlage dehnt sich nordöstlich des Botanischen Gartens aus und heißt nun **Østre Anlæg**. Dort gibt es noch zwei weitere Museen:

Das **Staatliche Kunstmuseum (27),** Ny Vestergade 10 *(geöffnet tgl. 10 - 17 Uhr; www.natmus.dk)*, die **Nationalgalerie Dänemarks** mit der Königlichen Gemälde- und Skulpturensammlung, mit Ausstellungen dänischer Kunst vom 17. Jh. bis heute, Sammlungen europäischer Maler des 14. bis 18. Jahrhunderts und moderner französischer Kunst.

Die **Sammlung Hirschsprung (28),** in der Stockholmsgade 20 *(geöffnet tgl. a. Di 11 - 16 Uhr; www.hirschsprung.dk)*, an der Westseite des Parks, zeigt dänische Kunst des 19. Jh. Die Sammlung stammt aus dem Nachlass des Tabakfabrikaten Heinrich Hirschsprung, einem leidenschaftlichen Liebhaber zeitgenössischer Kunst.

Zurück zum Rathausplatz mit dem Bus 72 E ab Sølvgade.

Unweit des Rathausplatzes liegt östlich des Tivoliparks die **Ny Carlsberg Glyptotek (29),** Tietgensgade 25 *(geöffnet tgl. a. Mo. 10 - 16 Uhr; www.glyptoteket.dk)*. Kunst des Altertums von den Etruskern bis zu den Ägyptern, von den Griechen bis zu den Römern, sowie französische Impressionisten und dänische Maler. Gegründet vom Brauer Carl Jacobsen.

### PRAKTISCHE HINWEISE – KOPENHAGEN

**Copenhagen Right Now Tourist Information [N 55° 40' 29.9" E 12° 33' 53.6"],** Vesterbrogade 4 A, am Haupteingang zum Tivoli, Nähe Hauptbahnhof, 1577 Kopenhagen K, Tel. 70 22 24 42, Fax 70 22 24 52. *Geöffnet: Mai, Juni + Sept. Mo - Sa 9 - 18 Uhr, So geschlossen. Juli + Aug. Mo - sa 9 - 20 Uhr, So 10 - 18 Uhr. Okt. Apr Mo - Fr 9 - 16, Sa 9 - 14 Uhr; www.visitcopenhagen.dk.* Café im Eingangsbereich (tgl. 7.30 - 19.30 Uhr).

**Hotelbuchungen:** Tel. 70 22 24 42.

**Feste, Veranstaltungen**
**Flohmärkte,** im Sommer, jeden Samstag von 8 bis 14 Uhr, auf Gl. Strand, Israels Plads.
**Copenhagen Marathon,** im Mai.
**Königin Margrethes Geburtstag**, am 16. April, man gratuliert auf dem Schlossplatz vor Amalienborg.
Traditionelles **Copenhagen Jazz Festival**, jedes Jahr Anfang/Mitte Juli.
**Copenhagen Filmfestival,** im September.

### HOTELS

In Kopenhagen ist immer Saison. Rechtzeitige Zimmerreservierungen sind daher nicht nur in der Urlaubszeit empfehlenswert!
**Absalon ***,** 186 Zi., Helgolandsgade 15, Tel. 31 24 22 11, Fax 31 24 34 11, www.absalon-hotel.dk; zentral, Bahnhofsnähe.
**Alexandra ***,** 61 Zi., H. C. Andersens Boulevard 8, Tel. 33 74 44 44, Fax 33 74 44 88, www.hotel-alexandra.dk; zentral.
**Copenhagen Admiral ****,** 366 Zi., Toldbodgade 24 – 28, Tel. 33 74 14 14, Fax 33 74 14 16, www.admiralhotel.dk; in einem restaurierten ehemaligen Speicherhaus eingerichtetes Hotel der gehobenen Mittelklasse, Nähe Schloss Amalienborg, Restaurant, Sauna.
**Grand ****,** 151 Zi., Vesterbrogade 9 A, Tel. 33 27 69 00, Fax 33 27 69 01, www.grandhotelcopenhagen.dk; obere Preisklasse, zentral, am Bahnhof, Restaurant.
**Kong Frederik ****,** 110 Zi., Vester Voldgade 25, Tel. 33 12 59 02, Fax 33 93 59 01, www.remmen.dk; zentral, teuer, Restaurant, Garage.
**Palace ****,** 159 Zi., Rådhuspladsen 57, Tel. 33 14 40 50, Fax 33 14 52 79, www.dkhotellist.dk/palace.html; zentral, teuer, Restaurant, Garage.
**Hotel 71 Nyhavn,** 84 Zi., Nyhavn 71, Tel. 33 43 62 00, Fax 33 43 62 01, www.71nyhavnhotelcopenhagen.dk; obere Preisklasse, eingerichtet in einem restaurierten Hafenspeicherhaus, Restaurant.
Zahlreiche weitere Hotels und Pensionen aller Preisklassen.

## CAMPING

**Absalon Camping DCU *** [N 55° 40' 16"  E 12° 26' 0"],** Korsdalsvej 132, Tel. 36 41 06 00, www.camping-absalon.dk; 1. Jan. – 31. Dez.; im südwestl. Stadtbereich nahe der E47/E55, **Ausfahrt Rødovre**; ausgedehntes Wiesengelände am Roskildevej, durch Hecken und hohe Baumreihen mehrfach unterteilt; ca. 12 ha – 600 Stpl.; Standardausstattung; Laden; 40 Miethütten; nahes Freibad und Hallenbad. **V & E für Wohnmobile**.

**Camping Bellahøj *,** Hvidkildevej 66, Tel. 38 10 11 50, www.bellahoj-camping.dk; 1. Juni – 31. Aug.; relativ zentrumsnahe, geneigte freie Wiese nahe Freibad; ca. 10 ha – 450 Stpl.; sehr einfacher Übernachtungsplatz. 9 Miethütten. Nähe Buslinie 2A Richtung Rathausplatz.

### Wohnmobil- und Caravan-Stellplatz

**Kopenhagen City Camp *** [N 55° 39' 32.53"  E 12° 33' 28.27"],** Tømmergravsgade 2, Tel. 21 42 53 84, www.citycamp.dk; Ende Mai – Ende Sept.; Reservierung möglich unter: reservation@citycamp.dk. Von der E20 nordwärts, über Sjællandsbroen nach rechts auf die Scandiagade, weiter nach Vasbygade, an der ersten Ampel rechts, in der Nähe zum Tivoli gelegen. Hinter Einkaufszentrum „Fisketorv". Gehnähe zu S-Bahn Station Dybbølsbro. **Gebührenpflichtiger**, beaufsichtigter Platz, nur für **Reisemobile und Caravans** eingerichtet. **Keine Zelte!** Ca. 1,5 ha – 100 Stpl.; Duschen, Toiletten, Waschmaschine, Stromanschlüsse. **V & E für Wohnmobile/Caravans**.

### Camping außerhalb Kopenhagens
### Dragør

**Copenhagen Camping *** [N 55° 34' 57"  E 12° 37' 45'],** Bachersmindevej 13, 2791 Dragør, Tel. 32 94 20 07, www.copenhagencamping.dk; 1. Apr. – 31. Dez.; rund 8 km südöstlich von Kopenhagen; langgestrecktes, ebenes Wiesengelände in ländlicher Umgebung; ca. 2 ha – 100 Stpl.; Standardausstattung. Separater Platzteil für Wohnmobile; ca. 500 m zum Meer, ca. 500 m zu öffentlichem Nahverkehr.

### Ishøj Havn

**Tangloppen Camping FDM *** [N 55° 36' 26"  E 12° 22' 52"],** Tangloppen 2, Tel. 43 54 07 67, www.tangloppen.fdmcamping.dk; 1. Apr. – Mitte Okt.; südwestlich des Stadtzentrums in **Ishøj**, bei einem Wassersportzentrum, **Nähe Kunstmuseum Arken**; Zufahrt über die Autobahn E20/47/55; auf einer länglichen, künstlich aufgeschütteten Insel, ebenes Gelände, am Rande mit Hecken; ca. 2,5 ha – 120 Stpl.; Standardausstattung; Kiosk; 10 Miethütten. **V & E für Wohnmobile/Caravans**.

### Charlottenlund

**Camping Charlottenlund Fort **,** Strandvejen 144B, Tel. 39 62 36 88, www.campingcopenhagen.dk; Anf. Mai – Mitte Sept.; ca. 7 km nördl. des Kopenhagener Zentrums, über die Straße 152 zu erreichen; Wiesengelände im denkmalgeschützten Fort, von Festungswall und Wassergraben umgeben, zum Strand 50 m; Bus Nr. 14 zum Stadtzentrum alle 20 Min.; ca. 1 ha – ca. 90 Stpl.; Standardausstattung. Laden, Restaurant. **V & E für Wohnmobile**.

### Nærum

**DCU-Camping Nærum ***,** Ravnebakken, Tel. 42 80 19 57, www.campingnaerum.dk; Ende März – Mitte Okt.; ca. 15 km nördl. Kopenhagen an der E44/E55 Richtung Helsingør; Wiese zwischen Bahn, Autobahn und Wald, ziemlich laut; ca. 5 ha – 260 Stpl. + Dau.; Standardausstattung. Laden. 15 Miethütten. **V & E für Wohnmobile/Caravans**.

## KOPENHAGEN – HELSINGØR

Diese Etappe durch den Nordosten der Insel Seeland könnte man durchaus auch als **„Schlössertour"** bezeichnen. Nicht weniger als drei der bedeutendsten Königsschlösser Dänemarks liegen auf dem Wege.

**ROUTE:** *Kopenhagen verlässt man am einfachsten über die Ausfallstraße 16 nordwestwärts Richtung* **Hillerød**, *das man nach rund 45 km erreicht.*

Mitten in **Hillerød,** der Stadt am Westufer des Schloss-Sees, liegt **Schloss Frederiksborg [N 55° 55' 54.2" E 12° 18' 00.8"]**, wohl das imposanteste und prächtigste Renaissanceschloss in Dänemark *(geöffnet Apr. - Okt. tgl. 10 - 17 Uhr, sonst 11 - 15 Uhr; www. frederiksborgmuseet.dk).*

Den Grundstein zu Schloss Frederiksborg in seiner heutigen Form legte der baufreudige König Christian IV. im Jahre 1602. Er ließ an der Stelle, an der schon früher ein Herrensitz lag, den der Vater von Christians IV., König Frederik II., 1560 vom dänischen Seehelden Herulf Trolle erwarb, das Schloss erbauen. Christian IV., der über 60 Jahre lang als uneingeschränkter Monarch die Geschicke nicht nur Dänemarks sondern auch Norwegens in Händen hielt, hatte mit Schloss Frederiksborg sein ehrgeizigstes Bauvorhaben begonnen. Und ganz zweifellos spiegelt nicht nur die schiere Größe, sondern auch die kostbare Ausstattung des Schlosses die Machtposition des dänischen Königs im damaligen Europa wider. Hier ließ sich standesgemäß Hof halten, sich aber immer mit einem vergleichenden Blick nach Paris, London oder St. Petersburg orientierend.

Das prächtige Anwesen besteht aus mehreren Gebäuden, die alle in rotem Backstein errichtet sind und die sich auf drei Inseln verteilen. Markant sind die waagrechten, weißen Steinschmuckbänder, die das Gesicht der etwas ernst und abweisend wirkenden Fassaden ein Stück freundlicher machen. Die hohen Gebäudeflügel des eigentlichen Schlosses, die sich um einen quadratischen Innenhof gruppieren, sind an den Ecken durch achteckige Türme abgeschlossen.

Der eigentliche Zugang zum Schloss führt über die südliche Brücke und durch das **„Stadttor" (1)** von 1600 auf die erste der drei Inseln. „Eigentlicher Zugang" deshalb, weil die Besucher heute meist durch den Westflügel, das sog. **Haus des Schlossherrn (9)**, auf der mittleren Insel die Anlage betreten.

Nach dem „Stadttor" geht man durch die sog. **Stallgasse (2)** zum Tor **Christians VI. (6)** von 1736. Die Stallgasse wird flankiert von den ältesten noch vorhandenen Gebäuden – rechts der **Herulf Trolls Turm (3)** und anschließend der **Husarenstall (4)** von 1575 (Wohntrakt des Schlossgesindes) und auf der linken Seite der **Königsstall (5)** von 1575.

*Schloss Frederiksborg*

An der Nordseite wird die erste Insel abgeschlossen von den beiden gedrungenen, runden **Türmen Frederiks II. (7)** von 1562. Sie tragen das Motto des Königs: „Meine Hoffnung an Gott allein".

Über die **S-Brücke (8)** gelangt man durch den hohen Kerkerturm oder **Torturm (9)** von 1620 mit schöner Giebelhaube auf die mittlere Insel. Die Brücke in der Form eines „S" wurde deshalb nötig, weil Christian IV. die von Frederik II. begonnene bauliche Achse nicht beibehielt. So standen sich das Portal auf der Südinsel und der Torturm auf der Mittelinsel nicht genau gegenüber.

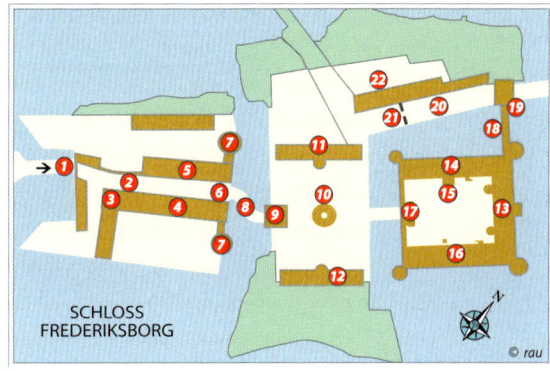

*SCHLOSS FREDERIKSBORG – 1 Stadttor – 2 Stallgasse – 3 Herulf Trolls Turm – 4 Husarenstallungen – 5 Königliche Stallungen – 6 Christian VI.-Tor – 7 Frederik II.-Türme – 8 S-Brücke – 9 Tor-/Kerkerturm – 10 Neptunbrunnen – 11 Westflügel – 12 Kanzleigebäude – 13 Mittlerer Flügel – 14 Kirchenflügel – 15 Uhrturm – 16 Ostflügel – 17 Hauptportal und Arkaden – 18 Brückenbau – 19 Audienzsaal – 20 Turnierplatz – 21 Karusselltor – 22 Magazine*

Der große freie Platz wird in der Mitte von dem herrlichen **Neptunbrunnen (10)** von 1622, rekonstruiert 1888, beherrscht. Obenauf der Gott des Meeres mit dem Dreizack, darunter 15 allegorische Figuren.

Der **Westflügel (11)** links wird als „Haus des Schlossherrn" (1614) bezeichnet. Er war einst Wohnsitz des Lehnsmanns. Rechts das **„Kanzleigebäude" (12)** von 1618.

Der **Mittlere Flügel (13)** mit großen, figurengeschmückten Galerien, ist der Königsflügel mit den königlichen Gemächern im 1. Stock. Er entstand 1602 als erster Teil des neuen Schlosses unter Christian IV. Vier Jahre später wohl folgte der westliche **Kirchenflügel (14)**, unschwer am **Uhrturm (15)** zu erkennen. **Glockenspiel** zu jeder vollen Stunde.

Der **Ostflügel (16)** schließlich trägt am Giebel oben die Jahreszahl 1608. An der Südseite schließt die sog. Terrasse (– 17 – figurengeschmückte Arkaden), mit dem Hauptportal in der Mitte, den inneren Schlosshof ab. Das Hauptportal wird von den königlichen Wappen und der Jahreszahl 1609 geschmückt.

Im dritten Stock des Schlosses ist heute eine **Sammlung moderner Kunst** untergebracht. Es wird die Geschichte des 20. Jh. vornehmlich anhand von Porträts der Königsfamilie, von Politikern, Wirtschaftsführern, Wissenschaftlern, Sportlern und Künstlern dokumentiert.

Von der Westseite des Königsflügels führt ein zweistöckiger **Brückenbau (18)**, der sog. „geheime Gang" in den **Audienzsaal (19)** von 1680. An seiner Südseite das prächtig gestaltete, mit freistehenden Säulen versehene Münzportal.

Im Winter 1859 erlebte Schloss Frederiksborg, damals Residenz König Frederiks VII., eine furchtbare Brandkatastrophe. Das Feuer zerstörte in der Nacht zum 18. Dezember den größten Teil des Hauptflügels, den Seitenflügel und große Bestände der kostbaren Porträtgalerie. In der Kirche stürzten mehrere Gewölbe ein.

Unter dem Eindruck der als nationale Tragödie empfundenen Feuersbrunst wurde ein Komitee zur Restaurierung des Schlosses gegründet. Allen voran stiftete J. C. Jacobsen, der damalige Eigentümer der Carlsberg Brauerei, große Summen. Er war es auch, der anregte, das Schloss nach dem Wiederaufbau zum **„Nationalmuseum für die Geschichte Dänemarks"** zu ernennen. Dies geschah dann am 5. April 1878 und seit 1882 hat die Öffentlichkeit Zutritt zu Schloss Frederiksborg.

Der Besuch von Schloss Frederiksborg ist sehr lohnend. Und selbst wer nur wenig Zeit hat, sollte sich zumindest die prunkvoll ausgestattete **Kirche** mit der **Meisterorgel** von 1610 von Esaias Compenius und den nicht weniger prächtigen **Rittersaal** ansehen. Orgelspiel donnerstags 13.30 bis 14 Uhr. In eben dieser Kirche heiratete 1995 der dänische Kronprinz Joachim Prinzessin Alexandra.

In schönen alten Wirtschaftsgebäuden des Schlosses sind heute einladende **Restaurants** wie das „Slotsherrens Kro" eingerichtet.

Nördlich des Schlosses erstreckt sich – man gelangt durch ein großes Torgebäude seitlich des Schlosses dahin – ein herrlicher **Barockgarten**, mit Terrassen, Kaskaden, Brunnen und Zierteichen.

In **Hillerød** selbst lohnt ein Besuch des **Nordsjælandsk Folkemuseum**, des Heimatmuseums von Nordseeland im Park Jägerbakken, am Nordostufer des Schlosssees. Die Ausstellungen sind in einem alten, dreiflügeligen, strohgedeckten Bauernhaus untergebracht.

In der Slotsgade 38 kann man eine schöne **Münzsammlung** besichtigen und bei längerem Aufenthalt lohnt ein Besuch im **Klostermuseum Æbelholt**, das ein gutes Stück nordwestlich von Hillerød liegt. Das 1175 gegründete Augustinerkloster war vor allem im Mittelalter auch ein bedeutendes Hospiz.

Schließlich kann man während der Sommermonate vom Marktplatz Torvet aus eine **Dampferfahrt** mit dem Ausflugsboot „MF Frederiksborg" auf dem Schlosssee unternehmen.

Wenn Ihnen der Sinn weniger nach Museen steht, bummeln Sie einfach durch das preisgekrönte, überdachte **Einkaufszentrum** „Schlossarkaden".

**ROUTE:** *Von Hillerød auf der Straße 6 nach Nordosten. Schon nach knapp 8 km erreicht man* **Fredensborg** *und das* **Königliche Schloss***.*

**Schloss Fredensborg [N 55° 58′ 48.4″ E 12° 23′ 46.1″]** ist noch heute königliche Residenz. *Der Öffentlichkeit sind das Schloss und die Schlosskirche allerdings nur im Juli auf halbstündlichen Führungen zwischen 13 und 16.30 Uhr zugänglich und dann auch nur bei Abwesenheit der Königsfamilie.*

Der Besucher ist beeindruckt vom reichen Interieur und der kostbaren Möblierung, die man auf den Schlossführungen zu Gesicht bekommt.

Jedes Jahr im Frühling und im Herbst verlegt das Regentenpaar Königin Margrethe II. und Prinz Henrik ihre Residenz für einige Monate nach Fredensborg.

Bei Anwesenheit des Königspaares findet jeden Tag um 12 Uhr vor dem Schloss die Wachablösung statt.

Schloss Fredensborg entstand während der Regentschaft von König Frederik IV. (1699 – 1730), der hier in den königlichen Jagdrevieren um den Esrum See ein Jagdschloss wünschte. Der Schlossname *„Friedensburg"*, so die Übersetzung, erinnert an das Ende des Krieges gegen Schweden, den König Frederik IV. mit dem Friedensschluss von 1720 beenden konnte.

1719 war der Architekt Johan Cornelius Krieger mit dem Bau beauftragt worden. Zwar wurden bei der prunkvollen Einweihung am 11. Oktober 1722 schon die ersten Gemächer bezogen, aber den letzten Schliff und das gegenwärtige Aussehen erhielt Fredensborg erst 44 Jahre nach dem ersten Spatenstich. Das Resultat ist eine überaus harmonische Schlossanlage mit 28 Gebäu-

---

*Schloss Fredensborg*

den, welcher der Festungscharakter von Kronborg oder Frederiksborg völlig fehlt.

Sehr schön ist ein Spaziergang durch den herrlichen, vom Gartenarchitekten J. C. Krieger nach Versailler Vorbild angelegten, ganzjährig zugänglichen **Schlosspark** hinunter zum See. Einer der strahlenförmig verlaufenden Wege zum See wird von zwei schönen, lauschigen Pavillons abgeschlossen. Unter den vielen Skulpturen im Park fällt die etwas abseits gelegene Gruppe von 69 Sandsteinfiguren auf, die das „Norwegische Volk" darstellen soll.

**ROUTE:** *Weiterreise von Fredensborg auf der Straße 6 nach* **Helsingør**, *16 km.*

**Helsingør [N 56° 02' 02.1" E 12° 36' 49.8"]** existiert seit 1281 und wurde schon in Dokumenten zur Zeit König Valdemars des Großen erwähnt. Seit alters her ist Helsingør wichtiger Fährpunkt an der schmalsten Stelle des Øresunds nach dem nur 4 km entfernten Schweden.

1426 erhielt der Hafen Stadtrechte und schon drei Jahre später fiel dem damals regierenden König Erik von Pommern ein probates Mittel ein, der Stadt und dem Staatssäckel eine feine Einnahmequelle zu sichern – er führte den Sundzoll ein. Erst 1857 schaffte man ihn wieder ab.

**Autofähren** verkehren über den Øresund nach Helsingborg in Schweden laufend rund um die Uhr. Fahrzeit ca. 20 Minuten.

**Schloss Kronborg**, das markante „Hamlet-Schloss" an der Hafenausfahrt, wird zu den schönsten Renaissanceschlössern in

**Turistbureau,** Slotsgade 2, 3480 Fredensborg, Tel. 42 28 21 00, www.visitfredensborg.dk.

#### HOTEL
*Mein Tipp!* **Fredensborg Store Kro**, 49 Zi., Slotsgade 6, Tel. 48 40 01 11, Fax 48 48 45 61, www.fredensborg.storekro.dk. Gastliche Tradition seit 275 Jahren im ehemaligen Gästehaus des Schlosses, in Sichtweite von Schloss Fredensborg, gepflegtes Ambiente, vorzügliches Restaurant.

#### CAMPING
**Højsager Camping \*\* [N 55° 58' 01.8" E 12° 27' 18.3"],** Humlebækvej 31, Tel. 42 19 44 48, dk-camp.dk/hojsager; 1. Apr. – 30. Sept.; ca. 2 km östl. Fredensborg; ca. 2 ha – 100 Stpl.; Standardausstattung; 3 Miethütten. **V & E für Wohnmobile**.

*Speisesaal der Königin, Schloss Kronborg*

Die alljährliche Besucherschar aus aller Welt wäre bestimmt um ein Wesentliches kleiner, wäre im 16. Jh. der große Dramatiker vom Avon, William Shakespeare, nicht auf die Idee gekommen, die Handlung seiner berühmten Tragödie **„Hamlet, Prinz von Dänemark"** in Helsingør und auf Kronborg spielen zu lassen. Seitdem lebt Helsingør mit dem Ruf – sicher recht gern – die Stadt des tragischen dänischen Sagenprinzen Hamlet zu sein, der im Bestreben, seinen gemeuchelten Vater zu rächen, selbst dramatisch zu Tode kam.

Ob Hamlet nun lebte oder nicht, er ist und bleibt der „berühmteste" Däne in der Weltliteratur. In Shakespeares Tragödie ist Hamlet ein den Realitäten des Alltags entrückter Feingeist, der mit dem wirklichen Leben so seine Schwierigkeiten hat.

Noch ein anderer Geist einer dänischen Sagengestalt, **„Holger Danske",** Holger der Däne, soll in den riesigen Kasematten unter dem Schloss umgehen. Von diesem grimmigen Haudegen erzählen sich die Dänen, dass ihnen Holger zu Hilfe käme, „wenn es wirklich ernst wird". Dann aber würde der sagenhafte Holger wüten wie ein Berserker, dass das Blut„kniehoch" steht. Und das Häuflein der Überlebenden wäre so klein, dass es sich bequem an einem einzigen Tisch niedersetzen könne.

Während der **Besichtigungstour** durch Kronborg sieht man – neben zahlreichen Räumen des Schlosses, ausgestattet mit prächtig gearbeiteten Kaminen, mit kostbarem Mobiliar und mit schönen Gobelins wie in der **Kammer der Königin** – auch den riesigen, 62 m langen und stattliche 11 m breiten **Rittersaal**. Mit diesen Dimensionen gilt der Saal als größter historischer Raum Nordeuropas.

Ebenfalls zur Schlossbesichtigung gehört ein Rundgang durch das Labyrinth der düs-

Nordeuropa gezählt *(geöffnet Mai - Sept. tgl. 10.30 - 17 Uhr, übrige Zeit tgl. a. Mo 11 - 16 Uhr; www.kronborg.dk).* In einem alten dänischen Seemannslied wird mit den Zeilen „Mit Kronborg an Steuerbord ...." die Einfahrt in den Øresund und das glückliche Ende einer oft monatelangen Seefahrt besungen.

Nach der Einführung des Sundzolls, der der Krone Unsummen einbrachte, wurde die alte Hafenfestung „Krogen" aus dem 15. Jh. um 1575 unter Frederik II. zu einem Prunkschloss im Renaissancestil ausgebaut. Geld war durch die reichlich fließende Seemaut ja vorhanden. Schließlich musste jedes Schiff, das das Nadelöhr des Øresunds passierte, bezahlen.

Selbst die Spuren der Brandkatastrophe von 1629, die große Teile des Schlosses in Schutt und Asche legte, konnten dank des Wasserzolls während der Regentschaft des baufreudigen Dänen-königs Christian IV. rasch wieder beseitigt werden.

Ab dem Ende des 18. Jh. dann wurde die ehemals königliche Residenz Kronborg als Kaserne genutzt, was seine Spuren hinterließ. Nach umfassendenRestaurierungsarbeiten schon zu Beginn unseres Jahrhunderts präsentiert sich der vierflügelige, von Schanzanlagen und Basteien umgebene Komplex heute wieder komplett und unversehrt.

teren **Kasematten** mit zum Teil bis zu 6 m dicken Mauern. Hier hatten sich in Kriegszeiten die Soldaten bei ziemlich düsteren und unwirtlichen Verhältnissen aufzuhalten.

Nicht versäumen sollte man einen Blick in die prächtige **Schlosskirche**, die aus dem 16. Jh. unverändert erhalten ist.

Ebenfalls im Schloss untergebracht ist das große und sehr sehenswerte **Seefahrts- und Handelsmuseum** *(geöffnet Mai - Sept. tgl. 10.30 - 17 Uhr, übirge Zeit 11 - 16 Uhr; www.maritime-museum.dk).* In zahlreichen Räumen auf mehreren Etagen wird die Entwicklung und die lange Geschichte des dänischen Handels und der Handelsseefahrt vom 14. Jh. bis heute gezeigt.

Zu den Exponaten und Ausstellungsthemen zählen Indien-, China- und Afrikaabteilungen, Schiffsmodelle, Navigations- und Rettungseinrichtungen, maritime Gebrauchsgegenstände, Gemälde, Fotodokumente u.a. Andere Sammlungen des Museums informieren über die Geschichte des Sundzolls, über den Handel mit den alten dänischen Kolonien, über den Sklavenhandel und über die dänischen Plantagenbetriebe in Dänisch-Westindien bis 1916 u.a.

In der Stadt Helsingør selbst sind eine ganze Reihe alter Häuser restauriert und unter Denkmalschutz gestellt worden. Besonders die Gebäude in der Strandgade Nr. 93 – 95, zwei herrschaftliche Stadthäuser, verdienen in diesem Zusammenhang Erwähnung.

Eines der schönsten und besterhaltenen Klöster mit Kreuzgang im Norden Europas ist das **Karmeliterkloster**, Sct. Anna Gade 38, aus dem Jahre 1430 mit der gotischen **Marienkirche**. Um die Kirche rankt sich die romantisch-tragische Geschichte um Dyveke, die Geliebte König Christians II. Sie soll hier begraben worden sein, nachdem sie im Jahre 1517 mit vergifteten Kirschen ermordet wurde. Das oberste Stockwerk des Ostflügels des Karmeliterklosters ist mit Wandmalereien aus dem 16. Jh. geschmückt.

**Schloss Marienlyst** in der Marienlyst Allé 32 in der Stadtmitte, wurde im 16. Jh. als königliche Sommerresidenz in einem Lustgarten erbaut. Heute ist es eine Dependance des Stadtmuseums. Gezeigt werden Gegenstände zu den Themen „Sundzoll" und „Hamlet", sowie Kunsthandwerk. Schönes Louis XVI.-Inventar. Im Park ein Granit-Sarkophag der als „Hamlets Ehrengrab" bekannt ist.

Sehenswert sind außerdem das **Stadtmuseum**, Sct. Anne Gade 36 *(geöffnet tgl. 12 – 16 Uhr; www.helsingor.dk/museum)* und **Dänemarks Technisches Museum**, Fabriksvej 25 *(geöffnet Di – So 10 – 17 Uhr; www.tekniskmuseum.dk).*

### PRAKTISCHE HINWEISE — HELSINGØR

 **Turistbureau [N 56° 02' 02.1" E 12° 36' 49.8"]**, Havnepladsen 3, 3000 Helsingør, Tel. 49 21 13 33, Fax 49 21 15 77; www.visithelsingor.dk.

 **HOTEL**

**Marienlyst \*\*\*\***, 237 Zi., Nordre Strandvej 2, Tel. 49 21 40 00, Fax 49 21 49 00, www.marienlyst.dk; traditionsreiches Haus der gehobenen Klasse, am Meer, Zimmer teils mit Blick zum Schloss Kronborg, Restaurant, Sauna, Schwimmbad, Spielkasino.

  **CAMPING**

**Helsingør Camping Grønnehave \*\* [N 56° 02' 37.1" E 12° 36' 18.6"]**, Stranddalleen 2, Tel. 49 28 12 12, www.helsingorcamping.dk; 1. Jan. – 31. Dez.; stark besuchter Durchgangsplatz im Norden der Stadt zwischen Bahn und Strand; ca. 2 ha – 100 Stpl.; Standardausstattung. Laden. 12 Miethütten. **V & E** für **Wohnmobile.**

## HELSINGØR (DK) – GÖTEBORG (S)

**Länge dieser Tour:** Rund 290 km, ohne Abstecher, + 1 Fähre.

**Die Route:** Über die Straße 111 bis **Höganäs** – Straße 112 und Straße E6/20 bis **Ängelholm** – Straßen E6/E20 über **Halmstad, Falkenberg, Varberg** bis **Göteborg**.

**Reisedauer:** Mindestens ein Tag.

**Reisehöhepunkte:** Blick vom **Festungsturm Kärnan** * über Helsingborg – das **Schloss Sofiero** – Göteborgs Ostindien-Haus ** – Maritim Zentrum ** – Seefahrtmuseum **.

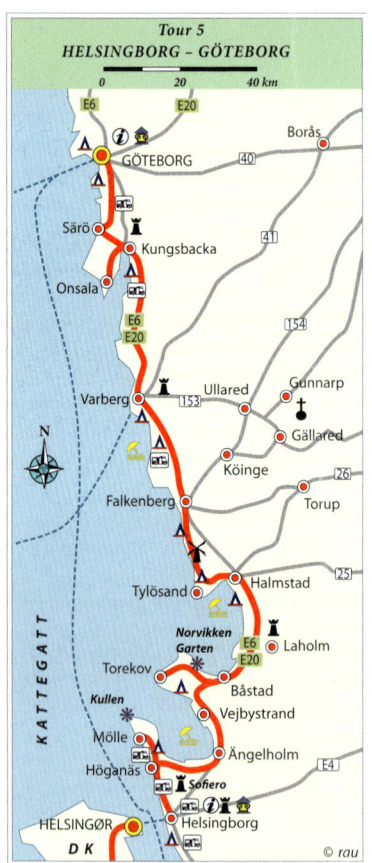

**Tour 5**
**HELSINGBORG – GÖTEBORG**

I. ließ im 12. Jh. Schloss Helsingborg errichten, von dessen später abgeänderten Form der 36 Meter hohe Burgturm „Kärnan" noch erhalten ist. Bis zu den Zeiten Eriks von Pommern war Schloss Helsingborg Residenz der dänischen Könige.

Heute ist Helsingborg mit seinen rund 100.000 Einwohnern Schwedens viertgrößte Hafenstadt.

Unweit des zentralen **Stortorget** am Fährhafen (Parkplätze) mit dem markanten Bau des Rathauses.

Stadteinwärts wird der Platz abgeschlossen zwei mächtigen Rundtürmen der früheren Stadtbefestigung. Darüber erkennt man den dominierenden **Kärnan**, den Rest der alten Stadtfestung von Helsingborg.

Der starke, viereckige Ziegelturm stammt aus der Mitte des 14. Jh., ist fast 35 m hoch und hat an der Basis eine Seitenlänge von fast 15 m hat, eine Höhe von 34,5 m.

Die einzelnen Stockwerke sind nur über den angebauten fünfeckigen Treppenturm zu erreichen. Das zweite (zusammen mit dem früheren dritten) Obergeschoss beherbergt die Burgkapelle mit hohem Kreuzgewölbe. Darüber befindet sich ein hoher Raum mit Tonnengewölbe, der ehemals als Arsenal diente. Abgeschlossen wird der Turm von einer **Aussichtsplattform**, die bis ins 17. Jh. als Geschützbastion diente. Die Aussicht von dort oben ist prächtig und reicht von der Stadt über den Öresund bis weit hinüber nach Dänemark.

**ROUTE:** Autofähre Helsingør – Helsingborg [N 56° 02' 23.8"  E 12° 41' 47.4"]9, *Fahrtdauer ca. 20 Minuten.*

**Helsingborg [N 56° 02' 46.4" E 12° 41' 34.6"]** taucht als Hafenname schon im 10. Jh. in der Nial-Saga auf und wird 1085 erstmals urkundlich erwähnt. König Waldemar

**ROUTE:** *Wir verlassen Helsingborg auf der Straße 111 in nordwestlicher Richtung*

*nach* **Höganäs**. *Nach wenigen Kilometern bietet sich Gelegenheit zum* **Schloss Sofiero** *abzuzweigen.*

Das Sehenswerte an **Schloss Sofiero [N 56° 05' 05.3"  E 12° 39' 49.1"]** *(Park geöffnet Mai - 15. Sept. tgl. 10 - 18 Uhr; Eintritt)* ist weniger das Schlossgebäude, das heute ein **Restaurant** und **Terrassen-Café** beherbergt, als vielmehr die ausgedehnte, herrliche, größtenteils naturbelassene **Parklandschaft um das Schloss**, mit den berühmten **Rhododendronpflanzungen**.

Auf der Weiterfahrt über die Straße 111 passiert man **Schloss Kulla-Gumerstorp** (nicht zugänglich) und erreicht nach einer ansprechenden Küstenfahrt über **Viken** mit seinen hübschen Fachwerkhäusern, dem Sporthafen und den Sandstränden die Stadt **Höganäs**, Hauptort der nach Nordwesten vorspringenden Halbinsel Kullen und ein Zentrum der Keramikfabrikation (Stadtmuseum).

Wenige Kilometer weiter nordwestlich liegt das hübsche **Schloss Krapperup** un-

mittelbar an der Straße 111 mit schönem **Schlosspark**.

Reizend liegt der kleine Fischerhafen **Mölle [N 56° 17' 01.7"  E 12° 29' 41.6"]** an der Küste des Kattegatt. Über dem Hafen erheben sich die bewaldeten, felsigen Höhen des 188 m hohen **Kullabergs**, der Wandermöglichkeiten (Naturschutzgebiet, Eintritt!) auf markierten Wegen bis hinaus zum Leuchtturm und zwischen den Klippen schöne Badeplätze bietet.

**ROUTE:** *Weiterreise über die Straße 112 Richtung* **Jonstorp** *ostwärts und über* **Brunnby** *bis zur E6/E20, der wir über* **Halmstadt, Falkenberg** *und* **Varberg** *nach Norden bis* **Göteborg** *folgen. Bei ausreichend zur Verfügung stehender Zeit wird man lieber die parallel zur meist autobahnähnlich ausgebauten E6/E20 verlaufenden Landstraßen nehmen und hat dann bessere Möglichkeiten, zu den Küstenorten und Badesträndern abzuzweigen.*

Bekannte Badeorte sind **Ängelholm, Vejbystrand**, **Torekov** und **Båstad [N 56°**

**PRAKTISCHE HINWEISE – HELSINGBORG**

**Helsingborgs Turistbyrå,** Rådhuset, 25189 Helsingborg, Tel. 10 43 50, Fax 10 43 55, www.skane.com.

**HOTELS**
**Mollberg Best Western,** 100 Zi. \*\*\*\*, Stortorget 18, Tel. 12 02 70, Fax 14 96 18, in Bahnhofsnähe, Restaurant, Parkplatz, Garage.

**CAMPING**
**Camping Råå Vallar \*\*\* [N 56° 0' 11"  E 12° 43' 46"],** Tel. 10 76 80; www.camping.se/m03; 1. Apr. – 31. Dez.; ca. 5 km südöstl. vom Stadtzentrum, ab Zentrum Richtung Råå, gut beschildert; Übernachtungsplatz, langgestreckt, eben, durch Hecken und Bäume in mehrere große Felder unterteilt, parzelliert, an Industrieanlagen grenzend; zwischen Straße und Strand; ca. 9 ha – 350 Stpl.; einfache Standardausstattung; Laden, Imbiss, Schwimmbad.

**Wohnmobil-Stellplätze**
**Wohnmobil-Stellplatz Helsingborg:** Zufahrt/Lage: Am Parkplatz der Fährlinie Helsingborg-Helsingör, Geöffnet: Ganzjährig. Gebühr: 50 SEK im Sommer, 20 SEK in der Nebensaison pro Nacht. Platz für 20 Fahrzeuge auf Asphaltfläche. Ausstattung: Toilette.
**Wohnmobil-Stellplatz Domstenshamn:** Am Hafen von **Domsten** nahe der Straße 111 Richtung Höganäs, ca. 9 km nördlich von Helsingborg. Geschotterte Fläche mit Platz für 7 Wohnmobile. **Geöffnet:** Ganzjährig. **Gebühr:** 140 SEK inkl. Strom und Dusche pro Übernachtung. **Ausstattung:** Toiletten, Duschen, Frischwasser. Restaurant nahebei. Tel. 0613/403 94.
**Wohnmobil-Stellplatz Höganäs:** Am Parkplatz am Gästehafen von **Höganäs** mit Platz für 30 Wohnmobile. **Geöffnet:** Ganzjährig. **Gebühr:** 50 SEK pro Übernachtung. **Ausstattung:** Toiletten, Dusche, Chemikalausguss, Frischwasser, Grillplatz. Tel. 042/33 33 65.

25' 58.8" E 12° 50' 08.6"], ein renommiertes Seebad und hübscher Küstenort mit fast malerisch zu nennendem Ortskern .

**Halmstad [N 56° 40' 20.4" E 12° 51' 31.7"]** (75.000 Einw.) ist Hauptort und Verwaltungszentrum der **Region Halland**, einer Region, die in der Zeit der Machtkämpfe zwischen Dänen, Schweden und Norwegern oft umkämpft war und gelegentlich zu Norwegen gehörte.

Trotz eines verheerenden Brandes im 17. Jh. blieben im alten Stadtkern einige sehr schöne **Fachwerkhäuser** erhalten.

Zu den Sehenswürdigkeiten der Stadt zählt – neben dem **Freilichtmuseum** (geöffnet Sommer tgl. 10 - 19 Uhr, sonst 10 - 16 Uhr) im ehemaligen Hallandsgården auf dem mittelalterlichen Galgenberg im nördlichen Stadtbereich – das **Landesmuseum von Halland** in der Tollsgatan, das u. a. Kunsthandwerk aus Südschweden zeigt.

Eine Sehenswürdigkeit aus unseren Tagen stellt der **Europabrunnen** auf dem Marktplatz Stortorget dar. Eine Plastik von Carl Milles zeigt „Europa mit dem Stier".

Noch etwas weiter südwestlich liegt das Seebad **Tylösand**, das in ganz Schweden vor allem für seinen **herrlichen Sandstrand** und bei Kennern für seinen Golfplatz bekannt ist.

Bei ausreichend zur Verfügung stehender Zeit lohnt ein Abstecher ins alte Zentrum von **Flakenberg** mit der sehenswerten **Laurentius-Kirche** und hübschen Straßenzügen.

In der **Festung von Varberg [N 57° 06' 15.8" E 12° 14' 48.2"]** (im Sommer Führungen) aus dem 13. Jh.,sind heute eine Jugendherberge, ein kleines Fahrzeugmuseum und das **Halland Provinzmuseum** (geöffnet Mitte Juni - Mitte Aug. tgl. 10 - 17 Uhr, sonst 10 - 16 Uhr) mit einer sehenswerten Ausstellung zur Bauernkultur und Volkskunst aus Halland und mittelalterlichen Moorfunden (Bocksten-Mann) untergebracht.

Bekannte und gern besuchte **Seebäder** südlich von Göteborg sind u. a. **Åsa, Gottskär** auf der Halbinsel Onsala und vor allem das renommierte **Särö**, das zu einem beliebten Naherholungsgebiet der Göteborger geworden ist.

Telefonvorwahl: 0 35
**Halmstads Turistbyrå**, Halmstads slott, 301 02 Halmstad, Tel. 13 23 20. www.halmstad.se/turist, www.hallandsturist.se.

### CAMPING

**Hagöns Camping \*\*\*\* [N 56° 38' 9" E 12° 54' 0"],** Östra Stranden, Tel. 12 53 63, www.hagonscamping.se; Ende Apr. – Anf. Sept.; ca. 6 km südöstl. Halmstadt; zwischen E6 und Laholmsbukten; Wiesengelände; ca. 10 ha – 480 Stpl. + 120 Dau.; Komfortausstattung; Laden, 11 Miethütten; FKK-Strandbad.
**V & E** für Wohnmobile. Quick Stop.
**Kronocamping Tylösand \*\*\*\* [N 56° 39' 37" E 12° 44' 25"],** Tel. 3 05 10, www.kronocamping.se; Ende Apr. – Anf. Sept.; ca. 1,5 km nördl. von Tylösand; Wiesen- und Waldgelände in Meeresnähe; ca. 8 ha – 450 Stpl. + 100 Dau.; Komfortausstattung; Laden, Fahrradverleih; 10 Miethütten. **V & E** für Wohnmobile.

### Rastplatz

**Rastplatz ‚Eurostop'** am südlichen Ortsrand von Halmstad an der E6, Riesenparkplatz bei Einkaufszentrum mit Tankstelle, Hotel, McDonalds Restaurant. Der Parkplatz wird von Durchreisenden gerne als Übernachtungsplatz genutzt. Toilette. Gebührenfrei.

### Wohnmobil-Stellplatz

**Wohnmobil-Stellplatz:** Steningegården bei **Steninge**, Tel. 52 030. **Geöffnet:** Ganzjährig; 10 Plätze auf Grasfläche; **Gebühr:** 100 SEK + 60 SEK für Strom. **Ausstattung:** Dusche, Toilette, Entsorgung für Grauwasser, Frischwasser, Grillplatz.

**Falkenbergs Turistbyrå,** Stortorget, 311 23 Falkenberg, Tel. 03 46-1 74 10.

### CAMPING BEI FALKENBERG

**Hansagårds Camping \*\*\*\* [N 56° 52' 28.01"  E 12° 31' 47.82"],** Tel. 1 69 44, www.hansagaard-camping.se; 21. Apr. – 1. Sept.; 4 km südl. Falkenberg, Abzweig von der E6/E20 Richtung Skrea; Wiesengelände, durch Hecken unterteilt, am Meer; ca. 5 ha – 200 Stpl. + 125 Dau; Standardausstattung; Laden. **Quick Stop**.

**Olofsbo Camping \*\*\*\* [N 56° 55' 23"  E12° 23' 28"],** Olofsbo 222, Tel. 9 20 22, www.camping.se/n10; 1. Mai – 15. Sept.; ca. 8 km nordwestl. Falkenberg; Wiesengelände in Meeresnähe; ca. 9 ha – 400 Stpl. + 200 Dau; Standardausstattung; Laden, Imbiss; 4 Miethütten. **Quick Stop**.

### PRAKTISCHE HINWEISE – VARBERG, KUNGSBACKA

Telefonvorwahl: Varberg 03 40. Kungsbacka 03 00
**Varbergs Turistbyrå,** Box 150, Brunnsparken, 432 24 Varberg, Tel. 8 87 70.
**Kungsbacka Turistbyrå,** Storgatan 41, 434 32 Kungsbacka, Tel. 3 45 95. www.hallandsturist.se.

### CAMPING

#### Tvååker

**Björkängs Camping \*\*\*\*,** Tel. 4 21 34, bjorkangscamping.se; Ende Apr. – Mitte Sept.; rund 13 km südl. von Varberg; Gras- und Sandgelände zwischen Küstenstraße und Meer; ca. 6 ha – 200 Stpl. + 200 Dau; Standardausstattung; Laden. **V & E für Wohnmobile**.

#### Varberg

**Apelvikens Camping \*\*\*\* [N 57° 5' 17"  E12° 14' 51"],** Sanatorievägen 4, Tel. 1 41 78, www.apelviken.se; ganzjährig; südl. der Stadt, ca. 2 km meerwärts, gut beschildert; Komfortabler Ferienplatz mit umfangreichen, zeitgemäßen Einrichtungen, ebenes, schattenloses Wiesengelände bis an eine Sandbucht reichend; ca. 7 ha – 300 Stpl. + 100 Dau; Komfortausstattung; Laden, beheiztes Schwimmbad, Restaurant, Bar, Imbiss, Supermarkt, Verleih von Fahrrädern, Booten, Fremdenzimmer und Mietbungalows; Musikveranstaltungen. **V & E für Wohnmobile** am gelben Sanitärhaus.

**Getteröns Camping \*\*\*\*,** Tel. 1 68 85, www.getteronscamping.se; Mitte Apr. – Mitte Sept.; ca. 4,5 km nordwestl. Varberg; Wiesengelände, durch Hecken unterteilt, in Meeresnähe; ca. 8 ha – 400 Stpl. + 100 Dau; Komfortausstattung; Laden, Imbiss; 17 Miethütten. **V & E für Wohnmobile.**

#### Åsa station

**Åsa Camping \*\*\*\*,** Badviksvägen, Tel. 65 17 74; Ende Apr. – Ende Aug.; Abfahrt Frillesås von der E6/E20 und rund 4 km nach Nordwesten zur Küste; von Felsen begrenztes Wiesengelände am Meer; ca. 4 ha – 100 Stpl. + 100 Dau; Standardausstattung. **V & E für Wohnmobile.**

#### Rastplätze

**Rastplatz Torpasjön,** an der E06 ca. 8 km südlich von Kungsbacka, Rastplatz für Wohnmobile, mit Chemikalausguss, Frischwasser, Toiletten, Abfalleimer, im Sommer Kiosk, Infotafel. Hinweis auf Diebstahlgefahr mit dem Hinweis: Übernachten möglichst auf Campingplätzen. Einfahrt bis max. 3,5 Tonnen. Picknicktische, beengte Verhältnisse. Gebühr: Kostenfrei. Jederzeit zugänglich.

**Rastplatz Sandsjöbacka,** an der E06 ca. 10 km nördlich von Kungsbacka bei Shell-Tankstelle. Rastplatz für Wohmobile, mit Chemikalausguss, Frischwasser, Toiletten, Abfalleimer, Picknicktische, Restaurant nahebei. Gebühr: Kostenfrei. Jederzeit zugänglich.

**Göteborg**, mit über 510.000 Einwohnern zweitgrößte Stadt Schwedens, ist nun wirklich alles andere als eine Touristenstadt. Aber Göteborg hat Ecken und Sehenswürdigkeiten, die einen Besuch durchaus lohnen.

Die Stadt wird geprägt von ihren Häfen, Werft- und Industrieanlagen. In Göteborg haben Konzerne wie der Kugellagergigant SKF und der Automobilhersteller Volvo ihre Hauptverwaltungen und – Fotobegeisterte werden es wissen – in Göteborg werden die ebenso legendären wie teuren Hasselblad-Kameras gebaut.

Göteborg ist eine relativ „junge" Stadt. Erst 1621 wurde sie offiziell gegründet, als Gustav II. Adolf ihr Stadtrechte verlieh.

Der Ursprung der Stadt allerdings reicht zurück bis ins 14. Jh., als am Göta älv, der lange die Grenze zu Norwegen bildete, eine Siedlung namens *Lödöse* existierte. Lödöse wurde zerstört, weiter flussabwärts aber – und nun beiderseits des Göta älv – wieder aufgebaut und erhielt von König Gustav II. Adolf den Namen Göteborg. Der König war es auch, der holländische Städtebauer nach Schweden rief, um das Marschland, auf dem Göteborg entstand, durch Kanäle zu entwässern und Straßen und Plätze anzulegen.

Heute ist Göteborg Verwaltungshauptort der Regionen Göteborg und Bohuslän und nicht nur Schwedens sondern ganz Skandinaviens größter Seehafen.

### Sehenswertes im alten Stadtkern

Mittelpunkt des alten Stadtkerns von Göteborg, der einerseits von Kaianlagen, andererseits von einem Kanal eingefasst wird, ist der **Gustav Adolfs Torg (2) [N 57° 42' 24.0" E 11° 57' 58.5"]**, auf dem sich ein Denkmal des Stadtgründers mit typischem Hut und Federbusch erhebt.

Umgeben wird der Platz von öffentlichen Gebäuden wie dem **Rathaus**, Stadtverwaltung, alter **Börse** etc.

Unweit östlich des Platzes findet man am Nordstadstorget eine der beiden **Touristeninformationen (1).** Das andere Touristenbüro liegt weiter südlich am Kungsportplatsen. Einige der bedeutendsten Sehenswürdigkeiten befinden sich hier im alten Stadtviertel.

Geht man vom Gustav Adolfs Torg über die Norre Hamngatan am Kanal entlang nach Westen, gelangt man – vorbei an der **St. Kristine kyrkan (3) [N 57° 42' 24.0" E 11° 57' 56.8"]**, auch Deutsche Kirche genannt, die 1648 kurz nach der Stadtgründung entstand und nach dem Großbrand von 1748 wiederaufgebaut wurde – zum **Ostindiska huset (4) [N 57° 42' 22.5" E 11° 57' 47.2"]**, dem Ostindien-Haus, Norra Hamngatan 12. Heute ist in dem ehemaligen Handelskontor, das einen ganzen Häuserblock einnimmt, das **Göteborg Stadtmuseum** untergebracht (*geöffnet Mai - Aug. tgl. 10 - 17 Uhr, Sept. - Apr. Di - So 10 - 17 Uhr; www.*

*„Paddan"-Rundfahrtboot auf dem Hamnkanalen, im Hintergurnd die St. Kristine oder Tyska kyrka, links das Ostindien-Haus*

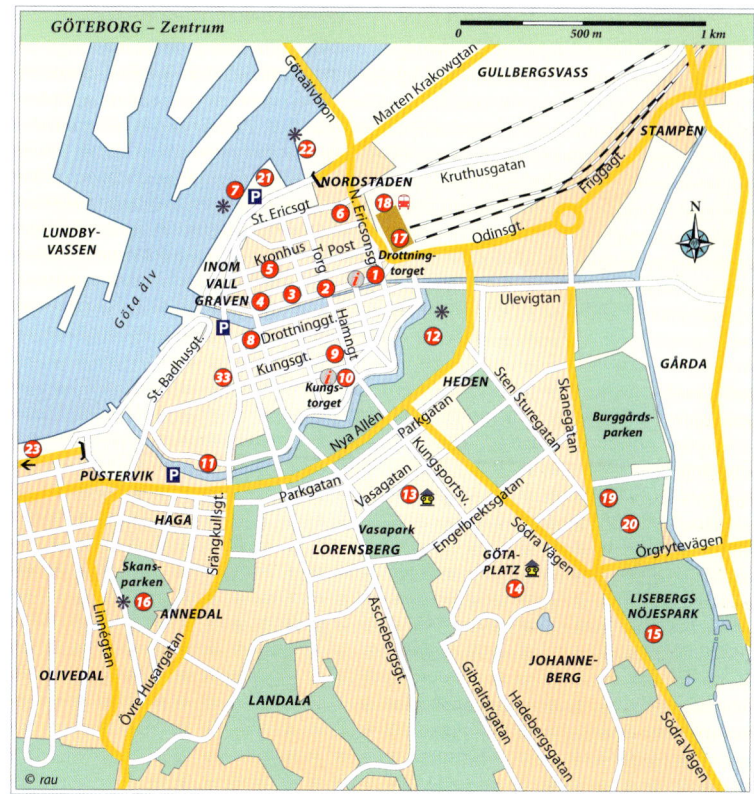

GÖTEBORG – **1** Touristeninformation – **2** Gustav Adolfs Torg – **3** St. Kristine Kyrka – **4** Ostindien-Haus – **5** Kronhuset – **6** Medizin. Museum – **7** Maritiman Schiffs-Freilichtmuseum – **8** Antikhallarna – **9** Dom – **10** Drottning Kristinas Jagdschloss – **11** Feskekörkan – **12** Palmenhaus – **13** Kunstzentrum – **14** Götaplatz und Kunstmuseum – **15** Liseberg – **16** Skansen Kronan – **17** Zentralbahnhof – **18** Busterminal – **19** Scandinavium – **20** Messegelände – **21** Opernhaus – **22** Skanska Hochhaus – **23** zum Seefahrtsmuseum

stadsmuseum.goteborg.se). Straßenbahnhaltestelle Brunnsparken, fast alle Linien.

**Die Schwerpunkte des Museums:**

Die *Abteilung für Geschichte* zeigt neben einer umfangreichen Sammlung zur westindischen Kulturgeschichte und zur Geschichte der Ostindischen Kompanie vor allem mittelalterliche Kirchenkunst aus Schweden, Ausstellungen zur Stadtgeschichte Göteborgs.

Die *Abteilung für Archäologie* besitzt eine interessante Sammlung von prähistorischen Funden aus Westschweden, aus Europa und Nordafrika.

Man kann nun von der Norra Hamngatan rechts um das Ostindien-Haus in die Smedjegatan gehen, dieser zwei Straßenzüge weit folgen und sich dann rechts in

die Kronhusgatan wenden. Dort findet man rechterhand das **Kronhuset (5) [N 57° 42' 26.7" E 11° 57' 46.3"]**, den ältesten Profanbau der Stadt. Dieses alte Zeughaus und Artilleriemagazin wurde zwischen 1642 und 1654 errichtet. 1660 diente es den Bürgerständen als Versammlungsort des Reichstags in Göteborg.

In der Postgatan, gleich hinter dem Kronhuset, findet man die sog. „**Kronhusbodarna**", eine Ansammlung alter Werkstätten aus dem 18. Jh. (Goldschmiede, Uhrmacher, Glasbläser, Schokoladenfabrikation etc.), kleinen Krämerlädchen und Gaststätten wie das traditionsreiche, einladende **Kronhus Café.**

Geht man über die Kronhusgatan weiter ostwärts (stadteinwärts), gelangt man schließlich zur Östra Hamngatan.

Wenige Schritte links findet man das **Medicinhistoriska Museet (6) [N 57° 42′ 32.1″ E 11° 58′ 00.1″]**, Östra Hamngatan 11 *(geöffnet Di - Fr 11 - 16, Do bis 20 Uhr; www.sahlgrenska.se/museum)*. Das Medizinhistorische Museum befasst sich mit der Geschichte der akademischen Medizin, mit dem Gesundheitswesen, der Chirurgie und der Volksheilkunde seit dem 18. Jh.

Man sollte der Östra Hamngatan weiter nach Norden folgen und kommt dann zum Gästehafen am Lilla Bommens Torg (Straßenbahnen 5 + 10, Haltestelle Lilla Bommen).

Zu besichtigen ist hier am Pakhuskajen an der Nordseite des Hafenbeckens des Lilla Bommens Hamn das sehenswerte **Schifffahrtsmuseum Maritiman [N 57° 42′ 37.2″ E 11° 57′ 42.0″]** *(7 – geöffnet Mai - Aug. tgl. 10 - 18, März, Apr, Sept, Okt bis 16 Uhr; www.maritiman.se)* mit diversen historischen Schiffstypen, darunter das Kriegsschiff „Jagaran Småland", ein U-Boot, ein Feuerschiff, Fähren, ein Feuerlöschboot, Schlepper u. a. Dieses schwimmende Schiffsmuseum zählt zu den größten seiner Art weltweit. Restaurant. Cafeteria.

In der Nähe sieht man die Masten des stolzen **Viermasters „Viking"** aufragen. Der 1906 in Dänemark gebaute Windjammer segelte auf allen Weltmeeren. Heute dient das umgebaute Schiff als Restaurant und Hotel (Tel. 63 58 00) und ist ausschließlich für Restaurant- bzw. Hotel-Gäste zugänglich.

*Mein Tipp!* Von dem markanten, rotweißen **Skanska-Hochhaus (22) [N 57° 42′ 41.8″ E 11° 57′ 57.7″]** am Hafen haben Sie von der Aussichtsetage **Götheborgs Utkiken** *(geöffnet Juni - Aug. tgl. bis Sonnenuntergang, sonst Mo -Fr 11 - 16 Uhr)* in 86 m Höhe einen **phantastischen Blick** auf den Hafen und die Stadt. Es gibt eine Cafeteria.

An der Südseite des Hafenbeckens des Lilla Bommens Hamn liegt der Glaspalast der neuen **Oper von Göteborg (21)**.

Auf dem Weg zurück in die Stadt kann man einen kleinen Umweg über **Nordstaden** machen, ein Stadtviertel östlich vom Zentralbahnhof und dem Drottning Torget. Nordstaden gilt als eines der modernsten und größten überdachten **Einkaufszentren** in Schweden. Neben rund 150 Geschäften aller Art findet man hier auch eine ganze Reihe von Restaurants.

### Weitere Sehenswürdigkeiten

**Antikhallarna (8) [N 57° 42′ 18.8″ E 11° 57′ 48.0″]**, Västre Hamngatan 6, am Lilla Torget, der vielleicht größte **Antiquitätenmarkt** in ganz Skandinavien *(geöffnet Mo - Fr 10 - 18, im Sommer bis 17 Uhr; Sa 10 - 14 Uhr, im Sommer Sa geschlossen; www.antikhallarna.se)*. Sammler und Liebhaber alter Stücke finden hier alles von antiken Möbeln, über Münzen, Waffen, Bücher bis hin zu altem Gold- oder Silberschmuck.

**Domkyrkan (9) [N 57° 42′ 16.2″ E 11° 57′ 54.2″]**, in der Kyrkogatan, unweit südlich des Lilla Torget. Göteborgs Dom wurde zwischen 1815 und 1825 auf den Mauern früherer Kirchenbauten, die allerdings Opfer von Stadtbränden wurden, nach Plänen des Architekten C. W. Carlberg erbaut.

**Drottning Kristinas Jaktslott (10)**, Otterhällegatan 16. Das ehemalige Jagdschlösschen Königin Kristinas stammt aus dem 18. Jh. und wirkt heute in der Schlucht der umliegenden Hochhäuser etwas deplatziert und verloren.

**Feskekörkan (11) [N 57° 42′ 03.7″ E 11° 57′ 26.9″]**, die „Fischkirche" am Kanal in der Rosenlundsgaten, ist Göteborgs Fischhalle.

Das **Palmenhaus (12)** im Park des Gartenbauvereins *Trädgårds Föreningen*, eine wunderschöne Park- und Gartenanlage unweit des Kungsportplats, lohnt bei längerem Aufenthalt einen Besuch (Eintritt). Berühmt ist der Park auch für sein **Rosarium**, in dem angeblich mehr als 3.500 verschiedene Rosenarten gezüchtet werden.

### Sehenswertes außerhalb des alten Stadtkerns

**Hasselblad Center**, Götaplatsen (www.hasselbladcenter.se), im Foyer des **Kunstmuseums**. 1989 von der Erna und Victor Hasselblad Stiftung eingerichtetes Fotografiezentrum mit Ausstellungen zur Geschichte der Fotografie.

**Röhsska Museum (13)**, Vasagatan 37 – 39 *(geöffnet Di 12 - 20, Mi - Fr 12 - 17, Sa + So 11 - 17 Uhr; www.designmuseum.se)*.

Dieses interessante Museum für Kunst, Kunsthandwerk und Industriedesign ist einmalig in Schweden. Neben Designmöbeln, Textilien, Keramik, Glas- und Silberarbeiten sieht man Kunstsammlungen aus Japan, Vorderasien und antike Exponate aus Griechenland.

*Blick von der Neuen Oper zum Skanska-Hochhaus und zur Viermastbark „Viking"*

Über die elegante **Kungsportsavenyen,** die flankiert wird von noblen Geschäften, Restaurants und Kaufhäusern kann man bis zum **Götaplatsen (14)** am Ende der Avenue gehen. Der Platz, in dessen Mitte sich der **Neptunsbrunnen** von Carl Milles erhebt, ist einer der repräsentativsten Stadtplätze Göteborgs.

In seiner Umgebung liegen das **Stadttheater,** das **Theaterhistorische Museum,** das **Konzerthaus** und an der Südostseite das besuchenswerte **Kunstmuseum** *(geöffnet Di + Do 11 - 18, Mi 11 - 21, Fr - So 11 - 17 Uhr; www.konstmuseum.goteborg.se).* Busse 40, 45 58, Haltestelle Götaplatsen. Zu sehen sind u. a. Gemälde und Skulpturen von den alten Meistern des 15. Jh. bis zur Neuzeit. Zu den Kostbarkeiten des Museums zählen u. a. „Der Ritter mit dem Falken" von Rembrandt von Rijn, oder Arbeiten von skandinavischen Künstlern wie Carl Larsson, Anders Zorn, P. S. Kröer, Edvard Munch.

**Liseberg (15)** ist Göteborgs großer **Freizeit- und Vergnügungspark.** Restaurants, Open Air-Bühnen mit Sommertheater oder Konzerten u. a.

**Skansen Kronan (16),** die Kronenschanze im Südosten der Stadt, ist Teil der Festungsanlage aus dem Ende des 17. Jh. Von den Bastionen hat man einen sehr schönen Blick auf Stadt und Hafen. Im Festungsturm ist heute ein **Militärmuseum** eingerichtet *(geöffnet nur Sa + So 12 - 15 Uhr).*

**Naturhistorisches Museum** *(geöffnet Mai - Aug. tgl. 11 - 17 Uhr, sonst Di - Fr 9 - 16, Sa + So 11 - 17 Uhr; www.gnm.se).* Straßenbahn 1 + 6 bis Linnéplatsen. Das Museum am Nordrand des **Slottsskogen,** Göteborgs größtem Park, zeigt eine umfangreiche Sammlung zur Fauna und Flora der Erde. Spektakulär sind die Schaustücke aus dem Lebensraum der Wale oder der Elefanten.

**Seefahrtsmuseum,** Karl Johansgatan 1 – 3 *(geöffnet tgl. a. Mo 10 - 17 Uhr, Mi bis 20 Uhr; www.sjofartsmuseum.goteborg.se).* Straßenbahnen 3, 9 + 11 bis Stigbergstorget.

Das 1917 gegründete Museum liegt auf dem Gelände der „Gamla Varvet" der Alten Werft von Göteborg, in der bis Ende des 19. Jh. die schnellsten schwedischen Segler auf Kiel gelegt wurden. Das letzte hier gebaute Schiff, die „Sigyn" lief 1887 vom Stapel.

Übrigens: In Göteborg wurde vor noch nicht allzu langer Zeit eine originalgetreue Kopie des historischen Ostindienseglers „Götheborg" gebaut. Das Schiff machte sich dann tatsächlich auf den Weg nach Fernost und kehrte nach einer langen Reise auf den legendären Handelsrouten der Svenska Ostindiska Kompaniet 2007 aus China zurück.

Markant und schon von weitem sichtbar ist der Turm des **Seefahrerdenkmals** beim Museum. Gekrönt wird der Turm von der „Kvina vid havet" („Frau am Meer).

Das Museum befasst sich mit der langen Seefahrtstradition in Göteborg und in Schweden. Anhand von wunderschönen **Schiffs-modellen** von den frühen Drachenbooten der Wikinger bis zu den schnellen Ostindienfahrern, über Gemälde und Bilder, bis hin zu Navigationsgeräten, der Geschichte der Küstenbefeuerung und der Hochseefischerei, seemännischen Gerätschaften, Seekarten und einer sehr interessanten Sammlung von Galionsfiguren u. v. a. erlangt der Besucher einen sehr anschaulichen Überblick über die schwedische Seefahrt.

Sehr beeindruckend z. B. ist das rund fünf Meter lange Großmodell (Maßstab 1:12) des Ostindien-Seglers „Finland" in der Zentralhalle der zweiten Etage oder das erste Auswandererschiff, das die ersten Schweden nach „New Sverige" am Delaware an der amerikanischen Ostküste brachte.

Im Erdgeschoss des Museums findet man ein besuchenswertes **Seeaquarium** *(geöffnet 10 - 16 Uhr)*, das Meerestiere aller Art aus Süß- und Salzwasser-, Kalt- und Warmwasserregionen zeigt. Große Abteilung tropischer Fische.

Ein gutes Stück nordöstlich vom Götaplatsen liegt hinter der gigantischen Mehrzweckhalle **„Scandinavium" (19)** mit 14.000 Sitzplätzen **Göteborgs Remfabrik**, Åvägen 15, ein Gewerbe- und Arbeitermuseum, das aber nur auf Führungen nach Voranmeldung besichtigt werden kann – Tel. 031-83 15 35, www.remfabriken.org.

Interessant für Hobbyfunker und Radiobastler ist ein Besuch im **Radiomuseet**, Anders Carlssons gata 2 *(geöffnet Mo - Fr 10 - 15, Sa + So 12 - 15 Uhr; www.radiomuseet.se)*. Die Ausstellungen befassen sich in erster Linie mit Rundfunk, Seefunk, Amateurfunk und neuerdings auch mit Mobilfunk. Bus 16, Haltestelle Regnbågsgatan.

Wer sich für die Welt der Fliegerei, für Flugveteranen, für Flugtechnik u. ä. interessiert, sollte sich die Zeit für einen Besuch

im **Aeroseum** in **Säve,** Holmvägen 100, nehmen *(nur auf geführten Rundgängen zu besichtigen Mo + Do 13 Uhr, Di 13 + 18 Uhr; www.aeroseum.se)*. Auf dem Gelände einer einstmals streng geheimen, zwischenzeitlich ausgedienten Militärbasis sind in einem großen Hangar und in Felsbunkern aus der Zeit des „Kalten Krieges" Flugzeuge, Jets und moderne Jagdflugzeuge sowie Oldtimer zu sehen. Das Museum und die Ausstellungen befinden noch im Aufbau, deshalb Öffnungszeiten rückfragen unter Tel. 031-55 83 00.

Autofans wird der Weg nach **Arendal** ins **Volvo Museum** führen *(geöffnet Di - Fr 12 - 17, Sa + So 11 - 16 Uhr; www.volvomuseum. se)*. Zu sehen sind Volvo-Karossen aus der Zeit von 1927 bis nach 1990.

### Rundfahrten, Ausflüge

Neben **Stadtrundfahrten per Bus** inkl. Führung *(Start am Stora Teatern, tgl. von Mai bis Aug.)*, bieten **Bootsrundfahrten** mit den offenen **„Paddan"-Booten** durch die Kanäle Göteborgs und zum Hafen eine gute Möglichkeit, sich einen ersten Eindruck von der Stadt zu verschaffen. Die Boote verkehren von April bis September täglich zwischen 10 und 19 Uhr (Ende Jun. - Mitte Aug. bis 21 Uhr) Abfahrtsstelle am Kungsportsplatsen, Dauer knapp eine Stunde. www.borjessons.com.

Schiffsausflug durch den Hafen zur **Festungsinsel Nya Älvsborg**. Führungen durch die Festungsanlagen. Museum. Cafeteria. Seit einiger Zeit ist die Insel Basis einer archäologischen Grabungsexpedition, die in den Sommermonaten versucht, die Reste des 1745 vor der Hafeneinfahrt gesunkenen Ostindienfahrers „Göteborg" zu heben, der voll beladen war mit Seide und Porzellan. Die Boote verkehren von Anfang Mai bis Anfang September ab Lilla Bommen zwischen 9.30 und 16 Uhr etwa alle Stunde. www.borjessons.com.

### PRAKTISCHE HINWEISE – GÖTEBORG

Telefonvorwahl: 0 31
**Göteborgs Turistbyrå [N 57° 42' 14.4"  E 11° 58' 11.7"]**, Kungsportsplatsen 2, 411 10 Göteborg, Tel. 61 25 00, Fax 61 25 01. www.goteborg.com, www. vastsverige.com.

**Turistbyrå Nordstaden**, Nordstadstorget, 411 05 Göteborg, Tel. 61 25 00, Fax 61 25 01. www.goteborg.com.

Mit dem **Göteborg-Pass** wird dem Besucher von Göteborg Gelegenheit geboten, Stadtrundfahrten per Bus oder Boot, die öffentlichen Verkehrsmittel

(Straßenbahn, Busse, Boote) sowie mehrere Schärenboote wie z. B. das Ausflugsboot zur Festung Älvsborg kostenlos zu benutzen. Der Eintritt in viele Museen und in den Liseberg-Vergnügungspark ist mit der Göteborgskortet frei. Außerdem können Autofahrer auf den städtischen Parkplätzen, die entsprechend gekennzeichnet sind, umsonst parken.

Preis für 24 Std. 225,- SEK/ca. 24,- EUR, für 48 Std. 310,- SEK/ca. 33,- EUR pro Erwachsenem. Der Göteborg-Pass kann man in den Touristeninformationsbüros oder an den Rezeptionen der Hotels, Jugendherbergen oder Campingplätzen kaufen.

### RESTAURANTS

**„Bräutigams"**, bekanntes Café nach Wiener Art, Östra Hamngatan 50, Tel. 13 60 46.

**„Fiskekrogen"**, ausgezeichnetes Fischlokal, teuer, Lille Torget 1, Tel. 10 10 05.

**„Gabriel"** bekanntes Fischlokal auf der Galerie in der **Fischhalle „Feskekörka"**, Tel. 13 90 51.

**„Sjömagasinet"**, gutes Fischlokal mit für schwedische Verhältnisse mittlerer Preislage, Klippans Kulturreservat, Tel. 24 65 10, sonntags geschlossen.

**„Solrosen"**, vegetarisches Lokal, Ecke Haga Östergata/Kaponjärgatan, Tel. 11 24 96.

**„Portside"**, vom Hamburger bis zu à la Carte-Gerichte werden serviert auf einem Restaurantschiff, mittlere Preisklasse, Kungsportsplatsen 1, Tel. 20 31 31. – Und viele andere Restaurants.

### HOTELS

**Liseberg Heden,** 90 Zi. *****, Sten Sture Gatan, Tel. 750 69 00, Fax 750 69 30, gute Mittelklasse, Nähe Liseberg, Restaurant, Sauna, Parkplatz.

**Lorensberg**, 120 Zi. *****, Berzeliigatan 15, Tel. 81 06 00, Fax 20 50 73, Nähe Scandinavium. Parkplatz, Sauna.

**Quality Panorama**, 340 Zi., Eklandagatan 51 – 53; Tel. 767 70 00, Fax 767 70 70, zentral gelegenes Haus der Oberklasse, Parkmöglichkeit, Restaurant.

**Royal**, 86 Zi. ****, Drottningsgatan 67, Tel. 80 61 00, Fax 15 62 46, sehr zentral und relativ preiswert. – Und viele andere Hotels.

### CAMPING

**Lisebergs Camping Kärralund** **** [N 57° 42' 17"  E 12° 1' 48"], Olsbergsgatan 1, Tel. 84 02 00, www.liseberg.se; 1. Jan. – 31. Dez.; ca. 5 km östl. des Stadtzentrums von Göteborg; Nähe Valhalla-Bad und Liseberg-Park; Wald- und Wiesengelände; ca. 5 ha – 250 Stpl.; Standardausstattung, Laden, Imbiss; 40 Miethütten; Jugendherberge. Ins Stadtzentrum Straßenbahn Nr. 5. **V & E** für Wohnmobile.

**Lisebergs Camping Askim Strand** **** [N 57° 37' 43"  E 11° 55' 16"], Marholmsvägen, Tel. 28 62 61; Ende Apr. – Ende Aug.; von der E6/E20 Ausfahrt Mölndal/Åby, ca. 10 km südl. Göteborg und ca. 2 km westl. der Hauptstraße 158; ebene Wiesen an einer schönen Meeresbucht, umgeben von Wald, Felsriegeln und Sommerhäusern; ca. 5 ha – 350 Stpl.; Standardausstattung, Laden, Imbiss. **V & E** für Wohnmobile.

#### Mölndal

**Krono Camping Åby** *** Idrottsvägen, Tel. 87 88 84, www.kronocamping. nu; Anf. Mai – Ende Aug.; Zufahrt über E6 nach Mölndal; gegenüber Ibis Hotel; ebenes, parzelliertes Wiesengelände, von der Trabrennbahn Åby umschlossen, Industrieanlagen in Sichtweite; ca. 15 ha – 500 Stpl.; gute Standardausstattung; Supermarkt, Tennis, Fahrradverleih; 45 Miethütten, Hallen- und Freibad in unmittelbarer Nähe. **V & E** für Wohnmobile. **Quick Stop.**

## GÖTEBORG (S) – HALDEN (N) – OSLO

**Länge dieser Tour:** Rund 400 km, ohne Abstecher.

**Die Route:** Über die E6 und über **Kungälv, Uddevalla** und **Halden (N)** bis **Oslo**.

**Abstecher:** Nach **Smögen**, nach **Frederikstad**.

**Reisedauer:** Mindestens ein Tag, besser zwei Tage.

**Reisehöhepunkte:** Die **Schärenküste bei Smögen \*\*** – die **Felszeichnungen \*** bei Tanumshede – die **Festung in Halden \*** – die Altstadt **Gamlebyen \*\*** von **Fredrikstad** – **Museen \*\*** in **Sarpsborg**.

### Routenalternativen

Will man rasch nach Norden reisen, nimmt man ab Göteborg die schon auf weite Strecken zur Autobahn/Schnellstraße ausgebaute **E6 [N 57° 47' 58.7" E 12° 00' 27.1"] über Uddevalla und Moss nach Oslo**, rund 300 km.

*Mein Tipp!* Wer etwas Zeit mitbringt, sollte lieber einen kleinen Umweg ab Uddevalla hinaus an die westschwedische **Schärenküste bei Smögen** mit den tief ins Land schneidenden felsgesäumten Fjorden und zu den **Stränden bei Hunnebostrand** unternehmen.

**ROUTE:** *Wir verlassen Göteborg über die E6 in nördlicher Richtung und fahren über* **Kungälv** *(20 km) bis* **Herrestad** *(60 km) unweit westlich von* **Uddevalla**.

**Kungälv**, das früher norwegische *Kunghälla*, ist eine alte Grenz- und Handelsstadt an der schwedischen Westküste.

Die mittelalterliche **Bohus-Festung**, die noch heute das Stadtbild beherrscht, wurde zu Beginn des 14. Jh. von den Norwegern errichtet, um den Zugang zum damals norwegischen Bohuslän zu kontrollieren. Hübsche Altstadt.

Ein **Abstecher** in das nur wenige Kilometer östlich der E6 gelegene **Uddevalla** ist nicht unbedingt ein „Muss". Die Stadt mit etwa 50.000 Einwohnern ist wichtiger Industriestandort für Textilien, Papier, Holzverarbeitung und Schiffsbau. Besondere Sehenswürdigkeiten bietet die Stadt nicht, außer vielleicht den **Kungstorget** mit einem

### PRAKTISCHE HINWEISE – UDDEVALLA

Telefonvorwahl: 05 22
**Uddevalla Turistbyrå**, Kampenhof, 451 81 Uddevalla, Tel. 51 17 87.
**Bohus Turist**, Box 182, 451 16 Uddevalla, Tel. 140 55, 51 17 96.
**Internet**: www.bohuslan.com

### CAMPING

**Unda Camping \*\*\*\***, Tel. 8 63 47; ganzjährig; ca. 6 km westl. Uddevalla; ausgedehntes Wiesengelände mit Baumbestand, teils gestuft am Byfjorden; ca. 15 ha – 400 Stpl. + Dau.; Standardausstattung; Laden, Restaurant, Freizeiteinrichtungen, Sand- und Felsstrand. **V & E** für Wohnmobile. Quick Stop.
**Hafstens SweCamp Resort \*\*\*\* [N 58° 18' 53" E 11° 43' 25"],** Hafsten 120, Tel. 64 41 17, www.hafsten.se; ganzjährig; 15 km westlich von Uddevalla Richtung Fiskebäckskil, 2 km Straße 160 Richtung Orust; ca. 4 ha – 120 Stpl. + 150 Dau.; gute Standardausstattung, Restaurant, umfangreiches Freizeitangebot. Sandstrand. **V & E** für Wohnmobile. Quick Stop.

Denkmal Karls X. und das **Bohusläns Museum** am Hafen.

Lohnender dagegen ist der Umweg westwärts an die Küste.

**ROUTE:** *Von Herrestad auf der Straße 161 westwärts nach* **Lysekil** *(27 km).*

Auf dem Wege nach Lysekil überquert man auf einer laufend verkehrenden, **kostenfreien Fähre** den Gullmarn-Fjord, Fahrtdauer 10 Minuten.

**Lysekil [N 58° 16' 24.7" E 11° 26' 19.3"]** mit seiner markanten Kirche ist ein hübscher kleiner Fischerort am Ende der Halbinsel Stängenäset, der heute aber längst von Sommerferiengästen und Seglern erobert worden ist. Bootsausflüge z. B. hinüber ins hübsche **Fiskebäckskil**, Wassersport oder Hochseeangeln sind die beliebtesten Freizeitbeschäftigungen hier.

Zu den Besucherattraktionen zählt das Meerwasseraquarium **Havets Hus** in den Strandvägen 9. www.havetshus.lysekil.se

**ROUTE:** *Der weitere Verlauf unserer Route führt nun nordwärts über die Straße 162 und über* **Brastad** *Richtung* **Munkedal**. *Bei der ersten sich bietenden Möglichkeit wenden wir uns aber nach Westen und erreichen wenig später über die Straße 171* **Kungshamn** *und über die hohe Smögenbrücke*

*das gegenüberliegende, sehr malerische Hafenstädtchen* **Smögen** *mitten in den Schären am Ende der Halbinsel Sotenäset.*

Unter Kennern und Liebhabern von fangfrischem Fisch wird die Fischauktionshalle der Fischer von Smögen geschätzt.

**ROUTE:** *Von Smögen über die Straße 174 und über* **Hunnebostrand** *und* **Bovallstrand** *– zwei weitere bekannte Badeorte mit Stränden, Hotels und Campingplätzen – nordwärts. Weiter entlang der Küste über* **Hamburgsund [N 58° 33' 07.1" E 11° 16' 24.0"]** *nach* **Grebbestad**.

Die Küstenfahrt, beschildert mit ,**Kustväg Bohuslän'** (Symbol weiße Margerite), ist sehr zu empfehlen, da sie durch wunderschöne Schärenlandschaft führt.

In **Grebbestad [N 58° 41' 22.4" E 11° 15' 24.4"]** einem hübschen Hafenort, findet man rechts der Straße eine große Anzahl frühgeschichtlicher **Grabhügel**.

*In den Schären bei Smögen/Kungshamn*

Telefonvorwahl: 05 23
**Lysekils Turistbyrå**, Södra Hamngatan 6, 453 23 Lysekil, Tel. 1 30 50.

### CAMPING

**Siviks Camping \*\*\*\* [N 58° 17′ 50.3″  E 11° 26′ 55.3″]**, PL 170, Tel. 61 15 28; 1. Apr. – 30. Sept.; ca. 3 km nordwestl. Lysekil; ausgedehntes Wiesengelände in Meeresnähe; ca. 15 ha – 250 Stpl. + 100 Dau.; Standardausstattung; Felsküste mit Sandstrand. **V & E für Wohnmobile. Quick Stop.**

**Wohnmobil-Stellplatz**
**Wohnmobil-Stellplatz Lysekil**: Nahe des Hafens gelegene Schotterfläche beim Caravanabstellplatz der Gemeinde Lysekil. **Geöffnet:** Ganzjährig. **Gebühr:** 60 SEK + 40 SEK für Strom. **Ausstattung:** Toiletten, Frischwasser.

Telefonvorwahl: 05 23
**Sotenäs Turistbyrå**, Hamngatan 6, 456 22 Kungshamn, Tel. 66 55 50.
**Smögen Turistinformation**, Sillgatan, 450 43 Smögen, Tel. 3 75 44. www.sotenasturism.se.

### HOTELS

**Kungshamn**, 61 Zi. \*\*\*\*, Hotellgatan 6, in Kungshamn, Tel. 3 09 10, Fax 7 03 87; Restaurant, Sauna.
**Smögens Havsbad**, 25 Zi. \*\*\*\*, Hotellgatan 26, in Smögen, Tel. 3 10 35, Fax 7 01 74, Restaurant, Bar. – U. a.

### CAMPING

**Johannesvik Camping \*\*\*\* [N 58° 21′ 54.6″  E 11° 17′ 01.7″]**, Wägga 20, Tel. 3 23 87, www.johannesvik.nu; Mitte Apr. – 30. Sept.; Zufahrt am östl. Ortsrand von Kungshamn von der Straße 171 Richtung Hovenäset; langgestreckte Wiese zwischen Felsriegeln in Meeresnähe hinter einem Bauernhof, kurze steile Auffahrt, 300 m von Camping Wiggersvik entfernt; ca. 5 ha – 200 Stpl. + 100 Dau.; gute Standardausstattung; Laden, Imbiss. **V & E für Wohnmobile. Quick Stop.**
**Wiggersviks Familjecamping \*\*\*\* [N 58° 21′ 48.5″  E 11° 16′ 50.8″]**, Tel. 3 26 35; Mitte Apr. – Anf. Okt.; am östl. Ortsrand von Kungshamn; Wiesengelände zwischen Felsriegeln; ca. 6 ha – 250 Stpl.; Standardausstattung; Laden, Imbiss, naher Strand. **V & E für Wohnmobile. Quick Stop.**
**Solvik Camping \*\*\*\* [N 58° 23′ 28.0″  E 11° 15′ 45.8″]**, Tel. 188 90; www. solvikscamping.se; Mitte Mai – Anf. Sept.; Zufahrt von der Straße 174 etwa 3 km nördl. von Kungshamn und der Smögenbrücke; langgestrecktes, fast ebenes Wiesengelände, bis an die Felsbucht reichend, eingerahmt von hohen Felsriegeln, teils Blick auf die Smögenbrücke; ca. 7 ha – 250 Stpl; Komfortausstattung; Laden; Miethütten und angrenzende Sommerhaussiedlung. **V & E für Wohnmobile**.

Das **Greby Gravfält**, das Gräberfeld von Grebbestad, besteht aus ca. 200 Grabhügeln und Hinkelsteinen. Funde von Graburnen, Reste von Feuerstellen, Kämmen aus Knochen oder Glasperlen sprechen dafür, dass das Gräberfeld aus der Zeit der Völkerwanderung (3. – 6. Jh. n. Chr.) stammt.

Wenige Kilometer weiter östlich von Grebbestad liegt an der E6 **Tanumshede**.

In der Umgebung des Ortes findet man eine Reihe sehr gut erhaltener **Felszeichnungen** (Hällristningar) aus der Bronzezeit.

Felszeichnungen entstanden in Skandinavien vor rund 3.000 Jahren, etwa zwischen 1000 und 500 vor Christus.

Die in den Fels geritzten Abbildungen stellen die einzigen überlieferten bildlichen Darstellungen aus der jüngeren Bronzezeit

### WOHNMOBIL-STELLPLATZ HUNNEBOSTRAND

**Wohnmobil-Stellplatz:** Asphalt- und Kiesfläche neben dem südlichen Bootshafen von Hunnebostrand mit Platz für 10 - 15 Fahrzeuge. **Geöffnet:** In der Sommersaison. **Gebühr:** 80 SEK pro Übernachtung. **Ausstattung:** Toilette, Frischwasser, Chemikalausguss, Grillplatz. Restaurant 500 m entfernt. Tel. 33 895.

### CAMPING

**Hamburgsund**
**Rörviks Familjecamping \*\*\* [N 58° 32' 44.6" E 11° 16' 95.3],** Tel. 3 35 73, www.camping.se/o56; 1. Mai – 31. Aug.; südl. des Ortes; Wiesengelände an felsumrahmter Bucht; ca. 3 ha – 120 Stpl. + 30 Dau.; einfache Standardausstattung.

**Fjällbacka**
**Långsjö Familjecamping \*\*\*,** Långsjö Vikarna 22, Tel. 1 21 16, www.camping.se/o12; 1. Mai – 15. Sept.; ca. 4 km nördl. Fjällbacka; Wiesengelände an der Felsküste; ca. 6 ha – 150 Stpl. + 100 Dau.; Standardausstattung.

**Grebbestad**
**Grebbestads Familjecamping \*\*\*\*,** Tel. 6 12 11, www.grebbestadcamping.com; 1. Jan. – 31. Dez.; knapp 1 km südl. des Ortes; ausgedehntes Wiesengelände, teils von Felsen begrenzt, am Meer; ca. 9 ha – 220 Stpl. + 250 Dau.; Komfortausstattung; Laden, Imbiss.
Zahlreiche weitere Campinganlagen findet man weiter nördlich bei **Strömstad**.

dar. Völlig enträtselt sind die Bilder und Figuren noch keineswegs.

Die häufigsten Motive sind Schiffe, Drachenboote, Hirsche, Rentiere, Hunde und der Mensch in allen denkbaren Situationen. In unseren Tagen wurden die Darstellungen von Fachkundigen mit rotbrauner Farbe ausgemalt – so wie sie es vor 3.000 Jahren sehr wahrscheinlich auch waren – da man sonst die nur millimetertiefen, sehr flach aus dem Fels geschlagenen Zeichnungen nicht erkennen würde.

Eine der größten Ansammlungen von Felszeichnungen findet man bei **Vitlycke** auf einem bequem zugänglichen Felsen rechts (westlich) der Straße, etwa zwei Ki-

lometer südlich vom Kirchdorf Tanumshede. Man sieht dort zahlreiche Schiffe, Menschen mit Äxten und Lanzen, eine Schlange, ein Liebespaar u. a.

Der Weg ist ab Tanumshede mit **„Vitlycke-Museum"** beschildert.

In der Nähe der Felszeichnungen, auf der anderen Straßenseite, gibt es Parkplätze, ein Informationsbüro mit **Museum [N 58° 42' 02.0" E 11° 20' 25.9"]**(geöffnet Mai - 15. Sept. 10 - 17 Uhr; 1. Juli - 14. Aug. bis 20 Uhr; www.vitlyckemuseum.se), sowie ein Café.

Hinter dem Museum ist ein interessantes **bronzezeitliches Dorf** aufgebaut worden. Weitere **Felszeichnungen** (beschildert) findet man bei **Aspeberget**, rund einen hal-

**PRAKTISCHE HINWEISE – TANUMSHEDE**

Telefonvorwahl: 05 25
**Tanum Turist,** Stora Oppen 5, 457 91 Tanumshede, Tel. 2 04 00.

### HOTELS

**Tanums Gestgivari,** 29 Zi. **\*\*\*\*\*,** Apoteksvägen 7, Tel. 2 90 10, Fax 2 95 71, altes, traditionsreiches Haus, Gasthaus seit 1663, gut und teuer.

### CAMPING

**Tanums Camping \*\*\* [N 58° 42' 02.0" E 11° 20' 25.9"]** Tel. 2 00 02; 1. Juni – 31. Aug.; ca. 1 km südlich Tanumshede hübsch gelegen nahe des Vitlycke-Museums; ca. 2 ha – 60 Stpl.; Standardausstattung; 19 Miethütten. **V & E für Wohnmobile.**

ben Kilometer weiter südlich links der Straße auf dem Weg nach **Litsleby**.

**ROUTE:** *Die E6 (Mautpflicht) führt im weiteren Verlauf in Küstennähe nordwärts und passiert bei* **Svinesund** *(großes Einkaufszentrum „Svinesund Köpcenter") auf der 704 m langen* **Svinesundbrücke [N 59° 05' 42.2" E 11° 15' 06.5"]** *die* **schwedisch-norwegische Grenze**.

Unweit nach der Grenze (Autobahnausfahrt 2) findet man an der modernen, großzügigen **Autobahnraststätte** das bestens sortierte **Touristenbüro Svinesund Infosenter [N 59° 07' 46.4" E 11° 16' 23.7"]** (geöffnet tgl. 9 - 20 Uhr), sowie Parkplätze (werden gerne als Übernachtungsstellplatz genutzt), Picknicktische, Toiletten, Duschen, Motel, Geldautomat, Cafeteria, Souvenirladen und großer Kinderspielplatz. Tankstelle und Supermarkt nebenan.

**ROUTE:** *Am großen Kreisverkehr bei besagter Raststätte bietet sich Gelegenheit zu einem Abstecher ostwärts nach* **Halden**, *7 km.*

**Halden [N 59° 07' 12.8" E 11° 24' 27.0"]** (ca. 28.000 Einw.), die erste norwegische Stadt auf unserer Reise nach Norden, wartet mit der mächtigen **Festung Fredriksten** hoch über der Stadt auf.

Lange war Halden die wichtigste Verteidigungsbastion gegen Schweden. 1665 bekam Halden, das damals *Fredrikshald* hieß, Stadtrechte und seit 1928 trägt Halden seinen heutigen Namen.

Das heutige Stadtbild Haldens, zumindest im Innenstadtbereich, wird geprägt von Gebäuden vornehmlich im Empirestil, die nach dem letzten großen Stadtbrand 1826 entstanden sind.

*Halden, Festung Fredriksten*

Einen wirtschaftlichen Aufschwung erlebte Halden ab dem 17. Jh. durch eine florierende Holz- und Papierindustrie. Später kommen Baumwollspinnereien dazu. Und seit Mitte des 19. Jh. bekam die Steinindustrie große Bedeutung. Vor allem Granit vom Iddefjord wurde in die ganze Welt exportiert.

1926 wird ein 2.600 Tonnen schwerer Granitblock gebrochen, aus dem später der imposante, von Gustav Vigeland geschaffene, Monolith „die Lebenssäule" im Osloer Frognerpark werden sollte.

**Haldens Festung Fredriksten**, oft belagert und bedrängt, aber nie erobert, wurde von 1658 an von den Schweden zunächst drei Jahre lange berannt, aber immer ohne großen Erfolg. 1660 dann gab König Frederik III. den Befehl zum Bau der Festung. Fast 50 Jahre dauerte die erste Bauphase.

1716 rückten die Schweden erneut gegen Fredriksten. Aber auch diesmal war für die Schwedischen Truppen nichts zu holen. Die Haldenser hatten nämlich ihre ganze Stadt angezündet, um den feindlichen Truppen keine Versorgungsmöglichkeiten zu bieten. Bei den damaligen Attacken fand der Schwedenkönig Karl XII. in Halden den Tod. Bei einem Angriff in der Nacht zum 4. Juli 1716 wurde er von einer Kugel in den Kopf getroffen. Von wem der tödliche Schuss abgegeben wurde, von Norwegern oder von einem schwedischen Attentäter, ist bis heute nicht hundertprozentig geklärt. Die Norweger jedenfalls sind der Überzeugung, dass es sich nur um „eine ehrliche norwegische Kugel" gehandelt haben kann.

Innerhalb der Festungsmauern, die frei besichtigt werden dürfen, findet man diverse **Ausstellungen und Museen** (geöffnet 18. Mai - 31. Aug. tgl. 10 - 17 Uhr, Eintritt für Führungen).

Die **Kriegshistorische Ausstellung** im alten Gefängnis der Östlichen Kurtine dokumentiert die Kriegsgeschichte der Grenzstadt Halden vom 17. bis ins 19. Jh.

Eine andere Ausstellung, **„Union an der Grenze"**, befasst sich mit den Beziehungsschwierigkeiten früherer Zeiten zwischen Norwegen und Schweden. An den verheerenden Stadtbrand von 1826 erinnert die Ausstellung **„Die Stadt brennt"**.

Von den Bastionen und Wällen hat man einen sehr schönen Blick auf die Stadt und den Single Fjorden bzw. den Idde Fjorden, die beiden Grenzfjorde Norwegens.

*Felsritzung mit Wikingerbooten bei Solberg*

Eine weitere Sehenswürdigkeit von Halden ist der **Rød Herregård**, am Westrand (Straße 21) gelegen *(geöffnet 19. Juni - 12. Aug., Führungen Di - So 12, 13, 14 Uhr, Mai + Sept nur So)*. Das herrschaftliche Gut stammt aus der Mitte des 18. Jh. und ist noch in Familienbesitz. Zu sehen sind kunstvoll ausgestatte Salons und eine große Waffensammlung. Kunstausstellungen. Nettes Herrenhofcafé. Wundershöner Park mit altem Baumbestand

Bei längerem Aufenthalt empfiehlt sich ein **Ausflug zum Haldenkanal** oder eine Tour mit dem **Ausflugsschiff M/S Turisten** (www.turisten.no) auf dem Kanal. Die Schiffe verkehren von 1. Mai bis 1. Oktober zwischen Strømsfossen und Tistedal bzw. Ørje (interessantes Haldenvassdragets Kanalmuseum).

Größte Attraktion am Kanal sind die **Schleusen von Brekke** mit der höchsten Schleuse Europas. Höhendifferenz 26,6 m.

**ROUTE:** *Von Halden zurück zur E6. Weiter Richtung* **Sarpsborg**. *Ab hier lohnt ein Umweg über* **Fredrikstad**.

## PRAKTISCHE HINWEISE – HALDEN

**Touristeninformation**, Torget 2, 1754 Halden, Tel. 69 19 09 80, www.visithalden.com. Geöffnet Mo - Fr 9 - 16.30 Uhr, Winterhalbjahr bis 15.30 Uhr.

### RESTAURANT
**Dickens**, Storgata 9, Tel. 69 18 35 33, alteingesessens, zünftiges Kellerlokal, umfangreiche Karte, mittlere Preislage. Im Sommer auch im Freien.

### HOTELS
**Park Hotell Halden**, Marcus Tranesgata 30, Tel. 69 21 15 00, www.park-hotel.no. 70 Zi., Zufahrt von der Straße 21, am Westrand der Stadt etwas außerhalb des Zentrums gelegens, komfortables Haus, mittlere Preislage; Restaurant, Sauna, Parkplatz. Günstige Sommer- und Wochenendpreise.

### CAMPING
**Camping Fredriksten** *** [N 59° 6' 56"  E 11° 23' 54"], 1750 Halden, Tel. 69 18 40 32, 1. Mai – 15. Sept.; in der Stadt beschildert; auf der Rückseite (Südseite) unterhalb der Festung gelegen. von Bäumen umgebenes Wiesengelände mit Stellmöglichkeiten um eine Wiesenmulde in parkähnlicher Umgebung; ca. 3 ha – 130 Stpl.; gute Standardausstattung; Waschmaschine, Trockner; Laden, Cafeteria. **V & E für Wohnmobile** vor dem Platzeingang befahrbare Betonplatte mit Abwasser-Bodenauslass, Wasserhahn mit Schlauch. Chemikalausguss hinter den Geschirrwaschmöglichkeiten. 15 Miethütten. Schöner Spaziergang durch die Parkanlage mit kleinem See zur Festung.

Wer sich allerdings für norwegische Frühgeschichte interessierte, sollte schon nach wenigen Kilometern kurz nach **Skjeberg** westwärts auf die Straße 110 abzweigen und dem sog. **Oldtidsveien** folgen. Die Straße führt an diversen archäologischen Stätten mit Zeugen aus der Frühgeschichte vorbei.

Kurz nach dem Verlassen der E6 bei **Solberg** findet man einen beschilderten Parkplatz [**N 59° 13' 19.7" E 11° 00' 34.3"**], von dem ein kurzer markierter Fußweg (ca. 6 Min.) zu **Felszeichnungen (Helleristniger)** führt. Zu sehen sind auf einem glatten Felsrücken rund 20 Bootsdarstellungen mit Ruderern.

Wenige Kilometer weiter erreicht man in **Hunnfeltet/Hunn** den romantisch im Wald gelegenen **Steinkreisfeld „Tingstedet" [N 59° 12' 58.1" E 11° 04' 30.1"]**. Hier sind Grabhügel aus der Eisenzeit, Steinkreise eine Schiffsetzung und einige wenige Felsbilder zu finden.

Und abermals einige Kilometer weiter auf der Straße 110 Richtung Fredrikstad kann man bei **Begby** wieder einen kleinen Spaziergang zu **Felsritzungen** unternehmen.

Wenig später bietet sich Gelegenheit zu einem kurzen **Abstecher nach Fredrikstad-Gamlebyen**.

Hier gleich ein **Tipp**: Einen Parkplatz in der Altstadt zu finden, ist vor allem in den Sommermonaten schwierig. Dafür gibt es unmittelbar an der Brücke in die Altstadt einen großen **öffentlichen Parkplatz**. Nur wenige Gehminuten in die Altstadt.

**Gamlebyen**, die historische Altstadt von Fredrikstad, liegt gegenüber der Neustadt am östlichen Ufer des Glomma-Flusses.

Gamlebyen wurde 1567 als reine Festungsstadt geplant. Folglich ist das gesamte überschaubare Stadtgebiet von Festungswällen, Bastionen und Wassergräben umgeben. Noch heute führt nur eine einzige Straße in die Stadt. Von der Brücke aus sieht man noch die alte Zugbrücke, die früher den Weg in die Stadt ermöglichte.

Heute allerdings sind die Festungswälle, die einstmals mit über 200 Kanonen bestückt gewesen sein sollen, längst zu friedlichen Spazierwegen geworden.

Und ein Spaziergang durch die gepflasterten Gassen und Straßen von Gamlebyen mit ihren hübschen Holzhäusern vornehmlich aus dem 17. und 18. Jh. lohnt allemal.

Mittelpunkt des Städtchens ist der viereckige, etwas nüchtern wirkende **Kongens Torv**, der Königsmarkt, auf dem eine stattliche Denkmalsstatue Frederiks II. steht. König Frederik II. gründete die Stadt 1567 in erster Linie, um das geschäftige, prosperierende Fredrikstad auf er anderen Flussseite vor schwedischen Angriffen zu schützen. Die militärischen Einrichtungen in Gamlebyen wurden bis 2002 genutzt.

Der Königsmarkt ist umgeben vom **Alten Rathaus** und von der ehemaligen **Infanteriekaserne** an der Ostseite sowie dem **Dunkejongården** an der Westseite. Die Bauwerke stammen alle aus der zwei-

## PRAKTISCHE HINWEISE – FREDRIKSTAD GAMLEBYEN

**Touristenbüro Gamlebyen [N 59° 12' 12.01" E 10° 57' 8.80"]**, Torvgaten 59A, 1632 Gamle Fredrikstad, Tel. 69 30 46 00, www.opplevfredrikstad.com; *geöffnet 15. Juni - 15. Aug. Mo - Fr 9 - 17 Uhr, Sa + So 12 - 17 Uhr; Winterhalbjahr Mo - Fr 9 - 16.30 Uhr.*

## RESTAURANTS

**Major-Stuen**, Voldportgata 73, Pub, Restaurant mit renommierter Speisekarte, man kann auch im Freien sitzen.
Wer's ausgiebiger und etwas nobler mag, sollte mal im **Café Balaklava**, Ecke Kirkegaten/Voldportgaten, vorbeischauen, gehobene Preise. Sonntag Ruhetag. Im Sommer mit einladendem Gartencafé.

## CAMPING & MOTEL

**Fredrikstad Motell og Camping \*\*\***, **[N 59° 12' 2.23 E 10° 57' 49.32"]**, Torsnesveien 16, 1630 Gamle Fredrikstad, Tel. 69 32 05 32; www.fredrikstadmotel.no; 1. Juni – 31. Aug.; unweit östlich an der Zufahrtsstraße; einfacher, ebener, von hohen Laubbäumen umgebener Übernachtungsplatz in Gehnähe zur Altstadt; ca. 2 ha – 120 Stpl.; Standardausstattung. Laden, Imbiss. Miethütten. **V**  **& E für Wohnmobile**. Ganzjährig geöffnetes **Motel** (24 Zi.).

ten Hälfte des 18. Jh. Der Dunkejongården leitet seinen Namen übrigens davon ab, dass hier lange ein Schnapsladen im Keller des Hauses eingerichtet war, in dem Branntwein aus Fässern (dunk = Fass) verkauft wurde.

Einen Straßenzug weiter südlich sieht man die mehrfach abgebrannte und neu aufgebaute **Stadtkirche**.

*Der Kongens Torv in Fredrikstad Gamlebyen*

An der Südseite, in der Tøihusgaten, findet man in einem langgezogenen Bau das **Touristenbüro [N 59° 12' 07.4" E 10° 57' 07.0"]** und das **Fredrikstad Museum** *(geöffnet Mitte Juni - Mitte Aug. Mo - Fr 9 - 17 Uhr, Sa + So 11 - 17 Uhr, übrige Zeit nur wochentags bis 16.30 Uhr).* Das Museum befasst sich in erster Linie mit der wechselvollen Geschichte der Stadt, mit ihrer militärischen Vergangenheit, aber auch mit wirtschaftlichen Aspekten der Stadtentwicklung.

Weiter westlich am Glommaufer liegt das Gebäude der alten **Bakeriet**, in der die Festungswache ihren Sitz hatte. In der Bakeriet wurden u. a. renitente Häftlinge in sog. „Käfigen" zur Räson gebracht.

Das niedere, langgestreckte Gebäude gegenüber ist als **Det Gamle Slaveri** bekannt. Es diente als Strafgefängnis. Hier befanden sich Wachstuben und Zellen für die sog. Festungssklaven.

Gleich daneben liegt am Glommaufer das **Grundmurede Provianthus**, das älteste aus der Gründerzeit der Stadt noch erhaltene Gebäude.

Und wenn Sie von der Altstadt einen **Abstecher in Fredrikstads Neustadt** machen möchten, nehmen Sie ab dem Bootsanleger die **Fähre über die Glomma**.

**ROUTE:** *Von Fredrikstad Gamlebyen zurück bis zur Straße 110 und am Kreisverkehr nordwärts auf die Straße 111 Richtung* **Sarpsborg**.

Nach wenigen Kilometern passiert man bei **Hvidsten/Torp** den Abzweig zu **Roald Amundsens Minne [N 59° 15' 50.5" E 11° 04' 47.2"]**, Framveien 7, Torp, Tel. 69 34 83 26. Hier wurde am 16. Juli 1872 Norwegens

großer Polarforscher Roald Amundsen geboren. Sein Elternhaus ist heute **Museum** (Öffnung unklar, war bei unserem jüngsten Besuch geschlossen! www.roaldamundsen.no). Amundsen erreichte 1911 als erster Mensch den Südpol.

Auf der Weiterfahrt Richtung Sarpsborg passiert die Straße 111 den **Hafslund Hovedgård [N 59° 16' 27.8" E 11° 08' 01.6"]**, einen stattlichen Gutshof und Herrensitz aus dem 17. und 18. Jh., der aus jener Zeit komplett und völlig unverändert erhalten ist und somit eine große Rarität in ganz Norwegen darstellt.

Im östlichen Stadtbereich von **Sarpsborg** (**Touristenbüro**, Glengsgaten, 1702 Sarpsborg, Tel. 69 15 65 35, www.visitsarpsborg.no) liegt das **Borgarsyssel Museum [N 59° 16' 44.9" E 11° 07' 17.7"]**, Gamlebygata 8 *(geöffnet 18. Mai - 31. Aug. Di - Fr 10 - 16 Uhr, Sa + So 12 - 16 Uhr. Montag geschlossen. Führungen. Innenausstellungen ganzjährig zugänglich; www.museumsnett.no/borgarsyssel).*

In dem ausgedehnten Freilichtmuseum, sind Ruinenreste früherer Kirchen, 36 Gebäude und Gehöfte, Kinderzoo sowie Ausstellungen aus verschiedenen Zeit- und Kulturepochen der Provinz Østfold zu sehen. Zu den Glanzstücken des 1921 gegründeten Museums zählen zwei astronomische Uhren des genialen Uhrmachers Rasmus Sørnes (1892 - 1967). Und seit 2006 ist man stolz auf eine eigene Glasbläserei.

**ROUTE:** *In Sarpsborg stößt man auf die E6. Ihr folgt man, vorbei am Fährhafen* **Moss**, *bis* **Vinterbru** *und wechselt dort auf die E18, die hinein nach* **Oslo** *führt.*

# NORWEGEN

## OSLO

### OSLO HIGHLIGHTS

Das Königliche Schloss

Die Karl Johan Gata

Der Rathausplatz und Pipervika

Die Festung Akershus

Das Munch Museum u. a. Museen

Der Frogner Park und die

Vigeland-Skulpturen

Die Holmenkollenschanze

Die Museumsinsel Bygdøy mit

Freilichtmuseum Norsk Folkemuseum

Wikingerschiffe-Museum

Fram-, Kon-Tiki- und Seefahrtsmuseum

*Oslo, die Hafenbucht Pipervika, das Rathaus und die „Christian Radich" (rechts)*

## OSLO

**Reisedauer:** Mindestens zwei, besser drei Tage.

**Höhepunkte:** Blick von der **Festung Akershus** zum Hafen ** – die **Museen auf der Insel Bygdøy** *** – das **Munch-Museum** ** – die **Vigeland Skulpturen im Frognerpark** ** – Stadtblick von der **Holmenkollenschanze** **.

Gegründet wurde Oslo Mitte des 11. Jh. von Harald Hårdråde, genannt „der Harte". König Hårdråde ließ 1048 oder 1050 (über das genaue Datum sind sich die Geschichtsforscher noch nicht einig geworden) im Ostteil der heutigen Stadt einen befestigten Handelsplatz einrichten, um den sich rasch ein lebhaftes Gemeinwesen mit annähernd 3.000 Einwohner entwickelte.

Klöster wurden gegründet und Kirchen errichtet, darunter die St.-Hallvards-Kirche (heute Ruinenreste in Gamleby), in der 1299 König Håkon V. gekrönt wurde.

Håkon V. wählte Oslo zu seiner Residenz, machte die Stadt zur Hauptstadt des Reiches (bis dahin war Bergen Hauptstadt) und begann um 1300 mit dem Bau der Feste Akershus.

Oslos Bedeutung als Handelsstadt sank in gleichem Maße, wie die mächtiger werdende Hanse ihre Position in Bergen festigte. Auch die „Union von Kalmar" ausgangs des 14. Jh. und die Einführung der Reformation Mitte des 16. Jh. hemmten die Entfaltung der Stadt Oslo mehr, als sie diese förderten.

Ein drastischer Einschnitt in die Stadtentwicklung war die Feuersbrunst am 17. August 1624. Drei Tage lang brannte die Stadt. Danach lag ganz Oslo in Schutt und Asche. Auf Geheiß des dänisch-norwegischen Königs Christian IV. (1588 – 1648) wurde Oslo nun am Westufer des Akerselva und im Schutz der Festung Akershus völlig neu aufgebaut. Alle wichtigen Bauten errichtete man in Stein. Die Hauptstraßen legte man mindestens 15 m breit an, um das Ausbreiten evtl. neuer Brände zu erschweren. Zu Ehren des Erbauers des neuen Oslo wurde die Stadt umbenannt in *Christiania* (ab 1877 Kristiania). Dieser Name wurde bis 1925 beibehalten.

Mit der Einführung der Industrialisierung nach dem Kieler Frieden von 1814 und mit der Erstarkung eines neuen Nationalgefühls, begann auch für Oslo wieder eine prosperierende Entwicklung. Die Einwohnerzahl stieg von rund 8.000 zu Beginn des 19. Jh. auf über 40.000 in der Mitte des 19. Jh. Und als der norwegisch-schwedische König Karl Johan XIV. während der Union mit Schweden den Bau des Königspalastes und die Anlage des Hauptboulevards Karl Johansgate veranlasste, war Oslo auf dem Wege zu einer repräsentativen Landeshauptstadt ein gutes Stück weiter.

Heute hat Oslo rund eine halbe Million Einwohner und ist die wichtigste Hafenstadt, sowie ein bedeutendes Handels- und Industriezentrum des Landes mit beachtlichen kulturellen Aktivitäten.

### Tipps zur Stadtbesichtigung:

Oslos Sehenswürdigkeiten verteilen sich im Wesentlichen auf drei Regionen – auf den **Innenstadtbezirk**, auf die **Insel Bygdøy** und auf die **Außenbezirke**, vor allem im Nordwesten der Stadt.

Stehen nur einige Stunden für eine Stadtbesichtigung zur Verfügung, sollte ein Besuch in einem der Museen (etwa Wikingerschiffe oder Freilichtmuseum) auf der Insel Bygdøy Priorität erhalten.

Die **Stadtzufahrten** nach Oslo sind **mautpflichtig!** Zuletzt NOK 26,- (ca. 3,30 EUR).

Parken (außer in Parkhäusern und am Hauptbahnhof Oslo Sentralstasjon) auf Straßenparkplätzen in der City ist auf max. drei Stunden begrenzt

Es empfiehlt sich – falls man es einrichten kann – auf Stadtbesichtigungen öffentliche Verkehrsmittel zu benutzen. U-Bahn, Straßenbahn und Busse (teils auch Schiffe) verkehren zu allen bedeutenden Sehenswürdigkeiten.

Wichtige Knotenpunkte des öffentlichen Nahverkehrs sind der Bahnhof und der Bahnhofsvorplatz (*Oslo Sentralstasjon* und *Jernebanetorget*, ab hier verkehren Züge, Straßenbahn und Busse), das *Terminal Nationaltheater* (Busse, Straßenbahn) oder das U-Bahn *Terminal am Stortinget*.

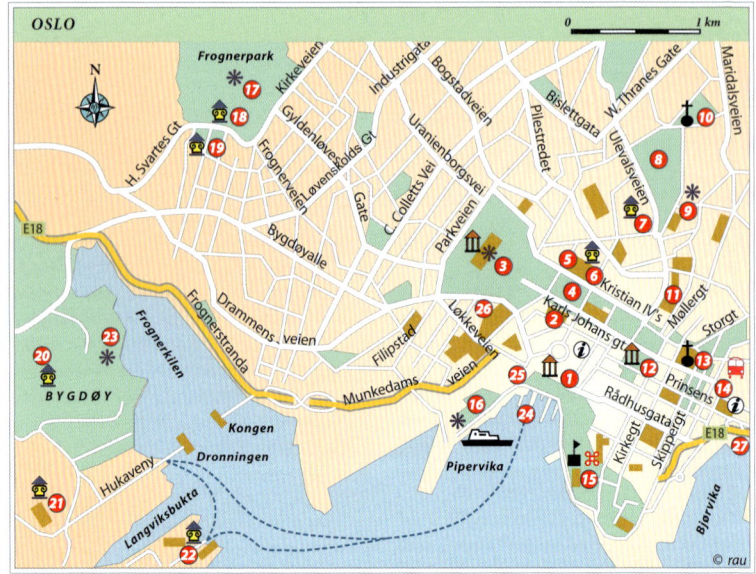

OSLO – **1** Rathaus – **2** Nationaltheater – **3** Königliches Schloss – **4** Universität – **5** Historisches Museum – **6** Nationalgalerie – **7** Kunstindustriemuseum – **8** Vår-Frelsers-Friedhof – **9** Damstredet – **10** Gamle Aker Kirke – **11** Regierungsgebäude – **12** Parlamentsgebäude – **13** Domkirche – **14** Zentralbahnhof u. Busbahnhof – **15** Akershus Festung – **16** Aker Brygge – **17** Frogner/Vigeland Park – **18** Stadtmuseum – **19** Vigeland Museum – **20** Norsk Folkemuseum – **21** Wikingerschiffe-Museum – **22** Fram-, Kon-Tiki- u. Seefahrtsmuseum – **23** Schloss Oskarshall – **24** Rundfahrten, Fjordfahrten, Fähre nach Bygdøy – **25** Nobel Friedenszentrum – **26** Ibsen Museum – **27** Oper

Oslo bietet seinen Besuchern den **Oslo Pass** an. Diese Pauschalkarte hat eine Gültigkeit von ein, zwei oder drei Tagen. Zuletzt kostete sie pro Erwachsener 230 NOK (ca. 30 EUR), 340 NOK (ca. 43 EUR) oder 430 NOK (ca. 55 EUR), Kinder bezahlen 100, 120 oder 160 NOK. Infos dazu auch unter www.visitoslo.com.

Die Karte bietet unbegrenzt freie Benutzung der öffentlichen Verkehrsmittel und der NSB-Lokalzüge innerhalb Oslos (bis Zone 4), aber nicht für Nachtbusse und Nacht-Straßenbahnen. Zudem gewährt der Oslo Pass freien Eintritt in die meisten Museen, in die städtischen Freibäder Tøyenbadet und Frognerbadet und zu vielen Sehenswürdigkeiten. Der Preis der Karte schließt weitere Vergünstigungen ein. Die Karte gibt es in den Touristeninformationen, in vielen Hotels und auf den Osloer Campingplätzen.

Infos zu Stadtrundgängen durch Oslo können Sie sich auch als **App für Ihr iPhone** herunterladen (Gebühr). Detaillierte Infos dazu erfährt man in den Touristeninformationsbüros der Stadt.

**Was besichtigt man?**

Als Anhaltspunkt hier einige Besichtigungsvorschläge, die in zwei, drei oder vier Tagen bewältigt werden können.

**1. Tag**: Innenstadt, Schloss und Wachablösung, Karl Johans gate, Rathaus und Festung Akershus.

**2. Tag**: Die Museen auf Bygdøy.

**3. Tag**: Rundfahrt per Auto oder mit öffentlichen Verkehrsmitteln nach Holmenkollen (Schanze und Skimuseum), zum Frognerpark mit den Vigeland-Plastiken und dem Osloer Stadtmuseum, dann Vigeland-Museum und später evtl. eines der Museen auf Bygdøy.

**4. Tag**: Ausflüge oder Museumsbesuche, z. B. Munch-Museum, Kunstgewerbemuseum, Nationalgalerie, Stadtmuseum, Bogstad Gård, Aussichtsturm „Tryvannstårnet" etc.

Bei gedrängtem Zeitplan sollten man wenigstens eines der Bygdøy-Museen (evtl. Folke Museum oder Wikingerschiffe-Museum), die Karl Johans gate, den Frognerpark und möglichst das Munch-Museum besichtigen.

### 1. Innenstadt und Festung Akershus

Ausgangspunkt dieses Stadtrundgangs ist der **Rådhusplassen [N 59° 54' 39.3" E 10° 43' 57.1"]**. An der Südseite des Platzes liegen die Hafenkais. Ab Kai 3 verkehren die Boote zur Insel Bygdøy.

An der nördlichen Hauptfront des Rathauses liegt der Fridtjof Nansens Plass. Dort findet man das **Tourist Informationsbüro neben dem Rathaus [N 59° 54' 46.8" E 10° 44' 04.2"]**, das ausführliche Informationen über Oslo bietet; www.visitoslo.com; Hotline 815 30 555 *(geöffnet Juni - Aug. tgl. 9 - 19 Uhr. Apr., Mai, Sept. Mo - Sa 9 - 17 Uhr. Übrige Zeit Mo - Fr 9 - 16 Uhr)*.

Düster, kahl und abweisend wirkt der Backsteinbau des **Rådhuset i Oslo**, des **Osloer Rathauses (1)**, Fridtjof Nansens plass 5; www.oslo.kommune.no *(geöffnet 1. 6. - 31. 8. tgl. 9 - 19 Uhr. Apr., Mai, Sept. Mo - Sa 9 - 17 Uhr. Übrige Zeit Mo - Fr 9 - 16 Uhr. Führungen in der Saison täglich, übrige Zeit Mo - Fr 10, 12 und 14 Uhr. Eintritt, mit Oslo Pass frei. Bahn Nr. 12 bis Radhusplassen)*.

Mit seinen beiden ungeschlachten Türmen gleicht das Rathaus mehr einer Trutzburg, bereit, alle neugierigen Touristen gleich hier wieder zur Umkehr zu bewegen. Selbst durch die Wasserspiele auf dem Rathausplatz davor kann man sich dieses Eindrucks nicht ganz erwehren.

Das Osloer Rathaus, das Wahrzeichen und eine der Sehenswürdigkeiten der Stadt, wurde zwischen 1931 und 1950 von den Architekten Arnstein Arneber und Magnus Poulson erbaut. Es verkörpert angeblich einen Stil „neuer Sachlichkeit"

Das äußere Erscheinungsbild des Rathausbaus sollte nicht von der Besichtigung (Führungen) seines Inneren abhalten.

Die namhaftesten Künstler des Landes haben daran mitgewirkt, das Gebäude mit Skulpturen, Gemälden, Wandbehängen u. ä. auszuschmücken.

Beeindruckend ist vor allem die 21 m hohe **Rathaushalle**, die der Stadt bei festlichen Empfängen und anderen Feierlichkeiten als Repräsentationsraum dient, z. B. bei der alljährlichen Verleihung des Friedensnobelpreises am 10. Dezember, dem Todestag des Nobelpreisstifters Alfred Nobel.

Im Innenhof ist eine große astronomische Uhr zu sehen.

Wir folgen der Roald Amundsens gate, westlich vom Rathaus, stadteinwärts bis zur Stortings gate. Dort sieht man weiter rechts (östlich) das **Nationaltheater (2) [N 59° 54' 51.0" E 10° 44' 02.8"]**.

Am Nationaltheater links, vorbei am Verkehrsterminal „Nationaltheater" bis zu Oslos Hauptboulevard **Karl Johans gate [N 59° 54' 52.3" E 10° 44' 10.4"]**. Nach Westen führt er durch Parkanlagen auf das **Königliche Schloss (3)** zu, Drammensveien 1, www.kongehuset.no.

Auf dem freien Platz vor dem Schloss sieht man das Reiterstandbild des schwedisch-norwegischen Königs Karl Johan. Das

*Oslo, Karl Johans gate mit Blick zum Schloss*

Denkmal wurde von Brynjulf Bergslien gefertigt und 1875 eingeweiht.

**Det Kongelige Slott [N 59° 55′ 00.5″ E 10° 43′ 46.4″]**, das Königliche Schloss, liegt etwas erhöht mitten in einem ausgedehnten Park. Auf Veranlassung von König Karl Johan wurde es zwischen 1825 und 1848 erbaut. Der Baustil ist klassizistisch. Im großen und ganzen wirkt der Schlossbau eher schlicht, verglichen mit den Residenzen englischer, ehemaliger französischer oder österreichischer gekrönter Häupter etwa.

Das Schloss kann auf **Führungen** besichtigt werden. Gewöhnlich ist dies im Sommer zwischen dem Mittsommertermin um den 23. Juni bis ca. Mitte Ausgust möglich, montags bis donnerstags und samstags 11- 18 Uhr. Freitags, sonntags und an Geburtstage der Königsfamilie (4. und 20. Juli) nur 13 - 18 Uhr. Tickets können ab März übers Internet, in jedem norwegischen Postamt und unter der Telefonnummer +47 81 53 31 33 reserviert werden. Die restlichen Tickets können vor Beginn jeder Tour gekauft werden. Die Tour dauert eine Stunde und beginnt alle 20 Minuten. In englischer Sprache finden Führungen um 12, 14 und 14.20 Uhr statt; freitags, sonntags und an den königlichen Geburtstagen um 14, 14.20 und 16 Uhr. Eintritt 95 NOK. www.kongehuset.no.

Gezeigt werden die **Prunkräume des Schlosses**, darunter der Spiegelsaal, die Suite von König Haakon VII, das königliche Speisezimmer, die Zeremoniensäle sowie der Bankettsaal.

Die **Wachablösung** der Königlichen Garde, begleitet vom Gardemusikcorps, findet täglich pünktlich um 13.30 Uhr vor dem Schloss statt.

Im Sommer ist die Zeremonie der Wachablösung der Endpunkt der **Militärparade**. Sie beginnt um 13.10 Uhr an der Akershus Festung, führt über die Kirkegata und die Karl Johans gate zum Königlichen Schloss, wo pünktlich um 13.30 Uhr die Wachablösung zelebriert wird.

Im weiteren Verlauf unseres Rundgangs durch die Innenstadt gehen wir den breiten, gut einen Kilometer langen Hauptboulevard Oslos, die **Karl Johans gate** hinunter fast bis zu ihrem Ostende am Jernebanetorget (Bahnhofsplatz) am Zentralbahnhof (14).

Nehmen Sie sich Zeit für den Weg. Besonders die östliche Hälfte des Boulevards, Oslos Paradestraße (Fußgängerzone) ist voller Leben. Man findet jede Menge Kaufhäuser, darunter das moderne **Einkaufscenter Paleet** (Karl Johans gate 37 – 43, 45 Geschäfte, 13 Restaurants, von 10 bis 20 Uhr geöffnet), weiter Geschäfte, Restaurants, Hotels, fliegende Händler, Straßenmusikanten etc., aber auch gepflegte Grünanlagen und historische Gebäude, wie das **Storting** (Parlament – 12), etwa auf halbem Weg.

Nachdem man den Schlosspark verlassen hat, sieht man zunächst linkerhand, an der Nordseite der Karl Johans gate also, den Komplex der **Oslo Universität (4) [N 59° 54′ 55.4″ E 10° 44′ 00.1″]**. Sie wurde 1811 gegründet, der Bau nach einem Entwurf des vor allem in Berlin tätigen Baumeisters Karl-Friedrich Schinkel (1781 –1841) ausgeführt.

Der alte Festsaal der Uni verdient durch die von Edvard Munch geschaffenen Gemälde besondere Aufmerksamkeit. Der Saal kann im Juli (Mo – Fr 12 – 14 Uhr) besichtigt werden.

Zwei Straßenzüge nördlich der Universität findet man zwei interessante Museen:

**Historik Museum (5) [N 59° 54′ 59.5″ E 10° 44′ 04.5″]**, Frederiksgate 2, Ecke Kristian gate; www.khm.uio.no/info-hist-e.html *(geöffnet: 15. 5. - 14. 9. Di - So 10 - 17 Uhr, übrige Zeit 11 - 16 Uhr. Eintritt frei. Tram Nr. 11, 17, 18 bis Tullinløkka).*

Neben umfangreichen Sammlungen aus dem Altertum bis in unsere Zeit, von der frühen Wikingerkultur bis zu Amundsens Polexpeditionen, beherbergt das Museum das **Myntkabinettet,** das Münzkabinett, sowie die **Universitetets Oldsaksamling**, die Frühgeschichtliche Sammlung der Universität.

**Nasjonalgalleriet (6) [N 59° 54′ 57.9″ E 10° 44′ 16.6″]**, Universitets gata 13; www.nationalmuseum.no *(geöffnet: ganzjährig Di, Mi, Fr 10 - 18 Uhr, Do bis 20 Uhr, Sa + So 10 - 17 Uhr, Eintritt frei. Tram Nr. 11, 17, 18 bis Tullinløkka).*

Hier ist die größte Kunstsammlung des Landes untergebracht. In der den Arbeiten norwegischer Künstler vorbehaltenen Abteilung findet man natürlich Werke von Edvard Munch, Christian Dahl u.a. Im **Munch-Saal** werden 19 der bedeutendsten Werke Munchs gezeigt. In den anderen Abteilungen sind Meisterwerke von El Greco, Goya, Rembrandt, über Renoir, Cezanne, Van Gogh, Gauguin u.a. bis Picasso zu sehen.

Außerdem gibt es Ausstellungen über zeitgenössische Kunst und Bildhauerei, eine interessante Ikonensammlung sowie Grafiken und Zeichnungen.

Es bietet sich an – je nach Interessenlage – ab der Nationalgalerie einen Umweg nach Norden zu machen. Man geht dann über die Universitets gata ein gutes Stück bis zur St. Olavs gate am gleichnamigen Platz, folgt ihr rechts (ostwärts) bis zur St. Olavs Kirche.

Ihr gegenüber liegt das **Kunstindust-riemuseum (7) [N 59° 55' 05.8"  E 10° 44' 36.8"]**, St. Olavs gate 1; www.nasjonalmuseet.no *(geöffnet ganzjährig Di, Mi, Fr 11 - 18 Uhr, Do bis 20 Uhr,  Sa + So 12 - 16 Uhr. Eintritt frei. Tram Nr. 37 bis Nordahl Bruns gate)*.

Ausgestellt ist norwegisches und ausländisches Kunstgewerbe vom Mittelalter bis in die jüngste Zeit. Neben Porzellan, Glas und Möbeln ist vor allem der *Baldisholteppich* aus dem 12. Jh. ein Glanzstück des Museums, neben einer Sammlung königlicher Garderoben. Separate Abteilung über skandinavisches Design.

An der Ostseite der St. Olavs Kirche vorbei kann man über den Akersveien weiter nach Norden gehen. Wenig später beginnt linkerhand das Gelände des Friedhofs **Vår-Frelsers-Gravlund (8) [N 59° 55' 17.4"  E 10° 44' 37.7"]**. Hier sind u. a. namhafte Bürger der Stadt beigesetzt, darunter Bjørnstjerne Bjørnson, Henrik Ibsen und Edvard Munch.

Auf dem Weg zum Osteingang an der Friedhofskapelle passiert man kurz vorher die **Damstredet (9) [N 59° 55' 12.3"  E 10° 44' 47.3"]**, die nach rechts abzweigt. In dieser hübschen alten Wohngasse sind – wie im ganzen hiesigen Viertel „Bergfjerdingen" zwischen Friedhof und Maridalsveien – noch viele alte Holzhäuser erhalten.

Ab Maridalsveien kann man Busse der Linien 31 und 32 zurück in die Stadt zum Stortorvet nehmen.

Folgt man dem Akersveien vollends bis zum Ende, kommt man zur **Gamle Aker Kirke (10) [N 59° 55' 26.2"  E 10° 44' 47.6"]**. Sie stammt aus der Zeit um 1100, gilt als die älteste Steinkirche in ganz Skandinavien und dient heute noch als Gotteshaus (geöffnet für Besucher nur zwischen 12 und 14 Uhr).

Unser Abstecher nach Norden führt ab St. Olavs Kirche wieder südwärts, über die Akersgata, vorbei an der **Trefoldighetskirke** (Dreifaltigkeitskirche) und dem hohen Regierungsgebäude (11) bis zur Karl Johans gate in Höhe des Parlamentsgebäudes (12).

Verzichtet man auf diesen nördlichen Umweg, geht man ab Universität (4) die Karl Johans gate weiter nach Osten, passiert die Grünanlage Eidsvolls Plass, rechts, und erreicht bald das markante Parlamentsgebäude **Stortingsbygningen (12) [N 59° 54' 47.6"  E 10° 44' 26.0"]**. Das imposante Bauwerk mit seinen beiden Seitenflügeln und dem rotundenähnlichen Zentralteil, zu dem vom Eidsvoll Platz her eine breite Freitreppe hinaufführt, entstand zwischen 1861 und 1866. Das Innere ist mit Kunstwerken dekoriert, darunter ist ein monumentales Wandgemälde von Wergeland, das die Unterzeichnung der Verfassung in Eidsvoll im Jahre 1814 zeigt.

Weiter östlich liegt links der Karl Johans gate die **Oslo Domkirke (13) [N 59° 54' 45.1"  E 10° 44' 45.8"]**, Stortorvet, www.oslodomkirke.no. Der Dom mit seinem massiven Ziegelturm und der dreigeschossigen, vielfach durchbrochenen Turmhaube entstand ausgangs des 17. Jh., wurde aber zwischen 1848 und 1850 sowie zwischen 1939 und 1950 mehrfach restauriert, was allerdings die Harmonie des Erscheinungsbildes des Inneren nicht fördern konnte.

Sehenswert dagegen sind einzelne Kunstwerke, wie Altartafel und Kanzel, die beide noch aus dem Jahre 1699 stammen, dann die Glasmalereien von Emanuel Vigeland und die Bronzetore am Hauptportal von Dagfin Werenskiold, sowie die Deckenmalereien von Hugo Luis Mohr. (Wegen Renovierungsarbeiten ist die Domkirche auch 2008 geschlossen.)

An der Südseite des Domplatzes, Ecke Dronningens gate, liegen die sog. **Basarhallen**. Sie stammen aus der Mitte des 19. Jh., dienten damals als Markthallen und sind heute ein Zentrum des Kunsthandwerks.

Der Hauptbahnhof **Oslo Sentralstasjon (14) [N 59° 54' 36.0"  E 10° 45' 05.2"]** und Bahnhofsvorplatz **Jernebanetorget (Touristeninformation [N 59° 54' 38.9"  E 10° 44' 59.5"])** schließen die Karl Johans gate im Osten ab.

An der Nordseite des Bahnhofsplatzes findet man moderne Einkaufszentren wie „Oslo City" oder „Byportens Shopping" mit mehreren hundert Geschäften.

Wir gehen die Dronningens gate ganz nach Süden, vorbei an der **Hauptpost** und an der **Norges Bank** bis zur Myntgata **[N 59° 54' 27.2"  E 10° 44' 37.0"]**, folgen dieser nach Westen bis zur Kongens gate und noch ein Stück weiter bis zum Park und zum Zugang zur **Akershus Festung (15) [N 59° 54' 26.7" E 10° 44' 27.7"]** zuführt, Akershus festning; www.mil.no/felles *(geöffnet: Gelände: tgl. 6 - 21 Uhr. Museen: 2. 5. - 31. 8. Mo - Sa 10 - 16, So 12.30 - 16 Uhr. Übrige Zeit Do 12 - 14 Uhr. Eintritt zu Akershus Slott, mit Oslo Pass gratis. Tram Nr. 12 bis Christiania torv).*

Von den Mauern der etwas erhöht gelegenen Festung Akershus hat man einen sehr schönen Blick auf die Stadt, das Rathaus und den Hafen, Heimathafen übrigens des wunderschönen Windjammers „Christian Radich".

Der Kern der mittelalterlichen Festung stammt aus dem späten 13. Jh. und wurde unter König Håkon V. Magnusson auf einem Felsrücken über der Bucht Pipervika errichtet. Jahrhundertelang widerstand die befestigte Königsresidenz allen Wirrnissen und Angriffen, bis sie im August 1624 ein Raub der Flammen wurde.

Mitte des 17. Jh. ließ König Christian IV. Akershus als **Renaissanceschloss** wieder aufbauen. Die gesamte Befestigung wurde dabei erweitert und mit neuen Bastionen und Bollwerken versehen. Im großen und ganzen erhielt die Anlage damals das Aussehen, wie es sich uns heute bietet. 1716 wurde Akershus zum letzten mal belagert. Später verlor sie an Bedeutung und begann schließlich zu zerfallen.

Schloss Akershus kann besichtigt werden. Zu sehen sind schöne Säle, das Arbeitszimmer des Reichsarchivars Wergeland, die Schlosskirche, das königliche Mausoleum und Modelle der Festung. Es werden Führungen angeboten im Rahmen der Öffnungszeiten. Eine Führung in englischer Sprache findet donnerstags um 13 Uhr statt.

Während des Zweiten Weltkrieges diente Akershus als Gefängnis für politisch unbequeme Zeitgenossen. Nach dem Kriege wurde die Festungsanlage bis 1963 umfassenden Restaurierungsarbeiten unterzogen. Heute beherbergt sie zahlreiche staatliche Einrichtungen. Die Krypta unter der Schlosskirche dient als Königliches Mausoleum. Im Sommer finden sonntags in der Schlosskirche Konzerte statt.

In einem beachtenswerten Fachwerkgebäude aus dem Jahre 1774 links vom Zugang in die Festungsanlage findet man ein **Informationszentrum**. Und ganz in der Nähe kann man – nach Voranmeldung im Infor-

mationszentrum – im ehemaligen Pulvermagazin das **Gefängnismuseum** besichtigen. Die Zellen dienten vor allem im 19. Jh. der Verwahrung besonders schwerer Jungs.

Im Høymagasinet, dem Gebäude 025 der Festung Akershus an der Rathausseite, ist das Christiania Stadtmodell zu besichtigen. Das Modell zeigt das Bild der Stadt im 17. und 18. Jh. Die Ausstellung ist Teil einer 20-minütigen Tonbildschau über die Geschichte Oslos.

In einem Gebäude nördlich des Schlosskomplexes, auf einer Anhöhe innerhalb des Festungsareals, ist das **Norges Hjemmefront Museum** (Norwegisches Widerstandsmuseum) eingerichtet; www.nhm.mil.no *(geöffnet: Juni - Aug. Mo - Sa 10 - 17 Uhr, So 11 - 17 Uhr; Jan. - Mai, Sept. - Dez. Mo - Fr 10 - 16 Uhr, Sa + So 11 - 16 Uhr. Eintritt, mit Oslo Pass frei. Tram Nr. 12 bis Christiania torv).*

Das Widerstandsmuseum dokumentiert fast ausschließlich die Zeit während der deutschen Besetzung 1940 bis 1945. Ein Denkmal erinnert an die gefallenen Widerstandskämpfer.

Östlich der Kongens gate liegt am Südrand des Festungsplatzes das **Forsvarsmuseet**, das Norwegische Armee- oder Verteidigungsmuseum. Es gibt anhand von Kriegsgerät Einblick in die norwegische Militärgeschichte vom 17. Jh. bis in die Zeit nach dem Zweiten Weltkrieg.

Unweit östlich der Akershus Festung findet man am Bankplassen 4 das **Museet for Samtidskunst, Museum für Zeitgenössische Kunst [N 59° 54' 31.8" E 10° 44' 31.1"]**, www.nasjonalmuseet.no *(geöffnet: ganzjährig Di, Mi, Fr 10 - 18 Uhr, Do. bis 20 Uhr, Sa + So 10 - 17 Uhr. Eintritt frei. Tram Nr. 12 bis Christiania torv).*

Das Nationalmuseum für norwegische und internationale bildende Kunst ist in einem Granitbau untergebracht, der zu Beginn unseres Jahrhunderts im Jugendstil für die Norges Bank errichtet worden ist. Gezeigt werden – teils in wechselnden Ausstellungen – Arbeiten norwegischer und internationaler Künstler aus der Zeit nach dem Zweiten Weltkrieg bis heute.

Ein gutes Stück weiter östlich, am Hafenbecken Bjørvika, liegt am Kirsten Flagstads Pl. 1 der Komplex der **Neuen Oper von Oslo (27)**, die 2008 eröffnet wurde. Sie wird als das größte norwegische Kulturobjekt bezeichnet. Das mit weißem Carrara-Marmor verkleidete, 207 Meter lange und 110 Meter breite Gebäude soll einem treibenden Eisberg symbolisieren.

Von der Akershus Festung zurück zum Ausgangspunkt am Rathausplatz.

An der Westseite der Hafenbucht Pipervika liegt das Einkaufszentrum **Aker Brygge (16) [N 59° 54' 38.3" E 10° 43' 43.8"]**. In diesem modernen Zentrum findet man neben Geschäften, Modeboutiquen und annähernd 35 Restaurants und Cafés auch Theater, ein Großleinwandkino und ein wechselndes Unterhaltungsangebot.

An einem sonnigen Tag ist Aker Brygge ein angenehmer Platz, von einem der Straßencafés aus das Leben und Treiben in diesem geschäftigen Zentrum und im Hafen zu beobachten.

Ganz in der Nähe in Richtung Rathaus findet man **Nobels Fredssenter,** das **Nobel Friedenszentrum (25)** am Brynjulf Bulls plass 1, www.nobelpeacecenter.no *(geöffnet Juni, Juli, Aug. tgl. 10 - 18 Uhr, Jan. - Mai + Sept. - Dez. Di, Mi, Fr 10 - 16 Uhr, Sa + So 11 - 17 Uhr. Eintritt, mit Oslo Pass frei. Tram Nr. 12 bis Aker Brygge).*

Dieses Museum zeigt alles Wissenswerte über Alfred Nobel, die Gewinner des Friedensnobelpreises und deren Arbeit. Filme, Vorträge und interaktive digitale Exponate geben anschaulich vielseitige Informationen zum Thema Friedensnobelpreis, der alljährlich am 10. Dezember, dem Todestag

Alfred Nobels, im nahegelegenen Rathaus verliehen wird.

Ein gutes Stück weiter nördlich findet man in der Henrik Ibsens gate 26 südlich des Schlossparks das **Ibsen Museet [N 59° 54' 54.4" E 10° 43' 38.7"],** www.ibsenmuseet.no, www.ibsen.net *(geöffnet: 15. Mai - 14. Sept. Di - So 11 - 18 Uhr, übrige Zeit Di - So. 11 - 16 Uhr, Do bis 18 Uhr. Eintritt, mit Oslo Pass frei. Führungen obligatorisch).*

Hier hatte der Schriftsteller und Dramatiker Henrik Ibsen zusammen mit seiner Frau Suzannah (gest. 1914) von 1895 bis zu seinem Tod im Jahre 1906 seinen letzten Wohnsitz in Oslo. Die mit dem Museum verbundene Wohnung (Arbinsgate 1) wurde im Stil des 19. Jh. originalgetreu restauriert und ist für Besucher geöffnet, Bibliothek, Museumsshop.

### 2. Bygdøy

**Bygdøy,** die **„Museumsinsel Oslos",** erreicht man mit dem Auto ab E18 (Oslo – Drammen). Parkmöglichkeiten am Folke Museum, am Wikingerschiffe-Museum und am Kon-Tiki-Museum. Im Sommer gelegentlich Engpässe bei den Parkplätzen.

Man erreicht Bygdøy auch **mit öffentlichen Verkehrsmitteln.** Busse der Linie 30 verkehren ab Nationaltheater bis Bygdøynes. Oder man nimmt die Personenfähren Nr. 91 ab Rathauskai 3. Die Boote verkehren zwischen Mai und September regelmäßig über das Ausflugslokal „Dronningen" zur

*Im Freilichtmuseum Norsk Folkemuseum auf der „Museumsinsel" Bygdøy*

*NORSK
FOLKEMUSEUM*

**1** *Innenhof,
Museum*
**2** *Setesdalgehöfte*
**3** *Numedalgehöfte*
**4** *Glåmdalgehöfte*
**5** *die Stabkirche
von Gol*
**6** *Hovegehöfte*
**7** *Oppdalgehöfte*
**9** *Hordaland-
gehöfte*
**10** *Lendegehöfte*
**11** *Ostnorwegen-
gehöfte*
**12** *Hallingdal-
gehöfte*
**13** *Telemark-
gehöfte*
**14** *„Die Altstadt"*
**15** *Wikingerschiffe-
Museum*

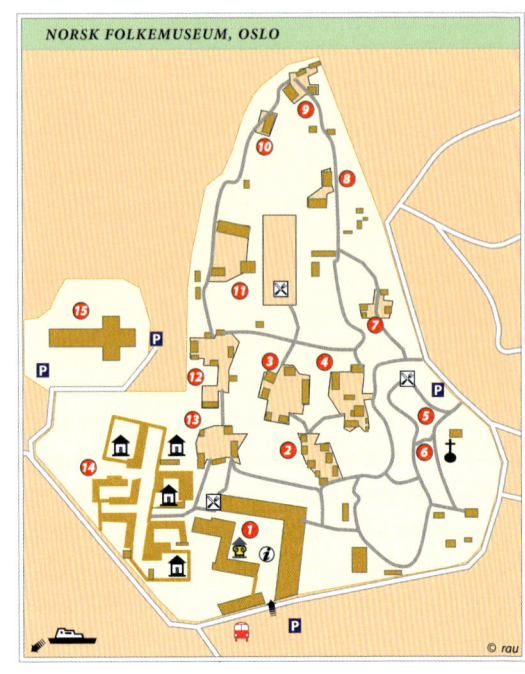

NORSK FOLKEMUSEUM, OSLO

Anlegestelle beim Fram-Museum, von dort auf direktem Weg zurück.

### Die Museen auf Bygdøy

Folgende Museen sind auf Bygdøy zu finden: **Norsk Folkemuseum (20), Wikinger-schiffe-Museum (21), Kon-Tiki-Museum (22), Fram Museum (22)** und das **Norwegische Seefahrtsmuseum (22).**

Die letzten drei genannten Museen liegen vom Wikingerschiffe-Museum ca. 15 Geh-Minuten entfernt. Und vom Wikingerschiffe-Museum zum Norsk Folkemuseum geht man nochmals gut 5 Minuten. Man kann aber auch den Bus 30 für Fahrten zwischen den Museen benutzen.

Außerdem liegt auf der Insel Bygdøy das **Schlösschen Oskarshall (23).** Dieses Mitte des 19. Jh. von König Oskar I. erbaute Lustschloss kann allerdings nur von Ende Mai bis Ende September an Sonntagen zwischen 11 und 16 Uhr gegen Eintritt besichtigt werden.

*Mein Tipp!* **Norsk Folkemuseum,** das **Norwegische Freilichtmuseum (20) [N 59° 54' 26.7"  E 10° 41' 13.0],** Museumsveien 10; www.norskfolkemuseum.no *(geöffnet: 15.5. - 14.9. tgl. 10 - 18 Uhr. Übrige Zeit: Mo. - Fr. 11 - 15, Sa. + So. 11 - 16 Uhr. Eintritt, mit Oslo Pass frei. Restaurant, Cafeteria, Souvenirs).*

Ein Gang durch dieses ausgedehnte Freilichtmuseum kommt einem Gang durch die Architektur-, Kunst- und Kulturgeschichte Norwegens vom Mittelalter bis in das 19. Jh. gleich. Der Besuch lohnt sehr und sollte nicht ausgelassen werden. Das Gezeigte ist so vielfältig, dass man sich für die Besichtigung viel Zeit nehmen sollte (mindestens einen halben Tag)!

Insgesamt sind hier 170 alte Gebäude, meist bäuerliche Anwesen, aus allen Teilen Norwegens zusammengetragen und mit größter Sorgfalt und bis ins Detail genau wieder aufgebaut worden.

Geht man aus dem großen, von Verwaltungs- und Museumsgebäuden umgebenen Hof (Beschilderung) und wendet sich nach links, kommt man zunächst zu einem Häuserensemble aus dem **Setesdal**. Im wesentlichen besteht es aus einem Gehöft aus dem frühen 18. Jh., mit Wohnhaus und diversen Speichern, Scheunen und Ställen.

Unweit nördlich davon eine Gruppe von Gehöften aus der Region **Glåmdal/Osterdal.**

Wege, an denen alte Meilensteine zu sehen sind, führen durch einen Waldpark hinauf zur wieder aufgebauten **Stabkirche von Gol.** Sie stammt aus dem 12. Jh. und ist vom Fundament bis zum Giebel ein herr-

liches Beispiel früher norwegischer Kirchenbaukunst. König Oskar II. ließ die Kirche 1885
von Gol im Hallingdal hierher bringen und
neu errichten.

Dem Kirchenportal gegenüber steht ein
sehr schönes Bauernhaus, das aus der ersten Hälfte des 18. Jh. stammt und aus der
Heddalgegend in der Telemark hierher gebracht wurde. Schauen Sie sich hier den
großen Wohnraum an mit seiner Feuerstelle, den Wandbänken, Schränken, Pfosten-
betten etc.

Gleich hinter diesem Telemarkhaus liegt
das Restaurant.

Zurück zu den Setesdalhäusern und weiter zu den Gehöften aus dem **Numedal**. Hier
steht u. a. eines der ältesten Holzhäuser
(Haus Nr. 21) des Landes aus dem 13. Jh.

Ein Rundweg führt nun um den sog. Fest-
platz (mit Café). Folgt man ihm gegen den
Uhrzeigersinn, sieht man Gebäude aus dem
Gudbrandsdal, aus Nordfjord und Sunnfjord,
aus Hordaland, Ostlandet, Hallingdal und
schließlich aus der Telemark mit den markanten Speichern (z. B. Gebäude Nr. 133)

Es schließt sich die sog. **„Altstadt"** an.
Hier sind einige Straßenzüge und Stadthäuser aus dem 17., 18. und 19. Jh. wieder aufgebaut worden.

In den **Museumsgebäuden** beiderseits
des Hauptplatzes sieht man u. a. Kunsthandwerk, Trachten, Möbel aus städtisch-bürger-
lichem und ländlich-bäuerlichem Milieu, des
weiteren sakrale Kunstwerke und eine sehr
interessante Ausstellung aus dem Kulturbe-
reich der samischen Bevölkerung.

**Vikingskiphuset (21) [N 59° 54' 15.4"
E 10° 41' 09.5"],** Huk Aveny 35. www.khm.
uio.no *(geöffnet 1. 5. - 30. 9. tgl. 9 - 18 Uhr, übri-
ge Zeit tgl. 11 - 16 Uhr. Eintritt, mit Oslo Pass frei.
Bus 30 oder Boot 91 ab Pier 3 Rathausplatz und
Fußweg).*

Hier sind u. a. drei Wikingerschiffe aus
dem 9. und 10. Jh. ausgestellt, die – nach
mühsamer und langwieriger Restaurierung
– nun zu den schönsten Beispielen alter norwegischer Schiffsbaukunst zählen.

Alle drei Schiffe, das **Osebergschiff**, das
**Gokstadschiff** und das **Tuneschiff** wurden im Küstenbereich des Oslofjords gefunden.

Die Schiffskörper, die als Gräber gedient
hatten, wurden zwar von den Erdmassen,
die sie bedeckten, völlig zerdrückt, Holz, Me-
tallteile, Knochen und sogar Textilien aber
waren dank der hermetisch luftdichten Ab-

schottung durch die Erdlagen in recht gutem Zustand.

In monatelangen Arbeiten wurden die
oft in Tausende von Einzelteilen zerfallenen
Schiffe und Grabbeigaben geborgen. Schaut
man sich nur die Bordbeplankung an, erahnt
man schon – auch ohne einschlägiges Wissen – dass an diesen Wikingerschiffen vor
fast tausend Jahren Meister ihres Handwerks
tätig gewesen sein müssen.

Auf einem starken Kiel, der aus einem
einzigen Stamm gearbeitet wurde, sind
in genau überlegten Abständen Spanten
aus Eichenholz befestigt. Sie bildeten das
Rückgrat für die eichenen Bordplanken. Teils
wurden 12 Bordplanken (Osebergschiff), bei
Schiffen für größere und härtere Einsätze 16
Planken verwendet. Das Deck bildeten Lauf-
planken aus Kiefernholz. Der einzige, umleg-
bare Mast war mittschiffs im „Kielschwein",
einem kräftigen Eichenklotz auf dem Schiffs-
boden, befestigt.

Alle Bauelemente waren durch Nägel
und Taue so kunstvoll und vor allem so elas-
tisch miteinander verbunden, dass Fachleute
von der ganz erstaunlichen Seetüchtigkeit,
die Wikingerschiffen eigen gewesen sein
muss, heute noch begeistert sind. Mit originalgetreuen Nachbauten wurden ganz
erstaunliche Resultate erzielt.

Decksaufbauten gab es gewöhnlich
nicht. Die Besatzung saß auf ihren Seekis-

*Das Osebergschiff, Wikingerschiffe-Museum*

ten, die gleichzeitig als Ruderbänke dienten. Man war Wind und Wetter ohne besonderen Schutz ausgesetzt. Lediglich auf Reiseschiffen standen wichtige Personen zusammenlegbare Bordzelte und sogar Betten zur Verfügung.

Gleich nach dem Eingangsbereich des kreuzförmig angelegten Museumsgebäudes kommt man in die gewölbte Halle mit dem Osebergschiff, das schon durch seine Proportionen, die überaus elegante Linienführung

*Fridtjof Nansen vor dem Polarexpeditionsschiff „Fram"*

des Rumpfes und die kühn geschwungenen Steven mit herrlichen Schnitzereien, auf Anhieb besticht.

Das **Osebergschiff** wurde 1904 ausgegraben. Es diente als Grabstätte einer hochgestellten weiblichen Person. Es wird angenommen, dass diese Frau Königin Asa war. Ganz besonders reich war der Fund an Grabbeigaben. Zu den Prachtstücken zählen ein überaus seltener **Wagen**, ein **Schlitten**, Truhen, Betten und allerlei Kleingerät. Diese Gegenstände sind im hinteren Raum zu sehen.

Im Flügel links ist das **Gokstadschiff** wieder aufgebaut worden, das man 1880 entdeckte. Vergleicht man das Osebergschiff mit dem Gokstadschiff, fällt der etwas gedrungene Schiffskörper auf und man stellt fest, dass die Bordwand beim Gokstadschiff

um zwei Bordplanken höher ist, was dem Schiff wohl eine bessere Eignung für Fahrten bei rauher See verlieh. Außerdem sind zwei kleine Beiboote zu sehen, die als Grabbeigaben dienten. Die Grabkammer ist wieder aufgebaut, die einst auf dem Schiff stand.

Im rechten Seitenflügel sind die Reste des **Tuneschiffs** zu besichtigen. Es sind leider nur noch Fragmente des Schiffsrumpfes vorhanden.

**Polarschiffmuseum Frammuseet (22) [N 59° 54' 11.7" E 10° 41' 54.3"]**, Bygdøynesveien 36; www.fram.museum.no *(geöffnet Juni - Aug tgl. 9 - 18 Uhr; Mai + Sept. tgl. 10 - 17 Uhr; Jan., Feb., Okt., Dez. Mo - Fr 10 - 15 Uh, Sa + So 10 - 16 Uhr; Eintritt, mit Oslo Pass frei)*.

Die „Fram", das angeblich stärkste Polarschiff, wurde nach speziellen Angaben des Polarforschers *Fridtjof Nansen* für extreme Bedingungen bei Fahrten in den Polarmeeren von Collin Archer erbaut und 1893 in Dienst gestellt.

Auf ihren Expeditionsfahrten gelangte die „Fram" am weitesten sowohl in nördliche als auch in südliche Breiten. Das Schiff hat eine Wasserverdrängung von 800 Tonnen, eine Länge von 39 m, eine Breite von 11 m und einen Tiefgang von 5 m. Seine hervorragende Konstruktionsweise hat sich auf all seinen Fahrten bewährt.

Die Grundidee Nansens war es, ein Schiff zu bauen, das so stark und dessen Rumpf so geschickt geformt war, dass es, eingefroren im Packeis, nicht von den gigantischen Eismassen zerdrückt (Schicksal vieler früherer Polarschiffe), sondern aus dem Eis gehoben wurde und so „gefahrlos" mitdriften konnte.

In dem um das Schiff herum erbaute Museumsgebäude wird eine interessante polargeschichtliche Ausstellung gezeigt, deren Exponate in 9 Sprachen beschriftet sind.

**Norsk Sjøfartsmuseum, Norwegisches Seefahrtsmuseum (22)**, Bygdøynesveien 37; www.norst-sjofartsmuseum.no *(geöffnet 15. 5. - 31. 8. tgl. 10 - 18 Uhr. Übrige Zeit tgl. a. Do 10.30 - 16, Do bis 18 Uhr. Eintritt, mit Oslo Pass frei)*.

Die lange, erfolgreiche Seefahrertradition des Landes wird hier anhand von Modellen, Schiffsteilen, Booten, Schaukästen, Gemälden und vielen nautischen Gegenständen sehr anschaulich dokumentiert. Im Museumsgebäude befinden sich außerdem das *Restaurant Najaden*, sowie eine Cafeteria mit Fjordterrasse.

**Kon-Tiki Museum (22)**, Bygdøynesveien 36; www.kon-tiki.no *(geöffnet Jun. - Aug. tgl. 10.30 - 17.30 Uhr; April, Mai, Sept.tgl. 10 - 17 Uhr. Übrige Zeit tgl. 10.30 - 15.30 Uhr. Eintritt, mit Oslo Pass frei).*

Die bedeutendsten Exponate sind einmal Thor Heyerdahls weltberühmtes Balsafloß „Kon-Tiki" und zum anderen Heyerdahls Papyrusboot „Ra II" sowie ein Tigris-Modell.

Mit der „Kon-Tiki" fuhren Heyerdahl und fünf Kameraden 1947 8.000 km weit über den Pazifik von Peru bis Polynesien. Mit der „Ra II" segelte er 1970 über den Atlantik. Fotodokumentationen schildern Vorbereitungen und Durchführung der Reisen. Außerdem Ausstellungen von Kunst- und Kultgegenständen der Osterinseln. Im Kinoraum des Museums finden fortlaufende Filmvorführungen statt.

### 3. Rundfahrt Holmenkollen, Frognerpark, Museen.

Die Holmenkollenschanze liegt nordwestlich vom Stadtzentrum und ist gut ausgeschildert.

Benutzt man für die Rundfahrt nicht das Auto, sondern öffentliche Verkehrsmittel, bedient man sich am einfachsten der U-Bahn Linie 1 bis Holmenkollen. Die Bahn verkehrt ab U-Bahn Station Nationaltheater. Ab Station Holmenkollen muss man bis zur Schanze und zum Skimuseum noch ein Stück zu Fuß gehen.

Fährt man mit der U-Bahn Linie 1 noch fünf Stationen weiter bis zur **Endstation Frognerseteren**, kann man den Ausflug mit Wanderungen und einem Besuch des Aussichtsturms „Tryvanns-tårnet" (siehe auch „4. Weitere interessante Sehenswürdigkeiten") verbinden.

Auf der **Holmenkollen Skisprungschanze [N 59° 57' 53.4"  E 10° 40' 00.1"]**, Kongeveien 5, www.skiforeningen.no, werden jedes Jahr im März die Internationalen Skisprung Meisterschaften ausgetragen. Ein Aufzug bringt Sie auf den etwa 60 m hohen Turm der Sprungschanze und wer schwindelfrei ist und zu Fuß weiter hoch bis zum Anlauf gehen kann, wird mit einer einzigartigen **Aussicht** auf Oslo und die Bucht belohnt.

Sehr lohnend ist ein Besuch im gleich neben der Schanze teils in den Berg gebauten **Skimuseum**, Kongeveien 5; www.skiforeningen.no *(geöffnet: Jun. + Juli tgl. 9 - 20 Uhr; Mai, Aug., Sept. tgl. 10 - 17 Uhr, übrige Zeit tgl. 10 - 16 Uhr.*

*Eintritt, mit Oslo Pass frei. Metro Nr. 1 bis Holmenkollen).* Beachten Sie am Eingang die etwa 4.000 Jahre alte Felszeichnung des „ersten Skiläufers der Welt".

Von besonderem Interesse sind Skiausrüstungsgegenstände von Fridtjof Nansens Grönlandüberquerung 1888 und Roald Amundsens Südpolexpedition 1910 – 1912, gleich im Eingangsbereich. Im Obergeschoss des Museums sind u. a. Skier der Königlichen Familie zu sehen.

*Steinplastiken von Gustav Vigeland*

Auf dem Weg vom Parkplatz zur Schanze passiert man ein Denkmal, das König Olav V. auf Skiern zeigt.

Nordwestlich der Innenstadt liegt Oslos berühmter **Frognerpark (18) [N 59° 55' 31.9" E 10° 42' 34.6"]**, auch Vigelandpark genannt *(geöffnet ganzjährig 24 Std.; www.vigeland.museum.no).* Der Haupteingang liegt in der Straße Kirkeveien. Falls Sie mit Bus oder Bahn unterwegs sind, nehmen Sie die U-Bahn bis zur Station Majorstuen oder die Buslinie 20 oder die Straßenbahn Linie 12 oder 15 bis zum Haupteingang zum Frogner Park, Haltestelle Vigelandsparken.

Wenn Sie übrigens von der Haltestelle Majorstuen nur ein kurzes Stück nach Osten gehen, können Sie – allerdings nur am Wochenende – noch einen kurzen Sprung ins **Sporveismuseet**, das Straßenbahn-Museum, Ecke Selmdalsveien und Gardeveien, machen.

Der ausgedehnte Frognerpark mit seinen beiden Seen, ist berühmt für seine Freilichtsammlung von **Bronze- und Steinplastiken** des Bildhauers Gustav Vigeland.

*Gustav Vigeland*, 1869 in Mandal geboren und in einer Handwerkerfamilie und auf Großvaters Hof Vigeland in Lindesnes aufgewachsen, war Zeit seines Lebens erfüllt von einem glühenden Schaffensdrang. Vigelands Vater war Möbelschreiner. So wurde der Sohn schon in jungen Jahren mit der Holzschnitzerei bekannt. 1884 kam Gustav aus seinem sehr ernsten, strengen Elternhaus nach Oslo zur Ausbildung als Holzschnitzer. Später lebte und arbeitete er in Kopenhagen, Paris, Berlin, Florenz und London und kehrte Anfang des 20. Jh. wieder zurück nach Oslo. Vigeland starb 1943. In seinem unbändigen Arbeitseifer schuf er weit über tausend monumentale Skulpturen, rund 800 plastische Skizzen und nicht weniger als 12.000 Zeichnungen und Skizzen.

Zeit seines Lebens waren seine Motive Mann und Frau, Menschendarstellungen in allen Lebensaltern. Fast immer strahlen Vigelands Plastiken Ernst und Wehmut aus.

Alle Werke überließ der Meister der Stadt Oslo als Entgelt für das Gebäude, das die Stadt dem Bildhauer errichtete, in dem sich Vigelands Atelier und Wohnung befand. Heute beherbergt es das Vigeland Museum.

Schon das große schmiedeeiserne Tor mit seinen sieben Flügeln am Haupteingang zum Frognerpark (Kirkeveien) ist eine sehenswerte Arbeit Vigelands.

Als nächstes erreicht man die Brücke, die über die Parkseen führt. Hier stehen zahlreiche Steinplastiken. Insgesamt findet man im Park, dessen Anlage von Vigeland selbst konzipiert wurde, annähernd 200 Skulpturen.

Man kommt zur **Bronzefontäne**. Der Lebensweg des Menschen vom Kind bis zum Greis wird anhand von Bronzeplastiken dargestellt.

Treppen führen schließlich hinauf zum großen **Monolithen „Lebenssäule"**, der erhöht auf einer Steinterrasse steht. Die 17 m hohe Steinsäule ist mit 121 Leibern geschmückt, die sich wild verschlungen bis zur Spitze des Obelisks gruppieren. Der Monolith besteht aus einem einzigen Granitblock. Beachtung verdienen natürlich auch die Monumentalplastiken, die sich um den Monolithen gruppieren.

Kunsthistoriker sind sich nicht ganz einig über den künstlerischen Wert von Vigelands

Schöpfungen. Sicher dürfte aber sein, dass Vigelands Lebenswerk alleine schon durch die enorme Vielzahl seiner Arbeiten ein hervorragender Stellenwert zukommt.

Im Sommer kann man den Besuch des Frognerparks mit einer willkommenen Abwechslung verbinden, mit einem Abstecher ins Frognerbad, dem größten Freibad der Stadt, das in der Nordostecke der Parkanlage beim Stadion und den Tennisplätzen liegt.

Wir setzen unsere Tour durch den Südteil des Frognerparks fort und erreichen kurz darauf das **Oslo Bymuseet**, das **Stadtmuseum (19)**, Frognerveien 67, www.oslobymuseum.no, mit Sommerrestaurant beim See. Das Museum ist untergebracht im Frogner Hovedgård, einem ehemaligen Gutshof aus dem Jahre 1790. Ausgestellt ist umfangreiches Anschauungsmaterial über die 1.000-jährige Geschichte Oslos, sowie eine Gemäldesammlung und interessante Einrichtungs- und Gebrauchsgegenstände aus verschiedenen Epochen der Stadt.

Man kann den Frognerpark am Südeingang an der Halvdan Svartes gate verlassen. Fast genau gegenüber, auf der anderen Straßenseite, steht das Gebäude des **Vigeland Museums (19) [N 59° 55' 18.3" E 10° 42' 04.9"]**, Nobels gate 32; www.vigeland.museum.no *(geöffnet Jun. - Aug. Di - So 11 - 17 Uhr, übrige Zeit Di - So 12 - 16 Uhr. Eintritt, mit Oslo Pass frei. Tram Nr. 12 bis Frogner plass).*

Im Museum kann man sich einen ganz ausgezeichneten Überblick über die unzähligen Arbeiten des Bildhauers Gustav Vigeland verschaffen. Der größte Teil des Lebenswerks des Künstlers ist hier untergebracht. Darunter sind Tausende von Zeichnungen, Holzschnitten und Plastiken in Marmor, Granit oder Bronze.

Ist man mit öffentlichen Verkehrsmitteln unterwegs, geht man vom Vigeland Museum ein kurzes Stück nach Osten zurück bis an die Südecke des Frogner Parks am Frogner Plass (Taxistand) und nimmt die Straßenbahn 12 oder 15 zurück ins Stadtzentrum (Rathausplatz).

### 4. Weitere interessante Sehenswürdigkeiten

**Edvard Munch Museum [N 59° 55' 00.7" E 10° 46' 23.9"]**, www.munch.museum.no *(geöffnet Jun. - Aug. tgl. 10 - 18 Uhr. Jan. - Mai + Sept. - Dez. Di - Fr 10 - 16 Uhr, Sa + So 11 - 17 Uhr. Eintritt, mit Oslo Pass frei. Bus 20 oder*

*U-Bahn 1, 2, 3, 4, 5 bis Tøyen-Munchmuseet).* Das Munch Museum liegt im Osten der Stadt in der Tøyengata 53, gegenüber dem Botanischen Garten. Das moderne Museumsgebäude beherbergt den größten Teil des Lebenswerks des Malers *Edvard Munch*.

Insgesamt vermachte der Künstler der Stadt Oslo 1940 annähernd 24.000 Objekte, darunter Graphiken, Zeichnungen, Plastiken, Aquarelle und andere Gemälde. Im Museum finden Filmvorführungen, Konzerte und Vorträge statt.

Edvard Munch wurde am 18. Dezember 1863 geboren und starb im Alter von 81 Jahren im Januar 1944. Munch war Maler und Graphiker und gehörte mit zu den Begründern des Expressionismus. Themenmittelpunkt seiner Arbeit war stets der Mensch im Spannungsfeld der zwischenmenschlichen Beziehungen.

**Universitets Naturhistoriske Museer.** Die Naturgeschichtlichen Museen liegen ganz in der Nähe des Munch Museums im **Botanischen Garten** im Osten der Stadt. Zu erreichen mit Bus 20 ab Jernebanetorget oder mit der U-Bahn, Linien 1, 2, 3, 4, 5 ab Stortinget bis Tøyen.

Auf dem Gelände des sehr ansprechend angelegten Botanischen Gartens mit seiner artenreichen Flora nördlicher Provenienz und Treibhäusern mit südlicher Pflanzenwelt, gibt es außerdem zu besichtigen: das **Botanische Museum**, das **Zoologische Museum**, das **Mineralogische Museum** und das **Paleontologische Museum.** Freier Eintritt in Park und Museen.

**Norsk Teknisk Museum [N 59° 57′ 59.8″ E 10° 46′ 58.5″],** Kjelsåsveien 143; www.tekniskmuseum.no *(geöffnet 20. Juni - 20. Aug. tgl. 10 - 18 Uhr, übrige Zeit Di - Fr 9 - 16 Uhr, Sa + So 11 - 18 Uhr. Eintritt, mit Oslo Pass frei. Tram Nr. 11, 12 bis Kjelsås).*

Das Technische Museum von Norwegen liegt weit im Norden der Stadt am Akerselva, unweit des Sees Maridalsvannet. Gezeigt wird die Entwicklung der Technik von der Frühzeit bis heute, von der Dampfeisenbahn bis zum Düsenjet und bis zur Computertechnik.

Das **Museum für Moderne Kunst (Henie-Onstad Kunstzentrum),** liegt in Høvikodden, Sonja Henies vei 31, rund 12 km westlich vom Stadtzentrum von Oslo; www.hok.no *(geöffnet: Di - Do 11 - 19, Fr - So 11 - 17 Uhr. Eintritt, mit Oslo Pass 50% Rabatt. Busse 151,*

*252, 261 ab Sentralstasjon Hauptbahnhof bis Høvikodden).*

Dank der Initiative und Stiftung des Ehepaares Sonja Henie und Niels Onstad konnte 1968 dieses moderne Kunstzentrum eingeweiht werden. Sonja Henie war in den Zwanziger Jahren die Eislaufkönigin schlechthin, während Niels Onstad sportliche Meriten im Rudern errang.

**Tryvannstårnet.** Der Fernsehturm liegt nordwestlich der Stadt in über 500 m Höhe. Der Turm selbst ist fast 120 m hoch. Von der Aussichtsplattform hat man bei klarem Wetter einen prächtigen Rundblick.

Man erreicht den Turm per U-Bahn ab Station Nationaltheater (siehe auch Holmenkollen Schanze) bis Station Voksenkollen und hat von dort noch etwa 15 Minuten zu gehen. Mit dem Auto folgt man zunächst der Beschilderung Holmenkollen, dann weiter bis Frognerseteren bzw. Tryvannstårnet.

Besonders bei schönem Wetter lohnt es sich, den Ausflug zum Aussichtsturm mit einem Abstecher zum nahen **Frognerseteren Höhenrestaurant** zu verbinden. Man hat von dort nicht nur einen weiteren schönen Blick auf Oslo, sondern es bieten sich auch viele Möglichkeiten zu Waldspaziergängen.

Ein weiterer Ausgangspunkt für Spaziergänge und Wanderungen in der Nähe Oslos liegt im Norden der Stadt am See **Sognsvannet**. Mit der Bahn Linie 3 fährt man ab U-Bahn Station Nationaltheater bis Endstation Sognsvann. Bademöglichkeit. Parkplätze.

**Skøtemuseet**, das **Norwegische Schlittschuhmuseum**, Middelthuns gate 26, Frogner Stadion; www.oslosk.no *(geöffnet ganzjährig Di + Do 10 - 14.30 Uhr, So 10 - 14 Uhr. Eintritt. Tram Nr. 12 bis Frogner stadion).*

Es ist das einzige Museum Norwegens, das über die Entwicklung des Eisschnelllaufs berichtet. Norwegen hat in der Vergangenheit zahlreiche Weltmeister, Olympiasieger und Europameister hervorgebracht und die Ausstellung zeigt eine Pokalsammlung, viele Bilddokumente und natürlich Wettkampfschlittschuhe der Meister aus der Glanzzeit dieser Sportart.

**Tourist Information neben dem Rathaus [N 59° 54' 46.8" E 10° 44' 04.2"]**, Fridtjof Nansens plass 5, Eingang Roald Amundsen Straße, N-0160 Oslo, Tel. +47-815 30 555. *Geöffnet: Apr., Mai, Sept. Mo.- Sa. 9 - 17 Uhr, Juni - Aug. tgl. 9 - 19 Uhr, übrige Zeit Mo. – Fr. 9 – 16 Uhr, an Feiertagen geschlossen.* E-mail: info@visitoslo.com. www.visitoslo.com.
**Tourist Information neben dem Hauptbahnhof [N 59° 54' 38.9" E 10° 44' 59.5"]**, Trafikanten Service Centre gibt Auskunft über die öffentlichen Verkehrsmittel in Oslo und Umgebung, außerdem Reservierung und Auskünfte über NSB-Dienste (Norwegische Staatsbahnen), Oslo Sentralstasjon, Jernebanetorget 1, N-0154 Oslo, Tel. +47-815 30 555, Fax 23 15 88 11. *Geöffnet: Ganzjährig Mo. - Fr. 7 - 20 Uhr, Sa. + So. 8 - 18 Uhr, Mai - Sept. Sa. + So., 8 - 20 Uhr, an Feiertagen 10 - 16 Uhr.* E-mail: info@visitoslo.com. www.visitoslo.com.

**Informationen für Behinderte**
**Norges handikapforbund Oslo**, Folke Bernadottes vei 2, N-0862 Oslo, Tel. 22 17 02 55, Fax 22 17 61 77. Der Verband gibt ein Handbuch (norwegisch und englisch) über die Zugangsmöglichkeiten diverser Einrichtungen heraus.

**NAF Alarmsentral** (Pannendienst) – (00 47) 81 00 05 05 (Tag + Nacht).
**Notarzt** – 113.
**Polizei** – 112.
Zentrale Telefonnummern zum **Sperren verlorengegangener Kreditkarten, Handys und EC-Karten**: +49 - 116 116.

**NAF Norwegischer Automobilverein**, Storgata 2, 0105 Oslo, Tel. 22 34 14 00, Fax 22 33 13 72.
**KNA Königlich Norwegischer Automobilclub**, Drammensveien 20 c, 0255 Oslo, Tel. 22 56 19 00.

**Stadtrundfahrten**
**H.M. Kristiansens**, Hegdehaugsvn. 4, 0167 Oslo, Tel. 22 20 82 06; www.hmk.no. Mehrere 3-stündige Stadtrundfahrten täglich, zu den großen Sehenswürdigkeiten der Stadt. Hotel-Abholung oder ab Rathaus Seeseite 10 und 13.30 Uhr.
**Båtservice Sightseeing**, Rathausplatz, Rådhusbryggen Pier 3, 0116 Oslo 1, Tel. 22 20 07 15; www.boatsightseeing.com. Einstündige Hafenrundfahrten sowie zwei bis dreistündige Fjordrundfahrten. Große Ganztagestour mit Bus und Boot.

**Feste, Folklore**
**Holmenkollen Skishow**, Folklore und Shows während der Skisprung- und Langlaufwettbewerbe auf dem Holmenkollen, Ende Februar bis Mitte März. Anlässlich des **Nationalfeiertages** am 17. Mai finden diverse Veranstaltungen und ein großer Umzug über die Karl Johans gate zum Schloss statt.
**Jazzfestival**, Anfang August.
**Oslo Kammermusikfestival,** Konzertwoche in der ersten Augusthälfte.

**Restaurant Bagatelle**, Bygdøy allé 3, Tel. 22 12 14 40, gepflegtes Speiselokal, exquisite Küche, vorzügliche Weinkarte, Fischgerichte, Wildspezialitäten, teuer. Zählt zu den besten Restaurants im Lande. Sonntags geschlossen. Tischreservierung empfehlenswert.
**Restaurant Engebret Café,** Bankplassen, Tel. 22 33 66 94, beim Kunstmuseum, traditionsreiches Lokal, in dem schon Henrik Ibsen speiste; die Küche wird gelobt, auch Fischgerichte und norwegische Spezialitäten; hübsche Terrasse; gehobene Preisklasse. Sonntags geschlossen.
**Lofoten Fiskerestaurant,** Stranden 75, Aker Brygge, Tel. 22 83 08 08, gerne besuchtes Fischlokal.
**Najaden Restaurant**, Bygdøynesveien 37, Tel. 22 43 81 80; im Seefahrtsmuseum auf der Insel Bygdøy, traditionsreiches Restaurant, norwegische Spezialitäten,

**Theatercaféen,** Stortingsgata 24, Hotel Continental; stadtbekannte Adresse im Wiener Kaffeehausstil der Jahrhundertwende, gehobene Preisklasse.

## HOTELS

Von den zahlreichen Hotels im Großraum Oslo sind nur einige der zentral gelegenen Häuser erwähnt.

*Mein Tipp!* Von Mitte Juni bis Ende August bieten viel Hotels sog. **„Sommerpreise"** an, die in aller Regel erheblich unter den Normalpreisen liegen. Fragen Sie danach!

**Anker,** 230 Betten, Storgata 55, Tel. 22 99 75 00, Fax 22 99 75 20, Parkplatz. www.anker.oslo.no.

**Bristol,** 225 Betten, Kristian IV's gt. 7, Tel. 22 82 60 00, Fax 22 82 60 01, Restaurant, Garage. www.bristol.no.

**Continental,** 290 Betten, Stortingsgt. 24 - 26, Tel. 22 82 40 00, Fax 22 42 96 89, zentral Nähe Nationaltheater gelegen, traditionsreiches, alteingesessenes Haus, Restaurant, Garage.

**Fønix,** 99 Betten, Dronningens gt. 19, Tel. 22 42 59 57, Fax 22 33 12 10, Restaurant.

**Norrøna Tulip Inn Rainbow,** 104 Betten, Grensen 19, Tel. 22 42 64 00, Fax 22 33 25 65, Cafeteria.

**Scandic Hotel KNA,** 320 Betten, Parkveien 68, Tel. 23 15 57 00, Fax 23 15 57 10, gepflegtes Firstclass Hotel, Restaurant, Solarium, Sauna, Garage.

**Stefan Golden Tulip Rainbow,** 200 Betten, Rosenkrantz gt. 1, Tel. 23 31 55 00, Fax 23 31 55 55, Restaurant.

**Vika Atrium Golden Tulip Rainbow,** 170 Betten, Munkedamsvn. 45, Tel. 22 83 33 00, Fax 22 83 09 57, Restaurant, Solarium, Garage.

## CAMPING BEI OSLO

**Bogstad Camp & Turistsenter \*\*\*\* [N 59° 57' 44.2" E 10° 38' 31.8"],** Ankerveien 117, 0766 Oslo; Tel. 22 51 08 00; www.bogstadcamping.no; 1. Jan. – 31. Dez.; im nördl. Stadtgebiet, über E18 (Oslo – Drammen) beschildert, nahe Holmenkollenschanze; weitläufig, teils eben, teils auf abfallenden Wiesen. Der hintere Platzteil mit separatem Sanitärhaus weist mehr Baumbestand auf. Im Sommer stark frequentiert, dadurch überlastete Sanitäranlagen mit zu wenig Geschirrwaschplätzen, keine Wäschewaschmöglichkeiten; ca. 15 ha – 1.000 Stpl.; Standardausstattung; Laden, Restaurant;  **für Wohnmobile.** 6 Miethütten. Bus 32 ab/bis Nationaltheater.

**Camping Ekeberg \*\*\* [N 59° 53' 45.3" E 10° 46' 37.2"],** Ekebergveien 65, 1181 Oslo; Tel. 22 19 85 68; www.ekebergcamping.no; 1. Juni – 31. Aug.; im östl. Stadtbereich, über E6 beschildert; Wiesengelände oberhalb Oslos mit schönem Blick auf die Stadt, im Sommer oft drangvolle Enge; ca. 5 ha – 500 Stpl.; Standardausstattung; Laden, Restaurant. **V & E für Wohnmobile.** Busse 34 und 74 zur Stadtmitte.

### Wohnmobil-Stellplatz in Oslo-Skøyen

**Sjølyst Bobil Parkering [N 59° 55' 13.8" E 10° 40' 30.4"],** Drammensveien 160, 0273 Oslo-Skøyen, Tel. 91 39 09 82, www.bobilparkering.no; 1. Juni – 15. Sept.; ca. 3 km westlich Oslo Stadtzentrum, Zufahrt von der E18 (Oslo – Drammen), Ausfahrt Skøyen. Zwischen der E18 und dem Bootshafen Sjølyst Marina gelegen. Zufahrt durch die Bootswerft. Stellplatz für etwa 100 Wohnmobile am Kai des Sjølyst Bootshafens an der Westseite von Bygdøy. Sanitäranlagen mit Duschen und Toiletten. Ausguss für Chemikaltoiletten hinter dem Sanitärhaus. Strom- u. Wasseranschluss. Radverleih. Busse 31, 32, 33 (Haltestelle Skøyen) ins Zentrum. Geschäfte und Restaurant ca. 5 Gehminuten entfernt. Die Gebühr von NOK 120,- muss an einem Parkscheinautomat bezahlt werden. Der Platz ist von 23 bis 7 Uhr mittels Schlagbaum geschlossen.

# REISEWEGE ZUM NORDKAP DURCH NORWEGEN

## DIE SCHNELLSTE ROUTE – 8 TOUREN – MIN. CA. 10 TAGE
E6 – Oslo – Dombås – Trondheim – Lofoten – Tromsø – Nordkap

## DIE SCHÖNSTE ROUTE – 14 TOUREN – MIN. CA. 20 TAGE
Oslo – Kristiansand – Stavanger – Setesdal – Bergen – Voss –
Laerdal – Geiranger – Trollstigen – Andalsnes – Ålesund – Tronheim –
Bodø – Lofoten – Vesterålen – Narvik – Tromsø – Alta –
Hammerfest – Nordkap

## DIE SCHNELLSTE TOUR ZUM NORDKAP
### OSLO – LILLEHAMMER – OTTA – DOMBÅS

**Länge dieser Tour:** Rund rund 320 km.

**Die Route:** Über die E6 und über **Eidsvoll, Hamar, Lillehammer** und **Otta** bis **Dombås**. **Weiter mit Tour 17 und folgende**.

**Reisedauer:** Mindestens ein Tag, besser zwei oder mehr Tage.

**Reisehöhepunkte:** Das **Norwegische Eisenbahnmuseum** ** in Hamar – mit dem **Veteranendampfer „Skibladner"** ** auf dem Mjøsa-See – das **Freilicht- museum Maihaugen** *** bei Lillehammer – das **Straßen- und Verkehrs- museum** ** bei Hunderfossen.

**ROUTE:** *Von Oslo auf der E6 nordwärts vorbei an* **Eidsvoll** *und über* **Hamar** *zunächst bis* **Lillehammer** *(180 km).*

Rund 65 km nörd- lich von Oslo kann man nach Eidsvoll und nach Eidsvoll Verk (zwei eini- ge Kilometer voneinander entfernte Orte).

**Eidsvoll Verk** gilt Norwegern als „Wie- ge der Freiheit". Im historischen, sehr re- präsentativen **„Eidsvoll Bygningen" [N 60° 17' 58.6" E 11° 10' 04.7"]**, einer In- dustriellenvilla aus dem ausgehenden 18. Jh. wurde am 17. Mai 1814 von der hier ein- berufenen Reichsversammlung **Norwegens Verfassung** verkündet. Das Museumsgbäu- de kann auf Führungen (auch in englischer Sprache) besichtigt werden *(geöffnet 1. Mai - 31. Aug. tgl. 10 - 17 Uhr, Apr. + Sept. Di - Fr 10 - 15, Sa + So. 12 - 17 Uhr; 1. Okt. - 31. März Mi - Fr. 10 - 15, Sa + So 12 - 17 Uhr; www.eids- voll1814.no).*

Im etwa 60 km weiter nördlich an der E6 gelegenen **Hamar** lohnt für Eisenbahn- liebhaber ein Besuch im **Norsk Jernbane- museet [N 60° 47' 59.2" E 11° 01' 39.9"]** *(geöffnet ganzjährig 11 - 17 Uhr, 1. Juli bis 19. Aug. bis 17 Uhr; Winterhalbjahr Mo geschlos- sen; www.norsk-jernbanemuseum.no).*

Hier im Norwegischen Eisenbahnmu- seum sind neben historische Bahnhofsge- bäuden, Zügen und Lokomotiven natürlich auch Signale, Uniformen etc. sehen. Und die 35 m lange Modelleisenbahn erfreut sich bei den Besucher größter Beliebtheit.

Den Zugang zum Freilichtteil des Muse- ums erreicht man mit dem Nostalgiebähn- chen „Tertitt", das vom Eingangsgeäude zum

*Tour 8*
*OSLO – LILLEHAMMER – DOMBÅS*
0      50      100 km

*Im Maihaugen Freilichtmuseum bei Lillehammer*

anderen Ende des Geländes mit Lokomotivschuppen jeweils zur vollen Stunde zwischen 11 und 16 Uhr fährt. Fahrpreis ist im Museumseintritt enthalten.

60 km weiter führt die E6 an **Lillehammer** vorbei.

*Mein Tipp!* Zu den **Sehenswürdigkeiten** in Lillehammers zählt in erster Linie das besuchenswerte **Freilichtmuseum** in **Maihaugen [N 61° 06' 40.9" E 10° 27' 59.5"]** *(geöffnet 18. Mai - 30. Sept. tgl. 10 - 17 Uhr, 1. Okt. - 17. Mai tgl. a Mo 11 - 16 Uhr; www.maihaugen.no).* Hier wird ein ausgezeichneter Überblick über Kultur, Architektur, Volkskunst, Brauchtum und Lebensweise der Menschen im Gudbrandsdal und angrenzenden Regionen vor dem 19. Jh. geboten. Dieses Museum ist mit über 150 Gebäuden, schön möblierten Bauernstuben, Speicher und Scheunen, Stallungen und Werkstätten, Sennhütten, Berghöfe etc.das bedeutendste seiner Art in Norwegen, nur noch übertroffen vom Norwegischen Volksmuseum auf Bygdøy in Oslo.

Bei ausreichend zur Verfügung stehender Zeit besichtigt man darüberhinaus:

Das modern erweiterte **Kunstmuseum** am Marktplatz Stortorget mit einer Gemäldesammlung vor allem norwegischer Künstler *(geöffnet tgl. a Mo 11 - 16 Uhr)*, dann **das Norwegische Fahrzeugmuseum** am Lilletorget *(geöffnet Mo - Fr 11 - 15, Sommer bis 16 Uhr, Sa + So 11 - 16 Uhr)* sowie das **Norwegische Olympia Museum** *(geöfnet 1. Juni - 31. Aug. tgl. a. Mo 10 - 17 Uhr; 1. Sept. - 31. Mai tgl. a Mo 11 - 16 Uhr)* mit Ausstellungen über die Geschichte der Olympischen Spiele (Sommer- und Winterspiele) von 1896 bis heute. Eine spezielle Abteilung ist den Olympischen Spielen 1994 in Lillehammer gewidmet.

Gleich nebenan liegt die **Håkons-Halle** mit Platz für rund 10.000 Zuschauer, Lillehammers Olympiahalle und Konzert- und Mehrzweckhalle für Veranstaltungen aller Art.

Bemerkenswert ist schließlich noch das **Haus Bjerkebæk**, früherer Wohnsitz der Schriftstellerin (Frauenthemen) und Nobelpreisträgerin (1928) Sigrid Undset (1882 – 1949) in Lillehammer.

### Ausflüge ab Lillehammer

Zu den beliebtesten **Ausflügen** im Sommer wird eine Fahrt auf dem **See Mjøsa** mit dem **Veteranendampfer „Skibladner"** gezählt (www.skibladner.no).

Der 1856 in Dienst gestellte Schaufelraddampfer, von Einheimischen liebvoll auch „Der weiße Schwan des Mjøsa" genannt, bedient heute als Ausflugsboot die Strecke zwischen Lillehammer, Gjøvik, Hamar und Eidsvoll.

Der Mjøsa ist Norwegens größter See. Er ist gut 100 km lang und stellenweise bis 450 m tief. Und der mittlerweile über 150 Jahre alte „Skibladner" braucht heute wie früher für die Reise vom Süd- zum Nordende

**Lillehammer Turistkontor**, Postfach 44, Jernebanetorget 2 (Bahnhofsgebäude, 2609 Lillehammer, Tel. 61 28 98 00. Geöffnet Anf. Juni bis Mitte Aug. Mo. – Sa. 9 – 19, So. 11 –18 Uhr. Übrige Mo - Fr 9 - 16 Uhr, Sa 10 - 14 Uhr. www.lillehammerturist.no / www.lillehammer.de.

## HOTELS

**Birkebeineren Hotell/Motell**, 114 Betten, Birkebeinerveien 24, Olympia-parken, Tel. 61 26 47 00, Fax 61 26 47 50, Restaurant, Sauna.

**Breiseth First Hotell**, 205 Betten, Jernebanegt. 1 – 5, Tel. 61 24 77 77, Fax 61 26 95 05; Restaurant, Cafeteria, Sauna.

**Ersgaard Gjestehuset**, 40 Betten Nordseterveien 201, Tel. 61 25 06 84, Restaurant.

## CAMPING

**NAF-Camping Lillehammer** ***, Dampsagveien 47, Tel. 61 25 33 33, www.lillehammer-camping.no; Ausf. E6 Lillehammer Sentrum; Apr. - Sept.; modernisierte Anlage südlich des Ortes am Ostufer des Mjøsa; ca. 7 ha – 300 Stpl.; Standardausstattung, Laden, Imbiss, Motel.

**Camping Lillehammer Turistsenter** **** [N 61° 07' 36.4" E 10° 26' 26.0"], Sandheimsbakken 20, Tel. 61 25 97 10, www.motelcamp.no; Mai - Sept.; über E6 Ausf. Lillehammer Nord; breite Wiesenterrassen mit Birken, oberhalb der geräuschvollen E6, ca. 2,5 ha – 225 Stpl.; Standardausstattung. Laden, Fahrradverleih. **V & E** **für Wohnmobile**. Motel.

**Hunderfossen**

**NAF-Camping Hunderfossen** *** [N 61° 13' 09.7" E 10° 26' 18.4"], Hunderfossen, Tel. 61 27 73 00; www.hunderfossen-camping.no; 1. Jan. – 31. Dez.; zwischen Bahnlinie und dem Westufer des Flusses gelegen; ausgedehntes, ebenes Wiesengelände unterhalb des Hunderfossen Familieparks; ca. 10 ha – 300 Stpl., gute Standardausstattung. Restaurant, Imbiss, Fahrrad- und Bootsverleih, Schwimmbad, **V & E** **für Wohnmobile**; 61 Miethütten. Motel.

Campings südlich von Lillehammer

**NAF-Camping Brøttum** **, Tel. 62 36 02 75; 15. Mai – 15. Sept.; über die R213 ca. 13 km südl. Lillehammer, an der Ostseite des Mjøsa-Sees; ca. 1,5 ha – 70 Stpl.; Standardausstattung; 18 Miethütten **.

**Camping Samuelstuen** ***, Tel. 62 36 03 90; 1. Jan. – 31. Dez.; ca. 15 km südl. Lillehammer, über die R213; an der Ostseite des Mjøsa-Sees; zum See geneigte Wiesen; ca. 2 ha – 60 Stpl.; Standardausstattung; Laden, 19 Miethütten ** - ****.

**Camping Stranda** *** [N 61° 01' 19.4" E 10° 27' 15.1"], Biristrand, Tel. 61 18 46 72; Anf. Feb. – Ende Okt.; ca. 14 km südl. Lillehammer; langgestrecktes Wiesengelände zwischen Straße E6 und dem Westufer des Mjøsa-Sees; ca. 6 ha – 300 Stpl.; Standardausstattung; Laden, 25 Miethütten ** - ****.

des See zwei Tage. Wenig geändert hat sich auch auf der Speisekarte des Schiffsrestaurants. Noch heute werden nach alter Tradition Lachs, Gurkensalat und Erdbeeren mit Sahne serviert.

**ROUTE:** *Weiterreise von Lillehammer auf der E6 nordwärts, vorbei an* **Hunderfossen** *und über* Tretten *(Abzweig Richtung Gaustal zum* **Peer-Gynt-Weg** *[N 61° 18' 45.6" E 10° 18' 05.8"], teils steil und kurvenreich),* **Ringebu**

*mit seiner sehenswerten* **Stabkirche** *[N 61° 30' 30.6" E 10° 10' 23.0"] (9 - 17 Uhr) 1 km östlich des Ortes und weiter durch das weite* **Gudbrandsdal** *mit dem breiten Lågen-Fluss, an dessen grünen Talhängen weit verstreut Bauernhöfe liegen, von denen viele auf eine jahrhundertelange Tradition zurückblicken können.*

Auf einer Autoreise durch Norwegen wird man irgendwann die Leistungen, die das Land in den vergangen Jahrzehnten im Straßen- und Tunnelbau vollbracht hat, bewundern.

**Mein Tipp!** Wer sich dafür interessiert, sollte nicht versäumen, 15 km nördlich von Lillehammer bei **Hunderfossen**, das **Norwegische Straßenbaumuseum Vegemuseum** zu besichtigen [N 61° 13' 35.0" E 10° 25' 40.2"] *(geöffnet 18. Mai - 31. Aug. tgl. 10 - 18 Uhr; 1. Sept. - 17. Mai tgl. a. Mo 10 - 15 Uhr; www.vegmuseum.no).* Es gibt ein Innenmuseum und eine Freilichtabteilung (Maschinen, Werkzeuge, Museumstunnel).

Neben der Geschichte des Straßenbaus in Norwegen erzählt das Museum mit seinen Ausstellungen und Exponaten auch etwas über die Entwicklung der Motorisierung des Landes seit 1960. Erst seit 1960 ist es in Norwegen nämlich auch Privatpersonen möglich, ein Auto zu erwerben. Davor war das nur auf Antrag und nur bestimmten Berufsgruppen möglich.

Achten Sie im Museum besonders auf das schnittige, cremefarbene Coupé des „Trollautos". Es ist das einzige noch erhaltene Exemplar von insgesamt fünf in Lunde (Telemark) gebauten Autos, die Beginn und Ende der kurzen norwegischen Autoindustrie darstellen.

Außerdem kann man den ganz in der Nähe des Straßenbaumuseums auf der westlichen Seite des Flusses Losna gelegenen **Hunderfossen Familiepark** besuchen, mit Märchengrotte, Wachsfigurenkabinett, Fahrgeschäften, Shows und anderen Attraktionen für die ganze Familie; Restaurants, Cafeteria, Minigolf *(geöffnet 1. Juni - 31. Aug. tgl. 10 - 17 Uhr, im Juli bis 20 Uhr; www.hunderfossen.no).*

**Camping Hunderfossen** siehe bei Lillehammer.

### Umweg über den Peer-Gynt-Weg

Bei ausreichend zur Verfügung stehender Zeit lohnt der Umweg über den **Peer-Gynt-Weg**, eine mautpflichtige (Münzautomat, Kreditkarte), meist unbefestigte Erdstraße, die über das Ferien- und Wintersportgebiet Gåla/Wadahl führt. Von der Höhenstraße (bis 1.000 m) hat man bei klarem Wetter mitunter prächtige Ausblicke zum Rondanegebirge im Norden oder bis zum weit im Westen gelegenen Jotunheimengebirge.

Bei Vinstra trifft man wieder auf die E6.

### HAUPTROUTE

**ROUTE:** *E6 über* **Vinstra** *(Camping) und* **Kvam** *(Camping) bis* **Otta** *(ca. 30 km).*

**Otta**, eine Kleinstadt mit rund 2.500 Einwohnern im oberen Gudbrandsdal, liegt am Zusammenfluss des Otta- und des Lågen-

---

**PRAKTISCHE HINWEISE – OTTA**

**Otta Turistkontor,** am Bahnhof von Otta [N 61° 46' 18.8" E 9° 32' 11.6"].
**Sel Rondane Reiselivslag,** Otta Skysstasjon, Ola Dahlsgata 1, 2670 Otta, Tel. 61 23 66 50, Fax 61 23 09 60. Ganzjährig Mo. - Fr. 8.30 – 16 Uhr, Mitte Juni bis Ende Aug. tgl. bis 19 Uhr; www.sel-rondane.no; www.hovringen.no.

**HOTELS**

**Grand Gjestegård,** 20 Zi., Tel. 61 23 12 00, Restaurant.
**Norlandia Otta Hotell,** 85 Zi., Tel. 61 23 00 33, Fax 61 23 15 24; Restaurant, Sauna.

**CAMPING**

**Otta Camping og Motel** *** [N 61° 46' 17" E 9° 30' 45"], Ottadalen 580, Tel. 61 23 03 09; www.ottacamping.no; 1. Mai – 15. Okt.; westl. Otta, im Zentrum Abzweig bei der ESSO-Tankstelle (nicht über R15!); zum Südufer des Ottaflusses geneigte Wiesen; ca. 1,5 ha – 80 Stpl.; Standardausstattung; Laden; 12 Miethütten. Fremdenzimmer. Motel.
**Camping Otta Turistsenter** *** [61° 47' 39" E 9° 33' 8"], Ulvoldsveien 1, Tel. 61 23 03 23; www.ulvolden.com; 1. Jan. – 31. Dez.; weitläufiges, ebenes Wiesengelände unterhalb eines bewaldeten Hanges; ca. 5 ha – 110 Stpl.; Standardausstatung; Laden, Cafeteria, **V & E** **für Wohnmobile.** Fahrrad- u. Bootsverleih. 4 Miethütten plus Motel. WLAN-Hotspot.

flusses. Wichtige Erwerbszweige sind Holz-, Schiefer- und Milchverarbeitung. „Otta" ist eine altnorwegische Bezeichnung für „der Bedrohliche", womit hier wohl der Ottafluss gemeint war.

Ab Otta bietet sich die Möglichkeit zu einem Abstecher nach Lom (sehenswerte Stabkirche, siehe Tour 16) und weiter ins Sognefjell/Jotunheimen.

### Abstecher ins Rondanegebirge

Otta ist ein guter Ausgangspunkt für Touren in das **Rondanegebirge** (Nationalpark, ausgezeichnetes Wandergebiet) nordöstlich von Otta.

Mit dem Auto kann man ab Otta über die Rondanestraße, eine steile, gut befahrbare Serpentinenstraße, bis hinauf zur **Mysuseter** (13 km, mehrere Berghotels und Gasthöfe) fahren.

Die Asphaltstraße endet an einer Weggabelung. Mautpflichtige Straßen führen von hier nach Furusjøn (4 km), nach Vålåsjøsæter (7 km) und auf unbefestigter Erdstraße nach **Spranget** (4, 5 km). In Spranget **[N 61° 50' 06.7"  E 9° 43' 53.4"]** starten vom Parkplatz am Ende der Straße in 1.086 m Höhe Wanderwege (Hütten) durch den rund 570 qkm großen **Rondane Nationalpark,** Norwegens ersten Nationalpark.

In Mysuseter beginnt der Wanderweg zur Berghütte **Peer Gynt Hytta**. Sie liegt gut zweieinhalb Stunden nordwestlich von Mysuseter, etwa auf halbem Wege nach Høvringen.

**ROUTE:** *Weiterreise von Otta auf der E6 nordwärts über* **Nord-Sel, Dovreskogen** *und* **Dovre** *bis* **Dombås** *(46 km).*

Die alten Höfe **Laurgård** und **Romundgård** bei **Nord-Sel**, westlich der E6 an der Vågårustistraße gelegen, spielen im **Roman „Kristin Lavransdatter"** der norwegischen Schriftstellerin Sigrid Undset (1882 – 1949, 1928 Literaturnobelpreis) eine Rolle. Einer der Hintergründe des Romans ist der Gesellschaftskonflikt zwischen Christentum und heidnischen Weltanschauungen im 14. Jh.

**Sel [N 61° 50' 55.1"   E 9° 25' 53.9"]** und die Höfe Jørundgård, Laurgård, Romundgård, aber auch die Almen von Høvringen und Vågårusti sind die mittelalterlichen Handlungsorte des Romans, der in nicht weniger als 70 Sprachen übersetzt worden ist.

Anlässlich der 100-Jahr Jubiläumsfeier für Sigrid Undset wurde 1982 vor der Kirche von Nord-Sel ein **Denkmal für Kristin Lavranstochter**, die Romanheldin, enthüllt.

Kurz vor der Kirche von Nord-Sel zweigt die Zufahrt zum ganz in der Nähe gelegenen **Jørundgård Mittelalterzentrum** ab (geöffnet tgl. Jun.-Aug.). Dieses Freilichtmuseum mit diversen Holzgebäuden eines rekonstruierten alten Gehöfts samt Stabkirche, wurde 1994 anlässlich der Verfilmung des Undset-Romans „Der Kranz" errichtet.

### Weiterer Abstecher ins Rondanegebirge

Rund 20 km südlich von Dovre zweigt von der E6 nach Nordosten eine Serpentinenstraße bergwärts ins ca. 8 km entfernte **Høvringen** ab, eine Hochalmsiedlung in der herrlichen Natur der Rondane-Berge und viel besuchtes Wander- und Skigebiet ( Berghotels jeden Komforts).

Høvringen ist **Ausgangspunkt für Touren** ins Rondane-Gebiet. Man hat die Wahl zwischen kurzen Strecken in leichtem Gelände (z. B. zur Hütte **Smukksjøseter**, Gehzeit gut eineinhalb Stunden einfach und weiter zur **Peer Gynt Hytta**, Gehzeit nochmals gut eine Stunde einfach) und anspruchsvollen, auch mehrtägigen Touren zu den über 2.000 m hohen Gipfeln, z. B. zur 1.173 m hoch und

*Kristin Lavranstochter Denkmal vor der Kirche von Nord-Sel*

### CAMPING

**Dovreskogen**

**Camping Dovreskogen ** [N 61° 55' 39.0"  E 9° 18' 51.8"],** Tel. 61 24 08 43; 15. Mai – 20. Sept.; nördlich des Ortes; ebene Wiese jenseits der E6 am Ostufer des Lågenflusses; 0,7 ha – 20 Stpl.; Standardausstattung; 11 Miethütten.

**Rast- und Picknicktplatz [N 61° 54' 43.6"  E 9° 21' 34.3"]** an der E6, 2 km südl. von Dovreskogen; Statoil-Tankstelle, **V & E Station**, WC.

**Dovre**

**Camping Toftemo Turiststasjon *** [N 61° 59' 58.0"  E 9° 13' 20.9"],** Tel. 61 24 00 45; 1. Jan. – 31. Dez.; ca. 2 km nördl. von **Dovre**, weitläufiges Wiesengelände mit lichtem Föhrenwald, hinter dem Gasthof Toftemo, zwischen E6 und Lågen-Fluss; ca. 3 ha – 150 Stpl.; Komfortausstattung; Laden, Imbiss; Schwimmbad; 21 Miethütten. **Motel** mit einladendem **Restaurant**.

mitten im Rondane Nationalpark gelegenen **Rondvassbu Hütte** (128 Betten).

Sehenswert auf dem Weg über die E6 nach Dombås ist ca. 15 km südöstlich von Dovre die tiefe **Rosti Schlucht** mit Wasserfällen, unterhalb der Straßentrasse.

Kurz vor **Dovre** liegt an der alten Königsstraße, die etwas östlich oberhalb parallel zur heutigen E6 verläuft (Abzweig in der Nähe der Kirche von Dovre), der **Gammel Kongsgård Tofte**. Dieses historische Anwesen, ein großes, altes Gehöft dessen ältesten Gebäude aus dem späten 17 .Jh. stammen, war über Jahrhunderte die traditionelle Residenz der norwegischen Könige auf ihren Reisen in nördliche und westliche Landesteile war.

Wenige Kilometer südlich von Dombås zweigt bei **Vårkinn** der alte **„Kongenveien"** nach Norden ab. Der „Königsweg" führt über den 1.338 m hohen *Hardbakken* nach **Fokstua** an der E6 und ist heute ein beliebter Wanderweg. Reine Gehzeit gut drei Stunden für eine Wegstrecke.

**Dombås [N 62° 04' 30.4"  E 9° 07' 36.8"]** ist ein wichtiger Verkehrsknotenpunkt der Bahn- und Straßenverbindungen nach Nord- und Westnorwegen sowie ein lebhaftes Geschäftszentrum mit Hotels, Supermärkten, einer zumindest in der Nebensaison nur sporadisch geöffneten Touristeninformation (s. u.) und Campingplätzen.

Dombås, wo sich auch das Trainingszentrum des nationalen Sportverbandes befindet, ist zudem ein wichtiges Versorgungszentrum für die Dovrefjell-Region (Wandergebiet, Nationalpark) nördlich der Stadt.

**ROUTE:** *Weiterreise ab Dombås auf der E6 nordwärts.* **Siehe Touren 17 und folgende.**

**PRAKTISCHE HINWEISE – DOMBÅS**

**Dombås Turistkontor**, Info-Nor, Dombås sentrum, 2660 Dombås, Tel. 61 24 14 44; www.dovrenett.no.

### HOTELS

**Dombås Hotell**, 76 Zi., Tel. 61 24 10 01, Fax 62 24 14 61, Haus mit langer Tradition, Restaurant, Sauna, Parkplatz.
**Norlandia Dovrefjell Hotell**, 89 Zi., Tel. 61 24 10 05, Fax 61 24 15 05, komfortables, etwas außerhalb gelegenes Haus, Restaurant, Sauna, Schwimmbad, Parkplatz.

### CAMPING

**Bjørkhol Camping ***, Tel. 61 24 13 31; www.bjorkhol.no; 1. Mai – 1. Sept.; ca. 6 km südl. Dombås. Wiese an der E6 nahe dem Lågenfluss; ca. 2 ha – 30 Stpl.; Standardausstattung; Laden, **V & E für Wohnmobile**. 20 Miethütten.

## DIE SCHÖNSTE TOUR ZUM NORDKAP
*(siehe auch Tourenkarte Seite 108)*

### OSLO – KRISTIANSAND

**Länge dieser Tour:** Rund 340 km, ohne Abstecher.

**Die Route:** Straße E18 über **Drammen, Larvik, Porsgrunn, Arendal, Grimstad** und **Lillesand** bis **Kristiansand**.

**Reisedauer:** Mindestens ein Tag.

**Reisehöhepunkte:** Die Hafenstädtchen **Risør \*\*, Tvedestrand \*\*, Arendal \*\*, Grimstad** und **Brekkestö \*\*** – die **Fels- und Schärenküste \*\*** bei **Risør** und nördlich von Kristiansand bei **Høvåg**.

### Abkürzende Alternativroute

Alternativ zur Hauptroute, die über die E18 nach Kristiansand führt, kann man den Reiseweg durch Südnorwegen erheblich abkürzen, wenn man sich gleich südwestlich von Oslo ab **Drammen** der Straße E134 bedient. Man folgt ihr über **Hokksund, Kongsberg, Notodden (Heddal Stabkirche)** und **Seljord** quer durch die Telemark über **Åmot** bis **Haukeligrend**.

Ab Haukeligrend schließlich folgt man mit **Tour 12 (Haukeligrend – Bergen)** wieder unserer Hauptroute.

### HAUPTROUTE

*ROUTE: Wir verlassen Oslo über die E18 in südwestlicher Richtung. Nach 41 km erreicht man Drammen.*

**Drammen** ist die Verwaltungshauptstadt der *Provinz Buskerud*. Die Stadt am Ende des Drammenfjords kann zwar auf über 4.000 Jahre alte Siedlungsspuren verweisen, zu einem lebhaften Hafenort entwickelte sich Drammen aber erst Anfang des 17. Jh.

Heute ist Drammen eine wichtige Industrie- und Hafenstadt und der fünftgrößte Industriestandort des Landes mit rund 60.000 Einwohnern. Wirtschaftsschwerpunkte sind neben dem Hafenbetrieb vor allem Metall- und Papierindustrie.

Von touristischem Interesse ist die sog. **Spiralstraße** (mautpflichtig), die am Westrand der Stadt von der E134 auf den Berg Bragernes führt.

Dieses Unikum von Straße ist dem Bemühen, Landschaft zu schützen, zu verdanken.

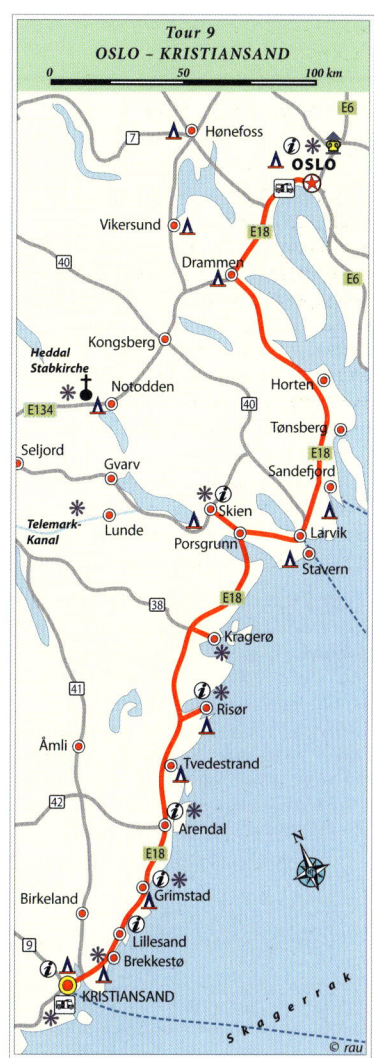

*Tour 9*
*OSLO – KRISTIANSAND*

### PRAKTISCHE HINWEISE – DRAMMEN

**Drammen Kommune Touristeninformation**, Bragernes torg 7, 3008 Drammen, Tel. 32 80 62 10.
**Buskerud Opplevelser,** Dronninggt. 15, 3019 Drammen, Tel. 32 21 93 86, Fax 32 21 93 51. Internet: www.buskerud.com

### HOTELS

**Rica Park**, 190 Betten, Gamle Kirkepl. 3, Tel. 32 83 82 80, Fax 32 89 32 07, Restaurant, Parkmöglichkeit.
**Tollboden Home**, 127 Betten, Tollbugt. 43, Tel. 32 89 10 90, Fax 32 89 11 35, Restaurant, Sauna, Garage.

### CAMPING

**NAF-Camping Drammen** \*\*\* **[N 59° 45' 3" E 10° 8' 4"]**, Buskerudvej 97, Tel. 32 82 17 98; 1. Mai – Mitte Sept., Zufahrt von der E134 beschildert, ca. 4 km westl. der Stadt am Fluss Drammenselva; städtischer Platz; ca. 4 ha – 140 Stpl.; Kiosk; 20 Miethütten; Standardausstattung.

Anstatt einen Steinbruch an der Bergflanke anzulegen, der nicht nur das Landschaftsbild, sondern auch das Stadtpanorama beeinträchtigt hätte, holte man den Stein aus dem Berg. So entstand von 1953 an im Laufe von etwa 10 Jahren ein 1.650 m langer, spiralenförmiger Tunnel, der in sechs Kehren auf die Bergspitze zum **Aussichtspunkt Bragernes** führt. Oben bietet sich eine herrliche Aussicht.

Außerdem sehenswert in Drammen sind das **Freilichtmuseum** mit alten Gehöften aus der Region und die **Kirche** von 1667 im Stadtteil Strømsø.

An der **Raststätte Drammen [N 59° 46' 20.6" E 10° 16' 04.7"]** (E18 Drammen – Horten) findet man eine V & E Station für Wohnmobile.

*ROUTE: Ab Drammen über die E18 südwärts. Nach etwa 40 km passiert man bei Kopstad den Abzweig nach* Horten *[N 59° 25' 03.1" E 10° 29' 02.3"]. Im weiteren Verlauf der E18 nach Süden folgen die Ausfahrten nach* Tønsberg *(Womo-Stellplatz),* Sandefjord *(Womo-Stellplatz am Hafen; Hotels, Walfangmuseum),* Larvik *(Hotels, Fährhafen, Industriestadt, Mineralquellen, Stadt- und Seefahrtmuseum) und* Porsgrunn.

*Wenn genügend Zeit zur Verfügung steht, sollte man zwischen Horten und Larvik die küstennahen Straßen 311 und 303 wählen. Sie führen näher an reizvollen Bade- und Hafenstädtchen wie Åsgårdstrand (Edvard Munchs ehemaliges Sommerhaus) [N 59° 21' 08.5" E 10° 28' 01.9"] vorbei. Allerdings erfordert diese Strecke im Sommer viel Zeit und Geduld wegen hohem Verkehrsaufkommens in dieser Region.*

**Tønsberg [N 59° 16' 22.7" E 10° 26' 27.1"]**, der Hauptverwaltungsort der **Provinz Vestfold** mit fast 10.000 Einwohnern. Die im 9. Jh. gegründete Stadt gilt als die älteste Gemeinde in Norwegen.

Auch wenn Tønsberg heute nicht mehr wichtigster Handelshafen des Landes ist, sind Handel und seit dem späten 19. Jh. verstärkt auch Stahl- und Schiffsbauindustrie die maßgeblichen Wirtschaftszweige der Stadt. Der Walfang hingegen, dem Tønsberg nach seinem Niedergang im 16. Jh. 300 Jahre später seinen neuen Aufschwung mit verdankt, spielt heute keine Rolle mehr.

Die lange Tradition der Handelsseefahrt und des Walfangs lebt in Tønsberg nur noch im **Vestfold Landesmuseum** weiter. Dem Museum ist eine Freilichtabteilung angeschlossen.

Nur wenige Kilometer nördlich von Tønsberg liegt **Oseberg**. Dort wurde das Osebergschiff, eines der schönsten bisher wiederentdeckten Wikingerschiffe, 1904 ausgegraben. Es steht heute im Wikingerschiffe-Museum auf Bygdøy/Oslo.

An der Küste zwischen Sandefjord und Larvik gelten **Kjerringvik** und **Ula** als gute Badeorte mit Strand. Weitere **Badestrände** und **Campingplätze** findet man zwischen **Stavern** und **Helgeroa**.

Sehenswert zwischen Nevlunghavn und Helgeroa sind die **„Gravrøyser"**, Gräber aus der Bronzezeit bei Mølen.

#### Abstecher nach Skien

Nur unweit nördlich von Porsgrunn liegt die Stadt **Skien [N 59° 12' 33.2" E 9° 36'**

### CAMPING ZWISCHEN STAVERN UND HELGEROA

Viele der Campingplätze an der gesamten Küste bis Kristiansand und weiter bis Egersund oder Ogna, sind stark mit Dauercampern belegt!

**Stavern**

**Camping Rakke ***,** Rakkeveien 101, Tel. 33 19 92 82; 1. Jan. – 31. Dez.; ca. 2 km südl. Stavern; Wiesengelände mit Baumbestand am Meer mit Badegelegenheit; ca. 5 ha – 300 Stpl.; Standardausstattung; Laden, Imbiss; 39 Miethütten.

**Camping Kjærstranda ***** (Mai – Aug.), **Camping Anvikstranda ***** (Mai – Aug.) und **Camping Stolpestad ***** (Mai – Sept.) liegen ca. 7 km südwestl. von Stavern an einer Bucht. Wegen ihrer guten Bademöglichkeiten werden diese Plätze stark frequentiert!

**Nevlunghavn**

**Camping Oddane Sand ***,** Tel. 33 18 82 70; Anf. Apr – Ende Sept.; ca. 13 km südwestl. von Stavern; Wiesengelände am Meer mit Badegelegenheit; ca. 12 ha – 500 Stpl.; Laden, Imbiss; 20 Miethütten.

**Helgeroa**

**Camping Blokkebukta ***,** Tel. 33 18 80 94; Ende Mai – Ende Aug.; ca. 11 km westl. von Stavern; Wiesengelände mit Baumbestand am Meer mit Badegelegenheit; ca. 5 ha – 300 Stpl.; Standardausstattung; Laden, Imbiss; Miethütten.

26.1"], Ausgangspunkt der Telemarkkanalschifffahrt. Skien entstand im 12. Jh. als Handelsplatz in der Nähe eines Klosters auf der Insel Gimsøy.

Zu den Sehenswürdigkeiten zählen das Regionalmuseum **„Fylkesmuseum for Telemark og Grenland"** im Brekkepark **[N 59° 12′ 31.9″ E 9° 36′ 53.1″]**. Zu besichtigen sind das Herrenhaus *Söndre Brekke* aus dem 18. Jh., mit kulturhistorischen Sammlungen, des weiteren ein Arbeitszimmer, ein Schlafzimmer und ein Salon, die *Henrik Ibsen* bewohnte.

Rund 5 km nördlich der Stadt liegt **Venstøp**, das Elternhaus des Dramatikers *Henrik Ibsen*, einem der bedeutendsten, sicher aber bekanntesten Söhne der Stadt Skien. Ibsen wurde in Skien 1828 geboren und verbrachte acht Jahre seiner Kindheit (1835 – 1843) in Venstøp, bevor er nach Grimstad ging (siehe dort).

**ROUTE:** *Auf der Weiterfahrt über die streckenweise mautpflichtige E18 Richtung Kristiansand lohnen Abstecher an die Küste, z. B. nach* **Risør**.

*In Risør*

**Risør [N 58° 43' 14.0"  E 9° 14' 03.2"]** mit seinem reizvollen Hafen und den gepflegten alten Patrizierhäusern zählt zweifellos zu den einladendsten Küstenstädtchen in Sørland.

Sehenswert ist neben dem Stadtkern mit seinen strahlend weißen Häusern, die **Heilig-Geist-Kirche** aus dem 17. Jh. mit barocker Innenausstattung.

**Tvedestrand [N 58° 37' 28.5"  E 8° 55' 37.2"]** ist ein weiteres dieser anziehenden kleinen Sørlandstädtchen. Es liegt an einem steilen Hang oberhalb seines reizvollen Hafens, was eine recht winkelige Straßen- und Gassenführung bedingt. Das wiederum macht den Ort an manchen Ecken noch malerischer und führte zu kuriosen Hausformen, wie z. B. dem „Bügeleisenhaus" (Strykejernet). Es wird als „schmälstes Haus Norwegens" bezeichnet. Sehenswert ist auch das Rathaus. Zumindest bei längerem Aufenthalt lohnt eine Bootsfahrt durch die Schären und Inseln mit dem Ausflugsschiff „Søgne"

**Arendal [N 58° 27' 43.8"  E 8° 45' 03.0"]**, ca. 40.000 Einwohner, ist die Hauptstadt der *Provinz Aust-Agder*. Als die Stadt vor rund 350 Jahren als Hafen für die damals rasch expandierende Segelschiffahrt gegründet wurde, erstreckte sie sich über mehrere Inseln. Im Lauf der Jahre wurden die Kanäle zwischen den Inseln zugeschüttet und durch Straßen ersetzt. Die lange Seefahrertradition von Arendal wird in der renommierten Seemannsschule, eine der größten des Landes, fortgesetzt.

Recht idyllisch wirken die Straßenzüge im **alten Stadtviertel Tyholmen** noch heute. Das Viertel liegt westlich vom zentralen Bootshafen „Pollen", hinter der **Dreifaltigkeitskirche** (Trefoldighetskirke) aus dem Jahre 1888. Die Kirche. ein neugotischer Backsteinbau, fällt durch ihren 86 m hohen Turm auf.

Am Südrand von Tyholmen liegt an der Uferpromenade das **Rathaus** aus dem frühen 19. Jh. Es wird als der zweitgrößte Holzbau des Landes bezeichnet.

**Info Sør** für Risør und Tvedestrand, 4993 Sundbru, Tel. , 72 41 11 65, 37 15 85 60; www.risor.no.

### HOTELS

**Risør**
**Risør Hotel**, 60 Betten, Tangengt. 16, Tel. 37 15 07 00, Fax 37 15 20 93, einladendes **Restaurant „Inger Johanne"**, Parkmöglichkeit. — u. a.

**Tvedestrand**
**Tvedestrand Hotell**, 32 Betten, Brygga, Tel. 37 16 26 55, Restaurant, Parkmöglichkeit.

### CAMPING

**Risør – Moen/Akland**
**Camping Moen \*\*\***, Tel. 37 15 50 91; 1. Apr. – 31. Okt.; ca. 12 km westl. Risør, in Moen an der Straße 416; ca. 1,5 ha – 60 Stpl.; Standardausstattung, 3 Miethütten.

**Sandnes**
**Camping Sørlandet Feriesenter \*\*\*\* [N 58° 41' 28.0"  E 9° 09' 47.4"]**, Tel. 37 15 40 80, www.sorlandet-feriesenter.no; 15. Apr. – 15. Okt.; südl. von Risør am Südufer des Sandnesfjord, ab Båssvika über die R411 südwärts bis Laget und ostwärts ca. 6 km; abseits, dafür schön gelegenes, gestuftes, von Felsen durchsetztes Wiesengelände in waldreicher Umgebung oberhalb des Fjords, mit Sandstrand und Felsküste; ca. 7 ha – 250 Stpl.; einfache Standardausstattung; Laden, Imbiss; 21 einladende Miethütten; kleiner Bootshafen.

**Tvedestrand**
**Camping Holt \*\*\***, Tel. 37 15 56 00; 1. Juni – 31. Aug.; ca. 5 km südwestl. von Tvedestrand, an der E18 bei Holt; ca. 2,5 ha – 100 Stpl.; Standardausstattung; 15 Miethütten.

**Arendals og Sørlands Turistkontoret,** Frihomsgata 1, 4801 Arendal, Tel. 37 00 55 44, Fax 37 02 52 12.
**Aust-Agder Reiselivsråd, Fylkeshuset**, 4800 Arendal, Tel. 37 01 73 76, Fax 37 01 73 65; www.sydnorge.no

### RESTAURANTS

**Madame Reiersen**, Nedre Tyholmsvei 3, Tel. 37 02 19 00, bei schönem Sommerwetter sitzt man auf der Terrasse am Hafen besonders schön; teuer; Sonntags geschlossen.
**Restaurant 1711**, Nedre Tyholmensvei 9, Tel. 37 02 45 55, gemütliches „Wohnstuben"-Ambiente; teuer; Sonntags geschlossen.

### HOTELS

**E 18 Motorhotell,** 68 Betten, Harebakken, Tel. 37 03 62 00, verkehrsgünstig an der Ausfahrt der E18 gelegen, Cafeteria, Sauna, Parkplatz.
**Inter Nor Tyholmen Hotel,** 120 Betten, Teaterplassen 2, Tel. 37 02 68 00, Fax 37 02 68 01, gepflegtes, komfortables Haus, schön am Fjord gelegen, Nähe Bootsanleger, renommiertes, aber teures **Restaurant „Bryggekanten",** Sauna, Fahrradverleih, Garage.
**Phønix Arendal,** 155 Betten, Friergangen 1, Tel. 37 02 51 60, Fax 37 02 67 07, Restaurant, Sauna, Fahrradverleih, Garage.

### CAMPING

**Nidelv Brygge og Camping *** [N 58° 25' 37.9"  E 8° 43' 47.4"],** Vesterveien 251, Tel. 37 02 94 25; 1. Mai – 15. Sept.; ca. 5 km südwestl. Arendal an der R420 in Hisøy; ca. 2 ha – 100 Stpl.; Standardausstattung; Laden, Imbiss; 12 Miethütten.

Zu den Sehenswürdigkeiten der Stadt zählt auch das **Aust-Agder Museum**. Es liegt nördlich der Stadt an der Ausfallstraße zur E18. Zu sehen sind kulturhistorische Sammlungen zur Geschichte der Stadt und der Region sowie eine Seefahrtabteilung.

Die Schönheit der Schärenküste offenbart sich erst richtig auf einer Bootsfahrt. Ab Arendal bieten sich mehrere Möglichkeiten dazu. Im Sommer verkehrt ab Hafen Pollen, die „Pelle Pan" regelmäßig rund um die **Insel Hisøy**. Und mit einer Fähre gelangt man zu den **Inseln Merdø** (**Merdøgård Museum**, altes Schifferhaus aus dem 18. Jh., 23.6. – 15.8. tgl. 12 - 18 Uhr geöffnet) und **Hove**.

Montags, mittwochs und freitags (Tage und Uhrzeit können sich ändern) legt die „MS Søgne" um 12.30 Uhr ab zu einer dreieinhalbstündigen Fahrt durch die herrlichen Sørlandsschären nach **Lyngør/Gjeving**. Rückfahrt gewöhnlich mit Bussen.

**Grimstad [N 58° 20' 25.6"  E 8° 35' 36.3"]** (ca. 15.000 Einwohner), eine alte Handelsstadt, weist, wie viele andere Orte an der Sørlandsküste einige hübsche Straßenzüge im Stadtkern auf. Viele der herrschaftlichen

Bürgerhäuser stammen aus dem Anfang des 19. Jh., als Grimstad Sitz reicher Schiffseigner, Werft- und Reedereibesitzer war.

Besonderer Erwähnung bedürfte Grimstad nicht unbedingt, hätte nicht **Henrik Ibsen** seine Jugendjahre in der Stadt verbracht. Ibsen (1828 – 1906), der große norwegische Dichter und Dramatiker, war einige Jahre lang Lehrgehilfe in der alten Stadtapotheke. Dort schrieb er auch sein erstes Drama „Catalina".

Später war Ibsen als Theaterdirektor tätig und lebte danach mehr als zwanzig Jahre in Italien und Deutschland, bevor er nach Norwegen zurückkehrte. Einige seiner gesellschaftskritischen Werke, mit denen Henrik Ibsen Weltgeltung als Dramatiker errang, waren „Peer Gynt", „Nora oder ein Puppenheim", „Hedda Gabler", „Gespenster" u. a.

Im **Stadtmuseum** von Grimstad ist heute die Apotheke eingerichtet, in der Ibsen einst lernte. Außerdem ist hier sein Wohn- und Arbeitszimmer zu sehen. Angeschlossen sind landeskundliche Sammlungen.

Nördlich von Grimstad liegt bei **Vik** die mittelalterliche **Kirche von Fjære** mit dem

**PRAKTISCHE HINWEISE – GRIMSTAD UND LILLESAND**

**Grimstad Turistkontor,** Smith Petersenssgt., 4890 Grimstad, Tel. 37 04 40 41.

**Lillesand Touristkontor,** Strandgate, 4790 Lillesand, Tel. 37 27 15 00, 37 27 23 77.

**HOTELS**

**Grimstad**

**Helmershus Hotell**, 58 Betten, Vesterled 23, Tel. 37 04 10 22, Fax 37 04 11 03, Restaurant, Sauna, Solarium, Parkplatz.

**Lillesand**

**Norge Hotel**, 45 Betten, Strandgt. 3, Tel. 37 27 01 44, Fax 37 27 30 70, Restaurant, Parkplatz.

**CAMPING**

**Grimstad**

**NAF-Camping Bie ****,** Arendalsveien 87, Tel. 37 04 03 96, www.bieapart.no; Anf. Jan. – Ende Dez.; an der E18, knapp 2 km nordöstl. Grimstad; ca. 1 ha – 75 Stpl.; Standardausstattung; 29 Miethütten *** - ****.

**KNA-Camping Marivold ****,** Tel. 37 04 46 23, www.marivold.no; 15. Apr. - 30. Sept.; ca. 4 km südl. von **Vik**; Wiesengelände an waldreicher Felsküste, abgeschieden, in sehr reizvoller Lage, gute Badegelegenheit; ca. 7 ha – 300 Stpl.; Standardausstattung; Laden, Imbiss; 5 Miethütten ***.

**Familiecamping Moysand ***,** Tel. 37 04 02 09; Mitte Juni – Mitte Aug.; ca. 6 km nordöstl. Grimstad, über R420; weitläufiges Wiesengelände zwischen teils dichtem Baumbestand, an der Küste mit guter Badegelegenheit; ca. 10 ha – 200 Stpl.; Standardausstattung; Laden, Imbiss. 2 Miethütten.

**Lillesand**

**NAF-Camping Tingsaker **** [N 58° 15′ 42.2″ E 8° 23′ 35.3″],** Tel. 37 27 04 21; 1. Mai – 1. Sept.; östl. vom Zentrum Lillesand an der Schärenküste mit Bademöglichkeit; ca. 2,5 ha – 150 Stpl.; Standardausstattung; Laden; 16 Miethütten.

**Homborsund**

**Camping Breivik **,** Tel. 37 24 64 06; Anf. Mai – Ende Aug.; ca. 12 km nordöstl. von Lillesand, ab E18 **[N 58° 17′ 18.1″ E 8° 29′ 31.3″]** noch ca. 4 km teils unbefestigt; zwei gestufte Wiesen, teils mit Baumbestand, teils mit Felsen, in schöner, abgeschiedener Lage an einer Fels- und Sandbucht, gute Bademöglichkeit; ca. 5 ha – 200 Stpl.; einfache Standardausstattung; Laden, Imbiss.

**Høvag**

**Skottevik Ferie Senter **** [N 58° 07′ 32.9″ E 8° 13′ 48.2″],** Tel. 37 26 90 30; www.skottevik.no; 1. Jan. - 31. Dez.; Zufahrt von E18 ca. 2 km westlich von Høvag auf die Straße 401; weitläufigs Gelände zwischen Wald und hohen Felsriegeln in Meeresnähe. Für Touristen mehrere ebene, durch hohe Hecken unterteilte Wiesenstreifen. Boden nach Regen stellenweise tiefgründig. Zahlreiche Dauercamper; ca. 20 ha – 150 Stpl.; gute Standardausstattung; Schwimmbad, Cafeteria (in Saison), Supermarkt, Restaurant mit Terrasse am Bootsanleger 300 m entfernt; 37 Hütten. **V & E für Wohnmobile.**

obeliskartigen *Terje Vigens Bautastein*, sowie bronzezeitliche Gräber.

**ROUTE:** *Weiterfahrt von Grimstad über die E18 nach Südwesten.*

In **Nørholm** kann der ehemalige Wohnsitz des Schriftstellers und Literaturnobel-preisträgers (1918) **Knut Hamsun** besichtigt werden. Im Haus ist heute ein Museum eingerichtet, das vor allem Erinnerungsgegenstände an Hamsun, aber auch Gemälde, alte Möbel etc. zeigt.

Die E18 umgeht **Lillesand**, eine kleine, hübsch gelegene Hafenstadt mit einigen reizvollen alten **Bürgerhäusern**. Lillesand ist dafür bekannt, dass es seine Industrie „versteckt". Gemeint ist, dass kleine Betriebe ihre Fabrikationsstätten äußerlich dem alten Baustil angleichen und somit das Stadtbild nicht stören. Im Carl-Knudsen-Haus aus dem 19. Jh. ist heute das **Stadtmuseum** eingerichtet.

Eine bezaubernd schöne, abgeschiedene Küstenszenerie erlebt man in dem kleinen Hafenort **Brekkestö**. Man zweigt dazu in Sangereid von der E18 nach Süden ab und erreicht nach knapp 8 km den Ort mit seinen idyllischen Seemannshäusern.

Brekkestö hatte seine große Zeit im 19. Jh., als die geschützten Gewässer hier als Winterhafen für einen Teil der norwegischen Kauffahrtseglerflotte diente.

Auf den letzten 25 km über die E18 bis Kristiansand – landschaftlich reizvoller, aber auch länger ist der südliche Umweg über die R401 – passiert man Norwegens größten Tier- und Freizeitpark **Dyreparken** und kommt dann über die 620 m lange Hängebrücke *Varoddbrua* in das Stadtgebiet von Kristiansand. 30 m über dem Wasser überquert die Fahrbahn den Topdalsfjord, der hier die Grenze zwischen den *Provinzen Aust-Agder* und *Vest-Agder* bildet.

**Kristiansand [N 58° 09' 41.6"  E 8° 01' 12.1"]** (ca. 78.000 Einw.), Hauptstadt der Provinz Vest-Agder, ist Norwegens fünftgrößte Stadt. Kristiansands Fährhafen ist einer der bedeutendsten im Süden des Landes.

Die Zufahrtsstraßen nach Kristiansand sind mautpflichtig.

Gegründet wurde Kristiansand 1641 vom dänisch-norwegischen König Christian IV. an der Mündung des Otra-Flusses. Es sollte eine Festungsstadt zum Schutz der südnorwegischen Küste werden. Ihre große wirtschaftliche Blütezeit erlebte die Stadt im 19. Jh. durch die Aktivitäten ihrer bedeutenden Segelschiffflotte.

Heute ist Kristiansand eine Handels- und Industriestadt von Bedeutung für ganz Südnorwegen (Metallverarbeitung, Schiffsbau).

Auffallend am Stadtbild ist die schachbrettartige Anlage der Straßenzüge im alten Stadtzentrum. Hier, in den sog. **Kvadraturen** mit ihren belebten Geschäftsstraßen, sind nur noch wenige der für die Sörlandküstenstädte so typischen Holzhäuser erhalten. Die meisten wurden bei einem großen Stadtbrand vor gut hundert Jahren ein Raub der Flammen.

Überragt wird das alte Stadtzentrum vom Turm der **Domkirche** am Markt, die nach dem großen Stadtbrand 1885 neu errichtet wurde.

Die **Festung Christiansholm** liegt am Osthafen. Sie wurde 1674 von König Frederik III. von Dänemark angelegt.

Bei längerem Aufenthalt lohnen Besuche der **Kirche von Oddernes**, mit Barockkanzel von 1704 und Runenstein, die ihren Ursprung im 11. Jh. hat, sowie des **Vest-Agder-Fylkemuseums** *(geöffnet Juni - Aug. Mo - Sa 10 - 18 Uhr, So 12 - 15 Uhr)*. Im Bezirksmuseum für Vest-Agder sind insgesamt 28 alte Gebäude zu sehen, darunter Bauernhöfe aus Vest-Agder, aus dem Setesdal und aus Kristiansand, sowie Möbel, Trachten, Kostüme und Gebrauchsgegenstände aus dem bäuerlichen und dem städtischen Alltag im 18. und 19. Jh. Sehenswert auch der Straßenzug mit alten Häusern aus dem Kvadraturen-Viertel im Zentrum von Kristiansand.

Beide Sehenswürdigkeiten, Kirche und Freilichtmuseum, liegen nordöstlich des

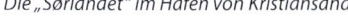

*Die „Sörlandet" im Hafen von Kristiansand*

Stadtzentrums – Oddernes Kirche ca. 2 km, Fylkenmuseum ca. 4 km.

Ein historischer alter Herrensitz ist der **Gimle Gård**, Gimleveien 21, nördlich der Innenstadt, jenseits des Otra-Flusses. Das stattliche Haupthaus eines Gehöfts, das aus der Zeit um 1800 stammt, dient heute als kulturhistorisches Museum. Das eindrucksvolle Haupthaus, ein dreigeschossiges Holzgebäude im neoklassizistischen Stil errichtet, weist prächtig ausgestattete Räume und Salons auf, allen voran der Ballsaal im Empirestil und der Goldsaal. Das Anwesen wird umgeben von einem gepflegten Landschaftsgarten im englischen Stil.

In unmittelbarer Nähe des Gimle Gård findet man das **Agder Naturmuseum** und den **Botanischen Garten**. Das Naturmuseum wurde schon 1828 gegründet und ist somit wohl eines der ältesten Museen in ganz Norwegen. Die norwegische Tier- und Pflanzenwelt, eine Mineraliensammlung, sowie die Entwicklung der südnorwegischen Natur von der Eiszeit bis zur Neuzeit, präsentiert mit moderner Ausstellungstechnik, sind einige der Themen des Naturmuseum.

Im **Naturpark Ravnedalen** nordwestlich der Stadt, zu erreichen über die Straße 9, bieten sich von den Aussichtspunkten sehr schöne Ausblicke auf die Stadt und die Schärenküste. Wanderwege und Badeseen.

Ca. 11 km östlich von Kristiansand liegt an der E18 der **Kristiansand Dyrepark** (geöffnet tgl. 9 - 19 Uhr). Der Zoo und Freizeitpark wird als größter seiner Art in ganz Norwegen bezeichnet. Zum Freizeitpark gehört auch das Oldtimermuseum **Automuseum Monte Carlo**.

Eine Sehenswürdigkeit besonderer Art findet man an der Küste südlich der Stadt (Straße 456/457 Richtung Vågsbygd). Auf dem **Møvik Fort [N 58° 05' 29.6"  E 7° 58' 09.8"]** ist eine gewaltige Bastion mit einem riesigen **Geschütz** aus dem Zweiten Weltkrieg erhalten (geöffnet 18. 5. - 14. 6. Mo - Mi 11 - 15, Do - So 11 - 17 Uhr; 15. 6. - 13. 8. tgl. 11 - 18 Uhr; 14. 8. - 1. 10. Do - So. 11 - 17 Uhr; übrige Zeit So 12 - 16 Uhr). Das Monstrum wiegt 337 Tonnen und hat ein Kaliber von einmaligen 38 cm. Die Gra-

naten, die aus dem 20 m langen Kanonenlauf abgefeuert wurden, wogen 800 Kilogramm und flogen auf der maximalen Reichweite von 55 km zwei Minuten lang.

Das Geschütz gehörte zu einer Einheit von vier deutschen Geschützen auf norwegischer und vier Kanonen auf dänischer Seite. Im Sommer werden täglich Führungen durch die Anlage angeboten.

### Ausflüge ab Kristiansand

Bei längerem Aufenthalt lohnt eine Bootstour durch die **Blindleia-Schären** nach **Lillesand**. Täglicher Betrieb von Ende Juni bis Anfang August. Abfahrten um 11 Uhr und 15.30 Uhr. Fahrzeit nach Lillesand ca. 2 ½ Stunden. Rückfahrt ab Lillesand um 14.30 Uhr und 19 Uhr.

Die **Setesdalbahn**, eine dampfbetriebene Veteranenbahn aus dem Jahre 1901, verkehrt ab **Grovane**, 20 km nördlich von Kristiansand an der R405, noch auf ca. 9 km ihrer Schmalspurschienen (17. Juni - 2. Sept. sonntags, 3. - 31. Juli zusätzlich Di. - Fr., ab Grovane 11.30, 13.15, 15.10 Uhr, im Juli auch 18.05 Uhr, Fahrradmitnahme gratis).

Die Setesdalbahn wurde 1896 in Betrieb genommen und verkehrte bis 1962 auf der 78 km langen Strecke von Kristiansand durch das Setesdal nach Byglandsfjord. Die heute zur Freude der Touristen wieder betriebene Strecke führt von Grovane nach Røyknes. Dabei meistert der Dampfzug scharfe Kurven, sowie Brücken und Tunnels und bei gemütlicher Fahrt genießt man zudem eine sehr einladende Landschaft.

### Abkürzende Alternativroute

Der in diesem Reiseführer vorgeschlagene Reiseweg durch Norwegen lässt sich erheblich abkürzen – allerdings unter Verzicht auf die Sehenswürdigkeiten um Stavanger (z. B. Lysefjord und Prekestolen) und den äußersten Südwesten des Landes – wenn man von Kristiansand aus über die Straße R9 (streckenweise mautpflichtig!) und durch das sehenswerte Setesdal direkt weiter nordwärts fährt und in Evje wieder in die beschriebene Route (Tour 11, Egersund – Haukeligrend) einsteigt.

**PRAKTISCHE HINWEISE – KRISTIANSAND**

 **Destinasjon Sørlandet [N 58° 08' 46.4"  E 7° 59' 23.1"]**, Vestre Torv, Henrik VWergelandsgate, 4601 Kristiansand S, Tel. 38 12 13 14, Fax 38 02 52 55. Internet: www.sorlandet.com

Zur besseren Unterscheidung der leicht zu verwechselnden Stadtnamen *Kristiansand* und *Kristiansund* (an der Westküste), wird den Stadtnamen gelegentlich ein S bei Kristiansand und ein N bei Kristiansund angefügt.

## RESTAURANTS

**Luihn**, Rådhusgata 15, Tel. 38 02 40 20, gute Küche, angenehmes Ambiente, obere Preisklasse. Sonntag geschlossen.

## HOTELS

**Bondeheimen Best Western,** 30 Zi., Kirkegt. 15, Tel. 38 02 44 40, Fax 38 02 73 21, einfach, dafür zentral gelegen, Cafeteria, Parkplatz.

**Clarion Ernst,** 135 Zi., Rådhusgt. 2, Tel. 38 12 86 00, Fax 38 02 03 07, komfortables, traditionsreiches Haus mit Atmosphäre, zentrale Lage, Restaurant, Solarium, Garage.

**Norge Golden Tulip Rainbow,** 173 Zi., Dronningensgt. 5, Tel. 38 17 40 00, Fax 38 17 40 01, Cafeteria, Fahrradverleih, Parkplatz.

**Radisson SAS Caledonien,** 205 Zi., V. Strandgt. 7, Tel. 38 02 91 00, Fax 38 02 09 44, zeitgemäßes Firstclass Hotel, Restaurant, Solarium, Garage.

**Rica Travel,** 47 Zi., Dronningensgt. 66 – 68, Tel. 38 02 15 00, Fax 38 02 01 19, Restaurant, Garage.

**Scandic Hotel Kristiansand,** 112 Zi., Markensgt. 39, Tel. 21 61 42 00, Fax 21 61 42 11, Restaurant, Garage.

## CAMPING

**Camping Roligheden **** [N 58° 08′ 48.4″  E 8° 01′ 45.6″],** Sigynsvägen 3-5, Tel. 38 09 67 22; 1. Juni – 1. Sept.; stadtnächster Platz; im östl. Stadtbereich beschilderter Abzweig von der E18, Zufahrt durch eine Bootswerft des Jachthafens; weitläufiges, felsdurchsetztes, hügeliges Gelände, für Wohnmobile wenig ebene Stellflächen; ca. 4 ha – 300 Stpl.; Standardausstattung, wenig gepflegte Sanitärs.

**Camping Dvergsnestangen Feriesenter **** []N 58° 7′ 20″  E 8° 3′ 58″,** Dvergnesveien 571, Tel. 38 04 71 55; ganzjährig; südöstl. von Kristiansand bei Randesund, beschilderter Abzweig von der R401; stark gegliedertes Wiesengelände mit Baumbestand und Felsküste; ca. 10 ha – 300 Stpl.; Standardausstattung; Laden, Imbiss; 23 Miethütten.

**Hamresanden**
**Camping Hamresanden og Motell ***,** Hamresandvn.3, Tel. 38 04 72 22, www.hamresanden.com; Mitte Mai – Ende Aug.; ca. 7 km nordöstl. Kristiansand, beschilderter Abzweig von der E18 Richtung Flughafen; Wiesengelände am öffentl. Badestrand; ca. 2 ha – 200 Stpl.; Standardausstattung; Laden, Imbiss; 21 Miethütten, Motel mit Sauna und Solarium.

**Søgne**
**Camping Åros Motellcamp ****,** Tel. 38 16 64 11, www.aaros.no; 1. Jan. – 31. Dez.; ca. 18 km südwestl. von Kristiansand gelegen; Wiesen- und Waldgelände am Meer mit Bademöglichkeit; ca. 4 ha – 200 Stpl.; Komfortausstattung; Laden, Imbiss; 74 Miethütten.

## WOHNMOBIL-STELLPLATZ

**Tangen Bobilparkering [N 58° 08′ 46.2″  E 8° 00′ 39.2″],** Tel. 38 02 83 10, Zufahrt über die Elvegata zur Skansen Straße. Parkplatzähnliches, sehr nüchtern wirkendes, geschottertes Gelände ohne Bewuchs für ca. 20 Wohnmobile, neben der **Jugendherberge Kristiansand**, zwischen Werkshallen und Hafenbecken. Anmeldung in der Jugendherberge. Soll aufgelöst werden! **Weiterbestand fraglich.**

## KRISTIANSAND – EGERSUND

**Länge dieser Tour:** Rund 280 km. Abstecher nach Stavanger 80 km.

**Die Route:** Über die R456 bis **Höllen** – E39 über **Mandal** nach **Vigeland** – R460 bis **Kap Lindesnes** und zurück – E39 bis **Flekkefjord** – R44 nach **Egersund**. Ggf. **Abstecher nach Stavanger**.

**Ausflüge ab Stavanger:** Zum **Preikestolen**, in den **Lysefjord**.

**Reisedauer:** Mindestens ein Tag, besser zwei Tage (ohne Ausflüge ab Stavanger!).

**Reisehöhepunkte:** Der **Sandstrand** bei Mandal * – **Kap Lindesnes** * – die **Felsküste** bei Flekkefjord ** – **Stavangers Altstadt** ** – das **Erdölmuseum** in Stavanger ** – die Aussicht vom **Preikestolen** *** – ein Ausflug **per Schiff durch den Lysefjord** ***.

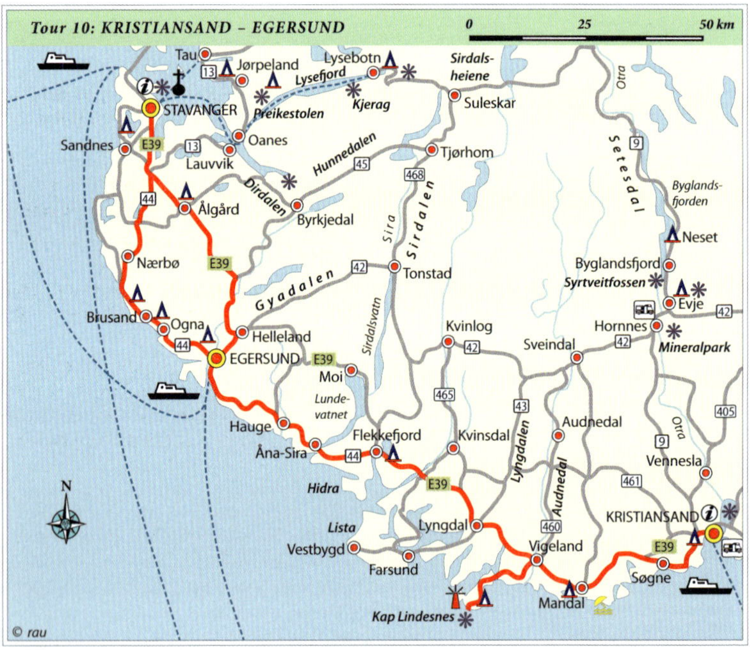

*Tour 10: KRISTIANSAND – EGERSUND*

**ROUTE:** *Weiterreise von Kristiansand auf der E39 nach* **Mandal** *(43 km).*

**Mandal,** die „südlichste Stadt Norwegens" mit heute knapp 13.000 Einwohnern, liegt an beiden Seiten der Mündung des Mandalselva. Die Anfänge Mandals können bis ins 15. Jh. zurückverfolgt werden, als der Handelshafen Spidsboe gegründet wurde, aus dem sich die Stadt Mandal entwickelte.

Es lohnt sich, einen Spaziergang durch den **alte Stadtkern** am Westufer des Mandalselva zu machen. Dort sind schöne alte Holzhäuser erhalten. Sie stammen zumeist aus dem 18. Jh., der Zeit, in der sich Mandal durch den aufblühenden Holzhandel vom Hafenort zur Stadt entwickelte. Das erste Handelshaus gründete ausgangs des 16. Jh. Tørris Christensen Nedenes, damals als „König von Mandal" bekannt. In jener Zeit war Lachs aus dem Mandalfluss schon ein begehrter Exportartikel. Die drei Lachse im Stadtwappen erinnern daran.

Besuchenswert ist das **Stadtmuseum** in der Store Elvgate 5 – 6 *(geöffnet Ende Juni - 20. Aug. Mo - Sa 11 - 17, So 12 - 16 Uhr)*. Es ist im **Andorsengården** aus dem Jahre 1805 eingerichtet. Zu sehen sind heimatkundliche Sammlungen, eine Seefahrts- und Fischereiabteilung, sowie eine Gemäldesammlung mit Werken Mandaler Künstler, wie *Gustav Vigeland* oder *Amaldus Nielsen*.

Gustav Vigeland war 1869 im Haus Nr. 20 im Gustav Vigeland Vei geboren worden. Das **Vigeland Hus** kann auf *Führungen von Mitte Juni bis Mitte Aug. tägl. außer Montag zwischen 12 und 16 Uhr besichtigt werden; www.vigelandhus.no.*

Andere historische Stadthäuser sind der *Wattnehof* aus dem Jahre 1780 (damals von Friedrich Giertzen, einem Enkel des „Königs von Mandal" errichtet), der heute als **Bondeheimsgården** bekannt ist und eine Cafeteria beherbergt; dann der *Skrivergården*, das alte Amtmannshaus von 1766; weiter der *Christensenhof* von 1759 und die **Tingstua**, die alte Gerichtsstube von 1784 im Stadtteil Sanden. In der Tingstua, auch als „Arresten" bekannt, war bis 1970 das Stadtgefängnis eingerichtet. Heute finden dort Ausstellungen statt.

**Mandals Kirche** wurde nach einem Stadtbrand 1810 neu errichtet. Es entstand ein großer Holzbau im Empirestil mit 1.800 Sitzplätzen. Es soll eine der größten Holzkirchen in Norwegen sein.

Die Hauptstraße des alten Stadtkerns von Mandal ist heute eine einladende Fußgängerzone (Gågade).

Ein besonders wichtiges Datum im Festkalender von Mandal ist das große **Schalentierfest** Mitte August. Dann werden in der Stadt auf langen Tischen in den Straßen reichlich Krabben und Langusten serviert

Zu den größten Anziehungspunkten von Mandal zählt der gut 800 m lange **Sandstrand Sjøsanden** südlich der Stadt. Er ist Norwegens bekanntester und bestimmt auch meist besuchter Badestrand.

Mandal bietet seinen Besuchern ein reiches Freizeitangebot, das von Schiffsausflügen, Kanutouren oder Wildwasserrafting bis zu Elchsafaris, begleiteten Ausritten oder ausgearbeiteten Wander- oder Radtouren reicht. Details darüber hält das Touristenbüro bereit.

**ROUTE:** *12 km westlich von Mandal, an der Kreuzung mit der R460, liegt* **Vigeland.**

**Vigeland** ist ein kleiner Ort, in dem *Gustav Vigeland* einige Jahre seiner Kindheit verbrachte. Im Sommer ist im **Heimatmuseum** *(geöffnet Ende Juni – Mitte Aug. Mo. – Sa. 11 – 17, So. 12 – 17 Uhr; www.lindesnes-bygdemuseum.net)* eine **Gustav Vigeland Ausstellung** mit annähernd 80 Arbeiten des Künstlers zu sehen.

Für Interessierte kann die **Valle Kirche** aus dem späten 18. Jh. einen Besuch lohnen. Neben der Kirche liegen die alten, denkmalgeschützten **Grabhügel Dronninghaug**.

**PRAKTISCHE HINWEISE – MANDAL**

 **Touristinfo Region Mandal,** Bryggegt. 10, 4514 Mandal, Tel. 38 27 83 00; www.regionmandal.no.

 **HOTELS**
**First Hotel Solborg,** 120 Betten, Neseveien 1, Tel. 38 26 66 66; www.firsthotels.no/solberg; Restaurant, Sauna, Schwimmbad.

 **CAMPING**
**Camping Sjøsanden Feriesenter \*\*\*,** Tel. 38 26 10 94; www.sjosanden-feriesenter.no; Anf. Juni – Mitte Aug.; ca. 1,5 km südl. Mandal; weitläufiges, lichtes Föhrenwaldgelände, teils sandig, durch geteerte Fahrwege unterteilt, über eine Düne zum 800 m langen Sandstrand; ca. 5 ha – 300 Stpl.; Standardausstattung; Laden; Schwimmbad; 12 Miethütten.
 **Camping Sandnes Mandal \*\*\* [N 58° 2' 35"  E 7° 29' 42"]**, Holumsveien 133, Tel. 38 26 51 51; www.sandnescamping.com; 15. Mai – 1. Sept.; R455 ca. 2 km Richtung Landal; ebene Wiese zwischen Straße und bewaldetem Felsrücken; ca. 1 ha – 35 Stpl.; Standardausstattung; **V & E für Wohnmobile**; 5 Miethütten.

**ROUTE:** *Die Straße R460 führt von Vigeland nach Norden in das Audne-Tal. Nach Süden führt sie kurvenreich, aber gut ausgebaut entlang einer herrlichen Felsküste hinaus nach* **Lindesnes** *(28 km). Insgesamt eine sehr schöne Fahrt.*

Die Straße windet sich meist unmittelbar an der Küste entlang durch schöne felsdurchsetzte Landschaft und vorbei an der herrlichen Sandbadebucht **Njervesanden** hinaus zum Kap Lindesnes.

Etwa auf halbem Wege kommt man durch **Spangereid**. Die große Attraktion hier ist das **Spangereid Vikingland**, ein Kultur- und Freizeitpark, das dem Besucher einen bunten Einblick in die Zeit der Wikinger gibt, die hier vor über 1.000 Jahren einen wichtigen Fürstensitz hatten *(geöffnet 15. Juni - 20. Aug. tgl. 11 - 17 Uhr; www.spangereidvikingland.no).*

**Kap Lindesnes** ist der südlichste Festlandspunkt Norwegens auf 57° 58′ 53″ nördlicher Breite. Von hier sind es nicht weniger als 2.518 km bis zum Nordkap!

Ein Fußweg führt vom **Parkplatz [N 57° 59′ 04.0″ E 7° 02′ 54.1″]** mit dem **Informationszentrum** hinauf zum **Leuchtturm** auf Norwegens Südkap, das Teil einer zerrissenen Felsküste aus rosa Granit ist. Der heutige Leuchtturm wurde 1915 in Betrieb genommen und kann bestiegen werden. Auf Kap Lindesnes war bereits Mitte des 17. Jh. das erste Leuchtfeuer eingerichtet.

Über die lange Geschichte des Leuchtturms, über die Sicherung der südnorwegischen Küste durch Leuchtfeuer und über die Küstenkultur erfährt man alles im **Lindesnes Leuchtfeuermuseum** *(geöffnet Juni tgl. 10 - 18 Uhr, 1. Juli - 19. Aug. tgl. 9 - 21 Uhr, übrige Zeit 11 - 17 Uhr, 15. Okt. - Ende Apr nur Sa + So; www.lindesnesfyr.no).*

**ROUTE:** *Von Kap Lindesnes zurück bis* **Vigeland** *und auf der E39 westwärts, über* **Lyngdal** *und* **Kvinesdal** *nach* **Flekkefjord**.

*Die Abkürzung von Spangereid nach Lyngdal auf schmaler Landstraße ist zwar landschaftlich sehr reizvoll, aber zeitraubend.*

Nordwestlich von Lyngdal führt die E39 entlang des Møska-Flusses auf neuer Trasse und durch viele Tunnels, einer davon, der Vatlandstunnelen, ist 3,2 km lang, nach Flekkefjord.

**Flekkefjord** mit annähernd 9.000 Einwohnern ist heute ein wichtiges Touristenzentrum zwischen Kristiansand und Stavanger.

Eine Blütezeit erlebte die Stadt im 17. und 18. Jh. durch einen regen Handel mit Holz und Granitgestein.

Zu den Sehenswürdigkeiten in den hübschen Gassen von Flekkefjord zählt das **Flekkefjord Museum**, Dr. Krafts gate 15 - 17 *(geöffnet 15. Juni - 31. Aug. Mo - Fr 11 - 17; Sa + So 12 - 15 Uhr; www.flekkefjord.kommune.*

---

**CAMPING**

**Vigeland**
**Camping Solstrand \*\*\***, Tel. 38 25 64 37; 1. Mai – 31. Aug.; in Vigeland beschilderter Abzweig von der E39 südwärts; Platz in schöner Lage, ca. 3 ha – 100 Stpl.; Standardausstattung. Laden, Imbiss; 40 Miethütten.

**Lillehavn**
**Lindesnes Camping \*\*\* [N 57° 59′ 45.1″ E 7° 05′ 27.5″]**, Tel. 38 25 88 74; www.lindesnescamping.no; 1. Apr. – 30. Sept.; Zufahrt von der R460 ca. 3 km nördl. von Kap Lindesnes; kleiner, überschaubarer, ebener Wiesenplatz, zwischen Felsriegeln, zum Meer hin offen, sehr schön und ruhig gelegen, 7 befestigte Stellplätze für Wohnmobile; einfache Sanitärausstattung; , 11 Miethütten.
Die Campingplätze Camping Rosfjord und Camping Kvavik bei Lyngdal sind stark mit Dauercampern belegt.

**Flekkefjord**
**Camping Egenes, Ferie og Fritidssenter \*\*\*\* [N 58° 17′ 19″ E 6° 42′ 57″]**, Tel. 38 32 01 48, www.egenes.no; 1. Jan. – 31. Dez.; knapp 5 km östlich von Flekkefjord; nicht ganz ebenes Wiesengelände mit lichtem Baumbestand in recht ansprechender Lage am See; ca. 2,5 ha – 180 Stpl.; gute Standardausstattung; Laden und Imbiss im Sommer;  **V & E für Wohnmobile**; Badestrand, Bootsverleih; 15 Miethütten.

*Bei Flekkefjord*

no). Das sehenwerte Museum liegt im sog. „Holländerviertel" und ist im ältesten Haus der Stadt aus dem frühen 18. Jh. untergebracht ist. Eingerichtet ist es wie das Haus einer wohlhabenden Bürgerfamilie im frühen 19. Jh.

Im Sommer *(1. 6. – 31. 8.)* ist auch das **Flekkefjord Electricitet Museum** zu besichtigen, das mittels multimedialer Präsentationen über die Geschichte der Stromversorgung berichtet.

*Mein Tipp!* Für die Weiterreise von Flekkefjord nach Egersund sollte die Straße R44 „Nordsjøvegen" dem Weg über die E39 vorgezogen werden. Die R44 führt zwar sehr kurvenreich auf teils schmaler Straße dafür aber durch eine überaus reizvolle, vielfach von rosarot schimmernden Felsen dominierte, abgeschiedene Landschaft mit zahlreichen dunklen Seen dazwischen.

Bis Hauge ist die R44 für große Gespanne und Wohnmobile beschwerlich, da sehr kurvenreich mit engen Wegstücken und Steigungen!

Man passiert den in einem Hochtal verstreut gelegenen Flecken **Kvanvik** und bald darauf **Åna-Sira [N 58° 17' 37.0" E 6° 26' 29.5"]**, am gleichnamigen Fluss (großes Wasserkraftwerk). Åna-Sira liegt bereits in der *Provinz Rogaland*, die südlichste Provinz an der norwegischen Westküste, die vom weitverzweigten Boknafjord geprägt wird.

**ROUTE:** *Die Straße 44 schraubt sich nach dem Ort Åna-Sira hinauf ins Vardefjell mit wuchtigen Felsmassiven, um anschließend hinunter zum* **Jössingfjord** *zu führen, mit dem wichtigsten Umschlaghafen für die weiter landeinwärts bei Titania abgebauten Mineralien. Ein Denkmal am Fjord erinnert an die „Altmark-Affäre" im Zweiten Weltkrieg, die erste Kriegshandlung auf norwegischem Boden.*

Ab Jössingfjord beginnt eine imposante Passfahrt.

Man erreicht **Hauge i Dalane** (*Bakkaåno Camping*, 1. Mai – 30. Sept., ca. 2,5 km von Hauge i Dalane entfernt), mit der interessanten **Sogndal Kirche** und dem hübschen **Sogndalstrand** wenig südlich vom Ort.

Nach weiteren 30 km kommt man nach **Egersund.**

**Egersund [N 58° 27' 08.9" E 6° 00' 07.0"]** ist ein Hafenstädtchen mit rund 14.000 Einwohnern. Vor allem der Heringsfang brachte Mitte 19. Jahrhunderts einen gewissen Wohlstand in die Stadt. Zwar laufen auch heute noch Fischkutter den Hafen von Egersund an, wirtschaftlich bedeutender für die Stadt sind aber inzwischen holzverarbeitende Industrien und die Elektronikindustrie geworden.

Egersund, das zwar schon 1607 urkundlich erwähnt wird, damals aber aus nicht viel mehr als vier oder fünf Häusern bestand, hat eine relativ alte **Kirche**, die aus dem frühen

## PRAKTISCHE HINWEISE – EGERSUND

**Egersund Turistinformation**, Jernbaneveien 1, 4379 Egersund, Tel. 51 46 82 33; www.eigersund.kommune.no; *geöffnet 15. Mai bis 31. August.*

### HOTEL

**Grand Hotell,** 40 Zi., Johan Feyersgt. 3, Tel. 51 49 18 11, Fax 51 49 36 46, Restaurant, Parkplatz, Fahrradverleih.
**Egersund Hotell,** 31 Zi., Årsdaddalen, Tel. 51 49 02 00, Fax 51 49 29 30, Restaurant, Parkplatz. Fahrradverleih.

### CAMPING

**Camping Steinsnes \*\*\* [N 58° 28' 38.7" E 5° 59' 48.8"]**, Jærveien 190, Tengs, Tel. 51 49 41 36; 1. Jan. – 31. Dez.; 3 km nördl. Egersund an der R44, in **Tengs**, ebenes Gelände zwischen Straße und Fluss; ca. 1,5 ha – 100 Stpl.; Standardausstattung; Laden, Imbiss; **V & E für Wohnmobile**. 25 Miethütten.
**Camping Hauen \*\*\*\*,** Steinbakken 52, Tel. 51 49 23 79; www.hauencamping. no; 1. Jan. – 31 Dez.; südwestlich der Stadt gelegen, nur etwa 1 km vom Anleger der Fähren nach Dänemark entfernt; **V & E für Wohnmobile**. 5 Miethütten.

17. Jh. stammt und im Stadtteil Eie ein wenig bekanntes, aber sehenswertes **Fayencemuseum**, Elganveien, das einen schönen Querschnitt durch die 133-jährige Fayenceproduktion in Egersund zeigt *(geöffnet Mitte Juni - Mitte Aug. tgl. 10 - 17 Uhr).*

Das Fayencemuseum wird vom Regionalmuseum **Dalane Folkemuseum** betreut. Den Hauptteil des Regionalmuseums über den Bezirk Dalane stellt der ehemaligen **Amtsrichterhof** in **Slettebø** dar *(geöffnet Mitte Juni - Mitte Aug. tgl. 10 - 17 Uhr).* Das historische Anwesen besteht im Wesentlichen aus acht Gebäuden, die rund 3 km nördlich der Stadt an der Straße 42 liegen.

#### Abstecher nach Stavanger

**ROUTE:** *Stavanger liegt rund 80 km nordwestlich von Egersund und ist über die E39 rasch zu erreichen. Der abwechslungsreichere Weg aber führt über die Küstenstraße R44.*

Auf der Küstenstraße 44 „Nordsjøvegen" sind vor allem die weiten Dünen und **Sandstrände bei Brusand** *(Camping Brusand \*\*\*\* [N 58° 32' 30.7" E 5° 43' 33.5"]*, 1. Jan. – 31. Dez., 120 Stpl., langer Sandstrand) an der Ognabucht ein lohnendes Sommerziel.

**Stavanger** am Boknefjord zählt zu den alten Städten Norwegens. Schon früh einflussreicher Bischofsitz, erhielt die Stadt im 15. Jh. Handelsrechte und entwickelte sich, nicht zuletzt dank seines geschützten Hafens, zu einer Handelsstadt von Rang mit einer ansehnlichen Flotte. Später kamen rege

Aktivitäten in der Hochseefischerei hinzu. Fischverarbeitende Industrie und Werften siedelten sich an.

Einen regelrechten Wirtschaftsboom erlebte Stavanger allerdings um 1970, als in der Nordsee Öl entdeckt wurde und Stavanger zum bedeutendsten Versorgungshafen für die norwegische Off-Shore-Industrie aufstieg. Mit rund 119.000 Einwohnern ist Stavanger heute die viertgrößte Stadt des Landes.

Gebührenpflichtige **Parkplätze [N 58° 58' 24.5" E 5° 43' 34.0"]** im Citybereich findet man am **Strandkaien** an der Ostseite der in die Innenstadt reichenden Hafenbucht Vågen, dann etwas weiter nördlich davon am Fiskepiren/Verksgata **[N 58° 58' 18.7" E 5° 44' 26.0"]** beim **Terminal** der Fähre nach Newcastle, dann beim alten Zollamt am **Skansenkaien** an der Ostseite der Hafenbucht und schließlich im Norden der Innenstadt am **Ryfylkekaien** mit dem Anleger der Fähren nach Bergen und Haugesund und beim **Ölmuseum** etwas weiter östlich.

Am besten beginnt man den Stadtrundgang an der **Touristeninformation** Destinasjon Stavanger am **Domkirkeplassen** mitten im Zentrum.

Am Domplatz erhebt sich unübersehbar der **Dom von Stavanger**.

Nachdem Sigurd Jorsalfar Stavanger im Jahre 1125 zum Bischofsitz erhoben hatte, ließ Bischof Reinald von Winchester noch im selben Jahrhundert den Grundstein zum Dom von Stavanger legen. Der Bau wurde im anglonormannischen Stil errichtet und dem

Heiligen Svithun geweiht. Ein Arm des Heiligen ist die kostbarste Reliquie des Doms.

Aber die Domkirche blieb kaum ein Jahrhundert vom Feuer verschont. Schon 1272 wurden Schiff und Chor ein Raub der Flammen. Sie wurden um 1300 im gotischen Stil wieder aufgebaut.

Gleich hinter dem Dom dehnt sich der weitläufige Stadtpark **Byparken** mit dem großen See **Breivatnet**.

Vom Dom gehen wird westwärts über den Marktplatz zum Platz Rosenkildetorget (Toiletten) am Ende des Gästehafens und dort am Strandkaien an der Westststeite des Hafenbeckens entlang.

Schon wenig später passiert man das das **Stavanger Seefahrtsmuseum**, Nedre Strandgate 17 – 19 (geöffnet tgl. 11 - 16 Uhr, Winterhalbjahr Mo geschlossen; www. stavanger.museum.no). Hier gibt es neben umfangreichen Ausstellungen zu Stavangers 200jähriger Seefahrtsgeschichte auch Einblick in die Handelstradition der Stadt (altes Kontor, Kaufmannswohnung, Lager u. a.).

Nordwestlich und etwas oberhalb vom Seefahrtsmuseum erstreckt sich zwischen Hafen und Øvre Strandgate der Stadtteil **Gamle Stavanger** (Alt Stavanger) **[N 58° 58′ 24.5″ E 5° 43′ 34.0″]**. Ein Bummel durch die gepflasterten, ansteigenden Gassen, die gesäumt sind von meist schneeweiß gestrichenen Holzhäusern, lohnt sehr. Die meisten Häuser stammen aus dem späten 18., frü-

hen 19. Jh. und sind sorgfältig restauriert. Besonders malerische Winkel findet man in den wenigen Quergassen, die hinab zum Hafen führen.

Den Spaziergang durch Gamle Stavanger kann man mit einem Besuch im **Norsk Hermetikkmuseum**, dem Norwegischen Konserven Museum, Øvre Strandgate 88A, verbinden (geöffnet tgl. 11 - 16 Uhr, Winterhalbjahr Mo geschlossen; www.stavanger. museum.no). Hier ist eine fischverarbeitende Fabrikanlage, wie sie im 19. Jh. in Stavanger zu finden war, eingerichtet.

Durch eine der hübschen Quergassen am Ende der Øvre Strandgate, z. B. durch die Bildensolstræde oder die Rosenbergbakken, gehen wir wieder hinunter zum Hafen und zurück zum Rosenkildetorget. Auf dem Weg dahin hat man einen schönen Blick über den Hafen auf die Häuserfront mit den schön restaurierten alten Speicherhäusern am gegenüberliegenden Skagenkaien mit dem Anleger der Ausflugsboote Clipper Boats und auf die dahinter leicht ansteigende Innenstadt.

Hinter der Fassadenreihe der Speicherhäuser erkennt man etwas oberhalb eine Turmspitze. Sie gehört zum **Valbergtårnet**, einem alten Feuerwachturm in der Valberggata, der zwischen 1850 und 1853 erbaut worden ist. Von dort haben Sie einen schönen Blick über den Hafen zur Altstadt und über den Fjord (geöffnet 23. Juni - 20. Aug.

*In der Altstadt von Stavanger*

*Mo - Fr 10 - 16 Uhr, Do bis 18 Uhr, Sa. bis 14 Uhr).* Im Turm ist das **Nachtwächtermuseum** eingerichtet.

Sehr sehenswert, informativ und interessant ist ein Besuch im **Norsk Oljemuseum,** dem Norwegischen Erdölmuseum, Kjeringholmen, am Steinkarkaien im nördlichen Bereich des Stadtzentrums (*geöffnet 1. Juni - 31. Aug. tgl. 10 - 19 Uhr, übrige Zeit 10 - 16 Uhr; www.norskolje.museum.no).*

Der moderne Museumsbau liegt direkt am Wasser, ähnelt äußerlich einer Ölbohrplattform und birgt im Inneren eine Vielfalt von Ausstellungen und multimedialen Präsentationen, die einen ausgezeichneten Überblick über die Geschichte der Off-Shore-Ölgewinnung, die Techniken und die entsprechenden Industriezweige der Erdölexploration in der Nordsee geben. Parkplatz, Cafeteria, Museumsladen.

**Ausflüge ab Stavanger**

**Zur „Kanzel" Preikestolen ***

***Mein Tipp!* Der Preikestolen**, der Predigtstuhl, ist eine der größten Sehenswürdigkeiten in der Fjordwelt Südnorwegens. Diese Felskanzel mit ihrem flachen Plateau ragt senkrecht fast 600 m hoch aus dem Wasser des schmalen Lysefjords. Der Blick vom Preikestolen gehört zu den großen Erlebnissen auf einer Reise durch Norwegens südwestliche Provinz Rogaland.

Den Ausgangspunkt für Wanderungen zum Preikestolen, die **Preikestolhütte**, kann man im Sommer auf einer kombinierten Bus/Schiffsreise aber auch mit dem eigenen Auto erreichen. Man nimmt dazu entweder die Fähre nach Tau und fährt von dort zurück über Jørpeland und Jøssang oder man folgt ab Stavanger zunächst der E39 bis **Sandnes** und zweigt dort ostwärts auf die R13 und zum **Fährhafen Lauvvik**. Überfahrt nach **Oanes** (10 Min.) und weiter Richtung **Jørpeland**.

Ca. 20 km nordwestlich von Oanes zweigt in **Jøssang** die Straße zur **Preikestolhütte** ab. Schon kurz nach dem Abzweig passiert man den schön an der Straße gelegenen **Campingplatz Preikestolen** (Tel 5174 97 25, 1. Mai – 1. Okt., Wiesen, teils mit Hartstandplätzen, in erhöhter, ansprechender, ruhiger Lage; ca. 80 Stpl.; gute Standardausstattung; Laden, Imbiss).

Die Wanderung zum Preikestolen beginnt an der **Preikestolhütte** (Tel. 51 84 02 00, geöffnet vom 1. 6. bis 3. 9., 56 Betten, Bewirtschaftung, gebührenpflichtiger Parkplatz, auch für Wohnmobile).

Nach einer gut zweistündigen, ziemlich anstrengenden, Kondition fordernden Wanderung erreicht man schließlich die Felskanzel des **Preikestolen** (auch Prekestolen). Wer unter Höhenangst leidet, dem wird schon beim Anblick der auf dem Bauch liegend nach unten schauenden Besucher schwin-

---

**PRAKTISCHE HINWEISE – STAVANGER**

**Destinasjon Stavanger**, Domkirkeplassen 3, 4006 Stavanger, Tel. 51 85 92 00; www.regionstavanger.com. *Geöffnet 1. Juni - 31. Aug. tgl. 9 - 20 Uhr, übrige Zeit Mo - Fr 9 - 16, Sa bis 14 Uhr.*

**HOTELS**

**Commandør,** 35 Zi., Valberggt. 9, Tel. 51 89 53 00, Fax 51 89 53 01, zentral gelegen, moderate Preise, Parkplatz.

**Skagen Brygge Hotell,** 110 Zi., Skagenkaien 28 - 30, Tel. 51 85 00 00, Fax 51 85 00 01, Sauna, Garage.

**Victoria,** 107 Zi., Skansegt. 1, Tel. 51 89 54 00, Fax 51 89 54 10, traditionsreiches Haus, Restaurant, Garage, günstige Wochenend- und Sommerpreise.

**CAMPING**

**Stavanger Camping Mosvangen *** [N 58° 57' 09.2"   E 5° 42' 43.1"]**, Tjensvoll 1B, Tel. 51 53 29 71; www.stavangercamping. no; 18. Mai – Mitte Sept.; am südl. Stadtrand von der E39 beschildert; unebene Wiesen, bis an den See Mosvatnet reichend; ca. 2 ha – 150 Stpl.; einfache Standardausstattung; Laden, Imbiss; Fahrradverleih; **V & E** **für Wohnmobile**. 19 Miethütten. WLAN Hotspot. Busverbindung ins Stadtzentrum.

*Die Serpentinenstraße bei Lysebotn am Ende des Lysefjords*

delig. Die Wanderung zum Preikestolen, die teils über holperige Steinfelder führt, sollten Sie nur mit festem Schuhwerk antreten.

### Ausflug zum Kongeparken

**Kongeparken**, 27 km südöstlich von Stavanger in **Ålgård** an der E39, einer der größten Freizeit- und Vergnügungsparks in Norwegen.

### Ausflug zu Rogalands höchstem Wasserfall

Ab **Ålgård** bietet sich ein längerer **Ausflug zum Månafossen,** Rogalands höchstem Wasserfall, an. Man sollte sich dafür aber einen ganzen Tag Zeit nehmen können!

Ab Ålgård nimmt man die R45 bis **Dirdal** und weiter bis **Gilja, Frafjord** (Tunnel) und **Brådland**. Schließlich erreicht man den gebührenpflichtigen Parkplatz bei **Eikjeskog**. Von dort führt ein markierter, teils sehr steiler Wanderpfad zum 92 m hohen Wasserfall **Månafossen**. Gutes Schuhwerk ist sehr empfehlenswert. Und nehmen Sie sich etwas Proviant für den etwas anstrengenden Weg mit.

Der Ausflug lässt sich mit einem Abstecher (Schild bei Gilja, ca. 10 km) zum Hof **Byrkjedalstunet** (Café, Kerzenzieherei) verbinden.

### Ausflug in den Lysefjord

***Mein Tipp!*** Bei ausreichen zur Verfügung stehender Zeit ist ein **Schiffsausflug durch den Lysefjord** empfehlenswert! Ge-

rade bei schönem Wetter ist die Bootstour eine herrliche und bequeme Art, den Fjord zwischen seinen gigantischen Granitwänden zu erleben. Restauration an Bord. Campingmöglichkeit in Lysebotn.

Zwei Reedereien bieten unterschiedliche Boostausflüge an.

**Rødne Fjord Cruise**, Skagenkaien 18, 4006 Stavanger, Tel. 51 89 52 70. Internet: www.rodne.no, e-mail: mail@rodne.no. Die Boote verkehren im Mai, Juni und September einmal täglich, Abfahrt 12.00 Uhr und im Juli und August zwei bis dreimal täglich.

**Veteran Fjordcruise AS**, Fiskepirterminalen, 4004 Stavanger, Tel. 51 86 87 88. Internet: www.vfc.no; e-mail: booking@vfc. no. Veteran Fjordcruise bietet Fjordkreuzfahrten **mit Autobeförderung** durch den Lysefjord bis Lysebotn und zurück an. Fahrtdauer von Stavanger nach Lysebotn allerdings 4 Stunden.

Kombinationsangebote mit Rückreise per Bus.

Gesamtdauer des Ausflugs 8 Stunden.

Die Schiffe verkehren vom 1. Juni bis 2. September täglich ab Stavanger um 10 Uhr, Lauvvik ab 11.25 Uhr, Forsand ab 11.40 Uhr. Rückfahrt ab Lysebotn um 15.00 Uhr, Ankunft in Stavanger um19 Uhr.

## EGERSUND – HAUKELIGREND

**Länge dieser Tour:** Rund 340 km

**Die Route:** Über die R42 und über **Tonstad** bis **Evje** – R9 bis **Haukeligrend.**

**Reisedauer:** Mindestens ein Tag.

**Reisehöhepunkte:** Die Landschaften im **Setesdal** ** – die Stromschnellen am **Syrtveitfossen** * – Wandern auf den **Hochebenen**.

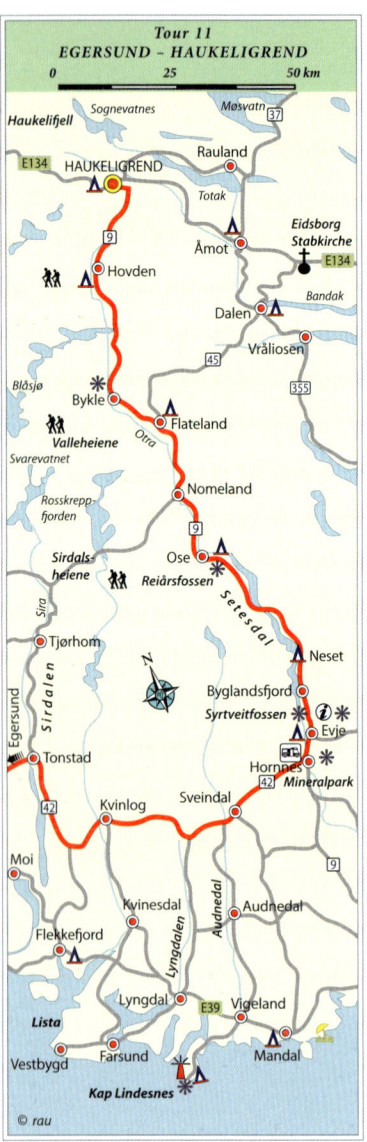

**ROUTE:** *Ab Egersund* [**N 58° 27' 08.9" E 6° 00' 07.0"**] *über die R42 nordwärs zur E39. Ihr folgen wir ein kurzes Stück ostwärts, um in* **Helleland** *der hier weiterführenden R42 nach Nordosten zunächst bis* **Tonstad** *zu folgen.*

Es beginnt eine sehr schöne Fahrt durch das sehr wilde **Gyadalen**. Das Tal wird gesäumt von mächtigen Bergstöcken. Oft steigen die Felswände fast senkrecht aus dem Tal des Wildbachs Gya. Besonders nach regenreichen Tagen stürzen unzählige Wasserfälle von den Hängen. Schließlich wird das bewaldete Hochtal bei **Bjørnestad** passiert.

11 km weiter erreicht man **Tonstad** [**N 58° 39' 58.7" E 6° 42' 57.9"**] am Nordende des langen, schmalen Sees Sirdalsvatn.

Die 700-Seelen-Gemeinde ist Zentrum der umliegenden Skigebiete und Ausgangspunkt für Touren nach Norden über die R468 ins **Obere Sirdal** und weiter über die Hochmoore bei Suleskar (zahlreiche Wandermöglichkeiten) bis Lysebotn. In die Berge bei Tonstad wurde eines der größten Wasserkraftwerke Norwegens gebaut.

**ROUTE:** *Die Straße 42 führt ab Tonstad zunächst am Sirdalsvatn entlang südwärts, wendet sich dann nach Osten und quert zahlreiche in Nord-Südrichtung verlaufende waldreiche Täler und Höhenzüge, bis nach rund 100 km* **Hornnes** [**N 58° 33' 10.8" E 7° 46' 18.2"**] *an der R9 und 5 km weiter nördlich schließlich* **Evje** *erreicht wird.*

Wer an Kirchenbaukunst und Kirchenmalerei interessiert ist, zweigt etwa auf halbem Wege zwischen Tonstad und Hornnes in Håland nach Süden auf die R460 ab. Nach 4 km kommt man zur Kirche von Grindheim, die aus dem späten 18. Jh. stammt und innen mit Rosenmalerei aus jener Zeit geschmückt ist.

Bei **Sveindal** kann ein **Freilichtmuseum** (alter Bauernhof) besichtigt werden.

Westlich von Sveindal ist man wieder in der Provinz Aust-Agder.

In **Hornnes** zählen zu den wenigen Sehenswürdigkeiten das **Freilichtmuseum Fennefoss** und die oktogonale **Kirche von Hornnes [N 58° 33′ 33.7″  E 7° 46′ 21.9″]** aus dem Jahre 1828, unweit südlich von Evje gelegen.

Außerdem kann man den an der Straße 9 gelegenen **Setesdal Mineralpark [N 58° 32′ 59.9″  E 7° 46′ 32.2″]**besichtigen. Sehenswerte Skulpturen und Mineralienausstellung, Schaubergwerk, kleines Freilichtmuseum, Cafeteria. Nebenan See mit Strandbad, Bootsverleih im Sommer. Ebenfalls unmittelbar nebenan findet man den Wohnmobil-Stellplatz.

*Steinskulptur am Mineralpark von Hornnes*

---

### CAMPING

**Hornnes**

**Camping Hornnes \*\*\* [N 58° 33′ 13.5″  E 7° 46′ 55.1″],** Tel. 37 93 03 05; www.hornnescamping.setesdal.com; 15. Mai – 15. Sept.; 1 km abseits der E9 ca. 3 km südl. Evje; kleine, wellige Wiese teils mit hohen Nadelbäumen, oberhalb des Otrasees; ca. 1,5 ha – 80 Stpl.; Standardausstattung; Laden, Bootsverleih, **V & E für Wohnmobile**.

**Evje**

**Camping Odden \*\*\*\* [N 58° 35′ 01.9″  E 7° 47′ 49.9″],** Tel. 37 93 06 03; www.oddencamping.no; 1. Jan. – 31. Dez.; am südl. Ortsbeginn Einfahrt zwischen Supermarkt und Hydro Texaco-Tankstelle an der Straße 9; von Bäumen unterteilte Wiese oberhalb des Otra-Flusses; ca. 4 ha – 160 Stpl.; Standardausstattung; Laden, Imbiss; Fahrrad- u. Bootsverleih; 22 Miethütten.

**Byglandsfjord**

*Mein Tipp:*    **Camping Neset \*\*\*\* [N 58° 41′ 21.8″  E 7° 48′ 17.7″],** Tel. 37 93 40 50; www.neset.no; 1. Jan. – 31. Dez.; ca. 3 km nördl. Byglandsfjord an der Straße 9; teils hügeliges Wiesengelände auf einer Halbinsel im Byglandsfjord, sehr schöne Lage; ca. 5 ha – 150 Stpl.; Komfortausstattung; Laden, Imbiss; **V & E für Wohnmobile**. Fahrrad- u. Bootsverleih, Bootsrampe, Bademöglichkeit; 21 Miethütten.

**Wohnmobil-Stellplatz**

**Hornnes**

**Wohnmobil-Stellplatz Mineralparken Bobilcamp [N 58° 32′ 59.9″  E 7° 46′ 32.2″] – Zufahrt/Lage:** Beim Setesdal Mineralpark, am Südrand von Hornnes an der R9. Zufahrt durch den Parkplatz des Mineralparks. **Geöffnet:** 15. Juni – 31. Aug. **Gebühr:** Gebührenpflichtig. **Stellplatz:** Ebenes Wiesengelände unterhalb der R9 unmittelbar neben dem Setesdal Mineralpark. Bis an einen See reichend. Ca. 1 ha – **32 Stellplätze,** je mit befestigten Standspuren. **Ausstattung: V & E** Einrichtung, Stromanschlüsse. Platzbeleuchtung. Tel. 37 93 13 10; www.mineralparken.no.

**Evje**, knapp 1.500 Einwohner, eine Kleinstadt am Otra-Fluss und am Kreuzungspunkt der Straßen 42 und 9, gilt als Zentrum seltener Mineralien, die als Schmucksteine verarbeitet werden.

ROUTE: *Von Evje auf der R9 nordwärts Die Straße ist ab* **Byglands-fjord** *mautpflichtig.*

Etwa 8 km nördlich von Evje liegt westlich der Straße der wilde **Syrtveitfossen**. Auf einer Steinmole kann man weit an den tobenden Katarakt heran und fast bis in die Mitte des Otra-Flusses gehen. An der Straße Rastplatz.

Ab Neset beginnt eine herrliche Fahrt durch das **Setesdal**. Dieses lange Zeit fast vergessene Gebirgstal (erst um 1880 wurde die richtige Straße angelegt) zählt zu den schönsten Tälern in Südnorwegen. Die überwältigende Landschaftsszenerie wird geprägt vom Otra-Fluss, der immer wieder Stromschnellen, Wasserfälle und Seen bildet, sowie von steilen Hängen und Felsflanken. Ein abwechslungsreiches Panorama.

Auf der Weiterfahrt passiert man hinter **Grendi** die oktogonale **Kirche von Årdal** aus dem 19. Jh. (Runenstein und nahebei die fast 900 Jahre alte Eiche „Landeeike").

Man kommt durch **Longerak** (*Camping Longerak* \*\*, Tel. 37 93 49 30, 1. Juni – 1. Sept.; 20 Stellplätze, 15 Miethütten).

Wenig später passiert man, immer noch dicht am Ostufer des Byglandsfords fahrend, ein kurzes Tunnel, das den Bergzug Fånefjell durchsticht und erreicht schließlich den Ort **Bygland**, mit einer Kirche aus der Mitte des 19. Jh. und dem **Freilicht-Museumshof Bygland [N 58° 49′ 39.4″   E 7° 47′ 47.0″]**. Einige Gebäude des Gehöfts stammen aus dem 17. Jh.

Wenige Kilometer weiter nördlich wird der Byglandsfjord mit dem nördlich weiter-

führenden Sandnesfjord durch den Wasserarm **Storestraumen [Picknickplatz: N 58° 51′ 01.0″ E 7° 45′ 00.8″]** verbunden (Camping). Der Storestraumen, über den noch die alte Steinbrücke führt, wurde um 1870 durch eine Schleuse schiffbar gemacht.

Am Nordende des Sees, der nun Åraksfjord heißt, stürzt von der westlichen Bergflanke der **Wasserfall Reiårsfossen** zu Tal.

**Ose** liegt nahe der Mündung des Otra-Flusses in den Åraksfjord. Im Ort stehen noch schöne alte **Speicherhäuser** (Stabburer).

Man passiert **Helle**, einen kleinen Ort mit langer Silberschmiedetradition, dann **Rysstad** mit einer **Kirche** aus dem 19. Jh., mit dem Museumshof **Heimgård** und dem **Setesdalmuseum [N 59° 05′ 45.5″   E 7° 31′ 45.6″]** daneben.

Bald darauf erreicht man **Valle**, das malerisch in einem weiten Talkessel des Setesdalen liegt.

Das Setesdal ist bekannt für seine Silberschmiedekunst. Eines der Zentren dafür ist Valle. Alteingesessene Silberschmiedewerkstätten findet man auch weiter südlich in Rysstad und in Helle.

Auf der von unzähligen Seen durchsetzten **Hochebene Valleheiene** westlich von Valle, erstreckt sich ein schier unendliches **Netz von Wanderwegen**. Wanderhütten sind vorhanden.

Nur 9 km nördlich von Valle kommt man nach **Flateland**. Einen Besuch lohnt das etwas nördlich von Flateland an der Straße 9 gelegene **Setesdal-Freilichtmuseum [N 59° 14′ 22.4″   E 7° 28′ 47.0″]** mit dem beachtenswerten Rygnestadloftet, einem Speicher aus dem 16. Jh.

### Alternativroute

Ab Flateland bietet sich ein **Umweg** an über die R45 nordostwärts und über **Dalen,**

---

**CAMPING**

**Ose**
**Camping Reiårsfossen** \*\*\* **[N 58° 56′ 26.1″   E 7° 41′ 24.4″]**, Tel. 37 93 49 90; 1. Juni – 1. Sept.; südl. von Ose unterhalb der E9, ebene Wiese in schöner Lage am Sandnesfjord angesichts des Wasserfalls Reiårsfossen; ca. 2,8 ha – 100 Stpl.; Standardausstattung; Laden; 2 Miethütten.

**Flateland**
**Camping Flateland** \*\*, Valle, Tel. 37 93 68 37; www.flatelandcamping.no; 1. Juni – 1. Sept.; ca. 10 km nördl. Valle, am Abzweig der R45; ebene Wiese auf einer Halbinsel am Otra-Fluss, ansprechende Lage; ca. 1,5 ha – 40 Stpl.; Kiosk,  **V & E für Wohnmobile.** 18 Miethütten.

ca. 52 km (*Buøy Camping Dalen Telemark,* Anf. Mai - Ende Sept.) mit einem **Abstecher zur Eidsborg Stabkirche** und weiter über **Åmot /Ytre Vinje** (*Camping Groven*, Mitte Mai - Ende Sept.) und die E134 nach **Haukeligrend**, rund 60 km.

### HAUPTROUTE

**ROUTE:** *Der Weg nach* **Haukeligrend** *folgt ab Flateland weiter der Straße 9 nordwärts.*

Etwa 18 km weiter weist bei **Moen** ein Hinweisschild auf den alten Saumpfad **Byklestigen** hin, der, bevor die Straße ausgangs des 19. Jh. durch das Setesdal gebaut wurde, ein Teil des alten Weges durch das Tal war. Abwechslungsreicher Spaziergang, ca. 1 km.

**Bykle**, ein kleiner Gebirgsort, hat eine **Kirche** aus dem frühen 19. Jh. mit Rosen-

malerei und ein **Heimatmuseum** im Huldreheimen.

**Hovden** [N 59° 33‘ 38.4“  E 7° 21‘ 25.4“] ist das Zentrum des Ferien- und Wandergebiets in der **Hochebene Setesdalsheiene**. Vielbesuchter Ausgangspunkt für Wandertouren, z. B. zur **Sloaroshytta** (Selbstverpflegung, 14 Betten) am Langevatnet, Gehzeit 5 Stunden, oder über Breiva und Væringsstöl zur **Bleskestadmoenhytta** (Selbstverpflegung, 14 Betten), Gehzeit 9 Stunden.

**ROUTE:** *Der höchste Punkt der Straße wird nach* **Bjåen** *(Ausgangspunkt für Wanderungen) am See* **Sessvatn** *in 917 m Höhe erreicht. Schließlich führt die Straße 9 in vielen Kehren steil hinab nach* **Haukeligrend** [N 59° 44‘ 05.5“  E 7° 33‘ 05.6“] *an der E134 in der Provinz Telemark.*

---

### HOTELS

**Hovden**

**Hovden Høyfjellshotell,** 170 Betten, Tel. 37 93 96 00, Fax 37 93 96 11, Restaurant, Sauna, Schwimmbad, Miethütten.

**Hovdestøylen Hotell,** 143 Betten, Tel. 37 93 95 52, Fax 37 93 96 55, Restaurant, Sauna, Schwimmbad, Miethütten.

**Haukeligrend**

Alle Hotels liegen rund 10 km westlich von Haukeligrend beim Wintersportort **Vågslid**.

**Botn Skysstasjon,** 54 Betten, Tel. 35 07 05 35, Fax 35 07 05 83, Cafeteria.

**Vågslid Høgfjellshotel,** 138 Betten, Tel. 35 07 05 85, Fax 35 07 05 72, Sauna. Geschlossen: 22. 4. bis 15. 5. und 1. 10. bis 31.12.

---

### CAMPING

**Hovden**

**Camping Hovden Fjellstoge *** [N 59° 34‘ 47.9“  E 7° 23‘ 17.2“],** Tel. 37 93 95 43; www.hovdenfjellstoge.no; 1. Jan. – 31. Dez.; ca. 3 km nördl. von Hovden an der Straße 9; Campingmöglichkeit 850 m hoch gelegen, bei einer Hütten- und Dauercampersiedlung, mit Gasthof und Jugendherberge; ca. 2,5 ha – 50 Stpl.; Standardausstattung; **V & E für Wohnmobile;** 21 Miethütten.

**Haukeligrend**

**Camping Tallaksbru **,** Tel. 35 07 01 72; Anf. Juni – Ende Sept.; an der Straße 9, Abzweig von der E134; kleiner, ebener Platz an der Flußbrücke; ca. 1 ha – 50 Stpl.; einfache Standardausstattung; 10 Miethütten.

**Camping Velemoen **,** Edland, Tel. 35 07 01 09; 15. Mai. – 30. Sept.; bei Edland, ca. 3 km östl. Haukeligrend an der E134; ca. 1,5 ha – 50 Stpl.; Standardausstattung; Kiosk; 13 Miethütten.

## HAUKELIGREND – RØLDAL – SKÅNEVIK – BERGEN

**Länge dieser Tour:** Rund 280 km + 2 Fähren.

**Die Route:** Auf der E134 über **Røldal** und **Skarsmo** über **Kyrping** nach **Haland/Lauareide** – R48 bis **Skånevik** – Fähre nach **Utåker** – R48 über **Rosendal** bis **Löfallstrand** – Fähre nach **Gjermundshamn** – R48 bis **Tysse** – R7 bis **Trengereid** – E16/E39 bis **Bergen.**

**Reisedauer:** Mindestens ein Tag, für Bergen mindestens ein weiterer Tag.

**Reisehöhepunkte:** Die Fahrt über das **Haukelifjell** * – Wandern auf der **Hardangervidda** ** – die **Røldal Stabkirche** * – Abstecher zum Wasserfall **Låtefoss** *** bei Skarsmo – der Wasserfall **Langfoss** *** – die Strecken entlang des **Åkrafjords** und des **Hardangerfjords** – Baronie und Park in **Rosendal** ** – Bergens Hafenviertel Bryggen *** – **Gamle Bergen** **.

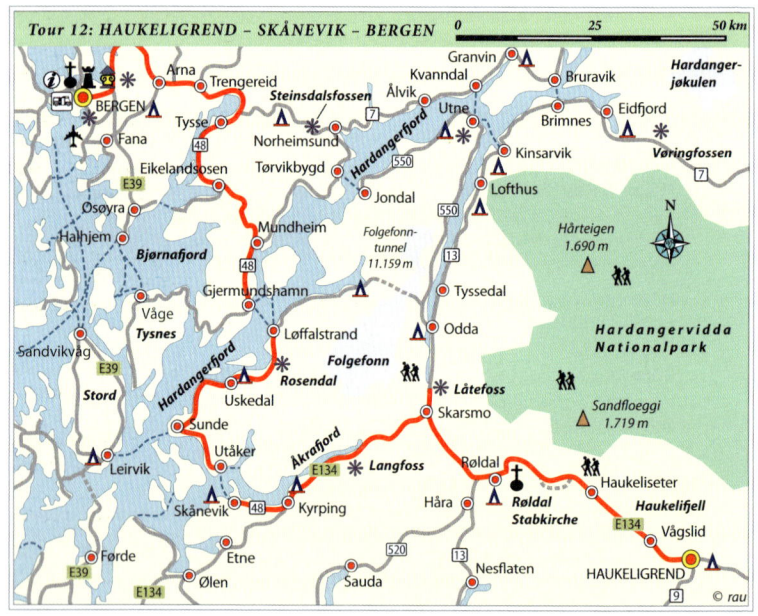

**ROUTE:** *Ab* **Haukeligrend** *auf der E134 nach Nordwesten.*

Hinter Haukeligrend beginnt die Straße langsam anzusteigen. Sie führt hinauf nach **Vågslid**, einem etwa 900 m hoch gelegenen Wintersportgebiet, das mitten in einem seenreichen Hochplateau, dem **Haukelifjell** liegt. Die Landschaft hier oben nimmt gebirgsähnlichen Charakter an.

Bei der **Prestegård Turisthytte** passiert man den gut 1,5 km langen **Prestegård Tunnel**. Wenig später kommt man an der

**Haukeliseter Hall** und an der **Haukeliseter Fjellstue** am Ståvatnet vorbei.

Diese Hotels bzw. bewirtschafteten Gebirgshütten sind Ausgangspunkte für ausgedehnte **Wandertouren** in die südlich gelegene **Setesdalsheiene** oder in die riesige, sich nach Norden erstreckende **Hardangervidda**. Diese Hochebene soll die größte ihrer Art in ganz Europa sein. Große Teile (3.430 qkm) wurden 1981 zum **Nationalpark** erklärt. So um die 1.000 Höhenmeter zieht sich die schier endlos erscheinende, sehr vegetationsarme und von zahllosen Seen zwischen Granitbuckeln durchsetzte Hochfläche weit nach Norden bis in die Nähe des Gletschers Hardangerjökulen.

### Wandern auf der Hardangervidda Tourenvorschläge

Die gesamte Hardangervidda ist ein ganz hervorragendes, im Sommer auch stark frequentiertes Gebiet für mehrtägige Wandertouren. Zahlreiche Hütten stehen zur Verfügung, die von verschiedenen Wandervereinen betreut werden. Einer der Vereine ist *Den Norske Turistforening* in Oslo; *www.turistforeningen.no*.

Eine der vielen möglichen Touren wäre eine Durchquerung der Hardangervidda in Nordsüdrichtung, von **Haukeliseter** nach **Haugastøl** an der Straße 7, ca. 22 km westlich von Geilo. Die Tour dauert mindestens sechs Tage!

**1. Tag: Haukeliseter – Hellevassbu**, 7 Stunden, Hütte in 1.160 m, Selbstbedienung, 26 Betten.

**2. Tag: Hellevassbu – Litlos**, 5 Stunden, bewirtschaftete Hütte in 1.180 m, 52 Betten.

**3. Tag: Litlos – Sandhaug**, 7 Stunden, bewirtschaftete Hütte in 1.250 m, 80 Betten.

**4. Tag: Sandhaug – Bjoreidalshytta**, 6 Stunden (kürzere Etappen mit Übernachtungen in den Privathütten **Hellehalsen** oder **Trondsbu** nach telefonischer Absprache möglich), privat bewirtschaftete Hütte.

**5. Tag: Bjoreidalshytta – Kråkkja**, 5 Stunden, bewirtschaftete Hütte in 1.162 m, 66 Betten.

**6. Tag: Kråkkjahytta – Haugastøl**, 5 Stunden, privat geführtes Berghotel, Bahnstation.

### HAUPTROUTE

**ROUTE:** *Weiterfahrt von der Haukeliseter Fjellstue auf der E134 nach Westen. Nach weiteren sieben Kilometern Fahrt durch die überaus eindrucksvolle Berglandschaft des Haukelifjell erreicht man das Ostportal des fast 6 km langen* **Haukelitunnels**.

### Sommerweg über den Dyrskar-Pass

Direkt vor dem Tunneleingang zweigt rechts ein kleines Sträßchen ab. Die alte Straßentrasse (befestigt, aber schmal) führt über den 1.148 m hohen **Dyrskar-Pass** mit prächtigem Panoramablick und erreicht nach etwa 6 km wieder die E134.

Diese vor allem bei schönem Wetter überaus lohnende Fahrt scheint allerdings für Wohnwagengespanne ungeeignet! Sie sollten lieber den bequemen Weg durch das Haukelitunnel nehmen. Der Weg über den Dyrskar-Pass kann bis weit in den Juni hinein wegen Schnee gesperrt sein!

Bleibt man dagegen auf der Hauptstraße E134 passiert man den Haukelitunnel, später den etwa 1 km langen **Svandalsflonatunnel**.

Seit dem Haukelitunnel befinden wir uns in der **Provinz Hordaland** mit Bergen als Provinzhauptstadt. Hordalands wild zerklüftete Küste wird von den großen Fjorden Hardanger, Bjørna und Bømla maßgeblich geprägt.

Bald taucht unterhalb der E134 **Røldal** auf. Sehenswert ist neben dem kleinen Dorf-

**Røldal Turistinformasjon**, 5760 Røldal, Tel. 53 64 72 59.

### CAMPING

**Camping Skysstasjonen \*\*\*\***, Kyrkevegen 24, Tel. 53 64 73 85; www.skysstasjonen.no; 1. Jan. – 31. Dez.; ca. 1,5 ha – 30 Stpl.; Nähe Stabkirche, Sanitärs, Imbiss,Fahrradverleih; **V & E für Wohnmobile**; 9 Miethütten.

**Seim Camping \*\*\* [N 59° 49' 48"  E 6° 48' 38"]**, Tel. 53 64 73 71; www.seimcamping.no; 1. Jan. – 31. Dez.; Campinggelände im Ort bei der Stabkirche; ca. 2 ha – 40 Stpl.; **V & E für Wohnmobile**; 7 Miethütten.

**Røldal Hyttegrend og Camping \*\*\*\* [N 59° 49' 51"  E 6° 49' 40"]**, Kyrkevegen 49, Tel. 53 64 71 33; www.roldal-camping.no; 1. Jan. – 31. Dez.; im Ort Nähe Stabkirche; ca. 1 ha – 50 Stpl.; Standardausstattung; 9 Miethütten.

**Saltvold Camping \*\*  N  59° 49' 52.7"    E 6° 49' 15.4"**, Tel. 53 64 72 45; 1. Jan.–31. Dez.; im Ort Nähe Stabkirche; ca. 2 ha – 90 Stpl.; einf. Standardausstattung; 9 Miethütten \*\*-\*\*\*\*\*.

*Blick auf Røldal*

museum die **Stabkirche von Røldal** aus dem frühen 13. Jh. Im Inneren sieht man u. a. eine schön gearbeitete Kanzel und ein wundertätiges Pilgerkreuz über dem Chor.

Bei der Kirche liegen Reste eisenzeitlicher Hünengräber.

**ROUTE:** *Hinter Røldal folgt die E134 ein Stück dem See Røldalsvatnet, um dann in Serpentinen über die* **Hordalia Bergstraße** *hinauf ins Røldalsfjellet zu führen. Es bieten sich sehr schöne Ausblicke. Durch zwei Tunnels, 5 km und 2,5 km lang, gelangt man hinab ins Hochtal von* **Seljestad**.

*Nach Seljestad passiert man das Wintersportgebiet bei* **Solfonn** *und erreicht kurz darauf den Abzweig der Straße 13 bei* **Skarsmo**.

### Achtung Routenalternativen!

In **Skarsmo [N 59° 55' 31.6" E 6° 34' 28.8"]** kann man sich entscheiden, ob man der weiter unten beschriebenen **Hauptroute** (E134) über Skånevik und Rosendal/Løffalstrand oder lieber der Route über **Odda** (R13) und das mautpflichtige **Folgefonntunnel** (R551) folgen möchte.

Auf letzterem Weg würde man eine Fährpassage (Skånevik - Utåker) einsparen, dafür aber schlagen die Mautgebühren für den Folgefonntunnel zu Buche. Ab Løffalstrand stößt man wieder auf die Hauptroute.

***Mein Tipp!*** Wer sich für imposante Wasserfälle begeistern kann, sollte aber – auch wenn man sich für die Hautproute über Skånevik entscheidet – auf alle Fälle die wenigen Kilometer von Skarsmo auf der R13 nordwärts bis zum 170 m hohen Zwillingswasserfall **Låtefoss [N 59° 56' 53.5" E 6° 35' 01.2"]** fahren.

### HAUPTROUTE

**ROUTE:** *Bei* **Skarsmo** *wendet sich die E134 nach Südwesten und folgt nun durch das* **Sørdalen** *und am* **Åkra-fjord** *entlang rund 43 km nach Südwesten.*

Es ist eine sehr reizvolle Fahrt durch das **Sørdalen** entlang eines wilden Gebirgsbaches, der immer wieder durch tosende Wasserfälle auf sich aufmerksam macht.

Ab **Fjæra** zieht die Straße durch etliche Tunnels hoch über dem herrlichen **Åkrafjord** entlang.

Einige Kilometern südwestlich von Fjæra stürzt von der linken Bergflanke unübersehbar und unüberhörbar der gewaltige **Langfoss** hinab zum Fjord. Insgesamt toben die Wasser des Falls in wilden Schleiern und Kaskaden über 600 m tief zu Tal. Nach längeren Regenfällen ist der Anblick besonders imposant.

Bei **Tjelmeland** kann man hinab nach **Kyrping** abzweigen, das sehr schön am Åkrafjord liegt.

**ROUTE:** *Wenige Kilometer südlich von* Tjelmeland *zweigt von der E134 bei Lauareide die R48 nach Westen ab. Ihr folgen wir und*

**HOTELS**

**Skånevik**

**Skånevik Fjordhotel**, 110 Betten, Tel. 53 75 55 00, Fax 53 75 52 55, Restaurant, Schwimmbad. Parkplatz.

**CAMPING**

**Kyrping**

**Camping Kyrping *** [N 59° 44' 43"  E6° 6' 41"]**, Tel. 53 777 98 89; www. kyrping-camping.no; 1. Apr. – 1. Okt.; durch die wellige Geländeform mehrfach unterteilte, terrassierte Wiesen in reizvoller Lage am Åkrafjord, mit kleinen idyllischen Buchten zwischen Felsen; einige befestigte Stellplätze für Wohnmobile; ca. 3 ha – 150 Stpl. davon etwa die Hälfte Dau.; Standardausstattung; Kiosk; **V & E für Wohnmobile**; 19 Miethütten. Bootssteg.

**Skånevik**

**Camping Toflebrekko ***,** Tel. 53 75 52 87; www.skaanevik.no; 1. Mai – 31. Sept.; westl. des Ortes; Campingmöglichkeit bei einer Gästepension, Wiesengelände am Fjord; ca. 1,5 ha – 40 Stpl.; einfache Standardausstattung; 10 Miethütten.

erreichen nach 14 km kurvenreicher Fahrt den **Fährhafen Skånevik** [N 59° 43' 58.4"  E 5° 55' 54.0"] *am gleichnamigen Fjord. Von hier verkehren Fähren nach Matre und nach* **Utåker** [N 59° 46' 55.4"  E 5° 54' 06.2"].

*Die* **Fähren nach Utåker** *verkehren täglich zwischen ca. 7 und 22 Uhr bis zu 15 mal, Fahrtdauer rund 20 Minuten. Weiter ab Utåker auf der Straße 48 über* **Sunde, Uskedal** *und* **Rosendal** *zum* **Fährhafen Løfallstrand.**

Sehenswert in **Rosendal** ist – neben der turmlosen **Kvinnherad Kirche** aus dem 13. Jh. – das **Renaissanceschloss „Baroniet"** **[N 59° 59' 07.3"  E 6° 00' 41.7"]** *(geöffnet Mai - Mitte Sept. 12 - 16 Uhr, stündliche Führungen).* Der Adelssitz aus dem 17. Jh., dessen vier Gebäudeflügel sich um einen Innenhof gruppieren, liegt mitten in einem herrlichen, sehr gepflegten Park mit alten Bäumen und romantischen Wasserläufen. Schönes **Café mit Gartenterrasse.**

Herrlich ist die Landschaft am **Hardangerfjord** besonders im späten Frühling, wenn etwa Ende Mai die Obstbäume weiß und rosa blühen und die leuchtend grünen Wiesenhänge übersät sind mit gelbem Hahnenfuß und Löwenzahn. In eigentümlichem Kontrast stehen dann die noch schneebedeckten Bergkuppen, die sich im tiefblauen, klaren Wasser des Fjordes spiegeln. Unzählige Wasserfälle stürzen, weißen Schleiern gleich, von den Bergen.

Nahezu 170 km weit erstreckt sich der Hardangerfjord mit seinen vielen Verzweigungen in das Land.

**ROUTE:** *In* **Løfallstrand** [N 60° 01' 00.0"  E 5° 59' 53.0"] *nehmen wir die* **Fähre nach Gjermundshamn** [N 60° 03' 45.2"  E 5° 55' 13.4"]. *Sie verkehrt täglich zwischen ca. 6 und 22 Uhr bis zu 13 mal, Fahrtdauer rund 25 Minuten.*

***Mein Tipp!*** **Gespannfahrer** sollten für die Weiterreise ab Gjermundshamn den Weg südwestwärts über die R49 nach **Våge** in Betracht ziehen, um von dort die **Fähre nach Halhjem** (unbedingt vorher in Gjer-

*Imposant, der Wasserfall Låtefoss*

**PRAKTISCHE HINWEISE – USKEDAL/ROSENDAL**

**Rosendal Turistinformasjon,** 5470 Rosendal, Tel. 53 48 13 11.

**HOTELS**
**Rosendal**
**Rosendal Fjordhotel,** 120 Betten, Tel. 53 48 15 11, Fax 53 48 16 00, Restaurant, Sauna, Parkplatz.
**Rosendal Gjestgiveri,** Tel. 53 47 36 66, Fax 53 48 19 86, zentral gelegen, Restaurant, Pub.

**CAMPING**
**Uskedal**
**Camping Rabben \*\*\*,** Tel 53 48 61 50, www.rabbencamping.no; 1. Jan. – 31. Dez.; bei der weißen Kirche, zwei ebene Wiesen am Storsundet; einfache Standardausstattung; 18 Miethütten.

mundshamn nach neuesten Abfahrtszeiten erkundigen!) zu nehmen und über die E39 nach Bergen weiterzureisen. Grund für diese Überlegung ist das letzte, teils schmale Stück der R48 zwischen **Eikelandsosen [N 60° 14' 31.8"  E 5° 44' 35.2"]** und **Tysse** an der E16.

*ROUTE:* *Von Gjermundshamn über die R48 nordwärts nach* **Tysse** *(49 km). Ab Tysse erreicht man über die gut ausgebaute E16 (einige Tunnels, mautpflichtig) und über* **Ytre Arna** *rasch die Stadt* **Bergen** *(50 km).*

**Bergen,** die große alte Handels- und Hafenstadt an der norwegischen Westküste, zählt zu den reizvollsten und besuchenswertesten Städten Norwegens. Alleine schon die von Fjorden und Bergzügen geprägte Lage der Stadt machen sie zu einem anziehenden Reiseziel.

Bergen kann auf eine lange Geschichte zurückblicken, die seit eh und je von Seefahrt und Handel geprägt wird.

Schon 1070 legte hier König Olav Kyrre einen Hafen an. Bergen ist somit eine der ältesten Stadtgründungen Norwegens. Die günstige Lage des Hafens ließ ihn rasch an Bedeutung gewinnen und machte ihn schon früh zu einem einflussreichen Seehandelszentrum. Wie bedeutend Bergen damals schon war zeigt die Tatsache, daß die Stadt vom 12. bis ins 13. Jh. 200 Jahre lang Norwegens Hauptstadt war.

Im 14. Jh. nutzten hanseatische Kaufleute die günstige Lage der Stadt und trugen maßgeblich mit dazu bei, aus Bergen das größte Hafen- und Handelszentrum Skandinaviens zu machen. Längs des Hafens **Vågen** stehen an den Bryggen heute noch die spitzgiebeligen Handelshäuser aus der Hansezeit, die das Hafenviertel prägen. Das große Geld machten die hanseatischen „Pfeffersäcke" mit Salz, das sie mit ihren Koggen aus deutschen Landen anlandeten und dafür Fisch (Stockfisch), das traditionelle Freitagsessen gutgläubiger Christenmenschen, mit in die Hansestädte nahmen.

Zwar wurde Bergen 1702 von einer verheerenden Feuersbrunst fast vollständig zerstört, dennoch war die Stadt um 1800 nach wie vor die wohlhabendste und einflußreichste des Landes. Ein weiterer großer Stadtbrand veränderte 1916 abermals das Gesicht Bergens.

Heute ist Bergen immer noch bedeutende Handels- und Hafenstadt mit zunehmenden Aufgaben im Versorgungsbereich der norwegischen Off-Shore-Ölförderung. Es ist mit rund 247.000 Einwohnern die zweitgrößte Stadt Norwegens und es ist, mit viermal mehr Regen als im Landesdurchschnitt, die regenreichste Stadt des Landes.

Bergen ist aber auch eine Stadt mit einer lebendigen, langjährigen Kulturtradition. *Ole Bull,* der große Violinvirtuose, gründete hier das erste *Theater* Norwegens. Das städtische *Symphonieorchester* kann auf eine über 200jährige Geschichte zurückblicken.

Einen Ruf, der über die Grenzen der Stadt hinaus reicht, hat das ehrwürdige, bereits 1765 gegründete *Bergen Filharmoniske Orkester.* Und längst haben die *Bergen Festspiele,* die jedes Jahr im Mai/Juni stattfinden, internationale Anerkennung gefunden.

**Parken in der Innenstadt** – Pkw-Touristen wird interessieren, dass ihnen mit dem **Parkhaus Bygarasien [N 60° 23' 12.7"  E 5° 20' 02.7"],** Vestre Strømkai, Tel. 55 56 88

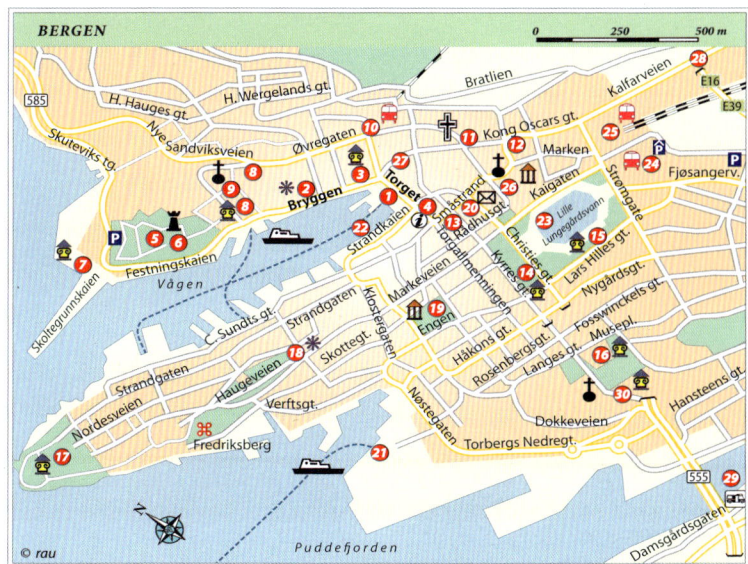

*BERGEN, Zentrum  –  1 Torget, Marktplatz, Fischmarkt – 2 Bryggen – 3 Hanseatisches Museum – 4 Touristeninformation – 5 Bergenhus Festung – 6 Håkonshalle, Rosenkrantzturm – 7 Fischereimuseum – 8 Bryggenmuseum u. Schøtstuene – 9 Marienkirche – 10 Standseilbahn auf den Fløyen – 11 Domkirche – 12 Lepramuseum – 13 Galleriet – 14 Kunstgewerbemuseum – 15 Städtisches Kunstmuseum, Bergener Kunstverein, Rasmus Meyers Sammlung – 16 Botanischer Garten, Naturhistorische Sammlung – 17 Aquarium – 18 Klosteret, Platz und alte Gassen – 19 Theater – 20 Post – 21 Hurtigruten Schiffe – 22 Strandkaiterminal, Hochgeschwindigkeitskatamarane nach Stavanger, Haugesund, zum Hardangerfjord, Sognefjord, Nordfjord  – 23 Lille Lungegårdsvann – 24 Busbahnhof, Bergens Storsenter, Großparkhaus – 25 Bahnhof – 26 Rathaus  – 27 Korskirken – 28 Ein-/Ausfahrt Fløyfjellstunnel – 29 Wohnmobil-Stellplatz – 30 Schifffahrtsmuseum, Kulturhistorisches Museum*

70, beim Busbahnhof und in Bahnhofsnähe ein Tag und Nacht geöffnetes Großparkhaus in Zentrumsnähe (ca. 5 Min. bis Torget) zur Verfügung steht (gebührenpflichtig).

In der Innenstadt einen freien, wenn auch gebührenpflichtigen Straßenparkplatz zu finden, ist in Bergen ziemlich problematisch.

Die Zufahrten in den Innenstadtbereich von Bergen, der übrigens durch ein Tunnelsystem unter dem Fløyen komplett umgangen werden kann, sind **mautpflichtig!** Mautpflicht besteht Montag bis Freitag von 6 Uhr bis 22 Uhr.

### Stadtspaziergang

Wir beginnen unseren **Stadtrundgang** im Zentrum Bergens am **Touristeninformationsbüro (4) [N 60° 23' 38.8"  E 5° 19' 32.9"]**, Vågsallmenningen 1, an der Ostseite des **Torget (1) [N 60° 23' 42.9"  E 5° 19' 32.9"]**.

Das Touristenbüro ist in einem beachtenswerten, repräsentativen Renaissancegebäude, der ehemaligen Bergener Börse, untergebracht. Der Bau, der auch als **Fresko-Halle** bekannt ist, stammt aus der Mitte das 19. Jh. und ist im Inneren mit Fresken von Axel Revold (1887 – 1962) ausgemalt.

Wenn Sie vorhaben, viele Museen zu besichtigen und auf Ihrer Stadtbesichtigung ausgiebig die öffentlichen Verkehrsmittel benutzen wollen, sollten Sie über die Vorteile der **Bergen Card** nachdenken, die Eintrittsvergünstigungen bietet. Man kann die Karte u. a. in der **Tourist Information** kaufen. Näheres über die Bergen Karte steht weiter unten unter „Bergen – Praktische Informationen".

Unweit südlich des Touristeninformationsbüros liegt das moderne **Einkaufszentrum Galleriet (13)** mit annähernd 70 Geschäften *(geöffnet bis 20 Uhr)* in der Torgallmenningen .

*Blick über die Hafenbucht auf Bergens historisches Stadtviertel Bryggen*

Wir gehen zum gleich westlich der Touristeninformation gelegenen **Torget (1)** , Bergens zentraler Marktplatz mit dem Seefahrtdenkmal von Dyre Vaa am Ostende des Hafenbeckens Vågen.

Auf dem Torget findet vor dem Hafengebäude **Zacharias Brücke** werktags ein lebhafter Markt statt. Aus dem ursprünglich einmal bunten, lebhaften Fischmarkt ist allerdings längst ein touristischer Souvenirmarkt geworden, auf dem frischer Fisch mehr und mehr eine Nebenrolle spielt.

Nur wenige Schritte weiter nordwärts kommt man zur markanten Holzhäuserzeile an den **Bryggen (2) [N 60° 23' 50.3" E 5° 19' 21.7"]**, früher auch Tyske Bryggen (Deutsche Brücke), an der Nordseite des Hafenbeckens Vågen. Hier waren einstmals das Zentrum der Handelskontore der hanseatischen Kaufleute.

Prägend für das hiesige Stadtviertel und überaus fotogen sind die **Giebelfassaden der Holzhäuser** im Bryggenviertel. Viele der Gebäude stammen noch aus dem frühen 18. Jh. Hier lag das Zentrum des Warenumschlags, mit Speichern, Geschäften und den Zentralen der großen Handelshäuser.

Schlendern Sie durch die schmalen Gassen, in denen sich heute kleine Boutiquen, Geschäfte und Restaurants (z. B. „Tracteursted" oder „Enhjørningen") angesiedelt haben.

Wenn Sie mehr über die Zeit der Hanse und ihre Kaufmannsgilden in Bergen erfahren wollen, sollten Sie nicht versäumen, das **Hanseatisk Museum**, das **Hanseatische Museum (3) [N 60° 23' 44.5" E 5° 19' 33.0"]** zu besuchen *(geöffnet 15. Mai - 15. Sept. tgl. 9 - 17 Uhr, übrige Zeit Di - Sa 11 - 14, So 11 - 16; Eintritt gilt auch für Schøtsuene; www.museumvest.no)*. Das Museum ist am Ostende der Bryggen im „Finnegården", einem der am besten erhaltenen Holzgebäude der Stadt, untergebracht und im Stil eines Kaufmannskontors des 16. Jh. eingerichtet.

Wir gehen die Bryggen entlang nach Westen, vorbei an den malerischen Häuserfronten. Ein gutes Stück weiter erhebt sich die **Festung Bergenhus (5).**

Die Ursprünge dieser befestigten Königsresidenz gehen zurück ins frühe 12. Jh., als König Øystein Magnusson (1103 – 1122), ein Enkel des Stadtgründers Olav Kyrre, die Bedeutung des Handelsortes erkannte und seinen Lebensnerv, den Hafen, durch eine Festung sichern ließ.

Später wurde Bergenhus unter König Håkon Håkonsson Zug um Zug in eine befestigte, aus Stein errichtete Residenz verwandelt. Damals um 1250 entstand auch die **Håkonshalle (6)**, eine große Repräsentationshalle des mittelalterlichen norwegischen Königshauses, die 1261 anläßlich der Hochzeit und Krönung von König Magnus Håkonsson eingeweiht wurde.

Schließlich erhielt Bergenhus um 1560 unter dem Schloßhauptmann Erik Rosenkrantz eine ansprechende Fassade und der ehemals schlichte **Rosenkrantzturm [N 60° 23' 58.6" E 5° 19' 00.0"]** an der Südostseite der Burganlage wurde in einen repräsentativen Wohnturm mit etwas freundlicherer Renaissancefassade umgebaut *(geöffnet 15. Mai - 31. Aug. tgl. 10 - 16 Uhr; 1. Sept. - 14. Mai So 12 - 15 Uhr)*.

Noch ein Stück weiter stadtauswärts kommt man zum **Norges Fiskerimuseum (7) [N 60° 24' 05.3" E 5° 18' 51.5"],** dem Norwegischen Fischereimuseum, am Kai von Bontelabo an der Bucht Skutviken *(geöffnet 1. Juni - 31. Aug. Mo - Fr 10 - 18, Sa + So 11 - 16 Uhr, übrige Zeit tgl. a. Sa 11 - 16 Uhr; www. museumvest.no )*. Das Museum gibt Einblick in die lange Geschichte der norwegischen Fischerei und Fischindustrie.

Von Bergenhus gehen wir wieder stadteinwärts, vorbei am Hotel Dreggen, und die Straße Dreggs Almenningen am Hotel Clarion nordwärts (links).

Hinter dem Hotel liegen in der Øvregaten 50 die **„Schøtstuene" (8)** mit alten Gesellschaftsräume und Festsälen aus der Hansezeit.

Bei der Schøtstuene findet man den **Meeting Point Bryggen** mit dem modernen, besuchenswerten **Bryggens Museum (8) [N 60° 23' 53.4" E 5° 19' 21.6"],** das sich mit der kulturhistorischen und archäologischen Seite des Bryggenviertels befasst *(geöffnet 1. Mai - 31. Aug. tgl. 10 - 17 Uhr; 1. Sept. - 30. April Mo - Fr 11 - 15, Sa 12 - 15, So. 12 - 16 Uhr; www.bymuseet.no)*. Sehenswerte Keramiksammlung. Runenschriften. Ausstellungen zu Handel, Schiffahrt und Handwerk im Spätmittelalter.

In unmittelbarer Nähe erheben sich die viereckigen Doppeltürme der **Marienkirche (9) [N 60° 23' 56.0" E 5° 19' 20.8"].** Die dreischiffige Basilika wurde im 12. Jh. im romanischen Stil errichtet und ist in großen Teilen aus jener Zeit nahezu unverändert erhalten geblieben. Die Marienkirche zählt zu den ältesten Bauwerken in Bergen.

Der aussen eher schlichte Kirchenbau birgt im Inneren einige bemerkenswerte Kunstschätze wie den dreiflügeligen **Altar**. Er stammt aus dem späten 15. Jh. und wird einem Handwerker aus Lübeck zugeschrieben.

Von größtem kunstgeschichtlichen Wert ist die **Barockkanzel** der Kirche. Sie besteht aus einem turmhohen, reich gegliederten Baldachin und der eigentlichen Kanzel. Dort sind in acht säulenbegrenzten Feldern die

acht christlichen Kardinalstugenden, symbolisiert durch Frauengestalten mit Attributen, dargestellt. Zu ihnen zählen Glaube (mit Buch und Kreuz), Hoffnung (Taube und Anker) und Liebe (zwei Kinder).

Auf dem Boden der Kirche liegen alte Grabsteine aus dem 15. bis 17. Jh. von wohlhabenden deutschen Kaufleuten, Reedern und Kirchenmännern.

Außerdem sind an den Wänden der Seitenschiffe Epitaphe (Erinnerungstafeln) an namhafte und verdiente Bürger der Stadt zu sehen.

Das große Triumphkreuz über dem Mauerbogen zum Chor wurde um 1550 von Mitgliedern der hanseatischen Kaufmannsgilde gestiftet.

Gehen Sie zurück bis Ecke Bryggen/Torget und dort über die Vertlidsalmenningen nordwärts bis zur Øvregaten, dann stoßen Sie auf die Talstation der **Standseilbahn Fløibanen (10) [N 60° 23' 45.4" E 5° 19' 38.8"],** die auf den 320 m hohen **Fløyen** führt. Besonders bei klarem Wetter ist die Aussicht auf Stadt, Hafen und Umgebung den Abstecher wert. Auf dem Fløyen gibt es ein Restaurant und Spazierwege über die waldreichen Höhen.

Die Bahn verkehrt ab 8 Uhr bis 23 Uhr, im Sommer bis 24 Uhr; jede viertel Stunde. Fahrzeit ca. 10 Minuten. Inhaber der Bergen Karte können die Fløibanen gratis benutzen.

Weiter südöstlich von der Talstation liegt in der Lille Øvregate die **Domkirche (11) [N 60° 23' 38.1" E 5° 19' 48.6"],** die Kathedrale von Bergen. Die ältesten Partien des Baus gehen zurück bis ins 12. Jh. Chor und Turm dagegen stammen aus dem 13. Jh. und sind im gotischen Stil errichtet.

Noch etwas weiter östlich, Richtung Bahnhof, findet man in St. Jørgens Hospital in der Kong Oscars Gate 59 das **Lepramuseum (12) [N 60° 23' 30.7" E 5° 19' 58.0"].** Es ist untergebracht in einem ehemaligen Hospital für Leprakranke. Das Museum befasst sich mit norwegischen Pionieren im Kampf gegen die Leprakrankheit, wie z. B. dem Arzt *Armauer Hansen (geöffnet 20. Mai - 2. Sept. tgl. 11 - 15 Uhr)*.

Man kann nun über die Kong Oscars gate zurück zum Torget gehen und passiert auf diesem Wege die **Korskirken** (Kreuzkirche), ein Renaissancebau aus dem 17. Jh.

Wir halten uns links, gehen über den Torget (1) südwärts, passieren das **Kaufhaus**

*An den Bryggen in Bergen*

**Galleriet (13)** und gehen ein gutes Stück über die Torgalmenningen südöstwärts bis zum Kg. Olav V Platz am Hotel Norge. Hinter dem Hotel liegt **Permanenten,** das **Kunstgewerbemuseum (14),** Nordahl Brunsgate 9 (geöffnet 15, Mai -. 14. Sept. tgl. 11 - 17 Uhr, sonst tgl. a. Mo 12 - 16 Uhr; www.vk.museum. no). Das Museum gibt Einblick in norwegisches und skandinavisches Kunsthandwerk, darunter Keramiken und Goldschmiedearbeiten. Sehenswert auch die Abteilung über chinesische Kunst.

Wenn Sie vom Kunstgewerbemuseum weiter nach Osten gehen und die Christies gate überqueren, gelangen Sie in die Rasmus Meyers Alleé. Dort finden Sie eines der interessantesten Museen der Stadt, das **Städtische Kunstmuseum „Bergen Billedgalleri" (15) [N 60° 23' 24.2"     E 5° 19' 32.2"]** mit der **Stenersens Sammlung** (geöffnet 15, Mai -. 14. Sept. tgl. 11 - 17 Uhr, sonst tgl. a. Mo 12 - 16 Uhr; www.bergenartmuseum.no). Gezeigt wird u. a. europäische Kunst vom 13. Jh. bis in die Gegenwart. Vor allem die Stenersens Sammlung zeigt moderne Künstler wie Edvard Munch, Paul Klee (Nordeuropas größte Paul Klee Sammlung!) oder Pablo Picasso. Neben der städtischen Kunstgalerie liegt das Haus des **Bergener Kunstvereins** (wechselnde Ausstellungen zeitgenössischer Kunst).

Und ein kurzes Stück weiter ist die **Rasmus Meyers Sammlung** (norwegische Maler und Künstler aus dem 18. Jh. und bis um 1915) untergebracht (geöffnet wie Kunstmuseum).

In unmittelbarer Nachbarschaft findet man die moderne **Grieghalle,** Bergens Konzert- und Opernhaus.

Wenn Sie gerne Museen besuchen, kommen Sie ein kurzes Stück weiter südlich nochmals auf Ihre Kosten. Im südlichen Stadtteil Sydneshaugen findet man am Haakon Sheteligs plass auf dem Universitätsgelände neben dem **Botanischen Garten** noch drei Museen:

Das **Naturhistorische Museum (16) [N 60° 23' 16.4"   E 5° 19' 18.8"]** präsentiert botanische, geologische und zoologische Sammlungen.

Das **Kulturhistorische Museum (30) [],** Haakon Sheteligs plass 10 (geöffnet 1. Juni - 31. Aug. Di - Fr 10 - 16, Sa + So 11 - 16 Uhr, übrige Zeit jeweils bis 15 Uhr). Das Kulturhistorische Museum der Stadt zeigt Sammlungen aus Westnorwegen, aus dem Altertum, dem Mittelalter und der Neuzeit, außerdem archäologische Funde, eine kostbare Ikonensammlung, eine Textilausstellung, Sammlungen zur Stadtgeschichte und zur Wikingerzeit u. a.

**Das Sjøfartsmuseet (30) [N 60° 23' 11.9" E 5° 19' 11.2"],** Haakon Sheteligs plass 15 (geöffnet 1. 6. - 31. 8. tgl. 11 - 15 Uhr, übrige Zeit tgl. a. Sa. 11 - 14 Uhr). Das Schiffahrtsmuseum dokumentiert die Entwicklung der langen Seefahrtgeschichte Bergens, von den Anfängen der Stadt bis heute.

Auf der Landzunge **Nordnes**, am Nordwestrand der Stadt, liegt das **Bergen Aquarium (17)** [N 60° 23' 58.6"  E 5° 18' 15.1"], Nordnesbakken 4 *(geöffnet 1. Mai - 31. Aug. tgl. 9 - 19 Uhr, sonst tgl. 10 - 18 Uhr; www.akvariet.no).* Man erreicht es mit Bussen der Linie 11 ab Stadtzentrum. Zu Fuß gehen Sie ab Stadtmitte etwa 20 Minuten. Und in der Zeit zwischen Mai und September verkehrt ab Fischmarkt/Torget eine Fähre zum Museum. Das Aquarium zählt zu den modernsten seiner Art in Nordeuropa.

Egal ob Sie mit dem Auto oder zu Fuß zum Aquarium gekommen sind, nehmen Sie für den Rückweg in die Stadt auf jeden Fall die Straße Haugeveien. Man passiert dann die **Fredriksberg Festung** und erreicht bald darauf den **Klosteret** (Klosterberg – 18 –), einen überaus hübschen kleinen Platz, der umgeben ist von schönen alten Häusern. Einige der schmalen Gassen, die hinunter zur Sundts gate am Hafen führen, haben idyllische Winkel.

Lohnend ist ein Besuch in **Gamle Bergen** [N 60° 25' 08.9"  E 5° 18' 41.5"], einem Freilichtmuseum, das im Stadtteil **Sandviken**, Nyhavnsveien 4, nordwestlich vom Zentrum liegt *(geöffnet 13. Mai - 9. Sept. tgl. 9 - 17 Uhr; www.bymuseet.no).* Der Parkplatz am Museumseingang ist sehr klein! Eintritt in den Park frei. In „Alt Bergen" mit seinen urigen Pflasterstraßen wurden etwa 40 alte, für das alte Stadtbild Bergens typische Holzhäuser wieder aufgebaut und im Stil des 18. und 19. Jh.

eingerichtet. U. a. sieht man Stadtwohnungen des gehobenen Bürgertums, Läden und Werkstätten. Das Innere der Häuser kann nur auf Führungen besichtigt werden. Es gibt ein Restaurant.

**Ausflüge ab Bergen**

Neben einem Ausflug auf den **Ulriken** (siehe unten) oder einer **Tageskreuzfahrt** durch die Fjorde lohnen Abstecher zur **Stabkirche von Fantoft**, zum **Grieg Haus** oder noch weiter südlich zum **Lysekloster**.

Die **Fantoft Stabkirche** stammte ursprünglich aus der Mitte des 12. Jh. Sie war eine der wenigen noch komplett erhaltenen Kirchen dieser Art in Norwegen aus der Mitte des 12. Jh.

Viele Jahrzehnte zählte die wunderschöne alte Stabkirche zu den großen Sehenswürdigkeiten um Bergen, bis sie im Juni 1992 bis auf die Grundmauern niederbrannte Zwischenzeitlich ist sie aber nach alten Plänen und unter Verwendung historischer Materialien längst wieder originalgetreu rekonstruiert worden.

Die Stabkirche liegt etwa 5 km südlich von Bergen im Stadtteil Paradis, Abzweig von der E39.

Ein Stück weiter südwestlich auf dem Weg nach Troldhaugen kann **Gamlehaugen**, die Residenz des norwegischen Königs bei seinen Besuchen in Bergen, besichtigt werden *(geöffnet 1. Juni - 31. Aug. Di - Fr 12-15 Uhr, übrige Zeit Sa + So 12 - 15 Uhr; www.*

*In Gamle Bergen*

*gamlehaugen.no)*. Das Anwesen ist während Besuchen des Königs für die Öffentlichkeit geschlossen. Der Park der Residenz ist ganzjährig und unentgeltlich zugänglich.

**Troldhaugen**, ehemaliger Wohnsitz des Komponisten *Edvard Grieg*, liegt etwa 10 km südlich vom Stadtzentrum. Man verlässt die E39 Richtung Nestun und zweigt bei Hop nach Troldhaugen ab. Vom Parkplatz 5 Minuten Fußweg zum Grieghaus *(geöffnet 1. Mai - 30. Sept. tgl. 9 - 18 Uhr, übrige Zeit 10 - 14 Uhr; www.troldhaugen.com)*.

Mit Bussen ab Bergen Busbahnhof Bahnsteige 19, 20 und 21 bis Haltestelle „Hopsbroen" und noch gut 20 Minuten zu Fuß.

Grieg ließ sich Troldhaugen 1885 bauen und wohnte dort mit seiner Frau 22 Jahre lang bis zu seinem Tod. Das kleine gemütliche Holzhaus liegt mitten in einem wunderschönen Park oberhalb des Fjords. Das Innere des Hauses ist mit altem Mobiliar ausgestattet. Im Park sind Edvard Grieg und seine Frau Nina beigesetzt.

Edvard Grieg (1843 – 1907) ist Norwegens weltberühmter Komponist. Seine oft von Volksweisen inspirierten Kompositionen, sein Klavierkonzert in a-moll, Opus 16, das einzige Klavierkonzert übrigens das Grieg schrieb, und natürlich die Musik zu Ibsens Peer Gynt, zeugen nicht nur von seinem musikalischen Genie, sondern auch von einer innigen Verbundenheit mit der norwegischen Landschaft.

Mit einer Schwebeseilbahn ist der 642 m hohe **Ulriken** zu erreichen, gute Wandermöglichkeiten, ganzjährig geöffnetes Café. Die Talstation der Ulrikenbahn liegt südöstlich der Stadt, beschilderter Abzweig von der E39, die Bergstation in 607 m Höhe.

Von 15. Mai bis 15. Sept. verkehren zwischen 9.15 Uhr und 20.45 Uhr alle 30 Minuten Doppeldecker-Rundfahrtbusse ab dem Touristeninformationsbüro im Zentrum zur Talstation. Die Seilbahn auf den Ulriken verkehrt im Sommer regelmäßig zwischen 9 und 21 Uhr, im Winter bis Sonnenuntergang.

Westlich der Bergener Innenstadt liegt im **Stadtteil Laksevåg** (Strasse 582) das herrschaftliche Anwesen **Damsgård** *(geöffnet 20. Mai - 2. Sept tgl. 11 - 16 Uhr; Buslinien 19, 70 und 71 ab Bergen Zentrum))*. Der noble Landsitz, den sich ein wohlhabender „Generalkrigskommisær" namens Gyldenkrantz hatte erbauen lassen, stammt aus der zweiten Hälfte des 18. Jh. Die Räume der Villa sind alle noch im Stil des 18. und 19. Jh. original möbliert und schon alleine deshalb einen Besuch wert. Stündlich Führungen. Schöner Garten. Cafeteria.

---

### PRAKTISCHE HINWEISE – BERGEN

**Bergen Tourist Information [N 60° 23' 38.8"  E 5° 19' 32.9"],** Vågsallmenningen 1, N-5014 Bergen, Tel. 55 55 20 00; Mai + Sept. tgl. 9 – 20 Uhr, Juni, Juli + Aug. 8.30 – 22 Uhr. Übrige Jahreszeit Mo – Sa 9 – 16 Uhr.
Internet: www.visitbergen.com. Auf den Seiten von www.visitbergen.com steht der **Bergen „City-Guide"** mit nützlichen Infos zu Hotels, Ausflügen etc. zum download auch in deutscher Sprache zur Verfügung.
Mit der **Bergen Card** erhalten Sie Vergünstigungen wie freien oder ermäßigten Eintritt in viele Mussen, freie Fahrt mit öffentlichen Verkehrsmitteln etc. Die Karte ist für einen Gültigkeitszeitraum von 24 oder 48 Stunden im Touristenbüro käuflich zu erwerben.

---

### RESTAURANTS

**Bryggen Tracteursted**, das „älteste Wirtshaus Norwegens", in einem historischen Hansehaus in Bryggen, rustikales Ambiente, gute norwegische Küche, teuer, stark frequentiert; geöffnet 1. Mai – 1. Sept., Tel. 55 31 40 46.
**Bryggeloftet,** Bryggen, Tel. 55 31 06 30; gemütliches Ambiente, Blick auf den Hafen, gute Küche, Fischspezialitäten, teuer.
**Enhjørningen**, Bryggen, Tel. 55 30 69 50; in einem im Stil eines Hansehauses des 17. Jh. rekonstruierten Gebäude im Bryggen-Viertel, gepflegtes Fischrestaurant, teuer, im Sommer tgl. 16 - 23 Uhr, Tischreservierung ratsam.
**Pascal Mat og Vin**, im Rica Neptun Hotel, Valkendorfsgate 8, Tel. 55 30 68 20, ein gepflegtes, einladendes Restaurant, vorzügliche Küche, erschwinglichen Preisen.

### HOTELS

**Clarion**, 500 Betten, Bryggen, Tel. 55 54 30 00, Luxuspreisklasse, zentral, im Stil der alten Handelshäuser erbaut, Restaurant, Sauna, Schwimmbad, Garage.

**Ambassadeur,** 30 Zi., Vestre Torvgt. 9, Tel. 55 90 08 90, Fax 55 90 05 84. Kleineres Haus der Mittelklasse, etwa auf halbem Wege zwischen Torget und Botanischem Garten gelegen. Pub, Diskothek.

**Augustin,** 90 Betten, C. Sundtsgt. 22–24, Tel. 55 23 00 25 Fax 55 30 40 10; mittlere Preisklasse, zentral, Restaurant, Parkmöglichkeit.

**Bergen Hotel Best Western**, 166 Zimmer, Håkonsgt. 2, Tel. 55 90 90 80, Fax 55 23 49 20, zentrale Lage, gehobene Preisklasse, **Restaurant „Nicola's".**

**Bryggen Orion Tulip Inn Rainbow,** 400 Betten, Bradbenken 3, Tel. 55 30 87 00, Fax 55 32 94 14, gehobene Preisklasse, beim Rosenkrantzturm gelegen, **Restaurant „Gallionen"**, Nachtclub, Parkplätze.

**Dreggen,** 31 Zi., Sundbrugaten 3, Tel. 55 31 61 55, Fax 55 31 54 23, Restaurant. Zwischen Bryggen und Rosenkrantzturm gelegen.

**First Hotel Marin,** 122 Zi., Rosenkrantzgaten 8, Tel. 53 05 15 00, Fax 53 05 15 01, zeitgemäßes Geschäfts- und Tagungshotel neueren Datums mitten im Stadtteil Bryggen, gehobene Preisklasse, Konferenz- und Fitnesseinrichtungen, Restaurant, Kaffeebar.

**Hordaheimen Best Western**, 107 Betten, C. Sundtsgt. 18, Tel. 55 23 23 20, Fax 55 23 49 50, gehobene Preisklasse, zentral, Cafeteria.

**Neptun Hotel Rica**, 200 Betten, Walckendorffsgt. 8, Tel. 55 30 68 00, Fax 55 30 68 50, Stadthotel in zentraler Lage, teils mit Gemälden norwegischer Künstler ausgestattet, Restaurant, Garage.

**Rosenkrantz Golden Tulip Rainbow,** 205 Betten, Rosenkrantzgt. 7, Tel. 55 30 14 00, mitten im Stadtteil Bryggen, Luxuspreisklasse, Restaurant, Garage.

**Victoria Best Western,** 43 Zi., Kong Oscarsgt. 29, Tel. 55 31 50 30, Fax 55 32 81 78; mittlere Preisklasse, **Restaurant „Schubert",** Garage.

### CAMPING

**Lone Camping *** [N 60° 22' 26.6" E 5° 27' 24.7"],** Hardangerveien 697, Tel. 55 39 29 60; www.lonecamping.no; 1. Jan. – 31. Dez.; ca. 20 km östl. Bergen an der Straße 580; drei große, geschotterte Flächen für Caravans und Wohnmobile mit Stromanschluss, sowie ebene Wiesen, zwischen Shell-Tankstelle und einem See gelegen, in landschaftlich reizvoller Lage; ca. 4 ha – 200 Stpl.; zeitgemäße Sanitäreinrichtungen; **V & E für Wohnmobile**; 28 Miethütten ** - ****. Bootsverleih. Größter Platz östl. von Bergen, stark frequentiert.

**Bergen Camping Park [N 60° 28' 34.8" E 5° 21' 11.7"],** Travparkveien 65; 5111 Breistein, Tel. 55 24 88 08, Haukås in Åsane, ca. 15 km nordöstlich der Innenstadt, Zufahrt von der E39 Richtung Knarvik und Abzweig zur Travbane; Dauercamper- und Hüttensiedlung die auch Touristen aufnimmt, neben der Trabrennbahn; ca. 50 Stpl. für Touristen; Standardausstattung; 29 Miethütten; Motel mit 16 Zi.; Kiosk, Cafeteria.

#### Haukeland

**Bratland Camping **** [N 60° 21' 06.2" E 5° 26' 08.0"],** Bratlandsveien 6, Tel. 55 10 13 38; www.bratlandcamping.no; 18. Mai – 15. Sept.; ca. 15 km östl. Bergen; kleinere Anlage, geschotterterte Fläche und Wiesenstreifen an der Straße 580, **V & E für Wohnmobile**; 28 Miethütten ** - *****.

#### Wohnmobil-Stellplatz

**Bergen Bobilsenter [N 60° 24' 22.0" E 5° 19' 23.8"],** Damsgårdsveien 99, Tel. 55 34 05 00, www.helgheim-auksjon.no/bobil; am südl. Stadtrand Zufahrt von der R540 vor der Puddefjord-Brücke; ganzjährig geöffnet; 75 Plätze; gebührenpflichtig; ebener, schattenloser, befestigter Parkplatz, unmittelbar östlich der Brücke am Damsgårdsundet; WC, Dusche, Stromanschlüsse, Waschmaschine, Trockner, Ausguss für Chemikal-WC.

## BERGEN – VOSS

**Länge dieser Tour:** Rund 180 km, ohne Abstecher.

**Die Route:** Über die E16 bis **Trengereid** – R7 bis **Granvin** – R13 bis **Voss**.

**Reisedauer:** Mindestens ein Tag. Direkter Weg auf der E16 und über **Dale** höchstens ein halber Tag.

**Reisehöhepunkte:** Der **Steinsdalsfossen \*** in Fossatun – die Fahrt entlang des **Hardangerfjords \*\*** – die **Fahrt über das Fjell** nach Voss.

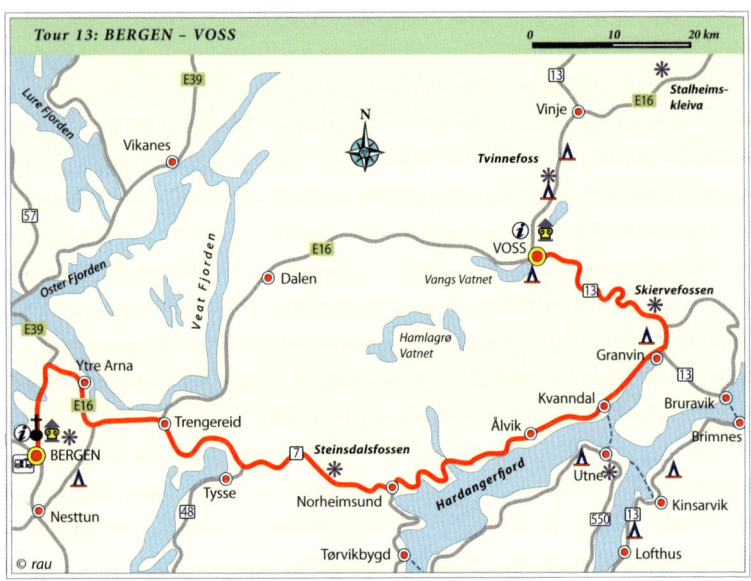

**ROUTE:** *Auf der E39/R585 über **Paradis** (Fantoft Stabkirche), **Hop** (Abzweig zum Grieg Haus) zunächst südwärts bis **Nesttun**. Ab Nesttun dann auf der R580 nordwärts über **Haukeland** und **Espeland** bis **Indre Arna** an der E16. Der E16 folgen wir ein kurzes Stück ostwärts bis **Trengereid**.*

*Ab Trengereid nehmen wir die Straße R7, die ostwärts über **Norheimsund**, **Ålvik** und **Kvanndal** nach **Granvin** führt (rund 140 km).*

### Abkürzende, schnelle Alternativroute

**ALTERNATIVROUTE:** *Ab Bergen bis zur E16 bei **Trengereid** (wie Hauptroute). Ab Trengereid bleibt man aber auf der E16, die nordostwärts nach **Voss** führt (rund 100 km).*

Die bestens ausgebaute E16 führt durch reizvolle Landschaft, besonders zwischen **Dale** und **Voss**. Durch die zahlreichen Tunnels ist die Strecke zwar relativ rasch zu bewältigen (reine Fahrzeit eine gute Stunde bis Voss), dafür sieht man aber von der Landschaft weniger.

Details über Voss finden Sie weiter hinten auf dieser Tour.

### HAUPTROUTE

**ROUTE:** *Unsere **Hauptroute** folgt ab **Trengereid** der R7, die bei **Haga/Tysse** die Fjordküste verlässt und durch ein enger werdendes Tal und durch Tunnels hinauf auf das **Hochplateau Kvamskogen** (Ski- und Wandergebiet mit Hütten und Liften, NAF Kro & Camping) führt. Es ist eine sehr reizvolle Fahrt!*

Weiter westlich, vor der Fahrt hinab in die **Schlucht Tokagjelet** (Tunnels), bieten sich schöne Ausblicke nach Südosten zum Gletscher Folgefonn.

Im Tal sollte man in **Fossatun** links der Straße auf den wilden Wasserfall **Steinsdals-fossen [N 60° 22' 12.5" E 6° 06' 22.9"]** achten. Ein Fußweg führt hinter dem Wasservorhang hindurch. Nahebei ein Café.

ROUTE: *In* **Norheimsund** *(Mo Camping) stößt die Straße wieder auf den Hardangerfjord, an dem sich die R7 kurvenreich und teils etwas schmal entlang schlängelt. Über* **Ålvik** *erreicht man die* **Fährstation Kvanndal [N 60° 28' 18.6" E 6° 36' 44.6"].**

*Ab Kvanndal – noch bis 1945 war der Ort ohne Straßenverbindung – verkehren* **Fähren nach Utne** *(Hardanger Folkemuseum, Camping Lothe og Badeplass) sowie nach* **Kinsarvik**.

*Weiterreise von Kvanndal auf der R7 bis* **Granvin**.

In **Granvin [N 60° 31' 43.6" E 6° 43' 36.1"]** (**Freilichtmuseum** und **Touristkontor,** nur im Sommer geöffnet) kann man ostwärts abzweigen und gelangt dann durch das 7,5 km lange **Vallavik Tunnel** zur **Fährstation Bruravik [N 60° 29' 38.0" E 6° 53' 31.9"]**.

### Abstecher zum Vöringfoss

Ab Bruravik kann man mit der Fähre nach **Brimnes [N 60° 28' 16.9" E 6° 54' 30.0"]** übersetzen und von dort auf der R7 über **Eidfjord [N 60° 27' 59.0" E 7° 04' 10.6"]** und **Øvre Eidfjord** (Campings) hinauf auf die **Hardangervidda** zum spektakulären Wasserfall **Vöringsfoss** gelangen. Sehr schöne Fahrt!

Am Ostrand von Øvre Eidfjord liegt unmittelbar an der R7 das moderne Museumsgebäude des **Hardangervidda Naturzentrums**. Ausstellungen geben Einblick in Natur, Kultur, Fauna und Flora der Hardangervidda, die angrenzenden Täler und Gletscher. Sehr sehenswert: Ein 225° Panoramafilm.

### Umweg über Ulvik

Wer auf der Suche nach schönen Wandergebieten ist, fährt von Granvin bis **Bruravik** und dort nordwärts nach **Ulvik [N 60° 34' 13.3" E 6° 54' 55.1"]**, einem viel besuchten und hübsch am Ulvikfjord gelegenen Sommerferienort (*Ulvik Fjordcamping,* Ende Mai – Ende August).

### HAUPTROUTE

ROUTE: *Im weiteren Verlauf unserer Route* von **Granvin** nach **Voss** *führt die Straße 13 am Ostufer des dunklen Granvinvatnet vorbei.* **Granvin Kirche** *aus dem 18. Jh.*

Wenige Kilometer weiter beginnt eine sehr **schöne Passfahrt**, die in engen, übereinander liegenden Serpentinen angesichts

*Der Steinsdalsfossen*

**CAMPING BEI GRANVIN**

**Camping Granvin *** [N 60° 33' 14.5"   E 6° 43' 50.0"],** Kyrkjestrondi, Tel. 56 52 52 82; www.granvin-hytter.no; 1. Juni – 30. Aug.; kleinere Anlage neben der weißen Granvin Kirche; ca. 0,5 ha – 30 Stpl.; Standardausstattung; Laden; 15 Miethütten.

**Camping Seim **,** Tel. 56 52 57 30; 1. Mai – 31. Aug.; nördl. Granvin Abzweig von der R13 Richtung Seim/Nesheim; ebene Wiesen; ca. 1 ha – 50 Stpl.; Standardausstattung; 7 Miethütten.

**Camping Espelandsdalen *** [N 60° 35' 32.546"  E 6° 48' 22.806"],** Tel. 56 52 51 67; www.espelandsdalencamping.no; 1. Mai – 1. Sept.; von der R13 Abzweig auf die R572, ca. 7 km Richtung Ulvik; kleinerer Platz am See Espelandsvatnet; 10 Miethütten.

**Camping Flatlandsmo **,** Tel. 56 51 78 08; Mai – Sept.; an der R13, etwa auf halbem Wege zwischen Granvin und Voss; Wiesen an einem See; ca. 2,5 ha – 80 Stpl.; Standardausstattung; 12 Miethütten. Gästehaus.

des tosenden **Wasserfalls Skjervefossen** bergan führt. Immer wieder schöne Ausblicke zurück und hinab ins Tal.

**Voss** in der *Provinz Hordaland*, eine Kleinstadt mit ca. 7.000 Einw.(Großgemeinde ca. 14.000 Einw.), ist wichtiger Verkehrsknotenpunkt an der E16, mit Bahnanschluss (Bergen – Myrdal – Oslo).

Dank seiner günstigen Lage zwischen dem Hardangerfjord im Süden und dem Sognefjord im Norden hat sich Voss zu einem wichtigen Fremdenverkehrsort und bedeutenden Wintersportgebiet entwickelt. Darüberhinaus bietet sich die Stadt als günstiger Ausgangspunkt für Ausflüge zum Nærøyfjord und zur berühmten Flåmbahn an.

Voss ist aber auch Sitz der Ole Bull Akademie, die als wichtiges Zentrum für Volksmusik in Norwegen fungiert.

Voss, eine vergleichsweise alte Siedlung, wurde im 2. Weltkrieg allerdings durch Bombenangriffe stark in Mitleidenschaft gezogen, so dass das Straßenbild heute von modernen Bauten geprägt wird. Lediglich die **Kirche von Voss** aus dem 13. Jh. in der Stadtmitte ist unversehrt und nahezu unverändert erhalten geblieben. Im Inneren sind Stilelemente der Renaissance (Kanzel) zu sehen.

Empfehlenswert ist ein Besuch des **Folkemuseums Voss** [N 60° 39' 04.6"   E 6° 26' 09.5"] im **Museumshofs Mølstertunet** *(geöffnet Mitte Mai - Mitte Sept. tgl. 10 - 17*

*Volkstanz im Freilichtmuseum von Voss*

Uhr, übrige Zeit tgl. a. Sa. 10 - 15 Uhr; www.vossfolkemuseum.no). Das Freilichtmuseum liegt nördlich der Stadt in schöner Hanglage. Mølstertunet besteht aus 16 alten Gebäuden. Die ältesten stammen aus dem 16. Jh. Der Hof war bis 1927 bewirtschaftet.

Im westlichen Stadtbereich liegt nördlich der Straße E16/R13 **Finnesloftet** *(geöffnet nur für Gruppen nach Voranmeldung Tel. 56 51 16 75)*, ein beeindruckendes altes Holzgebäude, das 1250 als Gildehaus oder adeliger Bankettsaal errichtet wurde und aus jener Zeit unverändert erhalten geblieben ist. Es zählt zu den größten nicht sakralen Holzbauten in Norwegen.

Prächtige Ausblicke auf die Landschaft um Voss genießt man vom 660 m hohen Aussichtspunkt auf dem **Hangursfjell** (Restaurant). Von der Talstation nordwestlich vom Stadtzentrum bringt Sie eine Kabinenseilbahn in nur vier Minuten hinauf zum Aussichtspunkt. Die Bahn verkehrt im Sommer täglich zwischen 11 und 17 Uhr alle 15 Minuten. Im Juli verkehrt ein Sessellift weiter bis in 800 m Höhe.

Oben auf dem Hangursfjell bieten sich vielfältige Wandermöglichkeiten. Wanderkarten gibt es in den Sportgeschäften in Voss.

**Ein sehr schöner Ausflug** führt von Voss nach Nordosten hinein ins herrliche **Raundalen**. Das rund 40 km lange Tal zieht sich hinauf bis nach **Upsete** (Bahnstation). Unterwegs findet man in **Mjølfjell** ein Informations - und Servicezentrum mit Lebensmittelladen, einem Café, Sanitäranlagen und einem **Parkplatz für Wohnmobile**.

Im Raundalen bieten sich vielfältige Möglichkeiten zum Wandern (man kann über das Gebirge bis nach Flåm wandern, Schwimmen (beheiztes Freibad), Reiten, Radfahren auf dem legendären Rallarvegen (Fahrradverleihs), Riverrafting, Angeln etc.

**PRAKTISCHE HINWEISE – VOSS**

**Voss Touristeninformation**, Rathaus Voss Tinghus, Uttrågate 9, 5701 Voss, Tel. 56 52 08 00; www.visitvoss.no. *Geöffnet Juni, Juli u. August Mo bis Sa 8 -19, So 12 -19 Uhr. Übrige Zeit Mo - Fr 8.30 - 15.30 Uhr.*

## HOTELS

**Fleischer's**, 115 Zi., Evangerveien 13, Tel. 56 51 11 55; www.fleischers.no; komfortables, traditionsreiches Firstclass Hotel, Haupthaus in einem historischen Gebäude aus dem 19. Jh., Restaurant, Sauna, Schwimmbad.
**Jarl**, 144 Betten, Elvegata 9 - 11, Tel. 56 51 99 00; www.jarlvoss.no; gutes Mittelklassehotel, zentrumsnah, **Restaurant „Vinstuen"**, Pub, Sauna, Schwimmbad, Parkplatz.
**Park Hotel Vossevangen**, 131 Zi, Tel. 56 53 10 00; www.parkvoss.no; gepflegtes, komfortables Firstclass Hotel mit entsprechenden Preisen, zentral gelegen, gutes **Restaurant „Elysée"** (teuer), Café, Pub, Diskothek, Piano-Bar, Parkplatz.

## CAMPING

**Camping Voss \*\* [N 60° 37' 29.4" E 6° 25' 20.6"]**, Tel. 56 51 59 97; www.voss-camping.no; 1. Jan. – 31. Dez.; im Ort von der E16 (Voss – Dale) beschilderter Abzweig; Föhrenwäldchen und Wiesen am See Vangsvatnet mit Kiesstrand und öffentlichem Badestrand; schöne Lage mit Blick auf See und Berge; ca. 1,5 ha – 70 Stpl.; Standardausstattung; Laden; **V & E für Wohnmobile;** Miethütten; beheiztes Freibad nebenan.

Der Campingplatz von Voss wird sehr stark frequentiert, besonders in den Ferienmonaten!
Wem das Gedränge hier dann zu groß wird, kann auf kleinere, etwas einfachere, aber mindestens genau so schön gelegene Plätze an der Straße E16 nach Gudvangen ausweichen (z. B. **Camping Tvinde, Camping Taulen**), siehe nächste Etappe, Tour 14, Voss – Loen.

## VOSS – LÆRDAL – LOEN

**Länge dieser Tour:** Rund 290 km + Fähre Fodnes – Mannheller.

**Die Route:** E16 über **Vinje** bis **Gudvangen** – R50 über **Flåm** nach **Aurland** – Höhenstraße über **Horndalen** oder durch das längste Tunnel der Welt nach **Lærdal** – R 5 über **Kaupanger, Sogndal** und **Færland** nach **Skei** – E39 bis **Byrkjelo** – R60 nach **Loen**.

**Alternativroute:** Mit der Fähre durch den **Nærøyfjord**.

**Abstecher:** Zur **Hopperstad Stabkirche** bei Vik. Zur **Borgund Stabkirche** bei Lærdal. Zum **Briksdalsgletscher** bei Olden.

**Reisedauer:** Mindestens zwei Tage, ohne Fahrt mit der Flåmbahn und ohne Abstecher/Wanderungen.

**Reisehöhepunkte:** Die **Hopperstad Stabkirche** *** – die Serpentinenstraße **Stalheimskleiva** * – eine Schifffahrt durch den **Nærøyfjord** *** – eine Fahrt mit der **Flåmbahn** ** – der Blick auf den **Aurlandsfjord** *** – Fahrt über die Hochfläche des **Horndalen** * – das **Lærdaltunnel** ***, das längste Tunnel der Welt *** – die **Borgund Stabkriche** *** – das **Norsk Bremuseum** * bei Fjærland – Wanderung zum **Briksdalsgletscher** ***.

**ROUTE:** *Von Voss über die E16/R13 nordwärts zunächst bis* **Vinje** *und weiter auf* *der E16 über* **Stalheim** *und durch das* **Nærøytal** *zum Fährhafen* **Gudvangen** *(46 km).*

Nach gut 10 km sieht man linkerhand den **Tvinnefoss** rund 150 m tief zu Tal stürzen (Parkplatz, Kiosk). Direkt unterhalb des Wasserfalls liegt der relativ kleine **Campingplatz Tvinde [N 60° 43′ 28.5″ E 6° 29′ 28.7″]**, (1. Jan. – 31. Dez., ca. 40 Stpl., 21 Miethütten, www.tvinde.no). Wenige Kilometer weiter liegt **Camping Taulen [N 60° 45′ 09.1″ E 6° 30′ 02.7″]**.

### Alternativroute

Alternativ zu unserer Hauptroute über Gudvangen kann man **ab Vinje [N 60° 47′ 30.1″ E 6° 30′ 30.7″]** aber auch der R13 nordwärts folgen (Wintersperre). Nach 48 km erreicht man **Vik/Viksøyri** (*Camping Vik*, Anf. Juni - Ende Aug., 8 Miethütten). Wenige Kilometer westlich des Ortes liegt die überaus sehenswerte und wunderschön erhaltene **Hopperstad Stabkirche** (*geöffnet Mai - Sept. tgl. 9 - 18 Uhr*). Alleine schon das gewaltige, vielfach gestufte und schindelgedeckte Giebeldach beeindruckt den Besucher. Die Kirche stammt aus dem frühen 12. Jh. und hat seitdem unverändert und nahezu unbeschadet alle Wirrnisse der Zeit überstanden. Eine wahre Sehenswürdigkeit.

Will man nicht den ganzen Weg zurück nach Vinje fahren, nimmt man ab Viksøyri die R13 vollends bis **Vangsnes** und dort die **Fähre nach Hella**. Ab Hella führt die R55 ostwärts am Sognefjord entlang nach **Sogndal** (37 km). Dort trifft man wieder auf die Hauptroute (siehe weiter hinten).

### HAUPTROUTE

13 km östlich von Vinje passiert die E16 den Abzweig zum schön gelegenen **Berghotel Stalheim** (s. u.). Ihm ist ein **Freilichtmu-**

*Die Hopperstad Stabkirche bei Vik*

**seum** angeschlossen, das nach Absprache mit dem Hotel besichtigt werden kann.

Die Weiterfahrt vom Hotel über die enge, steile **Stalheimskleiva-Straße [N 60° 50′ 19.9″ E 6° 41′ 50.3″]**, die in 13 Haarnadelkurven mit bis zu 18%! Gefälle, begleitet vom Sivlefoss, talwärts führt, sollte nicht mit Wohnwagen unternommen werden! Es ist dann besser Stalheim auf der gut ausgebauten E16, die hier durch zwei längere Tunnels führt, zu umfahren.

Man kann auch von der Talseite der Stalheimskleiva-Straße bis zur 3. Serpentine hinaufwandern. Von dort hat man den schönsten Blick auf den Sivlefall. Die Tras-

### HOTELS – GUDVANGEN

**Gudvangen Fjord Hotell**, 50 Betten, Tel. 57 63 39 29, Restaurant. Geschlossen 1. 1. – 15. 3.

**Vossestølen Hotel,** Tel. 56 52 99 99, etwas westlich von **Oppheim** an der E16 schön am Oppheimsvatnet gelegen, Restaurant.

**Hotel Stalheim,** 220 Betten, Tel. 56 52 01 22, www.stalheim.com, schön gelegenes, traditionsreiches Berghotel, Restaurant. *Geöffnet 1. Mai - 30. Sept.*

### CAMPING – GUDVANGEN

**Camping Vang \*\*\* [N 60° 52′ 17″ E 6° 49′ 45″]**, Tel. 57 63 39 26, www.vang-camping.no; 15. Mai – 10. Sept.; an der E16 kurz vor Gudvangen; ebene Wiesen; ca. 1 ha – 30 Stpl.; einfache Standardausstattung; 12 Miethütten.

**Gudvangen Camping \*\* [N 60° 52′ 25.0″ E 6° 49′ 52.1″]**, Tel 57 53 19 34; 15. Mai – 30. Okt., an der E16 kurz vor Gudvangen; ebene Wiese; ca. 1,5 ha – 40 Stpl.; einfache Standardausstattung; 15 Miethütten.

*Im Nærøyfjord*

senführung der alten Stalheimstraße ist an sich schon eine Sehenswürdigkeit und ein wirklich bemerkenswertes Beispiel kühner Straßenbaukunst.

**Gudvangen [N 60° 52' 46.3"  E 6° 50' 40.2"]** (Provinz Sogn og Fjordane) liegt in einem von steilen Bergwänden eingefassten Tal am Ende des Nærøyfjords, einem Ausläufer des Sognefjords, und vielleicht einer der schönsten Fjorde in Norwegen.

Ab Gudvangen verkehren **Autofähren über Kaupanger nach Lærdal (Lærdalsøyri).** Besonders in der Hauptreisezeit im Juli ist die Strecke stark frequentiert und Autoplätze sind dann knapp, was zu längeren Wartezeiten führen kann! Die Fähren verkehren ganzjährig. Abfahrten zwischen 15. Mai und 20. September ab Gudvangen vier mal täglich, um 8 Uhr, 12 Uhr, 14.45 Uhr und 18.15 Uhr. Die Zeiten können sich ändern! Die Überfahrt nach Kaupanger dauert zwei Stunden, nach Lærdal rund drei Stunden.

**Alternativroute durch den Nærøyfjord**

**Eine sehr empfehlenswerte Routenalternative** – wenn auch eine etwas teure Alternative, vor allem, wenn man auch einen Platz für sein Fahrzeug auf der Fähre benötigt  – ist der Weg **mit der Fähre** durch den engen, imposanten **Nærøyfjord**, den anschließenden **Aurlandsfjord**, den **Sognefjord** und schließlich durch den

**Lærdalsfjorden** nach **Kaupanger** (Fährzeit zwei Stunden) und evtl. weiter nach **Lærdal** (knapp drei Stunden). Der Sognefjord ist mit einer Länge von 204 km der längste Fjord der Welt – und einer der schönsten ganz Norwegens.

Die Schiffstour wird übrigens zu den **schönsten Fjordfahrten** in Norwegen gezählt! Und auf der relativ langen Passage bietet sich genügend Zeit, die prächtige Fjordlandschaft zu genießen. Ein besonderes Reiseerlebnis!

## HAUPTROUTE

**ROUTE:** *Folgt man unserer* **Hauptroute***, auf dem Landwege nach Lærdal, fährt man von* **Gudvangen** *weiter auf der E16 in nordöstlicher Richtung und durch das 11,4 km lange* **Gudvangentunnel** *nach Flåm.*

**Flåm [N 60° 51' 47.2"  E 7° 06' 48.4"]**, lange nicht viel mehr als eine beschauliche Bahnstation, präsentiert sich dem Besucher heute als turbulentes touristisches Zentrum mit großer moderner Molenanlage für Kreuzfahrt- und Ausflugschiffe, mit Promenade, Restaurant, Zugrestaurant in zwei Eisenbahnwaggons aus den 20er Jahren, Souvenirläden und großem Parkplatz.

Klein dagegen nimmt sich mittendrin das alte **Bahnhofsgebäude** aus, in dem heute das **Flåmsbanemuseet** eingerichtet ist (*geöffnet 15. Mai – Ende Okt. tgl. 12 – 16 Uhr; www.flamsbana-museet.no, auch in Deutsch*).

Ein schöner **Wander- und Fahrradweg** führt von Flåm am Fjord entlang knapp 4 km Richtung Aurland bis zum **Otternes Heimatmuseum**.

### Fahrt mit der Flåmsbahn

Die **Flåmsbahn**, nicht nur eine viel besuchte Touristenattraktion, sondern auch ein Meisterstück des Eisenbahnbaus, führt von **Flåm** südwärts durch das enge, steile Flåmsdalen von Meereshöhe hinauf zur 867 m hoch gelegenen Station **Myrdal** an der Hauptbahnstrecke Oslo – Bergen. Auf der 20 km langen Strecke, die in 45 Minuten bewältigt wird, fährt der Zug durch 20 Tunnels und Galerien mit übereinanderliegenden Schleifen und Kehren. Unterwegs Fotostop am 200 m hohen **Kjosfossen Wasserfall**.

### Radwandern auf dem alten Bahnarbeiterweg

**Der Rallarvegen**, der alte Bahnarbeiterweg, stammt noch aus dem ausgehenden 19. Jh. aus der Zeit, als die Bahntrasse Oslo – Bergen über die kargen Höhen des Kallingskarvet gebaut wurde.

Heute ist der Rallarvegen nicht nur ein überaus beliebter Rad- und Wanderweg, sondern auch ein kulturhistorisches Denkmal.

Flåm ist Start- bzw. Endpunkt des rund 80 km langen Radwanderweges Rallarvegen, der von Haugastøl (an der R7 westlich von Geilo) her kommt. Falls Sie in Flåm starten, können Sie den sehr anstrengenden Aufstieg (fast 900 m Höhenunterschied) nach Myrdal mit der Bahn überbrücken.

---

**PRAKTISCHE HINWEISE – FLÅM, AURLAND**

 **Flåm Turist Informasjon**, Flåm Bahnhof, 5743 Flåm, Tel. 57 63 21 06; www.alr.no. *Geöffnet 1. Mai - 30. September.*

**Zuginformation**: Tel. 81 50 08 88, www.flaamsbana.no.

**Info Rallarvegen**: Tel. 32 09 59 00.

**Fahrradverleih Flåm**, Tel. 57 63 21 06, 57 63 11 48.

**Aurland Turist Informasjon**, Heradshuset; Postboks 53, 5741 Aurland, Tel. 57 63 33 13; www.alr.no; *ganzjährig geöffnet.*

---

 **HOTELS**

**Flåm**

**Fretheim Hotell**, 127 Zi., geöffnet 15. 5. – 31. 10., Tel. 57 63 63 00, www.fretheim-hotel.no; traditionsreiches Haus, teils in einer Villa aus dem 19. Jh. eingerichtet, moderner Anbau, Restaurant, Hotelgarten, Schwimmbad.

**Myrdal**

**Vatnahalsen Høyfjellshotell**, 41 Zi., Tel. 57 63 37 22, www.vatnahalsen.com.

**Aurland**

**Aurland Fjordhotell**, 30 Zi., Tel. 57 63 35 05, www.aurland-fjordhotel.com; in Aurland, Restaurant, Café, Sauna.

---

 **CAMPING**

 **Flåm**

 **Flåm Camping og Vandrarheim \*\*\*\* [N 60° 51' 46"  E 7° 6' 36"]**, Tel. 57 63 21 21; www.flaam-camping.no; 1. Mai – 30. Sept.; westlich der Bahnstation; Terrassen und ansteigende Wiesen in ansprechender Lage am Ortsrand; ca. 2,5 ha – 110 Stpl.; Komfortausstattung; **V & E** für Wohnmobile; 15 Hütten; Laden und Cafeteria in der Nähe.

**Aurland**

**Camping Lunde Gard \*\*\* [N 60° 53' 59.7"  E 7° 12' 25.0"]**, Tel. 57 63 34 12; 1. Apr. – 1. Okt.; an der R50, ca. 2 km östl. Aurland; Wiese in sehr schöner Lage zwischen Straße und Aurlandselva; ca. 1,5 ha – 80 Stpl.; Standardausstattung; **V & E** für Wohnmobile; 16 Hütten.

*Blick auf den Aurlandsfjord von Bjørgåsen aus*

### HAUPTROUTE

**ROUTE:** *Weiterreise von* **Flåm** *auf der E16 nordwärts und über* **Otternes** *nach* **Aurland** *(8 km)*.

Zu den Sehenswürdigkeiten in **Aurland** zählen die gotische **Vangen-Kirche** aus dem 13. Jh. und das Heimatmuseum des **Otternes Bauerndorfs** *(geöffnet Mitte Juni - Mitte Aug. tgl. 11 - 18 Uhr)*. Die Hofanlage zwischen Aurland und Flåm besteht aus einer Gruppe von 27 historischen Bauernhäusern, die teilweise aus dem 17 Jh. stammen.

Von Aurland aus lässt sich **Lærdal** durch das 24,5 km lange, mautfreie **Lærdals Tunnel,** den bislang längsten Straßentunnel der Welt, rasch und bequem erreichen.

*Mein Tipp!* Hat man es dagegen nicht allzu eilig, lohnt – noch dazu bei schönem Wetter – **die Fahrt auf der Bergstraße Aurlandsvegen [N 60° 54' 22.9"   E 7° 11'" 14.3"] über die Hochfläche am Hornsnipa.** Achtung Wintersperre gewöhnlich bis Ende Mai! Um auf die Hochfläche zu gelangen, fährt man von Aurland zunächst ein kurzes Stück am Ostufer des Aurlandsfjords nord-

**PRAKTISCHE HINWEISE – LÆRDAL**

 **Aurland og Lærdal Reiselivslag,** Gamle Lærdalsøyri, Postboks 122, 6886 Lærdal, Tel. 57 66 62 22; www.alr.no

**HOTELS**

 **Lindstrøm Hotel,** 86 Zi., Tel. 57 66 69 00; geöffnet Mai - Sept.; www.lindstromhotel.no; Restaurant, in Gamle Lærdalsøyri, teilweise in hübschem Holzgebäuden aus dem 19. Jh.
**Lærdal Hotel**, 85 Zi., Tel. 57 66 65 07, Fax 57 66 65 10, moderner Hotelbau direkt am Sognefjord gelegen, Restaurant, Parkplatz.

**CAMPING**

 **Lærdal Ferie- og Fritidspark **** [N 61° 05' 54.2"  E 7° 28' 13.0"]**, Grandevegen, Tel. 57 66 66 95; www.laerdalferiepark.com; 1. Jan. – 31. Dez.; Zufahrt von der E16 am nordwestlichen Ortsrand, nahe des Fodnestunnels (R5); ebenes Wiesengelände mit einigen jungen Laubbäumen bis an das Fjordrufer reichend; ca. 2,5 ha – 100 Stpl.; gute Standardausstattung, zeitgemäße Sanitärs; Laden, Cafeteria (Hochsaison), Fahrradverleih; **V & E** für Wohnmobile; 29 Miethütten.

wärts Richtung Höydal, zweigt aber schon kurz hinter Aurland rechts (ostwärts) ab auf die schmale Bergstraße, die in vielen engen Serpentinen steil hinauf nach **Bjørgo** führt. **Achtung!** Das Straßenbauamt hat diese Straße als „für Caravangespanne nicht empfehlenswert" eingestuft!

Unterwegs hat man vom **Aussichtspunkt Bjørgåsen [N 60° 54' 29.2"  E 7° 12' 47.8"]** mit seiner spektakulären **Aussichtsrampe** an der Straße (Parkplatz, Toiletten) einen **traumhaft schönen Blick** hinab auf den tief unten liegenden Aurlandsfjord.

Nach rund 45 km (letztes Wegstück der Berstraße ist einspurig) erreicht man Lærdal.

**Lærdal** hat in seiner hübschen Altstadt **Gamle Lærdalsøyri** eine ganze Reihe schöner alter Häuser, Holzhäuser meist, aus dem 18. Jh. und 19. Jh. erhalten.

Zu den neueren Touristenattraktionen zählt das **Norsk Villaks Senter**, das Norwegischen Wildlachszentrum (Videofilmpräsentation, Fliegenbinderwerkstatt, Cafeteria, Souvenirladen, Parkplatz).

### Abstecher zur Borgund Stabkirche

**ABSTECHER:** *Weiterreise von* **Lærdal** *südwärts bis zur Einmündung in die E16 (auch Zufahrt zum Lærdalstunnel). Wir folgen der E16 in östlicher Richtung. Nach knapp 20 km erreicht man ein neues 4,5 km langes Tunnel. Wir nehmen hier die sog. „Historic Rute" statt des Tunnels. Nach knapp 4 km erreicht man die sehenswerte* **Borgund Stabkirche***.*

Unterwegs passiert man kurz vor dem historischen **Hotel Husum** ein kurioses **Denkmal**, das an den ersten mutigen Automobilisten – einen Holländer namens Beduin – der im Sommer 1901 von Kristiania (Oslo) kommend, wagemutig das Lærdal per Auto durchquerte.

Gleich daneben kann man ein kleines **Straßen- und Verkehrsmuseum** besichtigen (Parkplatz).

In der Nachbarschaft nicht weit davon entfernt sieht man links der Straße das traditionsreiche, über hundert Jahre alte **Hotel Husum** (12 Zi., Tel. 57 66 81 48, war bei unserem letzten Besuch geschlossen, Wiedereröffnung ungewiss!), das durch seinen verspielten „Zuckerbäckerstil" auffällt.

In der Nähe des Hotels und des erwähnten Gedenksteins sind **Reste der alten Verkehrswege** („Gamle Kongeveien") durch das Lærdal erhalten (heute ein sehr beliebter Wanderweg).

Rund 4 km östlich des Husum Hotels liegt an der Straße gegenüer der berühmten Stabkirche von Borgund das moderne **Borgund Besucher- und Informationszentrum [N 61° 02' 52.3"   E 7° 48' 47.8"]** u. a. mit einer interessanten Ausstellung zur Geschichte der Stabkirchen Norwegens *(geöffnet 2. Mai - 11. Juni + 20. Aug. - 20. Sept. tgl. 10 - 17 Uhr; 12. Juni - 20. Aug. tgl. 8 - 20 Uhr.*

*Die Borgund Stabkirche*

*Eintritt für Stabkirche; www.fortidsminnefore-ningen.no; www.stavechurch.com).*

In der Nähe liegen **Camping Borgund,** 15. Mai – 10. Okt.; 1,5 km nördl. der Borgund-Stabkirche, 10 Hütten und **Camping Stein-klepp,** Ende Juni – Sept.; 6 km nördl. der Borgund Stabkirche; 15 Hütten.

Die **Borgund Stabkirche** gilt als die am besten erhaltene, typischste Stabkirche des Landes. Der eindrucksvolle, vom konservierenden Teeranstrich dunkle Kirchenbau entstand schon in der Mitte des 12. Jh. Sie ist aus jener Zeit so gut wie unverändert erhalten geblieben und ist nach der Stabkirche von Urnes die zweitälteste noch existierende Kirche dieser Art in ganz Norwegen.

### HAUPTROUTE

**ROUTEN:** *Von Lærdal auf der R5 und durch das 6,6 km lange Fodnestunnel* [N 61° 06' 34.4"  E 7° 28' 25.8"] *zum* **Fährhafen Fodnes** *(8 km).*

Die **Autofähren zwischen Fodnes [N 61° 08' 55.1"  E 7° 22' 58.8"] und Mann-heller** verkehren zwischen 1 Uhr und 24 Uhr regelmäßig in kurzen Intervallen, Fahrzeit 15 Minuten.

Von Mannheller Weiterreise durch das 3 km lange Amlatunnel und über **Kaupanger** (Stabkirche) nach **Sogndal** (Camping Kjør-nes *[N 61° 13' 03.6"  E 7° 07' 34.2"]*, 1. Juni – 31. Aug.; rund 3 km östl. von Sogndal; 100 Stpl.; 8 Miethütten).

Ab Sogndal auf der R5 über Fjærland bis Skei an der E39. Unterwegs passiert man drei teils über 6 km lange Tunnels (kostspielige Maut Frudalstunnel 160,- NOK!).

35 km nordwestlich von Sogndal erreicht man **Fjærland** am Nordende des gleichnamigen Fjords. Hier kann man das moderne **Norsk Bremuseum [N 61° 25' 21.4"  E 6° 45' 54.7"]** besichtigen *(geöffnet Juni, Juli + Aug. tgl. 9 - 19 Uhr, April, Mai, Sept., Okt. tgl. 10 - 16 Uhr).* Sehr anschauliche Präsentationen und interessante Ausstellungen über die Entwicklung der Gletscher in Norwegen und den Einfluss der Gletscher auf das Klima.

Auf der Weiterfahrt nach Skei passiert man einige Kilometer weiter nördlich von Fjærland, kurz vor dem östlichen Portal des Fjærlandstunnels, die Eiszunge des **Bøyab-reen,** einen Ausläufer des Jostedalgletschers. Eine schmale, 300 m lange Schotterstraße führt zum **Aussichtspunkt an der Brevass-hyta [N 61° 28' 52.9"  E 6° 44' 43.3"]** mit herrlichem Blick zum nahen Gletscher (großer Parkplatz, Cafeteria).

**Skei** präsentiert sich als ein wenig beeindruckender Marktflecken im Bezirk Jølster.

**ROUTE:** *Von Skei* [N 61° 34' 18.3"  E 6° 28' 46.2"] *auf der E39 nach* **Byrkjelo** *(20 Km). Ab Byrkjelo Abzweig auf die R60* [N 61° 43' 58.5 „  E 6° 30' 19.7"]*, ab dem Berggasthof „Karistova" hinab zum* **Innvikfjord** *und vorbei an* **Olden** *auf teils schmaler Straße (Ausbau ist in vollem Gange) schließlich nach* **Loen.**

---

### PRAKTISCHE HINWEISE

 **Jølster Turist Informasjon**, 6841 Skei i Jølster, Tel. 57 72 85 88; www.jwd.no/joslster.

 **HOTELS**

**Skei Hotel**, 105 Zi., Tel. 57 72 81 01, Fax 57 72 84 23, Restaurant, Sauna, Schwimmbad, Tennis, Miethütten.

 **CAMPING**

**Fjærland**
 **Bøyum Camping ****,** Tel. 57 69 32 52; 1. Mai – 1. Okt.; Zufahrt über R5; neuere Anlage mit zeitgemäßer Ausstattung, in ansprechender Lage; ca. 2 ha – 100 Stpl.; Standardausstattung; Laden; **V & E für Wohnmobile;** Fahrrad- u. Bootsverleih, 9 Miethütten.

**Byrkjelo**
**Camping Byrkjelo **,** Tel. 57 86 74 30, www.byrkjelo-camping.no; 1. Mai – 30. Sept.; am südl. Ortsrand an der E39, ca. 1,5 ha – 50 Stpl.; Standardausstattung;  **V & E für Wohnmobile;** Schwimmbad; 14 Miethütten.

### HOTELS

**Loen**

**Alexandra Hotel,** ganzjährig geöffnet, 193 Zi., Tel. 57 87 50 50, Fax 57 87 50 51, gutes **Restaurant „Charlotte",** Sauna, Schwimmbad, Tennis, Garage.
**Loenfjord Hotel,** geöffnet 1. April – 31. Okt., 122 Zi., Tel. 57 87 57 50, Fax 57 87 57 51, Restaurant, Parkplatz.

**Olden**

**Olden Fjordhotell,** geöffnet 1. Mai – 30. Sept., 60 Zi., Tel. 57 87 34 00, Fax 57 87 33 81, Restaurant, Schwimmbad.

### CAMPING

**Loen**

**Camping Tjugen \*\*\*,** Tel. 57 87 76 17, www.tjugen.no; 1. Mai – 31. Okt.; ca. 2 km östl. Loen, teils einspurige Zufahrt mit Ausweichen; oberhalb des Bergbaches Lovatn; ansteigende Wiesen in ansprechender Lage; ca. 2 ha – 40 Stpl.; Komfortausstattung; V&E **für Wohnmobile**; 6 Miethütten.
**Camping Sande \*\*\*\* [N 61° 51' 05.6"  E 6° 54' 43.8"],** Tel. 57 87 45 90; www.sande-camping.no; 1. Jan. – 31. Dez.; ca. 6 km südöstl. Loen, teils enge Zufahrt; hügelige Wiesen und Terrassen am Lovatn, in ausgesprochen schöner Lage mit Blick über den See bis zu den Gletscherkuppen des Kjenndalsbreen; ca. 2 ha – 40 Stpl. + 40 Dau.; Komfortausstattung; Laden. 16 Miethütten, 4 Appartements; Sauna, Fahrrad- u. Bootsverleih. Café-Restaurant. WLAN Hotspot. V&E **für Wohnmobile.**

**Olden**

**Camping Oldevatn \*\*\*\* [N 61° 45' 29.2"  E 6° 48' 42.0"],** Tel. 57 87 59 15; www.oldevatn-camping.com; 1. Mai – 15. Sept.; ca. 10 km südl. Olden, Wiesen an der Brücke am Oldevatn in herrlicher Lage; ca. 1,5 ha 55 Stpl., Komfortausstattung; Kiosk; V&E **für Wohmobile**; 8 Miethütten; Fahrradverleih.
**Camping Gryta \*\*\* [N 61° 44' 27.9"  E 6° 47' 26.2"],** Tel. 57 87 59 36; www.gryta.no; 15. Mai – 15. Okt.; ca. 13 km südl. Olden; zwischen der Straße zum Briksdalsgletscher und dem grünen Oldevatn gelegen, breite Wiesenterrassen am See, in herrlicher Berglandschaft mit Gletscherblick; ca. 2,5 ha – 100 Stpl.; zeitgemäße Sanitärs; Kiosk; V&E **für Wohnmobile**; 5 Miethütten.
**Camping Olden Gytri \*\*\* [N 61° 44' 32.8  E 6° 47' 36.7],** Tel. 57 87 59 34; www.oldencamping.com; 1. Mai – 15. Sept.; ca. 13 km südlich von Olden an der Straße zum Briksdalsgletscher, kleiner Terrassenplatz in herrlicher Lage am See, mit Gletscherblick; ca. 1,5 ha – 60 Stpl.; gute Standardausstattung; V&E **für Wohnmobile**; 6 Miethütten.

**Briksdalsbre**

**Camping Melkevoll Bretun \*\*\*\*,** Tel. 57 87 38 64; www.melkevoll.no; 15. Apr. – 15. Okt.; kleiner Platz fast am Ende der Straße von Olden nach Briksdal, neben dem Großparkplatz der Briksdalbesucher; in eindrucksvoller Berglandschaft, ganz in der Nähe der **Briksdalsbre Fjellstove** (10 Gästezimmer); ca. 2,5 ha – 70 Stpl.; 7 Miethütten. Cafeteria in der Fjellstova (Berghütte). Fußweg zum Briksdalsgletscher etwa 1 Stunde.

**Loen,** am Ostende des Innvikfjords, einem der vielen Arme des gut 100 km langen Nordfjords gelegen, ist ein Zentrum des Fremdenverkehrs.

Zu den wenigen Sehenswürdigkeiten des Ortes selbst zählt die achteckige **Kirche** aus dem 19. Jh. Sie liegt etwas abseits der Straße zum Lovatn.

**Ausflug zum Briksdalsgletscher**

Um zum **Briksdalsgletscher** (www.briksdalsbre.no) zu gelangen, fährt man von Loen auf der R60 **[N 61° 50' 05.3"  E 6° 48' 15.8"]** 6 km südwärts bis Olden und zweigt dort auf die Straße durchs Oldedalen ab. Dieses wunderschöne Gebirgstal erstreckt sich rund 20 km nach Süden, ist

*Briksdalsgletscher*

Stunden und sollte nur mit passender Ausrüstung angetreten werden! Bergunerfahrenen Wanderern wird für den Gipfelgang ein Bergführer empfohlen (Infos im Turistbüro).

Man kann auch nur das erste Teilstück des Weges bis **Tjugen Seter** gehen (2 Stunden) oder bis zum **Skålasee** (ca. 6 Std.).

Eine andere sehr schöne Bergwanderung ist der Weg zur Alm **Bødal Seter**. Man fährt bis Bødal am Nordostufer des Loenvatnet (auch Lovatn) und kann von dort in etwa 3 bis 4 Stunden bis zur Almhütte gehen, die inmitten von Bergen, Gletschern und Wasserfällen liegt. Die Wanderung kann bis zum Bødalsgletscher ausgedehnt werden (ca. zweieinhalb Stunden). Knapp 5 Kilometer Richtung Bødal Seter sind für Autos erlaubt (Mautstraße).

Gedenktafeln bei Bødal erinnern an verheerende Erdrutsche, die hier in der Gegend 1905, 1913 und zuletzt 1950 niedergingen, riesige Flutwellen verursachten und zahlreichen Menschen das Leben kosteten.

Weitere schöne Wanderungen auf Waldwegen führen unweit südlich von Loen ab der **Sætenbrücke** am Südufer des Lovatn entlang, etwa 4 Stunden.

Einfachere, ausgedehnte Spaziergänge sind westlich von Loen bei **Rake** von der Straße 60 hinauf zu den Gehöften von **Oppheim** möglich (auch per Auto zugänglich). Gehzeit rund 3 Stunden. Herrliche Aussicht auf Loen, Innvikfjord und die Berge und Gletscher im Osten.

Ab **Sæta** verkehrt im Sommer das **Ausflugsboot „M/B Kjenndal"** über den Lovatn bis Kjenndal. N 61° 46' 44.1" E 7° 00' 45.6"[] Dort bieten sich **Wandermöglichkeit zum Kjenndalsbreen**.

von langen, türkisgrünen Seen unterbrochen und wird von bis zu 1.700 m hohen Bergen gesäumt.

Bei klarem Wetter erkennt man schon von weitem die Hauben der umliegenden Gletscher und am Südende des Tals das bläuliche Weiß des Melkevollbreen.

Die Straße endet unterhalb des Berggasthofs **Briksdalsbre Fjellstove [N 61° 39' 47.8" E 6° 49' 15.6"]** (Restaurant, Zimmer, gebührenpflichtiger Parkplatz. *Melkevoll Bretun Camping*, siehe oben).

Beim Gasthof beginnt der Weg, der – im mittleren Teil ziemlich steil und in Serpentinen, aber immer gut begehbar – hinaufführt zur Gletscherzunge des Briksdalsbreen. Es ist eine wunderschöne Wanderung, vorbei an einem mächtigen, tosenden Wasserfall, später entlang an einem malerischen Wildbach und durch die eindrucksvolle Gebirgslandschaft hinauf bis zum Gletscher. Eine gute Stunde wird man zu Fuß unterwegs sein. Gutes Schuhwerk ist zu empfehlen!

Wer nicht zu Fuß zum Gletscher gehen will oder kann, kann sich mit motorisierten Buggies hinauf bis fast an die Gletscherzunge bringen lassen. Das allerletzte Stück des Weges muss aber immer noch zu Fuß zurückgelegt werden!

### Wandermöglichkeiten

Eine der schönsten **Touren für geübte und bergerfahrene Wanderer** ist – ausgehend von Loen – der Weg auf den 1.848 m hohen **Skåla**. Auf dem schneebedeckten Gipfel ist ein Steinturm errichtet, der als Schutzhütte dient. Der Weg dauert insgesamt etwa 8

## LOEN – GEIRANGER – TROLLSTIGEN – ÅNDALSNES

**Länge dieser Tour:** Rund 150 Straßenkilometer + 2 Fähren.

**Die Route:** Über R60 und über **Stryn** bis **Hellesylt** – Autofähre bis **Geiranger** – Abstecher auf der R63 zur **Djupvasshytta** – R63 ab Geiranger bis **Eidsdal** – Autofähre nach **Linge** – R63 über **Trollstigen** bis **Åndalsnes**.

**Abstecher:** Von Åndalsnes nach **Ålesund** (125 km einfache Strecke) und zur **Insel Runde**.

**Reisedauer:** Mindestens ein Tag, besser zwei Tage. Jeweils ein separater Reisetag zusätzlich für die Abstecher nach Ålesund und nach Runde .

**Reisehöhepunkte:** Mit der Fähre durch den **Geirangerfjord** \*\*\* – Fahrt hinauf Richtung **Djupvasshytta/Dalsnibba** \*\*\* – die Passstraße **Ørneveien** \*\* – die Serpentinenstraße **Trollstigen** \*\*\* – der **Stadtblick auf Ålesund** \* – eine Wanderung zu den **Vogelfelsen auf Runde** \*\*.

Die folgende Route führt durch **unvergleichliche Berg- und Fjordlandschaften**, die mit Fug und Recht zu den schönsten in ganz Norwegen gezählt werden können. Entsprechend groß ist das Interesse und der Andrang der Besucher, besonders im Ferienmonat Juli.

**ROUTE:** *Von Loen auf der R15/R60 nordwestwärts nach* **Stryn** *(11 km).*

**Stryn,** ca. 3.000 Einwohner, liegt an einem Nordausläufer des verzweigten Innvikfjorden.

Östlich von Stryn liegt der See Strynsvatn. Dort findet man an der Straße 15 bei **Oppstryn** in ansprechender Lage das **Jostedalsbreen Nasjonalparksenter** *(geöffnet tgl. 10 - 16, im Juli bis 18 Uhr; www.jostedalsbre.no).* Zu sehen gibt es hier ein natur- und kulturgeschichtliches **Museum**, mit Filmen, Ausstellungen und einem Gebirgspflanzengarten. Naturpfad zum Gletscher.

***Achtung Routenalternativen!*** Falls Sie auf die nachstehend geschilderte Alternativroute verzichten, bitte weiter mit **„Hauptroute"** weiter hinten.

### Abkürzende Routenalternative

Diese landschaftlich überaus reizvolle Route (eine Sommerroute, denn der Abschnitt hinab nach Geiranger ist während des Winters und gelegentlich bis in den Juni hinein gesperrt!) kürzt den Reiseweg zwar etwas ab, allerdings unter Verzicht auf die Fahrt mit der Fähre durch den legendären Geirangerfjord. Und diese Fjordfahrt gilt als absolutes Highlight einer Norwegenreise. Man sollte nicht darauf verzichten!

Und **Gespannfahrer** sollten daran denken, dass der Straßenabschnitt der R15 hinab nach Geiranger vom Straßenbauamt als

„für Wohnwagen grundsätzlich abzuraten" eingestuft ist.

**HAUPTROUTE**

**ROUTE:** *Der weitere Verlauf unserer* **Hauptroute** *führt von* **Stryn** *über die R15/ R60 westwärts bis* **Kjøs** *am* **Hornindalsvatn.** *Der fischreiche See zählt zu den größten Seen in Westnorwegen. Mit einer Tiefe von 604 m ist er außerdem der* **tiefste See in Europa.**

*Ab Kjøs führt die R60 über* **Grodas** *und durch das* **Hornindal** *zur* **Fährstation Hellesylt** **[N 62° 05' 15.2"  E 6° 52' 14.8"]** *am Südende des Sunnylvsfjords in der Provinz Møre og Romsdal. In der Nähe der Fährstation sieht man den herrlichen* **Hellesyltfoss** *in den Fjord stürzen.*

*In Hellesylt ist ein Besuch in der* **Peer Gynt Galleriet** *lohnend (geöffnet Juni - Aug. tgl. 11 - 19 Uhr, Sept. Sa + So 11 - 19 Uhr; www.haegstadgaard.no). Hier sind die Holzschnitzereien von Oddvin Parr ausgestellt, die Henrik Ibsens weltberühmte Geschichte von Peer Gynt darstellen. Cafeteria.*

#### Tipp und Alternativroute für Gespannfahrer

Gespannfahrer wird interessieren, dass die gesamte Strecke (R63) von **Geiranger** südostwärts zur **Djupvasshytta** (Dalsnibba)

---

**PRAKTISCHE HINWEISE – HELLESYLT**

**Hellesylt Touristeninformation**, Samfunnshuset, 6218 Hellesylt, Tel. 94 81 13 32, www.visitgeirangerfjorden.com; *geöffnet Mitte Juni - Mitte Aug.*

### CAMPING

**Hellesylt Camping \*\*, [N 62° 5' 11.65" E 6° 52' 8.82]**, Tel.90 20 68 85, www. hellesylt.no; 15. Apr. – 30. Sept.; Zufahrt von der R60, Wiesegelände direkt am Fjord, nahe des Fähranlegers; ca. 1 ha – 50 Stpl.; Standardausstattung. Café, Restaurant, Fahrradverleih, Bootssteg.

**Camping Stadheimfossen og Hytter \*\*\* [N 62° 04' 52.0 E 6° 53' 75.0"]**, Tel. 99 50 35 47, www.stadheimfossen.no; 1. Mai - 30. Sept.; ca. 2 km östlich von Hellesylt, Wiese mit Hartstandplätzen an Wildbach; ca. 1 ha – 40 Stpl.;

**V & E für Wohnmobile;** 10 Miethütten.

sowie von **Geiranger** nordwärts und über die spektakulären Serpentinenstraßen **Ørneveien** und **Trollstigveien** vom norwegischen Straßenbauamt als „für Wohnwagen grundsätzlich abzuraten" eingestuft sind!

Wohnwagenfahrern wäre also zu empfehlen, in **Hellesylt** den Caravan am Fährhafen zu parken (oder sich auf einem der Campingplätze zur Übernachtung einzumieten), dann mit der Fähre (Fahrzeit einfach ca. 1 Stunde 10 Min.) solo nur mit dem Pkw nach Geiranger zu reisen und dort die Abstecher auf die Passstraßen **Ørneveien** im Norden und **Dalsnibba** im Süden zu unternehmen. Anschließend nimmt man die Fähre zurück nach Hellesylt.

Zurück in Hellesylt, fährt man weiter auf der R60 über **Stranda** (**Camping Osen \*\***, Tel. 70 269438, 1. Jan. – 31. Dez., 9 Miethütten) nach **Sykkylven** (**Camping Sjøbakken \*\***, Tel. 70 25 18 15; Anf. Jan. – Ende Dez.; 10 Miethütten), nimmt ab dem benachbarten **Aursnes** die **Fähre nach Magerholm** (tgl. zwischen 6 und 24 Uhr bis zu 50 Abfahrten, Fahrzeit 15 Min.) und erreicht kurz darauf **Ålesund** (siehe weiter hinten).

Ab Ålesund reist man dann über die E136 nach **Åndalsnes** (Campings, siehe dort) und unternimmt von dort aus, wieder solo, den Abstecher auf den Pass Trollstigveien.

Der eben erwähnte Weg für Wohnwagenfahrer über Stranda und Ålesund kommt ge-

nerell auch dann in Betracht, wenn die Pässe der R63 nach Geiranger und über die Trollstigen nach Åndalsnes wegen Schnee gesperrt sind, was gewöhnlich zwischen Oktober und Ende Mai (gelegentlich bis in den Juni hinein) der Fall ist.

### HAUPTROUTE

Ab **Hellesylt [N 62° 05' 15.2" E 6° 52' 14.8"]** verkehren regelmäßig **Autofähren nach Geiranger [N 62° 06' 11.9" E 7° 12' 14.1"]** und zwar 1. Mai - 30. Sept. täglich um 9.30, 12.30, 15.30, 18.30 Uhr, 1. Juni - 31. Aug. zusätzlich um 8.00, 11.00, 14.00, 17.00 Uhr. Fahrzeit 65 Minuten.

Eine Fahrt **mit der Fähre durch den Geirangerfjord** gehört zu den großen Attraktionen einer Norwegenreise. Entsprechend ist der Andrang im Sommer. Wartezeiten an den Fährstationen einplanen! In der Tat ist es ein eindrucksvolles Erlebnis, durch den schmalen, langgezogenen Fjord, mit seinem ruhigen, tiefen Wasser, gesäumt von hoch und steil aufragenden Bergwänden zu fahren,

*Der Geirangerfjord*

### PRAKTISCHE HINWEISE – GEIRANGER

**Destinasjon Geriangerfjord – Trollstigen,** 6216 Geiranger, Tel. 70 26 38 00; www.visitgeriangerfjorden.com; *ganzjährig geöffnet*.

### HOTELS

**Grande Fjord Hotel**, 48 Zi.,Tel. 70 26 94 90, geöffnet 1. Mai - 31. Okt; www.grandefjordhotel.com; Restaurant.
**Villa Utsikten**, 31. Zi., Tel. 70 26 96 60, geöffnet 1. Apr. - 1. Nov.; www.villaut-sikten.no; Restaurant.
**Geiranger**, 151 Zi.; Tel. 70 26 30 05, geöffnet 1. Mai – 30. Sept.; www.geiran-ger.no; Restaurant.

### CAMPING

**Camping Geiranger \*\*\* [N 62° 5' 57"  E 7° 12' 35"]**, Tel. 70 26 31 20; 20. Mai – 20. Sept.; www.geirangercamping.no; westl. vom Fährhafen; ebene Wiesen am Fjord in ansprechender Lage; ca. 1,5 ha – 130 Stpl.; gute Standardausstattung; Laden; **V & E für Wohnmobile.**
**Camping Grande \*\*\* [N 62° 06' 58.0"  E 7° 11' 08.5"],** Tel. 70 26 30 68; 1. Mai – 30. Okt.; www.grande-hytteutleige.no; unterhalb der R63 knapp 2 km nördl. Geiranger; Terrassenplatz am Fjord in prächtiger Lage, ca. 1 ha – 50 Stpl.; Standardausstattung; WLAN, 11 Miethütten.
**Geirangerfjorden Feriesenter \*\*\* [N 62°6' 53"  E 7° 11' 8"]**, Tel. 95 10 75 27, www.geirangerfjorden.net; Ende Apr. - Mitte Sept.; unterhalb der Straße R63 ca. 2 km nordwestlich von Geiranger; auf kleiner Halbinsel gelegenes, teils ebenes Wiesengelände mit Geländestufen in herrlicher Lage direkt am Geirangerfjord; c. 1 ha - 50 Stpl.;  Standardausstattung. WLAN, Kiosk, Bootsverleih, Slipanlage. 18 Miethütten. **V & E für Wohnmobile**.
**Camping Vinje \*\*\* [N 62° 05' 41.9"  E 7° 13' 05.3"],** Tel. 70 26 30 17; www. vinje-camping.no; 1. Juni – 10. Sept.; an der Straße 63 etwa 2 km südl. Geiranger Richtung Dalsnibba; recht schräge Wiesen bei einem Wasserfall, schöne Lage oberhalb des Ortes; ca. 1,5 ha – 80 Stpl.; Standardausstattung. **V & E für Wohnmobile**; 7 Miethütten.

**Wohnmobil-Stellplatz**
**Wohnmobil-Stellplatz Solhaug Camping [N 62°6'28.94" E 7°10'49.53"],** Homlung, Tel. 70 26 30 76; in Geiranger Richtung Geiranger Camping und noch ca. 2,5 km entlang des Südwestufers des Geirangerfjords bis Homlung; Wiese mit Schotterstellflächen bei Miethütten von Solhaug Camping mit Platz für 10 Wohnmobilen, Gebühr pro Wohnmobil inkl. Strom und Wasser zzgl. Gebühr für Dusche. **V & E für Wohnmobile**. Geöffnet Apr. - Okt.

von denen zahlreiche Wasserfälle stürzen. Berühmt sind die Wasserfälle *„Brudesløret"* (Brautschleier, linkerhand, Nordseite) *„Friaren"* (Freier, rechterhand, Südseite) und natürlich *„De Syv Søstre"* (die sieben Schwestern, linkerhand, Nordseite), dessen sieben Wasserschleier gut 250 m tief fast im freien Fall in den Fjord stürzen.

Wenn man die steilen, kargen Hänge am Fjord sieht ist man überrascht, dass selbst kleinste Grasflächen landwirtschaftlich genutzt wurden, was kleine Gehöfte, die sich an die Bergflanken klammern, beweisen. Die Höfe sind längst verlassen.

Zwischen Hellesylt und Geiranger wird den Passagieren ein besonderer Service geboten. In verschiedenen Sprachen werden sie über alles Sehenswerte im Fjord über Bordansagen informiert.

**Geiranger** selbst ist ein kleiner, enger Ort, der im Sommer voll und ganz vom Fremdenverkehr beherrscht wird und aus allen Nähten zu platzen droht.

### Abstecher zum Dalsnibba

Sehr empfehlenswert ist ein Abstecher von Geiranger auf der Straße 63 nach Süden. Man passiert die weiße, achteckige **Kirche**

**von Geiranger**, dann das Union Hotel und kommt später zum Aussichtspunkt (Parkplatz) **Flydalsjuvet**. Von dort hat man einen **prächtigen Ausblick auf Geiranger**, den Fjord und die Serpentinen des Ørneveien an der Nordseite des Fjords – das Norwegenmotiv schlechthin.

Später führt die Straße **[N 62° 01′ 51.5″ E 7° 16′ 30.7″]** in gut 20 Kehren hinauf Richtung **Dalsnibba**. Die Aussicht von der Straße in die umliegende grandiose Fjord- und Bergwelt ist überwältigend.

Bei der **Djupvasshytta** zweigt eine mautpflichtige, unbefestigte Bergstraße ab, die in vielen Kehren und mit stattlichen Steigungen hinauf auf das Gipfelplateau der **Dalsnibba** (1.476 m) führt. Großartige Aussicht! Oben Cafeteria.

### HAUPTROUTE

**ROUTE:** *Weiterreise ab* **Geiranger** *auf der R63 zunächst am Fjord entlang nach Nordwesten.*

Nach einigen Kilometern verlässt die Straße den Fjord und führt in elf imposanten Kehren bergwärts. Die Serpentinenstraße ist bekannt als **Ørneveien [N 62° 07′ 01.3″ E 7° 10′ 59.1″]** (auch Ørnevegen, Adlerweg). Von den Aussichtspunkten **[N 62° 07′ 34.5″ E 7° 10′ 02.8″]** an der Straße gelingen einzigartig schöne Blicke auf den von dunklen Felswänden gesäumten, schmalen Geirangerfjord und zurück bis ans Fjordende in Geiranger.

Später passiert die Straße an der **Korsmyra-Höhe** (624 m) ihren höchsten Punkt, um dann hinunter zur **Fährstation Eidsdal [N 62° 15′ 45.6″ E 7° 10′ 20.0″]** am Norddalsfjord zu führen.

Ab Eidsdal verkehren **Fähren nach Linge [N 62° 17′ 03.7″ E 7° 11′ 23.9″]**. Im Sommer zwischen 6 und 23 Uhr, bis zu 38 Abfahrten, Fahrtdauer 10 Minuten.

**ROUTE:** *Ab* **Linge** *auf der R63 nordostwärts und über die* **Trollstigen** *hinab zur E136 und weiter bis* **Åndalsnes**.

Rund 20 km nordöstlich von Linge überquert die Straße R63 die Felsschlucht **Gudbrandsjuvet**, eine enge, nur 5 m breite, aber 20 m tiefe Klamm mit wildem Wasserfall (Campingmöglichkeit im Sommer).

Später, ab **Langdal** führt die Straße R63 durch das karge, halbrunde **Meiardalen**

---

### CAMPING

**Camping Solvang ** [N 62° 11′ 45.1″ E 7° 08′ 27.1″]**, Tel. 70 25 97 47, ca. 8 km südl. von Eidsdal an der R63, Wiesenstreifen zwischen Straße und einem bewaldeten Hang, in schöner Lage, ca. 2 ha – 15 Stpl.; kleine, bescheidene Sanitärs, unter holländischer Leitung; Imbiss; Miethütten.

**Eidsdal**

**Camping Ytterdal *** [N 62° 14′ 21.1″ E 7° 09′ 09.5″]**, Tel. 70 25 90 13; www.ytterdal-camping.no; 1. Apr. – 30. Sept.; Übernachtungsplatz oberhalb der Fährstation in Eidsdal; ca. 2 ha – 80 Stpl. + zahlr. Dau.; Standardausstattung; **V & E für Wohnmobile**; 8 Miethütten.

**Wohnmobil-Stellplatz bei Langdal**

**Wohnmobil-Stellplätze [N 62° 21′ 51.6″ E 7° 33′ 35.9″]** – **Zufahrt/Lage:** Ca. 10 km südwestlich der Trollstigen beschilderter Abzweig von der R63 zu **zwei Naturstellplätzen**. **Geöffnet:** Ganzjährig. **Gebühr:** Gebührenpflicht! Zuletzt 50,- NOK pro Nacht. Wird abends kassiert. Falls man früh schläft, Geld im Kuvert hinter Schweibenwischer klemmen. **Stellplatz:** Die unbefestigte Erdstraße passiert etwa 100 m nach dem Abzweig von der Hauptstraße ein kleines, eingeebnetes Rondell in einem abgeschiedenen Tal am rauschenden Wildbach mit **6 Stellplätzen** und Wasserhahn, aber keine Entsorgungsmöglichkeit.

Rund 800 m weiter, am imposanten Wildbach entlang auf einspuriger Erdstraße, kommt man zum zweiten Platz mit **15 numerierten Stellplatzkojen** im Birkenhain. Einige der Stellplätze können nach langem Regen tiefgründig sein! Für Wohnmobile über 7 m sind die Platzverhältnisse hier m. E. zu beengt! Einsam und abgeschieden gelegen. Wasserhahn, Erdklosett. WC-Entsorgung nicht erlaubt!

*Die Passstraße Trollstigveien*

trägt neuzeitliche Züge. Das frühere Åndalsnes wurde im 2. Weltkrieg durch Bomben fast vollständig zerstört.

### Abstecher nach Ålesund

**Ålesund** liegt 122 km westlich von Åndalsnes und ist über die E136 bequem zu erreichen.

Die Inseln, auf denen **Ålesund** liegt, auch die vielen vorgelagerten Inseln, sind uraltes Siedlungsgebiet. Der Wikingerfürst Gangerolv soll von der Insel Giske vor Ålesund stammen. Er ging als Gründer des französischen Herzogtums Normandie im Jahre 911 in die Geschichte ein. In Frankreich kennt man den Wikinger besser unter dem Namen Rollo.

Ein trauriges Datum in den Annalen der Stadtgeschichte ist das Jahr 1904. Damals brannte in einer einzigen Sturmnacht die ganze Stadt ab. In einer groß angelegten Aktion, an der sich auch Kaiser Wilhelm II. mit Finanzmitteln beteiligte, entstand in relativ kurzer Zeit eine völlig neue Stadt im damals populären Jugendstil.

Das einheitliche **Stadtbild** mit seinen hübschen Jugendstilfassaden und den markanten Speicherhäusern am Hafenbecken Brosundet sind es u. a., welche die Innenstadt von Ålesunds prägen und einen Abstecher hierher durchaus lohnen.

Seit einigen Jahren präsentiert die Stadt in ihrem neuen **Nationalen Jugendstilzentrum** Ausstellungen zu Ålesunds Architekturgeschichte und des norwegischen Jugendstildesigns. Das Museum liegt mitten in der Stadt am Brosund-Kanal in der Apotekergate 16 und ist im Gebäude der alten Schwanenapotheke eingerichtet *(geöffnet 1. Juni – 31. August tgl. 10 – 17 Uhr; 1. September – 31. Mai Di – Sa 11 – 16, So 12 – 16 Uhr).*

Mit zu den größten Attraktionen zählt eine Fahrt auf den 189 m hohen Hausberg **„Aksla“ [N 62° 28' 28.6"  E 6° 09' 55.6"].** Der Blick von der Terrasse mit Glaspavillon des **Höhenrestaurants Fjellstua** *(geöffnet 15. Mai – 1. Sept. 11 – 20 Uhr)* über die auf Inseln verteilte, vom Wasser umschlossene Stadt, mit der Kulisse der umliegenden Schä-

und erreicht schließlich in fast 860 m Höhe am oberen Ende des **Trollstigveien [N 62° 27' 17.2"  E 7° 39' 56.5"]** das neue Visitor Center, die **„Trollstigen Mountain Lodge"** mit Restaurant und Ausstellung, das vom Architekten Reiulf Ramstad in modernem Stil entworfen wurde. Die Umbauarbeiten des neuen Tourismuszentrums sollen bis 2012 abgeschlossen sein.

Die kühne Passstraße **Trollstigen** oder **Trollstigveien** (gesperrt von Mitte Oktober bis Ende Mai, Anfang Juni) zählt wohl zu den bekanntesten Straßen in Norwegen. Die Straße wurde 1936 fertiggestellt. In weiten Kehren führt sie oft einspurig mit Ausweichstellen in 11 Kurven talwärts und überwindet dabei auf halbem Wege den 180 m hohen Wasserfall **Stigfossen**.

Seit jeher war der Trollstigveien (Weg der Zwerge, Trolle) ein wichtiger Übergang von Sunnmøre ins Romsdal. Aber bis zur Fertigstellung der heutigen Straße, war es ein gefährlicher, steiler Saumpfad.

Bevor Sie sich aber auf die Talfahrt machen, gehen Sie zum **Aussichtspunkt Stigrøra** (ca. 5 Min.). Von dort kann man fast die ganze Trasse überblicken und man sieht auf die Bergketten der **Trolltindane** (1.795 m) im Osten und auf die Gipfel Bispen (1.786), *Kongen*, *Dronningen* (1.614 m) und *Karitind* (1.356 m) im Westen.

Im Tal stößt man an der Sogge Bru auf die E136. Wenige Kilometer weiter nordwestlich liegt Åndalsnes.

**Åndalsnes**, am Südostende des Romsdalsfjords gelegen, ist ein wichtiger Verkehrsknotenpunkt (Endpunkt der Raumabahn) und lebhafter Industrieort. Das Stadtbild

**Åndalsnes og Romsdal Reiselivslag**, Postboks 133, 6301 Åndalsnes, Tel. 71 22 16 22; www.visitalesund.com

### HOTELS

**Grand Hotel Bellevue**, 84 Zi., Åndalsgata 5, Tel. 71 22 75 00, Fax 71 22 60 38, Restaurant.

### CAMPING

**Camping Åndalsnes \*\*\*\* [N 62° 33′ 23.0″  E 7° 40′ 52.1″]**, Tel. 71 22 16 29; 1. Mai – 15. Sept.; ca. 2 km südl. Åndalsnes beschilderter Abzweig von der E136; Grasgelände mit Baumbestand, bis an den Raumafluss reichend; ca. 6 ha – 200 Stpl. + Dau.; Standardausstattung, Laden, Imbiss, Fahrrad- und Bootsverleih; WLAN Hotspot; **V & E für Wohnmobile**;14 Miethütten.

**Camping Mjelva \*\*\*\* [N 62° 32′ 22.1″  E 7° 43′ 30.4″]**, Tel. 71 22 64 50; 1. Mai – 15. Sept.; ca. 3 km südl. Åndalsnes beschilderter Abzweig von der E136; Waldgelände; ca. 3 ha – 80 Stpl.; **V & E für Wohnmobile**; 30 Miethütten.

**Trollstigen Camping \*\*\* [N 62° 29′ 56.5″  E 7° 40′ 17.5″]**, Tel. 71 22 11 12, 1. Mai – 30. Sept.; rund 10 km südl. von Åndalsnes und ca. 4 km vom Abzweig von der E136 an der Straße R63 Richtung Trollstigen, ebene Wiesen in ansprechender Tallage; ca. 2 ha – 35 Stpl.; gute Standardausstattung; Laden, Cafeteria, Fahrrad- und Bootsverleih, 7 Miethütten, Zimmer im Gasthof.

**Camping Trollveggen \*\*\* [N 62° 29′ 36.5″  E 7° 45′ 41.6″]**, Tel. 71 22 37 00; www.trollveggen.no; 15. Mai – 20. Sept., ca. 10 km südl. Åndalsnes abseits der E136, Zufahrt unter der Bahnlinie hindurch zum Platz; mehrere flache, gepflegte Wiesenterrassen in schöner Lage im Romsdal, bei einem Wasserfall des Raumaflusses, direkt unterhalb der Trolvegen Wand direkt gegenüber des Romsdalshorns; ca. 4 ha – 70 Stpl.; gute Standardausstattung, WLAN Hotspot; **V & E für Wohnmobile**; 4 Miethütten.

Die Plätze bei Åndalsnes werden in der Hauptreisezeit sehr stark frequentiert. Gute Ausweichmöglichkeiten bieten sich östlich der Stadt bei **Isfjorden** an der Straße 64 am Nordufer des Isfjords (mehrere Plätze) oder 22 km westlich Åndalsnes (E136) in **Måndalen** (*Camping Måna \*\**, 15. Mai – 30. Sept.; kleiner, einfacher, aber hübsch gelegener Platz am Fjord, 15 Miethütten).

rengürtel und gezackten Sunnmøre-Berge im Westen, ist zweifellos eine der schönsten Stadtansichten in Norwegen.

Ein Treppenweg mit 418 Stufen führt vom Stadtpark (Denkmal des Wikingerfürsten Gangerolv und Gedenkstein an Kaiser Wilhelm II.) auf den Aussichtsberg im Osten der Stadt.

Die Fjellstua auf dem Berg Aksla ist aber glücklicherweise auch mit dem Auto zu erreichen. Man muss dazu ein Stück ostwärts (Richtung Åndalsnes) fahren und von der E136 abzweigen. Der Abzweig und die Auffahrt durch ein Wohngebiet ist mit **„Fjellstua"** ausgeschildert. Ein Sendemast oben kann zur Orientierung helfen. Wegen diverser Engstellen im oberen Bereich und der recht beschränkten Parkplatzverhältnisse oben, scheint uns die Auffahrt für Caravans ungeeignet!

Das **Ålesund Museum** liegt in der Rasmus Rønnebergsgate 16, im östlichen Stadtgebiet, unweit vom Rathaus. Es befasst sich vor allem mit der Entwicklungsgeschichte der Stadt vor und nach dem großen Stadtbrand von 1904. Sonderabteilungen dokumentieren Bootsbau und Fischerei in Ålesund.

Zu den neueren Attraktionen zählt der **Atlanterhavsparken (Atlantik-Meerpark)** mit dem **Ålesund Aquarium**. Es gilt als größte Aquarienanlage in ganz Skandinavien. Der Meerpark liegt in Tuenese, ca. 3 km westlich von Ålesund.

Neben diversen Ausstellungen, kleineren und größeren Aquarien beeindruckt vor allem das große Panoramafenster (18 x 4 m, 26,5 cm starke Acrylscheibe), das den Blick frei gibt in das riesige **Atlantikbecken**. In diesem Meerwassertank mit über vier Millionen Wasser kann man die Meeresfauna bestaunen, so wie sie in den Schären und in den Tiefen des Storfjords anzutreffen ist. Fischfütterung durch Taucher um 13 Uhr. Im Freigelände ist ein Robbenbecken angelegt. Cafeteria. Souvenirladen. Parkplatz.

Östlich vom Ålesunder Stadtzentrum, etwa auf halbem Wege nach Spjelkavik, liegt in **Borgundgavlen** das **Sunnmøre Freilichtmuseum**. An die 40 alte Bauernhöfe und Wohn- und Wirtschaftsgebäude aus der Region wurden hier zusammengetragen und geben Einblick in die Baukunst und in die Wohn- und Lebensverhältnisse in Sunnmøre in früheren Zeiten. Außerdem kulturhistorisches und archäologisches Museum. Bootsbauabteilung.

Nahebei wurde in **Borgundkaupangen**, einem mittelalterlichen Handelsplatz, ein **Museum** eingerichtet, das die Grabungsfunde aus dem ehemaligen Markt- und Hafenstädtchen zeigt. Das Museum ist über den Gebäuderesten des „Årestue-Komplexes" aus dem 11./12. Jh. errichtet.

Die in Resten aus dem 12. Jh. erhaltene **Kirche von Borgund**, konnte nach dem Brand von 1904 unter Verwendung alter Baufragmente rekonstruiert werden. Beachtung verdienen die Holzschnitzereien und die Decke des Kirchenraumes.

Bei ausreichend zur Verfügung stehender Zeit lohnt ein **Ausflug auf die Insel Hareid** und dort nach **Brandal**, nördlich vom Fährhafen Hareid, zum **Ishavsmuseet Aar-**

---

**Ålesund Turistinformation,** Skateflukaia, 6002 Ålesund, Tel. 70 15 76 00; www. visitalesund.com. Geöffnet 1. Juni - 31. August, Mo – Fr 8.30 – 19, Sa 9 – 17, So. 11 – 17 Uhr. Übrige Zeit Mo. – Fr. 9 – 16 Uhr.

### HOTELS
**Atlantica First Hotel**, 73 Zi., Rasmus Rønnebergsgt. 4, Tel. 70 12 91 00; www. firsthotels.com; Cafeteria, Parkplatz.
**Bryggen Clarion Collection Hotel,** 91 Zi., Apotekergata 1 - 3, Tel. 70 12 64 00; www.choicehotel.no; obere Preisklasse, in einem hist. Handelshaus am Hafen in zentraler Lage, Sauna, Garage.
**Brosundet**, 47 Zi., Apotekergt. 5, Tel. 70 11 45 00; www.brosundet.no
**Norlandia Baronen Hotel,** 47 Zi., Tel. 70 14 70 00; www.norlandia.no/baronen; Kanalveien 1, in **Spjelkavik** ca. 10 km östlich außerhalb, obere Preisklasse, Restaurants.

### CAMPING
**Prinsen Strandcamping \*\*\*\* [N 62° 27' 53.3"  E 6° 15' 35.6"],** Gronvika 17, Tel. 70 15 52 04, www.prinsencamping.no; 1. Jan. – 31. Dez.; ca. 6 km östl. Ålesund Zentrum, Abzweig von der E136 Richtung Gåseid/Hatlane; in ansprechender Lage am Fjord; ca. 3 ha – 150 Stpl.; gute Standardausstattung; Sauna; **V & E für Wohnmobile**; Fahrradverleih. Bademöglichkeit. 40 Miethütten. In der Nähe *Sunnmøre Freilichtmuseum* und *Borgundkaupangen*.
**Camping Volsdalen \*\*\***, Sjømannsveien, Tel. 70 12 58 90; 1. Mai – 1. Sept.; ca. 2 km östl. Ålesund Zentrum, Abzweig von der E136 südwärts; unebene, mehrfach unterteilte Wiesen, teils bis an den Fjord reichend; ca. 1 ha – 50 Stpl.; Standardausstattung; Laden, Kiosk; WLAN Hotspot; 16 Miethütten.

### Wohnmobil-Stellplatz
**„Bobil Parkering" Wohnmobil-Stellplatz [N 62° 28' 33.5"  E 6° 09' 25.7"]– Zufahrt/Lage:** Sorenskriver Bulls gate; Zufahrt vom Zentrum über Notensgata und Skansegata, am nördlichen Stadtrand vorbei am Radisson Hotel, danach beschilderte Einfahrt; **Geöffnet:** 1. Mai – 30. Sept. **Gebühr:** Gebührenpflichtig, Parkplatzautomat. **Stellplatz:** Ebene, geteerte Parkplatzfläche mit **30 Stellplatzfeldern**. An der Hafenmole unterhalb von Wohnhäusern gelegen. **Ausstattung:** Sanitäranlagen mit WC, Duschen und Waschbecken.

**Ver- und Entsorgungssäule** gebührenpflichtig.

*Lohnt den Abstecher – der Panoramablick auf Ålesund vom Aussichtsberg Aksla aus*

**vak**, 6062 Brandal *(geöffnet Mai + Sept. tgl. 13 - 16 Uhr, 1. Juni - 31. Aug. tgl. 12 - 17 Uhr; www. ishavsmuseet.no)*. Das Polar- oder Eismeermuseum Aarvak wurde 1981 gegründet. Es befasst sich in erster Linie mit der langen norwegischen Tradition des Robbenfangs sowie mit anderen Aktivitäten im Polargebiet. Eine der größten Sehenswürdigkeiten des Museums ist das denkmalgeschützte, 1912 in Bergen gebaute und später mehrfach umgebaute Eismeerschiff „Aarvak".

### Abstecher zur „Vogelinsel" Runde

*Mein Tipp!* Die Fahrt nach Runde ist ein abwechslungsreicher Ausflug durch eine reizvolle Inselwelt, die durch Brücken und Dämme verbunden ist. **Fähre** zwischen **Sulsund** und **Hareid [N 62° 22' 11.3"   E 6° 01' 46.3"]**.

**Runde**, Norwegens südlichster „Vogelfelsen", ist eine kleine, gerade mal viereinhalb Kilometer lange Insel südwestlich von Ålesund. Die weit im rauhen Atlantik gelegene Insel ist für ihre Seevogelkolonien berühmt.

Über 30 Vogelarten wurden hier registriert, die im Frühsommer (Mitte Juni bis Mitte/Ende Juli) zu Tausenden an den steilen, nach Südwesten zum offenen Meer abfallenden Klippen ihrem Brutgeschäft nachgehen. Jedes Jahr bevölkern über 170.000 Vogelpaare die halsbrecherisch steilen Klippen über dem Meer. Vor allem Dreizehenmöwen, Papageientaucher, Trottellummen, Kormorane, Thordalken, Basstölpel, Eissturmvögel, Sturmschwalben etc. nisten hier, teils auf kaum handbreiten Gesteinssimsen.

Ein Fußweg hinauf zum Klippenrand über den Vogelfelsen unweit des schön am Meer gelegenen Campingplatzes Goksøyr. Vom Campingplatz geht man etwa 20 Minuten anfangs recht steil über Wiesen (Gatter bitte immer schließen!) hinauf an den Rand der Steilküste.

Zugang zum Vogelschutzgebiet nur auf freigegebenen Wegen! Achten Sie unbedingt darauf, die markierten Wege nicht zu verlassen und respektieren Sie bitte Verbotsschilder im Naturschutzgebiet.

---

### CAMPING – INSEL RUNDE

*Mein Tipp!* – **Camping Goksøyr** \*\*\* **[N 62° 24' 26.2"  E 5° 37' 05.4"]**, Tel. 70 08 59 05; www.goksoeyr-camping.com; 1. Jan. – 31. Dez.; zum Meer hin abfallende Wiesen, sowie geschotterte Stellflächen am Meer für Wohnmobile, in schöner, ruhiger Lage; ca. 1 ha – 50 Stpl.; Standardausstattung; Kiosk; **V&E** **für Wohnmobile**; Miethütten u. Fremdenzimmer. Der Campingplatzhalter gibt fundierte Auskünfte und Tipps zur Vogelbeobachtung. Organisierte Bootsfahrten zu den Vogelfelsen.

## ÅNDALSNES – DOMBÅS

**Länge dieser Tour:** Rund rund 105 km, ohne Abstecher.

**Die Route:** Über die E136 bis **Dombås**.

**Abstecher:** E6 bis **Otta** (46 km), R 15 bis **Lom** (62 km).

**Reisedauer:** Mindestens ein halber Tag. Abstecher über Otta nach Lom mindestens ein weiterer Tag.

**Reisehöhepunkte:** Die Fahrt durch das **Romsdal** * – Wandern auf dem „**Kongenveien**" – Wandern im **Rondanegebirge** *** – die **Stabkirche** *** in **Lom**.

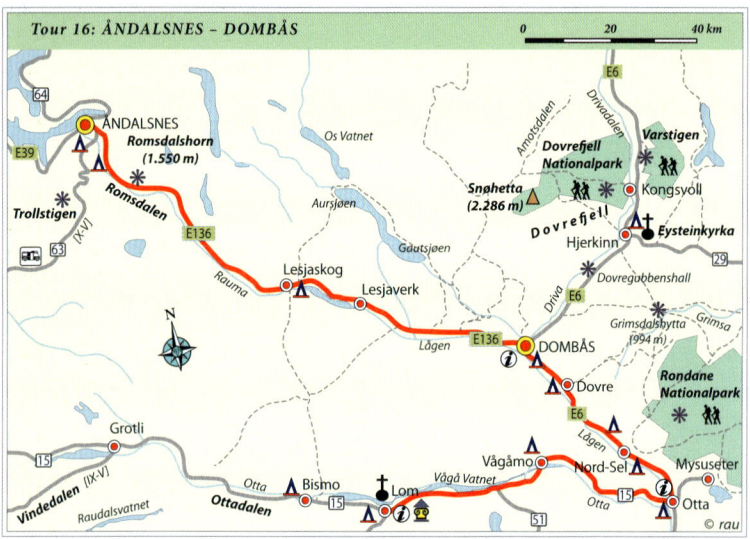

Tour 16: ÅNDALSNES – DOMBÅS

**ROUTE:** *Von Åndalsnes auf der E136* [N 62° 33' 31.0" E 7° 40' 58.4"] *südostwärts nach* **Dombås** *(105 km).*

Unterwegs passiert man an der Sogge bru den Abzweig der R63 zum Trollstigen-Pass (siehe Tour 15, Loen – Geiranger – Trollstigen – Åndalsnes).

Wenig später erkennt man linkerhand den spitzen Kegel des 1.550 m hohen, steil aufragenden **Romsdalshorn**. Der Berg stellt heute noch eine Herausforderung für unternehmungslustige Bergsteiger dar.

Rechts sieht man die senkrecht aufragenden, glatten, bedrohlich dunklen Wände der **Trolltindane** (Camping siehe bei Åndalsnes).

Im weiteren Verlauf nach Südosten folgt die E136 dem Raumafluss mit seinem glas-klaren, hellgrünen Gletscherwasser durch das ansteigende, enger werdende **Raumadalen**. Anfangs ist das Tal so eng und die Felswände so steil und hoch, dass angeblich an manchen Stellen ein halbes Jahr lang kein Sonnenstrahl die Talsohle erreicht, etwa bei **Marstein** oder bei der **Kirche von Kors** (Altarbild aus dem 18. Jh.).

Bei **Verma** überquert die Raumabahn auf der schönen alten Steinbrücke **Kylling bru** den Raumafluss.

Nach weiteren 25 km passiert man den schmalen, langgezogenen See Lesjaskogsvatnet, nun bereits in der *Provinz Oppland*.

Man kommt durch **Lesjaskog** (Campingmöglichkeit *Lesjaskogsvatnet* **, 17 Miethüten) später durch **Lesja** (Campingmöglichkeit *Rolstad Camping* ** *[N 62° 07'*

**05.7" E8° 51′21.0"]**, 5 Miethütten) mit einer **Kirche** von 1748 (sehenswerter Kirchenraum) sowie dem **Freilichtmuseum Lesja Bygdetun** mit 11 typischen Holzhäusern aus der Region.

16 km weiter erreicht man schließlich Dombås an der E6.

**Dombås** ist ein wichtiger Verkehrsknotenpunkt der Bahn- und Straßenverbindungen nach Nord- und Westnorwegen sowie ein lebhaftes Geschäftszentrum mit Hotels, Supermärkten, einer zumindest in der Nebensaison nur sporadisch geöffneten Touristeninformation (Tel. 61 24 14 44) und Campingplätzen. Darüberhinaus ist Dombås ein wichtiges Versorgungszentrum für die **Dovrefjell-Region** (Wandergebiet, Nationalpark) nördlich der Stadt.

### Abstecher über Otta nach Lom

ROUTE: *Ab Dombås folgen wir der E6 südwärts über* **Dovre** *und* **Nord-Sel** *zunächst bis* **Otta** *(46 km).*

Schon wenige Kilometer südlich von Dombås zweigt bei **Vårkinn** der alte **„Kongenveien"** nach Norden ab. Der „Königsweg" führt über den 1.338 m hohen *Hardbakken* nach **Fokstua** an der E6 und ist heute ein beliebter Wanderweg. Reine Gehzeit gut drei Stunden für eine Wegstrecke.

Sehenswert auf dem Weg von Dombås nach Otta ist kurz vor Dovre der **Gammel Kongsgård Tofte**, ein großes, altes Gehöft, das lange die traditionelle Residenz der norwegischen Könige auf ihren Reisen in nördliche und westliche Landesteile war.

In **Dovre** zählt die schiefergedeckte **Kirche** von 1740 zu den Sehenswürdigkeiten.

Landschaftlich reizvoll ist ca. 15 km südöstlich von Dovre die tiefe **Rosti Schlucht** mit Wasserfällen, unterhalb der Straßentrasse, in waldreicher Berglandschaft.

### Abstecher in die Rondane-Berge

Rund 20 km südlich von Dovre zweigt von der E6 nach Nordosten eine Serpentinenstraße bergwärts ins ca. 8 km entfernte

---

**PRAKTISCHE HINWEISE – DOMBÅS**

**Dombås Turistkontor**, Postboks 172, 2659 Dombås, Tel. 61 24 14 44, www.dovrenet.no. Infopavillon an der Hauptstraße. *Geöffnet 20. Juni - 20. Aug. Mo - Sa 9 - 20, So bis 16 Uhr. Übrige Zeit Mo - Fr 9 - 16 Uhr.*

**HOTELS**

**Dombås Hotell**, 76 Zi., Tel. 61 24 10 01, www.dombas-hotel.no; Haus mit langer Tradition, Restaurant, Sauna, Parkplatz.
**Norlandia Dovrefjell Hotell**, 89 Zi., Tel. 61 24 10 05; www.norlandia.no/dovrefjell; komfortables, etwas außerhalb gelegenes Haus, Restaurant, Sauna, Schwimmbad, Parkplatz.

**CAMPING**

**Bjørkhol Camping** ***, [N 62° 1′ 48.72" 9° 10′ 55.56"], Tel. 61 24 13 31; www.bjorkhol.no; 1. Mai – 1. Sept.; ca. 6 km südl. Dombås. Wiese an der E6 nahe dem Lågenfluss; ca. 2 ha – 30 Stpl.; Standardausstattung; Laden, 20 Miethütten.

**Dovre**
**Toftemo Turiststasjon** *** [N 61° 59′ 58.0" E 9° 13′ 20.9"], Tel. 61 24 00 45; www.toftemo.no; 1. Jan. – 31. Dez.; ca. 2 km nördl. von **Dovre**, weitläufiges Wiesengelände mit lichtem Föhrenwald, hinter dem Gasthof Toftemo, zwischen E6 und Lågenfluss; ca. 3 ha – 150 Stpl.; Komfortausstattung; Laden, Imbiss; Schwimmbad; 21 Miethütten. **Motel** mit einladendem **Restaurant**.

**Dovreskogen**
**Camping Dovreskogen** ** [N 61° 55′ 39.0" E 9° 18′ 51.8"], Tel. 61 24 08 43; 15. Mai – 20. Sept.; nördlich des Ortes; ebene Wiese jenseits der E6 am Ostufer des Lågenflusses; 1 ha – 20 Stpl.; 11 Miethütten.

**Nord-Sel**
**Sandbakken Camping** * [N 61° 51′ 33.1" E 9° 24′ 27.8"], Tel. 61 23 31 93; ca. 2 km nördlich von Nord-Sel; Wiesen unterhalb der E6; 12 Miethütten.

**Høvringen** ab. Im Laufe der Jahrzehnte hat sich diese Hochalmsiedlung in der herrlichen Natur der Rondane-Berge zu einem viel besuchten Wander- und Skigebiet entwickelt. Neben einer Reihe teils recht anspruchsvoller Wanderwege findet man hier viele Beherbergungsbetriebe, von der einfachen Berghütte mit Selbstverpflegung bis hin zum Gebirgshotel mit allem Komfort (www.nasjonalparkriket.no).

Die alten Höfe **Laurgård** und **Romundgård** bei **Nord-Sel**, westlich der E6 an der Vågårustistraße gelegen, spielen im **Roman „Kristin Lavransdatter"** der norwegischen Schriftstellerin Sigrid Undset (1882 – 1949) eine Rolle.

Kurz vor der **Kirche von Nord-Sel** (Kristin Lavrandsdatter Denkmal) zweigt die Zufahrt **[N 61° 50' 55.1" E 9° 25' 53.9"]** zum ganz in der Nähe gelegenen Freilichtmuseum **Jørundgård Mittelalterzentrum** ab.

**Otta**, eine Kleinstadt mit rund 2.500 Einwohnern im oberen Gudbrandsdal, liegt am Zusammenfluß des Otta- und des Lågenflusses. Wichtige Erwerbszweige sind Holz-, Schiefer- und Milchverarbeitung. „Otta" ist eine altnorwegische Bezeichnung für „der Bedrohliche", womit hier wohl der Ottafluss gemeint war.

Otta ist ein guter Ausgangspunkt für Touren in das **Rondanegebirge** (Nationalpark, ausgezeichnetes Wandergebiet nordöstlich von Otta.

Mit dem Auto kann man ab Otta über die Rondanestraße, eine steile, gut befahrbare Serpentinenstraße, bis hinauf zur **Mysuseter** (13 km, mehrere Berghotels und Gasthöfe) fahren.

**ROUTE:** *Von Otta auf der R15 westwärts über* **Vågåmo** *(Camping Smedsmo \*\*\* [N 61° 52' 11.0" E 9° 06' 12.5"], Mai - Sept.) nach* **Lom** *(62 km).*

**Lom:** Die große Sehenswürdigkeit des heute stark vom Fremdenverkehr geprägten Ortes ist die **Stabkirche von Lom [N 61° 50' 20.8" E 8° 33' 59.8"]** im nordwestlichen Ortsbereich an der R15 *(geöffnet 15. Juni - 19. Aug. tgl. 9 - 20 Uhr, übrige Zeit 10 - 16 Uhr).*

Die Kirche entstand im 12. Jh. als Basilikabau unter Anlehnung an romanische Stilelemente, was sich an den Rundbögen der Portale und im Mittelschiff zeigt. Markant im sehr harmonischen äußeren Erscheinungsbild der Kirche ist der hohe, spitze Turm.

Im Inneren sind die Holzsäulen, die das hohe Mittelschiff bilden und das Dach tragen, durch sog. Andreas-Kreuze verbunden. Sie stellen gleichzeitig ein schmückendes Element der interessanten Holzarchitektur dar.

Im 16. Jh. wurde die Kirche von Lom durch Querschiffe erweitert und erhielt so eine Kreuzform. In jener Zeit wurde auch der heute sichtbare Turm errichtet. Innen sind die Schnitzereien an der Chorschranke, die

---

**PRAKTISCHE HINWEISE – OTTA**

**Otta Turistkontor [N 61° 46' 18.8" E 9° 32' 11.6"]**, am Bahnhof von Otta, Postboks 94, 2675 Otta, Tel. 61 23 66 50; www.visitrondane.no; *geöffnet 19. Juni - 20. Aug. Mo - Fr 8.30 - 19, Sa + So 11 - 18 Uhr; übrige Zeit Mo - Fr 8.30 - 16 Uhr.*

**HOTELS**

**Grand Gjestegård,** 20 Zi., Tel. 61 23 12 00, Restaurant.
**Norlandia Otta Hotell,** 85 Zi., Tel. 61 21 08 00; www.norlandia.no/otta; Restaurant, Sauna.

**CAMPING**

**Otta Camping og Motel \*\*\* [N 61° 46' 17" E 9° 30' 45"]**, Ottadalen 580, Tel. 61 23 03 09; www.ottacamping.no; 1. Mai – 15. Okt.; westl. Otta, im Zentrum Abzweig bei der ESSO-Tankstelle (nicht über R15!); zum Südufer des Ottaflusses geneigte Wiesen; ca. 1,5 ha – 80 Stpl.; Standardausstattung; Laden; 12 Miethütten. Fremdenzimmer. Motel.
**Camping Otta Turistsenter \*\*\* [N 61° 47' 39" E 9° 33' 8"]**, Ulvoldsveien 1, Tel. 61 23 03 23; www.ulvolden.com; 1. Jan. – 31. Dez.; weitläufiges, ebenes Wiesengelände unterhalb eines bewaldeten Hanges; ca. 5 ha – 110 Stpl.;

Standardausstattung; Laden, Cafeteria, **V & E für Wohnmobile.** Fahrrad- u. Bootsverleih. 4 Miethütten plus Motel. WLAN-Hotspot.

*Die Stabkirche in Lom*

Malereien an der Holzdecke im Chorraum, der Altar und die Barockkanzel mit Akanthusschnitzerei aus dem späten 18. Jh. sehenswert. Die Kanzel wurde von Jacob Sæterdalen, einem lokalen Künstler, gearbeitet. Die Gemälde stammen von Eggert Munch aus Vågå, der sie Anfang des 18. Jh. gemalt haben soll.

Interessant ist ein Besuch im **Lom Bygdemuseum Presthaugen** *(geöffnet 24. Juni - 20. Aug. tgl. 11 - 16 Uhr)*. Das Freilichtmuseum besteht aus mehreren alten Gebäuden eines Loms-Hofs, aus Speichern, Stallungen, Austraghäusern. All diese historischen Blockhäuser stammen aus der Umgebung von Lom. Sie zeigen, wie ein typischer Loms-Hof im 18. Jh. ausgesehen haben mag. Von historischer Bedeutung ist die **Olavsstugu**, ein kleines Blockhaus am inneren Hofplatz im Freilichtmuseum. Der Überlieferung nach soll hier König Olav Haraldssohn auf seinen Reisen übernachtet haben.

Im **Fossheim Steinsenter**, einer umfangreichen Mineraliensammlung, erfahren Sie alles über die Gesteinsarten und Mineralien der Region (geöffnet im Sommer tgl. 9 - 20 Uhr. Angeschlossen ist eine Werkstatt für Kunsthandwerk und Schmuck.

Eine der neueren Attraktionen in Lom ist das **Norsk Fjellmuseum – Jotunheimen Nasjonalparkcenter**, das Norwegische Gebirgsmuseum und Nationalparkcenter *(geöffnet 15. Juni - 15. Aug. Mo. - Fr 9 - 19, Sa + So 10 - 19 Uhr, übrige Zeit Mo - Fr 9 - 16, Sa + So 11 - 17 Uhr; www.fjell.museum.no)*. Das Museum, das auch die **Touristeninformation** **[N 61° 50' 19.7" E 8° 33' 57.9"]** beherbergt, liegt ganz in der Nähe der markanten Stabkirche. Die Ausstellungen in dem vorwiegend naturhistorischen Museum befassen sich mit nahezu allen Aspekten der interessanten norwegischen Bergwelt von der Ökologie bis hin zur Kulturgeschichte ihrer Bewohner.

*Mein Tipp:* Bei ausreichend zur Verfügung stehender Zeit ist ein Ausflug von Lom westwärts auf der R15 hinauf in die **Bergwelt des Sognefjell** ein Muss.

### CAMPING – LOM

**Nordal Turistsenter \*\*\* [N 61° 50' 22.0" E 8° 34' 29.0"],** Tel. 61 21 93 00; www.nordalturistsenter.no; 1. Mai – 30. Sept.; an der R15 am östl. Ortsrand, Einfahrt bei der ESSO-Tankstelle; durch einen kleinen Wasserlauf geteiltes, meist ebenes Wiesengelände unterhalb der Straße, in Gehnähe zur Lom Stabkirche; ca. 3 ha –130 Stpl.; Komfortausstattung; Laden, Restaurant; **V & E für Wohnmobile**. 54 Miethütten + Motel.

### Stabkirchen

Bis in die heutige Zeit ist Holz eines der beliebtesten Baumaterialien in Norwegen geblieben. Aus dem jahrhundertelangen Umgang mit Holz hat sich schon früh eine Kunstfertigkeit der Verarbeitung und Anwendung dieses Materials herausgebildet. Schlagende Beweise dafür sind die wiedergefundenen schlanken Wikingerschiffe, vor allem aber auch die Stabkirchen.

*Die Stabkirche von Urnes, Norwegens älteste*

Im 11. und 12. Jahrhundert muss ein wahrer Bauboom mit Stabkirchen geherrscht haben. In den 200 Jahren entstanden etwa 800 dieser Gotteshäuser. Doch scheinen die Handwerksmeister und Planer damals noch nicht so recht von der Christianisierung durchdrungen gewesen zu sein. Die grausigen Drachenköpfe an den Giebeln und allerlei Fabelgetier, die gerne in Ornamenten an den Portalen dargestellt werden, weisen deutlich darauf hin, dass auch die Mythologie aus Wikingertagen noch lebendig war. Vielleicht sind Kreuz und Drachenkopf auf den Dachgiebeln der Stabkirchen ein Symbol dafür, wie dicht beieinander christliche Lehre und heidnisches Gedankengut im Leben der damaligen Zeit noch lagen.

Der Name **„Stavkirke"** oder **„Stabkirche"** leitet sich von der Konstruktionsweise dieser für Norwegen so typischen Kirchenbauten ab. Auf einen kurzen Nenner gebracht, sind es die auf einem mächtigen, rechteckigen Basis-Bohlenrahmen stehenden, senkrecht nach oben ragenden hölzernen Pfeiler oder „Stäbe", die zum Sammelbegriff für diese Kirchenbauart führten. Diese „Stäbe" sind das statische Herz, sie tragen die ganze Konstruktion und bilden gleichzeitig das Kirchenschiff.

Eines der schönsten Beispiele norwegischer Stabkirchen-Baukunst stellt – neben der **Stabkirche von Lom** oder der **Hopperstad-Stabkirche** bei Vik – die **Borgund-Stabkirche** im Lærdal (E16) dar, ein Meisterwerk aus Kiefernholz aus dem 12. Jh. Unversehrt und ohne verändernde Umbauten ist sie aus jener Zeit erhalten geblieben.

An der Außenseite umläuft den gesamten Bau samt Apsis unten ein dachbewehrter „Arkadengang" (Svalgang), der die eigentliche Kirchenwand vor den Unbilden des Wetters schützt und ehemals als Sammel- und Treffpunkt der weit verstreut lebenden Kirchengemeinde diente. Die Bauelemente, auf Nut und Feder gearbeitete Wandbretter, sind zugleich Zierde und lassen die „Handschrift" von Schiffszimmerleuten vermuten.

Die größte Stabkirche in Norwegen, die **Heddal-Stabkirche,** findet sich nahe Notodden in der Telemark. Sie stammt aus dem Jahre 1148 und wurde 1954 renoviert.

Und an der ältesten Stabkirche ganz Norwegens, der in **Urnes** aus dem Jahre 1090, sind eigentümlich verschlungene Fabeltierornamente, teils Pferd, teils Drachen, teils Schlange, noch gut erhalten.

## DOMBÅS – TRONDHEIM

**Länge dieser Tour:** Rund 200 km, ohne Abstecher und Umwege.

**Die Route:** Über die E6 und über **Hjerkinn, Oppdal, Berkåk** und **Støren** bis **Trondheim.**

**Alternativroute:** Über **Røros.**

**Reisedauer:** Mindestens ein Tag.

**Reisehöhepunkte: Wandern auf dem Dovrefjell ** – Wandern im Troll-heimen Gebirge ** – die Bergwerksstadt Røros ** – der Nidarosdom in Trondheim *** – der historische Stiftsgården ** – das Häuserensemble am Nidelva – das Ringve Musikinstrumentenmuseum *** bei Trondheim – der Stadtblick von der Festung Kristiansten **.**

**ROUTE:** *Ab* **Dombås** *auf der E6* [**N 62° 04' 30.4" E 9° 07' 36.8"**] *über* Hjerkinn *nach* Oppdal.

Hinter Dombås führt die Straße E6 hinauf ins **Dovrefjell**, vorbei an der **Fokstua** in einem Hochmoorgebiet, am Abzweig des „Königsweges", heute ein beliebter Wanderweg.

Große Teile (256 qkm) des Dovrefjells um den 2.286 m hohen **Snøhetta**, der höchsten Erhebung in dieser Berglandschaft, sind zum **Nationalpark Dovrefjell** erklärt worden.

Etwa 20 km nach Dombås erreicht man den schönen Hotel-Berggasthof **Dovregubbenshall** [**N 62° 10' 24.6" E 9° 26' 05.5"**]. Ganz in der Nähe des Gasthofs sieht man eine alte **Steinbrücke**, über die ehemals der „Königsweg" führte.

Wenige Kilometer weiter passiert man die **Gautåseter Berghütte** und **Camping Hageseter** (1. Apr. - 31. Okt., 75 Stpl., Laden, Restaurant, **V & E für Wohnmobile**, 12 Miethütten) und erreicht kurz darauf **Hjerkinn**. Hier zweigt die R29 nach Osten ab (Alternativroute über Røros).

Falls Sie auf den nachstehend geschilderten Umweg über Røros verzichten, bitte weiter mit **„Hauptroute"** weiter hinten.

#### Alternativroute über Røros

**ALTERANTIVROUTE: Røros** *liegt rund 150 km nordöstlich unserer Hauptroute, der E6, und ist über die Straßen R29, R3 und R30 zu erreichen.*

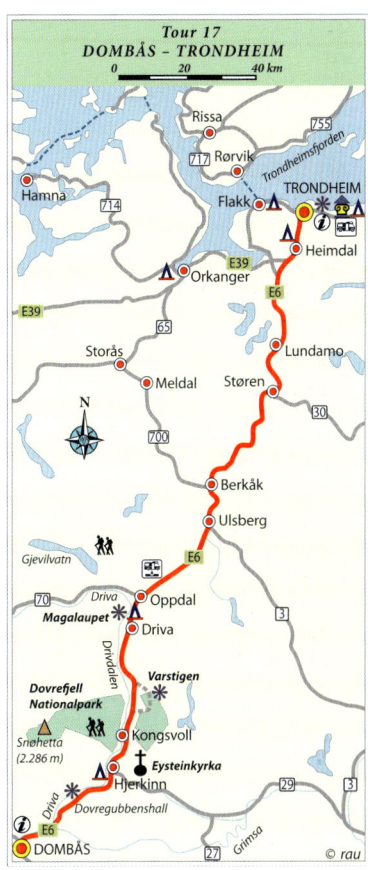

*Tour 17*
*DOMBÅS – TRONDHEIM*
0     20     40 km

**Røros,** die alte Grubenstadt Norwegens, entstand ab 1644, als hier von Hans Olsen Aasen auf der Rørosvidda reiche Kupfervorkommen entdeckt worden waren und mit deren Abbau begonnen wurden. Mit seinem profitablen **Røros Kobberverk** (Kupferwerk) wurde das Städtchen im norwegischen Bergland nahe der Grenze zu Schweden rasch zu einem der größten Industriebetriebe Skandinaviens. In Røros sind noch eine ganze Reihe alter, größerer und kleinerer, recht rustikal wirkender Blockhäuser und Gebäude aus Holz erhalten, in denen viele der Bergarbeiterfamilien lebten.

Diese Blockhäuser, ein in dieser Form einmaliges Häuserensemble, geben der **Bergstad**, dem alten Stadtteil von Røros (UNESCO Weltkulturerbe), der sich um das Kupferwerk gruppiert, noch heute ein ganz besonderes Gepräge.

In der **Kupferhütte** am Malmplassen, in der man über dreihundert Jahre lang Kupfer schmolz, bis der Betrieb 1977 eingestellt wurde, ist heute das sehenswerte **Rørosmuseet** eingerichtet *(geöffnet 20. Juni - 15. Aug. tgl. 10 - 18 Uhr, übrige Zeit Mo - Fr. 11 - 16, Sa + So 11 - 15 Uhr; www.rorosmuseet.no).*

*ALTERNATIVROUTE: Ab Røros auf der R30 in nordwestlicher Richtung nach **Støren** (103 km) an der E6 und damit wieder an unsere Hauptroute nach **Trondheim**.*

## HAUPTROUTE

*ROUTE: Die E6 führt von Hjerkinn hinab nach **Kongsvoll** und weiter durch das Drivdalen nach **Oppdal** (50 km).*

Knapp 15 km nördlich von Kongsvoll kommt man an der **Kongsvoll Fjellstue [N 62° 18' 12.8"  E 9° 36' 16.5"]** vorbei, einem uralten, traditionsreichen ehemaligen Gehöft, heute ein urig-rustikaler Gasthof **Kongsvold Kro** mit 32 Gästezimmern in schön restaurierten Holzhäusern (Tel. 72 42 09 11).

Die E6 führt weiter durch das schöne **Drivdalen** mit dem tosenden Wildbach Driva.

Nach rund 9 km führt rechts der Straße der alte Weg **Vårstigen [N 62° 22' 54.2"  E 9° 38' 26.8"]** bergwärts (Parkplatz mit Toilette). Der 1182 erstmals erwähnte Gebirgssteig galt lange als gefährlichster Teil des Königsweges nach Trondheim. Heute ist der Vårstigen ein rund 7 km langer Wanderweg mit herrlichen Ausblicken ins Drivdalen.

Das Drivdalen ist bekannt für seine Schiefersteinbrüche. Es heißt, dass der Drivdalschiefer als einziger in der Welt beim Brechen eine so schöne Bruchkante ergibt, dass er ohne große Nachbearbeitung z. B. als Treppenstufen verwendet werden kann.

12 km südlich von Oppdal und nördlich vom Engan Bahnhof findet man die **Schlucht Magalaupet [N 62° 30' 17.5"  E 9° 35' 17.0"]** mit einem tosenden Wildbach, der hier als einstiger Gletscherabfluss mehrere sog. Strudellöcher oder **„Gletschermühlen"** geformt hat.

**Oppdal**, eine Gemeinde mit rund 3.500 Einwohnern, am Abzweig der Westverbindung R70 von der E6 gelegen, ist das Zentrum des hiesigen Schieferabbaus. Größere Holzverarbeitungsbetriebe.

Zudem ist Oppdal ein gern besuchter Wintersportort mit zahlreichen Liftanlagen, ca. 45 km Abfahrtspisten und insgesamt mehr als 180 km Langlaufloipen, 12 km davon beleuchtet. Wintersaison ist von Ende November bis Ende April.

Seit kurzem bildet sich Oppdal mehr und mehr zu einem Zentrum jüngerer Sportarten aus, wie Drachenfliegen von den umliegenden Bergen oder River-Rafting durchs Drivdalen zum Beispiel. Organisierte Touren.

## PRAKTISCHE HINWEISE – RØROS

**Røros Reiseliv Turistkontor**, Peder Hiortsgate 2, 7361 Røros, Tel. 72 41 00 00; www.rorosinfo.com; *geöffnet Mo - Fr 9 - 16 (Sommer bis 20 Uhr), Sa 10 - 14 Uhr (Sommer bis 20 Uhr und So 10 - 18 Uhr).*

### CAMPING

**Bergstaden Camping \*\*\* [N 62° 34' 57"  E 11° 22' 9"]**, J. Falkebergets Vei 34, Tel. 72 41 15 73; Mai – Sept.; etwa 1 km nördlich des Ortszentrums, zu erreichen über die R30; Wiesengelände; ca. 2 ha – 20 Stpl.; Standardausstattung; Kiosk, 7 Miethütten.
**Camping Håneset \*\*\* [N 62° 34' 3"  E 11° 21' 6"]**, Tel. 72 41 06 00; 1. Jan. – 31. Dez.; Wiesengelände; rund 2 km südlich des Ortszentrums, zu erreichen über die R30; ca. 1 ha – 50 Stpl.; Standardausstattung, Laden; 9 Miethütten.

*Trondheim, Blick über den Nidelva zum Nidarosdom*

Zu den Sehenswürdigkeiten des Ortes zählt das **Oppdal Freilichtmuseum [N 62° 35' 47.5" E 9° 42' 13.1"]** nördlich des Stadtzentrums. 25 historische Holzgebäude, Bergbauernhöfe, Scheunen, Mühlen, Vorratshäuser etc. geben Einblick in das ländliche, bäuerliche Leben vergangener Jahrhunderte.

Beachtung verdient auch die **Kirche von Oppdal**, ein Holzbau mit kreuzförmigem Grundriß aus dem Jahre 1651. Die Kirche liegt etwa drei Kilometer westlich des Stadtzentrums an der R70.

Unterhalb der Kirche ist das **Gräberfeld von Vang** zu erkennen. Aus den annähernd 1.000 Hügelgräbern (die meisten stammen aus dem 6. Jh.) wurden zahlreiche eisenzeitliche Funde geborgen.

Bei längerem Aufenthalt mit der Absicht zu Bergwanderungen empfiehlt sich ein Abstecher in das **Trollheimen Gebirge** nordwestlich von Oppdal.

Einer der zentralen Ausgangspunkte für Bergwanderungen ist die **Gjevilvasshytta** am von Bergen umrahmten See Gjevilvatnet. Die Gebirgshütte ist bewirtschaftet und kann mit dem Auto erreicht werden. Abzweig ca. 10 km westlich von Oppdal, in **Festa bru**, von der R70 nordwärts und über eine Mautstraße zur Hütte.

Die Wandermöglichkeiten durch das Trollheimen sind überaus vielfältig und werden eigentlich nur von der Ausdauer des Wanderers und von der zur Verfügung stehenden Zeit beschränkt.

**ROUTE:** *Von Oppdal auf der E6 über* **Fagerhaug, Ulsberg, Berkåk** *und* **Støren** *(Einmündung der R30 aus Røros) nach* **Trondheim**, *115 km.*

Rund 15 km nördlich von Oppdal passiert man in **Fagerhaug** den **Oppdalporten-Rast- und Picknickplatz**, mit Picknicktischen, Toiletten, Motel, Tankstelle und **V & E** **für Wohnmobile**.

---

**CAMPING BEI OPPDAL**

**Camping Magalaupe ** [N 62° 29' 53.9" E 9° 35' 11.7"]**, Tel. 72 42 46 84; www.magalaupe.no; Anf. Jan. – Ende Dez.; etwas abseits und unterhalb der E6 und der Bahnlinie gelegen; langgestreckte Wiese in schöner, aber geräuschvoller Lage am Driva Gebirgsfluss, zur Magalaupet-Klamm ca. 1 km; ca. 1,5 ha – 70 Stpl.; Kiosk; **V & E** **für Wohnmobile**; 8 Miethütten.*

**Camping Smegården *** [N 62° 32' 06.1" E 9° 37' 24.6"]**, Tel. 72 42 41 59; www.smegarden.no; 1. Jan. – 31. Dez.; an der E6, ca. 8 km südl. Oppdal; Wiesen im weiten Drivdal; ca. 1 ha – 50 Stpl.; Standardausstattung; Laden; 15 Miethütten.

Fast in der Mitte Norwegens, wenn man die Nord/Süd-Ausdehnung des Landes betrachtet, liegen die *Provinzen Süd-* und *Nord-Tröndelag*. Hauptverwaltungsort, kulturelles und wirtschaftliches Zentrum dieser Region mit großer Vergangenheit ist **Trondheim**.

Mit annähernd 140.000 Einwohnern ist **Trondheim** die drittgrößte Stadt Norwegens.

Trondheim, das auf eine mehr als 1.000-jährige Geschichte zurückblicken kann – 1997 feierte man 1.000-jähriges Jubiläum – liegt am Südufer des weit ins Landesinnere reichenden Trondheimsfjords, dort wo der Fluss Nidelva in den Fjord mündet.

Im Jahre 997 gründete der junge, gerade erst zum Christentum bekehrte Wikingerkönig *Olav Tryggvasson* an der Mündung des Nidelva seinen Königshof **Nidaros**. Rasch entwickelte sich eine Stadt mit prosperierendem Hafen, die bald das Machtzentrum des Königreichs wurde. Der Einfluss der Wikinger reichte damals über England und Frankreich bis ins Mittelmeer und über Island und Grönland bis an die Küste Nordamerikas.

Nur drei Jahre nach der Stadtgründung fällt Olav Tryggvasson im Kampf gegen dänische und schwedische Truppen.

Ihm folgt auf dem Thron König *Olav II. Haraldsson*, ein leidenschaftlicher Verfechter des Christentums. Er fällt nach 30jähriger Regentschaft am 29. Juli 1030 bei **Stiklestad** im Kampf für die neue Religion, die zur Staatsreligion ernannt wird. Olav II., nun mit dem Beinamen „der Heilige" versehen, wird in Nidaros beigesetzt. Sein Mythos ist so groß, dass er bald Norwegens Nationalheiliger wird. Das Grab Olavs des Heiligen wird Mittelpunkt eines ausgeprägten Pilgerkults und eines rasch erstarkenden kirchlichen Machtzentrums.

1070 wird an der Stelle des Olavsgrabes der Grundstein zur Kathedrale gelegt.

1152 wird Trondheim Sitz der norwegischen Erzbischöfe. Die nun von der Stadt am Nidelva ausgehenden weltlichen wie religiösen Impulse prägen die Entwicklung des ganzen Landes, die einerseits erst mit der Dänenherrschaft Ende des 15. Jh., andererseits mit der Reformation 1537 enden.

Schon während der Union mit Dänemark (1397 – 1814) beginnt die politische Ausstrahlung der Stadt zu schwinden. Nidaros wird unter der Dänenherrschaft umbenannt in **Tronthjem**. Und mit der Entmachtung der Trondheimer Erzbischöfe in der Zeit der Reformation sinkt die Bedeutung der Stadt weiter. Selbst das Symbol des Christentums im Norden, der Nidaros Dom, beginnt zu verfallen.

Bis ins 17. Jh. war Trondheim eine Stadt aus Holz gebaut, mit engen Gassen („Veitene") zwischen den Häuserzeilen. Feuer waren häufige Heimsuchungen. Bei der Feuersbrunst von 1681 wurde nahezu die ganze Stadt ein Raub der Flammen.

Wirtschaftlich lebt Trondheim immer schon von seinem Hafen, von der Handelsschifffahrt, vom Fisch-, Holz- und Kupferexport. Die alten Speicher- und Handelshäuser am Nidelva zählen heute zu den Sehenswürdigkeiten der Stadt.

Prosperität und wirtschaftlicher Aufschwung, der vor allem nach der Loslösung von Dänemark 1814 wieder einsetzte, ermöglichten auch Einrichtungen des gesellschaftlichen Lebens. So wurde 1861 das „Norwegische Theater in Trondheim" eröffnet, das viele Jahre hindurch seinen festen Platz in der Theaterwelt behauptete. Aber die Theatertradition der Stadt ist noch älter. Schon 1803 wurde in Trondheim das erste öffentliche Theater Norwegens eingerichtet.

**Die Zufahrt** in Trondheims Innenstadt ist **mautpflichtig!**

Sollten Sie Trondheim lieber auf einer **Tour mit dem Fahrrad** kennenlernen wollen, was an einem sonnigen Sommertag sicher ein Vergnügen sein kann, ist das kein Problem. Die Stadt bietet ihren Einwohnern einen Service, den auch Touristen in Anspruch nehmen können. An bestimmten belebten Orten und zentralen Plätzen der Stadt findet man zwischen Mai und Oktober Fahrradständer mit **Stadtfahrrädern (Bysykkels)**. Nähere Infos über Standorte und Preise gibt's im Touristenbüro.

Wir beginnen unseren **Stadtrundgang** durch die Innenstadt von Trondheim an der **Nidaros Domkirche (2) [N 63° 25′ 37.3″ E 10° 23′ 41.8″]**. (Parkmöglichkeiten an der Straße Bispegata 7 **[N 63° 25′ 40.1″ E 10° 23′ 50.6″]**). Es ist eines der größten mittelalterlichen Sakralbauten in Nordeuropa und Wahrzeichen der Stadt. Begonnen wurde mit dem Bau um 1070, als über dem Grab Olavs des Heiligen eine Kathedrale entstehen sollte. Unterbrochen durch Brände und andere Widrigkeiten, war der Dom um 1320, nach 250 Jahren, fertiggestellt.

TRONDHEIM – **1** Information – **2** Nidarosdom – **3** Erzbischofspalais – **4** Kunstgalerie – **5** Torvet, Marktplatz, Tryggvasson Denkmal – **6** Kunstindustriemuseum – **7** Rathaus – **8** Stiftsgården – **9** Vår Frue Kirke – **10** Ravnkloa, Munkeholmfähre – **11** Seefahrtsmuseum – **12** Kirchenruine – **13** Bryggene, alte Speicherhäuser – **14** Gamla Brua – **15** Bahnhof – **16** Trøndelag Theater – **17** zum Musikinstrumentenmuseum Ringve und Richtung Wohnmobil-Stellplatz – **18** zum Volksmuseum – **19** Festung Kristiansten – **20** Museum der Universität Trondheim – **21** Postamt

Neben den kunstvollen Glasfenstern verdient vor allem die Westfassade mit ihrem reichen Figurenschmuck (Heilige, Könige und Bischöfe) Beachtung.

1814 erkor die Verfassungsgebende Versammlung zu Eidsvoll den Nidaros Dom zum Symbol der neuen Norwegischen Nation und legte fest, dass der Dom, wie schon im Mittelalter, wieder die Krönungskirche aller zukünftigen norwegischen Könige sein sollte.

Der Dom ist im Sommer ab 9 Uhr bis 18 Uhr, sonst bis 15 Uhr geöffnet. Orgelkonzerte finden im Sommer um 13 Uhr statt. Kirchenführungen werden von Mitte Juni bis Mitte August montags bis freitags um 11, 14 und 16 Uhr angeboten. Von Ende Juni bis Ende August ist gewöhnlich auch der Turm des Doms für Besucher geöffnet.

Südlich vom Dom schließt sich der Gebäudekomplex des **Erkebispegården,** des **Erzbischöflichen Palais (3)** an. Dieses älteste, nicht sakrale Bauwerk in Norwegen entstand im 12. Jh. und war bis zur Reformation

die Residenz des Erzbischofs. Die diversen Gebäudeflügel des weitläufigen Anwesens werden heute für unterschiedliche Zwecke genutzt (geöffn. Mitte Juni - Mitte Aug. Mo - Fr 10 - 16, Sa 10 - 15, So 12 - 16 Uhr, übrige Zeit bis 14 Uhr geöffnet und Mo + Di geschlossen).

In einem Flügel ist im ehemaligen Zeughaus die sog. **„Rüstkammer"** mit dem **Museum der Widerstandsbewegung**.

Im Südflügel des Bischofpalais ist das als „Museum des Jahres" ausgezeichnete **Museum** eingerichtet. Ausgestellt sind u. a. die Originalskulpturen des Nidaros Doms und archäologische Funde, darunter die Münzwerkstatt des Erzbischofs.

Einen Höhepunkt unter den Exponaten im Erzbischöflichen Palais stellt die Ausstellungen der **norwegischen Reichsinsignien** dar. Zu sehen ist die norwegische Krone, Krönungsmantel und andere Krönungsinsignien, die für den Norweger einen sehr großen symbolischen Wert haben.

Im Nordflügel schließlich, dem ältesten Teil des Gebäudes ist die **Erzbischöfliche**

*Ein malerisches Gebäudeensemble, Trondheims Speicherhäuser am Nidelva*

**Residenz** mit der großen Halle und den Privatgemächer der Bischöfe zu besichtigen *(Führungen auf Norwegisch und Englisch)*.

Westlich, neben dem Nidaros Dom, findet man in der Bispegata 7b die **Galerie** des städtischen Kunstvereins „**Trondhjems Kunstforening**" (4) **[N 63° 25' 39.3" E 10° 23' 40.5"].** Vornehmlich werden Arbeiten norwegischer Künstler aus dem 19. Jh. bis in unsere Zeit gezeigt.

Vom Dom gehen wir die breite Munkegate (links gleich das **Rathaus**, Munkegate 1 - 7 **[N 63° 25' 40.1" E 10° 23' 47.4"]**) stadteinwärts. Im Haus Nr. 5 auf der rechten Seite ist das **Nordenfjeldske Kunstindustriemuseum (6)**, das Nationalmuseum für Kunsthandwerk, untergebracht. Gezeigt werden erlesene Möbel, Silber-, Glas- und Keramikgegenstände *(1. Juni - 20. Aug. tgl.; Mo - Sa 10 - 17, So. 12 - 17 Uhr, übrige Zeit 10 - 15 Uhr; www.nkim.museum.no)*.

Wir gehen weiter bis zum zentralen Marktplatz **Torvet (Torget)**. Dort sieht man auf einer hohen **Steinsäule** das Standbild des Stadtgründers Olav Tryggvasson.

An der rechten (südöstlichen) Seite des Platzes liegt das **Touristeninformationsbüro (1) [N 63° 25' 47.1" E 10° 23' 43.4"].** Rund um den Torvet findet man Geschäfte, Supermärkte, Einkaufszentren, Restaurants.

Unser Stadtspaziergang führt uns über den Marktplatz an dessen Nordseite. Dort folgen wir weiter der Munkegate. Nach wenigen Metern sieht man an der rechten (öst-

lichen) Straßenseite den **Stiftsgården (8) [N 63° 25' 52.0" E 10° 23' 40.9"],** *(geöffnet 1. Juni - 20. Aug. Mo - Sa 10 - 17, So 12 - 17 Uhr; Führungen obligatorisch)*. Dieses stattliche Patrizierpalais ließ sich um 1775 die als ehrgeizig geschilderte Witwe Geheimrätin Cecilie Christine Schøller errichten. Der mächtige Bau gilt als das größte Holzgebäude in ganz Nordeuropa. Es dient heute noch als königliche Residenz, wenn sich der Monarch in Trondheim aufhält. Für Besucher ist der Stiftsgården dann geschlossen!

Am Ende der Munkegate, am Hafen, liegt die Fischmarkthalle **Ravnkloa (10) [N 63° 26' 02.6" E 10° 23' 34.7"].** Dort findet man auch die Anlegestelle der Boote zur Insel Munkholmen.

Zurück bis zum Torvet. Dort folgen wir der Kongensgate nach Osten. Rechts erkennt man den gedrungenen Bau der Liebfrauenkirche „**Vår Frue Kirke**" (9) **[N 63° 25' 49.0" E 10° 23' 56.6"].** Die Ursprünge dieses Kirchenbaus gehen zurück bis ins 13. Jh.

Weiter östlich sieht man links in der Søndregate 4 das Gebäude der „Sparebanken Midt-Norge". Als 1972 der Baugrund ausgehoben wurde, stieß man auf die Reste der mittelalterlichen Gregoriuskirche. Die Krypta wurde erhalten und kann im Bankgebäude besichtigt werden.

Die Kongensgate mündet in die Kjøpmannsgate am Fluss Nidelva. Man kann nun nach Norden bis zum **Trondhjems Sjøfartmuseum (11) [N 63° 26' 04.5" E 10° 24'**

18.1"], Fjordgata 6A, gehen *(geöffnet 1. Juni - 31. Aug. tgl. 1 0 - 16 Uhr)*. Das Seefahrtmuseum ist im ehemaligen „Sklaveriet", Trondheims altem Zuchthaus aus dem 18. Jh., untergebracht. Das relativ kleine Museum hat schöne Sammlungen von Schiffsmodellen, Galionsfiguren und Gerätschaften zur Navigation.

Wir gehen die Kjøpmannsgate nach Süden und kommen dabei an den alten **Speicherhäusern (13) [N 63° 25' 51.6" E 10° 24' 11.8"]** am Nidelva vorbei. Viele der Holzbauten sind schön restauriert und beherbergen Gaststätten, wie das „Dickens" oder das „Havfruen", sowie Büros und Läden.

An der **Gamle Bybrua** (Alte Stadtbrücke, – 14 –) **[N 63° 25' 41.8" E 10° 24' 03.3"]**, die wegen des schön gearbeiteten Holzportals nicht zu verkennen ist, vorbei und über die Bispegate zurück zum Dom.

### Sehenswertes außerhalb des Stadtzentrums von Trondheim

Westlich der Stadt, in **Sverresborg**, findet man das **Trøndelag Folkemuseum**. Das Freilichtmuseum mit annähernd 60 typischen alten Gebäuden aus Trøndelag gruppiert sich um die Reste der von König Sverre im 12. Jh. errichteten Burg Sion *(1. Juni - 31. Aug. tgl. 11 - 18 Uhr; übrige Zeit Mo - Sa 11 - 15 Uhr; www.sverresborg.no; Bus Nr. 8 ab Zentrum Richtung Stavset)*.

Großgehöfte, Stadthäuser, alte Werkstätten u. a. sind hier wieder aufgebaut worden. Und natürlich gibt es auch eine echte Stabkirche zu sehen, nämlich die „Haltdalen Stabkirche", die aus dem Jahre 1170 stammt.

Das **Ringve Museum [N 63° 26' 51.63" E 10° 27' 15.58"]**, Norwegens Nationalmuseum für Musik und Musikinstrumente, liegt in **Lade**, Lade Allé 60, 4 km nordöstlich von Trondheim.

Das im „Ringve Gård", einem stattlichen Gutshof aus dem 17. Jh. untergebrachte Museum befasst sich fast ausschließlich mit Musikinstrumenten. Die interessanten, seltenen und oft auch recht exotisch anmutenden Instrumente stammen aus allen Teilen der Welt

*(geöffnet 17. Juni - 5. Aug. tgl. 11 - 17 Uhr, übrige Zeit 11 - 15 Uhr, Winter nur So 11 -16 Uhr; www.ringve.no)*. Busse der Linien 3 und 4 ab Trondheim Munkegaten bis Lade.

Das Museum besteht aus zwei Teilen, die in zwei Gebäuden, die sich um den Innenhof des Herrensitzes gruppieren, untergebracht sind. Es handelt sich einmal um **„Das Museum im Hauptgebäude"** (vornehmlich historische und recht kostbaren Musikinstrumente) und zum anderen um **„Das Museum im Heuboden"** (Stationen der Musikgeschichte von der „Erfindung des Klaviers" über die Abteilungen „Jazz, Hot & Swing" oder „Rock & Pop" bis zur „Hausmusik").

Dem Ringve Museum ist ein Museumsshop und das **„Trodenskiold Kaffee"**, das für seine leckeren, frisch gebackenen Rahmwaffeln bekannt ist, angeschlossen.

Schließlich können auf einer Stadtbesichtigung Trondheims noch **zwei Aussichtspunkte** besucht werden.

Die **Festung Kristiansten (19) [N 63° 25' 37.5" E 10° 24' 34.0"]** ist auf einer Anhöhe östlich der Stadt gelegen. Schon von weitem sieht man den massigen, weißen Turm der Anlage von 1681. Schöner Stadtblick von der Festung. Solange die Flagge auf dem Festungssturm weht, sind die Festungstore geöffnet.

### Bootausflug zur „Mönchsinsel"

Zumindest bei längerem Aufenthalt lohnt ein Bootsausflug zur **Insel Munkholmen**. Die „Mönchsinsel" war schon um das Jahr 1000 von Benediktinermönchen besiedelt, die hier ein Kloster – wahrscheinlich das erste im Norden – gegründet hatten. Gefängnis- und Festungsmuseum.

Im Sommer ist Munkeholmen ein beliebter Ausflugsort mit **Bademöglichkeit** und **Restaurant**.

Von Mitte Mai bis Anfang September verkehrt ab Ravnkloa täglich zwischen 10 und 16 Uhr (Juni + Juli bis18 Uhr) kontinuierlich Fähren zur Insel.

---

### PRAKTISCHE HINWEISE – TRONDHEIM

**Trondheim Touristeninformation [N 63° 25' 47.1" E 10° 23' 43.4"]**, Munkegata 19, Torvet (Torget, Marktplatz), 7411 Trondheim, Tel. 73 80 76 60; www.trondheim.no. *Geöffnet Mo - Fr 9 - 16, Sa 10 - 14 Uhr, im Sommer erweiterte Öffnungszeiten!*

### RESTAURANTS

**Frau Inger,** Tel. 73 51 60 71, Fosenkaia, hübsches Lokal beim Bahnhof, Fisch-spezialitäten, mittlere Preislage.

**Havfruen,** Kjøpmannsgata 7, Tel 73 87 40 70, renommiertes Fischlokal, geho-bene Preislage, beliebte Kellerbar. Sonntag Ruhetag.

*Mein Tipp!* **Vertshuset Tavern,** Tel. 73 52 09 32, Sverresborg Allé 7; histori-sches Gasthaus von 1739, einstmals in der Innenstadt, heute beim Trøndelag Freilichtmuseum **im Stadtteil Sverresborg** gelegen. Uriges, rustikales Am-biente, norwegische Küche und traditionsreiche Hausmannskost wie haus-gemachte Fischfrikadellen, Rømmegrøt (norwegische Spezialität, ein Brei aus Milch, Sauerrahm und Weizenmehl), Trøndelag-Klöße u. a., jeden Donnerstag Erbsensuppe mit Salzfleisch, moderate bis mittlere Preislage.

### HOTELS

**City Living Schøller Hotel,** Dronningens gt. 26, Tel. 73 87 08 00; www.cityli-ving.no; zentral gelegens Mittelklassehotel, realtiv moderate Preise.

**Quality Hotel Augustin,** 74 Zi., Kongensgt. 26, Tel. 73 54 70 00, www.hotel-augustin.no; zentral gelegenes Mittelklassehotel, mittlere Preisklasse.

**Scandic Prinsen,** 81 Zi., Kongens gt. 30, Tel. 73 53 06 50; www.prinsen-hotell. no; zentral gelegenes Mittelklassehotel, Restaurant, Garage.

**Rica Nidelven Hotel,** 221 Zi., Havnegata 1 - 3, Te. 73 56 80 00; www.rica.no; zentral am Nidelven gelegenes Komforthotel, Restaurant.

### CAMPING

**Flakk**

**Camping Flakk \*\* [N 63° 27′ 0.73″ E 10° 12′ 2.59″],** Tel. 72 84 39 00; www. flakk-camping.no; 1. Mai – 1. Sept.; über R715 ca. 13 km westl. Trondheim, an der Fährstation am Trondheimsfjord; hügelige Wiesen am Fjord; ca. 2 ha – 100 Stpl., davon zahlr. Dau.; einfache Standardausstattung; Laden, Imbiss; **V & E für Wohnmobile.** 4 Miethütten.

**Malvik/Vikhamar**

**Camping Storsand Gård \*\* [N 63° 25′ 52.6″ E 10° 42′ 26.0″],** Tel. 73 97 63 60; www.storsandcamping.no; 1. Mai – 31. Aug.; ca. 15 km östlich von Trond-heim, nördl. der alten E6; weitläufiges, teils ebenes, teils hügeliges, terrassier-tes Gelände mit Waldanteil, am Fjord in ansprechender Lage; ca. 9 ha – 150 Stpl.; auf den schönsten Plätzen Dauercamper; Standardausstattung; Kiosk; 70 Miethütten, Motel.

**Wohnmobil-Stellplatz**

**Wohnmobil-Stellplatz Bobilparkering Trondheim [N 63° 26′ 45.5″ E 10° 26′ 36.9″] – Zufahrt/Lage:** Zufahrt Richtung Lade/Ringve Museum, Jarlevei-en. Einfahrt am Kreisverkehr rechts Richtung Bunnpris Supermarkt, Rema 1000 Supermarkt und SpareBank Midt-Norge gegenüber. **Geöffnet:** Ganzjährig. **Gebühr:** Gebührenfrei. **Stellplatz:** Schattenloses, wenig einladendes Park-platzgeviert ohne jede Einrichtung. Platz für ca. **20 Wohnmobile.**

Eine **Entsorgungsstation für Wohnmobilabwässer** findet man am Havna Service an der SHELL-Tankstelle am Pier im Hafen **[N 63° 26′ 13.5″ E 10° 24′ 24.4″].**

Laut Information eines Lesers beteht in Trondheim die **Möglichkeit zum Be-füllen von Propangasflaschen** bei *Propan og Fritid AS, Bratsbergveien 25, 7037 Trondheim, Tel. 73 96 38 00.* Ob dieser Service auch weiterhin bestehen wird, war bis Drucklegung dieser Auflage leider nicht in Erfahrung zu bringen!

## TRONDHEIM – MOSJØEN

**Länge dieser Tour:** Rund 390 km über E6. Ohne Abstecher. Die küstennahe Alternativroute via R17 ist ca. 150 km länger, + 1 Fähre.

**Die Route:** Über die E6 bis **Mosjøen**.

**Alternativroute:** Über R17 und über **Høylandet, Foldereid** und **Brønnøysund** nach **Mosjøen**.

**Reisedauer:** Mindestens ein Tag über die E6. Zwei Tage über die R17.

**Reisehöhepunkte:** Das historische **Stiklestad \*** – Blick zum **Berg Torghattan – Mosjøens Sjøgata.**

### HAUPTROUTE
**Über die E6 nach Mosjøen**

ROUTE: *Unsere* **Hauptroute** *folgt ab Trondheim der E6 nach Osten. Die zwischen Runheim und Hommelvik mautpflichtige Straße ist autobahnähnlich ausgebaut. Nach 33 km kommt man durch* **Stjørdal** *(Flughafen; Abzweig der E14 nach Schweden). Weiterreise auf der E6 nordwärts und über* **Åsen** *zunächst bis* **Verdal/Verdalsøra** *(54 km).*

#### Abstecher nach Stiklestad

ABSTECHER: *In Verdalsøra auf der R757 ostwärts nach* **Stiklestad [N 63° 47' 06.0" E 11° 27' 55.3"]**, *ca. 6 km.*

Die kleine, ländliche Gemeinde **Stiklestad** ist ein bekannter Festspielort in Norwegen.

In der historischen **Schlacht von Stiklestad** fiel am 29. Juli 1030 der zum Christentum übergetretene Wikingerkönig Olav II. Haraldsson „der Heilige", im Kampf für den Glauben, für die Einigung des Reiches und gegen den Dänenkönig Knut. Der Überlieferung nach starb König Olav schwer verwundet an einen Stein gelehnt.

Genau an dieser Stelle steht heute die **Stiklestad Kirche [N 63° 47' 47.0" E 11° 33' 38.9"]**. Sie wurde zwischen 1150 und 1180 im romanischen Stil erbaut. Das Taufbecken stammt noch aus der Gründungszeit der Kirche.

Etwa 400 m von der Kirche entfernt findet man das **Freilichttheater**. Hier wird jedes Jahr um den 29. Juli, dem Todestag König

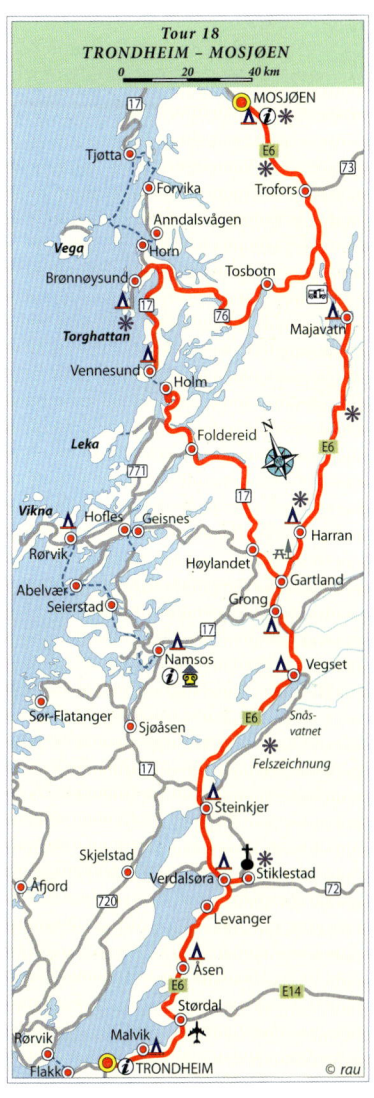

*Tour 18*
*TRONDHEIM – MOSJØEN*
0  20  40 km

© rau

### CAMPING

**Åsen**

**Camping Fættenfjord** ***, Tel. 74 05 86 03; 1. Mai – 30. Sept.; an der E6, südl. Åsen; langgezogene, ebene Wiesen an kleiner Fjordbucht; ca. 1 ha – 50 Stpl.; 9 Miethütten.

**Camping Gullberget** **** [N 63° 37' 23.4" E 11° 04' 05.8"], Tel. 74 05 61 51; 1. Mai – 30. Sept.; an der E6 ca. 2 km nördl. Åsen; ebene Wiesen hinter einem Wohnhaus, durch Hecken in Stellflächen unterteilt; ca. 1,5 ha – 40 Stpl.; Standardausstattung; Kiosk; **V & E für Wohnmobile**; 25 Miethütten.

**Verdal**

**Camping Stiklestad** ***, Tel. 74 04 12 94; www.stiklestadcamping.no; 1. Mai – 30. Okt.; in Verdalsøra über die R757 ca. 7 km ostwärts, durch Stik-lestad; Wiesen am Verdalselva; ca. 2 ha – 80 Stpl.; Standardausstattung; 15 Miethütten.

**Røra**

**Camping Koa** ***, Tel. 74 15 44 71; www.koa-camping.no; 1. Mai – 30. Sept.; südl. Røra; Terrassenplatz unterhalb der E6; ca. 3 ha – 50 Stpl.; 23 Miethütten.

Olavs des Heiligen, und am darauffolgenden Sonntag das *„Olsokspiel"* aufgeführt.

In Verbindung mit dem Olavsfest werden Theatervorstellungen, Konzerte, Seminare und gelegentlich auch ein Mittelaltermarkt veranstaltet.

Unmittelbar beim Freilichttheater dient ein schöner alter Gutshof als **Freilichtmuseum**. Insgesamt kann man 30 gut erhaltene Holzgebäude und Blockhäuser aus dem 17. und 18. Jh. sehen.

Im Haupthaus, das aus dem 18. Jh. und aus der Gegend um Stiklestad stammt, ist ein überaus gemütliches, mit altem Mobiliar ausgestattetes **Café** eingerichtet.

#### HAUPTROUTE VIA E6

**HAUPTROUTE:** *Der weitere Verlauf unserer Reise folgt der E6 von Verdalsøra nach Norden über* Røra, Steinkjer *und am langgestreckten, schön in waldreicher Landschaft gelegenen See* Snåsavatnet *entlang bis* Grong.

In **Egge**, einem nördlichen Ortsteil von **Steinkjer**, ist das **„Kirke Museum Bardal" [N 64° 01' 42.7" E 11° 28' 35.6"]** eingerichtet (geöffnet Mitte Juni - Mitte Aug. tgl. 11 - 16 Uhr; www.eggemuseum.no). Dieses Heimat- und Regionalmuseum mit Freilichtabteilung veranschaulicht mit sei-

*Stiklestad*

nen Ausstellungen das Leben der hiesigen Landbevölkerung und der Bauern. Im Obergeschoss ist eine alte Straßenzeile rekonstruiert. In der Nähe des Museums wurde ein Schwert aus der Zeit um 900 n. Chr. gefunden, das heute im Museum in Trondheim zu bewundern ist.

**ROUTE:** *Ab Grong führt die E6 über* **Gartland** *und* **Harran** *durch das bewaldete, landschaftlich sehr reizvolle Namdalen nach Nordosten.*

***Achtung Routenalternativen!*** Spätestens in Gartland müssen Sie sich entscheiden, ob Sie den schnelleren Weg unserer **Hauptroute (E6)**, oder den Weg über die **küstennahe R17** (unsere **Alternativroute**) nehmen wollen.

Der Weg über die Alternativroute ist rund 150 km länger und auch teurer, da zwischen Holm und Vennesund eine Fähre zu benutzen ist, was je nach Länge des Wohnmobils relativ kostspielig ist.

**Übrigens:** Falls Sie der auf weite Strecken landschaftlich wirklich reizvollen Straße 17 über ihre gesamte Länge von Steinkjer bis nach Løding bei Bodø folgen, befahren Sie die vermutlich teuerste Straße Norwegens. Teuer deswegen, weil Sie unterwegs nicht weniger als sechsmal eine Fähre benutzen müssen. Und für ein Wohnmobil unter 6 m Länge waren dafür zuletzt knapp 100 Euro an Fährgebühren zu berappen! Wohnmobilisten mit Fahrzeugen über 6 m Länge müssen noch viel tiefer in die Tasche greifen.

Falls Sie sich für die Weiterreise über die E6 entscheiden, bitte weiter mit **„Hauptroute via E6"** weiter hinten.

**Alternativroute über R17**

**ALTERNATIVROUTE:** *Bei Gartland von der E6 nordwestwärts auf die R775 bis* **Høylandet** [N 64° 37' 39.3" E 12° 18' 03.9"]. *Hier trifft man auf die R17, der wir nordwärts über* **Foldereid** *bis zur* **Fährstation Holm** *folgen.*

**Foldereid** (*Follakroa*, Tel. 74 39 61 50, Miethütten, Restaurant, Camping, Wohnmobilstellplätze) ist ein kleiner Ort an der

## PRAKTISCHE HINWEISE – STEINKJER

**Innherred Turist Informasjon** [N 64° 00' 43.7" E 11° 29' 33.1"], Namdalsveien 11, 7701 Steinkjer, Tel. 74 16 13 98; www.visitinnherred.com; geöffnet Mo - Fr 9 - 16 Uhr, Sommer bis 20 Uhr und auch Sa + So. An der E6 gegenüber Globus Einkaufscenter.

### HOTELS

**Quality Hotel Grand,** 113 Zi., Kongensgt. 37, Tel. 74 16 47 00; www.grandhotell.no; komfortables Mittelklassehotel in zentraler Lage, Restaurants
**Tingvold Park Hotel**, 55 Zi., Gamle Konkavei 47, Tel. 74 14 11 00, Restaurant.

### CAMPING:

**Steinkjer**
**Camping Guldbergaunet \*\*\*\***[N 64° 1' 22" E 11° 30' 26"], Elvenget 34, Tel. 74 16 20 45; 1. Jan. – 31. Dez.; Wiesen am Fluss, östlich des Ortes beim gleichnamigen Hotel; ca. 2 ha – 100 Stpl.; Standardausstattung; Laden, Imbiss; 14 Miethütten.

**Snåsa**
**Camping Vegset \*\*\*,** Tel. 74 15 29 50; Ostern – 1. Okt.; an der E6; in ansprechender Lage am Nordostende des Snåsavatnet, neben dem **Gasthof Snåsa Kro**; 9 Miethütten.
**Snåsa Hotel og Camp \*\*\***, Leiråmoen, Tel. 74 15 10 57; 1. Mai – 30. Sept.; ca. 5 km östl. der E6, an der R763; Campingmöglichkeit beim gleichnamigen **Hotel** mit **Jugendherberge**; Laden, Restaurant; 9 Miethütten.

**Grong**

**Langnes Camping \*\*\*\***, Tel 74 33 18 50; www.pluscamp.no; 1. Mai – 30. Sept.; Zufahrt von der E6 ca. 2 km südlich des Ortes; Wiesengelände in ansprechender Umgebung am Fluss Namsen; ca. 2,5 ha – 70 Stpl.; gute Standardausstattung; **V & E für Wohnmobile**; 8 Miethütten.

Brücke über den weit ins Land reichenden, sehr schmalen Meeresarm Indre Folda.

### Abstecher nach Rørvik

Ab Foldereid bietet sich ein Abstecher auf der Straße R770 westwärts nach **Rørvik [N 64° 50' 47.7" E 11° 20' 23.9"]** (55 km) und in die wild zerklüftete Inselwelt von **Vikna** an. Wer weit abgeschiedene Küstenlandschaften liebt, kommt hier auf seine Kosten.

**Rørvik** (*Camping Nesset [**N 64° 52' 22.6" E 11° 15' 47.9"**], Mitte Mai - Mitte Sept., ca 40 Stpl. 19 Miethütten*) liegt sehr hübsch inmitten eines Inselarchipels am Naerøysund.

Besichtigen kann man in Rørvik das **Küstenmuseum „Norveg" [N 64° 51' 36.4" E 11° 14' 02.8"]** von Nord-Trøndelag mit der „Woxengs Samlinger" *(geöffnet tgl. 10 - 22 Uhr; www.norveg.org).*

Von Rørvik den gleichen Weg zurück nach Foldereid.

**ALTERNATIVROUTE:** *22 km nördl. von* **Foldereid** *erreicht die R17 den* **Fährhafen Holm [N 65° 10' 59.0" E 12° 06' 48.4]** *in der Provinz Nordland.*

Ab **Holm** verkehren laufend **Autofähren nach Vennesund [N 65° 12' 58.3" E 12° 02' 26.6"]** (Camping s. u.). Abfahrten zwischen 6 und 22 Uhr bis zu neunmal, Fahrzeit 20 Minuten. Vennesund ist ein kleines, abgeschiedenes Küstendorf auf der Insel Sømna.

Auf der Weiterfahrt über **Vik** (Freilichtmuseum Sømna Bygdetun, Hotel, Restaurant) nach Norden hat man nach ca. 25 km bei gutem Wetter einen schönen Ausblick nach Westen auf den 260 m hohen, markanten, abgerundeten **Berg Torghattan [N 65° 23' 43.6" E 12° 05' 50.1"]**. Mitten durch den Felsen geht ein riesiges Loch (35 m hoch, 15 bis 20 m breit, 160 m tief).

Natürlich ist eine solche Kuriosität von Sagen und Legenden umwoben. Hier heißt es, dass das Loch von einem Pfeil stammt, den der sagenhafte Riese Hestmann auf einer Verfolgungsjagd durch den Berg jagte. Und in der Sagenwelt ist der Berg auch kein Berg, sondern der Hut des Königs von Sømna, der ihn nach aufsässigen Trollen auf der Insel Torget geschleudert haben soll.

Von **Brønnøysund [N 65° 28' 00.4" E 12° 11' 02.6"]** aus kann man bis an den Fuß des Berges Torghattan fahren. Die Straße endet nach 12 km an einem Parkplatz vor dem Campingplatz Torghattan. Es führt ein guter Weg hinauf bis in die Nähe des Lochs, Gehzeit rund 20 Minuten.

**ALTERNATIVROUTE:** *Man kann von Brønnøysund auf der R17 weiter nordwärts reisen (mehrere Fähren). Der Weg*

## PRAKTISCHE HINWEISE – BRØNNØYSUND

**Brønnøysund Touristinformation,** Sømnaveien 92, 8900 Brønnøysund, Tel. 75 01 80 00; www.destinationhelgeland.com. *Geöffnet 9 - 15 Uhr, im Sommer erweiterete Zeiten.*

### HOTELS

**Thon Hotel Brønnøysund**, 59 Zi., Valveien 11, Tel. 75 00 89 00, www.thon-hotels.no., Restaurant.

**Galeasen Hotell,** 22 Zi., Havnegt. 32 Tel. 75 00 88 50, www.galeasen.com, Restaurant.

### CAMPING

**Solli Camping \*\*,** Tel. 75 02 20 09; 1. Jan. – 31. Dez.; südlich der Stadt, kleinere Anlage mit 10 Miethütten.

**Torghattan**
**Torghattan Camping,** Tel. 75 02 54 95, www.visittorghattan.no; Wiesen bei einem Bauernhof an der Küste, beim Berg Torghattan. Standardausstattung.

**Vennesund**
**Camping Vennesund \*\*\*\*, [N 65° 12' 58.93" E 12° 2' 27.04"]**, Tel. 75 02 73 75; www.vennesund.no; 1. Jan. – 31. Dez.; Wiesenhang bei einem Gasthaus in ansprechender Lage, unmittelbar an der Fähranlegestelle; ca. 1,5 ha – 50 Stpl.; einfache Standardausstattung; 17 Miethütten. Fremdenzimmer.

*unserer Alternativroute aber führt auf der 76 ostwärts durch idyllische Fjordlandschaften nach* **Tosbotn** *und weiter nach* **Brenna** *an der E6 (100 km). Auf der E6 weiter nordwärts nach* **Mosjøen** *(45 km).*

### HAUPTROUTE VIA E6

Rund 10 km nördlich von Grong und etwa 4 km vor **Harran** (Camping s. u.) liegt an der E6 ein einladender **Rast- u. Picknickplatz** oberhalb des Namsenflusse mit schöner Aussicht, Picknicktischen und Toiletten.

Etwa auf halbem Wege von Garland nach Harran kommt man am Abzweig zum gewaltigen **Wasserfall Fiskumfossen** am Namsenfluss vorbei, der trotz des Stauwehrs noch recht imposant ist.

Der Namsenfluss ist einer der großen Lachsflüsse in Norwegen. Eine **Lachstreppe** von 291 m Länge, die längste Lachstreppe Europas wie es heißt ermöglicht es Lachsen an ihre Laichplätze zu gelangen.

Ganz in der Nähe des Fiskumfossen finden Sie das **Namsen Laksakvarium [N 64° 32' 43.4" E 12° 27' 18.8"]** (www.namsen-laksakvarium.no) mit 55.000-Liter-Aquarium für Wildlachse. **Restaurant „Fossen".** Natürlich wird hier Lachs serviert.

30 km weiter nordöstlich von Harran liegen **Trones** (**Namsskogan Familiepark**, eine Tier-, Natur- und Freizeitpark für die ganze Familie; mit **Namsskogan Hotell og Camping**) und der **Trongfoss Wasserfall**, etwas abseits der E6.

Später passiert die E6 den Ort **Namsskogan** und 2,5 km nördlich von **Smalåsen** in 310 m Höhe das **„Porten til Nord-Norge"**, das **„Tor nach Nordnorwegen".** Es markiert die Grenze zwischen den Fylker (Provinzen) Nord-Trøndelag und Nordland. Parkplatz, Touristeninfo, Kiosk, Souvenirs, Toiletten.

Etwa 30 km weiter kommt man am schön in bewaldeter Hügellandschaft gelegenen **See Majavatn** vorbei. Unmittelbar zwischen

Straße und See liegt der schmale Wiesenstreifen von **Majavatn Camping** (Tel. 75 18 28 59; 21 Miethütten).

17 km nördlich von Majavatn passiert man die Zufahrt zum **Camping Rasteplass**, einem von der staatlichen Forstverwaltung angelegten **Stellplatz für Wohnmobile und Caravans [N 65° 19' 31.1" E 13° 22' 42.4"]**. Das relativ große Areal liegt schön am See Svenningsvatnet. Zahlreiche eingeebnete, geschotterte Stellplatzbuchten zwischen Birken und Nadelbäumen mit Platz für 30 Wohnmobile bzw. Caravans. Es gibt einen Grillplatz mit Hütte, Picknicktische, Mülltonnen und Toiletten. Der Platz ist jederzeit zugänglich aber gebührenpflichtig (zuletzt 60,- NOK)! An der Platzeinfahrt Briefkasten mit Anmeldeformularen und Umschlag für die Platzgebühr.

Nochmals rund 8 km weiter trifft man in Brenna auf die Einmündung der R76 aus Brønnøysund (siehe auch „Alternativroute über R17" weiter vorne).

Einige Kilometer nach **Trofors** (*Camping Elvetun*, Juni - Aug.) sollte man auf den Abzweig von der neuen E6 auf die alte E6 achten. Man gelangt hier zum recht breiten und imposanten **Wasserfall Laksforsen [N 65° 37' 22.6" E 13° 18' 08.0]**. Am Rand des tosenden Falls wurde eine 200 m lange Lachsleiter angelegt. Parkplatz, Cafeteria, Souvenirshop, WC.

Abermals 40 km weiter erreicht man schließlich **Mosjøen.**

**Mosjøen [N 65° 50' 22.4" E 13° 11' 17.3"]** ist eine langgestreckte Gemeinde ganz am Südostende des Vefsne-fjords. Die Stadt mit rund 10.000 Einwohnern verdankt ihre Prosperität heute in erster Linie einem großen Aluminiumwerk im Norden der Stadt, einer Großweberei, der holzverarbeitenden Industrie sowie eines großen karbonverarbeitenden Werks.

Ein Umweg von der Umgehungsstra-

### CAMPING – HARRAN

**Camping Moa \*\*\***, Tel. 74 33 27 29; 15. Mai – 15. Sept., am nördlichen Ortsrand von Harran und oberhalb der E6; gepflegtes, ebenen Wiesengelände mit Birken; ca. 1 ha – 50 Stpl., Standardausstattung; Kiosk; 10 Miethütten.
**Camping Harran \*\*\* [N 64° 33' 49.6" E 12° 29' 52.1"]**, Tel. 74 33 29 90; 1. Mai – 15. Sept., Einfahrt an südl. Ortsrand von Harran, 2 km nördlich des Namsen Laksakvarium; ebene Wiesen mit hochstämmigen Birken unterhalb der E6, bis an den Namsenfluss reichend; ca. 1, 5 ha – 70 Stpl.; Laden, Imbiss;

 **V & E** für Wohnmobile. 20 Miethütten.

*An der Sjøgata in Mosjøen*

In einigen Gebäuden an der Sjøgata sind heute gepflegte Restaurants eingerichtet.

Nicht all zu weit von der Sjøgata und etwa 1,5 km vom Ortszentrum entfernt liegt das **Vefsn Museum** *(geöffnet 15. 6. - 15. 8. Mo - Fr 8. - 15.30 Uhr, So 11 - 16 Uhr)* ein 1909 gegründetes **Freilichtmuseum**, bestehend aus 12 alten Gebäuden aus der Region und einer großen heimatkundlichen Sammlung. Die Gebäude mit ihren originalgetreu restaurierten Einrichtungen stammen aus der Zeit vom 17. bis ins 19. Jh.

ße durch die Innenstadt lohnt allemal. Vor allem an der **Sjøgata** am Ufer der Vefsna-Mündung findet man eine ganze Reihe alter Lager-, Wohn- und Fischerhäuser aus dem 18. und 19. Jh. Wie es heißt, soll dies das längste zusammenhängende Holzhausviertel in Nordnorwegen sein.

In den vergangenen Jahrhunderten wurden hier die landwirtschaftlichen Produkte aus dem Hinterland umgeschlagen. Im Kaigebäude **Jakobsenbrygga** gibt eine Ausstellung Einblick in das Leben und die Arbeitswelt im alten Mosjøen.

Zu den insgesamt eher bescheidenen Sehenswürdigkeiten in Mosjøen zählt außerdem die **Dolstad Kirche** an der Flussbrücke im nördlichen Stadtbereich, nahe der E6. Die achteckige Kirche stammt aus dem Jahre 1734. Altarbilder aus dem 19. Jh. Interessante Kanzel mit Apostelabbildungen.

## PRAKTISCHE HINWEISE – MOSJØEN

Mosjøen Turist Informasjon, C. M. Havisgate 39, am Busbahnhof, 8656 Mosjøen, Tel. 75 11 12 40, geöffnet 9 - 15 Uhr, im Sommer länger, www.visithelgeland.com.

### HOTELS

Fru Haugans Hotell, 84 Zi., Strandgata 39, Tel. 75 11 41 00www.fruhaugans.no, historisches Haus in einem 200 Jahre alten Gebäude, Restaurant.
Mosjøen Hotell, 34 Zi., Vollanveien 35, Tel. 75 17 11 55; www.mosjoenhotell.no; Restaurant.

### CAMPING

**Mosjøen Camping \*\*\*\* [N 65° 50′ 4″  E13° 13′ 11″]**, Kippermoen, Tel. 75 17 79 00; www.mosjoencamping.no; Anf. Jan. – Ende Dez.; am südlichen Ortsrand, Wiesen zwischen E6 und einem Wäldchen; ca. 5 ha – 120 Stpl.; einfache Standardausstattung; 35 Miethütten. Motel. Öffentliches Freibad, Bowling-Bahnen, Restaurant.

Als Ausweichmöglichkeit bietet sich ggf. der Platz **Korgen Camping**, 1. Juni - 10. Sept., bei **Korgen**, ca. 49 km nördlich von Mosjøen an. Details siehe Beginn nächste Etappe.

## MOSJØEN – SVOLVÆR/LOFOTEN

**Länge dieser Tour:** Rund 450 km (ohne Abstecher) bis Fährhafen Skutvik, + 1 Fähre. Lofotentour rund 300 km.

**Die Route:** E6 über **Mo i Rana** und **Fauske** bis **Ulvsvåg** – R18 bis **Skutvik** – Fähre nach **Svolvær/Lofoten.**

**Abstecher:** Zur **Grønligrotte** und zum **Svartisgletscher**. Von Fauske nach **Bodø**.

**Reisedauer:** Mindestens ein Tag bis Svolvær, ohne Abstecher nach Bodø. Abstecher zum Svartisen ein zusätzlicher Tag. Lofotentour mindestens zwei weitere Tage.

**Reisehöhepunkte:** Die **Nordlandküste \*\*\*** – die **Grønligrotte \*\*\*** – Abstecher zum **Svartisgletscher \*\*** – der **Mahlstrom** bei Bodø – das **Luftfahrtmuseum \*\*\*** in Bodø – der historische Handelshof **Kjerringøy \*** – die **Lofotenlandschaften \*\*\*** – die **malerischen Küstenorte \*\*\*** der Lofoten.

*Tourenkarte siehe nächste Seite*

Die folgende Etappe führt durch die **Provinz Nordland**, mit gut 38.000 qkm Norwegens zweitgrößte, längste, aber auch schmälste Provinz.

In der Provinz Nordland quert man den Polarkreis, kommt endlich in den Bereich der Mitternachtssonne, passiert die engste, nur etwa 6 km breite Landstelle Norwegens und kann einen Abstecher zum Svartisen, dem zweitgrößten Gletschergebiet des Landes, unternehmen.

Nordland gilt aber auch als die Region Norwegens mit den vielleicht schönsten Küstenabschnitten. Sicher aber zählt die Küste Nordlands zu den zerklüftetsten und inselreichsten des Königreichs. Die Provinz weist nicht weniger als 14.000 km Küstenlinie auf!

Einer dieser unvergleichlichen, inselreichen Küstenstriche liegt 65 km nordwestlich von Mosjøen bei **Sandnessjøen** an der R17 auf der **Insel Alsten**.

Das herrliche Landschaftspanorama der Insel Alsten wird von der prächtigen Bergkette **„De Syv Søstre"** (Die Sieben Schwestern) an der Ostseite von Alsten geprägt.

### Routenalternative

Alternativ zum schnelleren Weg nach Norden über die E6 bietet sich die **Route über die küstennahe R17** an. Es ist allerdings ein zeit- und kostenaufwendiger Weg, vielleicht die teuerste Route ganz Norwegens.

Obwohl die Strecke bis hinauf nach Løding landschaftlich sehr reizvoll ist, der schnellste Weg ist das aber wirklich nicht.

Nördlich von Brønnøysund liegen nämlich nicht weniger als fünf, teils lange Fährpassagen, die die Fahrt über die R17 aber zu einem unvergesslichen Urlaubserlebnis werden lassen. Denn auf kaum eine andere Art lässt sich die herrliche Küste der Provinz Nordland mit mehr Muse betrachten als vom Meer und vom Schiff aus. Und unter Kennern

### CAMPING – ZWISCHEN MOSJØEN UND MO I RANA

**Camping Korgen \*\*\* [N 66° 04' 54.1" E 13° 49' 35.8"],** Tel. 75 19 11 36; www.korgen-camping.no; 1. Juni – 10. Sept.; östl. Korgen, Richtung Røssvass, Zufahrt von der E6 bei der Kirche beschildert; kleiner, einfacher Wiesenplatz an einem Flussknie des Røssåga; ca. 1 ha – 30 Stpl., Standardausstattung; hübscher Aufenthaltsraum, 19 Miethütten.

**Camping Bjerka \*\*\* [N 66° 09' 16.0" E 13° 50' 13.7"],** Nergårdsgaten 27, Tel. 75 19 05 47; www.bjerkacamping.no; 1. Jan. – 31. Dez.; an der E6, ca. 32 km südl. Mo i Rana; ebenes Gelände im Birkenhain; vom Sørfjord durch die E6 getrennt, ansprechend gelegen; ca. 1,5 ha – 100 Stpl.; gute Standardausstattung; Laden, Imbiss,  **V & E für Wohnmobile.** 25 Miethütten.

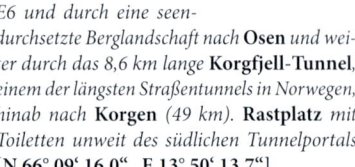

zählt eine Schiffsreise entlang der Nordland-küste schon immer mit zu den schönsten Ein-drücken einer Norwe-genreise.

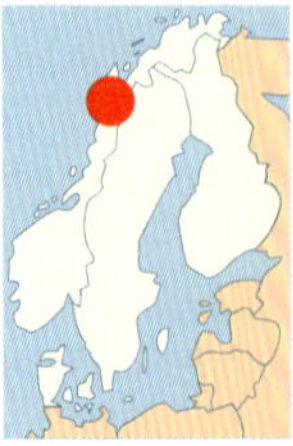

**ROUTE:** *Ab* **Mosjøen** *weiter über die E6 und durch eine seen-durchsetzte Berglandschaft nach* **Osen** *und wei-ter durch das 8,6 km lange* **Korgfjell-Tunnel***, einem der längsten Straßentunnels in Norwegen, hinab nach* **Korgen** *(49 km).* **Rastplatz** *mit Toiletten unweit des südlichen Tunnelportals* [N 66° 09' 16.0" E 13° 50' 13.7"].

### Abstecher ab Korgen

In **Korgen** bietet sich Gelegenheit, über die R806 südwärts nach **Røssvassbukt** (38 km) an Norwegens zweitgrößtem Stausee **Røssvatnet** (Wandern, Angeln) abzuzwei-gen.

Wer gerne Bergwanderungen unter-nimmt, sollte in **Olderneset** (am Ostrand von Korgen gelegen), nach Osten ins **Oks-tindangebirge** abzweigen. Das Gebirge un-weit der schwedischen Grenze, mit einem über 40 qkm großen Gletscherfeld und Gip-feln über 1.900 m (Oksskolten 1.915 m) ist mit Wanderwegen und Hütten (unbewirt-schaftet) recht gut erschlossen. Allerdings sind viele Touren, vor allem im alpinen und Gletscherbereich, nur geübten und berger-fahrenen Bergwanderern zu empfehlen!

**ROUTE:** *Von Korgen geht es über* **Bjerka** *und am Ranafjord entlang nach* **Mo i Rana** *(42 km). In Mo in Rana bietet sich zum letzten Mal die Möglichkeit nach Westen zur Nordlandküste und zur R17 abzuzweigen!*

**Mo i Rana** (ca. 7.000 Einw.) ist eine In-dustriestadt mit großen Eisen- und Stahl-werken.

Zu den Sehenswürdigkeiten gehört das **Rana Museum** im Stadtzentrum *(geöffnet Di - Fr 10 - 15 Uhr; 20. Juni - 31. Aug. Do auch 18 - 21 Uhr sowie Sa 10 - 14 Uhr)* mit einer Sammlung zur regionalen Kunst- und Kultur-geschichte und das **Stenneset Freilichtmu-seum** *(geöffnet 20. juni - 20 Aug. lediglich So 12 - 17 Uhr)*, ca 8 km südöstlich der Stadt an der E12 gelegen, mit 25 historischen Holz-bauten aus dem 18. Jh.

### PRAKTISCHE HINWEISE – MO I RANA

**Mo i Rana Turist Informasjon**, O. T. Olsens gt. 3, am südlichen Stadtrand am großen Kreisverkehr unweit nördlich der E6, 8622 Mo i Rana, Tel. 75 13 92 00; www.arctic-circle.no. *Sommer Mo - Fr 9 - 20, Sa 9 - 16, So 13 - 19 Uhr; Winter Mo - Fr 9 - 16 Uhr.*

### HOTELS

**Meyergården,** 150 Zi., O. T. Olsensgt. 24, Tel. 75 13 40 00; www.meyergarden.no; Restaurant.
**Mo Gjestegård,** 14 Zi., Hans Wølnersgt. 10, Tel. 75 15 22 11; www.no-gjestegaard.no; Restaurant.

### CAMPING

**Mo i Rana Camping [N 66° 19' 02.4"   E 14° 10' 50.0"]**, Hammervn. 8, Tel. 75 14 41 44, www.moiranacamping.no; 1. Jan. – 31. Dez.; beschilderter Abzweig von der E6 Richtung Gruben; Wiesenrondell in einer Senke an einem Fluss in Sichtweite einer rauchenden Gruben- und Hüttenanlage; Miethütten. Hotel 44 Zimmer.
Weitere Campingplätze liegen rund 20 km, bzw. 30 km nördlich von Mo i Rana bei **Storforshei:**
**Camping Storli \*\*,** Saltfjellvn. 632, Tel. 75 16 02 32; 1. Juni - 31. Aug.; Zufahrt von der E6 rund 20 km nördl. Mo i Rana; einfacher Übernachtungsplatz auf kleiner Wiese am Ranelva; 15 Miethütten.
**Skogly Overnatting \*\*\*,** Tel. 75 16 01 57; 15. Mai – 15. Sept.; Zufahrt von der E6; einfacher Übernachtungsplatz oberhalb der Straße, nahe der Nevernes Kirche in waldreicher Umgebung; 13 Miethütten.

## Abstecher zur Grønligrotte und zum Svartisgletscher

**ABSTECHER:** *Etwa 12 km nordöstlich von Mo i Rana zweigt bei* **Røssvoll** *von der E6 eine nicht klassifizierte Straße westwärts zur* **Grønligrotte** *und weiter zum* **Svartisgletscher** *ab.*

In **Røssvoll** findet man am Abzweig der Straße zum Svartisen einen großen **Parkplatz** mit einem interessanten **Denkmal [N 66° 21' 24.5"  E 14° 19' 19.1"].** Es erinnert an Karl Johann, den legendären Spezialisten und Erforscher des Svartisen Gletschergebiets.

*Mein Tipp!* Wenn Sie die Grønligrotte **und** den Svartisgletscher besuchen wollen, sollten Sie für diesen **Abstecher mindestens einen ganzen separaten Tag** vorsehen!

Nach 8 km trifft man auf den Abzweig **[N 66° 25' 23.5"   E 14° 14' 14.8"]** (hier Möglichkeit, auch zur Marmorslottet-Gletschermühle westwärts abzuzweigen), der hinauf zum **Berggasthof Grønlihytta** und zur **Grønligrotte** führt. Der letzte Teil der rund 2 km langen Auffahrt ist recht steil und unbefestigt! Nach etwa 1 km passiert man den Park- und Startplatz des Wanderweges zur

**Setergrotte**. Gespanne lassen den Hänger tunlichst hier stehen.

Schließlich endet die Straße am großen **Parkplatz** weiter oben beim Berggasthof-Grønlihytta, in dem auch Fremdenzimmer vermietet werden, Cafeteria.

Im Informationsbüro *(Tel. 75 13 25 86, www.arctic-circle.no, Führungen um 9, 11, 13 und 15 Uhr, im Sommer ab ca. 20 Juni zwischen 10 und 19 Uhr stündliche Führungen)* am Parkplatz erhält man die Eintrittskarten für die Grønligrotte. Die Höhle kann nur auf Führungen (Dauer ca. 30 Min.) besichtigt werden. Der Höhleneingang liegt von dort nur ein kurzes Stück entfernt.

Nehmen Sie Gummistiefel und eine wasserdichte Jacke mit. In der Höhle ist es feucht und bei der Begehung geht es stellenweise durch den Höhlenbach. Der Weg durch die Höhle ist nicht sonderlich gut präpariert. Gelegentlich muss man sich mit beiden Händen an Handläufen festhalten, um nicht in den reißenden unterirdischen Bach (mit Wasserfall) zu fallen. Wer nicht wirklich gut zu Fuß ist oder Kleinkinder bei sich hat, dem kann die Begehung nicht empfohlen werden. Für alle Anderen wird der Höhlenbesuch, eben weil nicht alles penibel präpariert ist und ein

*Am Røvass Fluss auf dem Weg zum Gletscher Svartisen*

richtiges „Höhlengefühl" aufkommt, als beeindruckendes Erlebnis sein.

Ein Stück unterhalb der Grønligrotte führt vom schon erwähnten Parkplatz [**N 66° 25' 07.4" E 14° 15' 08.9"**] an der Zufahrtsstraße ein etwas längerer Fußweg zur **Setergrotta**. Die Setergrotta ist eine weitere von über 200 Höhlen in der Region Rana. Ihr System ist auf etwa 2.400 m erforscht und man nimmt an, dass sich noch Kilometer unerkundeter Gänge anschließen.

Auch diese Höhle ist nur auf Führungen zu begehen. Anmeldung in der Grønlihytta. In die Setergrotta gibt es im Sommer (1. Juni - 31. Aug., Tel. 75 16 23 50) gewöhnlich nur ein bis zwei Führungen am Tag (meist 15 Uhr). Der Eintritt ist relativ teuer. Dafür bekommt der Besucher auch Helm mit Kopfleuchte, Overall und Gummistiefel ausgeliehen. Allein an der offenbar notwendigen Ausrüstung lässt sich schon erkennen, dass eine Besichtigung der Setergrotta keine gemütliche Begehung, sondern schon mehr eine zünftige, schwierigere Höhlentour ist.

**FAHRT ZUM SVARTISEN:** *Die Straße führt am Abzweig zur Grønligrotte vorbei weiter nordwärts und entlang des breiten, grünen Gletscherbaches Røvass Richtung Svartisen. Schließlich endet die Straße – die letzten 5 km sind unbefestigt – nach 14 km am* **Parkplatz** *am Svart-isvatnet. Hier am Ende der Straße findet man einen* **Kiosk** *und eine* **Campinggelegenheit** *(gegen Gebühr)* [**N 66° 29' 27.9" E 14° 11' 51.7"**].

**Mein Tipp:** Die Parkplatzparzellen und ein kleines wunderschön am See gelegenes, etwas mooriges Wiesenareal an der **Svartisdalhytta** können als **Wohnmobil-Stellplatz** genutzt werden. Die Stellplätze sind gebüh-

renpflichtig. Es gibt Wasser und ein WC.

Viel ist von hier aus vom rund 370 qkm großen **Svartisen**, dem „Schwarzen Eis", allerdings noch nicht zu sehen.

Man kann aber mit Booten über den See Svartisvatnet zu einer Anlegestelle unterhalb eines Felshangs an der Westseite des Sees fahren. Die Boote verkehren etwa ab 20. Juni bis ca. 31. August zwischen 10 und 18 Uhr immer zur vollen Stunde. Fahrtdauer 20 Minuten.

An der Anlegestelle am Westufer des Sees beginnt ein etwas anstrengender Fußmarsch (ca. 2,5 km) zu einem weiteren See unterhalb des **Østerdalisen**, einem der 60 Ausläufer des Svartisgletschers. Festes Schuhwerk ist empfehlenswert.

**ABSTECHER:** *Zurück zur E6 bei* **Røssvoll**.

**HAUPTROUTE**

**ROUTE:** *Die E6 zieht nordöstlich von* **Mo i Rana** *durch das waldreiche Dunderlandsdalen, passiert* **Krokstrand Camping** [**N 66° 27' 39.1" E 15° 05' 59.4"**] *(1. Juni - 20. Sept., 60 Stpl., an der Brücke über die Rana, Birkenwald am Fuße des Kjerringfjells am Ranaelva, 15 Miethütten) und quert 80 km nordöstlich von Mo i Rana auf dem Saltfjellet in fast 700 m Höhe den* **Polarkreis**.

**Der Polarkreis**, 66° 33" nördlicher Breite, ist durch das **Polarsirkelsenteret [N 66° 33' 06.4" E 15° 19' 05.9"]**, das Polarkreiszentrum an der E6, nicht zu übersehen. In diesem modernen Informationszentrum mit **großem Parkplatz** (Stellplatzmöglichkeit ohne jede Einrichtung) befindet sich eine Polarkreis-Ausstellung, eine Cafeteria, ein Sonderpostamt und ein großer Souvenirladen. Gegen Gebühr kann man sich die informative, schön gemachte Multivisionsshow „Nord Norge" ansehen.

Ganz in der Nähe des Polarkreises erinnert eine vom Stern gezierte Steinsäule an jugoslawische Kriegsgefangene, die hier im 2. Weltkrieg beim Bau der Straße und der Bahntrasse ums Leben kamen.

Ein ähnliches Denkmal erinnert an russische Kriegsgefangene.

Nördlich des Polarkreises kann im Sommer die **Mitternachtssonne** und im Winterhalbjahr die **Polarnacht** erlebt werden. Die Zeitspannen, in denen man diese Phänomene erleben kann, nehmen nach Norden hin zu, soll heißen, daß die Sonne in Bodø z. B. nur zwischen 1. 6. und 12. 7. nicht untergeht, während sie am Nordkap schon vom 12. 5. bis 1. 8. nachts nicht hinter dem Horizont verschwindet und es auf Spitzbergen vom 20. 4. bis 24. 8. 24 Stunden lang taghell ist.

Die Landschaft hat seit Mo i Rana ihr Gesicht merklich verändert. Längst liegt die Baumgrenze hinter uns. Die weiten Hügel werden nur noch von niederen Beerensträuchern, Gestrüpp und Mosen bedeckt.

**ROUTE:** *Die E6 führt weiter nordwärts, durch das karge Hochtal des Saltfjells (Passhöhe 692 m), dann am herrlichen Lønselva, der über Felsterrassen talwärts strömt, über* **Storjord/Saltdal** *hinab nach* **Rognan.**

**Storjord/Saltdal** liegt am Abzweig der R77 ins **Junkerdalen** und weiter nach Schweden. Das Junkerdalen ist ein vorzügliches Wandergebiet mit Touristeninformation, Motel und Camping.

Unmittelbar an der E6 liegt das **Saltdal-Turistsenter [N 66° 48′ 47.6″ E 15° 24′ 02.6″]** (www.saltdal-turistsenter.no) mit großer Tankstelle, Cafeteria, Kiosk und Laden, Raststätte, Toiletten, Motel, **Campingplatz** (Juni - Aug., 115 Stpl.), 12 Miethütten, großem Spielplatz und Schwimmbad.

Gleich nebenan sieht man das **Nordland Nasjonalparksenteret**, ein ringförmig angelegter Ausstellungs- und Informationspavillon. Es gibt **vier große Ausstellungsthemen** – Geologie und Landschaft, Fauna und Flora, Siedlungsgeschichte und Leben in der Natur und schließlich Schutz der Natur.

Rund 7 km südlich von Rognan kommt man am großen **Rast- und Picknickplatz „Saltdalen"** vorbei, der zwischen E6 und Saltdalselva liegt; Toiletten, Picknicktische.

Am Nordrand von **Rognan** bietet sich Gelegeheit zum Freilichtmuseum **Saltdals Museum** abzuzweigen *(geöffnet 17. Juni - 19. Aug. tgl. 11 - 17 Uhr)*, historischer Kapitänshof, Abteilungen über Fischfang, Bootsbau, Landwirtschaft, sowie „Blutweg-Museum", da sich mit dem Schicksal von Kriegsgefangenen während des Zweiten Weltkriegs befasst.

**ROUTE:** *Die E6 führt schließlich am Ostufer des Saltdalsfjords entlang über* **Finneid** *nach* **Fauske,** *einem wichtigen Verkehrsknotenpunkt am Abzweig der R80 nach* **Bodø.**

**Fauske** ist die Stadt des Marmors, und zwar des schönen rosaroten Marmors.

Bei ausreichend zur Verfügung stehender Zeit sei besonders Bergwanderern ab **Finneid**, unweit südlich von Fauske, ein Abstecher ostwärts in die 36 km entfernte Grubenstadt **Sulitjelma** empfohlen.

Sulitjelma liegt landschaftlich sehr reizvoll von Bergen und Gletschern umgeben am See Langvatnet. **Museum** über Bergbau und Schwefelgewinnung. Zahlreiche **Wandermöglichkeiten** zu Berghütten.

Der Aussichtsberg **Jakobsbakken**, 9 km südlich von Sulitjelma, in der Nähe einer bewirtschafteten Berghütte am Kjelvatnet, kann auch per Straße erreicht werden.

Verzichtet man auf den nachfolgend beschilderten **Abstecher nach Bodø**, bitte weiter mit **Hauptroute** weiter hinten!

### Abstecher nach Bodø

**ABSTECHER:** *63 km westlich von Fauske, über die gut ausgebaute R80 bequem zu erreichen, liegt* **Bodø.**

**Bodø** (ca. 41.000 Einwohner) ist Verwaltungszentrum der Provinz Nordland, bedeutendste Handels- und Hafenstadt an Nordlands Küste und ein wichtiger Luftwaffen- und Marinestützpunkt des Landes.

Als Bodø 1816 Stadtrechte verliehen wurden hatte die „Stadt" gerade mal 55 männliche Einwohner. 1875 konnte man schon auf die stolze Zahl von 1.478 Einwohnern verweisen. 1940 wurde Bodø bei Bombenangriffen fast vollständig zerstört.

Nach dem Wiederaufbau bot Bodø ein völlig anderes Stadtbild.

Die **Mitternachtssonne** ist in der Gegend um Bodø zwischen **2. Juni** und **10. Juli** zu sehen. Vier Tage vor und nach obigen Daten ist die Sonne um Mitternacht immer noch teilweise über dem Horizont sichtbar.

Zu den touristischen **Sehenswürdigkeiten** der von moderner Nachkriegsarchitektur geprägten Stadt zählen:

Das **Nordland Provinzmuseum** in der Prinsensgate 16, ganz in der Nähe der Domkirche gelegen *(geöffnet 1. Mai - 1. Sept. Mo - Fr 9 - 16, Sa + So 11 - 16 Uhr; übrige Zeit Mo*

**PRAKTISCHE HINWEISE – FAUSKE**

**Fauske Turist Informasjon,** im Saltdalen Museum, Sjøgata 46, 8200 Fauske, Tel. 75 50 35 16; www.saltenmuseum.no

## HOTELS

**Rognan**
**Norlandia Rognan Hotell,** 60 Zi., Tel. 75 69 00 11, Restaurant.

**Fauske**
**Brygga Best Western,** 30 Zi., Sjøgata 86, Tel. 75 60 20 00, Restaurant.
**Fauske Hotell,** 92 Zi., Storgata 82, Tel. 75 60 20 00, Restaurant.

**Sulitjelma**
**Sulitjelma Hotell,** 60 Zi., Andreas Qualesveien 15, Tel. 75 64 04 01, Restaurant, Sauna, Schwimmbad.

## CAMPING

**Rognan**
**Rognan Fjordcamp \*\*\* [N 67° 05′ 58.0″ E 15° 26′ 22.9″],** Tel. 75 69 00 88; 1. Mai – 31. Okt.; Zufahrt an der Umgehungsstraße E6 beschildert; ebene Wiesen vor einer Gruppe von Miethütten, teils mit Baumbestand, am Saltdalsfjord; ca. 2,5 ha – 80 Stpl. + Dau; Standardausstattung; Fahrradverleih; **V & E für Wohnmobile,** befahrbare Betonfläche mit Abwasserauslass, Wasserhahn mit Schlauch, Chemikalienausguss. 24 Miethütten.

**Fauske**
**Camping Fauske \*\*\*\* [N 67° 14′ 23″ E 15° 25′ 14″],** Tel. 75 64 84 01; 1. Jan. – 31. Dez.; ca. 3 km südl. Fauske, an der E6; Gelände im Birkenwald; ca. 1,5 ha – 50 Stpl.; gute Standardausstattung; Laden, Cafeteria; Fahrrad- u. Bootsverleih. 49 Miethütten. Motel.
**Camping Lundhøgda \*\*\* [N 67° 15′ 23.6″ E 15° 22′ 01.4″],** Tel. 75 64 39 66; 1. Mai. – 1. Okt.; 2 km westl. Fauske beschilderter Abzweig von der R80 (Fauske – Bodø); teils schräge Wiesen, Hügel; in ansprechender Lage, mit Ausblicken; ca. 1,5 ha – 40 Stpl.; gute Standardausstattung; Laden, Imbiss; **V & E für Wohnmobile;** 36 Miethütten.

*- Fr 9 - 15 Uhr).* Das Museum ist in einem der ältesten Gebäude der Stadt aus dem 19. Jh. untergebracht und zeigt vor allem Sammlungen zur Fischerei- und Samikultur in Nordland und der Region Salten. Sehenserte Multivisionsschau.

Zum Museum gehört eine **Freilichtabteilung** mit 14 historischen Gebäuden (innen nur nach Voranmeldung zu besichtigen!) aus der Umgebung und sehenswerten Ausstellungen. Die Freilichtabteilung liegt in Bodøsjoen, 3 km außerhalb.

Die **Domkirche** (Bodø ist Bischofsitz) in der Kongensgate ist ein massiver Basilikabau, der 1956 fertiggestellt wurde. Im Inneren sind die 12 m hohe Fensterfront über dem Altar mit Glasmalerei, die Kreuzigungsgruppe unter dem Chorbogen und schließlich die Fensterrosette an der Westfassade bemerkenswert. Der markante, durchbrochene Glockenturm steht separat.

Nicht nur für Technikfans ist das **Norwegische Luftfahrtmuseum [N 67° 16′ 34.3″ E 14° 24′ 41.2″]** eine sehr besuchenswerte Sehenswürdigkeit *(geöffnet 18. Juni - 12. Aug. tgl. 10 - 18 Uhr, übrige Zeit Mo - Fr 10 - 16, Sa + So 11 - 17 Uhr; www.luftfart.museum.no).* Hier erfahren Sie fast alles über die norwegische und internationale Luftfahrtgeschichte.

Zu den spektakulären Ausstellungsstücken zählen u. a. eine „Tante" JU 52 auf Schwimmern (eine weltweite Rarität), ein amerikanisches Spionageflugzeug vom Typ U 2, ein De Haviland 88 Mosquito Aufklärer, ein U-Bootjäger Spitfire MK IX, u. a. Und ein besonderes Erlebnis ist natürlich der Flugsimulator.

Vom Tower herrlicher **Panoramablick** auf Bodø und die Berge.

Etwa 3 km östlich des Stadtzentrums findet man die **Bodin Kirche** aus dem 13. Jh., eine der ältesten Kirchen Nordlands. Sie

### Mitternachtssonne und Polarnacht

Eine interessante Besonderheit der Regionen nördlich des Polarkreises ist die Mitternachtssonne im Sommer bzw. die Polarnacht im Winter. In Nordskandinavien geht von Mitte Mai bis Mitte Juli die Sonne nicht unter. Selbst auf der Höhe von Stockholm ist im Hochsommer bereits gegen 2.30 Uhr Sonnenaufgang. Dafür ist von Dezember bis in den Januar hinein die Sonne in Nordskandinavien überhaupt nicht zu sehen und in südlichen Landesteilen ist um den 21. Dezember herum gegen 15 Uhr schon wieder Sonnenuntergang.

Ein altes Märchen der Samen erzählt, warum es Mitternachtssonne und Nordlicht gibt:

Gott war am Ende der Erschaffung der Welt angelangt. Zufrieden betrachtete er sein Werk, das ihm wohlgeraten schien. Nun hatte er aber in seinen Händen noch etwas übrig vom Material, aus dem die Erde geschaffen war. Aber es waren lauter Dinge, die ihm nicht mehr verwendbar erschienen. Da gab es noch einige riesige Flächen Ödland, ein paar Fjorde, Wildflüsse waren übrig, Rentiermoos und viele Felsbrocken. Damit diese Reste niemanden stören sollten, warf sie der Schöpfer weit nach Norden an den Rand der Welt, da wo niemand lebte. So entstand die Tundra, der

nördlichste Teil Lapplands. Aber siehe da, auch in diesen unwirtlichen Erdenzipfel wanderten Menschen. Und so schenkte ihnen der Herr zum Trost und zur Freude die Mitternachtssonne und das geheimnisvoll strahlende Nordlicht.

Das magische Schauspiel des Polarlichts ist in der am längsten dauernden Jahreszeit, dem Winter, zu sehen. Die Finnen wie die Sami teilen die Winterzeit gerne in zwei Hälften ein, in die Zeit der Dunkelheit und in die Zeit der wiederkehrenden Sonne. „Kaamos" ist die lange Zeit der Dunkelheit.

Wochenlang geht die Sonne nicht auf. Ab Ende November verabschiedet sie sich für rund fünfzig Tage. Vollständige Finsternis herrscht aber auch dann nicht. Das Licht der Sterne bricht sich tausendfach auf dem hell glitzernden Schnee und taucht alles in ein mystisches Dämmerlicht.

Ein befreiendes Aufatmen geht durch die Menschen im hohen Norden, wenn Ende Januar, etwa zu Beginn des zweiten Winterabschnittes, die Sonne wieder über den Horizont klettert. Kaamos, die dunkle Jahreszeit, ist auch die Zeit der Rentierwanderungen nach Süden.

Ein kurzer Übergang zum Sommer ist der Frühling. Schon unter den letzten Resten des Schnees blühen die ersten Moosblumen. Und nun geht alles sehr schnell. Die Natur legt ein atemberaubendes Tempo vor. Die Zeit zum Blühen, Gedeihen und Reifen ist extrem kurz.

Zur Mittsommerzeit, so um den 20. Juni, ist Lappland am hellsten und von da ab am wärmsten. Bis 35 Grad Wärme können erreicht werden. Schon zeitig im Frühjahr haben sich die Rentierherden wieder aufgemacht, um nach Norden zu ziehen und auf den luftigen Höhen der Tunturis und an den Küsten des Eismeeres den Mückenschwärmen zu entgehen. Dann ist ganz Skandinavien auf den Beinen. Und zum Fest der Mittsommerwende hält es niemanden zu Hause.

Aber schon im September kann auf den Höhen, noch zaghaft zwar, der erste Schnee fallen. Die Natur beginnt sich auf die lange, kalte, lichtarme Jahreszeit vorzubereiten. Und als wollte sie zeigen was in ihr steckt, verwandelt sich das Laub der Birken, das Moos und das Heidekraut in ein leuchtendes Farbenfest. Diese in Lappland „Ruska" genannte Jahreszeit ist der farbenprächtige Höhepunkt des Herbstes, für Kenner sowieso die schönste Jahreszeit in Lappland.

steht auf einem Platz, der wahrscheinlich schon in vorchristlicher Zeit als Opferstätte diente. Renaissancekanzel aus der Mitte des 17. Jh. und barocker Altaraufsatz.

Im Norden von Bodø kann man zum Aussichtspunkt auf dem 150 m hohen **Røvikfjellet** fahren. Restaurant mit Aussichtsterrasse. Besonders schön an einem klaren Abend zur Mitternachtssonne.

### Abstecher zum Saltstraumen

*ABSTECHER: 19 km östlich von Bodø, in Løding, Abzweig auf die R17 nach Süden, noch rund 10 km bis zur Meerenge* **Saltstraumen.**

**Der Saltstraumen**, eines der erstaunlichsten Naturphänomene an der Norwegischen Küste, die stärkste Gezeitenströmung der Welt, lässt sich an der von einer langen, hohen Betonbrücke überspannten Meerenge rund 30 km südöstlich von Bodø beobachten.

Hervorgerufen werden die früher bei den Seefahrern sehr gefürchteten **Gezei**ten- oder Mahlströme an Meerengen durch die Wasserstandsdifferenzen zwischen Ebbe und Flut. Sie betragen an der Küste Nordnorwegens mehrere Meter. Durch enge Sunde zwischen den Inseln wird der Austausch des Wassers zwischen Fjord und offenem Meer verzögert. Die Wasser stauen sich an den Engstellen und schießen dann mit reißender Geschwindigkeit, gefährliche Strudel und Strömungen bildend, durch die „Nadelöhre".

Besonders an zwei bis drei Tagen während der Springfluten bei Neu- und Vollmond, sind die rauschenden, gurgelnden Bewegungen der Wassermassen ein richtiges Naturschauspiel. Im Touristenbüro in Bodø kann man Listen bekommen, die die stärksten Strömungszeiten genau angeben.

Vom Parkplatz unter der Brücke führen Fußwege ans felsige Ufer.

Außerdem findet man hier das **Saltstraumen Zentrum Galleri Nord Nor-**

---

## PRAKTISCHE HINWEISE – BODØ

 **Destinasjon Bodø [N 67° 16' 59.8" E 14° 22' 28.5"]**, Sjøgata 3, „Sentrumsterminalen", 8001 Bodø, Tel. 75 54 80 00; www.visitbodo.com; *geöffnet 1. Juni - 31. Aug. Mo - Fr 9 - 20; sa 10 - 18, Ao 12 - 20 Uhr; übrige Zeit bis 16 Uhr und So geschl.*

 ### HOTELS
**Bodø Hotell**, 31 Zi., Professor Schyttesgt. 5, Tel. 75 54 77 00; www.bodohotell.no; zentral gelegenes Stadthotel, Restaurant.
**Clarion Collection Hotel Grand Bodø**, 91 Zi., Storgata 3, Tel. 75 54 61 00, Komforthotel in zentraler Lage, Fitnesseinrichtungen. Garage.

 ### CAMPING
**Camping Bodøsjøen \*\*\* [N 67° 16' 10" E 14° 25' 29"]**, Båtstøveien 1, Tel. 75 56 36 80; 1. Jan. – 31. Dez.; östl. der Stadt beschilderter Abzweig von der R80 südwärts, Nähe Bodin Kirche; ebene Wiesen am Saltfjord; ca. 3 ha –100 Stpl.; einfache, nicht sonderlich gepflegte Ausstattung; **V & E für Wohnmobile**; 45 Miethütten
**Camping Saltstraumen \*\*\* [N 67° 14' 08.0" E 14° 37' 17.3"]**, Knaplund, Tel. 75 58 75 60; www.saltstraumen-camping.no; 1. Jan. – 31. Dez.; rund 33 km südöstl. Bodø an der R17 in **Saltstraumen**, in unmittelbarer Nähe des Saltstraumen Zentrums oberhalb des Mahlstroms; ca. 1,5 ha – 100 Stpl.; Standardausstattung; Laden, Imbiss; **V & E für Wohnmobile**; 20 Miethütten.

**Kjerringøy**
**Kjerringøy Camping \*\*\* [N 67° 31' 43.68" E 14° 48' 29.88"]**, Tel. 75 51 12 20, www.kjerringoy.no, 1. Apr. – 30. Sept.; diese etwas einfachere Campingmöglichkeit auf Wiesengelände liegt bei **Alsos**, unweit nördlich der Handelsstation; 7 Miethütten \*\* – \*\*\*.

**Bodø**
 **Wohnmobil-Stellplatz [N 67° 17' 59" E 14° 24' 48.93"]**, Teglverkveien 1, Tel. 75 55 00 00; 20 Stellplätze auf Wiese neben der Esso-Tankstelle, Gebühr € 12,- pro Wohnmobil zuzüglich € 6,- Gebühr für Strom.

**ge** *(geöffnet tgl. 12 - 20 Uhr)*, mit Ausstellungen über die 10.000-jährige Geschichte der Region samt 15-minütiger Multivisionsshow, Naturlehrpfad, Touristeninformation (nur im Sommer), Cafeteria und Grillplatz.

Der Parkplatz vor dem Zentrum und unterhalb der Straßenbrücke wird von Wohnmobilisten als Übernachtungsstellplatz genutzt. Camping siehe bei Bodø.

*Kjerringøy bei Bodø*

### Abstecher von Bodø nach Kjerringøy

40 km nördlich von Bodø liegt in imposanter Küstenlandschaft der alte Handelsposten Kjerringøy [N 67° 30' 28.1" E 14° 43' 47.5"] der heute als Freilichtmuseum dient *(Camping Kjerringøy ***, Tel. 75 51 12 40, 1. Apr. - 30. Sept.)*

Auf dem Weg dahin über die Straße 834 muss **zwischen Festvåg und Misten eine Fähre** benutzt werden, Überfahrtdauer 10 Minuten.

Kjerringøy war vor allem im 19. Jh. eines der wichtigsten Handelszentren in Nordnorwegen. 15 historische Gebäude, darunter eine Kirche, das Haupthaus, ein Ladengeschäft, eine Bäckerei, ein Feuerstellenhaus, ein Speicherhaus u. a., sind erhalten, von denen nahezu alle noch mit ihrem originalen Inventar ausgestattet sind.

### Mit der Fähre von Bodø nach Moskenes/Lofoten

Eine abwechslungsreiche, allerdings auch etwas kostenintensive Variante für die Weiterreise bietet eine Überfahrt mit der **Autofähre von Bodø nach Moskenes** auf der gleichnamigen Lofoteninsel. Die Fähren verkehren zwischen Ende Juni und Anfang August bis zu fünfmal täglich, in der Nebensaison bis zu zweimal täglich. Die Überfahrt dauert 4 Stunden.

**ABSTECHER:** *Von* **Bodø** *zurück nach* **Fauske** *und zur E6.*

### HAUPTROUTE

**Route:** Der weitere Verlauf unserer Hauptroute führt von Fauske über die E6 nordwärts bis **Ulvsvåg** (145 km).

Man passiert **Straumen** *(Camping Strømhaug **** [N 67° 20' 56.2" E 15° 34' 44.1"]*, Anf. Jan. – Ende Dez.; 50 Stpl.; 18 Miethütten) und gelangt durch etliche Tunnels an den Leirfjord und nach **Sommerset** einer ehemaligen Fährstation.

Im weiteren Verlauf überquert die E6 die schöne Bergkette des Horndalsfjells mit dem See **Kobbvatnet** *(Kobbvassgrende Camping [N 67° 37' 26.6" E 15° 55' 44.6"]*, Tel. 75 69 58 50; 15. Mai – 30. Sept., 4 Miethütten) unterhalb der Straße und erreicht nach dem 4,7 km langen Kobbskaret-Tunnel den Ort **Mørsvikbotn** am Mørsvikfjord *(Camping siehe weiter hinten)*.

Schließlich zieht die E6 hinunter nach **Sagelva/Tømmerneset** am Südende des Sagfjords. Hier Abzweig von der E6 zum **Rast- und Picknickplatz „Steigen" [N 67° 53' 56.2" E 15° 51' 34.7"]** mit WC + Wohnmobil-Entsorgungsstation, kostenfrei.

Vom Rastplatz führt ein Fußweg zu einem Felsen oberhalb des Flusses. Zu sehen (besser: zu erahnen) ist jenseits des Wasserlaufs die prähistorische, annähernd 5.000 Jahre alte Felszeichnung (Helleristninger) eines Rentiers.

Weiter östlich der E6 reicht der Hellemofjord, ein Arm des Tysfjords, weit nach Südosten ins Landesinnere. An seinem Ende liegt **Hellemobotn** an der **engsten Landstelle Norwegens**.

### Routenalternative ohne Lofoten-Abstecher

Verzichtet man auf den Umweg über die Lofoten und Vesterålen Inseln, folgt man **ab Ulvsvåg** zwangsläufig weiter der E6 und nimmt in **Bognes** die **Fähre nach Skarber-**

## CAMPING – ZWISCHEN MØRSVIKBOTN UND SKUTVIK

**Mørsvikbotn**

**Camping Mørsvikbotn *** [N 67° 42′ 29.5″  E 15° 51′ 23.9″]**, Tel. 75 69 51 18; 20. Mai – 15. Sept.; an der E6, ca. 2 km nördl. des Kobbskaret Tunnels; ebene Wiese in schöner Lage am Fjord; ca. 0,5 ha – 30 Stpl.; Standardausstattung; 11 Miethütten.

**Tømmernes**

**Camping Tømmerneset *** [N 67° 54′ 00.8″  E 15° 51′ 25.0″]**, Tel. 75 77 29 55; 1. Juni – 31. Aug.; Wiesen zwischen E6 und Sagfjord in schöner Lage; ca. 1 ha – 30 Stpl.; Standardausstattung; 14 Miethütten.

**Ulvsvåg**

**Ulvsvåg Fjordcamping og Gjestgiveri ***, Tel. 75 77 15 73; 1. Mai – 30. Sept.; an der Gabelung E6/R81; einfache Campingmöglichkeit bei einem **Gasthaus** mit Fremdenzimmern; kleiner naturbelassener schmaler Küstenstreifen unterhalb der Gjestgiveri, unmittelbar am Fjord; ca. 1 ha – 50 Stpl.; einfache Sanitärausstattung; Gasthaus mit Restaurant, ESSO-Tankstelle und Supermarkt nebenan; 20 Miethütten.

**Hamarøy/Oppeid**

**Hamarøy Fiskecamping ***, Tel. 75 77 03 95; www.hamaroyfiskecamp.no; 1. Jan. – 31. Dez.; an der R81 rund 15 km westlich Ulvsvåg (E6); schräge Wiese am westl. Ortsrand von **Presteid**; ca. 1,5 ha – 45 Stpl.; Standardausstattung; Laden, Imbiss; 23 Miethütten.

**Skutvik**

**Ness Camping ***, Tel. 75 77 13 88, www.ness-camping.no; 15. Mai – 15. Sept.; bei Ness rund 4 km südöstl. von Skutvik; ebenes Wiesengelände am Fjordufer; ca. 2 ha – 30 Stpl.; einfache Standardausstattung; Fahrrad- u. Bootsverleih; 11 Miethütten.

**Dyping**

**Wohnmobil-Stellplatz [N 67° 54′ 52″  E 15° 20′ 15″]**, Tel. 75 77 67 45 Jarle Hanssen; Abzweig in Tømmerneset auf die Straße L 835 und noch ca. 30 km westwärts nach Dyping; im Schulhof der ehemaligen Schule in Dyping, heute Ferienwohnungen, Gebühr für Wohnmobil inkl. Strom und Nutzung der **V & E**-Station.

**get**, verkehrt im Sommer rund um die Uhr etwa alle Stunde. Fahrzeit 25 Minuten.

Sollte Ihnen unterwegs doch noch der Sinn nach einem Abstecher auf die Lofoten oder Vesterålen stehen, bietet sich in Bognes nochmals Gelegenheit dazu.

Ab Bognes verkehren nämlich auch Fähre nach **Lødingen** auf den Vesterålen (etwa alle 1 1/2 Stunden, Fahrzeit 60 Minuten).

**ROUTE:** *In Ulvsvåg zweigt die R81 nach Westen ab. Sie führt über* **Oppeid** *und* **Hamsund** *auf die Insel Hamarøy mit ihren bizarren Berggipfeln. Die Straße endet schließlich nach 36 km in* **Skutvik**, *einem wichtigen Hafen der Lofotenfähren.*

In **Hamsund** kann man das Elternhaus des Schriftstellers Knut Hamsun besichtigen.

Ab **Skutvik [N 68° 00′ 54.3″  E 15° 20′ 09.2″]** verkehren **Autofähren nach Svolvær**

**[N 68° 14′ 10.9″  E 14° 33′ 10.6″]** auf der Lofoteninsel Austvågøy im Sommerhalbjahr täglich um 6, 9.30, 11.30, 14.45, 17.45, 19.35, 23 und 0.20 Uhr. Fahrzeit rund 2 Stunden. Die Abfahrtszeiten können Änderungen unterliegen! Mit Wartezeiten ist vor allem im Ferienmonat Juli zu rechnen.

Im Winterhalbjahr weniger häufige Abfahrten.

**Lofotentour**

Nähert man sich mit der Fähre der **Inselwelt der Lofoten** – *Lofoten* soll soviel wie „Luchsfüße" heißen – erkennt man bald die bizarren Bergkegel und zackigen Grate der „Lofotwand" aus dem ruhigen, grauen und so fischreichen Meer emporsteigen.

Fast anthraziten glänzen die glatten, blanken, steilen Felsen, die höchstens etwas Moos als Vegetation dulden.

*Lofoten, Kvalvik bei Hamnøy*

Das Lofotengebirge zählt zu den ältesten der Welt. Geformt in die uns heute sichtbare Gestalt wurde es vor allem von den Gletschern der letzten Eiszeit vor ungefähr 10.000 Jahren.

Erst um die Jahrhundertwende wurden die sieben großen Inseln der Lofoten – **Røst, Værøy, Moskenesøya, Flakstadøya, Vestvågøya, Gimsøya** und **Austvågøya** – richtiggehend besiedelt. Zwar sind bei Ausgrabungen Spuren von 4.000 Jahre alten Siedlungen gefunden worden – auch die Wikinger hatten hier schon Hafensiedlungen, wie die Reste einer Wikingerburg bei Borg auf Vestvågøya oder bei Halsneset (Leknes) beweisen – aber von längerem Bestand waren diese Ansiedlungen nicht.

Heute leben auf den Lofoten, die ein Territorium von fast 1.230 qkm umfassen rund 25.500 Menschen.

**Das Wetter auf den Lofoten** und auch auf den nördlich benachbarten Vesterålen ist eine ziemlich wechselhafte Angelegenheit. Lange beständige Wetterlagen gehören zu den Ausnahmen. Klare, sonnige und windstille Tage können rasch mit windigem Nieselwetter wechseln. Zwar können die Tagestemperaturen auch auf den Lofoten Extremwerte von 30 Grad im Juni und Juli erreichen, in den genannten Monaten aber werden die Durchschnittswerte kaum über 11 oder 12 Grad hinausgehen.

In der Regel – aber auch beim Wetter bestätigen Ausnahmen die Regel – soll in der Zeit zwischen April und Juni der wenigste Niederschlag fallen

**Svolvær** (ca. 4.500 Einwohner) ist der Hauptverwaltungsort der Lofoteninseln und wichtigster Fischereihafen (fischverarbeitende Industrie) der Region.

Zu den wenigen Sehenswürdigkeiten der Stadt zählen das **Rathaus** wegen des Gemäldes von Gunnar Berg „Schlacht im Trollfjord" das im Rathaus hängt, weiter das **Künstlerhaus** (Kunstgalerie regionaler Künstler), sowie die **Galerie Konrad**, ein Forum für Freizeitmaler.

Aber auch die **Felsen „Svolværgeita" (Svolværgeiß)**, die von der Stadt aus zu sehen sind, zählen zu den Attraktionen Svolværs.

Es werden **Bootsausflüge** angeboten, von denen die in den schmalen, von steilen, blanken Felsen flankierten **Trollfjord** (legendäre Trollfjordschlacht) oder zur Walstation **Skrova** besonders lohnen.

Die **Mitternachtssonne** ist in der Höhe von Svolvær zwischen **28. Mai** und **15. Juli** zu sehen.

In **Kabelvåg [N 68° 12′ 45.0″ E 14° 27′ 56.9″]**, heute eine Gemeinde mit fast 2.000 Einwohnern und ca. 5 km südwestlich von Svolvær gelegen, können Sie das bescheidene, dennoch interessante **Lofotmuseet** besichtigt werden *(geöffnet 1. Juni - 31. Aug. tgl. 9 - 18 Uhr; im Mai bis 15 Uhr, übirge Zeit Mo - Fr 11 - 15 Uhr; www.lofotmuseum.no)*.

Dieses **Regionalmuseum der Lofoten** ist an der Stelle des alten Ortsteils **Storvågan** errichtet. Mittelpunkt der Museumsanlage ist das historische Gehöft eines „Fischerdorfbesitzers" mit einem Wohnhaus aus dem Jahre 1810, mit Schul- und Gesellschaftsraum, Fischerhütten, Bootsschuppen und einer Sammlung von Nordlandbooten. Und natürlich ist eine Ausstellung über die Lofotenfischerei zu sehen.

Ganz in der Nähe des Lofotmuseums liegt das **Lofotaquarium**, mit nicht weni-

---

## PRAKTISCHE HINWEISE – SVOLVÆR/KABELVÅG

**Destination Lofoten AS [N 68° 13′ 54.8″ E 14° 33′ 50.3″]**, Boks 210, am Marktplatz 18, 8301 Svolvær, Tel. 76 06 98 00; www.svolvaer.net, www.lofoten.info; www.vagan.kommune.no; *Geöffnet ganzjährig Mo - Fr 9 - 16 Uhr, Juni + Aug. auch Sa 10 - 14 Uhr; Ende Juni - Anf. Aug. Mo - Fr 9 - 22, Sa 9 - 20, So 10 - 20 Uhr.*

### HOTELS

#### Svolvær

**Norlandia Vestfjord Hotel,** 63 Zi., Fiskergt. 46, Tel. 76 07 08 70; www.norlandia.no/vestfjord; Restaurant.

**Rica Hotel Svolvær,** 147 Zi., Lamholmen, Tel. 76 07 22 22; www.rica-lofoten.no; Restaurant.

#### Kabelvåg

**Nyvågar Rorbuhotell,** Storvåganvn 22; Tel. 76 06 97 00; www.nyvaagar.no; 30 Rorbuer, modern eingerichtete Fischerhütten mit je 2 Zimmern, Stube, Küche, Bad, teuer.

### CAMPING

#### Svolvær

**Wohnmobil-Stellplatzmöglichkeit [N 68° 13′ 59.89 E 14° 33′ 33.59]** beim Supermarktzentrum AMFI, Lofotgata 33. Großer Stellplatz mit Stromanschlüssen, nahe großer COOP-Supermarkt, Restaurants und andere Geschäfte.

#### Kabelvåg

**Sandvika Fjord og Sjøhuscamping *** [N 68° 12′ 17.8″ E 14° 25′ 37.3″]**, Ørsvågveien 45, Tel. 76 07 81 45; www.sandvika-camping.no; 1. Jan. – 31. Dez.; ca. 9 km westl. Svolvær beschilderter Abzweig von der E10 und ca. 1 km schmale Straße; mehrere kleine, teils unebene Wiesenstücke zwischen hohen Felsriegeln in schöner Lage am Meer; ca. 1 ha – 90 Stpl.; Standardausstattung; **V & E für Wohnmobile**; 21 Miethütten.

**Camping Ørsvågvær *** [N 68° 12′ 23.3″ E 14° 25′ 34.9″]**,Tel. 76 07 81 80; www.orsvag.no; 1. März – 30. Sept.; ca. 9 km westl. Svolvær beschilderter Abzweig von der E10 und ca. 1 km schmale Straße; im Rahmen des Lofoten Turistog Rorbusenter mehrere kleine Wiesenstücke zwischen hohen Felsriegeln in ausgesprochen schöner Lage am Meer; ca. 2 ha – 100 Stpl.; Standardausstattung; öffentliches Hallenbad; 33 Miethütten. **Motel**.

#### Sandsletta

**Camping Sandsletta *** [N 68° 19′ 31.7″ E 14° 41′ 13.0″]**, Tel. 76 07 52 57, www.lofoten-camping.com; 1. Juni – 30. Sept.; ca. 15 km nördlich von Svolvær Abzweig von der E10 westwärts und noch ca. 10 km; Wiesengelände; ca. 2 ha – 80 Stpl.; Standardausstattung; Laden; **V & E für Wohnmobile**; 15 Miethütten.

#### Lyngvaer

**Lyngvaer Lofoten Bobilcamping [N 68° 13′ 27.1″ E 14° 13′ 08.1″]**, Tel. 76 07 87 80, Anf. Apr. – Ende Sept.; ca. 20 km westlich Svolvær, unterhalb der E10 in schöner, aussichtsreicher Lage am Gimsøya Straumen; breite, flache Wiesenterrassen mit überwiegend geschotterten Stellplätzen; ca. 5 ha – 100 Stpl.; gute Standardausstattung mit zeitgemäßen, aber etwas knapp bemessenen Sanitärs; Laden, Grillhütte, Einrichtungen für Angler, Bootssteg. **V & E für Wohnmobile**.

ger als 23 größeren und kleineren Aquarien, mit Seehundbecken, Ausstellungen, Multivisionsshow, Souvenirshop und Cafeteria *(geöffnet 1. Juni - 31. Aug. tgl. 10 - 19 Uhr, im Mai bis 15 Uhr; übrige Zeit Mo - Fr. 11 - 15 Uhr; www.lofotakvariet.no).*

Zudem findet man in Storvågen die **Kunstgalerie Espolin Johnson.**

Storvågen war übrigens eines der allerersten Fischerdörfer auf den Lofoten. Hier wurde schon vor über 1.000 Jahren nach Dorsch gefischt und Stockfisch produziert.

Und hier bei Storvågen lagen auch die Anfänge des mittelalterlichen Handelszentrums **Vågar,** die erste Stadt in Nordnorwegen, wie es heißt. Reste der Siedlung wurden vor einiger Zeit ausgegraben.

### Nach Süden bis Å

*Mein Tipp!* Für einen **Abstecher** auf der E10, dem „Kong Olavs Veg", hinunter nach **Reine** oder gar bis **Å** auf der Insel Moskenesøya sollten Sie sich auf alle Fälle Zeit nehmen! Sehen Sie dafür mindestens einen ganzen Tag vor.

**ROUTE:** *Schon 15 km westlich von Svolvær, nach dem Straßentunnel, sollte man von der E10 südwärts auf die R816 abzweigen. Nach 6 km erreicht man* **Henningsvær.**

Der Fischerort **Henningsvær [N 68° 09' 13.3" E 14° 12' 05.3"]** liegt hübsch auf einer Insel, die über zwei Brücken zu erreichen ist. Der Ort lässt sich auch gerne als „Venedig der Lofoten" bezeichnen.

**ROUTE:** *Zurück zur E10. Die Hauptverkehrsader E10 führt bei* **Kleppstad** *auf einer Brücke auf die* **Insel Gimsøya,** *schon wenige Kilometer weiter über die Sundklakkstraumen-Brücke auf die* **Insel Vestvågøyaund** *zieht dann südwärts über* **Borge** *nach* **Leknes.**

Rund 17 km nördlich von Leknes passiert man **Borg** und das **Wikingermuseum Lofotr [N 68° 14' 43.0" E 13° 45' 23.4"]** *(geöffnet 1. Juni - 31. Aug. tgl. 10 - 19 Uhr; Mai 11 - 17 Uhr; übrige Zeit Mo - Fr 13 - 15 Uhr; www.lofotr.no).* In einem originalgetreu rekonstruierten Wikingerhaus, das mit seinem riesigen Schindeldach aussieht, wie ein kieloben liegendes Wikingerboot, erhält man Einblick in die Kulturgeschichte der Wikinger. Wie das Original ist auch die Rekonstruktion in fünf große Räume aufgeteilt, den

Wohnraum, die Eingangshalle, die Gildhalle, das Lager und den Stall, der fast die Hälfte des Gebäudes einnimmt. Im Wikingerhaus sind Grabungsfunde ausgestellt, die in der Nähe gemacht wurden.

Zum Museum gehört auch ein Nachbau eines Wikingerschiffes, dem das Gokstadschiff als Vorlage gedient haben soll. Das Schiff liegt ein gutes Stück vom Museum entfernt.

Bei ausreichend zur Verfügung stehender Zeit lohnen ab Leknes Abstecher in die Küstenorte **Ballstad [N 68° 04' 48.8" E 13° 32' 44.5"]**(R818, 19 km) und/oder **Stamsund [N 68° 07' 59.7" E 13° 50' 27.2"]** (R815/817, 16 km), einem hübschen Lofotendorf und wichtigen Fischereihafen.

Ca. 15 km nördlich von Stamsund findet man bei **Strandslett** an der R815 den sehr schön am Meer gelegenen Campingplatz **Brustranda Sjøcamping,** Tel. 76 08 71 00; 1 Juni – 31. Aug.; Wiesenstreifen unmittelbar an der Küstenstraße; ca. 1 ha – 50 Stpl.; Fahrrad- u. Bootsverleih; **V & E** für **Wohnmobile;** 21 Miethütten.

Und **Ballstad,** mitten in einer reizvollen Küstenzenerie gelegen, zählt zu den malerischsten Fischerdörfern auf den Lofoten.

**ROUTE:** *Von* **Leknes** *über* **Lilleeidet** *und durch den Nappstraumtunnel, der unter dem Sund hindurch auf die* **Insel Flakstadøya** *führt. Die Straße E10 endet schließlich nach rund 50 km in* **Å** *auf der* **Insel Moskenesøya,** *dem südwestlichsten per Straße erreichbaren Ort auf den Lofoten.*

Bei **Kilanplass** kann man südwärts nach **Nusfjord [N 68° 01' 49.6" E 13° 20' 52.8"]** fahren. Das sehr malerisch zwischen Felsen gelegene Fischerdorf mit seinen traditionellen Fischerunterkünften und dem hübschen Gasthof Oriana Kro steht auf der UNESCO-Liste der erhaltenswerten Kulturdenkmäler.

1 km südlich von **Flakstad** *(Camping Skagen* **[N 68° 06' 09.6" E 13° 17' 44.0"],** Wiese zwischen E10 und Bucht mit weißem Sandstrand) führt die E10 an einem einladenden **Rast- und Picknickplatz [N 68° 06' 12.7" E 13° 16' 59.9"]** vorbei. Herrliche Meeresbucht „Skagsanden Beach" mit Sandstrand, Picknicktische, WC.

**Ramberg** *(Ramberg Camping s.u.)* macht mit seinem weißen Sandstrand auf sich aufmerksam.

Wenige Kilometer weiter südlich zweigt die Strichstraße nach **Fredvang [N 68° 05' 50.4"  E 13° 09' 42.2"]** ab (Camping s. u.). Der kleine Ort liegt rund 5 km westlich der Hauptstraße an einer herrlichen, weiten Sandbucht.

Später sollte man bei der Kåkern-Brücke von der E10 zum **Fiskerimuseum** von **Sund [N 68° 01' 12.4"  E 13° 11' 04.3"]** abzweigen (geöffnet 1. Juni - 17. Aug. tgl. 10 - 18 Uhr, übrige Zeit bis 16 Uhr; www.sundfiskerimuseum.no). Das kleine, aber recht interessante Museum befasst sich mit der Motorisierung und Instandhaltung von Fischkuttern in den vergangenen 100 Jahren.

Nach besagter Kåkern-Brücke befindet man sich auf der **Insel Moskenesøya.**

Wenige Kilometer weiter passiert man den schönen gelegenen **Rast- und Picknickplatz „Akkarvikodden" [N 67° 57' 44.6"  E 13° 09' 14.0"]** in herrlicher Lage mit Blick auf Hamnøy, Picknicktische, WC.

Im Ort **Hamnøy [N 67° 56' 43.1"  E 13° 08' 00.0"]** findet man gleich am Ortsbeginn eine **Ver- und Entsorgungsstation für Wohnmobile [N 67° 56' 54.1"  E 13° 08' 11.6"]** mit Frischwasser und Ausguss für Abwässer.

Hamnøy mit seinem fotogenen Fischereihafen liegt überaus malerisch vor einer ganz prächtigen Bergkulisse. Die vor allem im Juni voll mit Kabeljau behangenen Fischtrockengestelle vor den roten Rorbuer machen die ganze Szenerie zu einem Lofotenmotiv wie aus dem Bilderbuch.

Der alte Handelsort und Fischereihafen **Reine [N 67° 55' 43.2"  E 13° 05' 15.0"]** auf der Insel Moskenesøya ist bekannt für seine malerische Umgebung.

Besichtigen kann man z. B. **Dagmars**

**Dukke- og Leketøymuseum,** Puppen und Spielzeugmuseum, Sakrisø (geöffnet 14. Mai - 31. Aug. tgl. 10 - 16 Uhr, Juli bis 20 Uhr). In der Ausstellung mit mehr als 1.500 Puppen und Teddys aus der Zeit von 1860 bis 1965 können Sie „eine Reise zurück in die Kindheit" machen.

**Moskenes [N 67° 53' 59.5"  E 13° 02' 37.8"]** (Touristeninformation, Tel. 76 09 15 99) ist ein wichtiger Fährhafen auf den Lofoteninseln mit regelmäßigen Verbindungen nach Værøy, Røst und Bodø.

In **Sørvågen [N 67° 53' 29.1"  E 13° 01' 35.8]** können Sie im **Norwegischen Telekommunikationsmuseum** vorbeischauen (geöffnet Ende Juni - Ende Aug. tgl. 11 - 17 Uhr). Die Ausstellungen „Dorsch, Telegraf und Telefon" dort befassen sich z. B. mit der leitungsgebundenen Telegrafie, mit der Funktelegrafie u. ä.

**Å** „am Ende der Welt", der Ort mit dem wohl kürzesten Namen, hat in der Ortsmitte einige alte Häuser aus der Mitte des 19. Jh. aufzuweisen.

Die Straße E10 endet am Südrand von Å nach einem Straßentunnel an einem großen **Parkplatz [N 67° 52' 45.4"  E 12° 58' 39.2"]** mit Touristeninformationspavillon. Lt. Tafel ist Übernachten auf dem Parkplatz nicht erlaubt. Ein Fußweg führt hinab zum Fischerdorfmuseum.

Ein weiterer kurzer Fußweg führt zum Aussichtspunkt „am Ende der Welt".

In Å ist das **Norsk Fiskeværsmuseum Å [N 67° 52' 53.1"  E 12° 58' 52.8"],** das Norwegische Fischerdorfmuseum, sehenswert, einer der wenigen alten Handelsorte der Lofoten, der in seiner ursprünglichen Form erhalten blieb. Man sieht u. a. die älteste Trankocherei ganz Norwegens (geöffnet 20. Juni - 20. Aug. tgl. 10 - 18 Uhr, übrige Zeit Mo - Fr 11 - 15 Uhr; www.lofoten-info.no/nfmuseum).

Im **Lofoten Tørrfiskmuseum [N 67° 52' 58.4"  E 12° 58' 59.2"]**, dem Trockenfischmuseum der Lofoten und einzigem Stockfischmuseum der Welt (geöffnet Anf. Juni - Ende Aug. tgl. 10 - 18 Uhr), erfahren Sie alles über die Herstel-

*Luftgetrockneter Stockfisch, eine Lofotenspezialität*

*Hamnøy, Lofoten*

lung und den Verkauf von Trockenfisch, Norwegens ältestem Exportartikel.

Südlich des berggezackten Eilands Moskenesøya fließt der **Moskenstraumen**, der gefürchtete **Mahlstrom**, den Jules Verne in seinem Roman „Reise zum Mittelpunkt der Erde" erwähnt und der durch Erzählungen Edgar Allan Poes über den Kreis der Seeleute hinaus bekannt wurde.

Ebenfalls südlich von Moskenesøya liegen die Vogelinseln **Værøy** und **Røst** im offenen Atlantik. Die Inseln sind ab Reine oder ab Bodø per Schiff zu erreichen.

Værøy und Røst sind bekannt als Brutfelsen für viele Seevogelarten. Vor allem Papageientaucher (Lundevögel), Kormorane, Thordalken, Möwen und Eiderenten und sogar Seeadler können hier beobachtet werden.

---

### CAMPING ZWISCHEN FREDVANG UND Å

**Fredvang**
*Mein Tipp!* – **Fredvang Strand og Skjægårdscamping** *** [N 68° 05' 50.4" E 13° 09' 42.2"]**, Tel. 76 09 42 33; www.lofoten-info.no/fredcamp.htm; 20. Mai – 15. Sept.; beschilderter Abzweig von der E10 bei Finnbyen, nordwestwärts noch knapp 4 km teils über Sundbrücken, letzter Teil der Zufahrt einspuriger Schotterweg. Sehr schön gelegener Platz am Meer in herrlicher, abgeschiedener Umgebung. Fast ebenes Wiesengelände neben einem breiten weißen Sandstrand; ca. 4 ha – 100 Stpl.; gute Standardausstattung. Laden. **V & E** ür **Wohnmobile**.

**Ramberg**
**Ramberg Camping og Gjestegård** ** [N 68° 05' 30.8"  E 13° 14' 06.3"]**, Tel. 76 09 35 00, www.ramberg-gjestegard.no; Anf. Apr. – Ende Okt.; www.ramberg-gjestegard.no; ca. 2 ha – 50 Stpl.; Laden, Cafeteria; 10 Miethütten.

**Sørvågen**
**Camping Moskenes** **, Tel. 76 09 13 44; 15. Mai – 31. Aug.; an der E10; ca. 1,5 ha – 50 Stpl.; Standardausstattung; Imbiss; 12 Miethütten.

**Å**
**Camping Å [N 67° 52' 41.8"  E 12° 58' 50.8"]**, Juni – Mitte Sept.; im Ortsbereich am Ende der E10; einfache Stellmöglichkeit für Wohnmobile und Caravans auf kleinem, ebenem Geländerondell, einerseits von Felsen begrenzt, andererseits zum Meer hin offen, ca.10 Stpl.

## SVOLVÆR/LOFOTEN – TROMSØ

**Länge dieser Tour:** Rund 465 km, ohne Abstecher, + 1 Fähre.

**Die Route:** Über die E10 von **Svolvær/Lofoten** bis **Fiskebøl** – Fähre nach **Melbu/Vesterålen** – E10 über **Sortland/Strand** (evtl. Abstecher nach **Andenes**, 100 km einfach) bis **Bjerkvik** (evtl. Abstecher nach **Narvik**, 38 km einfach) – E6 bis **Nordkjosbotn** – E8 bis **Tromsø**.

**Reisedauer:** Mindestens ein Tag, besser zwei Tage.

**Reisehöhepunkte:** Die Landschaften der **Vesterålen** – das **Hurtigrutenmuseum** in Stokmarknes – die Stadt **Tromsø** ** und ihre Museen.

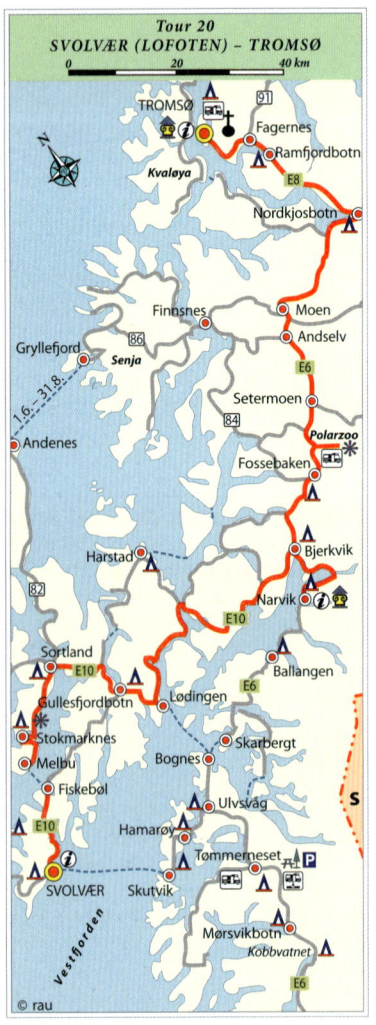

Tour 20
*SVOLVÆR (LOFOTEN) – TROMSØ*

Neu ist die 51 km lange „Lofast-Verbindung", eine abkürzende Querverbindung der E10 **von Fiskebøl nach Gullesfjordbotn** (*Camping Gullesfjord*). Man passiert 4 Tunnels, darunter ein 3,5 km langes Unterseetunnel.

Ab **Fiskebøl [N 68° 25' 54.8" E 14° 49' 30.9"]** mit der **Autofähre** über den Hadselfjord nach **Melbu [N 68° 29' 54.8" E 14° 47' 56.3"]** auf der **Insel Hadseløya**, die bereits zum Archipel der Vesterålen gehört. Die Fähren verkehren zwischen ca. 6.40 Uhr und ca. 22.30 Uhr (im Hochsommer bis 01 Uhr) im Abstand von 40 Minuten. Fahrtdauer 25 Minuten.

**ROUTE:** *Ab Melbu weiter auf der E10 nach* **Stokmarknes**.

Im Hafen von **Stokmarknes** sieht man am Anleger der Hurtigrutenschiffe ein Denkmal für Richard Whit, dem legendären Gründer der Reederei der Hurtigruten.
Vor dem sehenswerten **Hurtigruten Museum [N 68° 33' 55.6" E 14° 54' 52.1"]** kann man die M/S „Finnmarken", das erste Hurtigrutenschiff, Baujahr 1956, in seiner vollen Pracht und Größe bestaunen.

**ROUTE:** *Von Stokmarknes nach* **Skagen** *auf der* **Vesterålen-Insel Langøya**. *25 km weiter liegt* **Sortland**.

### Abstecher auf die Insel Bø

Ab Sortland ist ein Abstecher **[N 68° 37' 04.3" E 14° 27' 33.8"]** über die R820 westwärts auf die **Insel Bø** möglich.
Bei **Steine/Bø** (Stellplatz s. o.) sind frühgeschichtliche Denkmäler wie eisenzeitli-

**ROUTE:** *Von* **Svolvær** *über die E10 nordwärts bis zum* **Fährhafen Fiskebøl**.

### PRAKTISCHE HINWEISE – STOKMARKNES, SORTLAND, BØ

 **Vesterålen Reiseliv**, Turist Informasjon, Postboks 243, Kjøpmannsgata 2, 8401 Sortland, Tel. 76 11 14 80; ganzjährig geöffnet; www.nordlandreiseliv. no/vesteraalen.

### CAMPING

 **Camping Stokmarknes \*\* [N 68° 33' 37.2"  E 14° 54' 48.2"],** Tel. 76 15 20 22; 1. Juni – 31. Aug.; knapp 1 km vom Fähranleger, Zufahrt von der E10, die letzten 400 m sind unbefestigt; kleiner Übernachtungsplatz in einem Birkenhain unterhalb eines steilen Hangs in waldreicher Umgebung; 0,5 ha – 25 Stpl.; einfache Standardausstattung; 8 Miethütten.

 **Sortland Camping og Motell \*\*\*\* [N 68° 41' 55.0"  E 15° 24' 49.7"],** Vesterveien 51, Tel. 76 11 03 00; www.sortland-camping.no; Anf. Jan. – Ende Dez.; im Ortsbereich; ca. 2,5 ha – 60 Stpl.; einfache Standardausstattung; Laden, Cafeteria; **V & E für Wohnmobile**. 39 Miethütten.

### Wohnmobil-Stellplätze

 **Wohnmobil-Stellplatz Kinnarps Turistsenteret**, am Nordrand von Stokmarknes, ebene, schattenlose Fläche neben einem Motel.

### Stø/Insel Bø

**Stø Bobilcamp,** Tel. 76 13 25 30; www.stobobilcamp.com; 15. Mai – 30. Aug.; kleiner, fast ebener, für Wohnmobile eingerichteter Platz mit geschotterten Stellflächen, sehr ansprechend gelegen, mit Sicht aufs Meer; ca. 0,5 ha – 30 Stpl.; gute Sanitärs; Laden, Cafeteria. 8 Miethütten.

---

che **Grabhügel** auf der kleinen Insel Svinøy, **Steingräber** bei **Føre** und das **Heimatmuseum** in **Vinje** über die Fischerei- und Landwirtschaftsgeschichte der Region zu besichtigen.

**ROUTE:** *Die E10, auch als „König-Olav-Strasse" bekannt, führt bei* **Sortland** *über eine Bogenbrücke den Sortlandsund hinüber nach* **Sand**.

#### Abstecher nach Andenes

In Sand bietet sich Gelegenheit die E10 zu verlassen und auf der R82 über **Forfjord** (Camping), **Buknesfjord** (**Andøy Frilufsenter**, Campingplatz, Hütten, Restaurant; www. andoy-friluftsenter.no), **Risøyhamn [N 68° 58' 24.7"  E 15° 38' 25.5"]** und **Åse** nordwärts auf die **Insel Andøya** zu fahren. Nach rund 100 km erreicht man **Andenes [N 69° 19' 25.2"  E 16° 07' 05.0"]** (Hotels, Campingmöglichkeit).

Viel Abwechslung bietet der 100 km weite Weg nach Andenes, einer ehemals holländischen Walfangstation, nicht gerade.

Aber im Sommerhalbjahr, etwa zwischen Ende Mai und Mitte September, werden ab Andenes sog. **Walsafaris** angeboten.

Vieles über Wale und Walforschung erfahren Sie im **Walzentrum** in Andenes (ge-

öffnet Mai-Sept.; www.whalesafari.no). Im Sommer (Juni bis August) besteht ab Andenes eine **Fährverbindung nach Gryllefjord** auf der Insel Senja, was die Weiterreise ab Andenes nach Norden vereinfacht.

#### HAUPTROUTE

**ROUTE:** *Auf der Weiterfahrt von der* **Sundbrücke bei Sortland** *über die E10 in östlicher Richtung, passiert man nach 28 km den Flecken* **Gullesfjordbotn,** *von wo aus die neue Straßendirektverbindung „Vestfjordveien" südwestwärts zu den Lofoten bis nach Hanøy und weiter nach Fiskebøl führt (wurde am 1.12.2007 von Königin Sonja eröffnet; www. lofoten.info).*

*18 km weiter passiert man den Abzweig zur* **Fährstation Lødingen [N 68° 25' 13.4" E 15° 59' 39.4"]** *(Campings, Touristeninformation im Sommer, Lotsen- und Norwegisches Telekommunikationsmuseum, regelmäßige Fährverbindungen nach Bognes an der E6), nach weiteren 48 km den Abzweig der R83, die nordwärts nach* **Harstad [N 68° 47' 49.5" E 16° 32' 21.2"]** *führt (27 km) und nach neuerlichen 64 km die E6 bei* **Bjerkvik [N 68° 32' 58.6" E 17° 33' 27.6"].** *Von hier weiter nordwärts oder Abstecher südwärts nach Narvik (38 km).*

### Der Golfstrom

In den nördlichen Breiten Europas herrschen erstaunliche klimatische Verhältnisse, die es an anderen Stellen unseres Globus' so weit im Norden nicht gibt. Wo sich ewiger Frost ausbreiten sollte, wie in der Taiga oder in Labrador, wachsen Erdbeeren. Häfen bleiben im langen Winter eisfrei, wie der von Narvik, die Häfen auf den Lofoten oder in Kirkenes. Natürlich weiß man heute längst, daß dafür der Golfstrom verantwortlich ist.

Aber woher kommt diese Warmwasserheizung Nordeuropas? Ausgangspunkt des Golfstromes ist der *Golf von Mexiko*. Durch intensive Sonneneinstrahlung erwärmt sich das Meer dort rasch. Die sich ausdehnenden, stark erwärmten Wassermassen strömen durch die Meerenge am Florida-Tor in den Atlantik, wobei Geschwindigkeiten bis zu 2,5 m/sec. erreicht werden. Der Wasserstrom wird nun durch die Luftströmung nach Norden gedrängt, schiebt sich entlang der nordamerikanischen Küste und später quer über den Atlantik bis nach Nordeuropa.

Auf seinem Weg nach Nordosten teilt sich der „Fluß im Meer" in mehrere Zweige, und zwar in den **Nordäquatorialstrom**, in den **Floridastrom** und in den **Yukatanstrom**. Einer davon, der an Irland und Schottland vorbei bis ins Eismeer reicht, ist der **Golfstrom**.

Auf dem 12.000 km langen Weg sinkt die Wassertemperatur natürlich ab. Sind am Ausgangspunkt 20°C zu messen, so können im Eismeer immerhin noch 5 – 6°C registriert werden. Diese wenigen Grade über Null genügen aber, Norwegen im Schnitt 20°C höhere Temperaturen zu bescheren, als sie ohne den Golfstrom entstehen würden.

Am Hardangerfjord blühen Ende Mai schon die Obstbäume. Recht erstaunlich, wenn man bedenkt, daß auf dem gleichen Breitengrad auf dem Südkap Grönlands kilometerdicke Gletscher liegen. Oder nehmen wir den Lyngenfjord, der etwa auf 69° nördlicher Breite liegt. Kartoffeln und Erdbeeren werden hier angebaut. Auf dem gleichen Breitengrad, in der russischen Taiga zum Beispiel, herrscht immerwährender Bodenfrost.

Bereits im 17. Jahrhundert war diese Naturerscheinung „Golfstrom" der damaligen Seemacht Spanien bekannt, wurde aber lange als großes Geheimnis gehütet. Denn durch Kenntnis und Ausnutzung der einzelnen Strömungszweige war es den Caravellen der spanischen Armada möglich, die neuen Kolonien Mittelamerikas schneller zu erreichen.

Noch auf den Seekarten des mächtigen Britischen Empire fehlte lange ein entsprechender Hinweis. Also stampften die Segler Royal Navy mühevoll wie eh und je auf den alten Routen buchstäblich gegen den Strom nach Boston und Philadelphia. Gut gemeinte Ratschläge der erfahrenen Walfänger aus Nantucket, die die Strömung lange schon zu ihren Gunsten nutzten, wurden nicht ernstgenommen.

### Abstecher nach Narvik

**ABSTECHER:** *Von Bjerkvik auf der E6 südwärts. Nach 38 km erreicht man Narvik am Südufer des Ofotenfjords.*

**Narvik [N 68° 26' 21.9"  E 17° 25' 47.9"]** verdankt seine Entwicklung und Bedeutung in erster Linie seinem großen, ganzjährig eisfreien Erzhafen in Nordnorwegen und den reichen Erzvorkommen im schwedischen Kiruna. 1883 wurde eigens für den Transport des Erzes eine Eisenbahnlinie von Kiruna nach Narvik gebaut, die nach 9 Jahren schwierigsten Trassenbaus durch die legendären „Rallar" (Eisenbahn-Wanderarbeiter) eröffnet werden konnte. In Narvik waren spezielle Verladekais für das aus Schweden antransportierte hochwertige Erz errichtet worden. Bald machte der Erzumschlag Narvik zu einer der wichtigsten Hafenstädte in Norwegen.

Zwischenzeitlich gehören die Hafeneinrichtungen für die Erzverladung zu den modernsten der Welt. Jährlich werden hier mehr als 25 Mio. Tonnen Erz verladen.

Narvik war im 2. Weltkrieg, nicht zuletzt wegen des Erzumschlags, ein hart umkämpfter Hafen. 1940 erlitt die Stadt bei der Rückeroberung aus Wehrmachtsbesetzung durch norwegische und alliierte Truppen starke

Zerstörungen und wurde nach dem Krieg im modernen Stil wieder aufgebaut.

Das **Freiheitsdenkmal** (Mutter mit Kind) von Finn Eriksen, das mitten auf dem Marktplatz steht, erinnert an die Kriegswirren.

Bis 1984 bestand von Narvik nach Schweden nur die Bahnverbindung. Seit 1984 ist die bestens ausgebaute „Nordkalottenstraße" über das schwedische Wintersport- und Nationalparkgebiet Abisko bis Kiruna fertiggestellt (175 km).

Das **Ofotenmuseum**, untergebracht im ehemaligen Verwaltungsgebäude der „NSB-Ofotbahn" aus dem Jahre 1912, ist ein bescheidenes Regionalmuseum mit kunstgewerblichen, fischereihistorischen und heimatkundlichen Sammlungen, sowie Anschauungsmaterial über den Eisenbahnbau und die Erzverschiffungsanlage *(geöffnet tgl. 11 - 15 Uhr)*.

Sehenswert auch das **Kriegsmuseum** am zentralen Marktplatz mit dem erwähnten Freiheitsdenkmal, oder die Lokomotive **„Bifrost"** am Bahnhof, das letzte Exemplar einer der im schwedischen Trollhättan 1882 für die Erzbahn gebauten Lokomotiven.

Schließlich zählen die etwa 3.000 Jahre alten **Felszeichnungen** im Park **Brennholtet**, knapp 1 km nordwestlich vom Bahnhof, zu den Sehenswürdigkeiten in Narvik.

Bei längerem Aufenthalt ist – neben einer Stadtrundfahrt mit Besichtigung von Teilen der Erzkais – eine Fahrt mit der Seilbahn (knapp 10 Min.) auf das **Fagernesfjell** (650 m) lohnend. Prächtige Aussicht bei klarem Wetter bis zu den Lofoten. Restaurant. Die

*Narvik, noch 739 km bis zum Nordkap*

Talstation liegt ca. 1 km östl. vom Bahnhof.

Die **Mitternachtssonne** ist in Narvik zwischen **28. Mai** und **15. Juli** zu sehen.

### HAUPTROUTE

**ROUTE:** *Weiterreise ab* **Bjerkvik** *(oder ab Narvik) auf der E6 nordwärts über* **Storfossen** *und über das Gratangsfjell nach* **Fossbakken** *(Camping Fossbakken [N 68° 41' 18.8"  E 17° 58' 59.6]) und weiter über* **Bardufoss** *bis* **Nordkjosbotn** *(148 km).*

Rund 10 km nördlich von **Fossbakken** passiert man auf der E6 den **Abzweig zum**

### PRAKTISCHE HINWEISE – NARVIK

**Destination Narvik, Tourist Information,** Kongensgt. 57, OT - Gården, 8514 Narvik, Tel. 76 96 56 00; www.destinationnarvik.com.

### HOTELS

**Quality Hotel Grand Royal,** 107 Zi., Kongensgt. 64, Tel. 76 97 70 00, www.choice.no; Restaurant.

**Narvik,** 34 Zi., Kongensgt. 36, Tel. 76 97 79 50, Restaurant.

**Nordstjernen,** 25 Zi., Kongensgt. 26, Tel. 76 94 41 20. www.nordstjernen.no, Restaurant.

**Norlandia Narvik,** 91 Zi., Skistuaveien 8, Tel. 76 96 48 00, www.norlandia.no, Restaurant. Bei der Seilbahn-Talstation.

### CAMPING

**Camping Narvik * [N 68° 27' 2"  E 17° 27' 54"],** Rombaksveien 75, Tel. 76 94 58 10; www.narvikcamping.com; 1. März – 1. Okt.; im nördl. Stadtbereich, zwischen E6 und Ofotenfjord; zum Fjord abfallendes Gelände; ca. 2 ha – 100 Stpl.; Standardausstattung; V & E **für Wohnmobile**. 30 Miethütten.

**Wohnmobil-Stellplatz – Fossebakken / Polar Zoo**
**Wohnmobil-Stellplatz [N 68° 41' 32.0"  E 18° 06' 38.5"] – Zufahrt/Lage:** Parkplatz vor dem Eingang zum Polar Zoo. **Geöffnet:** Juni bis August. **Gebühr:** Gebührenpflichtig (ca. NOK 85,- ohne, NOK 160,- mit Strom). Anmeldung und Bezahlung am Kiosk des Polar Zoos. **Stellplatz:** Ausgewiesene Stellplätze für Wohnmobile. Geebnete, teils gekieste Stellplatzbuchten mit Stromanschlüssen. **Ausstattung:** Ausguss für Womo-Abwässer gegen Gebühr, Schlüssel erforderlich. Frischwasserhahn mit Schlauch. WC, Cafeteria, Souvenirladen. www.polarzoo.no.

**3 km entfernten Polar Zoo [N 68° 41' 32.0"** **E 18° 06' 38.5"]** *(geöffnet Juni - August tgl. 9 - 18 Uhr; www.polarzoo.no).* In dem weitläufigen Naturgehege in waldreicher Umgebung kann man auf Spaziergängen Braunbären, Luchsen, Vielfraßen, Rotfüchsen, Moschusochsen, Wölfen, Hirschen, Rentieren, Dachsen und diversen Haustieren begegnen. Hunde sind im Polarzoo nicht erlaubt!

15 km nördlich von Fossbakken liegt direkt an der E6 das **Freilichtmuseum Bardu Bygdetun [N 68° 48' 33.2"  E 18° 10' 55.4"]**, mit schönen alten Häusern und sehenswerter **Mineraliensammlung.**

Kurz darauf kommt man durch **Setermoen,** fährt durch das waldreiche Bardutal und kann schließlich bei **Bardufoss** auf die R853 und zum Wasserfall **Målselvfossen** (ca. 3 km) mit Nordeuropas längster Lachstreppe (450 m) abzweigen.

**ROUTE:** *61 km östlich von* **Bardufoss** *erreicht man* **Nordkjosbotn [N 69° 13' 08.9"** **E 19° 33' 17.4"]** *(Camping) am Ostende des Balsfjords und damit den Abzweig der E8 nordwestwärts ins 73 km entfernte* **Tromsø.**

Zwischen Bardufoss und Nordkjosbotn liegen an der E6 mehrere **Rast- und Picknickplätze [N 69° 08' 38.2"   E 19° 03' 06.2"]** mit Toiletten, teils mit Touristeninfo bzw. Sami-Souvenirs.

**Tromsø** liegt recht malerisch an der Ostseite der **Insel Tromsøya**. Eine hohe, 1.036 m lange **Bogenbrücke, die Tromsøbrua [N 69° 39' 16.3"  E 18° 57' 51.2"],** verbindet das Stadtzentrum mit dem Gemeindeteil Tromsdalen auf dem Festland.

An der Ostseite der Brücke im Stadtteil Tromsdalen sieht man auf einer kleinen Anhöhe die markante **Ishavskatedralen,** die **Eismeerkathedrale [N 69° 38' 55.2"  E 18° 59' 12.9"]**. Die Kirche ist ein architektonisches Meisterwerk von Jan Inge Hovig. Im Inneren wird der Blick des Betrachters von den großflächigen Glasmalereien gefesselt

*(geöffnet 1. Juni - 15. Aug. tgl. 9 - 19 Uhr, So 13 - 19 Uhr; 16. Aug. - 31. Mai 16 - 18 Uhr; www. ishavskatedralen.no).*

Eine markierte Zufahrt führt an der Eismeerkathedrale vorbei, rechts ab und bergwärts zur **Talstation der Seilbahn Fjellheisen [N 69° 38' 29.1"  E 18° 59' 06.8"]** *(geöffnet: 1. April – 30. September tgl. 10 – 17 Uhr; 20. Mai – 20 August tgl. bis 1 Uhr morgens; Eintritt; www.fjellheisen.no).* Die Schwebeseilbahn führt auf den 412 m hohen **Storsteinen,** prächtiger Blick auf Stadt, Sund und Inseln.

Ausgrabungsfunde und Felszeichnungen weisen darauf hin, daß auf Tromsøya schon vor ungefähr 4.500 Jahren Menschen gelebt haben müssen. Zur eigentlichen Stadtgründung kam es erst im 13. Jh., als König Håkon Håkonsson auf Tromsøya eine Kirche errichten ließ und im Stadtteil Skansen, am Westende der heutigen Sundbrücke, eine Hafensiedlung gründete. Erst 1794 erhielt Tromsø Stadtrechte und das Recht auf selbständigen Handel. Ihre große Blütezeit erlebte die Stadt Tromsø vor allem im 19. Jh. Damals entstanden viele der stattlichen Speicher am Hafen.

Natürlich etablierten sich Handelshäuser in der Stadt, die naturgemäß beste Verbindungen mit dem Ausland pflegten. So blieb es nicht aus, daß die Damen die Handelskontakte auf die von ihnen geliebte Weise nutzten. Sie waren immer nach der neuesten Mode gekleidet. Wie konnte es da ausbleiben, daß Tromsø einen weiteren Beinamen erhielt – „Paris des Nordens".

Ebenfalls im 19. Jh. wurde Tromsø mehr und mehr zum Ausgangspunkt für Eismeer- und Polarexpeditionen. Zu Zeiten der kühnen Erforschung des Nordpols war Tromsø eine wichtige Station, bevor man weiter nach Spitzbergen zog und von dort zu den eigentlichen Forschungsreisen in polare Regionen aufbrach. Und bald wurde Tromsø mit Beinamen belegt wie „Tor zur Arktis" oder „Eismeerstadt".

*Blick von Tromsø zur Eismeerkathedrale*

*Roald Amundsen*, der große norwegische Polarforscher, startete in Tromsø zu vielen seiner Expeditionsreisen. 1926 überquerte er zusammen mit der italienischen Nobile-Expedition im Luftschiff den Nordpol. Zwei Jahre später, am 18. Juni 1928, war Amundsen an Bord des französischen Suchflugzeugs „Latham", das die Rettungsaktion nach dem nördlich von Spitzbergen verschollenen, von Nobile gesteuerten Luftschiff „Italia" unterstützen sollte. Die „Latham" stürzte ab, alle 11 Besatzungsmitglieder, darunter auch Amundsen, kamen ums Leben.

Die Bewohner von Tromsø haben Amundsen am Hafen ein würdiges Denkmal gesetzt.

Während des Zweiten Weltkriegs war Tromsø kurze Zeit Hauptstadt des unbesetzten Norwegens. Am 12. November 1944 versenkten englische Bomber vor Tromsø das deutsche Schlachtschiff „Tirpitz".

Die **Mitternachtssonne** ist in Tromsø zwischen **19. Mai** und **25. Juli** zu sehen.

***Tipps zur Stadtbesichtigung***: Öffentliche Parkplätze findet man gleich rechts am West ende der Sundbrücke, am Busterminal im südlichen Stadtbereich zwischen Strandvegen und Fischereihafen. Außerdem gibt es einen großen Parkplatz beim Polaria Museum sowie eine riesige unterirdische Parkanlage (Trygg Parkering, max. Einfahrtshöhe aber nur 2,30 m!) in Felstunnels, die rund um die Uhr geöffnet ist. Parken am Straßen rand ist stark reglementiert und für längere Stadtbesuche kaum tauglich.

In der Søndre Tollbugate 11, an der Nordseite des Hafenbeckens im **historischen Stadtteil Skansen**, ist in einem alten Zollspeicherhaus von 1830 das sehr sehenswerte **Polarmuseum [N 69° 39' 09.5" E 18° 57' 48.6"]** untergebracht *(geöffnet 1. März - 15. Juni 11 - 17 Uhr; 16. Juni - 15. Aug. 10 - 19 Uhr; 16. Aug. – 30. Sept. 11 - 19 Uhr; 1. Okt. - 28. Feb. 11 - 15 Uhr; www.polarmuseum.no)*. Zugang für Rollstuhlfahrer lt. Museum möglich.

Viele der Schaubilder des Polarmuseums werden durch Tonkulissen noch interessanter. Wichtige Ausstellungsthemen stehen im Zusammenhang mit den Forschungsarbeiten, mit den Lebensumständen, der Überwinterung oder der Jagd in Polargebieten. Tromsø wäre aber nicht das „Tor zur Arktis", wenn das Museum nicht breiten Raum den großen Expeditionen von Fridtjof Nansen, der sich z. B. zwischen 1893 und 1896 mit dem Polarexpeditionsschiff „Fram" zum Nordpol driften ließ und Roald Amundsen einräumen würde.

Gehen Sie hinter dem Polarmuseum herum und an den Kaianlagen stadteinwärts bis zur **Flytebrygga**, direkt neben dem großen Kaufhaus Domus. An der Anlegestelle sind immer Kutter zu finden, die fangfrischen Fisch, Krabben etc. anbieten.

Genießen von hier den Blick über den betriebsamen Hafen, zur Sundbrücke und zur Eismeerkathedrale.

In der Sjøgata 1 ist das **Nordnorwegische Kunstmuseum** untergebracht *(geöffnet 20. Juni - 21. Aug. Mo - Fr 12 - 18 Uhr, Sa + So 12 - 17 Uhr; 22. Aug. - 19. Juni Di - Fr 10 - 17 Uhr, Sa + So 12 - 17 Uhr; Eintritt; www.museumsnett/nordnorsk-kunstmuseum.no).* Zugang für Rollstuhlfahrer lt. Museum möglich. Neben Keramiken, Zeichnungen, Kunsthandwerk, Grafik etc. wird eine Gemäldeausstellung mit Werken Nordnorwegischer Maler vom 19. Jh. bis heute gezeigt.

Stadteinwärts liegt der Marktplatz **Stor Torget [N 69° 39' 06.2"  E 18° 57' 22.9"]** mit einem Denkmal der verschollenen Seefahrer und Fischer.

Gehen Sie über den Marktplatz hinauf bis zur Grønnegate mit dem Holzbau der **Vår Frue Kirke**, der Katholischen Kirche Tromsøs aus dem Jahre 1862 rechts und dem modernen Bau des **Kulturhaus** links.

Rechts neben der Katholischen Kirche ist das supermoderne **Einkaufszentrum** *„Veita Senter"* entstanden.

Nördlich der Grønnegate steht in einer kleinen Parkanlage das **Denkmal König Håkons VII**. Es erinnert an die Monate Mai und Juni 1940, als Tromsø kurzzeitig Hauptstadt des nicht besetzten Norwegens war und König Håkon und Kronprinz Olav in Tromsø residierten, bevor sie nach England emigrieren mussten.

Wir gehen zurück bis zur Hauptstraße Storgata und folgen ihr südwärts (rechts).

Man erreicht den Stadtpark Richard Withs Plass mit der **Domkirche [N 69° 38' 55.8"  E 18° 57' 18.6"]** linkerhand. Der Kirchenbau der protestantischen Kathedrale Tromsøs stammt aus dem Jahre 1861 und gilt als eine der größten aus Holz errichteten Kirchen in Norwegen.

Man kann nun über die Kirkegate Richtung Hafen (Anlegestelle der Hurtigrutenschiffe) gehen und kommt dabei über den Platz mit dem **Amundsen-Denkmal**.

Das **Touristeninformationsbüro [N 69° 38' 53.1"  E 18° 57' 37.7"]** findet man in der Kirkegate 2.

Geht man ab der Domkirche die Storgata weiter nach Süden, passiert man nach geraumer Zeit die **Brauereigaststätte „Ølhallen" [N 69° 38' 45.4"  E 18° 57' 03.9"]**, eine in Tromsø sehr traditionsreiche, für Norwegen aber überaus bemerkenswerte, sprich seltene Einrichtung.

Noch ein Stück weiter liegt linkerhand (östlich) am dortigen Hafen in der Hjalmar Johansensgate 12 der futuristische Bau des Erlebniszentrums **Polaria [N 69° 38' 38.8"  E 18° 56' 56.3"]** *(geöffnet 18. Mai - 15. August 10 - 19 Uhr; 16. August - 16. Mai 12 - 17 Uhr; www.polaria.no).* Parkplatz, Cafeteria, Souvenirlanden. Für Rollstuhlfahrer lt. Museum zugänglich. Zu erreichen mit Buslinie 28.

Aus der Ferne mutet das moderne Ausstellungsgebäude des Polaria an, wie gewaltige Eisschollen, die sich bei der Eisdrift übereinander geschoben haben und nun aus dem Meer ragen.

Erlebnisse, Wissen und Polarabenteuer sind die Ausstellungsthemen im Polaria Informations- und Erlebniszentrum. Sehenswert ist der **Panoramafilm über Svalbard**, Dauer 18 Minuten.

In unmittelbarer Nachbarschaft zum Polaria hat in einem modernen Glasbau die „**Polstjerna**" für den Rest ihrer Tage „festgemacht" *(geöffnet 1. Juni - 15. Aug. 11 - 18 Uhr; Eintritt; www.polstjerna.no).*

Die „Polstjerna" ist ein noch ganz aus Holz gebauter Robbenfänger. Das ausgezeichnet erhaltene und restaurierte Schiff entstand 1949 und hat im Laufe der Zeit nicht weniger als 33 Fangreisen in die Arktis überstanden.

Gut 3 km südlich des Stadtzentrums liegt im Lars Thørvigs veg 10 das **Tromsø Museum [N 69° 38' 07.1"  E 18° 54' 48.7"]** *(geöffnet 1. Juni - 31. Aug. tgl. 9 - 18 Uhr; 1. Sept. - 31. Mai Mo - Fr 9 - 15.30 Uhr, Sa + So 11 - 17 Uhr; Eintritt; www.tmu.uit.no).* Die Ausstellungen sind lt. Museum für Rollstuhlfahrer zugänglich. Cafeteria, Museumsladen. Parkplatz. Man kann auch mit Bussen der Linie 28 ab Storgata zum Museum gelangen.

Das 1872 eingerichtete und seit 1976 von der Universität Tromsø betreute Museum – Nordnorwegens ältestes Museum übrigens – besteht aus drei großen Abteilungen – dem **Aquarium**, dem **Folkemuseum** und dem großen **Kulturgeschichtlichen Museum** mit großen Abteilungen über Geologie, Archäologie, Botanik, Zoologie, Meereskunde und Samische Kultur.

Viele Besucher sind von der Nordlicht-Ausstellung mit der sog. „Nordlichtmaschine" angetan, während andere sich vor allem für die neue Abteilung über das Leben der Menschen während der Steinzeit in Nordnorwegen interessieren. Der Besuch des Museums ist empfehlenswert! Eintrittskarten gelten für Museum und Aquarium.

**PRAKTISCHE HINWEISE – TROMSØ**

**Turist Informasjon Destinasjon Tromsø [N 69° 38′ 53.1″ E 18° 57′ 37.7″]**, Kirkegate 2, 9253 Tromsø, Tel. 77 61 00 00; www.destinasjontromso.no

### HOTEL

**Rica Ishavshotel,** 180 Zi., Fr. Langesgt. 2, Tel. 77 66 64 00, Fax 77 66 64 44, zentral am Hafen gelegenes Firstclass Hotel, **Restaurant „Gallionen"** am Kai mit Blick über den Sund zur Eismeerkathedrale.

### CAMPING

**NAF-Tromsø Camping \*\*\* [N 69° 38′ 53.9″ E 19° 00′ 57.8″]**, Tel. 77 63 80 37; 1. Jan. – 31. Dez.; ca. 1 km östl. der Sundbrücke, das letzte kurze Stück der Platzzufahrt war bei unserem letzten Besuch in einem fürchterlich schlechten Zustand! In einem niederen Laubwäldchen am Tromsdalselva, im Sommer stark frequentiert; ca. 1,5 ha – 80 Stpl.; Standardausstattung; Laden, Imbiss; 39 Miethütten.

**Skittenelv/Krokelvdalen**
**Skittenelv Camping \*\*\*\*,** Tel. 77 69 00 26; 1. Jan. – 31. Dez.; von der Sundbrücke noch ca. 22 km über die Küstenstraße nordostwärts, fast ebene Wiesen zwischen Straße und Meeressund, in schöner Landschaft, ruhig gelegen; ca. 2 ha – 60 Stpl.; Standardausstattung; Laden, Imbiss; Schwimmbad, 20 Miethütten.

**Ramfjordbotn**
**NAF-Camping Ramfjord \*\*\* [N 69° 31′ 01.7″ E 19° 15′ 01.5″]**, Tel. 77 69 21 30; ca. 30 km südöstl. Tromsø unterhalb der E8; Wiese u. geschotterte Fläche am Ramfjord, ca. 1,5 ha – 70 Stpl; stark mit Dauercampern belegt! Standardausstattung. 20 Miethütten.

**Wohnmobil-Stellplatz Tromsø**
**Wohnmobil-Stellplatz [N 69° 39′ 02.1″ E 18° 59′ 56.5″] – Lage/Zufahrt:** Zufahrt Richtung Camping Tromsø und nach der Ostseite der Brücke noch 500 m. **Geöffnet:** Ganzjährig. **Gebühr:** Kostenlos. **Stellplatz:** Staubiger, nicht sehr einladender Schotterplatz neben einem Sportplatz, in Sichtweite der Eismeerkathedrale und der Sundbrücke. Eine kaum zumutbare Notlösung, die den Eindruck macht, als wäre sie nicht von langer Dauer! **Ausstattung:** Keine.

*Am Balsfjord, auf dem Weg nach Tromsø*

## TROMSØ – ALTA

**Länge dieser Tour:** Rund 310 km + 2 Fähren.

**Die Route:** Über die E8 bis **Fagernes** – R91 bis **Breivikeidet** – Fähre nach **Svensby** – R91 bis **Lyngseidet** – Fähre nach **Olderdalen** – E6 bis **Alta.**

**Reisedauer:** Mindestens ein Tag.

**Reisehöhepunkte:** Die prächtige **Berglandschaft** der Lyngenalpen am **Lyngenfjord \*\*\*** – die **prähistorischen Felszeichnungen \*\*** von Alta – Wandern in der **Finnmarksvidda.**

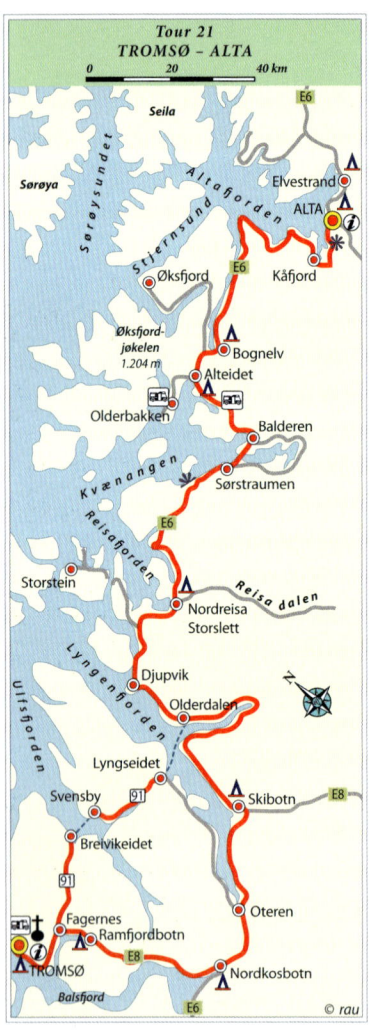

**Routenalternativen!**
Für den ersten Teil dieser Etappe bieten sich **zwei Routenvarianten** an.

Zum einen kann man über die E8 zurück bis **Nordkjosbotn** fahren und dort der E6 nordwärts über **Skibotn** und um den Kåfjord herum nach **Olderdalen** folgen (188 km). Der Vorteil dieses längeren Weges: Man erspart sich die Kosten für zwei Autofähren!

Andererseits ist auch der nachstehend als „**Hauptroute**" geschilderte Reiseweg landschaftlich überaus reizvoll.

### HAUPTROUTE

**ROUTE:** *Von* **Tromsø** *über die E8 zurück bis* **Fagernes.** *Dort auf der R91 nordostwärts* [N 69° 33' 40.4" E 19° 10' 55.0"], *quer durch die Halbinsel Tromsø, zur* **Fährstation Breivikeidet.**

Ab **Breivikeidet [N 69° 40' 11.5" E 19° 39' 00.0"]** verkehren regelmäßig **Autofähren über den Ullsfjord nach Svensby [N 69° 39' 48.1" E 19° 48' 33.5"]** auf der Halbinsel Lyngen. Zwischen ca. 6 und ca. 21.30 Uhr gibt es bis zu 14 Abfahrten alle 50 Minuten; Fahrtdauer 25 Minuten.

Auf der Überfahrt kann man ein herrliches **Bergpanorama** mit dem stolzen, 1.596 m hohen, vergletscherten **Storetind** auf der Halbinsel Lyngen genießen.

**ROUTE:** *Weiterreise ab Svensby auf der R91 mit Blick auf den Fornesbreen (1.567 m) im Süden weiter zur* **Fährstation Lyngseidet.**

In **Lyngseidet [N 69° 34' 37.7" E 20° 13' 20.3"]** nimmt man die Fähre über den Lyngenfjord nach **Olderdalen [N 69° 36' 05.2" E 20° 32' 02.3"]** an der E6. Fähren verkehren zwischen ca. 8 und ca. 21.30 Uhr bis zu 11 mal. Fahrzeit 45 Minuten.

*Djupvik am Lyngenfjord*

**Mein Tipp:** Die Abfahrtszeiten der Fähren in Lyngseidet sind übrigens so gelegt, dass man die Fähren dort problemlos erreicht, wenn man nach Ankunft in Svensby zügig, aber unter Einhaltung der erlaubten Geschwindigkeiten, nach Lyngseidet fährt.

**ROUTE:** *Weiterreise von der Fährstation* **Olderdalen** *(Camping Birtavarre [N 69° 29' 28.64" E 20° 49' 39.17"], knapp 20 km südl. Olderdalen, Anfang Mai - Mitte Okt., 17 Miethütten) über die E6 nordwärts und über* **Storslett/Nordreisa** *(119 km ab Olderdalen),* **Sekkemo** *und* **Bognelv** *(90 km ab Nordreisa) bis* **Alta** *(85 km ab Bognelv).*

Immer wieder sieht man auf der **sehr reizvollen Fahrt am Lyngenfjord** entlang große Fischgestelle am groben Kiesstrand stehen. Diese für die nordischen Fjordufer so typischen, satteldachförmigen Lattengerüste hängen nach einer guten Fangsaison oft bis in den Juni hinein voller Kabeljau, der luftgetrocknet wird. Trocken- oder auch Stockfisch ist noch heute ein unentbehrlicher Grundbestandteil zahlreicher norwegischer Gerichte.

Sehr beeindruckend sind die Küstenstädte an diesen für uns eher abweisend und kühl anmutenden Meeresarmen so hoch im Norden, etwa bei **Djupvik**. Weit kann der Blick ungehindert schweifen, von der einsamen, steinigen Küste wenigen farbigen Häusern auf den Wiesen bis hinüber zu den dunklen, stellenweise vom ewigen Schnee bedeckten Bergzügen auf der Lyngenhalbinsel im Westen.

**ROUTE:** *Kurvenreich zieht die E6 um den verzweigten* **Reisafjord**.

### Abstecher ins Reisadalen

Wer Zeit mitbringt, kann ab **Storslett [N 69° 46' 04.4" E 21° 01' 25.1"]** einen Abstecher südwärts in das **Reisadalen,** jetzt **Reisa Nasjonalpark,** unternehmen. Die Straße R865 führt durch eine überaus reizvolle Landschaft und endet nach 44 km in **Bilto**. Von dort kann man per Boot flussaufwärts durch die Reisaschlucht bis zur **Nedresfosshytta** weiterreisen (ca. 3 Stunden). Auf der Bootsfahrt sieht man im Nordosten den 270 m hohen Mollesfoss, einen der höchsten Wasserfälle in Norwegen. Ein Wanderweg führt von der Nedrefosshytta zum etwa eine Stunde entfernten Imofossen, einem anderen imposanten Wasserfall.

### HAUPTROUTE

**ROUTE:** *Auf der E6 passiert man etwa 30 km nach* **Storslett/Nordreisa** *auf einer schönen Fahrt in 402 m Höhe das* **Kvænangsfjell**.

Seit alters her schlagen die Kautokeino-Sami auf den abgeschiedenen Höhen des Kvænangsfjell gerne ihr Sommerlager auf. Sami in ihren bunten Trachten treten dem durchreisenden Urlauber allerdings nur noch als Souvenirverkäufer in schnell am Straßenrand provisorisch aufgeschlagenen Buden gegenüber.

Wenn die E6 auf den Kvænangenfjord stößt, genießt man von der Straße aus einen

### CAMPING

**Storslett**
**Camping Sandnes** \*\* **[N 69° 49′ 50.0″ E 21° 11′ 16.6″],** Tel. 77 76 49 15; Mitte Mai – Anf. Sept.; ca. 10 km nordöstl. Storslett, Wiesen zwischen E6 und Fjord, ca. 3 ha – 100 Stpl.; einfache Standardausstattung; 10 Miethütten.

**Alteidet**
**Camping Alteidet** \*\* **[N 70° 01′ 43.9″ E 22° 05′ 38.4″],** Burfjord, Tel. 78 48 75 59; 15. Juni – 30. Aug.; ca. 11 km nördl. Burfjord; Wiesenhang am Bach in Fjordnähe; ca. 2 ha – 40 Stpl.; Standardausstattung; 20 Miethütten.

**Bognelv/Langfjordbotn**
**Camping Altafjord** \*\* **[N 70° 01′ 41.8″ E 22° 17′ 03.4″],** Tel. 78 43 28 24; www.altafjord-camping.no; Anf. Mai – Ende Sept.; freie Wiesen und Schotterflächen, in sehr ansprechender Lage mit Ausblick, bei einem Gehöft, oberhalb der E6; ca. 2,5 ha – 50 Stpl. + Dau.; Standardausstattung; Sauna. 27 Miethütten.

**Storeng bei Burfjord**

**Wohnmobil-Stellplatz Ansi Turistservice AS [N 70° 0′ 29.86″ E 22° 1′ 25.219″],** Tel. 77 76 99 37; 90 km westlich von Alta gelegen, 8 km nördlich von Burfjord der Beschilderung Storeng und Ansi 0,8 km folgen; Wiesengelände in schöner Lage am Kvænangsfjord mit Platz für 20 Wohnmobile, Gebühr für Wohnmobil, **V & E-Station** und Dusche.

**prächtigen Ausblick** auf den Fjord und die Insel Skorpa, auf der regelmäßig Seevögel nisten und brüten.

Hier liegt oberhalb der E6 das Gasthaus **Gildetun Fjellstua [N 69° 53′ 54.4″ E 21° 36′ 21.0″]**. Hier Möglichkeit zum Übernachten für Wohnmobile.

### Abstecher zum Gletscher Øksfjordjøkulen

Nördlich von Alteidet beschilderter Abzweig **[N 70° 01′ 51.8″ E 22° 06′ 43.2″]** zum **Øksfjordjøkulen-Gletscher**. Diese Stichstraße (letztes Stück einspurig) endet nach gut 8 km an einem kleinen Parkplatz, Ausgangspunkt eines Wanderweges zum Øksfjordjøkulen-Gletscher, Weglänge 7,8 km, Gehzeit 2 - 3 Stunden ein Weg. Gutes Schuhwerk erforderlich, da steinig und holprig. An einem sonnigen Tag ein schöner Ausflug.

Unweit westlich findet man einen Wohnmobil-Stellplatz (siehe nächste Seite).

Man fährt den gleichen Weg zurück zur E6 und weiter nach Bognelv (Camping s. o.).

Unweit westlich findet man einen Wohnmobil-Stellplatz (siehe nächste Seite).

### HAUPTROUTE

**ROUTE:** *Die E6 führt am Langfjord entlang bis zu seiner Mündung in den Altafjord und weiter nach* **Alta**.

An der Landzunge, da wo die Straße E6 einen scharfen Knick nach Süden macht, bietet sich abermals ein herrlicher **Blick auf Norwegens Fjordlandschaft** und auf das

weite Rund der Buchten des Altafjords. Bei klarem Wetter sind im Norden die Eisgipfel des Seilandsjøkulen (985 m) zu erkennen.

Etwa 17 km bevor man Alta erreicht, passiert man den Ort **Kåfjord**. Bei Interesse kann hier das **Tirpitz-Museum [N 69° 55′ 57.7″ E 23° 01′ 16.6″]** besichtigt werden *(geöffnet Ende Mai - Anf. Sept. tgl. 10 - 18 Uhr, www.tirpitz-museum.no)*. Die Ausstellung mit annähernd tausend Fotos und Zeitdokumenten befasst sich mit dem deutschen Schlachtschiff „Tirpitz“, dem seinerzeit größten Schlachtschiff der Welt, das während des Zweiten Weltkriegs am 12. November 1944 in der Bucht von Tromsø kampfunfähig gebombt und versenkt wurde.

**Alta**, die 9.000-Seelen-Gemeinde am Altafjord, ist das Zentrum der Altagroßgemeinde (14.300 Einw.), die sich aus den Gemeinden *Bossekop, Elvebakken* und *Bukta* zusammensetzt. Landwirtschaft, Schieferbrüche, Bergbau, Fischerei, Handel und Dienstleistungsgewerbe sind die wichtigsten Wirtschaftszweige.

Die **Mitternachtssonne** ist in Alta **von 17. Mai bis 26. Juli** zu erleben.

Länger verweilen werden wohl nur passionierte Angler in Alta, die im Altaelva, dem angeblich lachsreichsten Fluss der Welt, ihr Glück versuchen wollen.

Interessante sind die **prähistorischen Felsbilder von Hjemmeluft**.

**WOHNMOBIL-STELLPLATZ**

**Wohnmobil-Stellplatz „Jøkelfjord-Bobil-Camp" [N 70° 03' 39.8"   E 21° 55 48.5"] – Zufahrt/Lage:** Ca. 3 km westlich des Abzweigs zum Gletscherparkplatz (Øksfjordjøkulen) bzw. 10 km nordwestlich der E6, am Jøkelfjord gelegen. **Geöffnet:** Mai bis Okt. **Gebühr:** NOK 130,- inkl. Strom. **Stellplatz:** Privat geführter Stellplatz auf ebener, geschotterter Fläche in herrlicher Lage am Jøkelfjord. Platz für **10 Wohnmobile.** Ausstattung: Stromanschlüsse, WC, Grillhütte.  Ver- und Entsorgungseinrichtung. Wunderschöne Ausblicke zum Gletscher und in die Fjordlandschaft.

Im Vorort **Hjemmeluft**, am Südwestrand von Alta (gut beschilderter Abzweig von der E6), wurden im Frühjahr 1973 auf den glatten Felsen oberhalb der Bucht am Ende des Altafjords **Felszeichnungen** (Helleristninger) entdeckt, deren Anzahl zwischenzeitlich auf etwa 3.000 Abbildungen geschätzt wird. Forscher stellten fest, dass die in den Fels geritzten Bilder um 2.000 bis 4.000 vor unserer Zeitrechnung entstanden sein müssen, also annähernd vier- bis sechstausend Jahre alt sind.

Abgebildet sind Tiere und Menschen in verschiedenen Situationen. Man sieht Jagdszenen mit Bären, Rentieren und Elchen, aber auch Menschen in Booten, mit Pfeil und Bogen, auf Rentierjagd, bei Zeremonien etc.

Im Eingangsbereich des denkmalgeschützten Küstenbereichs mit den Felsbildern ist ein modernes **Besucherzentrum** eingerichtet worden. Zufahrt von der E6 beschildert. Es gibt reichlich Parkplatz und im Museumsgebäude eine Cafeteria.

Sehenswert sind die Ausstellungen im **Alta Museum [N 69° 56' 47.6"   E 23° 11' 21.7"]**, das Teil des Besucherzentrums ist *(geöffnet Mai + Sept. tgl. 9 - 18 Uhr, Juni - Aug. tg. 8 - 21 Uhr, Winterhalbjahr Mo - Fr 9 - 15, Sa + So 11 - 16 Uhr; www.alta.museum.no)*. Die unterschiedlichen Abteilungen des Museums geben Einblick in die Kulturgeschichte der Altaregion von der Zeit der Felszeichnungen bis zum Christentum.

Man sieht Sammlungen über samisches Kunsthandwerk, über den Schieferabbau und über die Fluss- und Fjordfischerei.

Andere Themen sind das Marktgeschehen in Alta und der Schatzfund aus der Wikingerzeit, die Kriegsereignisse in der Finnmark sowie das Nordlicht und die Gewinnung von Kupfererzen.

Vom Besucherzentrum aus führt ein gut präparierter **Fußweg** teils über Holzstege durch das ganze, ausgedehnte Gebiet dieser prähistorischen „Freilichtgalerie". Wichtige Punkte sind mit Nummern markiert. Dazu gibt es im Besucherzentrum eine Broschüre mit detaillierten Erklärungen, auch in

*Am Jøkulfjorden, Blick zum Gletscher Øksfjordjøkulen*

### Nordlicht

**Polarlicht** oder **Nordlicht** (aurora borealis) sind Erscheinungen am nächtlichen Himmel in polaren Zonen, die der Wissenschaft lange Zeit Rätsel aufgaben.

Wenn sich in den langen Winternächten der Himmel streifenweise hellgrün färbte, oder wenn stundenlang ein in bläulichem Licht erstrahlender, übernatürlicher Vorhang vom Himmel zu hängen schien, wurden Märchen und Sagen der Tundrabewohner, der Sami oder Eskimos, lebendig.

Böse Geister sollen auf der Suche nach armen Seelen sein, Verstorbenen wird angeblich mit dem Nordlicht ins ewige Leben geleuchtet und die Richtigkeit von Vorhersagen wird heute noch von so manchem an die Erscheinung dieses überwältigenden Naturschauspiels geknüpft.

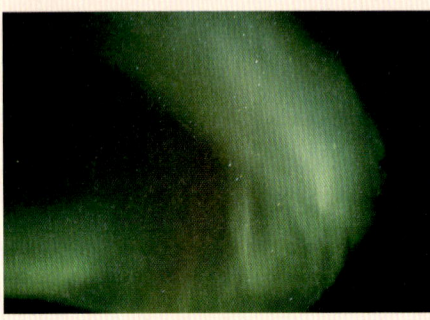

Die Hypothese eines Herrn Mairan Anfang des 18. Jahrhunderts war, dass Polarlicht eine „Folge der in den Luftkreis eintretenden Sonnenatmosphäre" sei. Und der britische Nordpolforscher Sir John Franklin (1786 – 1847), kam der Sache ebenfalls schon recht nahe. Er bezeichnete das Nordlicht als „elektrisches Gleichgewicht zwischen der Polarluft und derjenigen, der gemäßigten Erdstriche" und brachte somit Nordlicht als erster in Verbindung mit atmosphärischer Elektrizität.

Von der Sonne werden ständig durch gewaltige Ausbrüche elektrisch geladene Teilchen ins All geschleudert. Und nicht selten sind diese Sonnenwinde so enorm, dass sie bis an das Kraftfeld der Erde heranreichen. Durch das Magnetfeld der Erde können sie aber nicht in die Erdatmosphäre eindringen. Nur an den Polen, Polarlicht ist ja im nördlichen Polargebiet ebenso zu sehen, wie im südlichen, ist es möglich, dass diese elektrisch aufgeladenen Teilchen auf die Atmosphäre treffen und dabei diese mystischen Lichtschleier hervorrufen.

Wissenschaftlich erklärt ist heute die Erscheinung Nordlicht. Aber das schmälert nicht im geringsten die geheimnisvolle Stimmung angesichts der blassblau oder hellgrün über dem dämmrigen Nachthimmel der Polarzonen wallenden Geistervorhänge.

deutsch. Die Felsbilder von Alta sind in die UNESCO-Liste über bewahrenswerte Kulturschätze aufgenommen.

Am Fjordufer sind in einer besonderen Abteilung des Museums einige bemerkenswerte typische Fischerboot zu sehen, wie sie im Altafjord benutzt wurden.

Eine bei einem längeren Altaaufenthalt empfehlenswerte Wanderung führt 100 m von der alten **Kirche von Kåfjord** (E6, ca. 15 km südwestlich von Alta) hinauf ins Halddegebirge, zum rund 1.000 m hohen **Halddetoppen**. Dort sind die teilweise restaurierten Ruinen des ersten **Nordlichtobservatoriums** der Welt zu sehen, das 1898 errichtet wurde und bis 1927 in Betrieb war. Die Wanderung dauert rund drei bis vier Stunden und ist ziemlich anstrengend, da der Weg recht steil ist. Ohne gutes Schuhwerk und gute Kondition ein sehr mühsames Unterfangen. Dafür genießt man oben einen schönen Blick auf den Altafjord.

### Ausflug zu Nordeuropas grösstem Canyon

*Mein Tipp!* Bei längerem Aufenthalt lohnt ein Tagesausflug zum **Alta Canyon** bei **Savtso**. Man fährt zunächst auf der R93 von Alta **Richtung Kautokeino**, zweigt aber schon nach 8 km auf die alte Reichsstraße links ab. Sie führt am Altaelva entlang und erreicht nach 17 km den Berggasthof **Gargia**

### PRAKTISCHE HINWEISE – ALTA

**Alta Turistinformasjon,** P.box 1114, 9510 Alta, Tel. 78 44 95 54; www.alta-tours.no. Ganzjährig geöffnetes Büro im Einkaufszentrum Parksenter in der Innenstadt; *geöffnet Mo - Fr 8.30 - 16, Sa 10 - 14 Uhr.*
**Zusätzliches Büro** vom 1. Juni bis 31. Aug. im westlichen Stadtteil Bossekop am Bossekop-Marktplatz (nahe E6); *geöffnet Mo - Fr. 10 - 20, Sa + So 11 - 17 Uhr.*

### HOTELS

**Nordlys Hotell Alta,** 39 Zi., Bekkefaret 3, Tel. 78 45 72 00; www.nordlys-hotell.no; Restaurant, Parkplatz.
**Park Hotell,** 34 Zi., Markedsgata 6, Alta Sentrum, Tel. 78 45 74 00; www.park-hotell.no. Restaurant.
**Rica Hotel Alta**, 155 Zi., Løkkeveien 61, Tel. 78 48 27 00; www.rica.no; modernes Komforthotel am Rande des Gewerbegebietes, Restaurant.
**Quality Hotel Vica,** 44 Zi., Fogdebakken 6, Stadtteil Bossekop, Tel. 78 48 22 22; www.vica.no; Restaurant.

### CAMPING

**Alta Strand Camping og Apartment \*\*\* [N 69° 55' 46.1" E 23° 15' 31.9"]**, Steinfossveien 29 - 31, Øvre Alta, Tel. 78 43 40 22; www.altacamping.no; 1. Jan. – 31. Dez.; in Øvre Alta beschilderter Abzweig von der R93, Wiesengelände; ca. 1,5 ha – 40 Stpl.; gute Standardausstattung; Laden, Cafeteria, Sauna; **V & E für Wohnmobile.** 25 Miethütten, 10 Fremdenzimmer.
**Wisløff Camping \*\*\* [N 69° 55' 38" E23° 16' 8"]**, Steinfossveien 25, Tel. 78 43 43 03; www.wisloeff.no; 1. Jan. – 31. Dez.; in Øvre Alta beschilderter Abzweig von der R93, ca. 5 km südl. von Alta; Wiesen am Fluss Altaelva; ca. 3 ha – 80 Stpl.; gute Standardausstattung; **V & E für Wohnmobile.** Fahrradverleih. 18 Miethütten.
In der Nachbarschaft findet man **Alta River Camping** und **Alta Strand Camping**.

**Elvebakken**
**Camping Kronstad \*\*\* [N 69° 57' 45.0" E 23° 23' 40.0"]**, Altaveien 375, Tel. 78 43 03 60; 1. Jan. – 31. Dez.; in **Elvebakken** an der E6, ca. 1 km östl. Alta; Waldgelände; ca. 3 ha – 70 Stpl.; Standardausstattung; Laden; Cafeteria.
**V & E für Wohnmobile.** 20 Miethütten.
**Camping Solvang und Jugendzentrum \*\* [N 69° 58' 40.1" E 23° 28' 18.4"]**, Transfarelv, Tel. 78 43 04 77; www.solvangcamping.no; 1. Juni – Anf. Aug.; bei Elvebakken, ca. 6 km nordöstl. Alta; Wiesengelände mit Waldanteil, zwischen E6 und Fjord; ca. 1 ha – 30 Stpl.; Standardausstattung; Laden; **V & E für Wohnmobile.** 17 Miethütten.

**Fjellstua** (ganzjährig, 40 Betten, Restaurant, Tel. 78 43 33 51).

Von hier kann man die Schlucht auf einem Fußmarsch (ca. 4 Stunden hin und zurück) erreichen.

Oder man fährt auf einem alten Fahrweg weiter Richtung **Bæskades**. Nach etlichen Kilometern erkennt man einen Sendemasten. In seiner Nähe führt vom Fahrweg ein markierter Fußweg (ca. 6 km, 2 Stunden einfach) nach Osten zur mehrere Kilometer langen und bis zu 600 m tiefen Felsschlucht des Altaelva, Nordeuropas größtem Canyon.

Auf organisierten, im Sommer regelmäßig durchgeführten Ausflügen ist es möglich, zum 110 m hohen Staudamm bei Savtso zu fahren. Dort werden Führungen durch das **Alta Kraftwerk** angeboten. Man kann dort z. B. durch ein Panoramafenster in den Stausee und zur Staumauer sehen. Es wird eine Multivisionsshow gezeigt.

Vom Kraftwerk ist eine Wanderung zum Alta Canyon (ca. 7 km ) möglich. Details über die jeweils gültigen Abfahrtszeiten und Preise erhält man im Touristenbüro.

## ALTA – NORDKAP – KARASJOK

**Länge dieser Tour:** Rund 505 km. Abstecher nach Hammerfest 58 km einfach.

**Die Route:** Über die E6 bis **Skaidi** – Abstecher über R94 nach **Hammerfest** und zurück – E6 bis **Olderfjord/Russenes** – E69 über **Honningsvåg** bis zum **Nordkap** – E69 zurück bis **Olderfjord/Russenes** – E6 über **Lakselv** bis **Karasjok.**

**Reisedauer:** Mindestens zwei Tage.

**Reisehöhepunkte:** Der Panoramablick auf **Hammerfest** * vom Berg Salen – Mitternachtssonne am **Nordkap** ** – Sekt und Kaviar in der **Nordkaphalle** genießen.

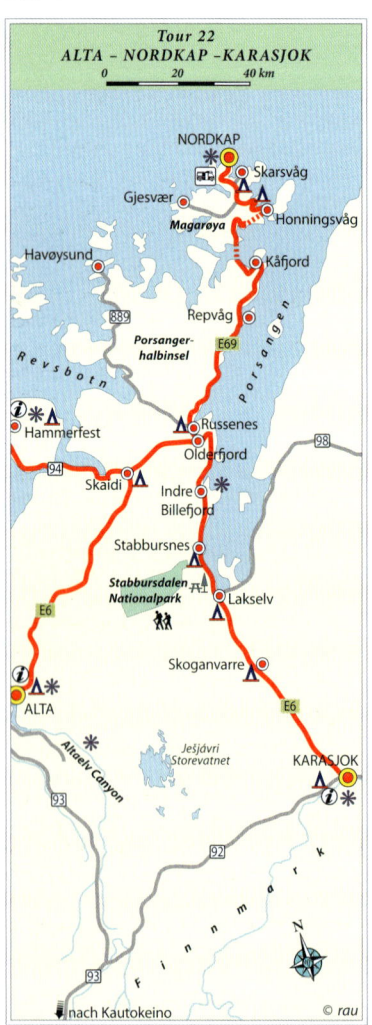

Ab Alta führt die E6 durch niedere, mit zunehmender Höhe mehr und mehr zurückweichende Birkenwälder bergan. Schließlich verläuft die Straße am Lachsfluss Reppafjordelva entlang hinab nach **Skaidi [N 70° 25' 56.9" E 24° 30' 08.0"]** (Campingmöglichkeit 1. Juni - 31. Aug; Tankstelle mit **V & E Station für Wohnmobile**).

### Abstecher nach Hammerfest

**ABSTECHER:** *Ab* **Skaidi** *über die R94 nach* **Hammerfest (Insel Kvaløya),** *57 km.*

**Hammerfest**, ca. 9.400 Einwohner, nimmt für sich in Anspruch, die nördlichste Stadt der Welt zu sein (70°39'48" nördliche Breite). Gegründet wurde Hammerfest als Stadtgemeinde offiziell am 17. Juli 1789, damals angeblich mit nicht mehr als 40 Einwohnern.

Dank lebhafter Küsten- und Hochseefischerei, durch Fischhandel und später auch Fischverarbeitung (heute ist Hammerfest Heimathafen einer der größten Trawlerflotten des Landes und Sitz einer international operierenden Fischverarbeitungsfabrik) nahm die Stadt einen langsamen, aber stetigen Aufschwung.

Fast genau 100 Jahre nach der Stadtgründung fiel 1890 nahezu ganz Hammerfest einem Großfeuer zum Opfer. Im gleichen Jahr übrigens bekam Hammerfest als erste Stadt Europas elektrische Straßenbeleuchtung.

Zugegebenermaßen ist die Lage der Stadt Hammerfest an der geschützten Ha-

*Panoramablick auf Hammerfest vom Berg Salen*

fenbucht recht reizvoll. Besonders vom 86 m hohen **Aussichtsberg Salen [N 70° 39' 42.0" E 23° 41' 23.0"]**, im Osten der Stadt, direkt über dem Hafen, genießt man einen **prächtigen Panoramablick.**

Man kann über einen steilen Fußweg ab Ole Olsen's Plass am Hafen hinaufwandern. Per Auto muss man den Weg von der Durchgangsstraße etwas suchen. Man folgt der Beschilderung Camping Storvannet bergwärts, fährt am Campingplatz vorbei bergwärts.

Auf dem Salen finden Sie das Panorama-Restaurant **Turistua**. Geöffnet 1. Juni bis 15. August.

**Die Mitternachtssonne** ist in Hammerfest von **14. Mai** bis **29. Juli** zu erleben.

In der Kirkegata 21, im Gebäude, in dem auch das Touristenbüro untergebracht ist, kann man das **Gjenreisningsmuseet**, das **Wiederaufbaumuseum** besichtigen *(geöffnet Sommer Mo - Fr 9 - 16, Sa + So 11 - 14 Uhr; übrige Zeit tgl. 11 - 14 Uhr; www.gjenreisningsmuseet.no)*. Es vermittelt Einblicke in die Geschichte der Finnmark von der Steinzeit bis heute. Breiten Raum nimmt die Stadtgeschichte in der Zeit vor, während und nach dem Zweiten Weltkrieg ein.

Ein interessantes Monument liegt im nördlichen Stadtteil Fuglenes – die **Meridiansäule (70°40'11.3" N und 23°39'48" E)**. König Oscar II. ließ die runde Granitsäule mit bronzener Erdkugel zur Erinnerung an die erste präzise Vermessung der Erdgröße in den Jahren 1816 bis 1852 errichten.

Schließlich verdient die moderne, recht markante **Hammerfest Kirche** am südlichen Stadtrand Beachtung (farbenprächtige Glasmalereien an der Giebelwand).

Interessantes über die lange Fischfangtradition in Hammerfest erfährt man in den Museumsräumen des **Isbjørnklubben** - The Royal and Ancient Polar Bear Society, Hamgata 3 *(geöffnet Sommer tgl. 9 - 17, Winter 10.30 - 13.30 Uhr; www.isbjornklubben.no)*. Gegen eine nicht allzu hohe Gebühr können Sie übrigens Klubmitglied in der weltweit berühmten Königlichen Eisbär Gesellschaft werden.

So geruhsam die Stadt auf den Besucher auch wirken mag, auf der Insel Melkøya ein gutes Stück vor Hammerfest, wird modernste Technik realisiert. Dort entsteht Snøhvit, eine der größten und modernsten Anlagen zur Verflüssigung von Erdgas .

Von Hammerfest **zurück bis Skaidi (** E6).

### HAUPTROUTE

**ROUTE:** *Von* **Skaidi** *auf der E6 über eine Tundrahochebene bis* **Olderfjord** *am gleichnamigen Seitenarm Porsangerfjords. In Olderfjord zweigt nach Nordwesten die E69 zum* **Nordkap** *ab (125 km), der wir folgen. Westlich der Straßengabelung liegt* **Russenes.**

### Abstecher nach Havøysund

Wer gerne wirklich abgelegene, touristisch fast noch unbeleckte Landschaften auf-

**PRAKTISCHE HINWEISE – HAMMERFEST**

**Hammerfest Turistinformation**, Hamnegata 3, 9615 Hammerfest, Tel. 78 41 31 00; www.hammerfest-turist.no. Geöffnet 15. 6. – 15. 8. 9 - 17 Uhr, übrige Zeit 10.30 - 13.30 Uhr.

### HOTELS

**Quality Hotel Hammerfest,** 53 Zi., Strandgata 2 - 4, Tel. 78 42 96 00; www. hammerfesthotel.no; **Restaurant „Benoni".**
**Rica Hotel Hammerfest,** 86 Zi., Sørøygt. 15, Tel. 78 41 13 33; www.rica.no; Restaurant.
**Hammerfest Touristsenter,** 43 Zi. + 20 Miethütten, in **Storsvingen,** Tel. 78 41 11 26, www. hammerfest-turistsenter.no; geöffnet 15. 5. – 1. 10.; Cafeteria, Sauna, **Camping.**

### CAMPING

**NAF-Camping Storvannet ** [N 70° 39' 32.6" E 23° 42' 45.3"],** Storvanns-veien 103, Tel. 78 41 10 10; 1. Juni – 15. Sept.; in der Stadt beschilderter Abzweig bergwärts, kleine Wiese an einem See, unterhalb eines markanten Wohnblocks gelegen; ca. 1 ha – 50 Stpl.; Standardausstattung; 7 Miethütten.
**Hammerfest Turistsenter ** [N 70° 39' 11.9" E 23° 39' 36.4"],** Storsvingen, Tel. 78 41 11 26; www.hammerfest-turist.no; 15. Mai – 1. Okt.; an der R94 südl. der Stadt Einfahrt bei der Shell-Tankstelle; Stellmöglichkeiten bei der **Miet-**

**hütten- und Motelanlage** (s. o.), schöne Lage, Cafeteria. Reception in der Tankstelle. **V & E Station für Wohnmobile** (gebührenpflichtig).

**Olderfjord/Russenes**
**Russenes Kro, Motell og Camping ** [N 70° 28' 38.9" E 25° 04' 04.2"],** Tel. 78 46 37 11; www.russenes.no; 1. Jan. – 16. Dez.; an der E69; Campingge-legenheit bei einer Touristenstation mit Gasthof und **Motel**; ca. 2,5 ha – 100

Stpl. (stark mit Dauercampern belegt!); Standardausstattung; Laden, Restau-rant; **V & E für Wohnmobile**. 16 Miethütten.

---

sucht (was von der Nordkapinsel Magerøya zumindest im Juli schon lange nicht mehr behauptet werden kann!), dem bietet sich in **Smørfjord,** 4 km nordwestlich von Ol-derfjord, Gelegenheit, auf der erst seit 1987 durchgehend befahrbaren R889 nach **Ha-vøysund,** einem der größten Fischerhäfen der Finnmark, abzuzweigen (ca. 90 km). Ha-vøysund besitzt nich nur Norwegens nörd-lichste Gemeindeverwaltung und eine der größten Fischereiflotten des Landes, sondern auch das **Måsøy Museum,** Kirkeveien 3, das über die Küstenkultur in Norwegisch-Lapp-land, über die Lebensweise der Menschen hier und über die Fischindustrie informiert *(geöffnet 25. Juni - 24. Aug. Mo - Fr 10 - 16, Sa 11 - 16, So 14 - 17 Uhr; www.masoy.kommune. no).* Hotel, Rorbuer, Restaurant, Rorbucam-ping; www.havoysund-hotel.no.

### HAUPTROUTE

Die Nordkapstraße E69 folgt ab Older-fjord der Küstenlinie des Porsangerfjords und verschafft immer wieder eindrucks-volle Ausblicke auf die Eismeerküstenland-schaft.

Man passiert das 2.980 m lange Skar-bergtunnel. Vorsicht vor Rentieren, die sich gelegentlich die Tunnelröhre als Aufent-haltsort aussuchen!

Die **Nordkapinsel Magerøya** ist über ein **Straßen- und Tunnelsystem** (insgesamt 28,6 km), das teils unter dem Meer verläuft, zu erreichen.

Der Tunnel unter dem Magerøy-Sund zählt mit 6,87 km Länge zu einem der längs-ten unterseeischen Straßentunnel der Welt. An seinem tiefsten Punkt liegt der Tunnel 212 m unter dem Meeresspiegel.

Die Benutzung des Straßensystems auf die Nordkapinsel Magerøya ist maut-pflichtig. Die Mautgebühr belief sich zu-letzt auf NOK 145,- für Fahrzeuge bis 6 m Länge und bis 3,5 t (ab 6 m NOK 445,-!) inklusive Fahrer, plus NOK 47,- für jede wei-tere Person. Die Maut ist in beide Richtun-gen zu bezahlen!

Der wichtige Fischereihafen **Honnings-våg [N 71° 00' 06.2" E 25° 57' 56.2"]** (ca. 3.600 Einw.) ist der Hauptort der 437 qkm großen Insel Magerøya.

Zu den bescheidenen Sehenswürdigkeiten der Hafenstadt zählt das **Nordkapmuseum - Maritim Museum** im Nordkaphuset am Fiskeriveien 4. Mit kulturhistorischen Sammlungen und Ausstellungen wird u. a. über die Fischerei und den Nordkaptourismus berichtet.

### Nordkap

**Das Nordkap** (www.northcape.no) auf 71° 10' 21" nördlicher Breite, liegt 34 km nördlich von Honningsvåg.

Das 307 m hohe, fast senkrecht zum Eismeer abfallende Felsplateau gilt als der nördlichste per Straße erreichbare Punkt Europas. Die Betonung liegt aber auf „per Straße erreichbar". Denn das weiter nordwestlich gelegene Kap Knivskjellodden ragt noch ein paar Kilometer weiter nach Norden.

Ab Honningsvåg führt die E69 (Wintersperre von ca. Mitte Oktober bis Ende Mai) durch eine fast außerirdisch anmutende, kahle Landschaft, ohne Strauch, ohne Baum, nur in windgeschützten Mulden mit Islandmoos, Flechten und höchstens etwas knöchelhohem Gestrüpp bewachsen.

Nach dem Anstieg ins Vestfjordfjellet (336 m) genießt man von der Straßenkehre einen weiten Blick über den Tufjorden nach Westen.

Später taucht in der Ferne links der Straße die weiße Kugel einer Radarstation auf

**PRAKTISCHE HINWEISE – HONNINGSVÅG**

**Nordkapp Turist Informasjon, Nordkapp Reiseliv AS,** Fiskeriveien 4D, 9750 Honningsvåg, Tel. 78 47 70 30; www.northcape.no. *Geöffnet: 15. 6. - 15. 8. Mo - Fr 8.30 - 20 Uhr, Sa + So 12 - 20 Uhr. Winterhalbjahr: Mo - Fr 8.30 - 16 Uhr.*

#### HOTELS

**Rica Bryggen Hotel,** 42 Zi., geöffnet 15. 5. - 1. 8.; Vågen 1, Tel. 78 47 28 88; www.rica.no/bryggen; Restaurant.
**Rica Hotel Honningsvåg,** 174 Zi., ganzjährig geöffnet, Nordkappgata 4, Tel. 78 47 23 33; www.rica.no/hotelhonningsvag; Restaurant.

**Skipsforden/Kamøyvær**
**Rica Hotel Nordkapp**, 290 Zi., geöffnet 1. 6. – 15. 8.; in **Skipsfjorden**, Tel. 78 47 33 88; www.rica.no/hotelnordkapp; Restaurant.

#### CAMPING

**Camping Nordkapp \*\* [N 71° 01' 36.2" E 25° 53' 18.2"],** Tel. 78 47 33 77; www. nordkappcamping.no; 20. Mai – 10. Sept.; in **Skipsfjord** an der E69 ca. 8 km nördl. Honningsvåg Richtung Nordkap (25 km); ca. 5 ha – 100 Stpl.; Standardausstattung; Laden, Imbiss; **V & E für Wohnmobile**; 26 Miethütten; 10 Zimmer.

**Skarsvåg**
**Camping Midnattsol \*\*\*\* [N 71° 5' 34" E 25° 47' 7"],** 1. Juni – 15. Sept., Abzweig von der Hauptstraße Richtung Skarsvåg und noch ca. 2 km; kleine, gestufte Wiese in windgeschützter Lage beim Midnatsol Hotell. **V & E für Wohnmobile**. 15 Miethütten. Zum Nordkap 13 km.
**Nordkapp Caravan & Camping \* [N 71° 05' 43.1" E 25° 47' 26.2"],** Tel. 45 22 19 42; www.nordkappcaravancamp.no; 1. Juni – 31. Aug.; ca. 1 km südwestl. von Skarsvåg; kleine, ebene, befestigte Fläche in windgeschützter Lage vor einer Handvoll Miethütten an einem See. Zum Nordkap 13 km.
**Kirkeporten Camping \*\*\*\* [N 71° 06' 27.4" E 25° 48' 48.7"],** Storvannsveien 2, Tel. 78 47 52 33; www.kirkeporten.no; 20. Mai – 31. Aug.; am südwestl. Ortsrand von Skarsvåg; kleine, einfache Campingmöglichkeit, teils auf ebener, geschotterter Fläche zwischen Campinghütten und einem See. 10 Miethütten.

#### Wohnmobil-Stellplatz

Auch auf dem **Nordkapplateau** (Eintritt!) findet man eine **Campingmöglichkeiten in Form eines Stellplatzes** auf windiger Schotterfläche (ohne jegliche Einrichtung) vor der Nordkaphalle. Dort gibt es Toiletten, Cafeteria, Restaurant.

und wenig später hat man, nach Tausenden von Kilometern, das eigentliche Ziel und einen der Höhepunkte der Reise erreicht – das Nordkap.

An einer **Mautstation** an der Zufahrt zum Nordkap muss Eintritt bezahlt werden – 195 !!! Kronen pro Person, was rund satten 25 Euro entspricht! Die Gebühr schließt Parkerlaubnis für 48 Stunden Aufenthalt, Eintritt zur Nordkaphalle und zum Videokino ein. Campen ist auf einem eigens dafür vorgesehenen Areal bei der Nordkaphalle gestattet (keine Wasser- oder Stromanschlüsse, Sanitäranlagen in der Nordkaphalle).

Wildes Campen ist zwischenzeitlich auf der ganzen Nordkapinsel verboten!

Der englische Seefahrer Richard Chancellor, 1553 mit seinem Segler „Edward Bonaventura" auf der Suche nach einem nördlichen Seeweg nach China, nannte das bis dahin namenlose Kap „North Cape".

Als erster „Tourist" wird 1664 der italienische Pfarrer Francesco Negri verzeichnet.

Etwa ab dem Ende des 18. Jh. wurde in wohlbetuchten Gesellschaftskreisen eine Seereise ins Nordmeer mit Besuch des Nordkaps ein beliebter Ausflug mit „Expeditionscharakter". Die Damen und Herren mussten damals allerdings von der Anlegestelle in der Hornvika-Bucht, östlich des Kaps, einen beschwerlichen Aufstieg zum Plateau auf sich nehmen.

Zu sehen gibt es auf dem völlig kahlen, steinigen Nordkap-Plateau neben Felsen, Meer und Himmel einen stählernen Globus, einen kleinen Obelisken zum Gedenken an König Oskar II., der das Nordkap 1873 besuchte, sowie eine Marmorbüste des Herzogs von Orleans, Louis Phillipe. Der spätere „Bürgerkönig" (1830 – 1848) besuchte das Nordkap 1795, während die Grande Nation von den Wirren der Revolution erschüttert wurde.

Und neben der Nordkaphalle sieht man die 1989 geschaffenen Skulpturen „Kinder der Erde", die die grenzüberschreitende Freundschaft, Hoffnung, Freude und Zusammenarbeit symbolisieren sollen.

Die **Mitternachtssonne** ist vom Nordkap aus vom **11. Mai** bis **31. Juli** zu erleben.

Aber auch in den Tagen vor und nach den eben genannten Daten ist hier – sofern Wolken keinen Strich durch die Rechnung machen – ein Sonnenuntergang ein grandioses Erlebnis.

„Hier stehe ich endlich an der äußersten Spitze der Finnmark – ja, am Ende der Welt. Hier wo die Welt endet, nimmt auch meine Neugier ein Ende und ich kehre zufrieden nach Hause zurück, wenn Gott es will" schrieb Francesco Negri über seinen Nordkapbesuch im Jahre 1664.

Aber: Die bequemen Verkehrswege durch Norwegen bis direkt zum Nordkap führen Jahr für Jahr mehr Besucher hierher. Und ein mitternächtliches Beobachten der über die Kimm ziehenden Sommersonne genießt man – zumindest in der Hauptreisezeit

*Das Nordkap – Ziel vieler Reiseträume, von Norwegens Südküste 2.518 km entfernt*

*Millionenfach fotografiert, der Stahlglobus auf dem Nordkap – N 71° 10' 21"*

– inzwischen im Bade eines babylonischen Stimmengewirrs, das von hunderten von Touristen aus aller Herren Länder stammt, die kurz vor Mitternacht mit einer wahren Busarmada angefrachtet werden. In der Nordkaphalle stolpert man dann über lagernde Touristen, quält sich an endlosen Schlangen am Postschalter vorbei, wo der begehrte Nordkapstempel täglich auf sackweise abtransportierte Postkarten gehämmert wird, sucht oft vergeblich nach einem freien Tisch in der Cafeteria und wird durch den riesigen Souvenirsupermarkt geschoben. Romantisch ist es dann am nördlichsten Punkt Europas wahrlich nicht mehr! Ihren Nordkapbesuch können Sie übrigens mit dem Erwerb eines „Nordkap Diploms" krönen (gibt's im Souvenirshop).

**Die Nordkaphalle [N 71° 10' 12.6" E 25° 47' 08.3"]** *(geöffnet von Anf. Mai bis Anf. Oktober, übrige Zeit Bustouren ab Honningsvag)*, ein riesiger Touristenpavillon, ist das infrastrukturelle Zentrum am Nordkap. Heute findet der Besucher in wohlig warmer Atmosphäre u. a. das **Kompasset-Café und Restaurant**, ein **Postamt**, einen großen **Souvenirmarkt**, die sog. **Thai-Nische** (1989 zur Erinnerung an König Chulalongkorn von Siam eingerichtet, der das Nordkap 1907 besuchte), die kleine ökumenische **St. Johannes-Kapelle**, die gerne für Trauungen benutzt wird, und ein **Video-Kino** mit 225-Grad-Leinwand. Dort wird ein recht spektakulär gemachter Film über das

Nordkap und seine Umgebung gezeigt. Der Besuch des Films lohnt sehr!

Durch einen tief im Nordkap-Fels verlaufenden Tunnelgang mit einigen Schaubildern in der Wand, gelangt man zur großen **Royal Nordkap Halle**. An einer Seite ist die aus dem Fels gesprengte, unterirdische Halle von einem 80 qm großen Panoramafenster (mit Terrasse) abgeschlossen, das den Blick auf das Meer bzw. die Mitternachtssonne erlaubt.

Die Royal Nordkap Halle ist bewirtschaftet. Hier können Sie, an amphitheatralisch angeordneten Bartischchen sitzend, bei Sekt und Kaviar das Nordkapabenteuer ausklingen lassen.

Auf der Rückreise, die ab dem Nordkap zwangsläufig nur nach Süden führen kann, bietet sich nach 13 km Gelegenheit nach **Skarsvåg**, dem „nördlichsten Fischerdorf der Welt" und Norwegens nördlichster Gemeinde abzuzweigen. Ein nur schwer erkennbarer Fußweg führt von Skarsvåg zum Felsen **„Kirkeporten"** (Kirchenpforte), ca. 30 Minuten Gehzeit. Interessanter Blick zum Nordkap. Und zwischen 24 und 2 Uhr scheint die Mitternachtssonne durch das Felsentor.

Ein anderer Abstecher führt 13 km nördlich von Honningsvåg westwärts zum Fischereihafen **Gjesvær** (*Gjesvær Turistsenter*, Motel und Camping, 1. 6. – 15. 9.). Dort werden z. B. Hochseeangeltörns und sog. Safaris zu den vorgelagerten Vogelfelsen angeboten.

**ROUTE:** *Ab Honningsvåg zurück bis* **Olderfjord** *an der E6 und weiter* [**N 70° 28' 25.3" E 25° 04' 16.8"**] *auf der E6 südwärts, am Westufer des Porsangerfjords entlang, über* **Indre Billefjord** *und* **Stabbursnes** *nach* **Lakselv,** *156 km.*

Östlich von **Indre Billefjord [N 70° 17' 06.2" E 25° 04' 15.8"]** kann man zu einer Gruppe markanter weißer Dolomitfelsen im Meer, die als **„Die Trolle im Trollholmsund"** bekannt sind, abzweigen. 5 km Stichstraße dorthin.

Über sie gibt es eine hübsche samische Geschichte. Man erzählt sich, dass eines Nachts eine Schar von Trollen auf dem Weg über die Finnmarksvidda war. Sie hatten eine riesige Kiste voller Gold bei sich, die sie an der Küste weit im Norden sicher verstecken wollten. Langsam ging die Nacht zu Ende und die Trolle versuchten nun fieberhaft am Porsangerfjord ein Loch zu graben, in dem sie ihren Schatz verbergen konnten. Aber so sehr sie sich auch mühten, kein Loch war

groß genug, um den Schatz aufnehmen zu können. Also wanderten sie weiter. Aber gerade als sie den Porsangerfjord überqueren wollten, ging die Sonne auf. Und alle leichtsinnigen Trolle, die sich vor den ersten Sonnenstrahlen nicht rechtzeitig versteckten, wurden zu Stein.

**Stabbursnes** ist Ausgangspunkt für Touren in den **Stabbursdalen Nasjonalpark.** Das 96 qkm große Natur- und Landschaftsschutzgebiet erstreckt sich westlich vom Porsangerfjord. Es ist ein artenreiches Eldorado der Tier-, Pflanzen- und Vogelwelt. Einige der Bäume dort sollen 500 Jahre alt sein. Im Park gibt es eine ganze Reihe markierter Wanderwege. Infos darüber im Naturhaus.

In Stabbursnes findet man das **Stabbursnes Naturhus og Museum** *(geöffnet 14. Juni - 17. Aug. tgl. 9 - 20 Uhr; übrige Zeit 11 - 18 Uhr; www.museumsnett.no/stabbursnes).* In diesem Natur- und Informationszentrum erfahren Sie alles über Fauna und Flora im Stabburdsdalen und über den nördlichsten Kiefernwald dort. Eindrucksvol-

---

### CAMPING

**Stabbursnes**

**Camping Stabbursdalen Feriesenter \*\*\* [N 70° 10' 39.8" E 24° 54' 30.3"]**, Tel. 78 46 47 60; www.stabbursdalen.no; 1. März – 31. Dez., an der E6, Wiese am Fluss Stabburselva hinter einigen Miethütten; ca. 1 ha – 80 Stpl. + zahlr. Dau.; einfache Sanitärausstattung; Laden, Imbiss; **V & E für Wohnmobile.** 29 Miethütten.

Wenige Kilometer südlich von Stabbursnes passiert man einen schön am Vesterbotn gelegenen **Rast- und Picknickplatz**, Picknicktische, Toilette.

---

**PRAKTISCHE HINWEIE – LAKSELV**

**Porsanger Turist Informasjon, Porsanger Arrangement**, Postboks 18, 9700 Lakselv, Tel. 78 46 07 00. *Geöffn. Anf. Juni bis Mitte Aug. Mo. - Fr. 10 - 19 Uhr, Sa. + So. 11 - 17 Uhr; www.porsanger-arrangement.no.*

---

### HOTEL

**Lakselv Hotell**, 44 Zi., ganzjährig, Karasjokveien, E6, Tel. 78 46 54 00; www.lakselvhotell.no; Restaurant, Sauna.

---

### CAMPING

**Lakselv**

**Camping Solstad \*\* [N 70° 03' 06.2" E 25° 00' 30.6"]**, Tel. 78 46 14 04; 1. Juni – 31. Aug.; ca. 1 km östl. von Lakselv; ca. 2 ha – 150 Stpl.; Standardausstattung; 16 Miethütten.

**Skoganvarre**

**Camping Skoganvarre \*\*\* [N 69° 50' 18" E 25° 4' 36"]**, Tel. 78 46 48 46; www.skoganvarre.no; Anf. Jan. – Ende Dez.; an der E6; ebenes Wiesengelände bis an den See Øvrevatnet reichend, in schöner Finnmarklandschaft gelegen; ca. 2 ha – 40 Stpl. + 30 Dau.; Standardausstattung; Sauna; Laden, Cafeteria. Bootsverleih; 19 Miethütten, 12 Zimmer.

le Landschaftsbilder sieht man in den Video-präsentationen, die im Museum gezeigt werden. Interessant ist der Film „Skábma - Gedanken über acht Jahreszeiten", der die samischen Jahreszeiten im hohen Norden schildert. Man erhält Auskunft über Wander-wege und Touren im Nationalpark.

In Lakselv können Sie sich entscheiden, ob Sie den rund 500 km langen **Abstecher nach Kirkenes** und/oder auf die **Varanger Halbinsel** unternehmen wollen. Siehe auch **„Mobil Reisen: NORWEGEN"** aus dieser Rei-seführerreihe.

**ROUTE:** *Ab Lakselv auf der E6 weiter südwärts über* **Skoganvarre** *nach* **Karasjok/ Kárášjohka** *(74 km).*

**Karasjok/Kárášjohka** mit knapp 2.700 Einwohnern, von denen viele zu den heute noch etwa 100 nomadisierenden Samifami-lien zählen, ist kulturelles und gesellschaft-liches Zentrum im norwegischen Teil des Samilandes.

Dokumentiert wird der Anspruch Karas-joks „Hauptstadt der Samen" zu sein u. a. mit dem neuen **Sameting**, dem Parlament der Sami. Es gilt als architektonisches Monu-ment des ersten Ureinwohner-Parlaments der Welt.

Typisches Merkmal der Trachten der Karasjok-Sami ist übrigens die sternförmi-ge bunte Mütze.

Karasjok als Kulturzentrum der in der Finnmark lebenden Sami gewährt mit di-versen Ausstellungen und Museen Einblick in die interessante Samenkultur und in die Lebensweise dieses Nomadenvolkes.

Dazu zählen die **„Samiske Samlinger – Samische Sammlung"**, Mari Boine geaidnu 17 *(geöffnet 1. März - 31. Okt. tgl. 9 - 18 Uhr; www.samimuseum.com).* Die Ausstellungen befassen sind mit der Kultur- und Kunstge-schichte des Samivolkes. Interessant auch die angeschlossene Freilichtabteilung und Sami-Siedlung.

Eine zentrale, besuchenswerte Informa-tionsstelle ist **Sápmi [N 69° 28' 24.2"  E 25° 30' 20.7"]**, der Kultur- und Themenpark „Land der Samen", Porsangerveien 1 *(geöff-net 4. Juni - 12. Aug. tgl. 9 - 18 Uhr, Frühsom-mer und Herbst tgl. bis 16 Uhr. Winter Mo - Fr 9 - 16 Uhr; www.sapmi.no).*

Neben einem großen Parkplatz findet man hier nicht nur das Büro der **Touristen-information**, einen Souvenirladen und eine Cafeteria, sondern auch Ausstellungen zu nahezu allen Bereichen des samischen All-tags. Darüberhinaus bieten ein ethnischer Themenpark, ein **Freilichtmuseum**, das na-hezu alle Aspekte der samischen Kultur und Geschichte anschaulich präsentiert, sowie eine **Videopräsentation** Einblick in die Welt der Samen.

Außerdem werden hier samische Aktivi-täten veranstaltet.

Ebenfalls zum Themenpark Sápmi gehört **Storgammen**, „Die große Hütte", ein einem großen Erdhaus nachempfundenes Restau-rant mit typisch lappländischem Ambiente. Die Gäste sitzen hier auf mit Rentierfell be-legten Bänken um eine zentrale Feuerstelle.

**ROUTE:** **Weiterreise** *durch* **Finnland** *bzw. durch* **Schweden**, *siehe folgende Touren.*

---

**PRAKTISCHE HINWEISE – KARASJOK/KÁRÁŠJOHKA**

**Touristinformation Sápmi**, Porsangerveien 1, 9730 Kárášjohka/Karasjok, Tel. 78 46 88 00. Öffnungszeiten siehe oben bei Sápmi.

**HOTEL**

**Rica Hotel Karasjok**, 56 Zi., an der E6 Porsangerveien 1, Tel. 78 46 88 60; www. rica.no/hotelkarasjok; neben dem Themenpark Sápmi; Gammen-Restaurant (auch samische Spezialitäten), Sauna, Schwimmbad, Parkplatz.  Dem Hotel an-geschlossen ist das etwas einfachere **Karasjok Gjesthus** mit 28 Zimmern.

**CAMPING**

**Camping Karasjok og Vandrerhjem *** [N 69° 28' 07.6"  E 25° 29' 05.7"]**, Kautokeinoveien, Tel. 78 46 61 35; 1. Jan. – 31. Dez.; an der R92 Richtung Kau-tokeino; von Wald begrenzte Wiesenstreifen, ca. 3 ha – 120 Stpl.; gute Stan-dardausstattung; Laden; 28 Miethütten. **Jugendherberge**.

# RÜCKREISE DURCH FINNLAND

## 6 TOUREN – CA. 8 TAGE

## KARASJOK (N) – IVALO (FIN)

**Länge der Tour:** Rund 160 km, ohne Abstecher.

**Die Route:** Über die Straße 92 und 4/E75 bis **Inari** – Straße 4/E75 bis **Ivalo**.

**Reisedauer:** Mindestens ein Tag.

**Reisehöhepunkte:** Das **Sami Museum** in Inari – Abstecher in den **Lemmenjoen Nationalpark**.

Falls man für die **Rückreise** nicht den Weg durch Finnland sondern durch Schweden wählt, bitte weiter mit Tour 29 (Karasjok (N) – Luleå (S).

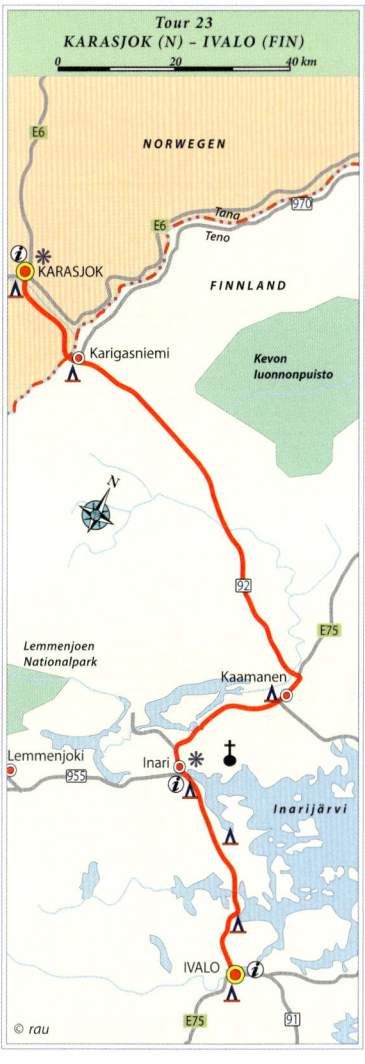

*Tour 23*
*KARASJOK (N) – IVALO (FIN)*

**ROUTE:** *Vom norwegischen Karasjok aus* [**N 69° 28' 15.3" E 25° 30' 38.2"**] *erreicht man auf der Straße 92 nach 18 km die norwegisch-finnische Grenze und den finnischen Grenzort* **Karigasniemi** [**N 69° 23' 50.9" E 25° 51' 23.7"**] *(Camping Tenorinne, Anf. Jun. - Ende Sept., Tel. 016-67 61 13, www.tenorinne.com) am Fluss Anarjokka.*

*Die gut ausgebaute Straße führt in einem ständigen Auf und Ab weiter über* **Kaamasmukka** *nach* **Huutojärvi** *und stößt schließlich auf die Straße 4/E75. Etwas weiter südlich passiert man* **Kaamanen** *(Camping Jokitormä [N 69° 05' 29.0" E 27° 11' 08.8"], 1. Juni - 30.Sept, Tel. 016-67 27 25, www.jokitorma.net). 29 km weiter ist man in Inari.*

Beachten Sie bitte, in Finnland besteht ein **Zeitunterschied** von einer Stunde. Beispiel: MEZ 12 Uhr = Finnland 13 Uhr.

**Inari** mit ca. 7.000 Einwohnern, von denen annähernd 2.000 der samischen Volksgruppen angehören, ist eine stark vom Tourismus geprägte Gemeinde. Sie liegt am Südwestufer des Sees Inarijärvi, Finnlands zweitgrößtem See. Die Angaben über die Größe des Sees schwanken. Denn die exakte Vermessung des riesigen Gewässers gestaltet sich durch die vielen Inseln – es sollen mehr als 3.000 sein – und durch die zerrissene Uferlinie überaus schwierig.

Inari ist ein idealer Ausgangspunkt für Kanu- oder Wildwassertouren, für Wildniswanderungen oder Bootsausflüge auf dem Inarisee. Wer sich gerne in der Natur bewegt, findet in und um Inari vielfältige Möglichkeiten und Angebote – im Sommer wie im Winter.

Zu den Sehenswürdigkeiten in Inari zählt das **Siida Sami Museum [N 68° 54' 35.5" E 27° 00' 48.0"]** am nördlichen Ortsrand an *(geöffnet 1.Jun. - 30. Sept. tgl. 9 - 20 Uhr, übrige Zeit Di - So 10 - 17 Uhr; www.siida.fi)*. Es ist ein absolutes Muss auf einer Reise durch Lappland.

Das sehr sehenswerte Siida-Museum zeigt in einem modernen Gebäude neben der Fauna und Flora dieser Region auch das Kulturgut und das Leben der Sami. Ein erst 2003 in der Nähe von Inari gefundener Silberschatz zeigt schöne geflochtene Halskränze mit fein verzierten Anhängern.

Für das angrenzende Freilichtmuseum wurden aus verschiedenen Teilen Nordfinnlands wurden Gebäude hierhergebracht und wieder aufgebaut. So entstand eine Museums-Siedlung, die sich mit verschiedenen Lebens- und Arbeitsbereichen des samischen Alltags befasst.

Ab Inari werden Ausflüge mit Booten zur **Ukko-Insel** angeboten, einem alten Naturheiligtum der Samen, nordöstlich von Inari gelegen. Die Insel ist dem samischen Fischgott Ukko geweiht.

Auf der Festlandseite, gegenüber der Insel, liegt die **Wildniskirche Pielpajärvi**, ein beliebtes Wanderziel. Man erreicht sie auf einem 7 km langen Wanderweg (Kansanopisto), mit Booten oder per Wasserflugzeug.

Die kleine Holzkirche entstand Mitte des 18. Jh. und diente den in der Umgebung ansässigen Sami als Gotteshaus bis Inari im 19. Jh. das urbane Zentrum der Region wurde.

Ein beliebter Abstecher von Inari führt nach **Lemmenjoki**. Man erreicht die Flußstation über die Straße 955, ca. 35 km nach Südwesten bis **Menesjärvi**. Kurz danach zweigt man westwärts nach **Lemmenjoki** im Nationalpark Lemmenjoen (Lemmenjoen Kansallispuisto) ab, das man nach weiteren 10 km erreicht. An dieser Straße liegt der kleine **Campingplatz Valkeaporo [N 68° 43' 44.5" E 26° 21' 25.2"]** (Beschreibung siehe weiter unten). Die Straße endet am Feriendorf *Ahkun Tupa/Lemmenjoen Lomamajat* am Fluss Lemmenjoki. Es gibt Miethütten und ein Café-Restaurant.

Von Lemmenjoki verkehren von Mitte Juni bis Mitte September täglich zweimal Boote zu den Stromschnellen von **Ravadasköngäs** und nach **Kultalan Hamina** im Goldgebiet am Lemmenjoki. 1946 wurde am Lemmenjoki tatsächlich etwas Gold gefunden und kurzzeitig entwickelte sich so etwas wie ein Miniaturgoldrausch, der aber bald wieder abebbte.

Die Anlegestellen Ravadasköngäs und Kultalan Hamina sind Ausgangspunkte für Wildniswanderungen auf markierten Pfaden im **Nationalpark Lemmenjoen**. Es gelten

*Im Freilichtmuseum für Samikultur in Inari*

gewisse Verhaltensvorschriften bzgl. Campieren, Feuerstellen, Fischen etc.

Als gute Wanderzeit werden die Monate Juli und August angesehen. Unbedingt ein wirksames Mittel gegen Stechmücken (Spray, Stift) mitnehmen!

*Mein Tipp!* Ende August beginnt im hohen Norden schon der Herbst. Erste Nachtfröste stellen sich ein. Die lästigen Mücken verschwinden dann und das Laub färbt sich prächtig. Kenner schätzen diese Zeit von Ende August bis Ende September als ausgezeichnete **Wanderzeit.** Außerdem führen Bäche und Flüsse dann in aller Regel am wenigsten Wasser und lassen sich zu Fuß leichter überqueren.

Die **Mitternachtssonne** ist im Bereich um Inari und Ivalo von **22. Mai** bis **22. Juli** zu sehen.

**Ivalo** liegt 39 km südöstlich von Inari. Die Stadt ist ein Verkehrsknotenpunkt mit Flughafen, dem nördlichsten in Finnland, und - Verwaltungs- und Versorgungszentrum der Region mit Hospital, Geschäften und Hotels. Eine wichtige Straßenverbindung führt von hier zur russischen Grenze.

Im Winter ist Ivalo Ausgangspunkt für sog. Arktische Safaris, für Wildnisferien in der verschneiten Tundra, Skitouren, Rentier-Safaris oder Schneemobil-Trekking Touren. Infos über solche Pauschalarrangements gibt es bei den Touristenbüros.

---

### PRAKTISCHE HINWEISE IVALO

 **Northern Lapland Tourism [N 68° 39′ 27.5″ E 27° 32′ 24.2″],** Piiskuntie 2, 99800 Ivalo, Tel. 68 71 11.

 **HOTEL**

**Hotel Ivalo**, 94 Zi., Ivalontie 34, Tel. 68 81 11, Fax 66 19 05, www.hotelivalo.fi; Restaurant, Schwimmbad, Sauna, Parkplatz.

 **CAMPING**

**Näverniemi Lomakylä Camping [N 68° 38′ 34.1″ E 27° 32′ 35.1″]**, Tel. 67 76 01; 1. Jan. – 31. Dez.; Straße 4/E75, ca. 2 km südl. Ivalo; Wiesen- und Buschwaldgelände am Fluss; ca. 6 ha – 150 Stpl.; Mindestausstattung; 28 Miethütten.
**Ukonjärven Lomakylä Camping [N 68° 44′ 01.4″ E 27° 26′ 43.4″]**, Tel. 66 75 01, www.ukolo.fi; 15. Mai – 30. Sept.; Straße 4/E75, ca. 10 km nördl. Ivalo beschilderter Abzweig und noch 1 km; naturbelassenes Waldgelände mit geschotterten  Stellflächen in schöner, ruhiger Lage am See Ukonjärvi; ca. 8 ha – 50 Stpl.; Standardausstattung; Restaurant, Laden; 20 Miethütten. **V & E für Wohnmobile**

## IVALO – ROVANIEMI

**Länge der Tour:** Rund 360 km.

**Die Route:** Über Straße 4/E75 bis **Sodankylä** – Straße 5/E63 bis **Kemijärvi** – Straße 80 bis **Rovaniemi**.

**Reisedauer:** Mindestens ein Tag.

**Reisehöhepunkte:** Die Aussicht vom **Kanuspää-Berg** * – Wandern im **Uhro Kekkonen Nationalpark** – „Goldwaschen" in **Tankavaara** – Museen in **Rovaniemi**.

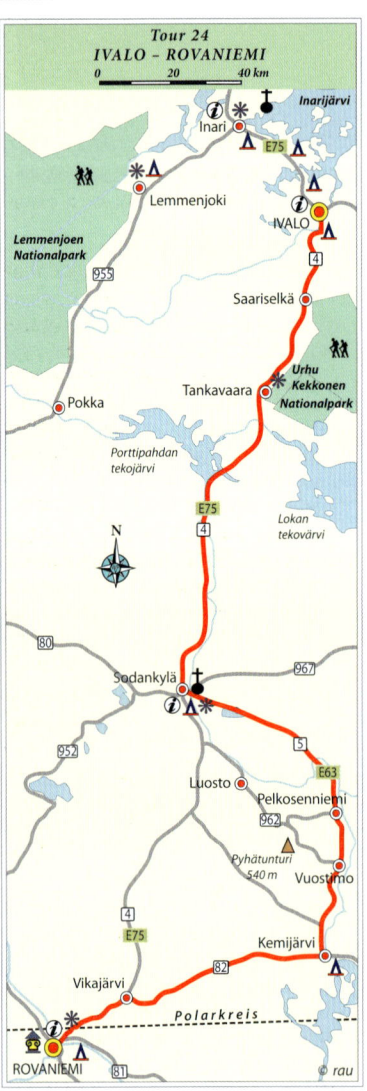

**ROUTE:** *Über die gut ausgebaute Straße 4/E75 (achten Sie auf Rentiere, die gelegentlich die Straße queren) erreicht man rasch* **Saariselkä**.

**Saariselkä** (www.saariselka.fi) ist Ausgangspunkt für Wander- und Skitouren.

Wenige Kilometer nördlich des Ortes hat man vom 448 m hohen **Kaunispää**, zu dem von der Hauptstraße eine Straße führt **[N 68° 25' 43.8"  E 27° 24' 29.4"]**, einen weiten Blick auf die umliegenden Wälder und Höhen. Der Berg gehört bereits zum Urho Kekkonen Nationalpark (Urho Kekkonen Kansallispuisto). Man findet oben ein Restaurant und einen Souvenirshop (Tuliaistupa).

Östlich der Straße 4/E75 bis hin zur russischen Grenze erstreckt sich der 2.550 qkm große **Urho Kekkonen Nationalpark,** ein nahezu unberührtes Stück Wald- und Tundralandschaft. Höchste Erhebung im Park ist der 718 m hohe Sokosti. Eine Ausstellung im **Besucherzentrum Koilliskaira** in Tankavaara zeigt alles Wissenswerte über den Nationalpark, seine besondere Natur und die Freizeitmöglichkeiten *(geöffnet 1. Juni - 30. Sept. tgl. 9 - 18 Uhr, übrige Zeit Mo - Fr 9 - 16 Uhr; www.luontoon.fi).*

Einige Kilometer südlich von Saariselkä liegt im Flecken **Kakslauttanen** ein Hotel aus Glashütten, die im Winter in Iglus verwandelt werden und als Eishotel dienen; www.kakslauttanen.fi.

Rund 32 km weiter südlich liegt beim Ort Tankavaara das **Goldwäscherdorf Tankavaara (Kultamuseo) [N 68° 11' 01.8"  E 27° 05' 32.0"]**, Kultakuja 35 *(geöffnet 1. Juni - 15. Aug. tgl. 9 - 18 Uhr, 16. Aug. - 30. Sept.*

*Mitternachtssonne am Inarisee*

tgl. 9 - 17 Uhr, sonst Mo - Fr 10 - 16 Uhr; www. kultamuseo.fi)*. Einer Westernstadt nicht unähnlich, dreht sich hier alles ums Gold. Im Goldmuseum erfährt der Besucher alles über die Goldgräberorte der Welt.

Gold wurde schon Mitte des vergangenen Jahrhunderts nicht nur bei Tankavaara sondern auch im Ivalojoki, im Lemmenjoki und anderen Flüssen Lapplands gefunden und bis um 1900 auch gefördert. Später versiegten die Goldadern, der Abbau wurde unlukrativ. Seitdem suchen hier nur noch ausgesprochene Optimisten und Touristen nach dem legendären „Mutterfelsen", um den sich so viele Sagen Lapplands ranken, ähnlich wie um den im Rhein versunkenen Goldschatz der Nibelungen.

Im weiteren Verlauf der ca. 100 km langen Strecke nach Süden ändert sich die Landschaft. Die weiten baumlosen Tundragebiete sind von unermesslich weiten Wäldern abgelöst worden. Diese Waldgebiete sind für den Autofahrer recht eintönig, bieten so gut wie keine Abwechslung und nur selten gibt es Ausblicke in die Landschaft.

Man erreicht **Sodankylä,** einst Lappensiedlung, heute moderne Stadt. Neben dem **Heimatmuseum** im Kuukkeli Haus *(geöffnet Anf. Juni - MItte Aug. Mo - Sa 10 - 17 Uhr, So 12 - 18 Uhr)* im Stadtzentrum zählt vor allem die **Alte Kirche** von Sodankylä (Vanha Kirrko) zu den Sehenswürdigkeiten der Stadt *(geöffnet Anf. Juni - Mitte Aug. tgl. 9 - 18 Uhr).* Der

schlichte Holzbau entstand im Jahre 1689 und gilt als eine der ältesten Holzkirchen in ganz Finnland. Sie ist seit ihrer Entstehung um das Jahr 1689 unverändert geblieben. Ursprünglich diente die Kirche den Sami aus Sodankylä, Kittilä, Savukoski und Pelkosenniemi als Gotteshaus, nachdem ihnen der legendäre Lapplandpfarrer und Missionar Gabriel Tuderus den Schamanenkult und ihre Naturreligion rigoros verboten hatte.

Solche Lappenkirchen waren mehrfach im Jahr das Zentrum von großen Kirchenfesten, zu denen die nomadisierenden Sami aus der ganzen Umgebung kamen. Diese Feste waren für sie ein gerne genutzter Anlass zur Kommunikation, für Handel und Märkte.

Keine 300 m entfernt von der Alten Kirche steht die schöne **Skulptur ‚Das Rentier und der Lappländer' [N 67° 24' 54.6" E 26 35' 34.4"].** Die Bronzeskulptur wurde zu Ehren der Rentierzucht, dem wichtigen Haupterwerb vieler samischer Familien, 1970 von von Ensio Seppänen gestaltet und hier errichtet.

Eine sehr interessante Sehenswürdigkeit in Sodankylä ist die sog. **Polarlichtkote Pohjan Kruunu** *(geöffnet Anf. Juni - Mitte Aug. Di - So 12 - 16 Uhr. Vorführung jede volle Stunde, auf Englisch, Dauer 30 Min.; www.arcticacademy.fi).* In dem einem Zelt nachempfundenen Gebäude mit Glasdach veranstaltet das Geophysikalische Observatorium Polarlichtvorführungen.

Auf dem Lampivaar-Fjell ca. 38 km südöstlich von Sodankylä liegt die **Amethysten-Grube von Luosto** (geöffnet 1. Juni - 15. Aug. tgl. 11 - 17 Uhr, 16. Aug. - 30. Sept. tgl. 11 - 16 Uhr, Mitte Feb. - Ende Apr. tgl. 11 - 15 Uhr, Nov., Dez., Mai auf Bestellung; www.amethystmine.fi) an der Straße 962 in der schönen Berglandschaft von Pyhä-Luosto. Sie ist die einzige dieser Art in Europa. Auf Führungen erhält der Besucher Informationen über die Geheimnisse des mystischen Amethystensteines und darf seinen eigenen Glücksstein schürfen.

Die **Mitternachtssonne** ist um Sodankylä von **30. Mai** bis **14. Juli** zu sehen.

**ROUTE:** *Der direkte Weg nach* **Rovaniemi** *(130 km) führt über die Straße 4/E75.*

**Umweg über Kemijärvi**

**UMWEG:** *Der Umweg über Kemijärvi ist rund 70 km länger als der direkte Weg nach Rovaniemi und führt von Sodankylä über die Straße 5/E63 nach Südosten Richtung Kemijärvi.*

Nach 61 km bietet sich nach dem Ort **Pelkosenniemi** die Gelegenheit nach Westen auf die unbefestigte Straße 962 abzuzweigen und über Pyhäjärvi zum 540 m hohen **Pyhätunturi** (ca. 20 km, Camping ganzjährig geöffnet) zu fahren. Es war einst die Opferstätte der Samen. Das Gebiet um den Berg wurde bereits 1938 zum Pyhätunturi Nationalpark (Pyhätunturi Kansallispuisto) erklärt und ist bekannt für gute Wandermöglichkeiten.

**UMWEG:** *15 km weiter stößt man bei* **Vuostimo** *wieder auf die Hauptstraße und erreicht nach 34 km* **Kemijärvi** *am gleichnamigen See.*

**Kemijärvi** [N 66° 42' 51.5" E 27° 25' 58.8"] mit annähernd 12.000 Einwohnern, ist die nördlichste und mit einer Gemarkungsfläche von 3.577 qkm drittgrößte Stadt in Finnland. Das Gebiet um Kemijärvi ist seit dem 16. Jh. permanent besiedelt und seit dem frühen 18. Jh. ein wichtiger Handels- und Marktplatz der Region. Heute ist die Stadt nicht nur Zentrum der Holzindustrie, sondern auch Mittelpunkt der Verwaltung, Bildung und Dienstleistung im ganzen nordöstlichen Lappland. Zu den wenigen Sehenswürdigkeiten in der Stadt zählt das **Kemijärvi Museum**, ein Regionalmuseum, das sich mit bäuerlichem Kunsthandwerk und Textilien aus den beiden vergangenen Jahrhunderten befasst. Geöffnet von Juni bis August.

**ROUTE:** *Weiterreise über die Straße 80 südwestwärts. Nach rund 60 km stößt man bei* **Vikajärvi [N 66° 37' 21.2"  E 26° 12' 04.0"]** *auf die Straße 4/E75, überquert bald darauf den* **Polarkreis** *– hier hat sich ein nicht zu übersehender Hort des Touristenrummels etabliert – und erreicht wenig später* **Rovaniemi**.

Aufgrund seiner Nähe zum Polarzirkel wurde Rovaniemi zur Heimat des Weihnachtsmanns erklärt. Am Polarkreis (66°33'07" Nord + 25°50'51" Ost) nördlich von Rovaniemi ist das "**Werkstattdorf des Weihnachtsmanns**" entstanden **[N 66° 32' 39.3" E 25° 50' 59.2"]**. Im sog. **Santa Claus Village** *(geöffnet Jan. - Mai + Sept. - Nov. tgl. 9 - 17 Uhr, Juni + Aug. bis 18 Uhr, Juli bis 19 Uhr, Dez. tgl. 9 - 19 Uhr; www.santaclausvillage.info)* fällt einem der Werbespruch ein "Ja ist denn heut' schon Weihnachten". Wer sich nicht daran stört, der kann hier an jedem Tag im Jahr im Nikolausambiente Weihnachtssouvenirs erstehen. Cafeterias, Restaurant, zahlreiche Souvenirläden.

Nicht genug damit. Die Stadtväter Rovaniemis halten ihre Stadt offenbar nicht nur für das "pulsierende Herz Lapplands", sondern neuerdings auch für die Weltmetropole des ganzjährigen Weihnachtsgeschäfts. Denn nur 2 km vom "Werkstattdorf des Weihnachtsmanns" entfernt findet der interessierte Besucher den **Santapark**, Syväsenvaara *(geöffnet Di - So 10 - 18 Uhr; www.santapark.com)*. In diesem unterirdischen **Freizeit- und Vergnügungspark** kann man für EUR 25,- pro Erwachsener bzw. EUR 20,- pro Kind das ganze Jahr über Weihnachtsstimmung erleben.

**Rovaniemi,** eine neuzeitlich wirkende Stadt mit etwa 57.000 Einwohnern, liegt am Zusammenfluss von Ounasjoki und Kemijoki, ist Verwaltungshauptort der Provinz Lappland und Universitätsstadt und wird auch als „Tor nach Lappland" bezeichnet.

Urkundlich erwähnt wurde Rovaniemi wie es heißt schon im 15. Jh. Zur eigentlichen

*Am Polarkreis nördl. von Rovaniemi*

Stadtgründung aber kam es erst 1929 und Stadtrechte erhielt Rovaniemi erst 1960.

Im zweiten Weltkrieg wurde die Stadt stark in Mitleidenschaft gezogen und vollständig niedergebrannt.

Nach den Kriegswirren – Rovaniemi hatte damals kaum 8.000 Einwohner – erhielt der finnische Architekt *Alvar Aalto* den Auftrag zur Neuplanung des Stadtbildes. Er konzipierte ein modernes urbanes Zentrum, dessen Straßen wie man sagt, in der Form eines Rentiergeweihs angelegt sein sollen.

Zu den Sehenswürdigkeiten in der geschäftigen Stadt zählen die von Alvar Aalto 1975 entworfene **Lappia Halle**, Jorma Etontie 8 A, ein Kongress- und Konzertzentrum, sowie das neue **Rathaus**, Hallituskatu 7, das aus dem Jahre 1988 stammt. Neben der Lappia Halle liegt das Bibliotheksgebäude, ebenfalls nach Entwürfen von Aalto 1965 errichtet.

Bemerkenswert ist auch das Gebäude des **Kunstmuseums** in der Lapinkävijäntie 4 aus dem Jahre 1986. Präsentiert werden neben wechselnden Ausstellungen häufig Werke aus der Kunstsammlung der Stiftung Jenny und Antti Wihuri.

Wirklich lohnend ist ein Besuch im **Arktikum [N 66° 30' 26.9"  E 25° 43' 27.8"]**, Pohjoisranta 4 *(geöffnet  1. Juni - 31. Aug. tgl. 10 - 18 Uhr, 16. Juni - 15. Aug. 9 - 19 Uhr sonst Di - So 10 - 18 Uhr; www.artikum.fi)*, das

*Lohnt einen Besuch, das Arktikum-Museum*

einen Einblick in die arktische Natur und in die Lebensweisen, Sitten, Kulturen und Naturreligionen der Völker Sibiriens und der Inuit in Alaska, Grönland und Kanada.

Die Ausstellungen über die Provinz Lappland befassen sich mit der Kulturgeschichte des Samivolkes von der Frühzeit bis heute.

Breiter Raum wird auch der wechselvollen Geschichte Rovaniemis eingeräumt.

Schließlich können noch das **Lappland Waldmuseum,** Metsämuseontie 7 *(geöffnet 1. Juni - 31. Aug. Di - So 12 - 18 Uhr),* mit seinen Gebäuden, Gegenständen und Fotografien, die Einblick in das Leben der Waldarbeiter in Lappland geben sowie das **Freilicht- und Heimatmuseum Pöykkölä** *(geöffnet wie Waldmuseum)* im Südosten der Stadt (3,5 km, Straße Richtung Ranua) jenseits des Kemijoki besichtigt werden.

Von der **Aussichtshöhe Ounasvaara** in der Nähe des gleichnamigen Hotels östlich des Stadtzentrums hat man einen sehr schönen Blick über die Stadt.

Rund 22 km nördlich von Rovaniemi liegt bei Norvajärvi ein deutscher Soldatenfriedhof, auf dem 2.500 Gefallene beigesetzt sind. Am Eingang zu der monumentalen Grabstätte eine moderne Pieta.

Die **Mitternachtssonne** ist in Rovaniemi von **6. Juni** bis **7. Juli** zu sehen.

durch sein markantes Glasgewölbe am Fluss auffällt.

Das Artikum ist ein Forschungszentrum und **Museum** für Lappland und die arktischen Regionen. Es vermittelt durch seine Exponate, Bilder und Computerprogramme

## PRAKTISCHE HINWEISE – ROVANIEMI

 **Rovaniemi Tourist Information,** Rovakatu 21, 96200 Rovaniemi, Tel. 34 62 70, www.rovaniemi.fi/tourism. Mo – Fr 9 – 18 Uhr.

 **HOTELS**

**Scandic Rovaniemi,** 167 Zi., Koskikatu 23, Tel. 46 06 000; www.scandic-hotels.com/sf/; zentrale Lage, Restaurant, Bar, Garage.
**Cumulus Rovaniemi,** 64 Zi., Valtakatu 23, Tel. 33 36 00; www.cumulus.fi; Restaurant, Pub "Pisto", Schwimmbad, Garage.
**Rantasipi Hotel Pohjanhjovi,** 215 Zi., Pohjanpuistikko 2, Tel. 3 37 11; www.rantasipi.fi; Restaurant, Schwimmbad, Garage.

  **CAMPING**

**Camping Ounaskoski *** [N 66° 30' 55.2"  E 25° 47' 03.0"],** Jäämerentie 1, Tel. 34 53 04; Ende Mai – Mitte Sept.; Abzweig von Straße 81 Richtung Kuusamo, im östlichen Ortsbereich gelegen, Wiesen in ansprechender Lage am Ostufer des Kemijoki; ca. 2,5 ha – 120 Stpl.; Standardausstattung; Laden, Imbiss. **V & E für Wohnmobile.**
**Napapiirin Saari-Tuvat Camping [N 66° 31' 02.6"  E 25° 50' 36.8"],** Kuusamontie 96, Tel. 35 60 045; www.saarituvat.fi; 1. Jan. – 31. Dez.; knapp 8 km östl. der Stadt zwischen Straße 81 und dem Kemijoki; ebene, schattenloses Wiesengelände; ca. 3 ha – 150 Stpl.; Standardausstattung; Laden, Imbiss; 33 Miethütten. **V & E für Wohnmobile.**

# ROVANIEMI – KAJAANI

**Länge der Tour:** Rund 440 km, ohne Abstecher.

**Die Route:** Über die Straße 81 bis **Kuusamo** – Straße 5/E63 bis **Kajaani**.

**Reisedauer:** Mindestens ein Tag.

**Reisehöhepunkte:** Der **Wasserfall Auttiköngäs** – Wandern im **Oulanka Nationalpark** – **Kainuu Regionalmuseum** in Kajaani.

### Schnelle Alternativroute

Schneller gegenüber der weiter unten geschilderten Hauptroute ist der direkte Weg nach Kajaani auf der Straße 78 über **Ranua, Pudasjärvi** und **Paltamo**.

Einen Besuch lohnt auf dieser Strecke der **Arktische Tierpark Ranuan Eläinpuisto**, (geöffnet 1. Juni - 31. Aug. 9 - 19 Uhr, sonst tgl. 10 - 16 Uhr; www.ranuazoo.com) ca. 80 km südlich von Rovaniemi gelegen. Auf Wegen und Holzbrücken kann man durch das ausgedehnte Gehege spazieren und in Skandinavien heimische Tiere beobachten. Zu sehen sind Elche und Bären natürlich, dann Luchse, Wölfe, Vielfraße und Eisbären und viele Vogelarten. Camping siehe weiter hinten.

### HAUPTROUTE

**ROUTE:** *Ab Rovaniemi über die Straße 4/E75 in nordöstlicher Richtung und schon kurz nach der Flussbrücke ostwärts auf die Straße 81 Richtung* **Posio** *und* **Kuusamo** *(185 km).*

Bis **Autti** folgt die Straße 81 dem Lauf des Kemijoki.

Rund 6 km östlich von Autti zweigt links (nordwärts) eine ca. 1 km lange Schotterpiste, die an einem Parkplatz, im Sommer mit Café, endet. Vom Parkplatz mit Feuerstelle und Picknickplatz führt ein kurzer Fußweg zum **Wasserfall Auttiköngäs [N 66° 17′ 18.2″ E 27° 12′ 03.9″]**, der sich durch eine schmale Felsschlucht zu Tal stürzt.

Der Kemijoki diente lange Zeit zum Holzflössen. Eine Holzrinne ermöglichte die Flössern, die Baumstämme über Stromstellen in der Schlucht zu bringen.

Würde man dem Fluss aufwärts folgen, träfe man nach rund 15 km auf die etwa 20

**235**

### CAMPING – RANUA

**Camping Ranuanjärvi**, Leirintäalueentie 5, Tel. 016-35 51 780; 1. Juni - 31. Aug.; 79 km südöstl. Rovaniemi und 2 km östl. von Ranua an der Straße 941 gelegen, beschilderter Abzweig; Gelände im Föhrenwald oberhalb des Sees Ranuanjärvi mit Badesteg; ca. 4 ha - ca. 80 Stpl.; Standardausstattung; Laden; 20 Miethütten.

km lange **Schlucht von Korouoma**, deren Felswände stellenweise 100 m hoch aufragen. Es gibt einen 26 km langen Wanderweg, der aber nur erfahrenen und geübten Wanderern zu empfehlen ist.

Im weiteren Verlauf der Route passiert man **Posio**, einen Ort der Keramikindustrie. Kuriose Sehenswürdigkeit dort ist das **Internationale Kaffeetassen Museum**.

Ein kurzes Stück weiter östlich überquert die Straße 81 auf einer Brücke den Yli Kitka-See, der hier nur wenige hundert Meter breit ist. Hier bieten sich wunderschöne Ausblick über den See.

**ROUTE:** *Nach rund 35 km stoßen wir schließlich auf die Straße 5/E63 [N 65° 58' 35.4" E 29° 10' 20.5"], der „Via Karelia", und biegen südwärts ab nach* **Kuusamo**.

**Kuusamo,** 1868 gegründet und heute eine modern anmutende Stadt mit rund 18.000 Einwohnern, ist das wirtschaftliche und administrative Zentrum im Nordosten Finnlands. Die Stadt liegt mitten in einer seenreichen Waldlandschaft und ist daher wichtiger Ausgangspunkt für Freizeit- und naturverbundene Urlaubsaktivitäten im Sommer wie im Winter.

Kuusamo war in den Russisch-Finnischen Krieg 1944 verwickelt. Hilfe kam durch unterstützende deutsche Truppen. Diese retteten die **Kirchenglocken** der Stadt vor den anrückenden russischen Truppen, indem sie die Glocken kurzerhand auf dem Friedhof vergruben. Die Glocken waren lange verschollen und erst viel später konnte der damalige Kommandant das Versteck nennen.

Ein bescheidenes **Freilichtmuseum [N 65° 57' 46.4" E 29° 11' 38.4"]** liegt am südöstlichen Ortsrand mit einer Handvoll kleiner, historischer Holzhäuser.

Lohnend ist ein Abstecher zum 20 km nördlich von Kuusamo gelegenen **Rukatunturi** beim Ort **Ruka** (Hotels). Der 462 m hohe Berg (schöne Aussicht) ist eines der beliebtesten Wintersportgebiete in Finnland mit Loipen, Liften und Abfahrtspisten. Ein Sessellift führt auch im Sommer zum Gipfel. Und wer möchte, kann auf einer 1 km langen Sommerrodelbahn wieder hinabfahren.

Eines der schönsten Gebiete für Wanderungen liegt rund 50 km nördlich von Kuusamo im **Oulanka Nationalpark Oulangan Kansallipuisto**, der sich über fast 270 qkm zwischen der Straße 5/E63 und der russischen Grenze erstreckt.

Besonders die **Stromschnellen von Kiutaköngäs**, für die der Park berühmt ist, sowie die **Myllykoski Fälle** sind beliebte Besuchspunkte, liegen sie doch an der „kleinen Bärenrunde" genannten, 9 km langen Wanderroute, die sich von Juuma noch an anderen Stromschnellen und am Wasserfall Jyvärä vorbeiführen.

Der 80 km lange, markierte Wanderweg *„Karjunkierros"*, die „Große Bärenrunde", an der Zeltplätze und Übernachtungshütten liegen, verbindet alle wichtigen Sehenswürdigkeiten und Naturschönheiten im Nationalpark, wie den **Canyon des Flusses Oulandkjoki** oder die fast 50 m hoch aufragenden **Ristikallio Klippen**.

Im Park gibt es einen **Campingplatz** beim **Oulanka National Park Visitor Centre Oulangan Luontokeskus** (geöffnet tgl.

### PRAKTISCHE HINWEISE – POSIO

**Posio Tourist Information,** Maaninkavaarantie 3 A, 97900 Posio, Tel. 37 21 412; www.posio.fi.

### CAMPING

**Camping Himmerki Lomakeskus [N 66° 04' 55.2" E 28° 17' 00.3"]**, Himmerki 8, Tel. 35 26 02; www.himmerki.com; 1. Jan. - 31. Dez.; 7 km östlich von Posio etwa 1 km abseits der Straße 81; Waldcamping in hügeligem Gelände an schönem See; Standardausstattung; Gasthaus, Sauna; Miethütten.

### PRAKTISCHE HINWEISE – KUUSAMO

**Kuusamo Tourist Bureau,** Torangintaival 2, 93600 Kuusamo, Tel. 85 02 910; www.kuusamolapland.fi, www.ruka.fi.

### HOTELS

**Holiday Club Rantatropiikki,** 150 Zi., Kylpylätie, Tel. 85 96 000, www.holidayclub.fi; Restaurant, tropisches Hallenbad.
**Sokos Hotel Kuusamo,** 185 Zi., Kirkkotie 23, Tel. 020-12 34 693, www.sokoshotels.fi; Restaurant, Schwimmbad, Garage.

### CAMPING

**Camping Rantatropiikki [N 66° 00' 00.5"  E 29° 09' 05.0"],** Kylpyläntie, Tel. 85 96 000, www.holidayclub.fi; 1. Jan. – 31. Dez.; ca. 5 km nördlich von Kuusamo beschilderter Abzweig von der Straße 5/E63, zum Hotel Holiday Club Rantatropiikki gehörend, hier auch Anmeldung; leicht hügeliges Gelände im lichten Föhrenwald, geteerte Stellplätze, dezentrales Sanitärgebäude, über einen kleinen Hügelrücken hinab zu Strandbad; ca. 8 ha – 140 Stpl.; Mindestausstattung; Restaurant, Tennis, Fahrradverleih; 17 Miethütten. **V & E für Wohnmobile.**

10 - 17 Uhr, Tel. 020-56 46 850; www.ruka. fi), mit Informationen über den Park und einer Ausstellung über Flora und Fauna. Zu erreichen ist das Center von Ruka über die Straße 5/E63 Richtung Kemijärvi und Straße 950 Richtung Juuma.

ROUTE: *Rund 65 km südlich von Kuusamo passiert die dem Auge in der nur ab und zu von Seen aufgelockerten Waldlandschaft nur wenig Abwechslung bietende Straße 5/E63 den Ort* **Peranka.**

Nach Osten zweigt hier die Straße 919 ab **[N 65° 23' 39.1"  E 29° 02' 03.6"]**, die in das **Wandergebiet um Hossa** führt, rund 90 km markierte Wanderwege. Man findet in Hossa ein Informationsbüro, Hotels, Miethütten und Campingmöglichkeiten. www.metsa.fi.

Ca. 9 km südlich von Peranka findet man an der Straße 5/E63 den mit ,Alassalmen Muistomerkki' beschilderten **Rast- u. Picknickplatz [N 65° 17' 44.3"  E 29° 04' 09.6"]** in schöner Lage am See. Toiletten, Picknicktische, Feuerstelle, Mülltonne.

Ca. 30 km nördlich von Suomussalmi tauchen links der 5/E63 die Figuren des **„Stillen Volkes" Hiljainen Kansa  [N 65° 05' 37.1"   E 28° 54' 15.8"]** auf. Es ist das

*„Das Stille Volk"*

Werk des Künstlers Reijo Kela und umfasst fast 1.000 Vogelscheuchen ähnliche Figuren in bunten Kleidern, mit Torfköpfen und Heufrisuren. Es ist ein eigenwilliges, interessantes Kunstwerk, dessen Sinn vom Künstler nicht beantwortet wird. Jeder soll seine eigenen Schlussfolgerungen ziehen. Es ist wohl auch von Bedeutung, dass, wenn das „Stille Volk" entkleidet wird, was zweimal im Jahr geschieht, an dieser Stelle etwa tausend Kreuze verbleiben.

Im Sommer werden auf offenem Feuer frisch gekochter Kaffee und Pfannkuchen mit Himbeermarmelade angeboten. Kleine Souvenir- und Infohütte *(geöffnet 4. Juni - 10. Aug.; Eintritt frei; www.suomussalmi.fi).*

**ROUTE:** *Schließlich erreicht man* Ämmänsaari *und den Abzweig nach* Suomussalmi.

### Abstecher nach Suomussalmi und zum Winterkriegsmonument

Ab **Ämmänsaari** kann man nordwärts zum Ort **Suomussalmi** abzweigen. In dem Städtchen am ausgedehnten See Kiantajärvi sind die steinzeitlichen **Felsmalereien Hossan Värikallio** im Wandergebiet Hossa zu besichtigen.

Ein **Heimatmuseum** findet man im alten Ortskern Suomussalmis in der Kirkkotie 35 *(geöffnet Di - So 10 - 18 Uhr).* Das Freilichtmuseum zeigt einige alte Bauernhöfe mit Exponaten über die Lebensart der Bevölkerung Ende des 19. Jh.

Folgt man der Straße 912 ostwärts Richtung Kuhmo, findet man am nächsten Abzweig zur sog. **Museumsstraße Raatteentie** das **Kriegsdenkmal ‚Flammen-Monument'** von Alvar Aalto, eines von vielen entlang dieser Straße, die letztendlich nach Raate an der russichen Grenze führt. Hier wütete der russisch-finnische Winterkrieg 1939/40.

Ab Abzweig zur Straße nach Raate liegt das erst 2003 eingeweihte **Winterkriegsmonument Raatteen Portti** (Talvisodan Monumenti) **[N 64° 50' 51.6"   E 29° 19' 33.2"]**, Raatteentie 2 *(Museum geöffnet 15. Mai - 15. Juni + 16. Aug. - 30. Sept. tgl. 11 - 17 Uhr, 16. Juni - 15. Aug. tgl. 10 - 18 Uhr; www.raatteenportti.fi).* Hunderte von Felsbrocken bilden diese Erinnerungsstätte. Die Anzahl der Steine entspricht der Anzahl der hier Gefallenen. Das Zentraldenkmal trägt 105 Kupferglöckchen, eines für jeden Tag des Winterkrieges.

Je nach zur Verfügung stehender Zeit kann man auf der Straße 912 (Via Karelia) noch weitere 50 km südostwärts fahren und nach dem Ort Saarivaara auf eine 22 km wellige Erdstraße nach **Kuivajärvi [N 64° 39' 33.4"   E 30° 06' 23.8"]** abzweigen, einem der wenigen noch existierenden karelischen Dörfer in Finnland. Der Flecken Kuivajärvi, eine Handvoll Holzhäuser samt einer orthodoxen Kirche, liegt am Ende der Straße an einem schönen See, der die russische Grenze bildet. Gegenüber der orthodoxen Kirche findet man das **Gasthaus ‚Domnan Pirtti'** mit einigen Übernachtungszimmern und einer Cafeteria *(geöffnet 5. Juni - 31. Aug., Tel. (08) 72 31 79).*

### HAUPTROUTE

**ROUTE:** *Von Ämmänsaari auf der Straße 5/E63 über* **Hyrynsalmi** *(32 km) nach* **Kajaani** *(70 km).*

Am Ortsbeginn von **Hyrynsalmi [N 64° 40' 29.1"   E 28° 30' 27.0"]** sieht man rechts der Straße eine imposante **Holzkirche** aus dem 18. Jh.

---

### PRAKTISCHE HINWEISE – SUOMUSSALMI

**Suomussalmi Tourist Information**, Jalonkaarre 5, Jalonniemi Haus, 89601 Suomussalmi, Tel. 61 55 55 45; www.suomussalmi.fi.

#### HOTEL
**Scandic Kiannon Kuohut,** 71 Zi., Jalonkatu 1, Tel. 71 07 70, Fax 71 36 39, www.scandic-hotels.com; Restaurant, Schwimmbad, Garage.

#### CAMPING
**Camping Kiantajärvi [N 64° 52' 14.3"   E 28° 59' 51.7"]**, Juntusrannantie 24, Tel. (0440)71 12 09; an der Straße 912 ca. 3 km östlich von Ämmänsaari; Wiesengelände im Birkenwäldchen, schön am Kiantajärvi-See gelegen; ca. 3 ha – 50 Stpl.; Mindestausstattung; 4 Miethütten.

**Kajaani [N 64° 13′ 25.7″ E 27° 43′ 57.4″]** (ca. 38.000 Einw.), Hauptort der Landschaftsregion Kainuu, liegt am Fluss Kajaaninjoki, der die Seen Nusjärvi im Osten der Stadt mit dem Oulujärvi, Finnlands viertgrößten See, verbindet. Der Fluss prägt wesentlich das Stadtbild. Er spielte als Handels- und Transportweg eine bedeutende Rolle bei der Entstehung Kajaanis.

*Das Winterkriegsmonument Raatteen Portti*

Der Schwedenkönig Karl IX. hatte 1604 veranlasst, das immer wieder von Grenzkriegen mit Russland erschütterte Gebiet durch eine Festung am Kajaaninjoki zu befrieden. Nun begann sich im Schatten der Burg eine Ansiedlung zu entwickeln, der der schwedische Gouverneur Pietari (Per) Brahe 1651 Stadtrechte verlieh. Reste der Festung, die im Krieg zwischen Schweden und Russland 1716 zerstört wurde – damals wurde auch der größte Teil der Stadt niedergebrannt – sind am Flussufer im westlichen Stadtbereich noch zu sehen.

Der Fluss durch die Stadt war vor allem in der zweiten Hälfte des 19. Jh. wichtiger Transportweg für im Hinterland gewonnenen Teer, der in Fässern zum Hafen von Oulu am Bottnischen Meerbusen gebracht wurde.

Als sich im 16. und 17. Jh. die europäische Segelschiffahrt durch die neuen Entdeckungen jenseits des Atlantiks stürmisch entwickelte, errang Finnland eine führende Stellung als Teerproduzent. Teer wurde damals aus Kienspänen in sog. Teergruben gewonnen und wurde nun in großen Mengen für die Abdichtung und Pflege der Segelschiffe gebraucht.

Große Söhne der Stadt sind der frühere Staatspräsident *Urhu Kekkonen*, der in seiner Kindheit hier zur Schule ging und *Elias Lönnrot*, der Sagen und Gedichte seiner Heimat und vor allem im benachbarten Karelien zusammentrug und so um 1835 Finnlands Nationalepos „Kalevala" schuf.

Zu den Sehenswürdigkeiten der Stadt zählen das von Carl Ludwig Engel 1831 erbaute **Rathaus**, dann das **Kajaani Kunstmuseum** in der Linnankatu 14 *(geöffnet So-Fr 10 - 17 Uhr, Mi 10 - 20 Uhr; www.kainuu.fi)* und schließlich das **Kainuu Regional Museum**, Asemakatu 4 *(geöffnet Mo, Di, Do, Fr 12 - 16 Uhr, Mi 12 - 20 Uhr; www.kainuu.fi)*, das sich mit der wirtschaftlichen und kulturellen Vergangenheit und Entwicklung der Region Kainuu und des östlichen Teils der Provinz Oulu und der Kulturgeschichte der Stadt und ihres Umfeldes beschäftigt. Das Museum besitzt u.a. eine Kunstausstellung und befaßt sich in separaten Abteilungen mit der Geschichte des Teertransports und mit dem Nationalepos Kalevala.

### Abstecher nach Paltaniemi

Bei ausreichend zur Verfügung stehender Zeit lohnt ein Abstecher ins 10 km nordwestlich von Kajaani gelegene **Paltaniemi [N 64° 16′ 38.1″ E 27° 39′ 42.0″]** am See Oulujärvi.

Im Ort stößt man auf die alte **Holzkirche** *(geöffnet 9. Juni - 19. Aug. 10 - 18 Uhr)*, die einen Besuch wert ist. Die Kirche wurde von Johan Simonpoika Knubb, der einer sehr wohlhabenden Familie aus der Gegend entstammte, 1726 fertiggestellt. Malereien von Emanuel Granberg schmücken Wände und Decken des Kirchenraumes aus. Besonders das Deckengemälde mit Szenen aus dem Alten Testament und der Leidensgeschichte Christi diente früher dem Bibelunterricht.

**PRAKTISCHE HINWEISE – KAJAANI**

**Kajaani Touristen Information [N 64° 13′ 25.7″  E 27° 43′ 57.4″]**, Pohjolan-katu 13, 87101 Kajaani, Tel. 6 15 55 55, Fax 15 56 64; www.kajaani.fi.

**HOTELS**

**Scandic Kajanus,** 235 Zi., Koskikatu 3, Tel. 6 16 41 Fax 61 64 505, www.scandic-hoels.com; Restaurant, Schwimmbad, Garage, Fitnesseinrichtungen.
**Kajaani Seurahuone,** 63 Zi., Kauppakatu 11, Tel. 62 30 76, Fax 6 13 44 95, www.kajaaninseurahuone.com; Restaurant, Garage.
**Sokos Hotel Valjus,** 84 Zi., Kauppakatu 20, Tel. 15 02 00, Fax 62 90 05, www.sokoshotels.fi; Restaurant, Schwimmbad, Garage.

**CAMPING**

**Camping Kainuun Portti [N 64° 12′ 36.6″  E 27° 39′ 25.4″],** Mainuantie 350, Tel. 61 33 000, www.lomapaikka.net/campingkainuunportti. 1. Mai – 30. Sept; Mindestausstattung.

Allerdings legte der Kirchenmaler einen so deutlichen Realismus in seine Werke, dass Teile des Gemäldes „das letzte Gericht" übermalt werden musste. Angeblich erschreckte sich die Kirchengemeinde beim Anblick der drastischen Motive der „Höllenqualen" und der „ewigen Verdammnis" zu sehr.

Neben der Kirche ist noch der sog. ‚**Stall des Zars'** zu besichtigen, einst anlässlich eines Besuchs von Zar Alexander I. angelegt, sowie **Hövelö**, das Geburtshaus des Dichters Eino Leino.

Weiter draußen am See hat man vom hohen Ufer einen schönen Blick auf den weiten Oulujärvi und den breiten Strand.

Abstecher nach Kuhmo

Der Weg von Kajaani nach **Kuhmo** ist zwar weit, nämlich ca. 100 km pro Strecke, aber die drei Sehenswürdigkeiten dort sind den weiten Weg wert.

Das **Kalevala-Dorf Kalevalakylä** (geöffnet Mai - Aug. tgl. 10 - 17 Uhr, Juli bis 18 Uhr; www.kalevalakyla.fi), ca. 4 km nördlich von Kuhmo, ist ein sehenswertes Freilichtmuseum, das der karelischen Tradition gewidmet ist. Alte Blockhäuser, ein ganzes Fischerdorf, Fallenwege etc. zeigen die Lebensweise der Altvorderen dieser Gegend.

Im schönen Haupthaus, das nach karelischer Art eingerichtet ist, erhält man eine akkustische Kostprobe der Kantele-Musik. Dieses alte Saiteninstrument, halb Zither, halb Gitarre, wird von einem Mädchen des Museums sehr liebevoll gespielt. Besonders dem finnischen Nationalepos Kalevala, der Liedersammlung des Volksdichters Elias Lönnrot, wird hier Aufmerksamkeit geschenkt. Auf dem Gelände befindet sich auch der Kalevala Camping (siehe unten).

Die andere Sehenswürdigkeit von Kuhmo ist das **Naturmuseum Petola Luontokeskus Petola**, Lentiirantie 342, Hiitola, (geöffnet tgl. 9 - 17 Uhr; www.luontoon.fi), das nur 300 m entfernt vom Kalevala-Dorf liegt. Das moderne Informationszentrum hat sich den vier einheimischen Wildtieren Bär, Wolf, Luchs und Vielfraß verschrieben. Anhand Ausstellungsstücken und drei verschiedenen Filmen bekommt der Besucher das Thema „Unbegrenzte Natur" sehr interessant vorgeführt.

Und der dritte Grund, so weit hierher zu fahren, ist das **Winterkriegsmuseum** (geöffnet 1. - 22. Juni Di - So 10 - 16 Uhr, 26. Juni - 18. Aug. tgl. 10 - 18 Uhr), das ebenfalls nahe dem Kalevala-Dorf liegt. Die Ausstellung zeigt Fotos, Landkarten und andere Erinnrungsstücke aus dem russisch-finnischen Winterkrieg 1939/40.

**CAMPING BEI KUHMO**

**Camping Kalevala Spirit [N 64° 6′ 51″  E 29° 35′ 11″],** Väinämöinen 13, Tel. (04) 40 75 55 00, www.kalevalaspirit.fi; 1. Jun – 31. Aug.; ca. 3 km östlich von Kuhmo. Waldgelände über dem Lentuajärvi mit Sandstrand in schöner Lage; ca. 5 ha - 40 Stpl.; Mindestausstattung. Miethütten. **V & E** **für Wohnmobile**. GoKart-Bahn und Biathlon-Schießplatz 500 m entfernt.

## KAJAANI – SAVONLINNA

**Länge der Tour:** Rund 420 km.

**Die Route:** Über die Straße 5/E63 bis **Iisalmi** und **Kuopio** – Straßen 17 und 23 bis **Varkaus** – Straßen 5, 464 und 14 bis **Savonlinna**.

**Reisedauer:** Mindestens ein Tag.

**Reisehöhepunkte:** Der **Blick ** vom Puijo Aussichtsturm** in Kuopio auf die Seenplatte – die **Klöster Valamo** und **Lintula** – die **Burg in Savonlinna** – die **Seenplatte *** bei Savonlinna.

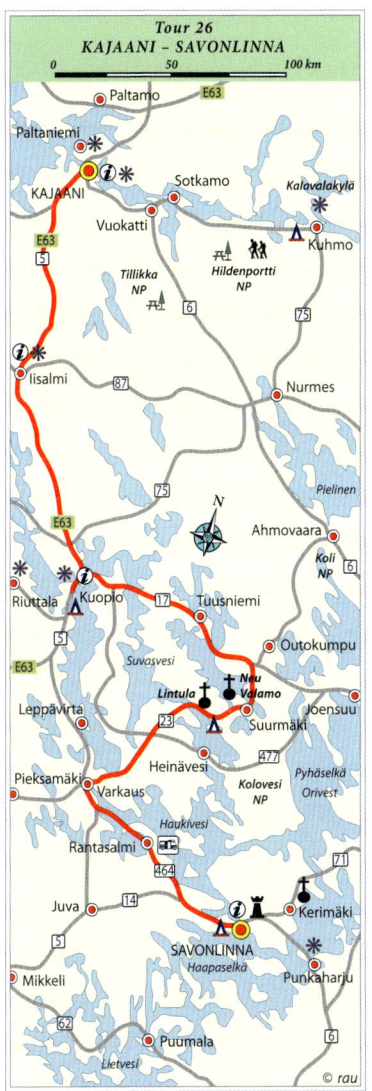

**ROUTE:** *Von Kajaani auf der Straße 5/ E63 südwärts bis* **Iisalmi** *(83 km).*

Die Stadt **Iisalmi [N 63° 33' 28.1" E 27° 11' 30.9"]** liegt am Nordrand der riesigen **Saimaa-Seenplatte** am Zusammenfluss von vier Seen.

Iisalmi, was in der Sprache der Sami soviel bedeutet wie „Nacht-Sund", ist neben seiner Funktion als wichtiger Verkehrsknotenpunkt und Wirtschafts- und Holzverarbeitungszentrum der Region Ober-Savo ein ausgezeichneter Ausgangspunkt für Bootstouren. Ein markierter Wasserweg z.B. führt hinab bis in das Gebiet der Saimaaseen.

Eng verbunden ist die Stadtgeschichte – Iisalmi erhielt erst 1891 Stadtrechte – mit dem Finnischen Krieg von 1808/09. Sven Tuuve (oder Dufva), der damals die Brücke über den Fluss Koljonvirta verteidigte und damit einen Sieg der Truppen Sandels ermöglichte, ist als Held in die Annalen der Stadt eingegangen.

Zu den Sehenswürdigkeiten der Stadt zählt in erster Linie das **Karelisch-Orthodoxe Kulturzentrum [N 63° 33' 36.3" E 27° 11' 37.0"]**, Kyllikinkatu 8 *(geöffnet 1. Juni - 31. Aug. 9 - 18 Uhr, sonst bis 16 Uhr)*, mit sehenswerten Ausstellungen über byzantinische und orthodoxe Kirchenkunst. Schöne Ikonensammlung, 80 Modelle von orthodoxen Kirchen und Kapellen u.a.

Außerdem kann man besichtigen: Das **Heimat- und Stadtmuseum** *(geöffnet tgl. 12 – 20 Uhr)* in der Kivirannantie 5, das **Naturmuseum** im Kulturzentrum in der Kirkkopuistonkatu 9, weiter das **Brauereimuseum** (eines der ersten seiner Art in Skandinavien, jährliches Bierfestival „Oluset" im Juli) am Stadthafen. Dort findet man auch das „Kuappi", das kleinste Restaurant der Welt. In dem nur 3,6 qm großen Haus finden im Gastraum und auf der Terrasse je zwei Personen Platz.

Schließlich ist die **Alte Kirche** an der Straße nach Kajaani im Norden der Stadt, eine Holzkirche in Kreuzform, die 1779 im gustavianischen Stil von Simo Silven erbaut wurde, sehenswert.

Literatur- und Kunstliebhaber werden das **Juhani Aho Museum** nicht versäumen wollen, das ca. 4 km nördl. der Stadt liegt (Ouluntie) und eine Sammlung des bekannten finnischen Schriftstellers Juhani Aho zeigt.

Übrigens: In und um Iisalmi gibt es eine Reihe recht kurioser Festivals und Wettbewerbe. So werden im nahen Ort Lapinlahti z.B. die Finnischen Meisterschaften im „Kühe rufen" ausgetragen, in denen die Bauern beweisen, dass ihre Kühe ihren Rufen folgen und von den Weiden zurückkommen.

In Sonkajärvi dagegen wird darum gewetteifert, wer Champion im „Ehefrauen tragen" wird und in Pielavesi belustigt man sich am „Stiefelweitwurf-Wettbewerb" (Rekord über 54 m) oder an einem Ruderwettbewerb, bei dem immer zwei Männer in einem Boot sitzen, aber jeder in die entgegengesetzte Richtung des anderen rudert.

23 km westlich von Iisalmi liegt **Runni**, ein Kurort, der für seine im 18. Jh. entdeckten Heilquellen bekannt ist.

**ROUTE:** *Rund 82 km südlich Iisalmi lohnt ein Abstecher von der hier ab Siilinjärvi zur Schnellstraße ausgebauten Straße 5/E63 hinein nach* **Kuopio**.

**Kuopio [N 62° 53' 30.5"   E 27° 40' 43.7"]**, 1782 vom schwedischen König Gustav III. gegründet und heute eine moderne Stadt mit ca. 90.000 Einwohnern, ist Hauptort der gleichnamigen Provinz und ein Zentrum des Bootsverkehrs im Saimaagebiet. Besuchenswert sind die Museen der Stadt.

Das **Kuopio Museum,** Kauppakatu 23 *(geöffnet 2. Mai - 3. Sept. Di - Fr 10 - 17 Uhr, Mi 10 - 19 Uhr, Sa + So 11 - 17 Uhr, www.museo. kuopio.fi)* befasst sich in zwei interessanten Museen mit der Kulturgeschichte der Region, mit der Stadtgeschichte, mit Brauchtum und Naturgeschichte der Region Savo.

Im **Freilichtmuseum Alt Kuopio** (Kortteli Museo) in der Kirkkokatu 22 *(geöffnet 15. Mai - 15 Sept. tgl. 10 - 17 Uhr, Mi bis 19 Uhr, sonst Di - So 10 - 15 Uhr, www.korttelimuseo.kuopio.fi)* sind aus der Umgebung von Kuopio zusammengetragene, typische und ihrer Zeit entsprechend eingerichtete Bauwerke aus dem 19. Jh. zu sehen, während sich das **Kunstmuseum** in der Kauppakatu 35 *(geöffnet Di - Fr 10 - 17 Uhr, Mi bis 19 Uhr, Sa + So 11 - 17 Uhr; www.taidemuseo.kuopio. fi)* mit finnischer Kunst aus verschiedenen Jahrhunderten befasst.

Etwas Außergewöhnliches für den skandinavischen Raum ist das **Orthodoxe Kirchenmuseum [N 62° 53' 20.5"  E 27° 41' 09.3"],** Karjalankatu 1 *(geöffnet 2. Mai - 31 Aug. Di - So 10 - 16 Uhr, sonst Mo - Fr 12 - 15 Uhr, Sa + So bis 17 Uhr; www.ort.fi/kirkkomuseo)*. Es widmet sich der recht bewegten Geschichte der Orthodoxen Kirche in Finnland und zeigt sehr schöne, seltene Ikonen aus dem 17. und 18. Jh., liturgische Gegenstände und Gewänder und Exponate aus karelischen Kirchen und Klöstern.

## PRAKTISCHE HINWEISE – IISALMI

**Iisalmi District Tourist Service**, Kauppakatu 22, 74100 Iisalmi, Tel. (020) 74 34 095, www.iisalmiregion.info.

### HOTELS

**Artos,** 28 Zi., Kyllikinkatu 8, Tel. 81 22 44; www.hotelliartos.fi; Restaurant.
**Sokos Hotel Koljonvirta,** 82 Zi., Savonkatu 18, Tel. 19 26 000; www.sokoshotels.fi; Restaurant, Garage, Freizeiteinrichtungen.

### CAMPING

**Camping Koljonvirta [N 63° 35' 43.9"  E 27° 09' 33.8"]**, Ylemmäisentie 6, Tel. 82 52 52; www.campingkoljonvirta.fi; Mitte Mai – Ende Sept.; nördl. von Iisalmi; ausgedehntes Wiesengelände am Fluss; ca. 15 ha – 300 Stpl.; Standardausstattung; Imbiss, Fahrradverleih, Reitstall; 28 Miethütten. **V & E** für Wohnmobile.

*Blick vom Aussichtsturm Puijo auf die Seenplatte bei Kuopio*

Zu den Sehenswürdigkeiten Kuopios zählen weiter der **Marktplatz [N 62° 53' 31.0"  E 27° 40' 44.1"]** (Kauppatori) (täglich außer Sonntag bis 15 Uhr bunter Markt), das **Rathaus** von 1884, die **Kathedrale** von 1815, der Blumengarten, das **Victor Barsokevits Photographic Center**, Kuninkaankatu 14 - 16 und der **Botanische Garten** der Universität.

Hat man viele Besuche von Museen und anderen touristischen Einrichtungen vor, lohnt der Kauf der **Kuopio Card**. Sie ist im Touristenbüro, in Hotels und auf Camping Rauhalahti für EUR 12,- erhältlich und bietet meist freien bzw. ermäßigten Eintritt in Museen etc. (www.kuopiocard.fi).

Keinesfalls versäumen aber sollte man – auch bei einem nur kurzen Aufenthalt – eine Fahrt auf den etwa 230 m hohen **Hügel Puijo**, der etwas nördlich vom Zentrum liegt. Dort findet man den 75 Meter hohen **Puijo Turm [N 62° 54' 34.1"  E 27° 39' 21.7"]** *(geöffnet 2. Mai - 19. Juni Mo - Sa 11 - 22 Uhr, 23. Juni - 10. Aug. Mo - Sa 11 - 22 Uhr, So 12 - 19 Uhr, im Winter Di - Sa 11 - 22 Uhr; www. puijo.com)* mit **Drehrestaurant und Aussichtsplattformen**. Der Ausblick von dort oben auf das herrliche Labyrinth der Seen-

**PRAKTISCHE HINWEISE – KUOPIO**

**Touristeninformation [N 62° 53' 36.8"  E 27° 40' 36.2],** Haapaniemenkatu 17, 70110 Kuopio, Tel. 18 25 84, www.kuopioinfo.fi.

**HOTELS**

**Cumulus Kuopio,** 143 Zi., Puijonkatu 32, Tel. 61 77 11; www.cumulus.fi; Restaurant, Schwimmbad.
**Spa Hotel Rauhalahti,** 221 Zi., Katiskaniementie 8, Tel. 47 34 73; ww.rauhalahti. com; Restaurant, Schwimmbad.
**Sokos Puijonsarvi,** 230 Zi., Minna Canthinkatu 16, Tel. 17 01 11; www.sokos-hotels.fi; Restaurant, Garage.

**CAMPING**

**Camping Rauhalahti [N 62° 51' 47.7"  E 27° 38' 25.9"],** Tel. 47 30 00, www. rauhalahti.com; ganzjährig; von der 5/E63 5 km südlich Kuopio gut beschildert, gepflegtes, ebenes Wiesengelände mit asphaltierten Stellplätzen, durch Büsche und Birkenreihen und von Wald begrenzt. Strandbad mit Sauna am Kallavesi-See ca. 100 m entfernt.; ca. 25 ha – 500 Stpl.; gute Standardausstattung; Laden, Imbiss; 96 Miethütten. **V & E für Wohnmobile.**

platte mit ihren bewaldeten Inseln und auf die Stadt ist beeindruckend und das um so mehr, als man sonst im oft flachen Terrain der finnischen Landschaft kaum oder nur nach langer Wanderung von einem erhöhten Standpunkt aus einen Blick auf die Landschaft genießen kann.

Im Sommer werden in Kuopio zwischen Anfang Juni und Mitte August zahlreiche **Schiffsausflüge** angeboten, die von einein-halbstündigen Rundfahrten per Boot über ausgedehnte Ganztagestouren bis zu einwöchigen Kreuzfahrten in die Seenlandschaft reichen. Eine der Tagestouren führt z.B. zum *Valamo Kloster* am Heinävesi See (Beschreibung siehe weiter unten).

Bei ausreichend zur Verfügung stehender Zeit lohnt auch ein Ausflug zum ca. 45 km westlich von Kuopio gelegenen **Bauernmuseum Riuttala** *(geöffnet 1. Juni - 31. Aug. tgl. 11 - 18 Uhr; www.riuttala.fi)*. Das Freilichtmuseum zeigt u.a. Finnlands größte Scheune, eine Windmühle, eine Rauchsauna und andere Bauernhäuser.

**ROUTE:** *Anstelle des rascheren Weges von Kuopio über die Straße 5/E63 nach Varkaus (78 km) empfiehlt sich ein östlicher* **Umweg zu den Klöstern Lintula und Neu Valamo** *nahe der Straße 23. Dazu verlässt man Kuopio über die Straße 5/E63 in nördlicher Richtung, zweigt aber schon nach rund 8 km ostwärts ab auf die Straße 17 Richtung* **Joensuu**. *Nach 79 km verlässt man bei* **Kuusjärvi** *die Straße 17 und folgt der Straße 477 südwärts. Nach 25 km stößt man bei* **Suurmäki** *auf die Straße 23, der wir wenige Kilomer nach Westen bis zum Abzweig (Beschilderung „Uusi Valamo") zum* **Kloster Neu-Valamo** *folgen* [**N 62° 31' 42.9" E 28° 45' 33.2"**].

*Kloster Neu-Valamo*

Das orthodoxe **Mönchskloster Neu-Valamo** *(geöffnet Sommer Mo - Sa 7.30 - 21 Uhr, So 8 - 21 Uhr, Winer So - Do 8 - 18 Uhr, Fr - Sa 7 - 21 Uhr; www.valamo.fi)* wurde hier erst im Jahre 1940 gegründet.

Die Geschichte des Klosters reicht aber zurück bis ins 12. Jh. Wie es in der Ordenschronik heißt, hatte damals ein griechischer Mönch mit Namen Sergej zusammen mit seinem aus Karelien stammenden Schüler und Begleiter Hermann auf der Insel Valamo im Ladoga See eine Brudergemeinschaft gegründet, die rasch Zulauf hatte und sich im Mittelalter zu einem namhaften Ordenshaus entwickelte. Das Kloster wurde Wallfahrtsort und ein geistiges Zentrum der orthodoxen Kirche. 1940 mußten die Mönche Kloster Valamo verlassen und siedelten sich hier auf der Gemarkung der Gemeinde Heinävesi an. 1977 konnten die Klosterkirche eingeweiht und viele der wertvollen Ikonen, darunter die der wundertätigen Gottesmutter von Konevitsa, und kostbare liturgische Geräte von Alt-Valamo hierher gebracht werden.

**ROUTE:** *Vom Kloster Neu-Valamo zurück zur Straße 23 und 21 km westwärts bis zum Abzweig (Beschilderung „Lintulan Luostari") nordwärts zum* **Kloster Lintula** *(knapp 10 km)* [**N 62° 31' 03.1" E 28° 39' 02.2"**].

Das **Nonnenkloster Lintula [N 62° 34' 16.0" E 28° 35' 25.9"]** *(geöffnet geöffnet 1. Mai - 30. Aug. tgl. 10 - 17 Uhr, Führungen)* liegt an der Karelischen Landenge auf dem ehemaligen Landgut des Geheimrats *Feodor Petrovits Neronov*. Neronov und seine Frau Aleksejevna wollten hier um die Jahrhundertwende einen Frauenverein der Heiligen Dreieinigkeit gründen, der dann 1905 in ein von russischen Nonnen betriebenes Frauenkloster umgewandelt wurde. Das Kloster entwickelte sich rasch, wurde allerdings von den Vorwirren der Oktoberrevolution erfasst und am Karfreitag des Jahres 1916 fast vollständig niedergebrannt. Nahezu alle Klosterschätze wie Ikonen, Reliquien, Messgewänder und Bücher gingen verloren. 1919 begann der Wiederaufbau der Klosterkirche. Aber

*Die Burg Olavinlinna in Savonlinna*

im Winterkrieg musste das Kloster im November 1939 erneut evakuiert werden und die Anlage wurde abermals zerstört. 1946 konnte das Kloster von Lintula wieder aktiviert werden. Heute leben in der Abtei noch etwa 10 Klosterfrauen. Einer der wichtigsten Erwerbe des Klosters ist die Herstellung von Kirchenkerzen. Die moderne Klosterkirche, vom Architekten Vilho Suonmaa errichtet und 1973 von Erzbischof Paavali eingeweiht, kann besichtigt werden.

**ROUTE:** *Weiterreise über die Straße 23 südwestwärts nach* **Varkaus** *(Hotels, Camping), dort auf der Straße 5 8 km südwärts und Abzweig südostwärts auf die Straße 464 nach* **Savonlinna** [N 62° 13' 37.3"  E 27° 53' 19.2"].

**Savonlinna** (schwedisch *Nyslott*), eine Stadt mit fast 29.000 Einwohnern, ist eines der bedeutenden Fremdenverkehrszentren im Saimaagebiet und eine Basis der Binnenschiffahrt auf der ostfinnischen Seenplatte [**Schiffsanlegestelle: N 61° 52' 08.9"  E 28° 52' 29.0"**].

Ende des 15. Jh., als die Stadt vom damaligen dänischen Vizekönig und dänischen Grafen Erik Axelsson Tott gegründet wurde, lag Savonlinna an der Ostgrenze des schwedisch-finnischen Königreiches. Dieser weit vorgeschobene Vorposten des Reiches mußte mit einer starken Festung auf einer kleinen Sundinsel gesichert werden, in deren Schutz nun die Stadt entstehen konnte.

Als Schutzpatron der Stadt erkor man den hl. Olav von Norwegen. Nach ihm ist die Stadtfestung „Olavinlinna" benannt.

1639 erhielt Savonlinna, das sich nun schon über mehrere Inseln erstreckte, vom

---

**CAMPING BEI HEINÄVESI/KARVIO**

**Camping Karvio**, Takunlahdentie 2, Tel. (017) 56 36 03, www.lomakarvio.com; 1. Mai – 15. Sept.; ca. 20 km westlich Suurmäki an der Straße 23 am Nordufer des Kermajärvi gelegen; Wiesengelände am See; ca. 10 ha – 150 Stpl.; Standardausstattung; Imbiss, Sportboothafen, 23 Miethütten. **V & E für Wohnmobile**. Zu den Klöstern Valamo und Lintula ca. 10 km.

**Wohnmobil Stellplatzmöglichkeit – Rantasalmi**

**42 km südöstlich von Varkaus** an der Straße 464 Richtung Savonlinna; **Parkplatz am Linnasaari Visitor Center [N 62° 03' 52.8"  E 28° 18' 28.6"]**, einem Informationszentrum für Fauna und Flora des Linnansaari Nationalparks. Nebenan kleines **Freilichtmuseum ‚Rantasalmi Museo'** mit einigen alten Bauernhäusern und einer Windmühle. Parkplatz mit Sanitärhäuschen mit Toiletten, Dusche, Waschbecken mit WW. Platz für ca. 10 Wohnmobile, finnischen Statthalter Per Brahe Stadtrechte. In den Kriegswirren mit Russland besetzten die Truppen von Zar Peter dem Großen die Stadt und nahmen die Festung ein. Die russische Besatzung dauerte sieben Jahre.

In den Friedensvereinbarungen von 1721 erhielt Schweden die Burg Olavinlinna zwar wieder zurück, aber nur für eine kurze Zeit von etwas mehr als zwanzig Jahren, dann fiel Savonlinna endgültig an das Zarenreich. Erst in den Abkommen von 1812 erlaubte Russland die Errichtung des Großfürstentums Finnland, zu dem auch Savonlinna mit seiner Burg gehörte. Nun konnte eine stetige Entwicklung in dem sich langsam zum autonomen Staat entwickelnden Finnland einsetzen.

Natürlich zählt die **Burg Olavinlinna** *(geöffnet 1. Juni - 15. Aug. tgl. 10 - 17 Uhr, sonst tgl. 10 - 15 Uhr; www.olavinlinna.fi)* heute zu den Sehenswürdigkeiten der Stadt. Die Festung liegt auf einer kleinen Insel im Sund Kyrönsalmi südlich der Innenstadt. Vom Parkplatz ganz in der Nähe des Provinzmuseums führt ein Fußweg zur Burg, die man schließlich über eine bewegliche Pontonbrücke erreicht.

In der Burg mit ihren gewaltigen Festungsmauern und dominanten Rundtürmen, die von den schroffen Felsklippen hochragen, kann man verschiedene Bastionen, Festungstürme, wie den Turm des Heiligen Eric, den Glockenturm oder den sog. Kirchturm sowie Säle und Räumlichkeiten

der Hauptburg, wie den Burgsaal oder den recht schlichten Königssaal besichtigen. Jedes Jahr im Juli ist der Schlosshof Schauplatz des **Savonlinna Opera Festivals**.

Das **Provinz Museum**, Riihisaari, *(geöffnet 1. Jul - 8. Aug. tgl. 11 - 18 Uhr, sonst Di - So 11 - 17 Uhr; www.savonlinna.fi/museo)* wurde in seiner heutigen Form erst 1985 gegründet. Es liegt ganz in der Nähe der Burg Olavinlinna. Die Ausstellungen, die in einem Holzbau aus dem 19. Jh., der ehemals als Getreidespeicher diente untergebracht sind, befasst sich eingehend mit der Kulturgeschichte des Saimaagebietes und der ostfinnischen Provinz Savo, einer der ältesten und historischsten des Landes.

Andere Schwerpunkte des Museums sind Ausstellungen zur Geschichte der Navigation auf den Saimaaseen, zur Fischerei, Flößerei und Dampfschiffahrt.

Zum Museum gehören vier Museumsschiffe, die ganz in der Nähe vertäut liegen. Man sieht den alten dampfbetriebenen Teerfrachter „Mikko", den Dampfschoner „Salama", den Passagierdampfer „Savonlinna", eines jener typischen Saimaaschiffe, und einen Bugsierer.

Das **Kunstmuseum**, Olavinkatu 40, *(geöffnet Di - So tgl. 11 - 17 Uhr, Juli bis 20 Uhr)* zeigt neben Bildern, Skulpturen und Fotografien wechselnde Ausstellungen.

Zu den schönsten **Ausflügen** ab Savonlinna zählt eine Kreuzfahrt ins Saimaaseengebiet.

## PRAKTISCHE HINWEISE – SAVONLINNA

**Touristen Information,** Puistokatu 1, 57100 Savonlinna, Tel. 51 75 10; www.savonlinnatravel.com.

### HOTELS
**Pietari Kylliäinen,** 48 Zi., Olavinkatu 15, Tel. 73 95 500; Restaurant.
**Seurahuone,** 80 Zi., Tel. 57 33 52; www.savonhotellit.fi; Restaurant.

### CAMPING
**Camping Vuohimäki [N 61° 51′ 43.8″ E 28° 48′ 14.3″]**, Vuohimäentie 60, Tel. 53 73 53, www.lomaliitto.fi/vuohimaki; 1. Juni – 26. Aug.; ca. 7 km südwestl. der Stadt, beschilderte Zufahrt von der Straße 14; sehr schön gelegenes, terrassiertes Wiesengelände mit Hartstandplätzen am Pihlajavesi-See; Fußweg zum Seeufer; ca. 12 ha – 250 Stpl. + 120 Dau.; Standardausstattung; Laden, Imbiss; 14 Miethütten. **V & E für Wohnmobile.**

**Parkplatz für Caravans und Wohnmobile**
Am westlichen Ortsrand von Savonlinna vor der Jäähalli **[N 61° 52′ 18.2″ E 28° 51′ 37.3″]** passiert die Straße 14 den ausgeschilderten Parkplatz für Caravans und Wohnmobile. Außer einem Kiosk (im Sommer) und einer Mülltonne sind allerdings keinerlei Einrichtungen vorhanden.

## SAVONLINNA – HELSINKI

**Länge der Tour:** Rund 410 km, ohne Abstecher.

**Die Route:** Über die Straße 6 und über **Punkaharju** und **Imatra** bis **Lappeenranta** – Straßen 6 und 26 bis **Hamina** – Straße E18 über **Porvoo** bis **Helsinki**.

**Reisedauer:** Mindestens ein Tag.

**Reisehöhepunkte:** Das **Saimaaseengebiet** ** – die hübsche Hafenstadt **Lappeenranta** * – der Rathausplatz von **Hamina*** – die Hafenstadt **Kotka** und die **Fischerhütte des Zaren** * – **Porvoos Altstadt** *.

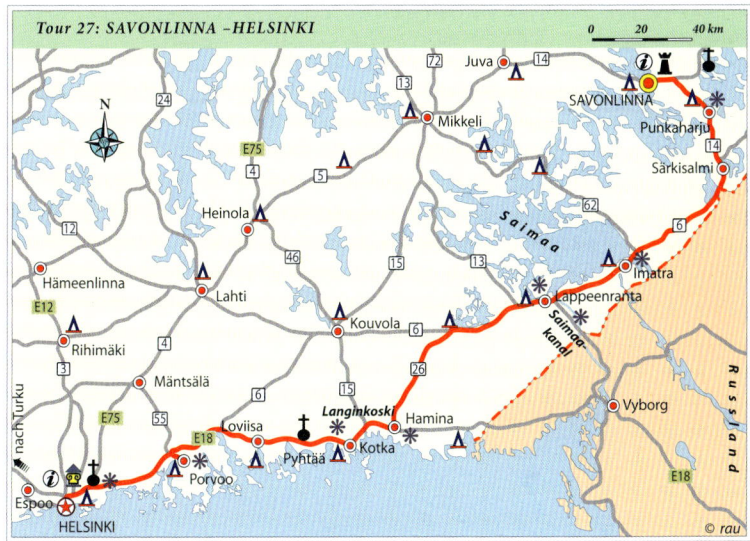

Auf der Weiterreise von Savonlinna, der „Perle des Saimaa", südostwärts nach **Punkaharju [N 61° 52' 08.2" E 28° 55' 18.1"]**, kann man nach 7 km einen Abstecher nach **Kerimäki** machen (10 km). Anlass des Abstechers ist die riesige **Kirche von Kerimäki [N 61° 54' 43.5" E 29° 16' 56.7"]** von 1847 *(geöffnet Mo - Fr 8 - 12.30 + 13.30 - 18.30 Uhr)*, die als größtes aus Holz errichtetes Kirchenbauwerk der Welt gilt. Der Kirchenraum misst stattliche 45 m in der Länge, 42 m in der Breite, erreicht unter der zentralen Kuppel eine Höhe von 37 m und bietet Platz für 3.300 Besucher! Angeblich soll sie deshalb so groß geraten sein, weil sich der Baumeister mit dem Maßstab vertat, denn die Pläne hatten die Einheit Zoll, er aber ließ in Ellen bauen.

Die **Landschaft des Saimaa** ist in seiner Art fast einzigartig. Der Beiname Finnlands „Land der tausend Seen" hat im **Saimaaseengebiet** nun wirklich seine Berechtigung.

Begonnen hat es mit der Bildung dieses für Finnland so typischen Landschaftscharakters während der Eiszeit. Kilometerdicke Eisschichten bedeckten vor rund 6.000 Jahren das Land. Die Gletscher gruben auf ihrer Wanderung zum Meer tiefe Mulden in die weicheren Gesteinsmassen. Als das Eis schließlich zu den Polen hin abschmolz, überspülte nachdrängendes Meerwasser das Land. Nach der Entlastung von den Eismassen hob sich das Terrain, die Wasser flossen wieder ab und nur die Mulden, die heutigen Seen also, blieben gefüllt zurück.

Über eine enge Landbrücke, den 7 km langen Landkamm Punkaharju, eine in Urzeiten entstandene Eiszeitmoräne, führt unser Weg nach **Punkaharju**. Hier sollte man die alte Straßentrasse benutzen. Sie ist mit **„Harjualue Scenic Road" [N 61° 48' 16.5" E 29° 18' 26.0"]** (Straße 4792) beschildert und führt erhöht über dem See parallel zur heutigen Hauptstraße jenseits der Bahnlinie.

Ein neues Museum ist westlich von Punkaharju entstanden, das **Lusto Forstmuseum Suomen Metsämuseo [N 61° 48' 03.9" E 29° 18' 39.6"]** (geöffnet Mai - Sept. tgl. 10 - 17 Uhr, Jun. + Aug. bis 19 Uhr, sonst Di - So 10 - 17 Uhr; www.lusto.fi), ein Museum und Wissenschaftszentrum für Waldkultur.

Nicht nur Kunstliebhaber sollten sich einen Besuch im **Kunstzentrum Retretti**, Tuunaansaarentie 3, bei Punkaharju (geöffnet Jun. + Aug. tgl. 10 - 17 Uhr, Juli tgl. 10 - 18 Uhr; www.retretti.fi), nicht entgehen lassen. Es ist eines der größten seiner Art in ganz Skandinavien und bietet in riesigen, teils unterirdischen Felshallen wechselnde Ausstellungen berühmter Maler. Andere Abteilungen befassen sich mit elektronischer Kunst (computerunterstützte Kunst, Laserkunst u.ä.).

In der Nähe der Kunststätte liegt der Freizeitpark **Punkaharju Kesämaa-Sommerland**.

**ROUTE:** *Auf der Weiterreise folgen wir der Straße 14 nach Südosten und treffen nach 19 km in **Särkisalmi** auf die Straße 6, der wir südwestwärts bis **Imatra** folgen. Die Straße verläuft hier recht nahe der russischen Grenze. Bei **Joukio** z. B. ist sie nur noch durch die Bahnlinie von der Grenze getrennt.*

*Die Stadt **Imatra** erreicht man, indem man von der Straße 6 der Beschilderung ,Imatrankoski' folgt.*

**Imatra** (ca. 32.000 Einw.) ist heute eine wichtige Industriestadt in Südkarelien.

Zur Besichtigung des ,Imatrankoski' parken an der Brücke über die **Vuoksi-Schlucht** und hinter dem Valtionhotelli.

Seit über 200 Jahren ist die Gegend bekannt geworden wegen des imposanten **Imatrankoski [N 61° 10' 11.3" E 28° 46' 19.3"]**, den berühmten Stromschnellen des Vuoksi-Flusses, der hier in einer Schlucht in den Saimaasee fließt und südöstlich weiter Richtung Russland und letztendlich in den Ladogasee mündet.

**Punkaharju Tourist Information**, Kauppatie 20, Punkaharju, Tel. 73 41 233, www.lomasuomi.fi/punkharju.

**HOTEL**

**Punkaharjun Valtionhotelli,** 24 Zi., Tel. 73 96 11, Fax 44 17 84, www.lomaliitto.fi/punkharju. Schönes Holzgebäude alten Stils, ursprünglich 1845 als Waldhütte Zar Nicholas I. erbaut, zählt es heute zu den bekannten Traditionshotels Finnlands. Restaurant. 15 Ferienhütten am See. Die Küche bietet neben finnischen auch russische Spezialitäten.

**CAMPING**

**Punkaharjun Lomakeskus Camping [N 61° 47' 57.7" E 29° 17' 35.1"]**, Tuunaansaarentie 4, Tel. 73 96 11, www.lomaliitto.fi/punkharjunlomakeskus; ganzjährig; an der Straße 14 rund 10 km nordwestl. von Punkajarhu am See Pihlajavesi gelegen mit Sandstrand, weitläufiges Gelände überwiegend im lichten, hügeligen Birken- und Föhrenwald. Im Eingangsbereich große Wasserrutschbahn; ca. 10 ha – 450 Stpl.; gute Standardausstattung; Laden, Imbiss, Fahrrad- und Squadverleih; 145 Miethütten. **V & E** für Wohnmobile.
**Camping Kultakivi Naturistiranta [N 61° 41' 12.1" E 29° 25' 10.8"]**, Tel. 64 51 51; 15. Mai – 31. Aug.; 10 km südlich von Punkaharju, weitläufiger Freizeitpark am See mit Campingmöglichkeit, u.a. mit 6 Saunen, im Sommer sehr turbulent.

**Rastplatz**
**Rastplatz ,Uimaranta' [N 61° 35' 57.4" E 29° 28' 58.6"]** bei Särkisalmi, zwischen Straße 14 und Bahnlinie, geteerter Platz zwischen zwei Seeausläufern, kleiner Sandstrand, über Fußgängerbrücke zu einem grßen Parkplatz mit Supermarkt, Restaurant mit Freiterrasse, Kiosk.

### CAMPING – IMATRA

**Camping Imatra Ukonniemi [N 61° 12′ 26″  E28° 43′ 37″]**, Leiritie 1, Tel. (05)68 251, www.imatrankylpyla.fi/ukonniemi; 1. Jun. - 15. Aug.; an der Straße 6 (Imatra -Kouvola) 2 km westl. der Stadt; hügeliges Waldgelände nahe des Saimaasees; ca. 90 ha – 120 Stpl.; Mindestausstattung; Laden, Imbiss, Fahrradverleih; 40 Miethütten. **V & E** für **Wohnmobile**.

Ein Anziehungspunkt ist der Wasserfall seit 1772, als die Zarin Katharina II. samt Gefolge dieses Naturschauspiel bewunderte. Und mit dem Bau des Valtionhotelli (Staatshotel), Torkkelinkatu 2 *(Tel. (05) 62 52 000, www.rantasipi.fi)* im Jahr 1903 direkt an der Vuoksischlucht begann sich ein Tourismus für Leute mit Rang und Namen zu etablieren.

1929 wurde der Vuoksi-Wasserfall zur Wasserkraftgewinnung gezähmt. Heute wird das Naturschauspiel per ‚Knopfdruck‘ veranstaltet. In der Zeit vom 15. Juni bis 19. August werden die Schleusen jeden Tag um 19 Uhr, samstags auch um 22 Uhr, geöffnet und die sog. Imatrankoski-Stromschnellen-Show mit der Musik von Jean Sibelius untermalt. (www.gosaimaa.fi).

Weitere Sehenswürdigkeiten der Stadt sind die 1957 nach Plänen des Architekten Alvar Aalto, der auch die 103 Bleiglasfenster entwarf, gebaute **Drei-Kreuz-Kirche**, weiter die **Kunstgalerie** in der Honkaharju 7, das **Freilichtmuseum** mit elf alten Bauernhäusern des 19. Jh. aus Karelien und schließlich das **Industriearbeitermuseum** *(geöffnet Mai - Aug. Sa + So 12 - 18 Uhr, im Jun. und Jul tgl. a. Mo 12 - 18 Uhr)*.

**ROUTE:** *Weiterreise ab Imatra auf der Straße 6 nach* **Lappeenranta**, *knapp 47 km.*

**Lappeenranta** (schwedisch Villmanstrand), eine Stadt mit annähernd 59.000 Einwohnern am Südrand des Saimaasees, ist das wirtschaftliche und bildungstechnische Zentrum im Süden Kareliens. Dank seiner grenznahen Lage und durch die Straßen- und Schiffsverbindungen, ist die Stadt außerdem ein bedeutender Knotenpunkt um Verkehr mit Russland. Die verkehrsstrategische Bedeutung nahm noch zu, als 1968 der 43 km lange Saimaakanal wiedereröffnet werden konnte und damit der Wasserweg vom Saimaasee durch russisches Territorium in die Ostsee bei Vyborg wieder frei war.

1649 ließ die schwedische Königin Christina hier auf einer schmalen Landzunge im Saimaasee an der Stelle eines schon seit dem Mittelalter aktiven Marktfleckens die Stadt gründen. Lange war der Teerhandel ein wichtiger Wirtschaftsfaktor in Lappeenranta.

Zu Beginn des 18. Jh. erbauten die Schweden hier eine Festungsanlage und machten Lappeenranta zur Garnisonsstadt. Bald gab es Aufstände des Adels, die schließlich in einem verheerenden Stadtbrand endeten.

Ausgangs des 18. Jh. gehörte Lappeenranta zu Russland und konnte während der Zarenzeit, als Finnland Großfürstentum war, bereits seine Bedeutung als Verkehrsknotenpunkt im Handelsverkehr mit Russland ausbauen. Spätestens seit Beginn des 19. Jh. machte sich Lappeenranta aber auch einen Namen als Kur- und Badeort.

Einen Besuch lohnt in der historischen, von Festungswällen umgebenen **Altstadt Linnoitus [N 61° 03′ 51.7″ E 28° 11′ 00.5″]** (Festung) aus dem 18. Jh. nördlich der Innenstadt (Beschilderung ‚Satama‘ (Hafen) folgen) und oberhalb des Hafenbeckens. Beiderseits der gepflasterten Kristiinankatu, die mitten durch die Festungsstadt führt, liegen die historischen Bauten.

Zunächst kommt man zum **Kavallerie Museum** (Ratsuväkimuseo) *(geöffnet 2. Juni - 17. Aug. Mo - Fr 10 - 18 Uhr, Sa - So 11 - 17 Uhr)*, das ganz in der Nähe des Vyborg Tores in der Kristiinankatu 13 im ältesten Haus der Stadt untergebracht ist, das nach seiner Errichtung im Jahre 1772 lange als Quartier der Garde diente.

Ein kurzes Wegstück weiter liegt linkerhand das **Kunstmuseum Südkareliens** *(geöffnet 2. Jun. - 17. Aug. Mo -Fr 10 - 18 Uhr, Sa + So 11 - 17 Uhr)*, das in zwei ehemaligen Kasernengebäuden eingerichtet ist. Ausgestellt sind vornehmlich Gemälde aber auch Skulpturen von Künstlern aus Ostfinnland und Vyborg.

Gegenüber vom Kunstmuseum sieht man die der Jungfrau Maria gewidmete **Orthodoxe Kirche**, die älteste orthodoxe Kirche in Finnland. Sie wurde 1785 geweiht.

Fast am nördlichen Ende der Straße kommt man zum **Südkarelien Museum**

*Sandskulpturen in Lappeenranta*

Uhrentürmchen aus dem Jahre 1829, weiter der **Aussichtsturm** mit Cafeteria, dann im Stadtpark die **Lappee Kirche** von Juhana Solonen aus dem Jahre 1794 mit einem Altarbild von Aleksandra Frosterus-Såltin und schließlich die **Lauritsala Kirche**, 7 km östlich der Innenstadt. Der moderne, schwungvoll himmelwärts strebende Kirchenbau wurde 1969 nach Plänen der Architekten Toivo Korhonen und Jaakko Laapotti errichtet.

(Etelä-Karjalan Museo), Kristiinankatu 15 *(geöffnet 2. Jun. - 17. Aug. Mo - Fr 10 - 18 Uhr, Sa + So 11 - 17 Uhr, Winter Di - So 11 - 17 Uhr; www.lappeenranta.fi/linnoitus)*. Die Ausstellungen, untergebracht in den ehemaligen Magazinen der russischen Kasernenanlage, basieren im wesentlichen auf den Sammlungen der Stadtmuseen von Lappeenranta, Vyborg und Käkismalmi.

Unterhalb der Festungsstadt Linnoitus, an der **Satamatie/Hafenpromenade [N 61° 03' 43.4"  E 28° 11' 08.4"]**, findet man einen **Parkplatz in schöner Lage** an der Hafenbucht, 100 m von der Anlegestelle der Ausflugsboote, Cafeterias, Restaurantschiffe entfernt. Zur Altstadt hinauf sind es keine 5 Gehminuten.

Am Nordende der Hafenpromenade werden im Sommer kunstvolle Wunderwerke in Form von **Sandburgen** gebebaut.

Sehenswert in der Stadt selbst sind das **Alte Rathaus**, ein hübscher Holzbau mit

Am östlichen Stadtrand von Lappeenranta befindet sich das **Saimaa Kanal Museum** (Saimaan Kanava Museo) *(geöffnet 5. Jun. - 17. Sept. 12 - 18 Uhr; www.fma.fi/kanavamuseo). Parkplatz.* Das Museum liegt an der **Alten Schleuse von Mälkiä** und wurde anlässlich des 150. Jahrestag der Eröffnung des Kanals eingerichtet. Die Ausstellungen erinnern an die Baugeschichte und die wirtschaftliche Bedeutung des Kanals in der Saimaaseenregion und zeigt Dokumente, Fotos, Bauwerkzeuge aus der Zeit des Kanalbaus Mitte des 19. Jh.

*Mein Tipp!* Ab Lappeenranta werden im Sommer eine ganze Reihe von Bootsausflügen in das Saimaaseengebiet angeboten. Zum Angebot gehören auch eintägige **Schiffsausflüge durch den Saimaa-Kanal nach Vyborg** (Viipuri) in Russland. Ein Visum nur für die Schiffstour ist nicht notwendig.

**PRAKTISCHE HINWEISE – LAPPEENRANTA**

 **Touristen Information,** am Busbahnhof, 53101 Lappeenranta, Tel. 66 77 88, www.lappeenranta.fi.

 **HOTELS**

**Scandic Patria,** 135 Zi., Kauppakatu 21, Tel. 67 75 11; www.scandic-hotels. com/sf/; Restaurant, Garage.
**Sokos Hotel Lappee,** 206 Zi., Brahenkatu 1, Tel. 67 861; www.sokoshotels.fi; Restaurant, Schwimmbad, Garage.

 **CAMPING**

 **Camping Huhtiniemi [N 61° 02' 59.0"  E 28° 11' 48.1"],** Kuusimäenkatu 18, Tel. 45 31 888; Mitte Mai – Mitte Sept.; an der Straße 6 westl. der Stadt; Wiese auf einem bewaldeten Hügel am Saimaasee; ca. 10 ha – 300 Stpl.; Standardausstattung; Laden, Imbiss; 52 Miethütten. **V & E für Wohnmobile**.

Allerdings müssen Sie Ihren Reisepass dabei haben. Sollten Sie sich für einen Aufenthalt in Vyborg entschließen, ist aber ein Visum notwendig. Informationen und (mögl. rechtzeitige) Buchungen im Touristenbüro von Lappeenranta.

Der Rathausplatz in Hamina

**ROUTE:** *Man kann ab Lappeenranta auf der Straße 6 über Kouvola rasch Richtung Helsinki reisen. Empfehlenswerter ist jedoch der Weg über die Straße 7/E18, die ab* **Hamina** *entlang der Küste nach Westen führt. Unterwegs lohnen Abstecher nach* **Hamina**, **Kotka** *und* **Porvoo** *unweit südlich der E18.*

**Hamina [N 60° 34' 03.2" E 27° 11' 42.7"]**, eine ehemalige Garnisonsstadt an der Südküste Finnlands, überrascht mit einer bemerkenswerten Stadtarchitektur. Der wunderschöne **Rathausplatz** (Raatihuoneentori) ist wirklich sehenswert.

Das Rathaus in der Mitte wird umrahmt von repräsentaiven Holzpalais im russischen Stil sowie einer orthodoxen Kirche und der Kirche von Hamina, von Carl Ludwig Engel erbaut. Im Haus Nr. 16 ist das Touristenbüro zu finden.

An der Westseite ist in dem schönen Palais der Familie Aladin, Raatihuoneentori 8, ein kleines, privates **Samovar-Museum Tsaarinajan Samovaarit** eingerichtet (geöffnet Mi - Sa 11 - 15 Uhr, So 11 - 17 Uhr, www.

hamina.fi). Es ist angefüllt mit Utensilien aus der Zarenzeit. Besonders die herrliche Stuckdecke der ‚guten Stube', des Ausstellungsraumes, ist sehenswert.

Im anderen Teil des Gebäudes kann man in der hübschen **Konditorei Huovila** eine Pause einlegen.

In der Kadettikoulunkatu 2 liegt das älteste Haus der Stadt Hamina aus dem Jahre 1760, in dem heute das **Stadtmuseum** (geöffnet Di - Sa 11 - 16 Uhr, So bis 17 Uhr, www.hamina.fi) eingerichtet wurde. Das Gebäude diente 1783 als Verhandlungsort der Zarin Katharina der Großen mit dem schwedischen König Gustav III.

Alle zwei Jahre findet im Sommer in der Hamina Bastion das berühmte **Hamina Tattoo** statt (www.haminatattoo.fi). Halb Finnland trifft sich dann hier zur Pflege von Volksmusik, Militärmusik, Volkstänzen und anderer Traditionen.

**Kotka** erreicht man auf der Straße 7/E18 nach ca. 12 km. In Kotka lohnt ein Besuch der sog. **Kaiserlichen Fischerhütte Langinkoski [N 60° 29' 25.6" E 26° 53' 14.2"]** *(geöffnet 1. Mai - 31. Aug. tgl. 10 - 19 Urh, im Sept. + Okt. Sa + So 10 - 16 Uhr, www.langinkoskimuseo.com).* Das stattliche Waldpalais liegt ca. 5 km nordwestlich des Stadtzentrums, der Beschilderung „Keisarillinnen Kalastusmaja" folgen.

Zar Alexander II. hatte sich die prächtige Jagdhütte 1889 an den Stromschnellen des Kymijoki erbauen lassen, um sich hier beim Lachsfang vom anstrengenden Hofzeremoniell zu erholen. Im heutigen Museum sind die Salons im Originalzustand der Zarenfamilie zu sehen.

In Kotka ist außerdem der **Eisbrecher „Tarmo"**, der älteste Eisbrecher der Welt von 1907 besuchenswert *(geöffnet Mitte Mai - Ende Aug. Mo - Fr 10 - 18 Uhr, Sa + So 10 - 16 Uhr; www.kotka.fi/museo).* Er liegt neben anderen Museumsschiffen im alten Stadthafen im Stadtzentrum.

Das **„Flugmuseum"** am Flughafen Kymi, ca. 15 km nördlich von Kotka, zeigt ein Dutzend noch einsatzfähiger Kleinflugzeuge aus dem letzten Jahrhundert. Das einzige noch fliegende Muster des Doppeldeckers Gauntlet ist hier zu bewundern.

Das **Meeresmuseum „Maretarium"**, Sapokankatu 2, *(geöffnet 15. Mai - 13. Aug. tgl. 10 - 20 Uhr, sonst 10 - 17 Uhr; www.maretarium.fi)* zeigt die Unterwasserwelt der finnischen Südküste.

Auf dem Weg nach Porvoo lohnt ein Abstecher zur **Kirche von Pythää** (Pythää kk). Die schindelgedeckte Kirche mit schöner Ausschmückung und einer prächtigen Kanzel besitzt ein prächtiges gotisches Rippengewölbe ausgemalt mit Rankenornamenten.

**Porvoo [N 60° 23' 40.7" E 25° 39' 37.5"]** (schwedisch Borgå) am Fluss Porvoonjoki (oder Borgå Å) ist eine sehr alte Stadt, präzise Finnlands zweitälteste Stadt.

Der schwedische König Magnus Eriksson hat Borgå 1346 Stadtrechte verliehen. Schon damals hatte sich Porvoo/Borgå im Schutze einer Burg aus einem Handelsplatz zu einem stattlichen Hafen entwickelt. Von jener Burg ist allerdings nicht viel mehr als der Stadtname geblieben. Borgå bedeutet nämlich nichts anderes als die „Burg am Fluss".

Porvoos Innenstadt teilt sich im Grunde in zwei Bereiche, in die etwas hügelige **Altstadt** im Norden mit der markanten, erhöht gelegenen Domkirche und in die **Neustadt** im südlichen Teil, die um 1830 von Carl Ludwig Engel im Empirestil konzipiert worden ist. Dazwischen liegen die Hauptstraße Mannerheiminkatu und der Marktplatz (Busbahnhof, Parkplätze) mit dem attraktiven **Stadthaus** von 1893 an der Südseite des Platzes.

Zu den am besten erhaltenen Stadthäusern im Empirestil man besichtigen kann, zählt das **Runeberg-Haus** in der Aleksanterinkatu 3, eine Querstraße der Runeberginkatu. Das Haus war der Wohnsitz des Studienrates *Johan Ludwig Runeberg* (1804 – 1877) und seiner Frau Frederika. Runeberg wurde in Finnland als Schriftsteller, ja als „Nationaldichter" bekannt. Er schrieb die Verse zur finnischen Nationalhymne „Vårt land". Nebenan **Walter Runeberg Skulpturensammlung** *(geöffnet 2. Mai - 31. Aug. tgl. 10 - 16 Uhr, sonst Mi - So 10 - 16 Uhr; www.porvoo.fi).*

Hübsch ist ein kurzer Spaziergang durch die Altstadt **Gamla Borgå** oder *Vanha Porvoo* mit ihren romantischen Winkeln, Pflasterstraßen und roten Boots- und Speicherhäusern am Fluß. Am einfachsten beginnt man am kleinen Platz Krämaretorget (Parkmöglichkeiten), westlich der Mannerheiminkatu und geht durch die breite Straße bis zum **Alten Rathaus**, das man durch sein Uhrtürmchen erkennt. Das Rathaus beherbergt heute das **Historische Museum**, das Heimatmuseum der Stadt *(geöffnet Mai - Aug. Mo - Sa 10 - 16 Uhr, So 11 - 16 Uhr; www.porvoomuseo.fi).* Das Rathaus von Porvoo aus dem Jahre 1764 ist übrigens das erste aus Stein errichtete Rathaus in Finnland.

Schräg gegenüber vom Rathaus, an der Nordostseite des Rathausplatzes, liegt in der Edelfeltinpolku 3 das **Edelfelt-Vallgren Museum** *(Jun. - Aug. Di - so 10 - 16 Uhr, sonst bis 14 Uhr).* Das Museum erinnert an den Maler *Albert Edelfelt* und an den Bildhauer *Ville Vallgren.*

Neben dem Edelfelt-Vallgren Museum liegt links das **Alte Kaplanshaus**, das besichtigt werden kann.

Auf unserem Rundgang gehen wir nun ein kurzes Stück zurück und nach dem Edelfelt-Vallgren Museum links die recht romantische **Gasse Ralinginkaju** hinauf. Oben in der Vuorikatu gehen wir links zur **Domkirche** mit ihrem massiven Turm.

Der Dom wurde zu Beginn des 15. Jh. auf den Mauern eines älteren Gotteshauses errichtet. Die meisten Kirchenschätze gingen während des „Großen Unfriedens" verloren, als bei Aufständen das Kirchendach einstürzte.

Ein historisches Ereignis für ganz Finnland fand 1809 im Dom zu Porvoo statt. Zar Alexander I. hatte – nachdem Finnland an Russland gefallen war – einen Reichstag nach Porvoo einberu-

*In Porvoos Altstadt*

fen und hier im Dom feierlich versprochen, die Gesetze und die Religionsfreiheit Finnlands zu respektieren.

Leider ist der Dom am Himmelfahrtstag 2006 bei einem Brand stark beschädigt worden und zur Zeit wegen Renovierung geschlossen.

Vom Dom gehen wir hinunter zur alten Brücke über den Fluss Porvoojoki. Über sie verlief einst die älteste Landstraße Finnlands von Turku nach Vyborg. Vom jenseitigen Ufer hat man einen schönen Blick auf die Stadt und den Fluss. Auf der der Stadt zugewandten Uferseite gehen wir wieder stadteinwärts zurück zum Alten Rathaus und weiter zum Ausgangspunkt.

2007 wurde in der Välikatu 11 das **Museum Holm** eröffnet. Die Ausstellungen in dem 1763 erbauten Stadtpalais vermitteln einen Einblick in den Alltag, das gesellschaftliche Umfeld und den Reichtum einer Kauf-

mannsfamilie in der Zeit des ausgehenden 18. Jh. *(geöffnet Mai - Aug. Mo - Sa 10 - 14 Uhr, So 11 - 16 Uhr sonst Mi -So 12 - 16 Uhr; www.porvoonmuseo.fi).*

Die Jokikatu ist die Geschäftsstraße der Altstadt mit allerlei Geschäften, Kunsthandwerk- und Antiquitätenläden. Eines der Häuser in der Straße wird fälschlicherweise „Schloss" genannt, weil hier Zar Alexander I. während des Reichstages 1809 kurzzeitig residierte.

Im Sommer verkehren vom Flusshafen in Porvoo Passagierschiffe nach Helsinki und es werden kurze Kreuzfahrten in die Schären vor der Küste angeboten. Neueste Abfahrtszeiten und Preise erfährt man im Touristenbüro.

**ROUTE:** Helsinki *liegt nur knapp 50 km weiter südwestlich. Man erreicht die finnische Hauptstadt rasch auf der Autobahn E18.*

---

## PRAKTISCHE HINWEISE – PORVOO

 **Porvoo Tourist Information [N 60° 23' 40.6"  E 25° 39' 35.9"],** Rihkamakatu 4, 06101 Porvoo, Tel. 52 02 316; www.porvoo.fi.

### HOTELS

 **Seurahovi**, 40 Zi., Rauhankatu 27, Tel. 54 761; www.seurahovi.fi; Restaurant, Garage.

**Porvoon Mitta, 1**0 Zi., Jokikatu 43, Tel. 58 01 31, www.hotelporvoonmitta.fi; hübsches Haus in der Altstadt neben dem Rathaus. Die Zimmer sind gemütlich eingerichtet und liebevoll nach früheren Bewohnern des Hauses benannt.

### CAMPING

 **Camping Kokonniemi [N 60° 23' 32.2"  E 25° 39' 08.2"],** Uddaksentie 17, Tel. 58 19 67, www.lomaliitto.fi/kokonniemi; 1. Juni – 26. Aug.; südl. der Stadt, am Südwestufer des Flusses Porvoojoki; gepflegtes Wiesengelände mit Busch- und Baumbestand; ca. 6 ha – 80 Stpl.; Standardausstattung; 15 Miethütten.

 **V & E für Wohnmobile**.

## HELSINKI / HELSINGFORS

**Reisedauer:** Mindestens ein ganzer Tag.

**Reisehöhepunkte:** Helsinkis **Senatsplatz** und **Domkirche \*\*** – der **Markt am Hafen** – die **Uspenski Kathedrale \*** – **Helsinkis Museen** – ein Bummel auf der **Esplanade**.

**Helsinki** liegt sehr schön auf einer von Inseln umgebenen, buchtenreichen Landzunge an der finnischen Südküste.

Die finnische Hauptstadt mit etwa einer halben Million Einwohnern, gerne auch mit dem Beinamen „Tochter der Ostsee" belehnt (wer die „Eltern" waren, konnte nicht eruiert werden, vielleicht Stockholm und St. Petersburg?), ist eine relativ junge Stadt und nach ihrem Erscheinungsbild im Kern eine Stadt des Empirestils.

Die Anfänge der Stadtgeschichte gehen zurück ins 16. Jh., als der Schwedenkönig *Gustav Wasa* an der Mündung des Flüsschens Vantaa weiter nördlich der heutigen Innenstadt 1550 den Handelsplatz *Helsingfors* gründete. Helsingfors sollte sich in den Ostseehandel einmischen, der lange von den hanseatischen Handelshäusern kontrolliert wurde. Vor allem aus dem Warenverkehr mit dem baltischen Handelszentrum Reval (Tallinn) in Estland wollte man Profit ziehen.

Und natürlich war Helsingfors auch eine verteidigungspolitische Rolle gegenüber dem mächtiger werdenden Rußland zugedacht.

Allerdings kam der Handel nicht so recht in Schwung. Stadtbrände behinderten immer wieder den Aufbau. Und zu Beginn des 17. Jh. fiel die ganze Stadt dem „roten Hahn" zum Opfer. Nichts außer die Fundamente einer Kirche sind vom damaligen Helsingfors übriggeblieben.

*Königin Christina* von Schweden befahl um 1640, die Stadt neu zu errichten, diesmal aber näher am Meer, auf der Halbinsel, auf der sich Helsinki heute ausdehnt.

1748 begann man mit dem gigantischen Bau der Seefestung Sveaborg (Suomenlinna), die sich über mehrere Inseln vor der Hafeneinfahrt erstreckt. Einen rasanten Aufschwung erlebte Helsinki, damals immer noch eine kleine Hafenstadt mit Holzhäusern und kaum mehr als 3.000 bis 4.000 Einwohnern, aber immer noch nicht. Wieder vernichtete ein Brand 1808 große Teile der Stadt.

Zwischenzeitlich hatten sich allerdings die politischen Verhältnisse im Lande dramatisch verändert. Finnland war 1809 zum zwar autonomen, aber doch stark von Rußland beeinflussten Großherzogtum geworden und *Zar Alexander I.* bestimmte, dass die Hauptstadt des neuen Großherzogtums von Turku, der bisherigen Hauptstadt des Landes, 1812 nach Helsinki verlegte werden sollte. Wahrscheinlich lag die alte Hauptstadt dem Zaren zu nahe an der Einflußsphäre des Rivalen Schweden.

Nun kam Bewegung in die Stadtentwicklung. Großzügig wurde von *Johan Albrecht Ehrenström* die neue Stadt konzipiert. Als Stadtbaumeister engagierte man 1816 keinen geringeren als den damals schon namhaften Architekten *Johann Carl Ludwig Engel* (1778 – 1840) aus Berlin, einen Schüler Schinkels. Aus Engels Feder, der ein Meister des Neoklassizismus war, stammen die meisten der repräsentativen Bauten, die noch heute das Bild der Innenstadt von Helsinki prägen.

Und diese Bauten vermitteln auch einen Eindruck von der Pracht und dem Wohlstand, den die nun rasant aufstrebende Ostseehandelsstadt ausgangs des 19. Jh. entwickelte. Die breite und großzügig angelegte und in der Mitte mit einem schön begrünten Park versehene Esplanade könnte ohne weiteres mit Boulevards in Paris konkurrieren.

1828 wurde die Universität von Turku nach Helsinki verlegt und sieben Jahre später erschien hier die erste Ausgabe des Nationalepos „Kalevala". Um die Jahrhundertwende hatte Helsinki bereits rund 80.000 Einwohner. 1952 war die Stadt Austragungsort der 15. Olympischen Sommerspiele.

Für kurze Zeit stand die finnische Hauptstadt im Zentrum des Weltinteresses, als hier 1975 die Staatsoberhäupter von 35 Ländern

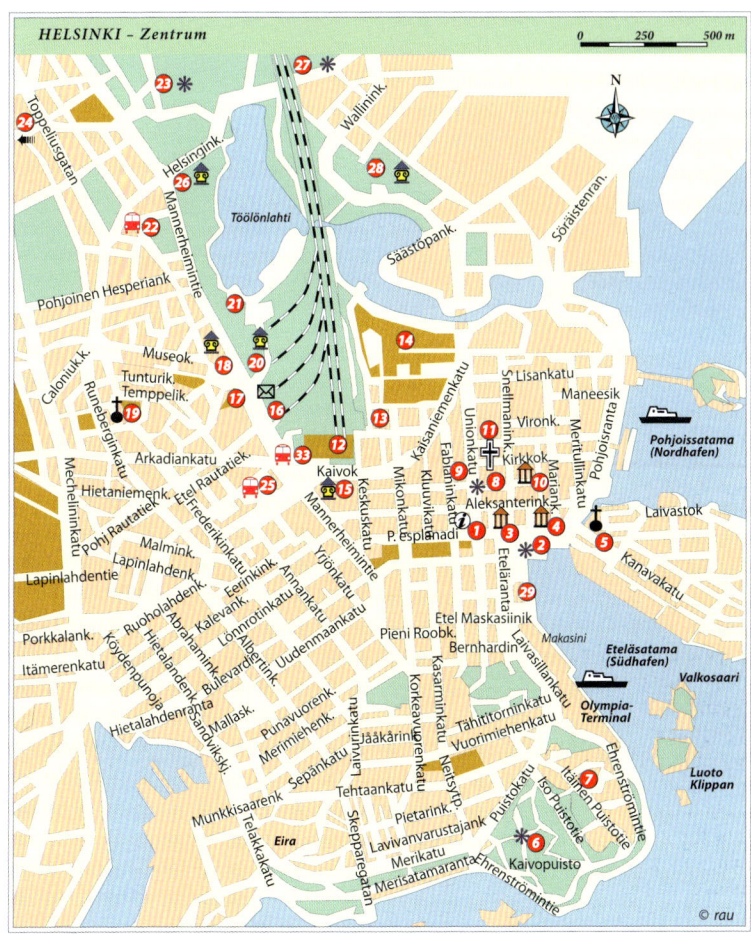

*HELSINKI* – **1** *Information* – **2** *Marktplatz* – **3** *Rathaus* – **4** *Präsidentenpalais* – **5** *Uspenski Kathedrale* – **6** *Kaivopuisto Park* – **7** *Mannerheim Museum* – **8** *Senatsplatz* – **9** *Universität* – **10** *Regierungspalais* – **11** *Dom* – **12** *Bahnhof* – **13** *Nationaltheater* – **14** *Botanischer Garten* – **15** *Kunstmuseum* – **16** *Hauptpostamt* – **17** *Parlament* – **18** *Nationalmuseum* – **19** *Temppeliaukio Kirche* – **20** *Stadtmuseum* – **21** *Finlandia-Halle* – **22** *Flughafenbusse* – **23** *Olympia Stadion* – **24** *Sibelius Denkmal* – **25** *Busbahnhof* – **26** *Nationaloper* – **27** *Vergnügungspark Linnanmäki* – **28** *Stadttheater* – **29** *Alte Markthalle*

zusammenkommen und die Schlußakte der Konferenz über Sicherheit und Zusammenarbeit in Europa (KSZE) unterzeichnen.

1983 fand in Helsinki wieder ein sportliches Großereignis statt – die erste Leichathletik-Weltmeisterschaft.

Schließlich bewies Helsinki 1990 mit dem Gipfeltreffen von US-Präsident George Bush mit dem Präsidenten der UdSSR Michail Gorbatschow abermals seinen Ruf als internationaler Konferenzort.

Finnische Architektur ist spätestens seit Alvar Aalto ein internationaler Begriff geworden. Beispiele dafür sind in Helsinki das Stadttheater, die Kongress- und Konzerthalle Finlandia, die Temppeliaukio Kirche und die neue Oper, die Ende 1993 fertiggestellt wurde.

**Tipps zur Stadtbesichtigung**

Stadtbesichtigungen unternimmt man am einfachsten zu Fuß und bedient sich bei etwas weiter entfernten Sehenswürdigkeiten öffentlicher Verkehrsmittel. Die Sehenswürdigkeiten in der Innenstadt liegen nicht allzu weit auseinander.

**Wenn Sie viele Besichtigungen vorhaben** und ausgiebig die öffentlichen Verkehrsmittel benutzen wollen, dann besorgen Sie sich die **Helsinki Card** im Touristenbüro an der Esplanade, an den Häfen oder im Hauptbahnhof. Die Karte, erhältlich für 1, 2 oder 3 Tage, kostet zwar – ab EUR 29,- pro Erwachsener und EUR 11,- je Kind ab 7 Jahren – aber sie bietet viele Vorteile. Die Helsinki Card verschafft Ihnen z. B. freie Fahrt mit allen Verkehrsmitteln der städtischen Verkehrsbetriebe HKL inkl. Fährbooten sowie einer Stadtrundfahrt pro Erwachsener. Darüber hinaus gewährt die Karte freien Eintritt zu allen Museen und Sehenswürdigkeiten und man erhält Ermäßigungen in manchen Restaurants, in Konzerten, in der Oper, in Saunen und Auto- und Fahrradvermietungen.

*Mein Tipp!* Eine relativ bequeme und preiswerte Art sich zum Preis eines Einzelfahrscheins (vorausgesetzt man unterbricht die Fahrt nicht) einen ersten Eindruck von der Stadt zu verschaffen, ist eine Fahrt mit der Straßenbahn der **Ring-Linie 3T**, mit der Sie wieder an ihren Ausgangspunkt zurückkehren können. Die Bahn ist ganz normales Verkehrsmittel für jedermann und kann deshalb in den betriebsamen Zeiten des Berufsverkehrs sehr gut besetzt sein. Bequemer hat man es in der Zeit zwischen 10 und 15 Uhr und dann wieder nach 18 Uhr. Im Touristen Informationsbüro gibt es die Broschüre „3T Sightseeing" (auch in deutscher Sprache) über den genauen Verlauf der Tramlinie und über die Sehenswürdigkeiten entlang der Strecke. Fahrtdauer 50 Minuten.

Es wird eine ganze Reihe von begleiteten **Stadtrundfahrten** per Bus, mit Fremdenführung (auch deutschsprachig), angeboten. Abfahrtspunkte sind der Bahnhofsplatz und die Fährterminals. Dauer der Rundfahrten von 1 ½ bis 2 ½ Stunden.

Vom Marktplatz am Stadthafen und vom Hakaniemi-Platz an Nordrand der Innenstadt, verkehren im Sommer **Rundfahrt- und Ausflugsboote** zu diversen Zielen, z.B. zur Festungsinsel Suomenlinna oder nach Seurasaari zum Freilichtmuseum. Kurzrundfahrten starten ab 10 Uhr stündlich.

Informationen über aktuelle Termine, Preise und Abfahrtsstellen sowie Fahrscheine für die diversen Rundfahrten und Ausflüge erhält man bei *Helsinki Expert* des Fremdenverkehrsvereins Helsinki Tel. 60 19 66, Fax 60 34 17 und am *TourExpert-Schalter* in der Touristeninformation, siehe unten.

### Stadtbesichtigung

Ausgangspunkt für unseren Stadtrundgang ist der **Marktplatz Kauppatori (2)** mitten im pulsierenden Leben am Hafen der Stadt. Markt wird Mo - Fr zwischen 6.30 und 18 Uhr, Sa bis 16 Uhr und im Sommer auch sonntags 10 - 17 Uhr abgehalten. Hier findet man Blumen, herrliches Gemüse, frische Früchte, Obst und je nach Jahreszeit allerlei Beerenarten und Pilze. Am Pier wird direkt vom Boot Fisch verkauft. Im Oktober findet hier der traditionsreiche *Strömlingsmarkt* statt, der auf das 18. Jh. zurückgeht.

Mitten auf dem Marktplatz sieht man einen Steinobelisken mit dem vergoldeten russischen Doppeladler. Dieser sog. **„Stein der Zarin"** erinnert an Zar Nikolaus I., der 1833 zusammen mit Alexandra Feodorovna, der Zarin, Finnland einen Besuch abstattete. Während der russischen Revolution wurde der das alte System symbolisierende Adler vom Obelisken gestürzt und erst 1972 wieder an seinen angestammten Platz zurückgebracht.

Das langgestreckte hellblaue Gebäude an der Nordseite des Marktplatzes ist das **Rathaus (3)**. Der dreigeschossige Bau wurde 1833 nach Plänen von C. L. Engel errichtet, diente zunächst als Hotel und wurde erst im Jahre 1913 zum Stadthaus umfunktioniert. Rechts davon schließen sich das Gebäude der Schwedischen Botschaft, der Oberste Gerichtshof und das **Präsidentenpalais (4),** Pohjoisesplanadi 1, an.

Das Gebäude fungierte anfangs als privates Stadthaus, das man 1843 nach Plänen von Engel zu einer Residenz des Zaren umbaute.

Seit 1919 dann war das Stadtpalais Amtssitz und Dienstwohnung des finnischen Präsidenten, bis jüngst die neue Präsidentenresidenz *Mäntyniemi* im nordwestlichen Stadtteil Meilahti fertiggestellt wurde. Auf Führungen kann das Palais besichtigt werden; www.helsinkiexpert.fi.

An der östlichen Seite der Hafenbucht sieht man die goldverzierten Türme der **Uspenski Kathedrale (5)**, Kanavakatu, aufragen *(geöffnet Mai - Sept. Mo - Sa 9.30 - 16 Uhr, So 12 - 15 uhr, sonst Di - Fr 9.30 - 16*

*Uhr, Sa bis 15 Uhr, So 12 - 15 Uhr;
www.ort.fi/helsinki).* Die orthodoxe Kirche, die größte ihrer Art in
den nordischen Ländern übrigens,
liegt auf einem kleinen Hügel auf
der **Insel Katajanokka** und wurde
1868 nach Plänen des Architekten
Gronostajew errichtet. Die Kirche
ist der „entschlafenen Jungfrau
Maria" geweiht. Die sehenswerte
Ikonenwand im Inneren vor dem
Altarraum ist eine Arbeit des russischen Künstlers Tschilschow. Vom
Kirchenvorplatz hat man einen
schönen Blick auf die Stadt.

Gehen Sie vom Markt ein Stück-
chen an der diesseitigen (westlichen) Kaimauer nach Süden in
Richtung des markanten rotweißen
Backsteinbaus die **Alte Markthalle (29)** (Wanha Kauppahalli), Etel-
äranta, *(geöffnet Mo - Fr 8 - 18 Uhr,
Sa 8 - 16; www.wanhakauppahal-
li.com).* Sie stammt aus dem Jahr
1889 und ist seither nicht nur bei
den Einheimischen, sondern auch
bei Touristen der Stadt ein beliebter
Anziehungspunkt und Einkaufsziel
(Restaurants). Neben feinen Back-,
Fleisch- und Wurstwaren werden auch Souvenirs angeboten.

Von der Kaimauer und der Anlegestelle
der Fähren der Silja Line hat man einen **guten Blick über den Hafen**, den Markt, das
Rathaus und die dahinter aufragende Kuppel des Doms.

Ganz am Südende der Halbinsel dehnt
sich das gepflegte Wald- und Parkgelände
**Kaivopuisto (6)** aus, das im 19. Jh. Helsinkis Kurpark war. Mitte des 19. Jh. fungierte
Helsinki als recht mondäner Kurort, der vor
allem von russischem Adel besucht wurde.
Neben den Botschaftsresidenzen verschiedener Länder findet man am Ostrand des
Parks das **Mannerheim-Museum (7)**, Kal-
liolinnantie 8. Der finnische Marschall *Carl
Gustaf Mannerheim* war 1867 in Louhisaari
bei Turku geboren worden, diente 30 Jahre
lang in der Kaiserlich Russischen Armee, lei-
tete zwischen 1906 und 1908 eine Expedition durch Zentralasien, führte 1917/18 den
finnischen Freiheitskampf, spielte eine zentrale Rolle in den ersten Jahren der finnischen
Unabhängigkeit und wurde schließlich von
1944 bis 1946 finnischer Staatspräsident.

*Helsinkis hübsche Havis Amanda*

Mannerheim lebte hier von 1924 bis zu seinem Tode im Jahre 1951.

An der Westseite des Marktplatzes steht
am Beginn des breiten Boulevards Pohjoisesplanadi die Statue der wohlgeformten **Havis
Amanda**. Die hübsche Bronzedame – eine
Arbeit des Bildhauers Ville Vallgren aus dem
Jahre 1908 – ist zum Wahrzeichen Helsinkis
geworden. Jedes Jahr, in der Nacht des 1.
Mai (*vapunaatto*), wird sie von jungen Leu-
ten und Studenten umlagert, die dann durch
das Brunnenbecken zu ihr hinaufsteigen, sie
umarmen und ihr ihre weißen Studenten-
mützen aufsetzen.

Von der Havis Amanda gehen wir über
die Pohjoisesplanadi hinüber zum **Touristen
Informationsbüro (1) [N 60° 10' 04.5"  E
24° 57' 03.7"]**, Pohjoisesplanadi 19 und weiter durch die Unioninkatu nordwärts bis zum
**Senatsplatz Senaatintori (8)**, Unioninkatu
29. Er ist der Mittelpunkt des klassizistischen
Stadtbildes.

Bis zu Beginn des 19. Jh. war der Platz
umgeben von Holzbauwerken wohlhabender Handelshäuser. Während der Auseinandersetzungen im schwedisch-russischen
Krieg, in dem Schweden Finnland an Russ-

land verlor, fiel 1809 das ganze Viertel einem Großfeuer zum Opfer.

Bei der großzügigen Neuplanung des Platzes, zeichnete Carl Ludwig Engel, der sich schon in Reval und in St. Petersburg einen Namen als Stadtarchitekt gemacht hatte, die Pläne. Nun entstanden repräsentative Bauwerke im neoklassizistischen bzw. Empirestil.

Auf dem Senatsplatz sieht man ein Denkmal mit der Statue des Zaren Alexander II. (1855 – 1881), die Walter Runeberg 1894 geschaffen hat. Die allegorischen Figuren, die das Denkmal umgeben, symbolisieren das Gesetz, die Wissenschaften, die Kunst, den Frieden und die Arbeit. Das Denkmal ist auch deswegen bemerkenswert, da es das einzige Zarendenkmal außerhalb Rußlands ist, zumindest im nordwesteuropäischen Raum.

Links sieht man die Gebäude der **Universität (9)** von Helsinki, die 1827 von Turku nach Helsinki verlegt worden war und damals Kaiserliche Alexander Universität hieß.

Die rechte Seite des Senatsplatzes wird vom Komplex des **Regierungspalais (10)** eingenommen, das als bedeutendstes architektonisches Werk von Engel angesehen wird. Früher Sitz des Kaiserlichen Senats, beherbergt es heute die Kanzlei- und Sitzungsräume der Landesregierung und die Diensträume des Ministerpräsidenten.

Dominiert aber wird der Senatsplatz von der Säulenfassade und der darüber aufragenden Kuppel des **Doms von Helsinki (11)** (geöffnet tgl. Mo - So 9 - 18 Uhr, im Sommer bis 24 Uhr). Eine mächtig breite Freitreppe führt zu dem Kirchenbau hinauf, der nach Zeichnungen von Engel zwischen 1830 und 1852 errichtet wurde. Nach dem Tode Engels im Mai 1840 führte Lohrmann die Bauarbeiten fort und änderte die Pläne Engels etwas ab. So fügte er der Hauptkuppel vier kleinere Ecktürmchen an und ließ die Seitenpavillons errichten. Zar Nikolaus I. (1825 – 1855) verfügte, dass die Giebel mit Figuren und Plastiken versehen werden sollten. Den Auftrag dazu erhielten die aus Deutschland stammenden Bildhauer Wederow und Schievelbein. Auch das Altargemälde mit dem Motiv der Kreuzabnahme, das der deutsch-russische Maler T. K. von Neff schuf, ist eine Stiftung des Zaren.

Der Dom ist dem Schutzheiligen der Seefahrer und des Handels, dem hl. Nikolai (Nikolaus) geweiht. Die Namenswahl des Kirchenheiligen war wohl auch eine Reminiszenz an den Zaren Nikolaus I.

In dem hohen, fast runden und recht schlichten Kirchenraum stehen drei Skulpturen großer Reformatoren. An der Altarseite rechts sieht man *Mikael Agricola* und links die runde Kanzel. Agricola lebte zwischen 1509 und 1557, war ein Schüler Luthers und Melanchthons, gilt als der große Reformator Finnlands und ging nach seiner Übersetzung des Neuen Testaments ins Finnische als Begründer der finnischen Schriftsprache in die Geschichtsbücher ein.

An der Orgelseite rechts sieht man *Melanchthon* (1497 – 1560), Humanist, Reformator und Mitarbeiter Luthers und links *Martin Luther* (1483 – 1546).

Südlich des Senatsplatzes liegt das **Stadtmuseum Helsinki (20)**, Sofiankatu 4 *(geöffnet Mo - Fr 9 - 17 Uhr, Sa + So 11 - 17 Uhr; www.helsinginkaupunginmuseo.fi)*. Unter dem Ausstellungsmotto „Am Horizont Helsinki" gibt es Einblick in 450 Jahre Stadtentwicklung.

Vom Senatsplatz gehen wir über die Aleksanterinkatu, eine der Hauptgeschäftsstraßen der Stadt, westwärts bis zur Mikonkatu oder bis zur Keskuskatu. Dort folgen wir einer der Straßen rechts (nordwärts) bis zum **Bahnhof (12) [N 60° 10' 14.1"  E 24° 56' 30.5"]**. Der Bahnhof wurde 1919 eingeweiht und präsentiert sich als ein bemerkenswertes Granitbauwerk. Der namhafte finnische Architekt Eliel Saarinen wollte mit dieser Arbeit einen ersten Schritt hin zum sog. „Stil neuer Sachlichkeit" tun. Die Lampen haltenden Monumentalfiguren beiderseits des Eingangs schuf Emil Wikström.

Unter dem Bahnhofsplatz erstreckt sich ein Einkaufszentrum das täglich bis 22 Uhr geöffnet ist.

Am Nordende des Platzes, rechts vom Bahnhof, sieht man das **Nationaltheater (13)**. Die Pläne zu diesem recht rustikal wirkenden Granitbau stammen aus der Feder des Architekten Onni Tarjanne aus dem Jahre 1902.

Hinter dem Nationaltheater erstreckt sich ein Park zu dem auch der **Botanische Garten der Universität (14)** gehört.

An der Südseite des Bahnhofsplatzes findet man das **Kunstmuseum Ateneum (15)**, Kaivokatu 2, *(geöffnet Di, Fr 9 - 18 Uhr, Mi + Do bis 20 Uhr, Sa + So 11 - 17 Uhr; www.ateneum.fi)*. In der größten Kunstsammlung Finnlands werden Gemälde, Skulpturen, Zeichnungen,

Aquarelle und Grafiken ausgesellt.

Die Staatliche Kunstgalerie oder Finnische Nationalgalerie zeigt Arbeiten vornehmlich finnischer Künstler vom 19. Jh. bis heute, aber auch Arbeiten nicht finnischer Bildhauer und Maler (u.a. van Gogh, Gaugin, Modigliani) des 19. und 20. Jahrhunderts.

Das Museum entstand aus einer bescheidenen Sammlung der Finnischen Gesellschaft für Kunst, der Zar Alexander zu Zeiten, als Finnland Großherzogtum war, eine kleine aber feine Kollektion stiftete und mit dem Wunsch verband, damit eine ständige Kunstausstellung für das finnische Volk einzurichten. Heute besitzt das Museum einen Kunstschatz von etwa 15.000 Gemälden und Skulpturen. Einige der wertvollsten Werke stammen aus der sog. „Goldenen Aera", die ausgangs des 19. Jh. die finnische Kunst prägte. Im Zuge der nationalen Selbständigkeit entfaltete sich damals eine lebhafte Kunstszene. Große Namen aus jener Zeit sind *Albert Edelfelt* mit seinen historischen Motiven, *Akseli Gallen-Kallela*, der Themen aus dem Epos Kalevala verarbeitete, *Pekka Halonen*, der für seine Winterszenen bekannt wurde oder *Eero Järnefelt*, der gerne den einfachen „Mann auf der Straße" porträtierte. Sehr sehenswert ist auch die Abteilung mit Werken des 20. Jh.

Unter der Schirmherrschaft der Nationalgalerie steht noch ein weiteres Museum, das **Museum für Ausländische Kunst, Sinebrychoff**, am Bulevardi Nr. 40, *(geöffnet Di + Fr 10 - 18 Uhr, Mi + Do bis 20 Uhr, Sa + So 11 - 17 Uhr; www.synebryhoffintaidemuseo.fi)* im Südwestteil der Stadt in der Nähe der Brauerei Sinebrychoff. Im Museum werden vor allem ausländische Künstler präsentiert. Darunter findet man alte flämische, holländische und italienische Meister, eine schwedische Porträtsammlung, französische Malerei, Miniaturen, eine Sammlung von Möbeln, Silber und Porzellan und eine Abteilung für russische Ikonenmalerei.

Relativ neu ist das **Museum für zeitgenössische Kunst Kiasma**, Mannerheiminaukio 2, *(geöffnet Mi - So 10 - 20 Uhr, Di 9 - 17 Uhr; www.kiasma.fi)*, das Werke finnischer und internationaler Künstler präsentiert.

*Am Senatsplatz, Mittelpunkt der Empirestadt, vorne Denkmal für Zar Alexander II., im Hintergrund Helsinkis Dom*

Unser Rundgang führt vom Bahnhofsplatz nach Westen zum **Hauptpostamt (16)**, Asema-aukio 5, rechts. Das hier untergebrachte **Postmuseum** *(geöffnet Mo - Fr 9 - 18 Uhr, Sa + So 11 - 16 Uhr; www.posti.fi/postimuseum)* zeigt die 360jährige Geschichte der Post in Finnland.

Von hier sollte man einen kleinen Umweg zum neuen Verkehrs- und **Einkaufszentrum Kamppi** an der Urho Kekkonen Katu 1 machen, das mit einer neuen Metro-Station, vielen Geschäften, Kneipen und Restaurants zum Shopping und Einkehren einlädt.

Man stößt auf die Mannerheimintie, eine der Hauptverkehrsadern der Stadt. Hier wenden wir uns nach rechts und folgen der Straße nordwärts. Schon kurz darauf sieht man auf der gegenüberliegenden, westlichen Straßenseite den mächtigen grauen Granitbau des **Parlamentsgebäudes (17)**, Mannheimintie 30 *(Führungen auch in englisch Sa 11 + 12 Uhr, So 12 + 13 Uhr, Jul - Aug. auch Mo - Fr 13 Uhr; www.eduskunta.fi)*. Der Architekt Sirén, der 1920 mit der Planung beauftragt worden war, wollte hier ein Bauwerk im Stil eines „monumentalen Klassizismus" errichten.

Einen Straßenzug weiter nördlich trifft man in der Mannerheimintie Nr. 34 auf das **Finnische Nationalmuseum (18)** *(geöffnet Di + Mi 11 - 20 Uhr, Do - So 11 - 18 Uhr; www.nba.fi)*. Die Eingangshalle ist mit Deckenmalereien und Motiven aus dem Nationalepos „Kalevala" von Akseli Gallen-Kallela dekoriert. Von prähistorischen Funden der ersten Siedler, über Sammlungen mittelalterlicher Kirchenkunst bis hin zur ethnologischen Entwicklung des Landes werden Geschichte und Kultur Finnlands und seiner Bevölkerung veranschaulicht.

Gegenüber dem Nationalmuseum erhebt sich an der Töölö-Bucht die **Finlandia-Halle (21)**, Mannerheimintie 13 e *(Shop geöffnet Mo - Fr 9 - 16 Uhr, Führungen auch in englisch)*. Das moderne Kongress- und Konzertzentrum wurde 1971 nach einem Entwurf von Alvar Aalto errichtet. 1975 fand hier das berühmte KSZE-Gipfeltreffen statt.

Einige Straßenzüge weiter westlich des Nationalmuseums liegt in der Lutherinkatu 3 die 1969 nach Plänen der Architekten Timo und Tuomo Suomalainen fertiggestellte **Temppeliaukio Kirche (19) [N 60° 10' 18.6" E 24° 55' 36.6"]** *(Anf. Apr. - Mitte Sept. Mo - Do + sa 10 - 20 Uhr, Mi + Fr 10 - 18 Uhr, So*

*Der markante Turm des Olympia Stadions und das Denkmal für Finnlands legendären Langstreckenläufer Paavo Nurmi*

*11.45 - 13.45 + 15.30 - 18 Uhr, sonst Mo + Mi 10 - 17 Uhr, Do - Sa 10 - 20 Uhr, Di +So 11.45 - 13.45 + 15.30 18 Uhr; www.helsinki.fi)*. Der moderne Kirchenraum, der auch Felsendom genannt wird, wurde aus dem gewachsenen Felsen herausgearbeitet und mit einer großen Kupferkuppel überdeckt.Durch die gute Akkustik ist er ein beliebter Konzertraum.

Ein gutes Stück weiter nördlich – etwa auf halbem Wege sieht man rechts den modernen Bau der neuen **Nationaloper (26)** – liegt das **Olympia Stadion (23) [N 60° 11' 01.0" E 24° 55' 37.0"]**, Paavo Nurmientie. Straßenbahnlinien 3B, 3T, 4, 7A, 7B und 10 bis Haltestelle Sallinkatu. 1952 war die Sportstätte mit Platz für 50.000 Zuschauer Austragungsort der 15. Olympischen Sommerspiele.

Mit dem Lift kann man hinauf zur Aussichtsplattform auf dem 72 m hohen Stadionturm fahren *(geöffnet Mo - Fr 9 - 20 Uhr, Sao + So 9 - 18 Uhr)*. Schöner Blick auf die Stadt.

Das **Finnische Sportmuseum** *(geöffnet Mo - Fr 11- 17 Uhr, Sa + So 12 - 16 Uhr; www.urheilumuseo.org)* im Stadion erinnert an Höhepunkte im finnischen Sportgeschehen. So sieht man z.B. Sprintschuhe und Stoppuhr von Paavo Nurmi, dem „fliegenden Finnen". Vor dem Stadion erinnert ein Denkmal von Wäinö Aaltonen an den großen finnischen Rennläufer Paavo Nurmi.

Auf einem Teil des **Parkplatzes vor dem Olympiastadion** ist Parken für 24 Stunden erlaubt.

Vom Olympiastadion kann man zur Haltestelle Sallinkatu an der Hauptstraße Mannerheimintie gehen und mit der Straßenbahn, am besten mit der Linie 10, zurückfahren bis zur Haltestelle am Erottaja Theater am Westende der Esplanadi und von dort zurück zum Ausgangspunkt am Marktplatz spazieren.

In der Parkanlage an der Esplanadi erinnert ein Denkmal an den Verfasser der finnischen Nationalhymne, Johan Ludwig Runeberg.

Am Ostende der Esplanadi, ganz in der Nähe der Figur Havis Amanda, dort wo wir unseren Stadtspaziergang begonnen haben, liegt am Rande der kleinen Parkanlage das Lokal *Kappeli Café-Brasserie*, das in einem hübschen Gebäude aus der Mitte 19. Jh. eingerichtet ist. Im Sommer Konzerte auf der Musikbühne davor.

*Das Sibelius Denkmal*

Im nördlichen Stadtbereich erinnert das **Sibelius Denkmal (24) [N 60° 11' 00.0" E 24° 54' 57.7"]**, Mechelininkatu 38, an den großen finnischen Komponisten *Jean Sibelius* (1865 – 1957). Zu den Werken Sibelius' zählt z.B. die symphonische Dichtung „Finlandia". Das Monument auf einem Felsblock wurde von der finnischen Bildhauerin Eila Hiltunen geschaffen. Es besteht aus hunderten von Stahlröhren, einer Orgel nicht unähnlich, und einer Metallbüste des Komponisten. Man erreicht das Denkmal auch mit dem Linienbus 18 ab Hauptbahnhof.

Das große **Seurasaari Freilichtmuseum [N 60° 11' 17.6" E 24° 53' 04.1"]** *(geöffnet Jun. - Aug. tgl. 11 - 17 Uhr, 15. - 31. Mai + 1. - 15. Sept. Mo - Fr 9 - 15 Uhr, Sa + So 11 - 17 Uhr; www.seurasaari.fi)* liegt sehr schön auf einer bewaldeten Insel nordwestlich der Innenstadt. Man erreicht das Gelände mit der Buslinie 24 ab Station Erottaja beim Schwedischen Theater.

In dem 1909 gegründeten Freilichtmuseum sind alte historische Gebäude aus dem ganzen Lande zusammengetragen worden. Eines der ältesten ist die Kirche von Karuna aus dem ausgehenden 17. Jh. Interessant ist auch der Gutshof von Kahiluoto oder das Gehöft Antti (mit Restaurant).

Jedes Jahr wird auf Seurasaari ein großes Mittsommerfest gefeiert. Zu den Darbietungen gehören eine Mittsommer-Hochzeit, Volkstanz, Trachten, Spiel und Tanz und ein gewaltiges Mittsommerfeuer.

Auf der Festlandseite in der Nähe der Landbrücke zur Insel ist das **Wohnhaus und Amtssitz Tamminiemi** des ehemaligen, von 1956 bis 1986 amtierenden finnischen Staatspräsidenten **Urho Kekkonen** in ein Museum verwandelt worden *(geöffnet im Sommer tgl. 11 - 17 Uhr, sonst tgl. a. Mo + Di 11 - 17 Uhr; www.nba.fi/fi/ukk_museo)*. Ausgestellt sind Geschenke von ausländischen Staatsgästen und andere Erinnerungsstücke an seine politische Laufbahn.

Vor allem bei schönem Sommerwetter ist ein Ausflug zur **Seefestung Suomenlinna** eine hübsche Abwechslung. Man erreicht die Festungsinseln in 15 Minuten mit Booten, die im Sommer regelmäßig den ganzen Tag bis spät abends ab der Anlegestelle am Marktplatz verkehren. Wenn Sie im Winter in Helsinki sein sollten, können Sie mit dem Bus über die zugefrorene See zur Seefestung fahren, vorausgesetzt natürlich, der Winter ist streng und das Eis dick genug.

Die Festung Suomenlinna (oder Sveaborg) wurde während der Schwedenherrschaft über Finnland Mitte des 18. Jh. unter der Leitung des Festungsbaumeisters Augustin Ehrensvärd angelegt. Sie sollte ein unüberwindliches Bollwerk gegenüber den Angriffen Russlands werden. Aber schon während des schwedisch-russischen Krieges wurden die Bastionen, die sich über zwei Inseln erstrecken, 1808 von russischen Truppen eingenommen und dienten dann bis zur Unabhängigkeitserklärung Finnlands im Jahre 1917 als russische Garnison. Heute UNESCO Weltkulturerbe.

Neben den Militäranlagen, Befestigungen, Kasematten und Parkanlagen ist vor allem das **Suomenlinna-Museum** besuchenswert *(geöffnet Mai - Sept. tgl. 10 - 18 Uhr, sonst tgl. 10 - 16 Uhr; www.suomenlinna.fi).* Es erzählt die Geschichte der Festung vom 18. Jh. bis in die Neuzeit, was besonders durch die alle halbe Stunde gezeigte Multivisions-Show ‚Suomenlinna Experience' veranschaulicht wird.

Weitere Museen auf Suomenlinna sind: Das **Puppen- und Spielzeugmuseum**, das **Ehrensvärd-Museum** (Offizierswohnung aus dem 18. Jh.), das **Kriegsmuseum**, das **Zollmuseum**, das Küstenartilleriemuseum und das **U-Boot Vesikko**.

**Linnanmäki (27)**, Tivolikuja 1, Finnlands größter Vergnügungspark *(geöffnet Ende Apr. - Anf. Sept. 9 - 18 Uhr, Juni + Juli 10 - 22 Uhr; www.linnanmaki.fi)* liegt nördlich der Innenstadt und bietet Abwechslung für Groß und Klein. Es gibt Achterbahnen und andere Fahrgeschäfte, einen Aussichtsturm mit Drehplattform, ein Theater.

Man erreicht den Park mit den Straßenbahnen 3B und 3T.

## PRAKTISCHE HINWEISE – HELSINKI

**Helsinki City Tourist Information** - **Helsingin kaupungin matkailuroimisto**, Pohjoisesplanadi 19, 00100 Helsinki, Tel. 16 93 757. *Geöffnet Mai - Sept. Mo - Fr 9 - 20 Uhr, Sa + So 9 - 18 Uhr. Okt. - Apr. Mo - Fr. 9 - 18, Sa 10 - 16 Uhr;* tourist.info@hel.fi, www.visithelsinki.fi.

### HOTELS

**Anna \*\*\*,** 60 Zi., Annankatu 1, Tel. 61 66 21; www.hotelanna.com; kleineres, aber zentrales Stadthotel, mittlere Preislage.

**Crowne Plaza Helsinki \*\*\*,** 357 Zi., Mannerheimintie 50, Tel. 25 21 00 00; www.crowneplaza-helsinki.fi; obere Preislage, zentral, Restaurant, Schwimmbad, Garage.

**Cumulus Seurahuone \*\*\*,** 118 Zi., Kaivokatu 12, Tel. 69 14 011; www.cumulus.fi; obere Preisklasse, zentral, am Bahnhof, stadtbekanntes Café Socis, Nachtclub, Disco, Garage.

**Sokos Hotel Presidentti \*\*\*\*,** 495 Zi., Eteläinen Rautatiekatu 4, Tel. 20 12 34 608; www.sokoshteosl.fi; obere Preisklasse, zentral, Restaurants, Schwimmbad, Garage.

**Rivoli Jardin \*\*\*,** 54 Zi., Kasarmikatu 40, Tel. 68 15 00; www.rivoli.fi; neueres Haus der oberen Preisklasse, zentral.

**Sokos Vaakuna \*\*\*\*,** 275 Zi., Asema-aukio 2, Tel. 20-12 34 610; www.sokoshotels.fi; Firstclasshotel, zentral, am Bahnhofsplatz, Restaurant.

### CAMPING

**Camping Rastila [N 60° 12 23.2 E 25° 07 16.3],** Karavaanikatu 4, Tel. 32 16 551, www.hel.fi/rastila; 1. Jan. 31. Dez.; Ausfahrt Nr. 3 von der E18 (Ring 1) ca. 13 km östlich von Helsinki und auf Straße 101 noch 6 km Richtung Nordsjö, beschildert; städtischer Platz; im Sommer stark frequentiert; langgestrecktes, durch Fahrwege und Hecken unterteiltes, teils von Wald, teils von Wohnhäusern begrenztes Gelände, in der Nähe einer Bucht mit Badestrand; praktische Parzellierung; ca. 15 ha – 800 Stpl.; ordentliche Sanitärausstattung. Laden, Imbiss, Fahrradverleih. 20 Miethütten. **V & E für Wohnmobile.** Per U-Bahn 17 Min. zum Stadtzentrum Helsinki.

**Espoo**
**Camping Oittaa [N 60° 14' 20.9" E 24° 39' 20.3"],** Kunnarlantie 31, Tel. 86 32 585; Mitte Mai – Ende Aug.; in **Espoo**, ca. 18 km westlich von Helsinki, beschilderte Zufahrt von der Straße 1/E18; Wiesengelände in waldreicher Umgebung, bis nahe an einen See reichend, ansprechend gelegen; ca. 9 ha – 200 Stpl.; Standardausstattung; Laden, Imbiss, Fahrradverleih, 15 Miethütten. **V & E für Wohnmobile.**

Zum Park Linnanmäki gehört das **Meeresmuseum Sealife**, Tivolitie 10, *(geöffnet tgl. a. Mi 10 - 17 Uhr, Mi 10 - 20 Uhr; www.sealife.fi).*

**Weitere Museen in Helsinki:**

**Design Museum**, Korkeavuorenkatu 23 *(geöffnet Juni - Aug. tgl. 11 - 18 Uhr, sonst Di - So 11 - 18 Uhr; www.designmuseum.fi).* Das Museum stellt die Entwicklung des finnischen Kunstgewerbes und die der industriellen Formgebung von der zweiten Hälfte des 19. Jh. bis heute dar.

**Museum für Finnische Architektur** (Suomen rakennustaiteen museo), Kasarmikatu 24 *(geöffnet tgl. 10 - 16 Uhr, Mi bis 20 Uhr; www.mfa.fi),* Ausstellungen, Bildarchiv, Architekturbibliothek. Straßenbahn 10, Bus 17.

**Kunsthalle Helsinki**, Nervanderinkatu 3 *(geöffnet Di, Do, Fr 11 - 18 Uhr, Mi bis 20 Uhr, Sa + So 12 - 17 Uhr; www.taidehalli.fi)* Ds Museum gilt als Repräsentant des Neuklassizismus der 1920er Jahre in Finnland.

**Kriegsmuseum,** Marinkatu 1 *(geöffnet Di - Do 11 - 17 Uhr, Fr - So bis 16 Uhr; www.mpkk.fi/fi/sotamuseo),* Kriegshistorische Sammlungen, Waffen, Uniformen vom 17. Jh. bis heute.

**Arabia-Fabrik und Museum**, Hämeentie 135 *(geöffnet Di - Fr 12 - 18 Uhr, Sa + So 10 - 16 Uhr, Fabrikladen Mo - Fr 10 - 20 Uhr, Sa + So 10 - 16 Uhr; www.arabianmuseo.fi),* erzählt die Geschichte der letzten 130 Jahre dieser Porzellanmanufaktur.

## ABSTECHER NACH TURKU

**ROUTE:** **Turku/Åbo**, *die große finnische Hafenstadt und bedeutender Fährhafen im Verkehr mit Schweden, liegt knapp 170 km westlich von Helsinki.*

Wer auf Badefreuden aus ist, sollte auf dem Weg nach Turku über das hübsche Städtchen **Tammisaari/Ekenäs** nach Süden zur Landzunge bei **Hanko/Hangö** (Camping), der südlichsten Landspitze Finnlands, abzweigen.

**Turku/Åbo** (ca. 177.000 Einw.), Finnlands älteste und heute des Landes drittgrößte Stadt, wurde schon Anfang des 13. Jh. gegründet.

Kein Schwedenkönig ist für die Stadtgründung verantwortlich, sondern Papst Gregor. Er hatte veranlasst, am Fluss Aurajoki, an dessen Mündung Turku liegt, einen Bischofsitz zu errichten. Im Zusammenhang damit entstand ein Dominikanerkloster. Die weltlichen Herren legten 1280 den Grundstein zur Burg von Turku. In ihrem Schutze konnten sich Handel und Seefahrt entwickeln.

1680 wurde in Turku die erste Universität Finnlands gegründet. Turku war damals die bedeutendste Metropole und folglich auch die Hauptstadt des Landes.

Im 19. Jh. dann, als Finnland als Großfürstentum unter russische Vorherrschaft geriet, wurde die Hauptstadt nach Helsinki verlegt.

Im September des Jahres 1827 brannte Turku zwei Tage lang. Viele der öffentlichen Gebäude wurden zerstört. Als Folge der Katastrophe wurde die Universität in die neue Hauptstadt Helsinki verlegt.

Damals geriet Turku vielleicht auch politisch an den Rand des Geschehens, wirtschaftlich konnte es aber dank seines wichtigen Hafens seine Stellung zurückerobern und weiterhin behaupten. Auch in Turku entstanden nach dem großen Brand viele der Stadtbauten nach Plänen des Architekten C. L. Engel.

Nach der Erringung der Unabhängigkeit erhielten Kultur und Wissenschaft im ganzen Lande neue Impulse. Und in Turku wurde wieder eine Universität gegründet, 1917 die schwedischsprachige Universität Åbo Akademie und 1919 die finnischsprachige Universität Turun Yliopisto.

Einer der wohl populärsten Söhne der Stadt ist zweifellos der legendäre Langstreckenläufer *Paavo Nurmi*. Er lebte von 1897 bis 1973 und errang in seiner langen und erfolgreichen Leichtathletiklaufbahn, während der er an drei Olympiaden teilnahm, nicht weniger als neun Gold- und drei Silbermedaillen. Nurmi stellte viele Weltrekorde auf. In der Stadt auf einer Straßeninsel nahe der Auro-Brücke erinnert ein Denkmal von Wäimö Aaltonen an den Läufer Nurmi.

Neben einigen schönen neoklassizistischen Gebäuden am Alten Markt zählen zu den **historischen Sehenswürdigkeiten** der Stadt in erster Linie der **Dom** am Nordostende und die **Burg** am Südwestende der Innenstadt.

Der **Dom [N 60° 27' 05.1" E 22° 16' 40.8"]** in der Tuomiokirkkotori 20, aus dem 13. Jh., stand ehemals im Zentrum der Stadt. Heute liegt er, nachdem sich der Mittelpunkt Turkus an das nordwestliche Ufer des Aura-

*Die Burg von Turku*

joki verlagert hatte, am Nordostrand der Innenstadt in einem parkähnlichen Gelände am Ostufer des Flusses.

Sehenswert im Dom, der nach dem Stadtbrand von 1827 vollständig wieder aufgebaut worden ist, sind die **Wandgemälde** im Chorgewölbe. Ein Motiv dort zeigt den Reformator Agricola, wie er seine finnische Übersetzung des Neuen Testaments dem Schwedenkönig Gustav Wasa überreicht.

Namhafte Persönlichkeiten und gekrönte Häupter fanden im Dom ihre letzte Ruhestätte, so Königin Karin Månsdotter (sehenswerter Marmorsarkophag). Bemerkenswert sind die Glasmalereien der Fenster von Wladimir Schwertschkoff.

Nicht weit vom Dom entfernt findet man in der Piispankatu 17 das **Sibelius-Museum** *(geöffnet Di - So 11 - 16 Uhr, Mi 18 - 20 Uhr)* mit Sammlungen von Musikinstrumenten und in der Piispankatu 14 das **Bürgerhausmuseum** „Ett Hem" *(geöffnet Mai -Sept. tgl. a. Mo 12 - 15 Uhr)* mit sehenswerter Möblierung und seltenen Kunstgegenständen.

Das **Doppel-Museum Aboa Vetus & Ars Nova ,** Itäinen Rantakatu 4 – 6 *(geöffnet Apr. - Sept. tgl. 11 - 19 Uhr, sonst Di -So 11 - 19Uhr; www.aboavetusarsnova.fi)* beherbergt einerseits das archäologisch-historische Museum und andererseits das Museum für moderne Kunst.

In der Luostarinmäki befindet sich das **Handwerksmuseum Luostarinmäki** *(geöffnet Mitte Apr. - Mitte Sept. tgl. 10 - 18 Uhr, bis ende Sept. 10 - 15 Uhr; www.turkutouring.fi).*

Als 1827 fast ganz Turku in Flammen stand, wurde dieser Hügel Luostarinmäki vom Feuer verschont. Diesem Umstand ist es zu verdanken, dass die wenigen Holz- und Handwerkshäuser dieses alten Viertels erhalten blieben. In rund 30 Werkstätten des Freilichtmuseums wird das Leben und die Arbeit der Stadtbevölkerung im 18. und 19. Jh. gezeigt.

Auf einem Hügel am Südostufer des Aurajoki findet man in einem Park – neben dem Stadttheater, dem Schwimmstadion *Sampppalinna* und dem Sommertheater – das **Wäinö Aaltonen-Museum,** Itäinen Rantakatu 38, *(geöffnet Di - So 11 - 19 Uhr)* das Plastiken des berühmten finnischen Bildhauers zeigt.

Ein Stück weiter südwestlich des Dom liegt am jenseitigen Aurajoki-Ufer das **Apothekermuseum und Qwensel-Haus,** Läntinen Rantakatu 13 *(geöffnet Di - So 10 - 15 Uhr, Okt. + Nov. geschlossen),* ist untergebracht im ältesten erhaltenen großbürgerlichen Haus Turkus, 1700 erbaut. Die Räume sind noch im Rokoko- und und im gustavianischen Stil ausgestattet und zeigt den luxuriösen Lebensstil wähend der schwedischen Zeit. Im Ladenbereich ist ein Apothekenmuseum aus dem 18. Jh. mit Apothekerwohnung und historischem Laboratorium eingerichtet.

Auf der nördlichen Flussseite ist in einem wuchtigen Granitgebäude zwischen Marktplatz und Bahnhof das **Kunstmuseum Puolalanpuisto,** Aurakatu 26, untergebracht *(geöffnet Di - Fr 11 - 19 Uhr, Sa + So 11 - 17 Uhr).* Ausgestellt ist die Sammlung des

Kunstvereins von Turku, die sich mit finnischer Kunst seit dem 19. Jh. befasst.

Ein gutes Stück flussabwärts liegen an der Linnankatu am Ufer des Aurajoki einige historische Segelschiffe, die zum **Meereszentrum „Forum Marinum" [N 60° 26' 11.0" E 22° 14' 03.8"]** gehören *(geöffnet Mai - Sept. tgl. 11 - 19 Uhr, sonst Di - So 11 - 18 Uhr, Museumsschiffe Jun. -Aug. tgl. 11 - 19 Uhr; www.forum-marinum.fi).* Der erste Windjammer die **„Suomen Joutsen"** (Finnischer Schwan), ein Dreimaster, wurde 1902 in Frankreich gebaut, segelte dann auf der Salpeterroute zwischen Europa und Südamerika und in den zwanziger Jahren unter deutscher Flagge und ging 1930 an die finnische Marine. Für sie tat sie bis 1988 – zuletzt als Seefahrtsschule – Dienst.

Der andere Segler ist das Museumsschiff **„Sigyn"**, die 1887 in Göteborg vom Stapel lief und 1939 als Museumsschiff der Åbo Akademie gestiftet. Der Dreimaster mit seiner Barken-Takelage soll der letzte noch existierende aus Holz gefertigte Frachtensegler sein. Außerdem können zwei moderne Kriegsschiffe, das Minenschiff **„Keihässalmi"** und das Kanonenboot **„Karjala"** besicht werden.

Die Ausstellungen nebenan im neu errichteten Museumsgebäude berichten über Schiffe und Seefahrer, Seerouten, das Lotsenwesen, den Zoll- und Küstenschutz und die Finnische Marine.

Nicht zu übersehen ist die am Hafen gelegene **Burg von Turku [N 60° 26' 07.0" E 22° 13' 34.0"]**, Linnankatu 80, ein trutziger Bau mit zwei mächtigen, viereckigen Türmen *(geöffnet Mitte Apr. - Mitte Sept. tgl. 10 - 18 Uhr, Di - So 10 - 15 Uhr; www.turkutouring.fi).* 1280 für den königlichen Statthalter (praefectus Finlandiae) und seine Truppen errichtet, behielt die Burg bis ins 19. Jh. ihre wichtige strategische Bedeutung.

Im 16. Jh. hatte die Festung umfangreiche Erweiterungen erfahren, u.a. wurde damals der prächtige **Festsaal** ausgebaut.

Im zweiten Weltkrieg erlitt die Burg starke Beschädigungen. In den 50er Jahren baute man sie nach alten Plänen originalgetreu wieder auf.

In der Burg ist das **historisches Stadtmuseum** eingerichtet. Dort sind kulturhistorische Objekte, Textilien, Kostüme, Silber-, Zinn-, Glas- und Porzellansammlungen aus dem 17. Jh. und später ausgestellt.

Ein beliebtes Ausflugsziel ist das Städtchen **Naantali [N 60° 27' 33.0" E 22° 12' 55.1]**, die „Sonnenstadt Finnlands" (Touristeninformation, Camping **[N 60° 28' 03.8" E 22° 01' 45.1"]**), ca. 15 km nordwestlich von Turku, mit einer hübschen **Altstadt** und einer Klosterkirche aus dem Mittelalter. Im Sommer kann man in Naantali freitags zwischen 18 und 20 Uhr die Parkanlage der Sommerresidenz des Staatspräsidenten besichtigen.

Ganzjährig bestehen regelmäßige Fährverbindungen von Turku nach Stockholm, siehe „Fährverbindungen" weiter vorne im Buch.

**Stockholm** siehe auch Tour 32 weiter hinten.

---

### PRAKTISCHE HINWEISE – TURKU

 **Touristen-Information Turku [N 60° 26' 58.7" E 22° 16' 04.7"],** Aurakatu 4, 20100 Turku, Tel. 26 27 444; www.turkutouring.fi.

 **HOTELS**

**Scandic Julia**, 118 Zi., Eerikinkatu 4, Tel. 33 60 00; www.scandic-hotels.com; Restaurant.
**Cumulus Turku,** 101 Zi., Eerikinkatu 30, Tel. 33 86 66; www.cumulus.fi; mittlere Preisklasse, Restaurant, Garage.
**Sokos Hotel Hamburger Börse,** 185 Zi., Kauppiaskatu 6, Tel. 33 73 800; Firstclasshotel, sehr zentral am Marktplatz, Restaurant, Schwimmbad, Garage.

 **CAMPING**

 **Camping Ruissalo [N 60° 28' 33.2" E 22° 15' 59.4"]**, Ruissalo, Tel. 26 25 100; 1. Jun. – 31.Aug.; westl. Turku, am äußersten Westende der Insel Ruissalo (Brücke, Volkspark, Botanischer Garten); ausgedehntes, unübersichtliches Wiesengelände mit Baumbestand; ca. 15 ha – 750 Stpl.; Standardausstattung; Imbiss, Badegelegenheit. **V & E für Wohnmobile.**

# RÜCKREISE DURCH SCHWEDEN

## 6 TOUREN – CA. 10 TAGE

## KARASJOK (N) – LULEÅ (S)

**Länge der Tour:** Rund 740 km, ohne Abstecher.

**Die Route:** Über die Straßen 92/93 bis **Kautokeino** – Straße 93 über **Enontekiö** (FIN) bis **Palojoensuu** – E8 bis **Kaaresuvanto/Karesuando** (FIN/S) – Straße 45 über **Svappavaara** und **Gällivare** bis **Jokkmokk** – Straße 97 bis **Luleå**.

**Reisedauer:** Etwa zwei Tage.

**Reisehöhepunkte:** Das **Sami-Museum in Karasjok** – Wandern im **Abisko Nationalpark \*\*\*** – die **Alte Kirche** und das **Museum in Jokkmokk** – Luleås „Altstadt" **Gammelstaden \***.

**ROUTE:** *Vom Nordkap zurück bis* **Olderford***, dort weiter auf der E6 am Westufer des Porsangerfjords entlang über* **Indre Billefjord** *und* **Lakselv** *nach* **Karasjok** **[N 69° 28' 24.2" E25° 30' 20.7"].** *Details siehe* **Tour 22!**

*Von Karasjok über Kautokeino nach Enontekiö [N 68° 23' 08.8" E 23° 36' 27.2"] in Finnland und von dort weiter an die finnisch-schwedische Grenze bei Karesuando.*

*Ab Karesuando schließlich auf der Straße 45 quer durch den äußersten Norden Schwedens über Övre Soppero und Vittangi nach Svappavaara [N 67° 38' 07.9" E21° 04' 02.1"]. In Svappavaara trifft man auf die E10 aus Kiruna.*

### Abstecher nach Kiruna

**Kiruna [N 67° 51' 21.8" E 20° 13' 31.9"]**, Schwedens weltbekannte Erzstadt, liegt rund 47 km nordwestlich von Svappavaara. Nach seiner Gemarkungsfläche von sage und schreibe 20.000 qkm ist Kiruna zwar größte Gemeinde Schwedens. Auf den Besucher wirkt Kiruna aber eher kleinstädtisch.

Die **Mitternachtssonne** ist in Kiruna übrigens **vom 28. Mai bis 14. Juli** zu sehen.

Kiruna ist eine junge Gemeinde, rund hundert Jahre alt. Sie verdankt ihr Entstehen dem Erzabbau, mit dem im Jahre 1900 im größeren Umfang begonnen wurde. Heute werden jährlich an die 12 Millionen Tonnen Roherz produziert, das zur Zeit in Tiefen zwischen 500 und 750 m abgebaut wird.

Kirunas Erzgrube, genauer gesagt ein 370 m tiefer **Touristenstollen Infomine** der LKAB (www.lappland.se)**,** kann im Sommer

**Tour 29**
**KARASJOK (N) – LULEÅ (S)**

0    50    100 km

KARASJOK

NORWEGEN

Reisa NP

Övre Anárjohka NP

Kilpisjärvi

Kautokeino

FINNLAND

Enontekiö

Pallas-Qunastuntiuri Nationalpark

Karesuando

Övre Soppero

Muinio

Kiruna

Svappavaara

Vittangi

SCHWEDEN

N

Gällivare

Leipojärvi

Porjus

Muddus NP

Polarkreis

Jokkmokk

E10

Voullerim

Töre

97

Boden

E4

Moskosel

Älvsbyn

LULEÅ

© rau

**PRAKTISCHE HINWEISE – KIRUNA**

Telefonvorwahl: 09 80
**Kiruna Lappland Turistbyrå [N 67° 51′ 21.8″ E 20° 13′ 31.9″]**, Folkets Hus, Lars Jansonsgatan 17, 981 22 Kiruna, Tel. 18 880. Ganzjährig geöffnet, von Mitte Juni bis Mitte Aug. Mo - Fr 8.30 - 20 Uhr, Sa + So 8.30 - 18 Uhr; www.kiruna.se; www.lappland.se.

### CAMPING

**Kiruna Hotel & Camping Ripan \*\*\* [N 67° 51′ 43.8″ E 20° 13′ 39.8″]**, Tel. 63 000, www.ripan.se; 1. Jan. – 31. Dez.; am nördl. Stadtrand von Kiruna, Zufahrt in der Stadt beschildert; unebenes, gestuftes und welliges Wiesengelände mit Birkenwäldchen, teils von Wohnhäusern, teils von einem Miethüttendorf begrenzt, auch befestigte Stellplätze; ca. 8 ha – 120 Stpl.; Standardausstattung; Restaurant; Sauna, 90 Miethütten. Fahrradverleih. Beheiztes Schwimmbad ganz in der Nähe.

**Björklinden / Abisko**

**Björkliden Camping \*\*\* [N 68° 24′ 24.3″ E 18° 41′ 39.4″]**, Tel. 0908-641 00; Anf. Feb. – Mitte Sept.; ebene, teils geschotterte, teils geteerte Flächen beiderseits der Zufahrtsstraße unterhalb des Hotels Fjellet. Sehr schöne Lage mit Blick auf die Bergformation Lapporten; ca. 3 ha – 300 Stpl. davon 50% Dau.; Standardausstattung. Laden, Imbiss. **V & E für Wohnmobile;** 80 Miethütten.

auf geführten Touren besichtigt werden. Genaue Termine und Zeiten sind im Touristenbüro zu erfahren.

#### Abstecher nach Abisko

Für Liebhaber eindrucksvoller Landschaftsbilder und für Freunde handfester Trekkingtouren ist ein Abstecher auf die Straße E10 nach **Abisko** ein Muss.

Bei **Abisko [N 68° 21′ 03.1″ E 18° 49′ 53.5″]** (Campings, Hotels, **Touriststation** Tel. 09 80-402 00, www.abisko.nu) erstrecken sich drei weit über Schweden hinaus

bekannte Nationalparks und **Wandergebiete** – der 1909 eingerichtete, 75 qkm große **Abisko Nationalpark** mit dem markanten Berg **„Lapporten"** (samisch „Tjuonavagga", Lappentor), dann der **Nationalpark Vadvetjåkka** an der norwegischen Grenze und das Gebiet um den 2.111 m hohen **Kebnekaise** ein gutes Stück weiter südlich.

#### HAUPTROUTE

ROUTE: *Weiterreise von* **Svappavaara** *bis* **Gällivare***. Dort weiter auf der Straße 45 südwärts nach* **Jokkmokk***.*

*Blick zum Berg ‚Lapporten' bei Abisko in Nordschweden*

### CAMPING – GÄLLIVARE UND JOKKMOKK

**Gällivare Camping \*\*\*** [N 67° 07' 42.1" E20° 40' 20.0"], Tel. 0970/10 010, www.camping.se/bd05; Mitte Mai – Mitte Sept., an der Straße 45 südöstlich des Ortes, Wiesengelände am Fluss Linaälven; 2 ha – 50 Stpl.; Standardausstattung. Miethütten.

### Rast- und Stellplatz

**Rastplatz Lappeasuando** [N 67° 29' 22.1" E 21° 07' 15.0"], ca. 15 km südlich von Svappavaara an der Straße 45 an der Brücke über den Kalix älv. Großer Parkplatz mit separaten Teilen für LKW, Caravans und Wohnmobile. Diese **Stellplätze** verfügen über Stromanschlüsse, Gebühr am Münzautomat. Ausgestattet mit Wasserentnahmestelle, Toiletten, Chemikalausguss, Müllcontainer, Picknicktische. **Gasthaus** mit Fremdenzimmer, Cafeteria. Übrigens: Hier ist man von Stockholm exakt 1.369 km entfernt.

### Jokkmokk

**Jokkmokks Camping Center \*\*\*\*** [N 66° 35' 40" E 19° 53' 31"], Tel. 12 370, www.jokkmokkcampingcenter.com; Mitte Mai – Mitte Sept.; ca. 3 km östlich von Jokkmokk, zwischen der Straße 97 und dem Flüsschen Lilla Luleälv; ausgedehntes Wiesen- und Waldgelände; ca. 6 ha – 200 Stpl.; Standardausstattung; Imbiss; Schwimmbad, Boots- und Fahrradverleih, 60 Miethütten.

In **Gällivare** lohnt ein Besuch der **Lappkyrka**, der alten Samikirche. Der Beschilderung ‚Andra Sidan' folgend, passiert man die schöne weiße, neue Kirche von Gällivare und zweigt gleich nach dem Bahn-übergang rechts ab zur alten Lappkyrka mit Parkplatz.

In **Porjus**, etwa 45 km nördlich von Jokkmokk, liegt am Fluss Stora Lule älv eines der größten **Wasserkraftwerke** [N 66° 57' 21.0" E19° 48' 15.2"] des Landes. Im „Allaktivitetshus", dem alten Kraftwerk von 1914, ist heute ein **Museum** eingerichtet. Darüberhinaus findet man hier einen einladenden **Picknickplatz** unterhalb des Kraftwerks und der Staumauer. Oberhalb an der Straße 45 **Rastplatz** mit Toiletten und Chemikalausguss. Ein Treppenweg führt hinab zum Stausee.

**Jokkmokk** [N 66° 36' 13.8" E19° 50' 34.9"] ist seit jeher ein wichtiges kulturelles und wirtschaftliches Zentrum im dünn besiedelten nördlichen Lappland.

Jokkmokk ist ein alter Siedlungsplatz der Lule-Sami, einer nordsamischen Bevölkerungsgruppe, die sich hier schon weit vor dem 16. Jh. angesiedelt hatte.

Das Phänomen der **Mitternachtssonne** ist in Jokkmokk **zwischen 12. Juni und 3. Juli** zu erleben.

Zu den **Sehenswürdigkeiten** von Jokkmokk zählen die **alte Kirche** und das **Heimatmuseum**.

Die **Gamla Kyrka** [N 66° 36' 10.1" E19° 49' 43.1"], abseits der Hauptstraße in der Köpmangatan gelegen (Abzweig von der Hauptstraße am „Restaurang Opera" und ICA-Supermarkt), mit ihrem separaten Glockentürmchen, ist ein dunkelroter Holzbau, der ursprünglich aus dem Jahre 1607 stammt.

Einen Besuch lohnt besonders das **Heimatmuseum Ájtte** [N 66° 36' 13.8" E19° 50' 34.9"], Kyrkogatan 3 *(geöffnet Mo - Fr 10 - 16 Uhr, Di bis 20 Uhr, Sa + So 12 - 16 Uhr; www.ajtte.com)*. Ájtte, das **„Schwedische Fjäll- und Samimuseum",** befasst sich schwerpunktmäßig mit der samischen Kultur, den Traditionen und naturverbundenen Lebensweisen der Sami.

**ROUTE:** *Von Jokkmokk auf der Straße 97 über* **Voullerim** [N 66° 25' 51.2" E20° 36' 15.0"] *(archäologisches Freilichtmuseum) nach* Luleå *(165 km).*

**Luleå** [N 65° 35' 04.0" E22° 09' 12.1"], an der Nordwestküste des Bottnischen Meerbusens gelegen, wurde 1621 an der Stelle einer schon im 15. Jh. geweihten St. Peters-Kirche gegründet.

Allerdings diente der Hafen schon seit viel längerer Zeit als Handelsplatz. Obwohl die Expansion der Stadt nur langsam voranschritt, wurde der Hafen für die reger werdende Schifffahrt doch bald zu eng. Man sah sich gezwungen, den Hafen und damit auch die Stadt etwa 10 km weiter meerwärts zu verlegen.

Es dauerte jedoch sehr lange und bedurfte eines königlichen Dekrets, die Leute dazu zu bewegen, vom alten **Gammelstad** ins neue Luleå zu ziehen.

Erst Mitte des 17. Jh. besiedelte sich die Neustadt. Der neue Hafen bot doch bessere Möglichkeiten für den Handel und den Umschlag der aus dem Inland über den Fluss Luleälven herangeschafften Güter wie Holz, Felle, Fische oder Teer.

Einen richtigen Aufschwung erlebte Luleå, schon damals einer der nördlichsten Häfen des Landes, aber bis zum Ende des 18. Jh. nicht. Brände und Verwüstungen durch russische Kosaken bedeuteten arge Rückschläge für die Stadt, die damals noch eher einem Dorf glich, wie Carl von Linné auf seiner lappländischen Reise im Jahre 1732 über Luleå notierte. Werftindustrie, die mit dem Zeitalter der Dampfmaschine wieder abebbte und der Versuch, das aus dem Inland angelieferte Erz zu verarbeiten, blieben ohne nachhaltigen Erfolg.

Eine wirkliche Wende in der Stadtentwicklung kam erst mit dem Bau der Erzbahn von Gällivare nach Luleå. Nun konnte das Erz aus Kiruna bequem an die Ostsee transportiert und hier weiterverarbeitet und verschifft werden. Heute zählen die Hüttenwerke von Luleå zu den modernsten in Europa.

Zu den **Sehenswürdigkeiten** des modernen Luleå gehört vor allem das **Norrbottens Museum,** Storgatan 2 *(geöffnet Di - Fr 10 - 16, Sa + So. 12 - 16 Uhr; Eintritt frei; www.* *norrbottensmuseum.nu).* Dieses interessante Regionalmuseum im zentralen Hermelinsparken gibt Einblick in die Entwicklung der Stadt und in die Lebensweise in Norrbotten in früheren Jahrhunderten. Sehr umfangreich ist die Sammlung von Gegenständen aus dem samischen Kulturkreis.

Ein Museum, das seine Ausstellungen in unserem Medienzeitalter gerechter Form präsentiert, ist das **Haus der Technik**.

Luleå ist flächenmäßig Schwedens größtes Bistum. Der **Dom** in seiner heutigen Form, mit seinem weithin sichtbaren, spitzen, 67 m hohen Turm stammt aus der Zeit des ausgehenden 19. Jh. Er wurde aber 1983 umfassend restauriert.

Luleås Altstadt, die **Gammelstad [N 65° 38′ 45.8″ E22° 01′ 45.9″]** *(Turistbyrå, www.* *lulea.se/gammelstad, Sommer tgl. 9 - 18 Uhr)* liegt rund 10 km nordwestlich des Stadtzentrums. Besichtigen kann man hier u. a. die mittelalterliche **Nederluleå Kirche** *(geöffnet im Sommer tgl. 9 - 18 Uhr),* die von zahlreichen kleinen sog. Kirchenhäusern – es sollen über 400 sein – umgeben ist. Sehenswert im Kircheninneren ist der schön geschnitzte Flügelaltar aus einer Antwerpener Werkstatt aus der Zeit um 1520 und das mittelalterliche Chorgestühl. Dieser „Kirchenstadt" schließt sich das **Freilichtmuseum Hägnan** an. Hier sind u. a. zwei Norrbottenhöfe aus dem 18. Jh. zu sehen.

## LULEÅ – SUNDSVALL

**Länge der Tour:** Rund 550 km, ohne Abstecher.

**Die Route:** Über die E4 und über **Piteå, Skellefteå, Umeå** und **Örnsköldsvik** bis **Sundsvall**.

**Reisedauer:** Mindestens ein Tag.

**Reisehöhepunkte:** Pietås **„Riviera des Nordens"** – die Landschaft der **Hohen Küste** – Wandern im **Nationalpark Skuleskogen** – das **Murberget Freilichtmuseum** *** von Härnösand – die **Museen in Sundsvall**.

**Piteå [N 65° 19"
12.5" E 21° 28' 26.7"]**
liegt teils auf dem Festland, teils auf der Halbinsel Piteholmen. Zu den historischen Bauwerken der Stadt zählen z. B. die **Kirche** aus dem 17. Jh. oder das alte **Rathaus**, Storgatan 40, das auch das **Piteå Museum** *(geöffnet Mo - Fr. 8 - 16, S 11 - 14 Uhr; Eintritt frei)* beherbergt.

Die inselreiche Bucht um Piteå gilt im Lande als eine der sonnreichsten und wärmsten Gegenden in Nordschweden, die wegen der **langen Strände** südlich von Piteå mitunter als **„Riviera des Nordens"** bezeichnet wird.

*ROUTE:* Über **Byske** erreicht man 85 km südlich von Piteå **Skellefteå**.

**Skellefteå [N 64° 45' 41.7" E 20° 57' 30.6"]** mit annähernd 76.000 Einwohnern ist einer der großen Industriestandorte in der **Region Västerbotten** mit dem größten Hafen an der Westküste des Bottnischen Meerbusens. Von touristischem Interesse sind das **Nordanå Kulturzentrum** und der **Nordanåpark Bonnstan [N 64° 45' 03.8" E 20° 55' 51.0"]** mit historischen Bauwerken aus der Region.

*ROUTE:* Knapp 140 km südlich von Skellefteå erreicht man **Umeå**.

**Umeå [N 63° 49' 36.6" E 20° 15' 36.7"]** ist Verwaltungshauptstadt der schwedischen **Provinz Västerbotten** und seit 1965 auch Universitätsstadt.

Gegründet wurde die Stadt offiziell im Jahre 1622, jedenfalls nach den Chroniken der Stadt. Es ist aber überliefert, dass Umeå mindestens schon 100 Jahre früher existierte. Nur sind aus jener frühen Zeit keine Stadturkunden erhalten.

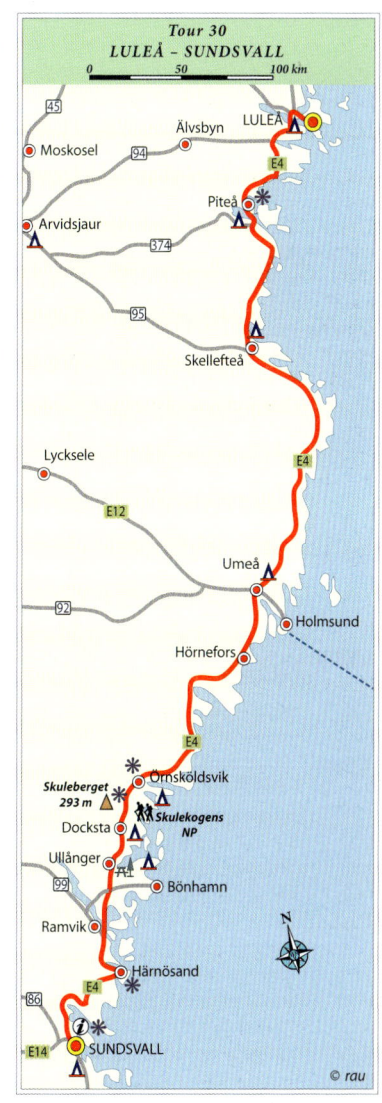

*Tour 30*
*LULEÅ – SUNDSVALL*

0      50      100 km

Telefonvorwahl: 09 11
**Piteå Turistbyrå [N 65° 19'' 12.5''  E 21° 28' 26.7''],** Bryggargatan 14, 941
63 Piteå, Tel. 9 33 90, www.pitea.se. Geöffnet Sommer Mo - Fr 9 - 19 Uhr Sa
+ So 10 - 16 Uhr, übrige Zeit Mo - Fr 8 - 17 Uhr. Zentral am Busbahnhof gelegen. Parkplätze.

## CAMPING

### Piteå
**Pite Havsbad Camping ****, [N 65° 14' 10.91 E 21° 32' 39],** Tel. 32 700, www.
pite-havsbad.se; Mitte Mai – Anf. Aug.; östl. der Stadt, beschildert; Wiesengelände mit Waldanteil bei einem der größten Freizeitzentrum Schwedens mit
Tropenbad und Wellnesseinrichtungen; 7 ha – 300 Stpl. + Dau.; Standardausstattung; beheiztes Schwimmbad, Restaurant, Bar, Laden. Miethütten. Hotel.

### Byske
**Camping Byske Havsbad *****,** Tel. 0912/61 526, www.camping.se/ac19; 15.
Mai – Anf. Sept., 570 Stpl., 1,5 km östlich von Byske an der E4; weitläufiger Platz
am Meer und der Mündung des Flusses Byskeälven, flacher Sandstrand; 15 ha
– 150 Stpl. + zahlreiche Dau; Standardausstattung; Laden, Restaurant, Pub,
umfangreiches Freizeitangebot. Miethütten. **Quick Stop**.

### Rastplatz
**Rastplatz Byske:** Parkplatz an der E4 am südlichen Ortsrand von Byske, jederzeit zugänglich, ausgestattet mit Frischwasserhahn, Toiletten, Chemikalausguss, Grillplatz.

### Skellefteå
**SweCamp Skellefteå Camping **** [N 64° 45' 40''   E 20° 58' 28''],** Tel. 73
55 00, www.skelleftacamping.se; 1. Jan. – 31. Dez.; am nördl. Stadtrand an
der E4; Grasgelände am Waldrand, teils laut durch nahe Straße; ca. 6 ha – 350
Stpl.; gute Standardausstattung; Laden. Restaurant. Fahrradverleih. Beheiztes
Schwimmbad; 70 Miethütten. **Quick Stop**.

Telefonvorwahl: 0 90
**Umeå Turistbyrå [N 63° 49' 36.6''  E 20° 15' 36.7''],** Renmarkstorget 15, 902
26 Umeå, Tel. 16 16 16. www.visitumea.se.

## HOTELS

**Royal,** 72 Zi. *****, Skolgatan 62, Tel. 10 07 30, Fax 10 07 39, www.royalhotelu-
mea.com; in Bahnhofsnähe, Restaurant, Sauna, Garage, Parkplatz.

## CAMPING

**First Camp Umeå **** [N 63° 50' 34'' E 20° 20' 25''],** Nydalasjön 2, Tel. 70 26
00, www.firstcamp.se; 1. Jan. – 31. Dez.; nördl. der Stadt, Zufahrt über die E4;
Gelände im Freizeitpark Nydala, mit Freibad, Sporteinrichtungen und einem
ausgedehnten Hüttendorf; ca. 7 ha – 450 Stpl.; Standardausstattung; Laden,

Umeå wurde während der russisch-
schwedischen Kriege zu Beginn des 18. Jh.
arg in Mitleidenschaft gezogen. Es wurde
geplündert und gebrandschatzt. Oft geschah das im Winter, wenn die Truppen die
zugefrorene Ostsee als bequeme Abkürzung
nutzten. 1721 brannte die Stadt nach einem
Überfall völlig nieder. Und noch 1809 hielten
sich russische Truppen in Umeå auf.

Das heutige Stadtbild wirkt modern,
freundlich und überraschend grün durch
die vielen Birkenalleen, die der Stadt zu ihrem Beinamen „Stadt der Birken" verholfen
haben.

*Naturnah und viel Platz, Camping in Nordschweden*

Umeå, oder genauer Holmsund, ist wichtiger Hafen für den **Fährverkehr mit Vaasa in Finnland [N 63° 40' 53.6"  E 20° 20' 28.9"]**.

Zu den wenigen Sehenswürdigkeiten von Umeå zählt in erster Linie das **Freilichtmuseumsgelände Gammlia** *(geöffnet Mitte Juni - Mitte Juli tgl. 10 - 17 Uhr; Eintritt frei)*, mit dem **Västerbottens Museum**, dem Regionalmuseum von Västerbotten. Das Museumsgelände liegt rund 2 km (oder 20 Gehminuten) östlich des Stadtzentrums. Sehr einladend ist das **Sävargården Wärdshus,** ein traditionsreiches Gasthaus im Freilichtmuseum.

**Örnsköldsvik [N 63° 17' 26.0"  E 18° 43' 02.7"]**, eine Industrie- und Hafenstadt, hat dem Besucher nichts sonderlich Aufregendes zu bieten.

Die Stadt liegt in der **Provinz Ångermanland** und erhielt ihren Namen nach *Per Ab-* *raham Örnsköl,* der im 18. Jh. der Provinz Ångermanland als Landeshauptmann vorstand.

Besichtigen kann man das **Örnsköldsviks Museum og Konsthall [N 63° 17' 23.1"  E 18° 43' 32.5"], Backgatan4**/Läroverksgatan 1, im Stadtzentrum nicht sehr weit vom Stora Torget entfernt *(geöffnet tgl. a. Mo 12 - 16 Uhr)*. Das Museum beherbergt kulturhistorische Sammlungen der Gemeinde, Gegenstände aus dem Kulturkreis der Sami Nolaskogs sowie ångermanländisches Kunsthandwerk.

Einen schönen Blick auf Stadt und Hafen hat man vom **Varvsberg** aus (Restaurant, Skisprungschanze, Startpunkt des Fernwanderweges Höga Kustenleden).

Knapp 40 km südlich von Örnsköldsvik liegt westlich der E4 der 293 m hohe **Skuleberget [N 63° 04' 17.4"  E 18° 21' 28.4"]**. Die markante, nach Osten steil abfallende

---

**PRAKTISCHE HINWEISE – ÖRNSKÖLDSVIK**

Telefonvorwahl: 06 60
**Örnsköldsvik Turistbyrå [N 63° 17' 26.0"  E 18° 43' 02.7"]**, Strandgatan 24, 891 33 Örnsköldsvik, Tel. 88100, www.ornskoldsvik.se.

**CAMPING – DOMSJÖ**

**Gullviks Havsbad Camping **** [N 63° 17' 44.4"  E 18° 41' 08.9"]**, Tel. 74 582; 12. Mai – 3. Sept.; ca. 15 km östl. der E4 und 8 km östl. von **Domsjö**; lichtes, leicht terrassiertes Waldgelände an der buchtenreichen Küste südl. von Örnsköldsvik; ca. 7 ha – etwa 70 Stpl. für Touristen, ansonsten überwiegend Dauercamper; Standardausstattung; Laden, Imbiss, Restaurant; 45 Miethütten.

## CAMPINGS UND RASTPLÄTZE IN DER REGION HÖGA-KUSTEN

### Docksta

**Docksta Camping „Kustladan" *** [N 63° 01' 47.0" E 18° 18' 37.9"]**, Tel. 0613/13 064, www.camping.se/y50; 1. Mai – 30. Sept.; ca. 4 km südlich von Docksta, leicht schräges Wiesengelände direkt an der E4 gelegen, unterhalb des einladenden **Restaurants** mit Campingrezeption; ca. 2 ha – 40 Stpl.; einfache Sanitärausstattung. Miethütten. Guter Ausgangspunkt zu Ausflügen entlang des Höga-Kusten-Slingan.

### Norrfällsviken bei Mjällom

**Norrfällsvikens Camping **** [N 62° 58' 25" E 18° 31' 38"]**, Tel. 0613/ 21 382, www.norrfallsvikenscamping.com; 1. Mai - Ende Okt.; bei Ullanger Abzweig von der E4 Richtung Mjällom ca. 20 km ostwärts, in Norrfällsviken beschilderte Zufahrt, gestuftes Nadelwaldgelände mit einigen Kiesstandplätzen am Ende einer Landzunge; 10 ha - 200 Stpl.; gute Standardausstattung. Schwimmbad,  Laden, Imbiss, einladendes Fischrestaurant, WLAN im Eingangsbereich. **V & E für Wohnmobile**. Miethütten. Strandbad.

### Ramvik

**Snibbens Camping *** [N 62° 47' 57" E 17° 52' 11"]**, Hälledal 530, Tel. 0612/40 505, www.camping.se/y19; 1. Mai – 15. Sept.; ca. 2 km von der Högakustenbron (E4) entfernt, an der Straße 90 landeinwärts Richtung Kramfors; Wiesengelände am Ångermansälv; ca. 2 ha – 50 Stpl.; Standardausstattung. Laden. Restaurant. Miethütten. **Quick Stop**.

### Rastplatz

**Rastplatz Ullånger „Höga Kusten"[N 62° 59' 45.2" E 18° 09' 55.5"]** direkt an der E4 am See mit Badeplatz, Picknicktischen, Wasserhahn mit Schlauch, Waschbecken im Freien, Toiletten, Müllcontainer, Kiosk tagsüber im Sommer. Info über die Höga-Kusten-Region.

Anhöhe liegt mitten in einer anmutigen, sehr bergigen und bewaldeten Landschaft.

Vom Skuleberget hat man eine **herrliche Aussicht auf die Küste** und ins Umland. Die bewirtschaftete **Gipfelhütte** erreicht man bequem mit einem Sessellift an der weniger steilen Südseite des Berges.

Wer es sich konditionell zutraut und wenigstens ein bißchen Berg- und Klettererfahrung hat, kann den Berg auch über die steile Ostflanke erobern. Ein fest installiertes Stahlseil bietet Halt für Kletterseil und Karabinerhaken.

Am Fuße der Ostwand liegt ein **Informationsbüro** (www.skulenaturum.se) mit kleinem naturkundlichem **Museum**.

Wandern im Nationalpark Skuleskogen und auf dem Hohe-Küsten-Weg

Östlich der E4 erstreckt sich zwischen Straße und Küste der **Nationalpark Skuleskogen**. 1984 wurde dieses 30 qkm große Gebiet, eine geologisch wie ökologisch überaus eigenwillige und interessante Mischung aus Waldflächen, Hochgebirge, Wildmark und Meeresküste, unter Naturschutz gestellt. Man kann den Nationalpark auf weit über 100 km markierten Wanderwegen erkunden.

Das vielleicht eindrucksvollste Ziel im Nationalpark ist die 6 m schmale, 40 m tiefe, 200 m lange, von senkrechten Wänden gesäumte **Felsschlucht Slåttdalsskrevan**.

Einen Teil der Wanderwege bildet der **„Höga-Kusten-Pfad"**. Dieser Hohe-Küsten-Weg ist insgesamt 130 km lang und verläuft von **Veda** an der Mündung des Ångermanälven bis hinauf zum **Varsberg** bei Örnsköldsvik. Entlang des Weges findet man Übernachtungshütten und Jugendherbergen.

ROUTE: *Über* **Docksta, Nyadal** *und* **Veda**, *Ausgangspunkt des Küstenwanderweges, erreicht man* **Härnösand**.

Das alte, durch einen Sund zweigeteilte Handels- und Seefahrerstädtchen **Härnösand** (ca. 28.000 Einw., Touristeninformation, Hotels) lohnt einen Stopp.

Vor allem durch den alten Stadtkern, der jenseits des Sundes auf der Insel Härnön liegt und den kleinstädtisch wirkenden **Ortsteil Östanbäcken** mit hübschen Häuserzeilen sollte man einen Spaziergang machen.

Zu den bemerkenswerten Bauwerken der Stadt zählt das neoklassizistische **Rathaus** aus dem Jahre 1791 mit schönem runden Säulenvorbau und der neoklassizistische **Dom** im Stadtpark.

Nicht versäumen sollte man einen Besuch im **Murberget Freilichtmuseum [N 62° 39' 13.1" E 17° 53' 01.0"]** *(geöffnet Ende Juni - Mitte Aug. tgl. 11 - 17 Uhr)* von Härnösand. Etwa 80 alte Bauwerke, Gehöfte, Scheunen, Sennereien, Bauernhäuser, Schulgebäude, Kirchen, Stadthäuser, Handwerkerläden hier zu bewundern.

**Sundsvall [N 62° 23' 23.1" E 17° 18' 30.8"]**, eine große betriebsame Stadt mit fast 95.000 Einwohnern in der **Region Medelpad**, Verkehrsknotenpunkt am Abzweig der wichtigen Querverbindung nach Norwegen, der E14, ist Nordschwedens größte Stadt und ein wichtiges Zentrum der schwedischen Holzindustrie und des Holzumschlags.

Gustav II. Adolf gilt als Stadtgründer. Er verlieh Sundsvall 1621 Stadtrechte. Sundsvall teilte im 18. Jh. das Schicksal vieler schwedischer Küstenstädte. Große Teile gingen 1721 in Flammen auf. Als dann 1888 abermals eine Feuersbrunst durch die Stadt wütete, war vom alten Sundsvall nicht mehr viel übrig.

Nach dem Wiederaufbau hatte sich die Stadt gewandelt. Die breiten Straßenzeilen im Zentrum wurden nun gesäumt von stattlichen Bauten im Stil der Neorenaissance, des Jugendstils, oder sie waren dem Gotischen nachempfunden. Die namhaftesten Architekten des ausgehenden 19. Jh. wurden damals nach Sundsvall verpflichtet. Noch heute ist es Stadtbild der Innenstadt, die unter anderem einen Besuch in Sundsvall durchaus lohnt.

Das berühmte ehemalige *Hotel Knaust* ist z. B. einer jener Repräsentationsbauten aus einer Zeit, als Sundsvalls Stadtplaner sich an Stockholm, Paris oder Berlin orientierten.

Zu den Sehenswürdigkeiten der Stadt zählt vor allem das **Kulturmagazin** in der Storgatan 29, mit dem ausgezeichneten und preisgekrönten **Sundsvall-Museum** *(geöffnet Mo - Do 10 - 19 Uhr, Fr bis 18 Uhr, Sa + So 11 - 16 Uhr)*, das über wirtschaftliche und kulturelle Schwerpunkte in der Stadtentwicklung berichtet.

Etwa 2 km von der Stadtmitte entfernt findet man auf dem **Norra Stadsberget** ein **Heimat Museum** *(geöffnet Juni - Aug. tgl. 9 - 19 Uhr, übrige Zeit 11 - 16 Uhr)*, mit einer interessanten Freilichtabteilung und Ausstellungen über Schifffahrt, Volkskunde in Medelpad und Kunsthandwerk.

## SUNDSVALL – STOCKHOLM

**Länge der Tour:** Rund 400 km, ohne Abstecher.
**Die Route:** Über die E4 und über **Gävle** und **Uppsala** bis **Stockholm**.
**Reisedauer:** Mindestens ein Tag.
**Reisehöhepunkte:** Der **Dom \*\*** in Uppsala – **Schloss Skokloster**.

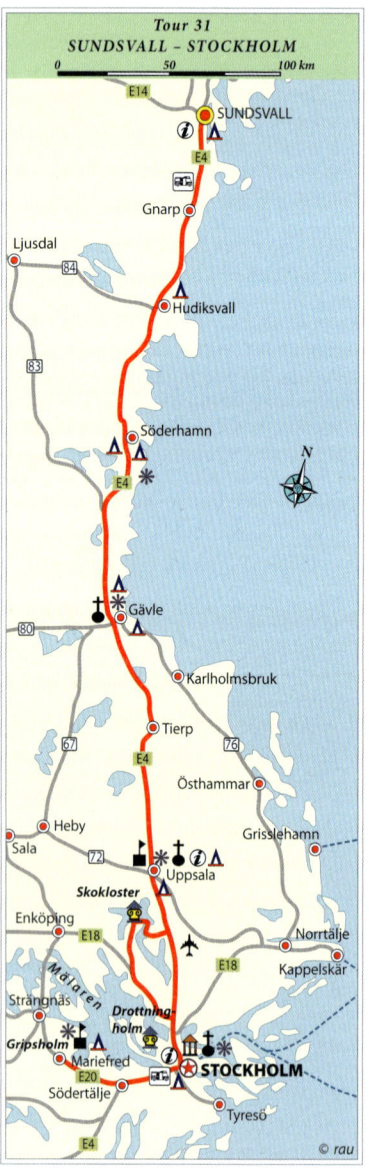

*Tour 31*
*SUNDSVALL – STOCKHOLM*

**Hudiksvall [N 61° 43' 39.8" E 17° 06' 29.7"],** 82 km südlich von Sundsvall in der **Region Hälsingland** gelegen, ist die nächste größere Küsten- und Hafenstadt.

Zu den bescheidenen Sehenswürdigkeiten zählt das **Hälsinglands Regionalmuseum** in der Storgatan.

**Söderhamn [N 61° 17' 56.8" E 17° 02' 02.7"],** eine Hafen- und Industriestadt mit kaum 30.000 Einwohnern, liegt 78 km weiter südlich.

Wie so viele andere schwedische Küstenstädte am Bottnischen Meerbusen ist auch Söderhamn eine Gründung König Gustavs II. Adolf, der der Stadt – wahrscheinlich nicht zuletzt wegen der damals wichtigen Waffenproduktion hier – entsprechende Privilegien verlieh.

Besichtigen kann man in Söderhamn, das einen etwas kleinbürgerlichen Eindruck hinterlässt, das **Stadtmuseum [N 61° 18' 03.5" E 17° 02' 41.5"]** in der Oxtorgsgatan 8, die **Ulrika-Eleonora-Kirche** aus dem ausgehenden 17. Jh. und das mit "Utsiktorn" beschilderte **Schlösschen Oskarsborg** mit Aussichtsturm.

**ROUTE:** *Weiterreise auf der E4 südwärts (Rastplatz bei Hagsta Toilette, Chemikalausguss, Grillplatz). Nach 76 km erreicht man die Stadt* **Gävle**.

**Gävle [N 60° 40' 34.2" E 17° 08' 58.0"]** (Touristeninformation, Hotels), eine bedeutende Hafen- und Industriestadt, ist Verwaltungszentrum des Bezirks **Gästrik-land**. Der Hafen nimmt eine herausragende Funktion als Umschlagplatz für die bei Falun und in Dalarna geförderten Erze und für die Produkte aus der großen Stahlstadt Sandviken wahr.

Gävle wurde schon im 15. Jh. als Stadt erwähnt und um 1580 ließ König Johan III.

ein **Stadtschloss [N 60° 40' 22.0" E 17° 08' 41.0"]** errichten, das nun als Residenz der Landesregierung dient.

Das heutige Stadtbild aber stammt vornehmlich aus dem 19. Jh., als sich Gävle zu einem bedeutenden Industriestandort entwickelte. Das repräsentative **Rathaus** der Stadt stammt aus der Zeit um 1780 und ist nach Plänen des Architekten Adelcrantz errichtet.

Zu den bedeutenden Sakralbauten Gävles zählt in erster Linie die **Dreifaltigkeitskirche** aus der Mitte des 17. Jh.

Gävle besitzt drei interessante Museen: Das **Länsmuseet** in der Södre Strandgatan 20 fungiert als Heimatmuseum und befasst sich mit Volkskunde, Kunst- und Kulturgeschichte der Region Gästrikland, mit der Historie der Stadtentwicklung und der Seefahrt u. ä.

Im modernen Gebäude des **Skogsmuseet Silvanum** im Kungsbäcksvägen 32 wird alles Wissenswerte rund um den Wald und das Produkt Holz gezeigt.

Und **Sveriges Järnvägsmuseum** in der Rälsgatan 1 ist eines der größten Eisenbahnmuseen in Schweden. Ausgestellt sind u. a. eine Sammlung historischer Lokomotiven, erste elektrische Loks, Motorwagen, Modelleisenbahnen, Uniformen, Fahrkarten, Signale u. v. m.

**ROUTE:** *Weiterreise über die E4 nach* **Uppsala**.

**Uppsala** (ca.180.000 Einw.) ist Hauptstadt der **Provinz Uppland**, Bischofsitz, Universitätsstadt und nach Stockholm, Göteborg und Malmö Schwedens viertgrößte Stadt. Die Ursprünge Uppsalas gehen zurück auf ein bedeutendes heidnisches Kultzentrum des Swearreiches, das nördlich der heutigen Stadt in **Gamla Uppsala** (Alt-Uppsala) lag.

Als im 11. Jh. das Geschlecht der Swearfürsten ausstarb, begannen christliche Missionare von Süden her nach Uppsala vorzudringen und neben dem Heidentempel eine Kirche zu errichten.

Einer der frühen Chronisten, der über die Kultstätte der Swear berichtete, war Mitte des 12. Jh. Bischof *Adam von Bremen*. In einer Broschüre des Touristenamts von Uppsala wird er so zitiert: „Dieses Volk besitzt einen würdigen Tempel, der Ubsola heißt. In diesem ganz mit Gold ausgeschmückten Tempel verehrt das Volk die Götzenbilder dreier Götter. Der mächtigste von ihnen. Auch pflegt man alle neun Jahre ein Fest abzuhalten, bei dem neun Menschenopfer dargebracht werden, deren Blut die Sinne der Götter besänftigen sollen."

Erst als im 13. Jh. – der alte Dom in Gamla Uppsala war 1245 völlig abgebrannt – der Dom von Uppsala laut Dekret von Papst Urban II. an seiner jetzigen Stelle entstand, entwickelte sich am Fluss Sala (heute Fyris) – der damals noch hier in den Mälaren mündete – eine richtiggehende Stadtgemeinde, die den Namen ihrer heidnischen Vorgängerin übernahm.

Neben dem Bau des Doms und der Erhebung der Stadt zur erzbischöflichen Residenz, hatte für die Stadtentwicklung vor allem die Gründung der Universität im Jahre

**CAMPING**

**Hölick**

**Natura Camping Hölick *** [N 61° 37' 35.86 E 17° 26' 28.93],** Arnoviken 84, Tel. 56 50 32; Mitte Mai – Anf. Sept.; rund 30 km östlich von Hudiksvall, Abzweig von der E4 ca. 3 km nördlich von Hudiksvall; auf einer Halbinsel am Meer in ansprechender, ruhiger Lage; ca. 100 Stpl. + Dau.; Standardausstattung; Miethütten. Fahrradverleih.

**Söderala**

**Moheds Camping **,** Tel. 42 52 33, www.camping.se/x06; ganzjährig; ca. 10 km westl. Söderhamn an der Straße 50 Richtung Bollnäs; von Wald umgebenes Wiesengelände am See Florsjön; ca. 5 ha – 150 Stpl. + Dau.; Standardausstattung; Laden, Imbiss, Tennis, Wassersportmöglichkeiten; Fahrradverleih; 26 Miethütten.

**Rastplatz**

**Rastplatz Tönnebro [N 61° 04' 38.0" E 16° 58' 05.2"]:** Parkplatz an der E4 27 km südlich von Söderhamn schön an einem See gelegen. Gasthaus, Tankstelle, Toiletten und Infotafel.

1477 große Bedeutung. **Uppsalas Universität**, mit dem Plazet einer päpstlichen Bulle Sixtus' IV. versehen, ist die erste und älteste Universität in Skandinavien.

Wie viele andere Städte des Landes, fiel auch die lange überwiegend aus Holzbauwerken bestehende Stadt Uppsala mehrfach Feuersbrünsten zum Opfer. Eine der größten Brandkatastrophen erlebte die Stadt in der Nacht vom 14. auf den 15. Mai 1702. Mehr als zwei Drittel der Stadt gingen damals in Flammen auf.

Am einfachsten beginnt man einen **Stadtrundgang** durch Uppsala am **Fyris Torg** am Ufer der Fyris, ganz in der Nähe und etwas östlich des Doms. Dort findet man **Parkplätze [N 59° 51' 31.5" E 17° 37' 57.0"]** und das **Informationsbüro [N 59° 51' 28.6" E 17° 38' 11.4"]** und ganz in der Nähe auch das **Upplandsmuseum**.

Wir gehen zur Westseite des **Doms [N 59° 51' 32.8" E 17° 37' 50.0"]**, an der sich die beiden Türme des markanten Gotteshauses erheben.

Mit dem Bau des Doms zu Uppsala, der eindrucksvoll etwas erhöht liegt, wurde ausgangs des 13. Jh. im Stil der französischen Gotik begonnen. Als Baumeister wurde der Franzose Etienne de Bonneuil verpflichtet. 1435 wurde der Dom – Skandinaviens größter Kirchenbau – zum Pfingstfest feierlich eingeweiht.

Der ganze **Kircheninnenraum** ist fast vollständig umgeben von einer Reihe von Grabkapellen, Kapellen und Krypten. Gleich rechts z. B. liegt die Grabkapelle der Stenbocks und Mennanders.

Wir gehen vor bis unter die Vierung, dem sog. **Krönungsgewölbe** mitten im Kirchenraum. Es war der traditionelle Ort der feierlichen Krönungszeremonien der schwedischen Könige. Der erste König Magnus Ladalå wurde hier am 24. Mai 1276 gekrönt. Der letzte hier gekrönte schwedische Monarch war 1719 Ulrika Elenora Vasa. Danach fanden die Krönungen fast ausschließlich in Stockholm statt.

Im rechten, südlichen Querschiff liegt die **St. Larskapelle**, danach folgt die imposante **Oxenstjärnsche Grabkapelle**.

Man geht weiter um den Chorumgang hinter dem Hochaltar, vorbei an der **St. Sebastianskapelle** mit beachtenswerten Wandmalereien aus der Mitte des 15. Jh.

Die bedeutendste Kapelle allerdings ist die am östlichen Scheitelpunkt des Chors gelegene Liebfrauenkapelle oder **Vasakapelle**. Unter dem erst 1975 wieder freigelegten Himmels- und Sternengewölbe der Kapelle befindet sich das **Alabastergrabmal König Gustav I. Vasa** (1496 – 1560), eine Arbeit des Bildhauers Willem Boy. Zwischen vier Obelisken an den Ecken des Grabmals sieht man drei liegende Figuren, in der Mitte König Gustav Vasa, rechts von ihm seine 1. Gattin Katharina von Sachsen-Lauenburg (gestorben 1535) und links von ihm seine zweite Gemahlin Margareta Leijonhufvud (gestorben 1551).

Gustav Vasa und seine beiden ersten Gemahlinnen wurden 1560 in einer feierlichen Prozession von Stockholm nach Uppsala überführt und in der Krypta unter der Kapelle beigesetzt. Die Fresken an den Wänden der Vasakapelle wurden erst um 1832 von Johan Gustav Sandberg angebracht. Sie stellen Szenen aus dem Leben Gustav Vasas dar.

In der **Finstakapelle**, links neben der Vasakapelle, ist der kostbarste Kirchenschatz des Doms untergebracht, der **Reliquienschrein des Heiligen Erik**. Hier wird auch die **Eriks-Krone** verwahrt. Sie ist aus Kupfer, Gold und Halbedelsteinen gearbeitet, stammt aus dem 12. Jh. und gilt als älteste Königskrone in Schweden.

Links daneben liegt die **Sturekapelle** mit einem wunderschönen *Flügelaltar* mit Motiven aus dem Leben der heiligen Anna, der Mutter der Jungfrau Maria.

In der Kapelle sind die Opfer der berüchtigten „Sturemorde" begraben. Während der Regierungszeit König Eriks XIV. war es im 16. Jh. wieder einmal zu Zwistigkeiten unter dem schwedischen Adel gekommen. Angeblich waren der König und seine Fraktion mit den Geschäften der mit der Regierung beauftragten Herren gar nicht einverstanden und vermuteten unter den Stures die Rädelsführer der Opponenten. Kurzum, Erik XIV. ließ drei Mitglieder der Familie Sture und andere Adelige gefangensetzen und sie – in einem Anflug geistiger Umnachtung heißt es – am 24. Mai 1567 in den Gefängnisgewölben des Schlosses ermorden.

Nach der Vierung sieht man an einer Säule im Mittelschiff die **Barockkanzel** des Doms. Nach dem Brand von 1702 gab Hedwig Eleonora, die Witwe König Karls X. Gustav, den Bau der Kanzel in Auftrag. Das große Bildmotiv an der Rückwand der Kanzel stellt eine Szene aus der Bergpredigt dar.

*Uppsala, Blick vom Schlossberg zum Dom*

Unter den weiteren Kapellen im nördlichen, linken, Seitenschiff sei schließlich noch die vorletzte vor der Westfassade, die **Grabkapelle Carl von Linnés und Carl Banérs**, erwähnt. Carl von Linné war im 18. Jh. der herausragende Botaniker und Wissenschaftler in Schweden. Er ging mit seinem bis dahin unbekannten System der wissenschaftlichen Namensgebung im Bereich der Tier- und Pflanzenwelt in die Annalen der Wissenschaft ein. Carl Banér war im 17. Jh. Generalgouverneur des Reiches.

Im Nordturm des Doms ist ein **Museum** eingerichtet, in dem sakrale Kunstgegenstände zu sehen sind *(geöffnet Mai - Sept. Mo - Sa 10 - 17, So 12.30 - 17 Uhr).*

An der Nordseite des Doms findet man den St. Eriks Torg und dort rechterhand das **Upplandsmuseum,** St. Eriks Torg 10 *(geöffnet Di - So 12 - 17 Uhr; Eintritt frei; www.upplandsmuseet.se).* Ausstellungen zur Kulturgeschichte Upplands und der Stadt sind hier zu sehen.

Der Westfassade des Doms gegenüber erhebt sich das Gebäude des **Gustavianum [N 59° 51' 29.2"  E 17° 37' 54.8"],** Akademigatan 3 *(geöffnet Di - So 11 - 16 Uhr, Führungen in englischer Sprache um 13 Uhr; www.gustavianum.uu.se).*

Es war das – nach Gustav II. Adolf benannte – Hauptgebäude der Universität von 1625 bis 1887. Im Zentrum des Gebäudes befindet sich unter der Kuppel der Rundbau des sog. „Anatomischen Theaters", ein

steil gestufter Hörsaal, der vor allem zur Demonstration anatomischer Experimente diente.

Vom Gustavianum gehen wir über den Odinslund nach Süden (links), vorbei an der gotischen **Dreifaltigkeitskirche** aus dem 14. und 15. Jh., die linkerhand liegt und gehen hinauf bis zur **Universitätsbibliothek „Carolina Rediviva"**, die rechterhand liegt *(geöffnet Mo - Fr 9 - 20 Uhr, Sommer 11 - 16 Uhr, Sa. 10 - 17 Uhr).* Die Bibliothek ist eine der ältesten und umfangreichsten des Landes. Zu den kostbarsten Stücken der Bibliothek zählen eine gotische Handschrift aus dem 6. Jh., eine kostbare **Silberbibel** (codex argenteus), eine isländische Handschrift aus dem 12. Jh., weiter eine sog. Kaiserbibel aus dem 11. Jh., dann Mozarthandschriften u. v. a.

Schräg gegenüber der Bibliothek liegt das **Schloss,** *geöffnet Juni - Aug., obligatorische Führungen um 12.15 Uhr, 13 Uhr (Englisch), 14 Uhr und 15 Uhr (Englisch); Eintritt, gilt auch für das Kunstmuseum.*

Um 1540 gab König Gustav Vasa den Bau in Auftrag. Von dem alten Schloss sind nur noch Reste, darunter eine alte Geschützbastion, erhalten. Von der *Styrbiskops Bastion,* die heute von einem kleinen Glockenturm markiert wird, waren während der Reformation königliche Kanonen auf den Palast des Erzbischofs gerichtet.

Sehenswert ist der **Reichssaal,** der heute noch als Festsaal der Stadt dient. 1654 unterzeichnete in diesem Saal Königin Kris-

**PRAKTISCHE HINWEISE – UPPSALA**

Telefonvorwahl: 0 18
**Uppsala Turistbyrå [N 59° 51' 28.6"   E 17° 38' 11.4"]**, Fyris Torg 8, 753 10
Uppsala, Tel. 727 48 00. www.uppland.nu.

### HOTELS

**First Hotel Linné**, 110 Zi. ****, Skolgatan 45, Tel. 10 20 00, www.firsthotels.se;
zentral, Nähe Linné-Garten, Restaurant, Sauna, Parkmöglichkeit.

### CAMPING

**Camping Fyrishov *** [N 59° 52' 12.9"  E 17° 37' 34.1"]**, Tel. 727 49 60, www.
camping.se/c12; 1. Jan. – 31. Dez.; am nordwestlichen Stadtrand, beschildert;
ebener, von Dauercampern geprägter, relativ stadtnaher Platz bei der Bad-
mintonhalle „Fyrisfjärden" und beim Frei- und Hallenbad; ca. 4 ha – 150 Stpl.;
Standardausstattung; Laden; 50 Miethütten.
**Sunnersta Camping ** [N 59° 47' 19.4"  E 17° 39' 04.5"]**, Mälarvägen 2, Tel.
727 60 84, www.camping.se/c02; 1. Mai – 1. Sept.; ca. 7 km südlich Uppsala;
zur Straße und zum Mälarsee geneigtes Wiesengelände; ca. 2 ha – 100 Stpl.;
einfache Standardausstattung; Laden, Imbiss; 7 Miethütten.

tina ihre Verzichtserklärung auf den schwedischen Thron.

Ebenfalls im Schloss (Eingang E) ist das
**Uppsala Kunstmuseum** eingerichtet *(geöffnet Di - Fr 12 - 16 Uhr, Sa + So 11 - 17 Uhr)*.
Ausgestellt sind Werke regionaler Künstler
und Designer, Keramiken u. ä.

Im Stadtteil östlich der Fyris liegen der
**Celsiushof** und noch etwas weiter in der
Svartbäcksgatan 27 der **Linné-Garten [N
59° 51' 42.0"   E 17° 37' 59.5"]** mit dem
Wohnsitz Carl von Linnés, in dem heute ein
**Museum** eingerichtet ist *(geöffnet Mitte Mai
- Mitte Sept. Di - So 12 - 16 Uhr)*.

### Ausflüge

Mit dem Ausflugsschiff **M/S Kung Carl
Gustaf** werden Tagesfahrten auf dem Fluss
Fyrisån nach **Skokloster** (sehenswertes
Schloss) angeboten und zwar von  20. Mai
bis 20. Aug. tgl. ab um 11 Uhr, zurück in Upp-
sala um 16.15 Uhr.

**Gamla Uppsala [N 59° 53' 54.6"  E 17°
38' 03.1"]**, Alt Uppsala, der „Geburtsort"
des heutigen Uppsala, liegt unweit nördlich der Stadt.

Bis um das Jahr 1000 war Gamla Uppsala
einer der bedeutendsten **heidnischen Kult-
plätze** des Landes. Ausgewählt wurde der
Platz wohl deswegen, weil er noch bis weit
nach Beginn neuer Zeitrechnung bequem
mit dem Schiff zu erreichen war.

Gamla Uppsala war also lange ein stark
frequentierter Binnenhafen. Hier entstand
der weiter oben schon erwähnte Heiden-

tempel der Wikinger, in dem Thor, Wotan,
Freyr und anderen Gottheiten geopfert
wurde.

An diesem heiligen Ort ließen sich ab
etwa dem 5. nachchristlichen bis ins 10.,
11. Jahrhundert viele Könige des Swearreiches begraben.

Mit der Einführung des Christentums
wurde der Heidentempel durch eine Kirche ersetzt. Von diesem Gotteshaus sind
nur noch Grundmauerfragmente erhalten,
über denen die heutige Kirche im 15. Jh. errichtet wurde.

Heidentempel und Kultplatz sind natürlich längst verschwunden. Unübersehbare
Zeugen aus der Swearzeit aber sind geblieben, nämlich eine Reihe riesiger **Grabhügel**,
unter denen die frühen Könige des alten Reiches aus dem Geschlecht der Ynglinga ruhen. Mindestens drei der Könige, die hier vor
eineinhalb Jahrtausenden beigesetzt wurden – Aun, Egil und Adils –, sind namentlich
bekannt, dank der Aufzeichnungen des is-
ländischen Chronisten Snorri Sturlason aus
dem 13. Jh. Interessantes **Museum**.

ROUTE: *Weiterreise von Uppsala auf der
Autobahn E4 nach* **Stockholm**, *75 km oder
Umweg über Skokloster.*

### Umweg über
### Schloss Skokloster

ROUTEN: *Am besten verlässt man
Uppsala auf der Straße 255 südwärts bis*
**Sigtuna** *und fährt dort westwärts über*
**Häggeby** *nach* **Skokloster**.

*Der Königssaal im Schloss Skokloster.* Foto: P. Kristensen, imagebank. Sweden.

**Skokloster [N 59° 42′ 20.3″   E 17° 37′ 19.1″]**, eines der bemerkenswertesten Barockschlösser Schwedens, ging aus dem *Gutshof Sko* hervor, den sich *Knut der Lange* zu Beginn des 13. Jh. gebaut hatte. 1261 stiftete Knut der Lange das Anwesen dem Zisterzienserorden, der hier ein Nonnenkloster einrichtete und unterhielt. Das Kloster bestand bis ins 16. Jahrhundert. 1527 schließlich wurde das Anwesen im Zuge der Reformation von Gustav Wasa der Krone einverleibt.

Wie viele andere schwedische Schlösser wurde auch Schloss Skokloster mehrfach als Lehen oder Leibgedinge vergeben.

Das große Klostergut von Sko, das damals noch keineswegs sein heutiges imposantes Aussehen hatte, war zu Zeiten Herman Wrangels (1587 – 1643) ein ziemlich heruntergekommenes Anwesen. Wrangel, der Skokloster bis 1638 nur sporadisch aufsuchte, wohnte zunächst im sog., noch aus dem Mittelalter stammenden **Steinhaus**, das man rechterhand auf dem Weg zum Schloss sieht.

Herman Wrangel hatte Skokloster um 1611 von König Karl IX. erhalten. Herman Wrangels Sohn Carl Gustav Wrangel, der damals vielleicht größte Grundbesitzer im Baltikum war es, der Skokloster in seiner heutigen Form erbauen ließ. Er wollte hier einen neuen, prächtigen Stammsitz für die Wrangels in Schweden schaffen. Nach dem Tode

Carl Gustav Wrangels erbte seine Tochter Margareta Juliana, verheiratete Brahe, das Anwesen. Danach erhielt Margareta Julianas Sohn, Abraham Brahe, Skokloster. In dieser Familienlinie blieb das Schloss bis zu Freiherr Rutger Frederik von Essen, einem Großneffen von Magnus Per Brahe, dem letzten Brahe auf Skokloster. Der Freiherr schließlich, der seit 1936 regelmäßig im Schloss wohnte, verkaufte das historische Anwesen 1967 an den schwedischen Staat.

Von den vier Etagen des Schlosses ist die zweite Etage die interessanteste für den Besucher. Hier liegen die Salons und Wohnräume, die zum großen Teil sehr prächtig ausgestattet, möbliert und dekoriert sind, wie das **Schlafzimmer der Gräfin**, das **Schlafzimmer des Grafen** mit Holzkamin, Stuckdecke und Wandteppichen aus dem 17. Jh., der **Speisesaal** mit seiner bemerkenswerten Goldleder-Wandverkleidung und vor allem der üppig dekorierte **Königssaal**.

Besichtigen kann man außer dem Schloss noch die **Kirche** des ehemaligen Zisterzienserklosters, die als Grabkirche der Wrangels diente.

Außerdem liegt auf dem Schlossgelände das bekannte **Skokloster Värdshus**, mit ausgezeichnetem **Restaurant** und zahlreichen **Hotelzimmern** (Tel. 018-38 61 00. Ca. 4 km westlich des Schlosses liegt **Camping Skokloster [N 59° 42′ 18.9″   E 17° 32′ 24.6″**, Tel. 018-38 60 35, Ende Apr. - Ende Sept.]).

## STOCKHOLM

**Empfohlene Reisedauer:** Mindestens zwei Tage, ohne Ausflüge.

**Höhepunkte in Stockholm:** Stockholms Altstadt **Gamla Stan \*\*** – der **Königliche Palast \*\*** und die **Königlichen Gemächer \*\*\*** – das **Vasa-Museum \*\*\*** – das **Stadshuset \*\*** – die **Riddarholmskirche \*** – das Freilichtmuseum **Skansen \*\*** – das **Nationalmuseum \*\*** – ein Schiffsausflug zu den Schlössern **Drottningholm \*\*\*** oder **Gripsholm \*\***.

Schwedens Hauptstadt mit heute rund 782.000 Einwohnern (annähernd 1,7 Millionen Einwohner im Großraum mit Vororten), wurde offiziell im Jahre 1252 von *Birger Jarl* gegründet.

Stockholm, was übrigens soviel wie Baumstamm-Insel bedeutet (*stock* = Stamm, *holm* = Insel), hatte bei seiner Erhebung zur Stadt wohl kaum mehr als ein paar Hundert Einwohner.

Als wahrscheinlich gilt die Version, dass der Name *Stock Holm* von den Holzstämmen abgeleitet wurde, die die Brücken von Gamla Stan über Helgeandsholmen zum Festland trugen.

Birger Jarl ließ auf dem höchsten Punkt der Stadsholmen (Stadt-insel) die Festung *„Tre Kronor"* errichten und die Ufer durch Wälle und Wehranlagen schützen. Bald wurde mit dem Bau der Storkyrkan begonnen, in der 1336 Magnus Eriksson zum König gekrönt wurde. Königsresidenz aber wurde Stockholm erst später.

Im 14. Jh. ließen sich viele deutsche Kaufleute und Schiffseigner in Stockholm nieder. Ihr Einfluss und damit der Einfluss der Hanse auf die Geschicke Stockholms in jenen Jahren war beträchtlich. Die Spuren aus jener Zeit sind in Kunstwerken in den Kirchen oder in Straßennamen heute noch nachvollziehbar. Mitte des 15. Jh. wurde durch eine restriktive Ausländerpolitik der Anteil der deutschen Stadtbevölkerung deutlich gesenkt.

Das Stadtgebiet dehnte sich aus, zunächst auf die *Insel Riddarholmen*, dem bevorzugten Wohngebiet des Adels. Riddarholmen hieß nach den Franziskanern oder „Grauen Brüdern", die hier ihre Klosterkirche (heute Riddarholmskyrkan) hatten, lange *„Gråmunkeholmen".*

Ein schwarzer Tag für Stockholm war der 8. November des Jahres 1520. Nach einer verlorenen Schlacht des Schweden *Sten Sture* gegen die Dänen kapitulierten die Schweden. Entgegen aller Vereinbarungen ließ aber der dänische König Christian II. fast alle seine Widersacher – es sollen über einhundert gewesen sein, darunter Adelige und Herren des geistlichen Standes – auf dem Stortorget enthaupten. Genützt hat dieses Massaker, das als „Blutbad von Stockholm" in die Geschichtsbücher einging, der dänischen Sache allerdings kein Jota. Gustav Vasa gelang es vielmehr, die Empörung in Schweden zu nutzen, das Reich zu einen und die Autonomie des schwedischen Königreichs wieder herzustellen. 1523 wird Stockholm Sitz der Reichsadministration.

Während des Dreißigjährigen Krieges zwischen 1618 und 1648 erlangte Schweden eine Großmachtstellung in Europa. Entsprechend nahm die Bedeutung Stockholms zu. Die Einwohnerzahl stieg auf über 60.000.

1634 endlich wurde Stockholm offiziell zur Hauptstadt des Königreichs erhoben, was es de facto schon lange war.

1697 fiel die von Birger Jarl gegründete Drei-Kronen-Festung einem Großfeuer zum Opfer. Der aus Stralsund stammende Architekt und königliche Stadtbaumeister *Nicodemus Tessin* und dessen Sohn wurden mit dem Neubau des Königspalastes beauftragt, der nach fast fünfzigjähriger Bauzeit 1754 vollendet wurde.

Der Verlust der Vormachtstellung Schwedens in Europa im 18. Jh. hatte natürlich auch seine Auswirkungen auf die Entfaltung der Stadt. Die wirtschaftliche Weiterentwicklung Stockholms stagnierte. Mit dem Industriezeitalter kam Mitte des 19. Jh. – die heutige Hauptstraße Drottninggatan hatte damals noch nicht einmal Gehsteige und die heute schmucke Altstadt glich mehr einem Elendsviertel – die erste Eisenbahnlinie aus Södertälje nach Stockholm. Und 1877 ratterte die erste Straßenbahn durch die Stadt.

1912 war Stockholm Austragungsort der Sommerspiele der 5. Olympiade.

Wasser, Inseln und Brücken sind es, die das Großbild der Stadt prägen. Über nicht weniger als 14 Inseln erstreckt sich Stockholm zwischenzeitlich. „Die Schöne am Wasser" oder „Venedig des Nordens" wurde Stockholm schon genannt.

### Tipps zur Stadtbesichtigung

Ein Rundgang durch die **Altstadt**, eine Besichtigung des **Königlichen Schlosses** (zumindest der Königlichen Gemächer und der Schatzkammer) und vor allem auch ein Besuch im **Vasa Museum (16)** sollten auf alle Fälle auf dem Besichtigungsprogramm stehen.

Einen weiteren Tag können Sie leicht mit Besuchen der **Riddarholmskirche (11),** des **Stadshuset (14),** des **Nordischen Museums (17)** und des **Nationalmuseums (27)** oder des **Moderna Museet** ausfüllen, die mit zu den bedeutenden Sehenswürdigkeiten der Stadt zählen.

Steht noch mehr Zeit zur Verfügung, lohnt ein Besuch im **Skansen Freilichtmuseums (15),** in dem man alleine einen ganzen Tag verbringen könnte, oder man geht in eines der anderen zahlreichen Museen der Stadt.

Und an einem schönen Sommertag ist ein **Ausflug** mit den Nostalgiedampfern wie der „S/S Mariefred" nach **Drottningholm** oder **Gripsholm** ein sehr reizvolles Erlebnis.

### Öffentliche Verkehrsmittel

Das System der öffentlichen Nahverkehrsmittel, sprich **Busse** und **U-Bahn** (Tunnelbana), ist ausgezeichnet organisiert, relativ preiswert und schnell. Ergänzt wird das Nahverkehrssystem durch Schiffsverbindungen. Die Empfehlung kann also nur lauten, Stadtbesichtigungen mit Bus und U-Bahn zu unternehmen.

Seit einigen Jahren fährt die schön restaurierte alte **Straßenbahn Linie 7** vom Platz Norrmalmstorg in der Innenstadt, ganz in der Nähe des Touristenbüros, bis zu den Museen und zum Freilichtmuseum Skansen auf der Djurgården-Halbinsel.

**Mein Tipp!** Nehmen Sie auf dem Weg nach Djurgården die Fähre ab Slussen und die Straßenbahn zurück in die Innenstadt, oder machen Sie es umgekehrt.

Einen ersten Eindruck von Stockholm vom Wasser aus kann man sich auf einer Fahrt mit den **Hop-on Hop-off Rundfahrtbooten** verschaffen, was vor allem an einem schönen Sommertag ein Erlebnis ist. Die offenen Boote verkehren von Anfang Juni bis Ende August von 10 Uhr bis 16 Uhr jede Stunde **ab Anleger am Schloss**, über **Nybroviken, Vasa Museum, Gröna Lund** (Skansen), **Dock der Kreuzfahrtschiffe** und **Gamla stan** zurück zum Schloss. Die gesam-

*Blick von der Brücke Djurgårdsbron auf Stockholms Innenstadt am Strandvägen*

te Tour dauert rund eine Stunde. Das schöne aber ist, man kann an jedem Haltepunkt aus- und wieder zusteigen, so oft man will. Die Fahrkarte ist 24 Stunden lang gültig. Tickets kauft man an den Anlegestellen (Info: Stockholms Sightseeing, Tel. 08-587 140 20, www.stockholmsightseeing.com)

Übrigens sind viele der U-Bahn-Stationen, z. B. T-Central (Zentralbahnhof), Rådhuset, Solna Center oder Fridhemsplan dank ihrer ausgefallenen Architektur und der künstlerischen Gestaltung schon eine Sehenswürdigkeit für sich.

Da Sie Ihr Handy vermutlich sowieso dabei haben, kann folgende Einrichtung für Sie vielleicht von Interesse sein – **Talk of the town**. „Talk of the town" ist eine technische Einrichtung, ein elektronischer Stadtführer (Audioguide), über den Sie mittels Ihres Handys Informationen in sechs Sprachen zu 42 Sehenswürdigkeiten in Stockholm abfragen können. Infos dazu im Touristenbüro oder unter www.talk-ofthetown.se.

Die **Stockholmkarte (Stockholmskortet)**, eine Art pauschale Fahr- und Eintrittskarte, bietet dem Besucher freien Eintritt zu immerhin 75 Sehenswürdigkeiten und Museen, gestattet die freie Benutzung der öffentlichen Verkehrsmittel (Busse, Stadtbahn und U-Bahn), kostenlose Touren mit Sightseeingbooten und andere Vergünstigungen. Die nicht gerade billige Stockholmkarte ist für eine Gültigkeitsdauern von 24, 48 oder 72 Stunden zu haben. Zu kaufen im Stockholm Tourist Centre, bei Hotelcentralen oder im Hauptbahnhof Central Station.

**Mein Tipp!** Wer mit dem Auto in Stockholm unterwegs ist, sollte tunlichst die Parkverbotsbeschilderung beachten. Strafmandate für falsches Parken sind teuer.

**Gebührenpflichtige Parkmöglichkeiten** im Freien findet man auf der Altstadtinsel an deren Ostseite unterhalb des **Schlosses (2)** an der **Skeppsbron [N 59° 19' 32.4"  E 18° 04' 33.5"]**, dann an der Südwestseite am **Kornhamnstorg**, sowie hinter der **Riddarholmkirche (11)**.

Außerdem gibt es Parkplätze am **Stadshuset (14) [N 59° 19' 36.5"  E 18° 02' 58.7"]** und westlich davon an der Uferstraße Norr Mällarstrand. Im östlichen Stadtbereich schließlich gibt es gebührenpflichtige Straßenparkplätze entlang des Strandvägen, entlang des Boulevards Narvavägen, auf **Junibacken** kurz vor den Museen Nordisches

Museum (17) und Vasawerft (16) oder südlich des Freilichtmuseums Skansen (15), um nur einige relativ zentrumsnahe Parkmöglichkeiten zu erwähnen. Änderungen im Zuge von Baumaßnahmen sind möglich!

Stockholm kassiert eine **City-Maut**Wie es heißt, sind im Ausland zugelassene Fahrzeuge aber von der City-Maut ausgenommen!

### 1. Rundgang
### Stockholms Altstadt Gamla Stan

**Gamla Stan [N 59° 19' 32.2"  E 18° 04' 11.5]**, das historische Herz der Stadt, mit seinen engen Gassen und repräsentativen Häuserfassaden, ist eine der größten Sehenswürdigkeiten der Stadt. Hier liegen das **Königliche Schloss (2),** Stockholms Domkirche **Storkyrkan (4),** der historische **Stortorget** (Großer Platz) die **Tysk Kyrkan** (Deutsche Kirche – 8 –) oder das **Nobelmuseum (5)**.

Ausgangspunkt unserer Stadtbesichtigung ist der **Slottsbacken**, Auffahrt und Vorplatz auf dem Schlossberg an der Südseite des **Königlichen Schlosses.** Gebührenpflichtige Parkplätze findet man an der Uferstraße Skeppsbron.

Unmittelbar westlich des Schlosses erhebt sich die Großkirche St. Nikolai oder **Storkyrkan (4)** mit einem mächtigen Obelisken vor der Kirche, den König Gustav III. nach dem Krieg in Ostfinnland 1791 seinen Untertanen errichten ließ.

Nach Osten sieht man über das Gustav III.-Denkmal und die königliche Anlegestelle Logårdstrappen über den Norrströmen hinüber nach Blasieholmen mit Grand Hotel und Nationalmuseum (27).

### Das Königliche Schloss

**Das Kungliga Slottet**, das **Königliche Schloss (2) [N 59° 19' 35.88"  E 18° 4' 26.00"]**, Slottsbacken, ein gewaltiger Renaissancebau, dessen Flügel sich um einen viereckigen, großen Innenhof gruppieren, entstand ausgangs des 17. Jh. auf den Mauern der alten Drei-Kronen-Festung *(geöffnet 15. Mai - 14. Sept. tgl. 10 - 16 Uhr, von Juni bis Aug. bis 17 Uhr. 15. Sept. - 14. Mai Di - So 12 - 15 Uhr; Eintritt; www.kungahuset.se, www.royalcourt.se)*. Bitte beachten Sie, dass die Königlichen Gemächer anlässlich öffentlicher Empfänge für Besichtigungen geschlossen sein können!

Nach der Stadtgründung Mitte des 13. Jh. hatte Birger Jarl den Grundstein zur Burg

*Das Königliche Schloss in Stockholm*

Tre Kronor gelegt. 1697 – König Karl I. war eben gestorben und lag aufgebahrt im Rittersaal – brannte die Burg bis auf die Grundmauern nieder.

Unmittelbar nach der Brandkatastrophe wurde der Auftrag zum Bau eines neuen Schlosses erteilt. Mit der Ausführung beauftragte man den Stadtbaumeister Nicodemus Tessin den Älteren, der schon mit den Umbaumaßnahmen der Tre-Kronor-Burg befasst gewesen war. 1754 endlich konnte der im Stil des italienisch-französischen Barock ausgestattete Palast seiner Bestimmung übergeben werden.

Über 600 Zimmer, Salons und Säle sollen sich in den weitläufigen Flügeln befinden. Einige der Palasträume werden heute noch von der königlichen Familie und von staatlichen Institutionen zu Repräsentationszwecken genutzt.

Man betritt die Palastanlage durch die säulengeschmückte Südfassade und gelangt über ein prächtiges Treppenhaus zu den Obergeschossen mit Festsälen, Bernadotteräumen und dem Reichssaal.

Die **Festsäle** sind die ältesten Räumlichkeiten des Schlosses, die schon ausgangs des 17. Jh. nach Plänen von Nicodemus Tessin d. J. entstanden sind.

**Saal des Staatsrates** – Besonders zu erwähnen sind die beiden prächtigen Gobelins, die um 1770 in Frankreich entstanden sind. Diese Bildteppiche an der Süd- und Ostwand zeigen Szenen aus der antiken Sage um Ja-

son und Medea. Sechs Büsten stellen schwedische Könige aus dem Hause Bernadotte dar, beginnend mit dem Begründer der Dynastie, Karl XIV. Johan.

Aufmerksamkeit verdient auch die Tischuhr („Löwenuhr") aus vergoldeter Bronze. Sie entstand im frühen 17. Jh. in einer Augsburger Werkstatt.

Der **Audienzsaal,** ursprünglich für König Karl XI. als Schlafgemach gedacht, wurde unter Gustav III. zum Audienzsaal umfunktioniert. Aus dem späten 17. Jh., der Zeit Karls XI., stammt die Stuckdecke. In der Mitte ein Deckengemälde mit dem Motiv „Mars und Venus".

Beachtenswert sind weiter der Thronhimmel aus dem 16. Jh., hergestellt in Italien, dann der Kronleuchter aus dem frühen 18. Jh. aus Frankreich, die Porträts neben den Fenstern von Frans Hals aus der Zeit um 1640 oder die Büste Gustavs II. Adolf, die von Georg Petel stammt, einem deutschen Bildhauer des frühen 17. Jh.

Im **Prunkschlafzimmer Gustavs III**. stammt die Stuckdecke – wie schon die Decke im Audienzsaal – von den französischen Meistern des späten 17. Jh. Chauvreau und Fouquet. Die meisten Einrichtungsgegenstände stammen aus der zweiten Hälfte des 18. Jh. und sind im Louis XVI.-Stil gehalten. In der ehemaligen Bettnische hängen französische Gobelins. Dort sieht man auch Ebenholzschränke mit wunderschönen Einlegearbeiten.

Einer der prunkvollsten Salons ist die **Galerie Karls XI.** Die Dekorationen stammen fast alle noch aus der Zeit um 1690. In den Vitrinen sieht man Stücke seltenen Kunsthandwerks aus Glas oder Elfenbein und eine schöne Sammlung kostbaren Porzellans, u. a. aus China und Meißen. Der Saal ist heute noch Schauplatz königlicher Gesellschaften. An der langen Tafel können bis zu 150 Gäste Platz nehmen.

Durch das **weiße Kabinett**, das **Prunkschlafzimmer Sofia Magdalenas** mit einem Deckengemälde, das Swea und vier Erdteile darstellt, und den **Don Quijote-Salon** mit französischen Gobelins, die Motive aus dem Cervantes-Roman „Don Quijote" zeigen, gelangt man in den großen **Ballsaal Vita Havet** (Weißes Meer), der 1845 durch den Architekten Nyström seine heutige Form und Ausstattung erhielt. Lediglich die Decke mit den Gemälden „Sweas Triumph" von Francia und „Belohnung des Siegers" von Taraval und Francia stammt aus früherer Zeit, als der Saal noch als Speisesaal diente. In den Vitrinen sind Silbergegenstände und Sèvres-Porzellan aus dem 18. Jh. zu sehen.

Weiter können die **Bernadotteräume** besichtigt werden. Die Zimmerflucht, die nach Plänen des Architekten Karl Hårleman im Stil des frühen 18. Jh. ausgestattet ist, war für König Frederik I. und seine Gemahlin Ulrika Eleonora geplant worden.

Über den **Trabantensaal,** ehemals als Aufenthaltsraum der Leibwachen vorgesehen, später unter Gustav III. und Karl XV. als Speisesaal genutzt, in dem das Krönungsgemälde König Karls XIV. in der Storkyrka und Büsten anderer schwedischer Monarchen sehen kann, gelangt man in die **Säulenhalle**, dem vielleicht schönsten Saal im Schloss. Das Deckengemälde zeigt Swea und die Vier Jahreszeiten. Schöne Marmorkamine, Spiegelwände, Statuen von Apollo und Venus von J. T. Sergel.

Der **Victoriasaal** erhielt seinen Namen von einer Statue der Siegesgöttin, die hier früher aufgestellt war. Unter den kostbaren Möbelstücken verdient ein Schrank an der Südwand besondere Beachtung, den König Karl XV. 1863 von Napoleon III. zum Geschenk erhalten hatte.

Man gelangt in das **Schreibkabinett Oskars II.** und schließlich in die **Bernadottegalerie**. Unter den Familienporträts werden den Besucher vielleicht die an der Innenwand von Karl XIV. Johan, ehemals

französischer Marschall in napoleonischen Diensten und dessen aus Marseille stammenden Gemahlin Desirée Clary besonders interessieren. Der Sohn des Königspaares, Oskar I. und dessen Gemahlin Königin Josefina, sind rechts des Portals zu sehen. Links davon sind die vier Söhne Oskars I. dargestellt.

In einer Vitrine bei den Fenstern werden Gegenstände Marschall Bernadottes (Marschallstab, Feldbesteck, Degen u. a.) ausgestellt.

Wenn zugänglich, sollte man unbedingt auch den **„Rikssalen"** (Reichssaal) besichtigen, den **Thronsaal** der schwedischen Könige. Von diesem Thron aus eröffnet der König noch heute den Reichstag oder vereidigt Mitglieder einer neuen Regierung.

Gegenüber dem Thronsaal liegt die barocke **Schlosskapelle**. Auch sie musste nach dem großen Schlossbrand neu aufgebaut werden. Besonders beeindruckend in der von französischen Künstlern ausgestatteten Kirche sind neben den Deckengemälden von Guillaume Taraval der reichverzierte Hochaltar und die Kanzel.

In der **Königlichen Schatzkammer**, die in den Kellergewölben des Palastes untergebracht ist, können die **schwedischen Kronjuwelen** besichtigt werden.

Zu den ältesten historischen Stücken zählen Gustav Vasas Reichsschwerter (Raum 2, Vitrine IX) und die Reichskleinodien König Eriks XIV. (Raum 2, Vitrine VII), die anlässlich seiner Krönung zu Uppsala am 29. Juni 1561 angefertigt wurden.

Die **Königliche Rüstkammer Livrustkammaren**, Slottsbacken 3, *(geöffnet Juni - Aug. tgl. 10 - 15 Uhr, Sept. - Mai Di - so 11 - 17 Uhr, Do bis 20 Uhr, zu den Sammlung Eintritt frei; www.livrustkammaren.se)* zeigt eine wunderschöne Sammlung von teils sehr prunkvollen Kutschen und Paradekaleschen, von Krönungsgewändern, Waffen und Jagdutensilien. Zu den besonderen Stücken zählen das Kostüm, das König Gustav III. auf dem Maskenball trug, auf dem er im März 1792 ermordet wurde, oder das ausgestopfte Lieblingspferd Gustavs II. Adolf „Streiff".

Schließlich ist noch das **Museum Tre Kronor** *(geöffnet 15. Mai - 15. Sept. tgl. 10 - 16 Uhr, Juni - Aug. bis 17 Uhr, übrige Zeit Di - So 12 - 15 Uhr)* an der Nordseite des Schlosses, zugänglich an der großen Löwentreppe Lejonbacken, zu besichtigen. Die Ausstellungen hier befassen sich in erster Linie mit der Entstehungs- und Architekturgeschichte des Palastbaus.

Ebenfalls von der Löwentreppe aus ist das **Antiquitätenmuseum Gustavs III.** zugänglich. Hier sind Sammlungen von Kunstwerken, vor allem Skulpturen (u. a. Apollo und die neun Musen, Minerva etc.) zu sehen, die der Kunstliebhaber König Gustav III. erwarb.

Die **Wachablösung** der königlichen Palastgarde findet im halbrunden Kolonnadenhof an der Westseite des Schlosses statt *(im Sommer Juni - Aug. Mo -Sa 12.15 Uhr, So 13.15 Uhr; Apr. - Okt. Mi - Sa . 12.15, So 13.15 Uhr).*

### Spaziergang durch Stockholms Altstadt

Bevor man vom Schloss die wenigen Schritte weiter bergan zur Storkyrkan geht, sollte man sich an der Südseite von Slottsbacken, gegenüber vom Königlichen Schloss, das **Stadtpalais** von Nicodemus Tessin ansehen. Hier ist die überaus reiche Sammlung des **Königlichen Münzkabinetts (16),** untergebracht *(geöffnet tgl. 10 - 16 Uhr, Juli - Sept. 9 - 17 Uhr; Eintritt frei, www.myntkabinettet.se).*

Gleich rechts daneben liegt die **Finnische Kirche (3)**. Das Gebäude, das heute der finnischen Gemeinde als Gotteshaus dient, war bis ins 18. Jh. königliches Ballhaus.

**Storkyrkan (4) [N 59° 19' 32.2" E 18° 04' 11.5]**, Stockholms große Domkirche, ist eines der ältesten Bauwerke der Stadt. Schon kurz nach der Stadtgründung durch Birger Jarl wurde mit dem Bau – wahrscheinlich um 1260 – begonnen, der 1279 erstmals als „Dorfkirche" urkundlich erwähnt wird. Geweiht ist die Große Kirche dem Heiligen Nikolaus von Myra, dem Schutzpatron der Seeleute.

Stockholms Hauptkirche ist der traditionelle Ort für königliche Taufen, Krönungen, Hochzeiten oder Begräbnisfeierlichkeiten. Es ist Tradition, dass im Dezember der Träger des Friedensnobelpreises während des Gottesdienstes eine Ansprache hält. Zu den großen Sehenswürdigkeiten der Kirche zählt im Nordschiff die monumentale Holzplastik **„St. Georg und der Drache"** , die 1494 von dem aus Lübeck stammenden Bildhauer Bernt Notke geschaffen wurde. Den Auftrag gab Sten Sture der Ältere, der 1471 die Dänen besiegt hatte. St. Georg mit dem Drachen sollte das Sinnbild des Kampfes der Schweden gegen die Dänen sein.

Der wunderbare **Altar** aus Silber und Ebenholz zählt zu den größten Kirchenschätzen, zu denen auch der 3,7 m hohe Bronzeleuchter (1470) im Querschiff zählt.

Die **Königsstühle**, 1684 von König Karl. XI. in Auftrag gegeben und nach Plänen von Tessin d. J. von Burghardt Precht gefertigt, sind die Plätze, von denen aus die schwedischen Monarchen offiziellen Zeremonien in der Kirche beiwohnen.

Burghardt Precht fertigte auch die Kanzel, unter der sich die Grabplatte für Olaus Petri befindet, einem Schüler Martin Luthers und großen Reformators in Schweden.

Von der Storkyrkan gehen wir nach Süden und vorbei an der angrenzenden ehemaligen **Börse Börshuset (5)** zum großen alten Markt- und mittelalterlichen Richtplatz der Stadt, zum **Stortorget.**

**Die alte Börse**, ein prächtiger Rokokobau, entstand um 1770 an der Stelle des alten Rathauses. Im Festsaal der Schwedischen Akademie im Obergeschoss wird alljährlich der Name des neuen Literaturnobelpreisträgers bekanntgegeben.

Heute ist im Börsengebäude das **Nobelmuseum** eingerichtet *(geöffnet 16. Mai - 15. Sept. tgl. 10 - 17 Uhr, Di bis 20 Uhr; 16. Sept. - 15. Mai Di 11 - 20 Uhr, Mi - So 11 - 17 Uhr; www.nobelmuseum.se).* Das Museum informiert auf moderne und interessante Weise über die Geschichte des Nobelpreises, seine Preisträger und ihre Entdeckungen bzw. Leistungen. Informative Kurzfilme.

Auf dem **Stortorget** ist man mitten in der **Gamla Staden**, dem bezaubernden Viertel Alt-Stockholms. Die engen Straßen und Gässchen in den Schluchten alter Häuser, mit ihren Ladenfassaden aus Omas Zeit (oder noch früher?), die Brunnen auf den kleinen gepflasterten Plätzen und der malerische **Marktplatz** machen schnell vergessen, dass man sich in einer modernen Großstadt befindet.

Hier gibt es Antiquitäten, Mode, Trödel, einige kleine, aber sehr elegante Hotels wie das „Lord Nelson" oder das „Lady Hamilton" und es gibt Restaurants, Kneipen und Cafés.

Eines davon ist das Café **„Sundbergs Konditori"** am Järntorget. Es stammt aus dem Jahre 1785 und dürfte wohl das älteste Café in ganz Stockholm sein. Ein gemütlicher Ort für eine Rast auf dem Stadtspaziergang.

*Stockholms Altstadt am Stortorget*

Durch die Gassen der Gamla Stan, zog einst auch *Carl Michael Bellman*, Schwedens bekannter Dichter und Liedermacher des 18. Jh., und gab – nicht selten in weinseliger Fröhlichkeit – in den Kneipen seine Trink- und Vagantenlieder zum Besten.

Vom Stortorget kann man durch die Köpmangatan nach Osten bis zur Österlånggatan gehen, der östlichen Hauptstraße der Altstadt. Am Ende der Köpmangatan sieht man die Bronzeskulptur „St. Georg mit dem Drachen", eine Kopie des Originals in der Storkyrkan. Wir folgen der Österlånggatan nach Süden bis zum Järntorget, dem alten Eisenmarkt.

Viele der Häuserfassaden an der Österlånggatan sind beachtenswert, manche stammen aus dem 17. Jh. Im Haus Nr. 51 ist eines der ältesten Restaurants Stockholms untergebracht, das renommierte **„Den Gyldene Freden"**, Tel. 824 97 60. Im Goldenen Frieden verkehrte schon Carl Michael Bellman.

### 2. Rundgang
### Von Slussen über Riddarholmskirche bis Stadshuset

Nur ein kurzes Stück weiter südlich des Järntorget endet die Altstadt Gamla Stan. Es schließt sich der Karl Johans Torg – besser bekannt als **Slussen** – an. Dieser wichtige Verkehrsknotenpunkt mit Brücken, Schleusen und mehreren Verkehrsebenen galt lange als verkehrstechnische und städtebauliche Musterlösung.

Auf dem Platz steht ein Reiterstandbild König Karls XIV. Johan, dem ersten Bernadotte auf dem schwedischen Thron. Errichtet wurde es zur Erinnerung an die schwedisch-norwegische Union von 1814 bis 1905.

Nach Süden sieht man hinüber zur **Insel Södermalm** mit ihrem felsigen und teils recht steil aufragenden Ufer.

Der Aussichtsturm **Katarinahissen (6)** etwas links, dessen Plattform mit dem Aufzug zu erreichen ist, bietet Gelegenheit zu einem **Panoramablick** über die Stadt. Dort findet man auch das **Aussichtsrestaurant „Gondolen"**.

Nicht sehr weit von Slussen entfernt liegt auf Södermalm am Södermalmstorg das **Stadsmuseet (7),** Ryssgården, *(geöffnet Di - So 11 - 17 Uhr, Do bis 20 Uhr; Eintritt frei; www.stadsmuseum.stockholm.se )*. Das Museum gibt anhand von Dokumenten, Plänen, Bildern und Anschauungsmaterial einen Überblick über die Entwicklung der Stadt Stockholm von ihren Anfängen bis heute. Zu den großen Sehenswürdigkeiten zählen die Abteilung über das alte Stadtschloss Tre Kronor sowie Schwedens größter Silberschatz *Loheskatten*.

Wer auf den **Spuren der Popgruppe ABBA** durch Stockholm wandeln möchte, erhält hier im Stadtmuseum einen speziellen Stadtplan (Preis SEK 40,-), auf dem die einstigen ABBA-Örtlichkeiten vermerkt sind, bzw. man kann sich Tickets für eine Führung zum Preis von SEK 120,- (ca. € 14,-) kaufen oder über www.ticnet.se im voraus bestellen. Die zweistündigen Führungen finden jeden Freitag und Samstag um 16 Uhr in englischer Sprache statt. www.stadsmuseum.stockholm.se.

Übrigens: Das Jahre lang geplante, verworfene und wieder geplante Projekt **ABBA the Museum** scheint endgültig und ein für allemal „gestorben" zu sein.

Wir kehren zurück bis an die Südseite der **Gamla Stan**. Dort liegt etwas westlich des Slussplan (Karl Johan Torg) der **Kornhamnstorg,** der früher bis ins Eisenbahnzeitalter der lebhafteste Warenumschlagplatz der Stadt war. Es war der Handelsplatz Stockholms schlechthin, an dem alle Waren verzollt und umgeladen wurden, von den hochseetüchtigen Ostseeschiffen auf Binnenschiffe und umgekehrt.

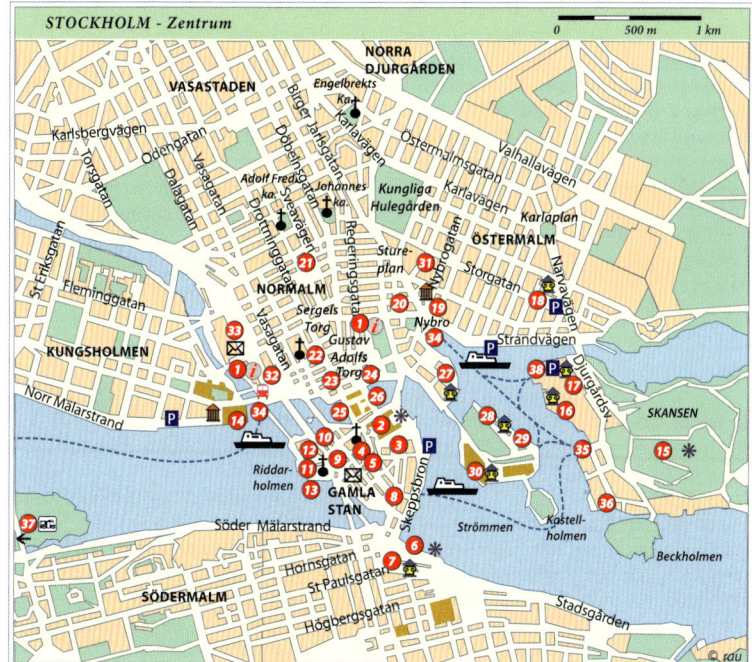

STOCKHOLM ZENTRUM – **1** Touristeninformation – **2** Königliches Schloss – **3** Königliches Münzkabinett und Finska Kyrkan – **4** Storkyrkan – **5** Nobelmuseum, ehem. Börse – **6** Katarinahissen – **7** Stadtmuseum – **8** Tyska Kyrkan – **9** Postmuseum – **10** Riddarhuset – (11 – 13 s. u. Gamla Stan - Altstadt) – **14** Stadshuset – **15** Skansen – **16** Vasa Museum – **17** Nordisches Museum – **18** Historisches Museum – **19** Kungliga Dramatiska Teatern – **20** Hallwyl Museum – **21** Konzerthaus – **22** Klarakirche – **23** Mittelmeermuseum – **24** Opernhaus – **25** Reichstag – **26** Mittelalter Stockholm Museum – **27** Nationalmuseum – **28** Ostasiatisches Museum – **29** Museum für Moderne Kunst – **30** Architekturmuseum – **31** Armeemuseum – **32** Hauptbahnhof – **33** Hauptpost – **34** Bootsausflüge, Bootsanleger – **35** Aquaria Vattenmuseum – **36** Gröna Lunds Tivoli, Djurgården – **37** zum „Autocamper" Wohnmobil-Stellplatz – **38** Junibacken

Das Denkmal mit dem sog. „Bogenspanner" auf dem Platz stammt vom Bildhauer Christian Eriksson aus dem Jahre 1917 und soll „die Kraft des schwedischen Volkes" darstellen.

Durch die schmale Funckens Gränd an der Ostseite des Platzes Kornhamnstorg kann man wieder stadteinwärts gehen und kommt kurz darauf zur Västerlånggatan, der westlichen Hauptstraße der Altstadt, heute der belebteste Geschäftsstraße in der Gamla Stan überhaupt.

Ein kurzes Stück stadteinwärts gelangt man zur St.-Gertrudskirche, eher bekannt als **„Tyska Kyrkan" (8)**, die Deutsche Kirche (geöffnet 12 - 16 Uhr). Sonntags deutschsprachiger Gottesdienst.

Im weiteren Verlauf des Stadtrundgangs folgen wir der Västerlängsgatan und gehen durch eine der Gassen nach links bis zur Stora Nygatan und weiter bis zur Lilla Nygatan. An deren Nordwestende liegt **Munkbron** mit einigen sehenswerten Stadthäusern. Im Keller des Hauses Munkbron 11 findet man das exquisite und entsprechend teure **Restaurant „Aurora Källaren",** Tel. 821 93 59.

Wer sich für Philatelie interessiert, für den ist ein Besuch im **Postmuseum (9)** in der Lilla Nygatan Nr. 6 ein Muss (geöffnet Di - So 11 - 16 Uhr, Mi bis 19 Uhr; www.postmuseum.posten.se). In dem über 100 Jahre alten Museum ist alles über die Geschichte der schwedischen Briefmarke seit 1865 zu finden. Außerdem Postschiffe, Postbusse etc.

Der weitere Weg unseres Stadtrundgangs führt nun am Riddarholmkanal entlang zum Riddarhustorget. Gegenüber des verkehrsreichen Platzes erhebt sich das **Riddarhuset, Ritterhaus (10)**, das Haus des schwedischen Hochadels. Im großen **Rittersaal** werden 600 Wappenschilder der ehemals 2.893 Adelsgeschlechter aufbewahrt. Einer der letzten Schweden, die in den Adelsstand erhoben wurden, war 1902 der Asienforscher *Sven Hedin*.

Eine breite Brücke führt hinüber zur **Insel Riddarholmen [N 59° 19' 29.0"  E 18° 03' 46.3"]**, dem ehemals bevorzugten Residenzgebiet des schwedischen Adels.

Man geht direkt auf die mächtige **Riddarholmskyrkan (11)** mit ihrem markanten, durchbrochenen Turm zu *(geöffnet 15. - 31. Mai + 1. - 14. Sept. tgl. 10 - 16 Uhr; Juni, Juli + Aug. tgl. bis 17 Uhr)*.

Die Kirche entstand schon im 13. Jh. Damals war sie als Abteikirche eines Franziskanerklosters geplant. Traditionsgemäß ist sie die Grabkirche der Königlichen Familie und des Adels und Gedächtniskirche des Seraphinenordens.

Der erste Monarch, der in der Kirche beigesetzt wurde, war König Magnus Ladulås, der Kirchengründer (1270) und Gründer des Franziskanerklosters.

Ursprünglich war die Kirche nur zweischiffig. Erst Mitte des 15. Jh. wurde sie erweitert und ein drittes Schiff angefügt. Der einst gepflasterte Kirchenboden ist zwischenzeitlich übersät mit Grabplatten.

Durch das sog. *Waffenhaus* an der Nordseite, in dem in früheren Zeiten die Ritter ihre Waffen zu deponieren hatten, bevor sie zur Messe gingen, betritt man die Kirche. Im Inneren wenden wir uns links und gehen im linken Seitenschiff vorbei an den Grabkapellen der *Lewenhaupts* zum **Hochaltar**.

Links vom Altar führen Stufen in die *Karolinische Grabkapelle*. Die durch ihren Baustil vom übrigen Kirchenbau abweichende Kapelle entstand in langwierigen Bauabschnitten zwischen 1641 und 1743. Beigesetzt sind hier der 1718 gestorbene Karl XII. (schwarzer Marmorsarkophag), Frederik I. (gest. 1751), Ulrika Eleonora (gest. 1741) und in den Gewölben ruhen Karl X. Gustav und Karl XI.

Die schön gearbeiteten **Grabmale** mit den gotischen Liegefiguren vor dem barocken Hochaltar – links *Magnus Ladulås*, rechts daneben *Karl Knutsson Bonde* – wurden Ende des 16. Jh. von Johann III. gestiftet.

Rechts vom Altar gelangt man zur *Gustavianischen Grabkapelle*, die Mitte es 17. Jh. errichtet wurde. In dem großen Sarkophag aus italienischem Marmor ruht Gustav II. Adolf. In einem nicht zugänglichen Teil der Kapelle sind die Könige Adolf Frederik, Gustav III., Gustav IV. Adolf und Karl XIII. beigesetzt. Das nächste große Mausoleum ist die *Bernadottesche Grabkapelle*. Sie entstand erst Mitte des 19. Jh. Hier ist Karl XIV. Johan, der 1844 verstorbene Gründer der bernadotteschen Königsdynastie, in einem herrlichen Porphyrsarkophag beigesetzt. Seine Gemahlin, Königin Desirée (Desideria), die 1860 starb, ruht davor in einem Sarkophag aus grünem Kolmårds-Marmor. In den Sarkophagen an den Wänden sind weitere Mitglieder aus dem Hause Bernadotte beigesetzt.

König Gustav V., der 1950 verstarb, wurde als letzter Monarch in der Riddarholmskirche zu Grabe getragen.

Man sollte die Kirche aber nicht verlassen, ohne die *Wappenschilder der Ritter des Seraphinenordens*, die an den Wänden des Kirchenschiffes angebracht sind, zu studieren. Man wird darunter viele bekannte Namen entdecken.

An der Nordseite der Riddarholmskirche liegt der **Birger Jarls Torg** mit einem Standbild des Stadtgründers Birger Jarl. Der Platz ist umgeben von Adelspalais aus dem 17. Jh. wie denen der Bondes, Sparres und Stenbocks.

Links erhebt sich das imposante **Wrangelsche Palais (12)** mit den mächtigen Rundtürmen zur Seeseite hin. Karl Gustav Wrangel, Schlossherr zu Skokloster, ließ sich Mitte des 17. Jh. dieses prächtige Stadtpalais von den Hofarchitekten Tessin und Jean de la Vallée erbauen.

Südlich der Riddarholmskirche liegt an den Kais das alte Reichstagsgebäude von 1866 bis 1905.

Ganz in der Nähe ist am Södra Riddarholmshamnen des weiße Hotel- und Restaurantschiff **„Mälardrottningen" (13)** vertäut. Die „Mälarkönigin" war ehemals die Yacht Barbara Huttons, der Erbin des New Yorker Multimillionärs und Kaufhauskönigs Woolworth.

Einen sehr schönen Blick hat man von der Evert Taube Terrasse (Evert Taube, Sänger, 1890 – 1976) unterhalb des Wrangelschen Palais aus über die Mälar-Riddarfjärden hinüber zur **Insel Kungsholmen** mit dem

*Blick von Riddarholmen zum Stadshuset*

markanten **Rathaus (14)** und dessen zum Wahrzeichen der Stadt gewordenen Turm.

Von Riddarholmen kann man über die breite Centralbron hinüber zum **Stadshuset [N 59° 19′ 40.4″ E 18° 03′ 15.7″] (Rathaus – 14 –)** gehen.

Stockholms **Stadshuset**, Handverkargatan 1, *(Führungen 15. Mai - 30. Sept. tgl. 10, 12 + 14 Uhr; Juni - Aug. tgl. 10, 11, 12, 14, 15 + 16 Uhr; übrige Zeit tgl. 10 + 12 Uhr; www. stockholm.se/stadshuset)* wurde zwischen 1911 und 1923 nach Plänen des Architekten Ragnar Östberg errichtet. Eingeweiht wurde das Stadthaus mit seiner nordisch-nüchtern-kühlen Ausstrahlung zur Feier des 400. Jahrestages des Einzugs König Gustav Vasas in Stockholm.

Der vierflügelige Bau, für den angeblich mehr als acht Millionen Ziegelsteine verbaut wurden und am Ufer eigens eine aufwendige Pfahlgründung gebaut werden musste, umschließt zwei rechteckige Innenhöfe.

An der südöstlichen Ecke erhebt sich der 106 m hohe, viereckige **Rathausturm** *(geöffnet Apr. Sa + So 10 - 16.15 Uhr; Mai - Sept. tgl. 10 - 16.15 Uhr)*. Auf dem offenen Turmabschluss, der ganz im Gegensatz zum wuchtig und trutzig wirkenden Turm steht, sieht man die drei schwedischen Kronen aus dem Reichswappen, von denen jede über zwei Meter breit ist. Die Figuren an den Ecksäulen der abschließenden Turmlaterne stellen Maria Magdalena, die Hl. Klara, den Hl. Erik,

den Schutzpatron der Stadt, und den Hl. Nikolaus dar.

Wenn man von Osten her über die Stadshusbron auf das Stadthaus zugeht, sieht man an der Nordseite des Turms über dem Dachgiebel die Monumentalplastik „St. Georg und der Drache" von Christian Eriksson.

Man kann den Turm über Treppen besteigen oder per Lift zur **Aussichtsplattform** gelangen. Von oben hat man einen ganz prächtigen Rundblick und natürlich auch eine schöne Sicht hinüber zur Altstadt.

Am Fuße der Ostseite des Turms sieht man unter einem von Säulen getragenen Baldachin einen Kenotaphen, ein **Grabdenkmal zu Ehren von Birger Jarl**, dem Stadtgründer. Beigesetzt ist Birger Jarl in der Klosterkirche von Varnhem.

Von Norden her betritt man den **Borgargården** (Bürgerhof), den größeren der beiden Innenhöfe des Stadshuset und gelangt von dort in die **Blå Hallen**. Diese gut 50 m lange und rund 22 m hohe Halle weist eine schöne Backsteinornamentik und unten einen Säulenumgang auf, der diesem monumentalen Saal einen Hauch von mediterranen Nobelbauten verleiht. Das Blau, das für die Ausgestaltung der Halle ursprünglich vorgesehen war und dem sie ihren Namen verdankt, wurde allerdings nie verwendet.

In der Halle befindet sich eine Ludwigsburger Orgel mit angeblich mehr als 10.000 Pfeifen.

Die teilweise sehr kostbar ausgestatteten Räume und Säle im Stadshuset können nur auf Führungen besichtigt werden.

Der **Rådssalen** ist der Sitzungssaal des Stadtrates, der aus 101 Verordneten besteht, die alle drei Jahre neu gewählt werden. Besucher können den Sitzungen von einer Galerie aus folgen. Der 19 m hohe Saal hat eine interessante, offene Balkendecke. Die Abgeordneten betreten den Ratssaal durch das 31 m hohe *Hundravalvet* (Hundertgewölbe, wegen der hundert Facetten des Gewölbes) im Turmuntergeschoss.

Zu sehen sind außerdem der **Tre-Kronor-Saal** (Wandbehänge aus Brokat, Gemälde „Stockholm von Mosebacke aus gesehen" von Elias Martin) und der **Blå Rummet** (Wandgemälde von Axel Törnemann).

Schließlich betritt man den sehr beeindruckenden **Gyllen Salen**, einen prächtigen Bankettsaal, in dem alljährlich das feierliche Festbankett anlässlich der **Nobelpreisverleihung** in Anwesenheit des Königspaares stattfindet.

Der Goldene Saal wurde von Einar Forseth mit herrlichen Goldmosaiken ausgeschmückt. Das Motiv an der Stirnwand zeigt „Stockholm, Königin des Mälarsees" auf einem Thron, während ihr das Abendland und das Morgenland huldigen. Auf dem Schoß der Königin sieht man das Stadthaus.

Bevor man den Gebäudekomplex verlässt sollte man nicht versäumen, durch den offenen Säulengang im Südflügel auf die Terrasse am Riddarfjärden zu gehen. Von dort hat man einen sehr schönen **Blick hinüber nach Riddarholmen und zur Altstadt**.

Das **Restaurant „Stadshuskällaren"**, Zugang an der Nordseite des Stadthauses, zählt zu den renommierten Gaststätten der Stadt. Sonntag Ruhetag.

Von den **Schiffsanlegestellen** östlich des Stadthauses legen die Dampfer nach Drottningholm, Gripsholm (Mariefred) und Birka ab.

### 3. Stadtrundgang
### Djurgården, Freilichtmuseum
### Skansen, Vasa Museum, Nordisches
### Museum

Unser dritter Stadtrundgang führt nach **Djurgården** zum **Vasa Museum (16)** und zurück über den Stadtplatz Kungsträdgården zum Königlichen Schloss. Auf dem Wege werden diverse weitere **Museen** erwähnt.

Möchte man alle diese Museen besichtigen, wird man für diesen Rundgang natürlich mehr als nur einen Tag vorsehen müssen!

Auf dem Weg zurück in die Innenstadt kann man sich auch der restaurierten Nostalgie-Straßenbahn Linie 7 zum Norrmalmtorg bedienen.

Am bequemsten und einfachsten ist der Weg nach Djurgården, wenn man sich ab der Anlegestelle Räntmästartrappen an der Südostseite der Gamla Stan der **Personenfähren nach Djurgården** (Anleger am Aquaria Vattenmuseum) bedient.

**Djurgården**, das ehemalige königliche Tiergehege, ist heute Stockholms größtes und meistbesuchtes Naherholungs- und Freizeitgebiet, in dem man wirklich Tage verbringen könnte. Dort findet man den seit über 120 Jahre bestehenden **Vergnügungspark Gröna Lunds Tivoli (36)**, dann das riesige **Freilichtmuseum Skansen (15)** mit **Tiergehege,** weiter einen **Aussichtsturm, Restaurants** (darunter das renommierte **„Wärdshuset Godthem"**, Rosendalsvägen 9, und das hundertjährige Spezialitätenrestaurant **„Wärdshuset Ulla Windbladh"**, Rosendalsvägen 8), die **Schlösschen Rosendal** sowie **Prins Eugens Waldemarsudde**, das **Aquaria Vattenmuseum (35)**, die **Kunstgalerien Liljevalch** und **Thiel**, ein Tabak- und Streichholzmuseum, Gubhyllan *(geöffnet Mai - Sept. tgl. 11 - 17 Uhr, Okt. - Apr Di - So 11 - 15 Uhr, freier Eintritt für Skansen-Besucher)* und schließlich einen **Zirkus**, der heute allerdings als modernes Theater mit Restaurant dient.

Ganz in der Nähe der Bootsanlegestelle auf Djurgården liegt der Eingang zum **Vergnügungspark Gröna Lunds Tivoli (36)** sowie das **Aquaria Vattenmuseum (35),** *Falkenbergsgatan 2 (geöffnet 15. Juni - 15. Aug. tgl. 10 - 18 Uhr, übrige Zeit Di - So 10 - 16.30 Uhr; www.aquaria.se)*. Dort können Sie u. a. trockenen Fußes durch einen „lebendigen" Regenwald wandeln und dabei ein handfestes Tropengewitter erleben.

Geht man von der Anlegestelle geradeaus bis zum Djurgårdesvägen und dort rechts, kommt man zum Freilichtmuseum Skansen (15).

**Skansen (15), das erste Freilichtmuseum der Welt [N 59° 19' 26.6" E 18° 05' 59.3"]**, Djurgårdenslätten 49 - 51 *(geöffnet Mai 10 - 20 Uhr, Juni - Aug. 10 - 22 Uhr, Sept. 10 - 17 Uhr, Okt. - Apr. 10 - 14 Uhr; www.skansen.*

se), Busse 44 und 47, Fähre nach Djurgården, Tram Nr. 7 ab Norrmalmstorg.

Vor mehr als 100 Jahren hatte *Artur Hazelius* die Idee, auf der Insel Djurgården einige historische alte Gehöfte aus Schweden aufzustellen. Damit gründete er 1891 das erste Freilichtmuseum der Welt. Seitdem kamen Stadthäuser, Kirchen (z. B. die aus Seglora von 1720), Gutshöfe (der Hof Skogaholmen stammt von 1680), Bauernhäuser, Wirtschaftsgebäude, Almhütten und Speicherhäuser u. ä. aus den verschiedensten Teilen des Landes hinzu, so dass das Freilichtmuseum Skansen mit heute fast 150 Gebäuden einen sehr schönen Überblick über Leben und Kultur in Schweden vermittelt.

Stadtbekannt ist auch der **Aussichtsturm Bredablick** (weite Aussicht), von dem man einen herrlichen Rundblick über Skansen und die Stadt hat.

Zudem gibt es Tiergehege, Restaurants und Freilichtbühnen, auf denen u. a. Volkstänze dargeboten werden oder zur Mittsommernacht gefeiert wird.

Rund ein Kilometer östlich vom Südeingang das Skansenparks liegt in einem herrlichen Park am Ufer des Saltsjön das **Schlösschen Prins Eugens Waldemarsudde,** Prins Eugens väg 6, *(geöffnet Di - So 11 - 17 Uhr, Do bis 20 Uhr; www.waldemarsudde. se).* Die stattliche Villa aus der Wende vom 19. zum 20. Jh. war ehemals die Residenz des Prinzen Eugen (1865 – 1947), dem Bruder von König Gustav V. Der Prinz machte sich vor allem einen Namen als Kunstmaler.

Die **Museums-Tram Linie 7** hat in der Nähe von Waldemarsudde ihre Wendeschleife.

Ein weiteres Kunstmuseum, die **Thielska Galleriet**, liegt am Ostende von Djurgården, Sjötullsbacken 8, Blockhusudden *(geöffnet Mo - sa 12 - 16 Uhr, So 13 - 16 Uhr; www.thielska-gallerie.se).* Der Gründer der Galerie, der Bankier und Kunstmäzen Ernst Thiel, ließ sich die Jugendstilvilla eigens zur Aufnahme seiner umfangreichen Kunstsammlung bauen.

An der Nordseite von Djurgården liegt das **Schlösschen Rosendal**, Rosendalsvägen *(geöffnet Juni - Aug. Di - So Führungen um 12, 13, 14 und 15 Uhr; www.kungahuset. se).* Hierher zogen sich König Karl XIV. Johan und Königin Desirée gerne zurück, um wenigstens zeitweise dem steifen Hofzeremoniell zu entgehen. Das Schlösschen ist

*Skansen, Glockenturm von Hasjö*

im Empirestil eingerichtet. Prächtig ausgestattete Salons. Schöner, gepflegter Schlossgarten, Café.

Von Skansen aus oder von der Bootsanlegestelle auf Djurgården aus geht man am einfachsten zu Fuß (oder man nimmt die Straßenbahn Nr. 7 zwei Stationen weit) über den Djurgårdsvägen nordwärts zum Vasa Museum.

**Mein Tipp! Das Vasa Museum (16) [N 59° 19′ 48.3″ E 18° 05′ 29.3″],** Galärvarvet, *(geöffnet 1. Jan. - 31. Mai tgl. 10 - 17 Uhr, Mi bis 20 Uhr; 1. Juni - 1. Aug. tgl. 8.30 - 18 Uhr; 1. Sept. - 31. Dez. tgl. 10 - 17 Uhr, Mi bis 20 Uhr; www. vasamuseet.se);* Bus 44, 47 oder 69, Fähren nach Djurgården, Tram Linie 7 ab Norrmalmstorg. Eine Anlegestelle der Fähren liegt in unmittelbarer Nähe des Museums.

Das Vasa Museum beherbergt eine der größten Sehenswürdigkeiten Schwedens, das überaus eindrucksvolle **Regalschiff „Vasa"** aus dem 17. Jh. Es ist aber nicht nur das Schiff an sich, sondern es sind auch die spektakuläre Geschichte des Schiffes und die langwierige Prozedur seiner Bergung und Konservierung, die von Interesse sind.

Die Vasa ist das einzige völlig erhaltene Holzschiff aus jener Zeit auf der Welt.

Nicht versäumen sollte man den jede Stunde im Kinosaal des Museums präsentierten Film über die Bergungsgeschichte der

Vasa, Dauer 25 Minuten, Schwedisch mit englischen Untertiteln; im Sommer um 10.30 und 14.30 auch in deutscher Sprache.

Vor dem Vasa Museum ankern einige **Museumsschiffe**, darunter der Eisbrecher „Sankt Erik", der von 1915 bis 1977 im Einsatz war und das Feuerschiff „Finngrundet", das zwischen 1903 und 1969 seinen Dienst versah. Ganz in der Nähe hat das russische U-Boot „U137" festgemacht, das ebenfalls besichtigt werden kann.

In unmittelbarer Nähe zum Vasa Museum liegt das **Nordiska Museet (17)**, Djurgårdsvägen 6 - 16 (geöffnet Mo - Fr 10 - 16, Sa + So 11 - 17 Uhr; 1. Juni - 31. Aug. tgl. 10 - 17 Uhr; Eintritt frei; www.nordiskamuseet.se), Bus 44 und 47, Fähren nach Djurgården, Tram Linie 7 ab Norrmalmstorg.

Das Nordische Museum, das sich zum Ziel gesetzt hat, Leben und Arbeit des schwedischen Volkes vom Ende des Mittelalters bis in die heutige Zeit zu zeigen, wurde zu Beginn des Industriezeitalters Ende des 19. Jh. von Artur Hazelius, dem „Vater" des Skansen Freilichtmuseums, gegründet.

Im Erdgeschoss werden Ausstellungen zu den Themen Zunftwesen, Volkstrachten und Samische Kultur, im ersten Stock u. a. Arbeit im Dorf und auf dem Hof, und darüber Nordische Volkskunst, Textilien, Spielzeug, Mode seit dem 18. Jh. und Trachten und schließlich Möbel, Hausrat und schwedisches Wohnen gezeigt.

Unweit westlich vom dominierenden Gebäude des Nordiska Museet liegt am Rande des freien Platzes am Wasser **Junibacken** (geöffnet Jan. - Mai sowie Sept. - Dez. Di - So 10 - 17 Uhr; Juni + Aug. tgl. 10 - 17 Uhr; Juli tgl. 9 - 19 Uhr; Eintritt, www.junibacken.se). Junibacken ist ein Erlebnis vor allem für Familien mit Kindern, in dem die Welt aus den Märchen von Astrid Lindgren lebendig wird.

Zwischen Junibacken und Nordiska Museet liegt ein großer **Parkplatz** (Gebühr).

Über die Brücke Djurgårdsbron gelangt man hinüber in den **Stadtteil Östermalm** und zur breiten Uferstraße Södervägen (Parkmöglichkeiten), der wir stadteinwärts (westwärts) folgen.

Ein Stück weiter nördlich liegt das **Statens Historiska Museet (18)**, Narvavägen 13 - 17 (geöffnet Mai - Sept. tgl. 10 - 17 Uhr; Okt. - Apr. tgl. 11 - 17 Uhr; Eintritt frei; www. historiska.se), Bus 44, 47, 56, 69 + 76.

Das Staatliche Historische Museum zeigt im Erdgeschoss Fundstücke und Exponate aus der Stein-, Bronze- und Eisenzeit, aus der Zeit der Wikinger und aus Birka, Schwedens erster Stadtgründung. Ebenfalls zum Museum gehört die sog. **„Goldsammlung"** mit über 3.000 Gold- und Silberstücken.

Wendet man sich an der Djurgårdsbrücke dagegen ostwärts (rechts), kommt man zu drei weiteren Museen:

**Sjöhistoriska Museet**, Djurgårdsbrunnsvägen 24 (geöffnet Di - So 10 - 17, Di im Frühjahr und Herbst bis 20 Uhr; Eintritt frei; www. sjohistoriska.se), Bus 69. Schwedens größte Sammlung zur Seefahrtsgeschichte des Landes, mit zahlreichen Schiffsmodellen, Navigationsinstrumenten, Dokumentationen, Gemälden etc.

**Tekniska Museet,** Museivägen 7, Norra Djurgården (geöffnet Mo - Fr 10 - 17 Uhr, Mi bis 20 Uhr, Sa + So 11 - 17 Uhr ; www.tekniskamuseet.se), Bus 69. Das Museum für Forschung und Technik zeigt fast alle Aspekte der Technologie und der Industriegeschichte. Man sieht Dampfmaschinen, Motoren, Apparaturen und Maschinen, Flugzeuge u. a.

**Folkens Museet Etnografiska,** Djurgårdsbrunnsvägen 34 (geöffnet Mo - Fr 10 - 17 Uhr, Mi bis 20 Uhr, Sa + So 11 - 17 Uhr; Eintritt frei; www.etnografiska.se), Bus 69. Dieses Museum befasst sich mit außereuropäischen Kulturen aus Nordamerika, Afrika, Melanesien und Asien (japanisches Teehaus) u. a.

Unweit östlich der Museen erhebt sich der 155 m hohe Fernmeldeturm **Kaknästornet** mit Aussichtsterrasse (im Sommer 9 bis 24 Uhr, Winter bis 18 Uhr) und Restaurant.

Vom Kaknästornet fährt die Buslinie 69 zurück in die Innenstadt über Nybroplan bis Sergels Torg.

### 4. Stadtspaziergang
### Die Innenstadt

Unseren Stadtrundgang durch Stockholms Innenstadt beginnen wir am Platz **Nybroplan** mit der Anlegestelle der Fähren nach Djurgården.

Am Nybroplan liegt das **Kungliga Dramatiska Teatern (19)**, das Königliche Schauspielhaus. An der Bühne des Schauspielhauses inszenierte gelegentlich Schwedens bekannter Regisseur Ingmar Bergmann.

Weiter durch die Geschäftsstraße Hamngatan bis zum **Sergels Torg**, dem zentralen, modernen Platz im lebhaften Geschäftsviertel Norrmalm.

Auf dem Wege dahin passiert man den **Berzelii-Park**, der nach dem schwedischen Chemiker Berzelius benannt ist. An der Südseite des Parks liegt das schon historische, sehr renommierte Stockholmer **Restaurant „Berns Salonger"**, Tel. 856 63 20 00, mit dem Ambiente der Jahrhundertwende.

Man kommt vorbei an den Warenhäusern **NK** (Restaurants) und **Gallerian** (Restaurant **„Glada Laxen"**, Spezialität Lachs in allen Variationen, empfehlenswert, mit erschwinglichen Preisen) und an der immer belebten Parkanlage **Kungsträdgården**.

An der Nordseite des Platzes liegt das **Sverigehuset** mit dem Hauptbüro der **Stockholmer Touristeninformation (1)**.

Ein wenig bekanntes, aber überaus interessantes Museum liegt ebenfalls in der Hamngatan, das **Hallwylska Museet (20),** Hamngatan Nr. 4 *(Führungen Di - So 12, 13, 14 + 15 Uhr, Mi auch 18 Uhr; Eintritt frei, Führungen gegen Gebühr; www.hallwylskamuseet.se)* gleich gegenüber des Berzelii-Parks. Dieses private Palais ist eines der wenigen Adelshäuser aus dem Ende des 19. Jh., das so gut wie unverändert erhalten geblieben ist. Sehr sehenswert ist die prächtige Innenausstattung mit kostbaren Möbeln.

Zurück zum **Sergels Torg**. Benannt ist der große Stadtplatz nach dem schwedischen Bildhauer *Tobias Sergel (1740 – 1814).* Der moderne Glaspalast an der Südseite des Platzes ist das **Kulturhaus**.

Weiter nördlich, zwischen dem breiten Sveavägen und dem bunten **Hötorget** (mit riesiger unterirdischer Markthalle und Einkaufspassagen, zahlreiche Lokale), liegt Stockholms **Konzerthaus (21)**, ein Bau im neoklassizistischen Stil aus dem Jahre 1926. Im Konzerthaus werden alljährlich im Dezember in einer feierlichen Zeremonie in Anwesenheit des Königs die Nobelpreise verliehen.

Westlich vom Sergels Torg führt die **Drottninggatan**, eine der wichtigsten Geschäftsstraßen der Stadt, nach Nordwesten. Hier liegen Geschäfte jeder Art, Restaurants und Einkaufszentren wie das **PUB**, eines der größten Warenhäuser in der Stadt.

Im vierten Stock der Drottninggatan Nr. 85 findet man das **Strindbergsmuseet** *(geöffnet Di 12 - 19, Mi - So + Winterhalbjahr 12 - 16 Uhr; Eintritt frei; www.strindbergsmuseet.se)*, U-Bahn Rådmansgatan. Das Museum erinnert an den großen schwedischen Dichter und dramatischen Schriftsteller *August Strindberg*, der hier zwischen 1908 und 1912 lebte.

Zwei Straßenzüge westlich des Sergels Torg, schon auf halbem Wege zum Hauptbahnhof, erhebt sich die **St. Klarakirche (22)**, eines der ältesten Gotteshäuser der Stadt, dessen Ursprünge bis ins 13. Jh. zurückreichen. Auf dem Friedhof haben u. a. Schwedens beliebter Volkssänger Carl Michael Bellman und die Dichterin Anna Maria Lenngren ihre letzte Ruhestätte gefunden.

Vom Sergels Torg gehen wir südwärts und durch die Malmstorgsgatan Richtung Schloss. Fast am Ende der Straße liegt links (westlich) das **Medelhavsmuseet (23)**, Eingang Fredsgatan 2 *(geöffnet Di - Mi 11 - 20 Uhr, Do - Fr 11 - 16 Uhr, Sa + So 12 - 17 Uhr; Eintritt frei; www.medelhavsmuseet.se),* Bus 62, 65, U-Bahn Kungsträdgården. Das Museum befasst sich mit Kunst und Kultur alter Zivilisationen aus dem Mittelmeerraum und aus Nahost.

Wenig später gelangt man zum Gustav Adolfs Torg. Links erhebt sich das **Opernhaus (24)**, ein Ende des 19. Jh. im Renaissancestil errichteter Bau. *Jenny Lind* (6. 10. 1820 – 2. 11. 1887), die große schwedische Opernsängerin, die hier in Norrmalm geboren wurde und in der ganzen Welt als „schwedische Nachtigall" bekannt war, startete an der Stockholmer Oper ihre große Karriere.

Das **Restaurant „Operakällaren"**, Tel. 86 76 58 01, das bereits 1895 öffnete, ist nicht nur für seine exquisite Speisekarte, sondern auch für seine Preise über die Stadt hinaus bekannt.

Brücken führen über den Norrström auf die **Helgeandsholmen** (Heiliggeistinsel). Beinahe die gesamte westliche Hälfte des Inselchens wird eingenommen vom Gebäudekomplex des **Riksdagshuset (25)**, dem schwedischen Reichstagsgebäude.

An der Ostseite der Helgeandsholmen findet man auf der sog. Strömparterren **Stockholms Medeltidsmuseet**, das **Museum Mittelalterliches Stockholm (26),** *(geöffnet Sept. - Juni Di - So 11 - 16 Uhr, Mi bis 18 Uhr; Eintritt frei, www.medeltidsmuseet.stockholm.se)*, Bus 43, 62, U-Bahn Kungsträdgården. Ausgestellt sind u. a. Fragmente der mittelalterlichen Stadtbefestigung.

*Stockholm, Blick von der Skeppsholmsbron zum Schloss*

### Museen auf Blasieholmen und Skeppsholmen

Geht man vom Gustav Adolfs Torg nach Osten, vorbei am Karl XII. Torg und vorbei an der Anlegestelle der Ausflugsschiffe an der **Strömbron**, auf das markante Gebäude des **Grand Hotels** (Terrassenrestaurant mit Altstadtblick) am Strömkajen zu, gelangt man auf die **Halbinsel Blasieholmen**.

Am Ende der Halbinsel, von wo aus man einen sehr schönen Blick auf die Altstadt und das Schloss hat, liegt das sehenswerte **Nationalmuseum (27),** Södra Blasieholmshamnen *(geöffnet Di + Do 11 - 20 Uhr, 1. Juni - 31. Aug. Do nur bis 17 Uhr; Mi + Fr - So 11 - 17 Uhr; Eintritt frei; www.nationalmuseum.se),* Bus 2, 55, 59, 62, 65, 76

Hier ist in einem mächtigen Gebäude aus der Mitte des 19. Jh. Schwedens bedeutendste **Gemälde- und Kunstausstellung** untergebracht. Die Sammlung basiert vor allem auf der **Königlichen Kollektion König Gustavs III.** Integriert ist auch die **Sammlung des Grafen Tessin,** der dem berühmten Architektengeschlecht entstammte, in königlichen Diensten in Paris tätig war und bei dieser Gelegenheit die Galerie durch kostbare französische Meister ergänzte und bereichern konnte.

Eine Brücke führt hinüber nach **Skeppsholmen [N 59° 19′ 31.2″ E 18° 05′ 19.6″],** dem früheren Werftgelände Stockholms. Vor dem Westufer hat – wohl für den Rest seiner Tage – der ausgediente aber immer noch stolze Windjammer **„af Chapman"** festgemacht, der nun als Jugendherberge dient.

Skeppsholmen entwickelt sich langsam aber sicher zur Museumsinsel der Stadt. Die Insel erreicht man mit Bussen der Linien 65 ab Karl XII Torg (Busse 2, 55, 62, 76 bis Karl XII Torg). Folgende Museen sind bislang dort eingerichtet worden:

**Östasiatiska Museet,** das **Ostasiatische Museum (28),** Skeppsholmen, *(geöffnet Di - 20 Uhr, Mi - So 11 - 17 Uhr, Eintritt frei; www.ostasiatiska.se),* Bus 65. Eine interessante Sammlungen mit Kunstgegenständen und archäologischen Exponaten aus fernöstlichen Kulturen, aus China, Japan, Korea und Indien (u. a. Tempelmalereien, Buddhafiguren).

**Moderna Museet,** das **Museum für Moderne Kunst (29),** Skeppsholmen, *(geöffnet Di + Mi 10 - 20 Uhr, Do - So 10 - 18 Uhr; Eintritt frei; www.modernamuseet.se).* Gemälde, Skulpturen und Fotografien schwedischer und internationaler Künstler des 20. Jh. sind hier zu sehen.

**Architektur Museet,** das **Museum für schwedische Architektur (30),** Skeppsholmen, *(geöffnet Di + Mi 10 - 20 Uhr, Do - So 10 - 18 Uhr; Eintritt frei; www.arkitekturmuseet. se)* Bus 65. Ein Spezialmuseum mit Plänen, Modellen, Fotografien und umfangreicher Fachbibliothek für alle, die sich für schwedische Architektur im internationalen Wettstreit interessieren.

### Weitere Sehenswürdigkeiten

Das **Armee Museum (31)**, Riddargatan 13 (geöffnet Di 11 - 20 Uhr, Mi - So 11 - 16 Uhr, Eintritt frei; www.armemuseum.se), Bus 47, 69 bis Nybroplan. Das Museum zeigt Exponate zur Geschichte der schwedischen Streitkräfte von der Vikingerzeit über die Epoche Gustav Vasas bis heute. Uniformen, Fahnen, Kriegstrophäen und Waffen sind die wichtigsten Ausstellungsstücke.

### Ausflüge ab Stockholm

**Millesgården,** Herserudvägen 32, Lidingö, *(geöffnet 15. Mai - 30. Sept. tgl. 11 - 17 Uhr, Do bis 20 Uhr; 1. Okt. - 14. Mai tgl. 12 - 17 Uhr, Do bis 20 Uhr; Eintritt; www.millesgarden.se)* war zwischen 1951 und 1955 das Domizil des bedeutenden schwedischen Bildhauers *Carl Milles* und seiner Frau Olga.

Das Anwesen liegt nordöstlich der Innenstadt von Stockholm auf der **Insel Lidingö**. Zu erreichen über die E20 und 277 Richtung Lidingö.

Im Haus und vor allem in den schön angelegten Gärten und auf den weiten Terrassen der Villa sind die bedeutendsten Werke und Skulpturen von Carl Milles zu sehen.

### Bootsausflug nach Drottningholm

Einer der vielleicht schönsten Ausflüge ab Stockholm ist eine Bootstour durch die Arme des Mälarsees zum **Schloss Drottningholm**.

Die weißen Ausflugsdampfer verkehren von der Anlegestelle an der Stadshusbron am Rathaus auf Kungsholmen von Ende April bis 10. September täglich zwischen 10 und 15 Uhr jeweils zur vollen Stunde, So auch 16 Uhr (nach dem 10. September nur Sa + So Abfahrten um 11 Uhr und 13 Uhr). Die Fahrtdauer beträgt 50 Minuten.

**Schloss Drottningholm [N 59° 19' 23.9" E 17° 53' 13.4"]** *(geöffnet Mai - Aug. 10 - 16.30 Uhr, im Sept bis 15.30 Uhr; Okt. - Apr. Sa + So 12 - 15.30 Uhr; www.royalcourt. se)* liegt sehr schön am Nordostufer der Insel Lovö im Mälarsee. Es ist umgeben von herrlichen Barockgärten und einer gepflegten Parklandschaft.

Das Barockpalais von Drottningholm aus dem Ende des 17. Jh. war Sommerresidenz von Königin Hedwig Eleonora und später von König Gustav III. und Lovisa Ulrika. Heute dient ein Teil des Schlosses als permanente Residenz der Königlichen Familie.

„Drott" übrigens ist der alte Titel für die schwedischen Könige. Bald kam aber die Bezeichnung „Konung" oder kurz „Kung" in Gebrauch. Das alte Wort lebt aber weiter in „Drottning", schwedisch für Königin. Drottningholm ist also die *Königininsel*.

Einige Räume im mittleren Haupttrakt und im Nordflügel des Schlosses können besichtigt werden.

Eines der imposantesten Gemächer ist das **Prunkschlafzimmer Hedwig Eleonoras**. Das nach Plänen Tessins d. Ä. reich und üppig dekorierte Gemach wurde 1683 eingerichtet. Es war einer der Repräsentationsräume des Schlosses und das Empfangszimmer der Königin. Die Deckengemälde stammen von Ehrenstrahl und stellen allegorische Szenen in Verbindung mit Karl XI. dar. Bei seiner Fertigstellung waren die Farben des Raumes Schwarz und Gold, Zeichen der Trauer um Karl XI. Gustav. Erst 1701 ließ die Königinwitwe das Schwarz durch das heutige Blau ersetzten. Das Alkovenbett wurde erst um 1710 für Louisa Ulrika aufgestellt.

Der Festsaal des Schlosses war der große **Reichssaal**, in dem 1744 die Hochzeitsfeierlichkeiten anlässlich der Vermählung von Adolf Frederik mit Louisa Ulrika stattfanden. Ein monumentales, düsteres Barockgemälde bedeckt das Deckengewölbe. Dargestellt sind Szenen aus der antiken Götterwelt des Olymp. Unter König Oskar I. und seiner Gemahlin Josefine wurde der Reichssaal innen bis auf das Deckengemälde völlig verändert.

Interessant ist die Besichtigung von **Drottningholms Slottsteater**. Es gilt heute als die älteste noch bespielte Hof-Bühne Europas *(geöffnet Mai 12 - 16.30 Uhr, Juni - Aug. 11 - 16.30 Uhr, Sept. 13 - 15.30 Uhr; Führungen obligatorisch; www.dtm.se)*.

Obwohl das Theater im Zuschauerraum nur mit einfachen Materialien die beim Kulissenbau verwendet werden, wie Holz, Stuck, Farbe und Papiermaché dekoriert ist, wurde die Bühnenmechanik nach dem damals neuesten technischen Stand vom italienischen Bühnenarchitekten Donato Stopani gebaut. Schnürboden mit Seiltrommeln und Kulissenmechanik mit handbetriebenen Ankerspills zum Bewegen der Bilder und für schnelle Szenenwechsel funktionieren heute noch und werden auch benutzt.

*Schloss Gripsholm*

Durch den gepflegten **Barockgarten** mit dem zentralen Herkulesbrunnen kann man zum **Chinesischen Pavillon** gehen *(geöffnet Mai - Aug. tgl. 11 - 16.30 Uhr, Sept. Di - So 12 - 15 Uhr)*. Erkundigen Sie sich beim Kauf der Eintrittskarten nach den neuesten Öffnungszeiten des Pavillons, bevor Sie sich auf den Weg dorthin machen!

### Abstecher zum Schloss Gripsholm

Eintagesausflüge werden auch nach **Mariefred** und zum **Schloss Gripsholm** angeboten. Man kann mit den Ausflugsschiffen – entweder mit dem betagten, gemütlichen Dampfer „Mariefred" oder mit der moderneren und schnelleren „Gripsholm" – ab Stadshuskaj bis Mariefred fahren, Städtchen und Schloss besichtigen und dann entweder mit dem Schiff oder aber mit der Veteranenbahn bis zum Bahnhof und dann mit dem Zug zurück nach Stockholm fahren.

Gegenüber von Mariefred liegt idyllisch in einem Winkel des weitverzweigten Mälarsees **Schloss Gripsholm [N 59° 15' 24.20" E 17° 13' 15.50"]***(geöffnet 15. Mai - 15. Sept. tgl. 10 - 16 Uhr, 16. Sept. - 14. Mai Sa + So 12 - 15 Uhr; Eintritt)*. Großer Parkplatz.

Vielen wird der Name *Schloss Gripsholm* weniger wegen dessen geschichtlicher Tradition und Bedeutung – auf Schloss Gripsholm wurde nicht nur ein Kapitel schwedischer Geschichte geschrieben – sondern vielleicht eher durch den gleichnamigen Roman geläufig sein. *Kurt Tucholsky* (1890 – 1935), der Schriftsteller und Satiriker alias „Tiger, Panter & Co.", der ja lange in Mariefred lebte und dort auch begraben ist, veröffentlichte seinen Roman „Schloss Gripsholm" im Jahre 1931. Der Roman ist auch verfilmt worden.

Mitte des 18. Jahrhunderts wurde Schloss Gripsholm von der königlichen Familie während der Regentschaft Königs Gustav III. als **Porträtgalerie** ausersehen. Von Drottningholm bei Stockholm und aus anderen königlichen Schlössern und Residenzen wurden Gemälde und Bildnisse an den Mälarsee gebracht. König Karl XIV. Johan führte das Werk fort, ließ neben königlichen Konterfeis auch Porträts namhafter und verdienter Schweden bürgerlicher Herkunft hinzufügen. Es sollte ein „Schwedisches Pantheon" entstehen.

Bis heute umfasst die königliche Porträtsammlung über 4.000 Gemälde, ein einmaliger Spiegel der Geschichte Schwedens vom Mittelalter bis heute.

**Mariefred [N 59° 15' 26.6" E 17° 13' 23.2"]** (**Camping** *[N 59° 15' 44.6" E 17° 15' 21.8"]*, Ende Apr. – Mitte Sept.) ist ein hübsches, gepflegtes Kleinstädtchen, schön am Mälarsee gelegen – **Heimatmuseum** (13 – 16 Uhr) im **Callanderska Gården**, und **Gripsholms Värdshus** ist eines der ältesten Gasthäuser in Schweden, einladendes Hotel mit Restaurant.

**PRAKTISCHE HINWEISE – STOCKHOLM**

Telefonvorwahl: 08

**Stockholm Tourist Centre [N 59° 19′ 57.5″  E 18° 04′ 10.7″],** Touristeninformation im Sverigehuset (Schwedenhaus) am Kungsträdgården,  Hamngatan 27, 103 27 Stockholm, Tel. 508 28 508, Fax 508 28 509 – **Geöffnet:** Ganzjährig Mo - Fr 9 - 19, Sa. 10 - 17, So 10 - 16 Uhr. **E-mail:** info@svb.stockholm.se **Internet:** www.stockholmtown.com

**Hotellcentralen** (Zimmernachweis), Centralstationen, Hauptbahnhof, Vasagatan 1, 111 20 Stockholm, Tel. 508 28 508, Fax 791 86 66. **E-mail:** info@svb.stockholm.se **Internet:** www.stockholmtown.com/hotels. **Geöffnet:** Ganzjährig Sept. - Mai Mo - Fr 9 - 18, Sa 9 - 16, So 10 - 16 Uhr, Juni - Aug. tgl. 8 - 20 Uhr.

### RESTAURANTS

**Aurora,** Munkebron 11, Tel. 21 93 59, exklusives, teures Kellerlokal in der Altstadt.

**Cattelin,** Storkyrkobrinken 9, Tel. 20 18 18, gutes Fischlokal mitten in der Altstadt, mittlere Preiskategorie.

**Eriks Fisk,** Strandvägenskaien, Kai 17, bekanntes, teures Fischlokal auf einem umgebauten Frachtkahn.

**Ulriksdals Wärdshus,** Tel. 85 08 15, im nördlichen Stadtbereich in der Nähe des Schlosses Ulriksdal, altschwedisches Gasthaus, Spezialität Smörgåsbord, teuer.

**Zum Franziskaner,** Skeppsbron 44, Tel. 11 83 30, an der Ostseite der Altstadt, gutes Lokal mit erschwinglichen Preisen. Montag Ruhetag.

**Hard Rock Café,** Sveavägen 75, Tel. 16 03 50, Rockcafé mit einfachen Snacks. Tgl. 11 – 2 Uhr.

**Sturecompagniet,** Sturegatan 4, Tel. 6 11 78 00, Restaurants und Bars, Cafés und Discos in einer großen Mall.

### HOTELS

Interessant bei den hohen Hotelpreisen sind die oft recht erheblich **ermäßigten Wochenendraten** bzw. **„Sommerpreise"**, die zwischenzeitlich von fast allen Hotels angeboten werden.

#### Hotels in der Altstadt Gamla Stan

**Lady Hamilton,** 34 Zi. \*\*\*\*, Storkyrkobrinken 5, Tel. 50 64 01 00; Fax 50 64 01 10, www.ladyhamiltonhotel.se; kleines, exquisites Haus der Luxusklasse mitten in der Altstadt, in einem historischen Haus aus dem 15. Jh., Bar, Sauna, Garage.

**Lord Nelson,** 31 Zi. \*\*\*, Västerlånggatan 22, Tel. 50 64 01 20; Fax 50 64 01 309, www.lordnelsonhotel.se; kleines Haus der Luxusklasse, teils kleine Zimmer, Marineambiente, mitten in der Altstadt. Sauna, Bar, Garage.

**„Mälardrottningen" Hotel och Restaurang,** 19 Zi. \*\*\*\*\*, Riddarholmen, Tel. 54 51 87 80, Fax 24 36 76, www.malardrottningen.se; Luxusklasse, auf der ehemaligen Jacht Barbara Huttons mit exklusivem Ambiente, Gourmetrestaurant, Parkmöglichkeit.

**Rica City Hotel Gamla Stan,** 51 Zi. \*\*\*, Lilla Nygatan 25, Tel. 723 72 50, Fax 723 72 59, www.rica.se; Hotel Garni in der Altstadt, Parkmöglichkeit.

**Victory,** 48 Zi. \*\*\*\*\*, Lilla Nygatan 5, Tel. 50 64 00 00, Fax 50 64 00 10, www.victoryhotel.se; Haus der Luxusklasse in der Altstadt, Restaurant, Bar, Sauna, Garage. – Und andere Hotels.

#### Hotels im Stadtteil Norrmalm

**Birger Jarl,** 220 Zi. \*\*\*, Tulegatan 8, Tel. 56 62 22 00, Fax 56 62 24 44, www.birgerjarl.se; gepflegtes Haus der gehobenen Mittelklasse, im nördlichen Stadtbereich, Restaurant, Sauna, Garage.

**Comfort Hotel Stockholm,** 158 Zi. ***, Kungsbron 1, Tel. 56 62 22 00, Fax 56 62 24 44, www.choicehotels.se/hotels./se030; ganz in der Nähe des Zentralbahnhofs, Restaurant, Garage.
**Rica Hotel Stockholm,** 300 Zi. ****, Slöjdgatan 7, Tel. 72 37 200, Fax 72 37 209, www.rica.se; komfortables Mittelklassehotel, ganz in der Nähe des lebhaften Hötorget, Restaurant, Sauna, Parkmöglichkeiten.

**Hotels im Stadtteil Södermalm**
**Alexandra,** 74 Zi. **, Magnus Ladulåsgatan 42, Tel. 45 51 300, Fax 45 51 350, www.alexandrahotel.se; relativ preiswertes Haus Garni im Zentrum von Södermalm, Nähe Bahnstation Södra, Sauna, Garage. – Und andere Hotels.

 **CAMPING BEI STOCKHOLM**
**Bredäng Camping *** [N 59° 17′ 43.6″  E 17° 55′ 23.2″],** Tel. 97 70 71; 1. Apr. – 30. Sept.; im Stadtteil **Bredäng,** ca. 10 km südwestl. Stockholm Zentrum; Wiesengelände mit Baumbestand Nähe Mälarsee; ca. 10 ha – 400 Stpl.; Standardausstattung. Laden, Imbiss. **Quick Stop.** Jugendherberge.
Ca. 400 m zum Mälarhöjden Strandbad, ca. 5 Min. zur U-Bahn-Station Bredäng, Linien 13, 23, 25 oder Bus 135, ab Mälarhojdenbad Dampfer zum Stadhuset in Stockholm und/oder Drottningholm.

**Ängby Camping ** [N 59° 20′ 15.3″   E 17° 54′ 12.8″],** Tel. 37 04 20, www.angbycamping.se; 1. Jan. – 31. Dez.; im Stadtteil **Bromma,** ca. 10 km westl. Stockholm Zentrum, über die Straße 275 Richtung Vällingby und 261 Richtung Södra Ängby zu erreichen; schmaler, langgestreckter, ebener Platz, parzelliert, zwischen geräuschvoller Straße und Mischwald, beim Ängby-Strandbad; knapp 5 Min. zur U-Bahn-Station Ängbyplan, Linie 18, 19, Fahrzeit ins Zentrum rund 20 Minuten; ca. 3 ha – 100 Stpl. + zahlr. Dau.; Standardausstattung,  eingeschränkter Service 1. Sept. – 1. Mai. 25 Miethütten. **V & E** **für Wohnmobile. Quick Stop.**

**Wohnmobil-Stellplatz**
**Wohnmobil-Stellplatz Långholmen / Autocamper [N 59° 19′ 12.5″   E 18° 01′ 50.6″],** Tel 669 18 90; www.autocamper-stockholm.se. **Geöffnet:** Von Ende Mai bis Anfang September. *Keine Zelte oder Caravans!* Für Wohnmobile steht auf der **Insel Långholmen,** unweit südwestlich des Stadtzentrums, ein eigens eingerichtetes Stellplatzareal zur Verfügung.
**Zufahrt:** Von Norden (E4) kommend Richtung Hornsberg, weiter Wegweisung E4 S folgen, am Ende der Västerbron rechts ab und über die nächste Kanalbrücke Pålsundsbron nach Långholmen hinüber. Von Süden (E4) kommend Richtung Södermalm, nach der Brücke Liljeholmsbron Richtung Zentrum und direkt vor der Västerbron rechts ab. Zufahrt über eine kleine Kanalbrücke, Beschilderung „Langholmen P" **Gebühr:** 200,- SEK ohne Strom, 230,- SEK mit Strom, jeweils für 24 Stunden.
Der Platz liegt unterhalb der Straßenbrücke Västerbron an einem der Wasserarme des Mälarsee am Bootshafen beim Heleneborgs Bootsklub. Es gibt 50 nummerierte Stellplätze, Toiletten und Duschen in Servicewagen, Strom-anschlüsse, Entleerungsmöglichkeiten für Abwasser- und Fäkaltanks. Fahr-radverleih. Die Rezeption ist von 7 bis 22 Uhr geöffnet. In der Nähe findet man Restaurants, Cafés, Bushaltestelle und U-Bahn-Station.

## STOCKHOLM – KALMAR

**Länge der Tour:** Rund 410 km, ohne Abstecher.

**Die Route:** Über die E4 und über **Södertälje** bis **Järna** – Landstraße bis **Tullgarn** – E4 über **Nyköping** bis **Norrköping** – E22 über **Söderköping, Västervik, Oskarshamn** und **Mönsterås** bis **Kalmar**.

**Routenalternative:** Ab Västervik Umweg über **Vimmerby** und **Växjö**.

**Reisedauer:** Mindestens ein Tag, besser zwei Tage.

**Reisehöhepunkte:** Das **Schloss Tullgarn** ** – das hübsche **Trosa** * – die **Schärenlandschaften** ** östlich von Söderköping und an der **„Blauen Küste"** *** – **„Astrid Lindgrens Welt"** * für Kinder, in Vimmerby – ein Schiffsausflug zur **„Blauen Jungfrau"** – die **Museen** ** und das **Schloss von Kalmar** **.

**ROUTE:** *Der weitere Verlauf unseres Reiseweges führt von* **Stockholm** *auf der E4 südwärts über* **Södertälje** *und* **Nyköping** *bis* **Norrköping**.

### Abstecher zum Schloss Tullgarn

Lohnend ist ein Abstecher etwa 63 km südlich von Stockholm von der E4 ostwärts zum **Schloss Tullgarn [N 58° 57′ 25.3″ E 17° 34′ 29.8″]** *(geöffnet 15. Mai - 15. Sept. tgl. 11 - 16 Uhr; Führungen)*.

Die königliche Sommerresidenz liegt in einem **schönen Park** und in herrlicher Lage auf einer Landzunge der buchtenreichen, labyrinthischen Küste der Region **Södermanland**. Neben der schönen Lage ist es vor allem die kostbare Ausstattung der Salons und Gemächer, die sehenswert sind.

1772 kam Schloss Tullgarn in Staatsbesitz und diente als königliche Sommerresidenz und Lustschloss.

1829 übernahm Kronprinz Oskar das Schloss. Seither ist es Sommerresidenz der königlichen Familie geblieben. Seit Mitte der 50er Jahre sind die **Prunkräume** von Schloss Tullgarn der Öffentlichkeit auf Führungen zugänglich.

Anschließend an die Schlossbesichtigung bietet es sich an, einen Spaziergang durch den ausgedehnten Park mit schönen alten Bäumen zurück zum Parkplatz bei den Stallungen zu machen. In einem der Wirtschaftsgebäude neben den Stallungen ist ein gepflegtes **Restaurant** eingerichtet.

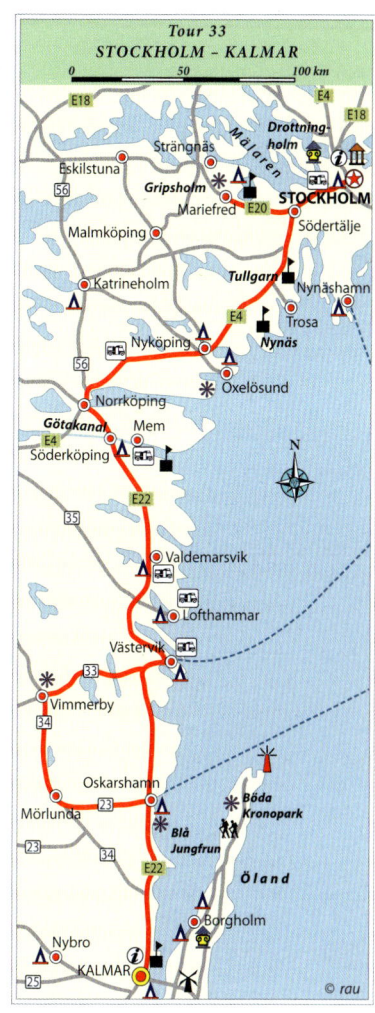

*Tour 33*
*STOCKHOLM – KALMAR*

**ROUTE:** *Wenn es Ihre Zeit zulässt, sollten Sie über die küstennahen Straßen 218 und 219 südwärts weiterreisen, anstatt sich der allerdings schnelleren E4 nach* **Nyköping** *zu bedienen.*

**Trosa** (*Trosa Havsbads Camping*, Mitte Apr. – Ende Sept.), südlich von Tullgarn, ist ein idyllisches Städtchen aus der Jahrhundertwende, aber mit einer viel älteren Kirche. Sehenswert ist z. B. der **Garvaregården [N 58° 53' 52.2"  E 17° 32' 43.8"]**, ein alter Gerberhof beim **Stadtmuseum**.

Beim **Gutshof Tureholm** unweit des Ortes wurde 1774 Schwedens größter Goldschatz gefunden, der aus dem 5. Jh. stammen soll und 12,5 kg reines Gold auf die Waage brachte.

Ab **Karlsfors** kann man einen Abstecher nach **Nynäs** zum dortigen Schloss machen, das im Sommer besichtigt werden kann.

**Schloss Nynäs** (*geöffnet Ende Juni - Mitte Aug. tgl. a. Mo 11 - 16 Uhr*) liegt heute in einem ausgedehnten Naherholungspark der Provinz Södermanland, der bis an die Ostseebucht Tvären reicht. Das Schloss stammt aus dem 17. Jh., erhielt sein heutiges Aussehen aber nach umfangreichen Umbauarbeiten um 1860. Bekannt ist Schloss Nynäs für seine Stuckarbeiten, die aus dem 17. Jh. erhalten sind.

**Nyköping [N 58° 45' 09.7"  E 17° 00' 29.6"]** ist die Hauptstadt der **Provinz Södermanlands Län** (oder Sörmland).

Auch in Nyköping weisen Felszeichnungen, die man übrigens erst 1984 im Släbropark am Stadtrand entdeckten, darauf hin, dass es hier schon vor gut 3.000 Jahren erste Siedlungen gegeben haben muss.

Die Existenz einer Stadtsiedlung lässt sich seit dem 12. Jh. nachweisen. Die ältesten noch existierenden Bauwerke, die früheren Stadtbränden nicht zum Opfer gefallen sind, sind das Schloss Nyköpingshus das im 12. Jh. errichtet wurde und die Stadtkirche.

**Schloss Nyköpingshus** dient heute als **Landesmuseum** von Sörmland.

Die **Gamla Residenset**, die alte Residenz des Landvogtes aus dem 18. Jh., die später zeitweise als „Korrektionsanstalt für unartige Kinder" herhalten musste, dient heute als Museumsraum für frühindustrielle Sammlungen, Volkstrachten und Kunstgegenständen vom Barock bis zum Jugendstil.

**ROUTE:** *62 km südwestlich von Nyköping erreicht man* **Norrköping**.

**Norrköping [N 58° 35' 14.4"  E 16° 11' 05.9"]**, Schwedens viertgrößte Stadt, ist eine moderne Stadt mit annähernd 125.000 Einwohnern, breiten Straßen, Hochhäusern, neuzeitlicher Architektur, einem der größ-

---

**PRAKTISCHE HINWEISE – NORRKÖPING**

Telefonvorwahl: 0 11
**Destination Norrköping Turistbyrån [N 58° 35' 14.4"  E 16° 11' 05.9"]**, Dalsgatan 9, 601 81 Norrköping, Tel. 15 50 00. www.destination.norrkoping.se.

**CAMPING**

**Himmelstalunds Camping *****, Tel. 17 11 90; 1. Mai – 30. Sept.; Zufahrt von der E4 Ausfahrt Norrköping Süd, beschildert. Teils ebenes, teils zu einer Talsenke geneigtes Wiesengelände mit einzelnen Laubbäumen. a. 5 ha – 300 Stpl.; einfache, wenig gepflegte Sanitäranlagen mit Sammelduschen; Cafeteria, Miethütten. In der Nähe Sportzentrum und Freibad.
**SweCamp Kolmårdens Camping ****** [N 58° 39' 36.5"  E 16° 23' 47.1"]**, Norre Bråviken, Tel. 39 82 50, www.kolmardenscamping.se; Ende Apr. – Anf. Sept.; 22 km nordöstlich von Norrköping; ansprechend gelegenes, etwas hügeliges Wiesen- und Waldgelände am Nordufer des Bråviken; ca. 9 ha – 300 Stpl.; Standardausstattung; Laden, Imbiss, Restaurant, Sauna; 72 Miethütten; Freizeiteinrichtungen, Badebucht am See.

**Rast- und Stellplatz – Norsholm/Götakanal [N 58° 30' 46.4"  E 15° 58' 36.9"] – Rastplatz** östlich vom Gästehafen und der Schleuse des Götakanals in Norsholm. **Geöffnet:** Ganzjährig. **Gebühr:** Am P-Automat zu bezahlen. **Ausstattung:** Frischwasser, Toilette, Dusche, Stromanschluss, Chemikalienausguss. Tel. 0414/20 20 50, www.gotakanal.se.

ten Ostseehäfen Schwedens und viel Industrie.

Trotz ihres modernen Gepräges ist Norrköping eine recht alte Stadt. Am Westrand der Stadt am Motala ström hat man im **Himmelstalundsparken** Jahrtausende alte Felsritzungen aus der Bronzezeit gefunden, was auf eine frühe Besiedelung des Gebietes hinweist.

Lange war Norrköping nicht mehr als ein Warenumschlagsplatz am Westende der tief ins Land greifenden Ostseebucht Bråviken. Einen wirklichen Aufschwung aber erlebte die Stadt erst im 17. Jh. als der Holländer Louis de Geer hier eine erste Textilfabrikation ins Leben rief. Textilindustrie war dann auch bald der größte Wirtschaftszweig der Stadt. Maschinenbau und Papierindustrie u. a. kamen später hinzu.

Im Mittelalter hatte Norrköping eine große deutsche Kolonie. Darauf weisen noch der Tyska Torget (Deutscher Markt) und die 1673 geweihte **Hedvigs Kyrkan** (nach Hedvig Eleonora, der Gattin König Karls X. Gustav) hin, die auch als Tyska Kyrkan bekannt ist.

Ganz ohne Sehenswürdigkeiten ist Norrköping aber keineswegs. So ist man z. B. in der Stadt stolz auf die hübsche, große **Kakteenpflanzung** im **Karl-Johan-Park** zwischen Bahnhof und Motala ström. Im Park sollen ca. 25.000 Kakteen angepflanzt sein.

Kunstliebhaber sollten das **Kunstmuseum** am Kristinaplatsen besuchen (geöffnet Sommer Di - So 12 - 16, Winter Di - So 11 - 17 Uhr). Es ist bekannt für seine Sammlung moderner schwedischer Kunst und seinen Skulpturengarten.

Die historische und wirtschaftliche Entwicklung Norrköpings vermittelt das **Städtische Museum** (geöffnet Di - Fr 10 - 17, Sa + So 11 - 16 Uhr) in der Västgötagatan 19 – 21 am Motala ström, mit Abteilungen über Handwerk, Kunstgeschichte und die für die Stadt so wichtige Textilindustrie.

Wer sich einen Überblick über die Stadt verschaffen will, kann den 68 m hohen **Rathausturm** gegen Eintritt besteigen (Mitte Juni bis Mitte Aug. Mo - Fr um 11 und 15.30 Uhr, Sa um 15.30 Uhr). Dort befindet sich in 50 m Höhe eine Aussichtsplattform und ein Glockenspiel mit 48 Glocken, das gewöhnlich täglich um 12 Uhr ertönt.

Das Gebäude des **Museums für Arbeit**, Strykjärnet (geöffnet tgl. 11 - 17 Uhr), liegt auf der kleinen Insel Laxholmen inmitten der al-

ten Industrielandschaft. Das Museumsgebäude, ein früher Stahlbetonbau aus dem Jahre 1916, wurde auch schon „Schwedens schönste Fabrik" genannt und deshalb wohl zum Baudenkmal erklärt.

Ein beliebtes Ausflugsziel ab Norrköping ist der große **Tier- und Freizeitpark Kolmårdens Djurpark**, nordöstlich der Stadt am Nordufer des Bråviken gelegen.

**ROUTE:** *Ab Norrköping über die E22 nach* **Söderköping** *(17 km).*

**Söderköping [N 58° 28′ 55.5″ E 16° 19′ 14.5″]**, eine alte Handelsstadt, liegt in der **Provinz Östergötland**.

Die strategisch günstige Lage an der Mündung des Storån, der hier in eine weit ins Landesinnere reichende Meeresbucht übergeht, ließ hier schon im 11. Jh. einen Warenumschlagplatz und wenig später einen Kaufmannsitz entstehen.

Reichtum und Macht der Stadt wuchsen bis weit ins ausgehende 16. Jh., als sich Söderköping zu den einflussreichsten Städten im Königreich zählen durfte.

Während des Mittelalters wurden die für die Stadt so wichtigen Wasserstraßen so ausgebaut, dass die Schiffe aus Danzig oder Lübeck direkt am Rathausplatz anlegen konnten.

Im 16. Jh. allerdings begann der Fluss, der Lebensnerv der Stadt, zu versanden. Söderköpings Stern sank. Norrköping dagegen begann ihm den Rang abzulaufen.

Im Dezember 1567 wurde die Stadt dann auch noch von dänischen Truppen dem Erdboden gleichgemacht.

Am 26. September 1832 weihte König Karl XIV. Johan den damals aufsehenerregende **Götakanal** „Schwedens Blaues Band", ein. Der Kanal mündet bei Söderköping in die Ostseebucht Slätbaken. Der Kanalbetrieb brachte zwar eine wirtschaftliche Verbesserung für die Stadt, seine alte Bedeutung erlangte Söderköping aber nicht wieder.

Zu den **Sehenswürdigkeiten in Söderköping** zählen zwei Kirchen der Stadt.

Die **Sankt Laurentius Kirche** stammt aus dem 12. Jh. und ist in der Manier hanseatischer Backsteingotik errichtet. In der Kirche wurde 1281 die Gemahlin von König Magnus Ladulås, Hedvig und 1302 deren beider Sohn Birger und dessen Frau gekrönt. Im Inneren schöner **Hochaltar** aus dem 16. Jh. mit einem Altarbild von Per Hörberg.

Telefonvorwahl: 01 21
**Söderköpings Turistbyrå [N 58° 28' 55.5"  E 16° 19' 14.5"]**, Rådhuset, 614
80 Söderköping, Tel. 18 160. www.soderkoping.se.

### HOTEL

**Romantik Hotel Söderköpings Brunn,** 103 Zi. ****, Skönbergagatan 35, Tel.
10 900, Fax 113 941, www.soderkopingsbrunn.se; komfortables, renommiertes
Haus am Kurpark gelegen, Restaurant, Bar, Schwimmbad, Sauna, Parkplatz.

### CAMPING

**Korskullens Camping ** [N 58° 28' 37.50"  E 16° 20' 5.03]**, Tel. 21 621, www.
soderkopingcamping.se/korskullen.php; Mitte Mai – Mitte Sept.; am südöst-
lichen Stadtrand von Söderköping Einfahrt gegenüber der Shell-Tankstelle;
Wiesengelände; ca. 2 ha – 50 Stpl.; Standardausstattung. Fahrrad- und Mo-
pedverleih. Miethütten.
**Skeppsdockans Camping ** [N 58° 29' 29.92"  E 16° 18' 22.23"]**, Dockan
1, Tel. 21 630, www.soderkopingscamping.se/dockan.php; Ende Apr. - Ende
Sept.; Zufahrt von der E22 Ausfahrt Söderköping Nord, beschildert; ebene
Wiese in hübscher lage am Götakanal; ca. 2 ha - 50 Stpl.; Standardausstattung.
Fahrradverleih. Miethütten.

**Wohnmobil-Stellplatz – Mem**
**Wohnmobil-Stellplatz am Götakanal [N 58° 28' 47.4"  E 16° 24' 48.6"]** am
östlichen Beginn des Götakanals unterhalb der Schleuse, auf Wiesenboden mit
Platz für 4 Wohnmobile; Anmeldung im Schleusenkontor beim Café. **Geöffnet:**
Juni - August. **Gebührenpflichtig. Ausstattung:** Frischwasser, Dusche, Toilet-
ten, Chemikalausguss. Tel. 0414/20 20 50, www.gotakanal.se

Im ältesten Teil der Stadt liegt die **Drot-
hem-Kirche**. Sie stammt aus dem 12. oder
13. Jh. und steht dort, wo sich das 1235 gegründete Franziskanerkloster befand.

Ein erwähnenswerter Profanbau ist – neben dem Rathaus (Touristeninformationsbüro) aus dem Jahre 1770 – das **Braskens
Haus**. Bischof Hans Brask von Linköping rich-
tete um 1525 in seinem Palais die angeblich
erste Druckerei in Schweden ein. Und es sollen hier nicht nur religiöse Werke sondern
auch Streitschriften gegen Gustav Vasa ge-
druckt worden sein.

Bei ausreichend zur Verfügung stehen-
der Zeit lohnt ein Abstecher zur **Festung
Stegeborg**, die an der Einfahrt zur Bucht
Slätbaken liegt. Von der historischen Burg
Stegeborg, die König Birger ausgangs des
12. Jh. erbaute, sind noch der 26 m hohe
Turm und die Ringmauer erhalten.

Am Westende der Bucht beginnt an
der **Schleuse von Mem [N 58° 28' 47.4"
E 16° 24' 48.6"]** (Wohnmobil-Stellplatz s.
o.) der Götakanal. 1832 fanden dort auch
die Einweihungsfeierlichkeiten für den Kanal statt.

Sehr reizvoll und bei schönem Wetter ein
kleines Badeparadies ist die **Schärenlandschaft** bei **St. Anna** östl. von Söderköping.

Wer **schöne Küstenlandschaften** sucht,
kann über **Valdemarsvik [N 58° 12' 15.8"
E 16° 36' 10.0"]** (Camping, Anf. Mai – Anf.
Sept.) und **Fyrudden** oder etwas weiter südlich nach **Loftahammar [N 57° 54' 21.0"  E
16° 41' 44.8"]** in die unvergleichliche **Schärenlandschaft** an der herrlichen **Blå Kusten** abzweigen.

**ROUTE:** *Weiterreise auf der E22 südwärts
nach* **Västervik**.

Auf dem Weg nach Västervik in der großen Landschaftsregion **Småland**, passiert
man **Gamleby** (**Hammarsbadets Camping** ****, Tel. 0493/10 221; Ende. Apr. – Mitte
Sept., Quick Stop, Fahrradverleih, Miethütten). Der Ortsname Gamleby bedeutet „Altstadt" und weist darauf hin, dass hier bis
1433 die alte Stadt Västervik lag.

**Västervik [N 57° 45' 28.5"  E 16° 38'
38.4"]** (rund 21.300 Einw.), eine im Sommer
von Touristen eroberte, gepflegte Stadt mit
einigen hübschen kleinen Gassen und nie-

*Die Schärenküste bei Västervik*

deren Fischerkaten, z. B. in der **Båtsmans-gränd**, ist heute eine wichtige Hafenstadt. In früheren Tagen war Västervik ein Zentrum des Schiffbaus, aus der große Teile der schwedischen Flotte kamen.

Zu den ältesten Bauwerken der zwischen dem 15. und 17. Jh. mehrfach von Brandkatastrophen heimgesuchten und 1677 von den Dänen zerstörten Stadt, zählt die **St. Gertruds Kirche**. Sie stammt, zu Teilen jedenfalls, aus dem Jahre 1433, dem Gründungsjahr von Västervik. Die Turmhaube allerdings wurde erst 350 Jahre später im Jahre 1782 aufgesetzt.

Besichtigen kann man das auf dem der Stadt gegenüberliegenden, nur durch den schmalen, überbrückten Sund getrennten Kulbacken eingerichtete **Stadtmuseum** *(geöffnet Juni - Aug. Mo - Fr 11 - 16 Uhr, Sa + So 13 - 16 Uhr, übrige Zeit Di - Fr 11 - 16 Uhr, So 13 - 16 Uhr; www.vasterviksmuseum.se)*. Das Museum befasst sich in erster Linie mit der Epoche, als Västervik zu den größten Seefahrerstädten Schwedens zählte.

Das große **Schärenfest**, findet jedes Jahr am 19. Juli statt. Höhepunkt ist das traditionelle Hasselö-Rundern.

**PRAKTISCHE HINWEISE – VÄSTERVIK**

Telefonvorwahl: 04 90
**Västerviks Turistbyrå [N 57° 45' 38.5" E 16° 38' 31.6"]**, Strömsholmen, 593 30 Västervik, Tel. 88 900. www.vastervik.se/turist.

### CAMPING

**Lysingsbadets Camping ***** [N 57° 44' 17.5"  E 16° 40' 06.1"]**, Tel. 88 920, www.lysingsbadet.se; ganzjährig, voller Service aber nur von Mitte Juni bis Mitte Aug.; am südlichen Stadtrand, Zufahrt beschildert; Freizeitanlage in einem weitläufigen, hügeligen, durch Wege und Felsen vielfach unterteilten Waldgelände, durch den Platz führt die Zufahrt zum **öffentlichen Strandbad** an der Felsküste; ca. 75 ha – 1.000 Stpl. + Dau.; Standardausstattung; Laden; Restaurant; beheiztes Schwimmbad, umfangreiche Sporteinrichtungen; Vergnügungspark für Kinder, Musik- und Tanzveranstaltungen. In der Hauptreisezeit weniger ein Platz für Ruhesuchende. 100 Miethütten. **Quick Stop**.

### Rastplatz
**Rastplatz Västervik:** Gebührenpflichtiger Parkplatz an der Nörre Varvsgatan (1. Jun. – 31. Aug.), im Osten der Stadt unterhalb der Altstadt. Toiletten.

Am südlichen Stadtrand findet man an der **schönen Schärenküste das öffentliche Strandbad** der Stadt mit Camping Lysingbadet, angeblich Schwedens größter Campingplatz, mit Sicherheit aber einer der teuersten im Lande.

### Abstecher nach Vimmerby

Wer allerdings mit Kindern unterwegs ist, wird um einen Abstecher nach Vimmerby kaum herumkommen.

**Vimmerby**, ein Städtchen mit annähernd 16.000 Einwohnern und knapp 60 km westlich von Västervik gelegen, ist der Geburtsort von *Astrid Lindgren*. Am 14. November 1907 erblickte sie im Pfarrhof Näs, den ihre Eltern gepachtet hatten, das Licht der Welt. Nach einem langen, erfüllten Leben starb die große schwedische Kinderbuchautorin am 28. Januar 2002. Sie hat den Ort Vimmerby weltberühmt gemacht. Denn hier bzw. in der Umgebung spielen viele ihrer Kindergeschichten und die Abenteuer von „Pippi Langstrumpf".

Ganz in der Nähe des Geburtshauses der erfolgreichen Kinderbuchautorin wurde der **Freizeit- und Märchenpark „Astrid Lindgrens Welt" [N 57° 40′ 27.1″ E 15° 50′ 33.2″]** eingerichtet *(geöffnet 20. Mai - 9. Juni tgl. 10 - 17 Uhr, 10. Juni - 3. Sept. tgl. 10 - 18 Uhr; Eintritt; www.alv.se oder www.astridlindgrenswelt.com* – **Campingplatz** *Tel. 0492-798 00; E-Mail: bokning@alv.se; www.alv.se, Mitte Mai - 1. Sept., 100 Stpl., Cafeteria. Reservierung ratsam!).*

### HAUPTROUTE

**ROUTE:** *Weiter über die schnelle E22 und über* **Oskarshamn** *(65 km) nach* **Kalmar**, *138 km.*

Von **Oskarshamn [N 57° 15′ 59.7″ E 16° 27′ 06.4″]** verkehren **Autofähren nach Visby** auf Gotland und nach **Byxelkrok** auf Öland.

Oskarshamn war bis 1856 übrigens als *Döderhultsvik* bekannt.

Aus Oskarshamn stammen der Schriftsteller und Archäologe *Axel Munthe* und der Bildhauer *Axel Robert Petersson* (1868 – 1925). Die Skulpturen Peterssons, der in Oskarshamn den Beinamen „Döderhultarn" hatte, zeigen meist Motive aus dem ländlichen, bäuerlichen Milieu und sie fallen durch ihre kantigen, fast groben Linien auf.

Ein schöne Sammlung seiner Arbeiten sieht man im **Döderhultar- und Schifffahrtsmuseum** im Kulturhaus, Hantverksgatan 18 *(geöffnet 1. Juni - 14. Aug. Mo - Fr 10 - 18 Uhr, Sa + So 11 - 16 Uhr, übrige Zeit Di - Fr 12 - 16 Uhr, Sa 10 - 14 Uhr).*

**Die „Blaue Küste"** vor Oskarshamn mit ihren **herrlichen Schärengebieten**, ein Eldorado für Wassersportler, gilt als einer der schönsten Küstenstriche des Landes.

Im Sommer verkehren ab Oskarshamn Ausflugsboote zu dem etwa 20 km entfernten Inselchen **Blå Jungfrun** (Nationalpark).

Wer gerne wandert, kann die Ostküste und das Hinterland von Småland auf dem **Ostkustleden** erleben. Der gut markierte, 160 km lange und nicht schwierige Wanderweg ist in acht Etappen eingeteilt. Es gibt Übernachtungshütten. Der Weg beginnt in Lilla Hycklinge, nordwestlich von Oskarshamn.

**Kalmar** an der engsten Stelle des gleichnamigen Sunds vor der nahen Insel Öland gelegen, ist eine der ältesten und geschichtsträchtigsten Städte des Landes.

Lange verlief die schwedische Grenze nur etwa 50 km südlich von Kalmar. Das Gebiet jenseits, das südliche Småland, Blekinge und Skåne, gehörten zu Dänemark. Schon sehr früh erlangte der damals grenznahe Hafen von Kalmar wirtschaftliche und militärische Bedeutung.

Rang und Bedeutung der Burg von Kalmar lassen sich auch daran erkennen, dass die dänische, und seit 1389 auch schwedische Königin Margareta (1353 – 1412) ihre berühmte Ratsversammlung nicht nach Dänemark, sondern nach Kalmar in Schweden einberief. Ergebnis der Versammlung war die

### CAMPING – OSKARSHAMN

**Gunnarsö Camping **** [N 57° 15′ 8″ E 16° 29′ 30″],** Tel. 13 298, www.camping.se/h07; 1. Mai – 15. Sept.; ca. 3 km südöstl. der Stadt, E22 Ausfahrt Oskarshamn S; lichtes Föhrenwäldchen und Stellplätze in Felsmulden, schöne Lage an der Hafenzufahrt; beim öffentlichen Strandbad am Kalmarsund an typischer Schärenküste mit blanken, runden Felsen; ca. 3 ha – 180 Stpl.; Standardausstattung, Laden, Imbiss, Schwimmbad.

*Das Schloss von Kalmar*

**Kalmarer Union**, die den Zusammenschluss von Dänemark, Schweden und Norwegen unter der Vorherrschaft Dänemarks vorsah, aber de facto nicht sehr lange währte.

Königin Margareta ließ 1397 ihren Neffen Erich von Pommern in der Stadtkirche zum Unionskönig Erik XIII. krönen.

Im Mittelalter hatte sich Kalmar schon zu einem blühenden Handelshafen entwickelt, dessen Warenumschlag sich mit dem in Visby und Söderköping durchaus messen konnte. Und bald wurde Kalmar als „Schlüssel zum Königreich" angesehen. Wer in Kalmar herrschte, beherrschte große Teile Südschwedens und der Ostsee.

Unnötig zu erwähnen, dass Kalmar häufig umkämpft war. So fiel das Schloss während des Krieges von Kalmar 1611 – 1613 in die Hände der Dänen.

Schließlich legte eine Brandkatastrophe 1647 das alte Kalmar, das sich westlich vom Schloss erstreckte, in Schutt und Asche. Damals entschloss man sich, die Stadt auf der etwas nördlich vom Schloss gelegenen **Insel Kvarnholmen** nach einem regelmäßigen, großzügigen Straßenraster neu aufzubauen. Das Desaster wohl noch in Erinnerung wurde befohlen, ausschließlich Häuser aus Stein zu errichten.

Sehenswert ist der alte Stadtkern auf Kvarnholm heute noch. Vor allem in der Kägensgatan sieht man schöne Häuserzeilen.

Den Großen Marktplatz **Stortorget** umgeben der von Nicodemus Tessin d. Ä. entworfene und zwischen 1660 und 1682 errichtete **Barockdom**, das ebenfalls von Tessin entworfene **Rathaus** und das klassizistische **Stadthaus**.

Heute ist Kalmar eine moderne Stadt mit einem immer noch florierenden Hafen.

Bedeutendste Sehenswürdigkeit ist aber das **Schloss von Kalmar [N 56° 39' 32.6" E 16° 21' 10.7"]**, Kungsgatan 1, *(geöffnet Jan. - Apr. und Okt. - Dez. 11 - 15.30 Uhr; Mai + Juni sowie Sept. tgl. 10 - 16 Uhr; Juli tgl. 10 - 18 Uhr, August tgl. 10 - 17 Uhr; Führungen, 1. Juli - 19. Aug. um 13.30 Uhr auch in deutsch; www.kalmarslott.kalmar.se).*

Die Anfänge des Schlosses reichen zurück ins 12. Jh., als König Knut Eriksson (1160 – 1196) eine erste Befestigung zum Schutze des Hafens aufführen ließ.

Zu Beginn des 15. Jh. hatte das Schloss schon ein so repräsentatives Aussehen erhalten, dass sich der zum schwedischen König gekrönte Erich von Pommern dazu entschlossen hatte, nach seiner Krönung hier von 1407 bis 1409 zu residieren.

Während der Regentschaft der Söhne Gustav Vasas, Erik XIV. (1560 – 1569) und Johan III. (1569 – 1592) wurde aus der trutzigen Burg ein Renaissanceschloss.

Nach der Brandkatastrophe von 1647 waren die folgenden Jahrhundert für das stattliche Renaissanceschloss der Vasazeit eine Zeit des Niedergangs und Verfalls. Die Gewölbe und Säle wurden als Gefängnis genutzt, die Salons und Gemächer mussten als

Warenmagazine und Getreidespeicher herhalten. Sogar eine Schnapsbrennerei hatte sich zeitweise in den Mauern etabliert.

Das meiste der kostbaren Einrichtungen wurde in jener Zeit zerstört oder kam abhanden. Im Jahre 1810 beschrieb der Bischof von Kalmar das Schloss als verfallen mit „wüsten Türmen". Man stand kurz davor, das ganze Gemäuer niederzureißen.

Glücklicherweise erkannte man noch rechtzeitig den historischen Wert von Schloss Kalmar und einigte sich 1850 darauf, das Schloss zu erhalten und zu restaurieren.

Heute gelangt der Besucher wieder über eine **Zugbrücke** über den westlichen Wallgraben und durch das **Torgewölbe** in den inneren **Schlosshof**. Dort sieht man über dem Haupteingang ein Relief mit dem Reichswappen. In der Hofmitte erhebt sich ein kleiner Brunnentempel im Renaissancestil. Auffallend ist an den Wänden des Innenhofs die Bemalung, die eine Quaderfassade imitiert.

Die eigentlichen Schlossflügel betritt man durch ein schlichtes Portal aus dem 16. Jh. und geht über die **Königinnentreppe** weiter zu den **Königsgemächern**. Die Treppe ist übrigens aus Grabsteinen gebaut, die Gustav Vasa im Lande beschlagnahmen ließ.

An der Südostseite von Kvarnholmen, dem eigentlichen Stadtzentrum von Kalmar mit Dom, Rathaus, Touristeninformation etc. findet man das **Kalmar Läns Museum [N 56° 39' 49.3" E 16° 22' 14.4"]**, Skeppsbrogatan, Ångkvarnen (*geöffnet Jende Juni - Ende Aug. tgl. 10 - 18 Uhr, übrige Zeit Mo - Fr 10 - 16 Uhr, Sa + So 11 - 16 Uhr; www.kalmarlansmuseum.se).*

Dieses Heimatmuseum lohnt vor allem wegen der Ausstellung über das alte **Regalschiff „Kronan"** einen Besuch.

Das Kriegsschiff „Kronan" (Krone) befand sich 1676 unter dem Befehl von Admiral Lorentz Creutz, einem völlig unerfahrenen Seemann, wie sich zeigen sollte, auf dem Wege von Kalmar nach Bornholm. Am 30. Mai erhielt man Order, durch die Reihen der dänisch-holländischen Flottenverbände zu brechen und Gotland von den Dänen zu säubern.

Die feindlichen Verbände verfolgten die „Kronan". Während der Mittagszeit des 1. Juni entschloss sich Admiral Creutz zum Angriff und ließ die schwere, mit 128 Kanonen bestückte und mit 842 Seeleuten bemannte „Kronan" so hart wenden, ohne die Segel trotz heftigen Windes zu reffen, dass sich das Schiff auf die Seite legte und durch die geöffneten Geschützpforten Wasser aufnahm. Zu allem Unglück entzündeten sich auch noch die Pulvervorräte unter Deck. Eine gewaltige Explosion zerriss das Regalschiff. Es sank in wenigen Minuten. 800 Seeleute kamen um.

Etwa 300 Jahre nach der Tragödie wurde das Wrack der „Kronan" 1980 von dem schwedischen Meeresarchäologen Anders Franzén, der früher schon die Vasa gefunden und gehoben hatte, vor der Ostküste von Öland bei Hulterstad in einer Tiefe von 26 m geortet und erforscht.

Die geborgenen Gegenstände sind im Museum zu sehen. Darunter befinden sich Goldmünzen, der vielleicht größte, jemals in Schweden entdeckte Goldschatz, die

---

### PRAKTISCHE HINWEISE – KALMAR

Telefonvorwahl: 04 80
**Kalmar Turistbyrå [N 56° 39' 34.9" E 16° 21' 35.4"]**, Ölandskajen 9, 391 20 Kalmar, Tel. 41 77 00. E-Mail: ino@turistbyra.kalmar.se. Web: www.kalmar.se.

#### HOTELS

**Slottshotellet Romantik Hotel,** 44 Zi. *****, Slottsvägen 7, Tel. 88 260, Fax 88 266, teils in einem historischen Stadthaus aus dem Jahre 1864 eingerichtet, Restaurant, Sauna, Garage, Parkplatz. – U. a.

#### CAMPING

**Stensö Camping *** [N 56° 39' 1" E 16° 19' 39"]**, Stensövägen, Tel. 88 803, www.camping.se/h12; 30. Apr. – 31. Aug.; ca. 2 km südl. von Kalmar, E22 Abfahrt Kalmar Säter (Zentrum) und Richtung Sjukhus (Krankenhaus); weitläufiges, unebenes Waldgelände mit freien Wiesen, am Kalmarsund; ca. 10 ha – 225 Stpl. + 50 Dau.; Standardausstattung; Laden, Imbiss; 15 Miethütten. **Quick Stop.**

*Typisch, Ölands Windmühlen*

Schiffsglocke, Holzskulpturen oder persönliche Gegenstände der Seeleute wie Stiefel, Strümpfe, Tabakspfeifen u. v. m.

Nicht weit vom Kalmar Läns Museum entfernt liegt in der Södra Långgatan 81 das **Kalmar Seefahrtmuseum** *(geöffnet 15. Juni - 25. Aug. Mo - Fr 11 -16 Uhr, Sa + So 12 - 16 Uhr, übrige Zeit So. 12 - 16 Uhr)*. Das Museum, das vor allem von Privatpersonen, Reeder- und Kapitänsfamilien gestiftete maritime Exponate zeigt, befasst sich mit der einheimischen Seefahrt, mit dem Hafen und der Werft von Kalmar u. v. m.

Und im schön angelegten Stadtpark, ganz in der Nähe des Schlosses findet man im Slottsvägen Nr. 1 Kalmars **Kunstmuseum**. Zu sehen ist schwedische Kunst aus dem 19. und 20 Jh.

Unweit westlich des Kunstmuseums liegt der **Krusenstiernska Gården**, Stora Dammgatan 11, *(geöffnet Museumshaus: 1. Juni - 31. Aug. Mo - Fr 10 - 18 Uhr. Garten: Mai - Aug. Mo - Fr 10 - 18 Uhr, Sa + So 12 - 17 Uhr, Sept. Mo - Fr 10 - 17/15.30 Uhr; Eintritt in den Garten frei)*. Der Krusenstjernsche Hof präsentiert sich als ein im Stil des gehobenen Bürgertums des 18. Jh. eingerichteter Herrensitz. Nobel möblierte Salons. Wunderschöner, kleiner Park mit alten Bäumen. Café.

### Abstecher auf die Insel Öland

Ab Kalmar bietet sich ein **Abstecher** auf die unweit östlich vorgelagerte, 16 km schmale und 140 km langgestreckte **Insel Öland** an. Die Insel ist über die 6 km lange

und bis 40 m hohe **Ölandsbro [N 56° 40' 21.5"  E 16° 25' 40.9"]** rasch zu erreichen.

**Öland [N 56° 39' 55.5"  E 16° 28' 59.5"]**, eine wegen ihrer Strände überaus beliebte Sommerferieninsel, wartet mit einer ungewöhnlichen Fauna und Flora auf.

Die **Alvarsteppe** zum Beispiel, diese eigenartige, ebene Heide- und Steppenlandschaft, die sich über 40 km im Süden der Insel erstreckt, ist nicht nur Verbreitungsgebiet geschützter Pflanzen und Orchideen, sondern auch der Lebensraum einer bunten Vogelwelt.

Doch das Wahrzeichen der Insel wurde weder eine seltene Orchidee, noch ein rarer Vogel, sondern es wurden die **Windmühlen**, die die bäuerliche Kultur Ölands symbolisieren. Einst standen über 2.000 dieser Bockmühlen auf den windigen Ebenen der Insel, heute sind noch wenige erhalten.

Öland ist aber auch alte Kulturlandschaft. Von besonderem Interesse und einen Besuch unbedingt wert ist das rekonstruierte, von einer Ringmauer umgebene **Eketorp [N 56° 17' 10.0"  E 16° 27' 43.3"]**, ein frühgeschichtliches Dorf, das einer Siedlung aus dem 4. nachchristlichen Jahrhundert nachempfunden ist.

Weitere bedeutende Sehenswürdigkeiten sind die mächtige **Burgruine Borgholm** sowie **Schloss Solliden [N 56° 52' 00.3"  E 16° 38' 23.8"]**, das Sommerschloss der schwedischen Königsfamilie.

Auf der Insel gibt es eine ganze Reihe von **Campingplätzen** (www.olandturist.se).

# KALMAR – MALMÖ

**Länge der Tour:** Rund 300 km.

**Die Route:** Über die Straße E22 und über **Karlskrona**, **Ronneby**, **Karlshamn**, **Sölvesborg**, **Kristianstad** und **Lund** bis **Malmö**.

**Reisedauer:** Mindestens ein Tag, besser zwei Tage.

**Reisehöhepunkte:** Ein **Stadtspaziergang**, der **Stortorget** und das **Marinemuseum** in **Karlskrona** – **Karlshamns Kulturviertel** – der **Dom \*\*** in **Lund** – Museen im **Malmöhus**.

Tour 34: KALMAR – MALMÖ

0    20    40 km

Ljungby · Nybro · KALMAR · Lessebo · Emmaboda · Hagby · E6 · Halmstad · E4 · Markaryd · Tingsryd · Kristianopel · Ängelholm · E4 · Hässleholm · Ronneby · Karlskrona · Sölvesborg · Karlshamn · Helsingborg · Kristianstad · E22 · Åhus · Bosjökloster · Landskrona · E6 · Christinehof · Brösarp · Lund · Sjöbo · St. Olaf · Simrishamn · Svaneholm · Glimmingehus · MALMÖ · Ystad · Mälarhusen · E6 · Trelleborg · Smygehuk · O S T S E E · N

© rau

**ROUTE:** *Von Kalmar über die E22 und vorbei an* **Hagby** *mit seiner für Schweden seltenen* **Rundkirche** *nach* **Karlskrona** *(82 km) im Landesbezirk* **Blekinge**.

**Karlskrona**, die angeblich auf 33 Inseln gebaute Hafenstadt, konnte 1980 ihren 300sten Geburtstag feiern.

Als die Dänen in der Schlacht bei Lund 1676 besiegt waren und Skåne und Blekinge endlich dem Königreich Schweden einverleibt werden konnte, gründete König Karl XI. (1655 – 1697) im Jahre 1680 die Gar-

nisonsstadt Karlskrona und ließ sie zu einem bedeutenden Marinestützpunkt seines Reiches ausbauen.

Breite Straßen und große Plätze wurden angelegt, um Militärparaden und Aufmärschen den gebührenden Raum zu gewähren.

1790 fielen Teile der Innenstadt einem Brand zum Opfer, als in der Amiralitetsgatan eine Wäscherin beim Befüllen der Bügeleisen mit glühender Kohle unvorsichtig hantierte. Über Nacht hatte die Stadt damals plötzlich 3.000 Obdachlose.

Eine **Stadtbesichtigung** beginnt man am besten auf dem **Stortorget [N 56° 09' 41.3" E 15° 35' 14.6"]**, dem recht vornehm wirkenden großen Platz im Zentrum der Stadt. Manche meinen sogar, der Stortorget in Karlskrona sie einer der schönsten Stadtplätze in Nordeuropa. In der Mitte erhebt sich ein Denkmal des Stadtgründers Karl XI.

Rund um den Platz findet man stattliche Bauten wie das **Rathaus**, die **Stadtbibliothek**, die **Touristeninformation**, die **Dreifaltigkeitskirche**, das **Hauptpostamt**, das **Stadshotel** und die **Fredrikskirche**.

Der runde Barockbau der **Dreifaltigkeitskirche,** nach Plänen von Tessin d. J. erbaut, ist auch als „deutsche Kirche" bekannt. Sie war bis ins 19. Jh. die Pfarrkirche einer großen deutschen Gemeinde in Karlskrona.

Die **Fredrikskirche** mit ihren beiden Vierecktürmen und dem wohlklingenden Glockenspiel, das morgens, mittags und abends ertönt, ist nach Fredrik I. benannt.

Vom Stortorget kann man über den begrünten, parkähnlichen Amiralitetstorget nach Süden gehen und kommt dann am Ende des Parks zur **Alten Werft**. Hier steht Schwedens längstes Holzgebäude, in dem sich die bis 1960 aktive 300 m lange Seilerbahn befindet.

Sehr interessant ist ein Besuch im **Marinemuseum [N 56° 09' 24.9" E 15° 35' 11.7"]** auf der östlich der Innenstadt vorgelagerten kleinen Insel Stumholmen *(geöffnet 1. Juni - 31. Aug. tgl. 10 - 18 Uhr, 1. Sept. - 31. Mai. Di - So 11 - 17 Uhr; www.maritima. se, www.marinmuseum.se)*. Am einfachsten kommt man dahin, wenn man ab dem zentralen Stortorget der Kyrkogatan nach Osten folgt.

Das aus mehreren Abteilungen bestehende Marinemuseum bietet dem Besucher einen sehr schönen Querschnitt durch die schwedische Seefahrtsgeschichte und die Marinetradition in Karlskrona. Sehr interessant ist die Sammlung von **Galionsfiguren**, vornehmlich aus dem 18. und 19. Jh.

Beeindruckend ist auch der Blick in einen Unterwassertunnel unter dem Museum und die Sicht auf ein Wrack aus dem 18. Jh.

Auf dem Rückweg in die Stadt kann man von der Kyrkogatan südwärts (links) in die Drottninggatan abbiegen. Am Ende der Straße liegt die **Admiralitätskirche Ulrica Pia [N 56° 09' 26.1" E 15° 35' 28.3"]**. Die Kirche

wurde 1685, fünf Jahre nach der Stadtgründung eingeweiht und nach der Gemahlin König Karls XI., Ulrica Eleonora, benannt. Sehenswert im Inneren sind das Altarbild, eine Antwerpener Kopie von Rubens' „Der Lanzenstoß", dann das Altarkreuz aus Zedernholz, das Mitte des 18. Jh. dem Patriarchen von Konstantinopel gehörte, weiter das Votivschiff „Karlskrona" und die Grabdenkmäler verdienter Offiziere und Schiffsbauer.

Freunden der Geschichten von Selma Lagerlöf wird aber weniger die Kirche, als viel-

*Gubben Rosenbom vor der Admiralitätskirche*

mehr die lebensgroße Holzfigur des **Gubben Rosenbom** vor der Kirche etwas sagen. Der bärtige Mann mit dem großen, breitkrempigen Hut ist wahrscheinlich Karlskronas populärster „Einwohner". Den Hut übrigens kann man anheben. Früher tat man das, um in der als Opferstock fungierenden Figur ein Scherflein für die Armen zu deponieren.

Der Alte Rosenbom spielt in der Geschichte „Nils Holgerssons wunderbare Reise mit den Wildgänsen" eine wichtige Rolle.

Sehenswert ist weiter der Stadtteil **Björkholmen** westlich der Innenstadt, der älteste Teil von Karlskrona. Hier sind noch einige der alten, kleinen Holzkaten erhalten geblieben, in denen sich die ersten Handwerker und Arbeiter der Marinewerft niedergelassen hatten.

Telefonvorwahl: 04 55
**Karlskrona Turistbyrå**, Stortorget 2, 371 34 Karlskrona, Tel. 30 34 90.

**HOTEL**

**First Hotel Statt Karlskrona,** 107 Zi., *****, Ronnebygatan 37, Tel. 55 550, Fax 16 909, am Bahnhof, Restaurant, Sauna, Garage. www.firsthotels.se. – U. a.

**CAMPING**

**Dragsö Bad och Camping ****,** Tel. 15 354; www.camping.se/k10; Ende Apr. – Ende Sept.; durchs Zentrum und über Saltö zur Insel Dragsö (Brücke); Fels- und Wiesengelände; ca. 6 ha – 240 Stpl. + Dau.; gute Standardausstattung; Laden, Imbiss, Restaurant; Fahrradverleih; 14 Miethütte. **V & E für Wohnmobile; Quick Stop.**
**Skönstaviks Camping ****** [N 56° 12′ 11.8″  E 15° 38′ 21.4″], Tel. 23 700, www.camping.se/k12; 1. Mai – 31. Aug.; E22 Ausfahrt Karlskrona Väst, an der Ausfallstraße Richtung Malmö; hügelige Wiesen mit Baumbestand an einer Bucht mit öffentlichem Strandbad; ca. 8 ha – 200 Stpl. + Dau.; Standardausstattung; Laden, Restaurant; Fahrradverleih; Miethütten.

**Rast- und Wohnmobil-Stellplätze**
**Wohnmobil-Stellplatz Karlskrona** [N 56° 09′ 48.3″  E 15° 35′ 44.2″], Gamla Handelshamnen. **Zufahrt/Lage:** Nahe der Zufahrtsstraße zur Stadt, am Alten Hafen und bei der Fährstation nach Aspö und noch 200 m zum großen asphaltierten Parkplatz mit Platz für ca. 100 Fahrzeuge (inkl. Pkw). **Geöffnet:** Jederzeit zugänglich. **Gebühr:** Kostenfrei. **Ausstattung:** Keinerlei Einrichtungen. Zum Stadtzentrum mit Restaurants etc. ca. 200 m. www.karlsrkona.se.
Ein weiterer **Parkplatz** liegt im Westen der Stadt Karlskrona Richtung Saltö am Fisktorget, Kiesgelände mit Platz für ca. 10 Fahrzeuge. Jederzeit zugänglich. Gebührenfrei.

Sehr lohnend ist ein Besuch im **Blekinge Museum** [N 56° 09′ 42.8″  E 15° 34′ 49.5″] am Fisktorget 2 (Wohnmobil-Stellplatz), westlich des Stortorget, in der Nähe des Fischereihafens (*geöffnet 15. Juni - 15. Aug. tgl. 10 - 18 Uhr, übrige Zeit Di - So 11 - 17 Uhr, Mi bis 19 Uhr; Eintritt frei; www.blekingemuseum.se*). Eingerichtet ist das Museum im „Grevagården" (Grafenhaus), dem 1705 errichteten ehemaligen Wohnhaus des Admirals Graf Hans Wachtmeister. Schöner Barockgarten.

**ROUTE:** *Weiterreise auf der E22 westwärts ist* **Ronneby***, 28 km.*

Die alte Brunnenstadt **Ronneby** [N 56° 11′ 59.3″  E 15° 16′ 58.6″] (ca. 30.000 Einw.) ist heute ein Zentrum der Elektronik- und Computerindustrie.
Das alte *„Rotneby"* erhielt als eine der ersten Siedlungen in Blekinge im Jahre 1387 Stadtrechte verliehen – unterschrieben vom 17-jährigen dänischen König Olof. Nach einer wechselvollen Geschichte kam Ronneby Ende des 17. Jh. dann endgültig an Schweden.

Trotz eines verheerenden Brandes im Jahre 1864 sind einige alte Holzhäuser in der ehemaligen **Altstadt Bergslagen** unterhalb der Kirche erhalten geblieben.
Ein Bummel durch die oft noch mit Feldsteinen gepflasterten Gassen, hinauf zur schön gelegenen **Heilig-Kreuz-Kirche** lohnt allemal. Auffallend ist der gewaltige eher an eine Festung als an ein Gotteshaus erinnernde Kirchturm.
Schöne Spazierwege im **Brunnsparken.**
Wer sich für die Frühgeschichte des Landes interessiert, findet östlich von Ronneby und nördlich der E22 eine ganze Reihe eisenzeitlicher **Grabfelder** wie in **Hjortahammar** oder Hjortsberga.
Bei **Björketorp** steht ein über 1.200 Jahre alter, 4 m hoher **Runenstein** mit einer Inschrift, die so gedeutet wurde: „Mächtiger Runen Geheimnisse verberge ich. Heimtückischer Fluch und Tod dem, welcher dieses Denkmal bricht. Ich sage Verderb voraus". Sollte diese Deutung wirklich authentisch sein, weicht diese Inschrift, ein Bannspruch,

**PRAKTISCHE HINWEISE– RONNEBY**

Telefonvorwahl: 04 57
**Ronneby Turistbyrå**, Kulturcentrum, Kallinge väg 3, 372 39 Ronneby, Tel. 1 76 50.

### HOTEL

**Ronneby Brunn Hotell \*\*\*\***, 263 Zi., Tel. 75 000, Fax 15 647, www.ronnebybrunn.se; große Hotelanlage am Südrand der Stadt mit Sport- und Freizeiteinrichtungen, Restaurant, Parkmöglichkeit. – U. a.

### CAMPING

**Bökenäs Camping \*\*\*,** Tel. 30 150, www.camping.se/k06; 1. Mai – 30. Sept.; an der E22 zwischen Ronneby und Karlskrona und südlich von Listerby gelegen, Abzweig am Kreisverkehr Richtung Kuggeboda/Meer; Wiesengelände an einer Bucht; ca. 6 ha – 180 Stpl. + Dau.; Standardausstattung; Laden, Imbiss; Miethütten.

**Rastplatz**
**Rastplatz am Brunnspark [N 56° 11' 59.3"  E 15° 16' 58.6"]** in Ronneby in schöner Parkumgebung mit Toiletten, Waschbecken, Mülltonnen. Im Sommer Kiosk. Schöne Spazierwege im gepflegten Kurpark. Bislang keinerlei Einschränkungen bzgl. Übernachtungsverbot. Kostenfrei.

stark von dem ab, was sonst auf Runensteinen geschrieben steht.

*ROUTE: 30 km weiter westlich von Ronneby erreicht man auf der E22* **Karlshamn**.

Die Handels- und Hafenstadt **Karlshamn** erhielt 1644 Stadtrechte.

Karlshamn war bis lange nach der Jahrhundertwende einer der am meisten frequentierten schwedischen Auswanderungshäfen nach Amerika. Im Hamnparken erinnert ein von dem Bildhauer Axel Olsson geschaffenes Denkmal an die Zeit der Auswanderer.

Wie nahezu alle Küstenstädte hier, war auch Karlshamn in der Zeit der Dänenherrschaft oft umkämpft, es wurde geplündert und niedergebrannt. An die Zeit der Dänenherrschaft erinnert noch das Kastell auf der Insel Frisholmen in der Hafeneinfahrt. Es wurde 1675 erbaut, war mit 242 Kanonen bestückt und bis 1865 in Gebrauch. Im Sommer gibt es eine Fährverbindung vom Hafen zur Insel.

**PRAKTISCHE HINWEISE – KARLSHAMN**

Telefonvorwahl: 04 54
**Karlshamns Turistbyrå,** Ronnebygatan 1, 374 81 Karlshamn, Tel. 81 203.

### CAMPING

**Kolleviks Camping \*\*\* [N 56° 09' 59.4"  E 14° 52' 56.1"],** Tel. 19 280, www.camping.se/k07; Ende Apr. – Mitte Sept.; ca. 5 km südöstl. von Karlshamn, Richtung Kollevik beschildert; Wald- und Wiesengelände am Meer; ca. 2 ha – 110 Stpl.; Standardausstattung. Laden, Imbiss. Miethütten.
**Långasjönäs Camping \*\*\*\*,** Tel. 32 06 91, www.camping.se/k05; 1. Mai – Mitte Okt.; ca. 3 km nordöstl. von **Asarum;** Wiesengelände am See; ca. 2 ha – 90 Stpl.; Standardausstattung. Miethüten.

**Wohnmobil-Stellplatz**
**Wohnmobil-Stellplatz Bootshafen Vägga [N 56° 09' 33.2"  E 14° 53' 08.7"]:** Vägga Fiskehamn, am Gästehafen in Vägga bei Karlshamn. **Zufahrt:** Zu erreichen über die Ausfahrt Nr. 53 (Karlshamn Ö) der E22 und noch 5 km Richtung Vägga Fiskehamn. Platz für 5 Fahrzeuge. **Geöffnet:** Mai bis September. Anmeldung im Hafenbüro. **Gebühr:** Gebühr für die Benutzung der Sanitäreinrichtungen mit Dusche, Toiletten, Frischwasser. Stromanschluss extra.

1763 vernichtete ein Großbrand fast die ganze Stadt. Karlshamn konnte also keine historischen Baudenkmäler bewahren.

Als touristische Sehenswürdigkeit gilt **Karlshamns Kulturviertel** an der Drottninggatan/Vikelgatan. Hier sind historische Gebäude, Kaufmannshöfe, wie der **Skottsbergska Gården** in der Drottningsgatan 81, ein alter Tabakladen, ein Druckereimuseum, eine Kunsthalle und das Punschmuseum zu sehen. *Carlshamns Punsch* war Mitte des 19. Jh. eine beliebte Spezialität.

**ROUTE:** *Auf der E22 nach* **Sölvesborg**, *29 km.*

### Abstecher zum „Lachshaus"

Ein lohnender Abstecher westlich von Karlshamn von der E22 führt nach **Mörrum** zum **„Laxens Hus" [N 56° 11' 32.9" E 14° 44' 50.2"]** am Mörrumsån, einem der berühmtesten Lachsflüsse Schwedens. Museum, Lachsräucherei, Restaurant.

**Sölvesborg [N 56° 03' 09.0" E 14° 34' 56.9"]**, heute eine Industriestadt, liegt an der Westseite einer weit ins Land reichenden Bucht. In der Nähe der Stadt findet man viele einladende **Sandstrände**.

Für den Interessierten ist sicher die **St. Nicolai Kirche** sehenswert, ein Backsteinbau, der aus der Hansezeit stammt und das älteste Gebäude der Stadt ist, das alle Wirren der Zeit fast unversehrt überstanden hat.

Besichtigen kann man außerdem das **Sölvesborg Museum**, das in einem 150 Jahre alten Branntweinmagazin eingerichtet ist und das **Fischereimuseum** in Hällevik.

**ROUTE:** *Von Sölvesborg über die Straße E22 zunächst bis* **Kristianstad**, *36 km.*

**Kristianstad [N 56° 01' 51.8" E 14° 09' 14.8"]** wurde 1614 vom dänischen König Christian IV. als Bollwerk gegen Schweden gegründet. Heute ist es eine moderne Industrie- und Garnisonsstadt mit über 72.000 Einwohnern.

Zu den Sehenswürdigkeiten zählen – neben dem **Stora Torget [N 56° 01' 53.6" E 14° 09' 18.9"]**, der ehemals als Paradeplatz diente – vor allem die **Dreifaltigkeitskirche**, ein schöner Backsteinbau im Renaissancestil aus dem frühen 17. Jh., dann das **Regional Museum von Skåne** im alten Zeughaus und schließlich das **Filmmuseum** in der Östra Storgatan 53, mit Erinnerungen an die erste Zeit des Films, die in Schweden in Kristianstad begann.

**ROUTE:** *Weiterreise auf der E22 südwestwärts über* **Hörby** *(42 km) bis* **Gudmuntorp**. *Hier bietet sich Gelegenheit zu einem Abstecher auf der Straße 23 nordwärts zum* **Schloss Bosjökloster** *(ca. 10 km)* [N 55° 48' 36.7" E 13° 28' 42.2"].

**Routenalternative:** Bei ausreichend zur Verfügung stehender Zeit ist dem schnelleren Weg über die E22 die Weiterreise über die küstennahe Staße 9 über **Simrishamn, Festung Glimmingehus, Borrby Strand, Kåseberga** (Schiffsetzung Ales stenar) nach **Ystad** vorzuziehen.

**Schloss Bosjökloster [N 55° 53' 12.4" E 13° 31' 19.6"]** ist auch bekannt als das „Weiße Schloss am Ringsjön". Im Jahre 1080 wurde hier vom Benediktinerorden ein Nonnenkloster gegründet. Damals lag das Kloster *Bosie* noch auf einer Insel, woher auch der Name Bosie Ö (Insel Bos) rührt. Einige hundert Jahre später allerdings sank der Wasserspiegel des Sees und das Klostergut lag nun auf einer mit dem Festland verbundenen Halbinsel.

Das prosperierende Klosterleben fand 1536 ein Ende, als in Dänemark die Reformation einkehrte und Bosjökloster von der Protestantischen Kirche konfisziert wurde.

Sehenswert ist die romanische **Klosterkirche** aus dem 12. Jh. mit wunderschönem Flügelaltar und einem Triumphkreuz aus dem 15. Jh.

**ROUTE:** *Zurück zur E22 und weiter nach* **Lund**, *ca. 33 km.*

**Lund [N 55° 42′ 02.5″ E 13° 11′ 29.9″]** ist eines der historischen Zentren, ein Mittelpunkt des Kirchen- und Universitätslebens in Schweden.

*Sven Gabelbart*, der dänische Wikingerkönig, Herrscher über Dänemark und England, soll Lund ausgangs des ersten nachchristlichen Jahrtausends an der Stelle eines alten Thingplatzes gegründet haben. Somit wäre Lund Schonens älteste Stadt.

1145 wurde der romanische Dom eingeweiht und Lund zum ersten Erzbistum in Skandinavien erhoben. Der Einfluss der Erzbischöfe von Lund reichte weit über Schweden hinaus, bis nach Dänemark, nach Norwegen, Schweden-Finnland, Island und bis nach Grönland.

Zu den kulturhistorisch größten Sehenswürdigkeiten der Stadt Lund zählt zweifellos ihr **Dom**. 1104 wurde auf Veranlassung von Erzbischof Asker und König Niels der Grundstein zu dem romanischen Bau gelegt.

Es entstand eine dreischiffige Kreuzkirche, deren ältester Teil die **Krypta** unter dem Ostteil des Kirchenbaus ist.

Sehr schön ist die Außenansicht der halbrunden **Altarapsis**, die den imposanten Sandsteinbau im Osten abschließt.

Kaum hundert Jahre nach der Einweihung 1145 wurde der Dom durch einen Brand schwer beschädigt. Den Wiederaufbau übertrug man dem westfälischen Baumeister Adam von Düren. Ende des 19. Jh. und noch einmal um 1960 wurde der Dom umfassend restauriert.

Die Beachtung des Besuchers verdient schon das **Westportal durch das man den Dom betritt.** Es ist mit 24 Bronzereliefs geschmückt, die in den vier oberen Reihen Szenen aus dem Alten Testament, in der fünften Reihe Motive aus dem Neuen Testament und in der untersten Reihe Symbole der Erde (Ele-

fant, links), des Wassers (Wal), der Luft (Adler) und des Feuers (Drache, rechts) zeigt.

Innen sieht man links vom Eingang die berühmte **astronomische Uhr** „Horologium Mirabile Lundense". Sie wurde 1380 gebaut, war aber nach den Wirren der Reformation lange demoliert und demontiert. Zu Beginn des 20. Jahrhunderts entdeckte man Reste des Wunderwerks und dem dänischen Turmuhrmacher Julius Bertram-Larsen gelang es, das prächtige Kunstwerk zu rekonstruieren. Um zwölf (sonntags um 13 Uhr) und um 15 Uhr intonieren zwei Herolde mit Trompeten zwischen den beiden astronomischen Kreisen eine Melodie.

Im Mittelschiff links sieht man die **Kanzel**. Sie ist eine Arbeit im Renaissancestil eines Bildhauers aus Frankfurt an der Oder, der das Kunstwerk aus Sandstein, Alabaster, schwarzem und weißem Marmor ausgangs des 16. Jh. schuf.

Im nördlichen (linken) Querschiff sieht man in der Mitte ein **Taufbecken** aus dem 13. Jh. aus Kalkstein aus Gotland, den Sarkophag des Erzbischofs Andreas Sunesson und daneben eine schöne Madonnenplastik aus dem 15. Jh.

Der als **Flügelaltar** ausgebildete Altaraufsatz stammt aus dem 14. Jh. In der Mitte sieht man Christus und Maria die umgeben sind von 40 Heiligen. Die Halbkuppel über dem Altar schließlich ist geschmückt mit einem monumentalen Mosaik, das Christus als strahlenden, segnenden Erlöser am Jüngsten Gericht darstellt.

Der älteste Teil des Doms ist das **Gewölbe der Krypta**, das auf kurzen Säulen ruht. Ungewöhnlich ist die Säule mit dem Relief des Riesen Finn, der die Säule umarmt. Die Legende erzählt, dass der Riese Finn an dieser Stelle ein Kirche zu Ehren des hl. Laurentius errichtet habe.

Gehen Sie durch die Adelgatan, eine der hübschesten Straßen in Lund, vom Park Lundagård ein Stück nach Osten. Sie kommen dann zum **Freilichtmuseum Kulturen [N 55° 42′ 16.7″ E 13° 11′ 46.1″]**, eines der schönsten, gewiss aber eines der ungewöhnlichsten Freilichtmuseen des Landes, denn es ist ein Viertel mitten in der Stadt um den Tegnérsplatsen, bestehend aus über 30 historischen Gebäuden, Höfen, Pfarr- und Stadthäusern *(geöffnet 15. Apr. - 30 Sept. tgl. 11 - 17 Uhr; Winterhalbjahr Di - So 12 - 16 Uhr; www.kulturen.com).*

*Malmös ungewöhnlicher Wolkenkratzer „Turning Torso"*

**ROUTE:** *Von Lund über die E22 nach* **Malmö,** *20 km.*

**Malmö [N 55° 36' 32.9" E 12° 59' 56.0"]**, Schwedens drittgrößte Stadt mit weit über 258.000 Einwohnern, ist die unumstrittene Metropole Schonens. Die betriebsame Hafen- und Industriestadt ist – seit die Pläne, eine Brücke von Malmö über den Öresund nach Dänemark zu schlagen, im Jahr 2000 verwirklicht wurden – noch enger an das europäische Wirtschaftsleben angebunden.

Malmö lag schon immer etwas näher am Geschehen des europäischen Festlandes. Der Handel, mindestens seit der Hansezeit ein blühendes Gewerbe in der Stadt, brachte viele Impulse fremder Länder nach Malmö.

Unter dem Dänenkönig Christian III. wurde Mitte des 16. Jh. Schloss Malmöhus errichtet.

Nach dem Frieden von Roskilde kam Malmö an Schweden. Allerdings versuchten die Dänen noch zweimal – 1677 und 1709 – die Hafenstadt zurückzuerobern. Vergeblich allerdings, wie man weiß.

**Sehenswertes** findet man im alten Stadtzentrum, das – ähnlich wie in Göteborg – von Kanälen eingefasst ist.

Einer der zentralen Plätze in der Innenstadt ist der große Marktplatz **Stortorget** mit dem Reiterdenkmal König Karls X., der

Schonen von den Dänen zurückgewann, und dem **Renaissance-Rathaus** von 1546. Restaurant „Rådhuskällaren".

Den Platz umgeben noch einige weitere Bauwerke, deren Ursprünge im 16. Jh. und 17. Jh. liegen. So wurde z. B. die **Apoteket Lejonet**, Stortorget 8, Malmös älteste Apotheke, schon 1571 gegründet.

Im **Jörgen Kock's Gård**, einem repräsentativen roten Backsteinbau mit eindrucksvollem Treppengiebel aus dem 16. Jh., ist das Restaurant „Årstiderna" zu finden.

Die **Sankt Petri-Kirche**, östlich vom Rathaus, stammt aus dem 14. Jh. und ist sehr wahrscheinlich das älteste aus jener Zeit erhaltene Bauwerk der Stadt. Sehr schön restaurierte **mittelalterliche Deckenmalereien** im Gewölbe der **Krämarkapelle**.

An die Südwestecke des Stortorget schließt der Kleine Marktplatz **Lilla Torget** an. Ihn umgeben einige hübsche alte Stadthäuser aus dem 16. Jh. wie der **Hedmanska Gården**, ein Fachwerkbau und alter Kaufmannshof aus dem 16. Jh.

Bummeln Sie durch die **Saluhallen**, die einladende Markthalle, mit ihrem reichhaltigen, appetitlichen Angebot, auch an Cafés und Restaurants.

Die **Södergatan**, Malmös wichtigste Einkaufs- und Geschäftsstraße, verbindet den Stortorget mit dem **Gustav Adolfs Torg**, dem größten Platz der Stadt. Der Platz ist übrigens nicht nach Gustav II. Adolf, Schwedens Herrscher im Dreißigjährigen Krieg, sondern nach dem späteren Gustav IV. Adolf benannt, der in Schonen sehr beliebt war.

Nicht verzichten sollte man auf einem Besuch im **Malmöhus [N 55° 36' 19.3" E 12° 59' 10.0"]**, Malmöhusvägen *(geöffnet 1. Mai - 31. Aug. tgl. 10 - 16 Uhr, 1. Sept. - 31. Mai tgl. 12 - 16 Uhr; www.malmo.se/museer).* Parkplatz.

Innerhalb der Festungsanlage und in ihrer unmittelbaren Umgebung findet man eine ganze Reihe sehr interessanter Museen.

**Malmöhus**, die große Wasserburg westlich des alten Stadtkerns, wurde auf den Mauern einer Festung aus der Mitte des 15. Jh. zwischen 1536 und 1542 errichtet. Nachdem Skåne schwedisch geworden war, erweiterte man die Befestigungsanlagen, Bastionen und Verteidigungseinrichtungen. Mitte des 19. Jh. dann wurden die Mauern abgetragen, Malmöhus wurde Staatsgefängnis.

**PRAKTISCHE HINWEISE – MALMÖ**

Telefonvorwahl: 0 40
**Malmö Turist & Kongress AB,** Central Station, Skeppsbron, 211 20 Malmö, Tel. 34 12 00, www.malmo.se/turist.

### HOTELS

**Scandic Kramer,** 119 Zi. \*\*\*\*\*, Stortorget 7, Tel. 69 35 400, Fax 69 35 411, www. scandic-hotels.se; zentral, Bahnhofsnähe, Restaurant, Sauna, Garage, Parkplatz.
**Rica Hotel Malmö**, 80 Zi. \*\*\*\*\*, Stortorget 15, Tel. 66 09 550, Fax 66 09 559, www.rica.se; zentral, Bahnhofsnähe, Sauna, Parkplatz.

### CAMPING

**Malmö Camping & Feriecenter „Sibbarb Camping" \*\*\*\* [N 55° 34' 18.0"
E 12° 54' 39.3"]**, Tel. 15 51 65, www.camping.se/m08; ganzjährig; ca. 5 km südwestl. des Stadtzentrums von Malmö, im Stadtteil Limhamn; weitläufiges, meist ebenes Wiesengelände mit Laubbaumgruppen, beim öffentl. Strandbad; ca. 9 ha – 700 Stpl. + 100 Dau.; Standardausstattung, Laden, Imbiss, Restaurant. Fahrradverleih. Miethütten.

Seit 1932 beherbergt die Festung, die inmitten eines weiten Parkgeländes liegt, das **Malmö Museum** mit Abteilungen über Stadtgeschichte, Kulturgeschichte, Kunst und Kunsthandwerk sowie Naturgeschichte.

Im **Kommandenthuset**, dem ehemaligen Haus des Burgkommandanten, das am Malmöhusvägen außerhalb der eigentlichen Festungsanlage liegt, ist eine Ausstellung über die Militärgeschichte zu besichtigen.

Ebenfalls am Malmöhusvägen findet man unweit westlich des Malmöhuset das **Technik- und Seefahrtmuseum**.

Eine moderne Attraktion unserer Tage stellt das Hochhaus (190 m) **Turning Torso** dar, ein Werk des spanischen Architekten Santiago Calatravas. Es liegt nordwestlich der Innenstadt an der Västra Varvsgatan.

Im Sommer für die ganze Familie ein Besuch im **Koggenmuseum** unweit nördlich der Innenstadt am Skeppsbron 10 *(geöffnet Sommer tgl. 11 - 16 Uhr).*

**ROUTE:** *Über die* **Öresundbrücke** *(die Fahrt über die Brücke ist nicht gerade billig, dafür – besonders bei etwas stärkerem Wind und mit einem Wohnmobil – ein Erlebnis für sich!) hinüber nach* **Tårnby** *(südlich von Kopenhagen) in* **Dänemark**. *Die Strecke ist insgesamt 15,4 km lang und führt auf 8 km über die weltweit längste Schrägseilbrücke für Straßen- und Bahnverkehr.*

*Weiterreise von* **Kopenhagen** *zum Fährhafen* **Rødbyhavn***, siehe auch Tour 4 (Puttgarden – Kopenhagen).*

*In Südschweden*

## PRAKTISCHE UND NÜTZLICHE INFORMATIONEN VON A BIS Z

### ANSCHRIFTEN

**Fremdenverkehrsämter**

**Dänisches Fremdenverkehrsamt,** Postfach 70 17 40, 22017 Hamburg, Tel. +49/ (0) 18 05/32 64 63, Fax +49/ (0) 40/65 03 19 30. www.visitdenmark.com

**Norwegisches Fremdenverkehrsamt - Innovation Norway,** Caffamacherreihe 5, 20355 Hamburg, Tel. +49/ (0) 40/ 22 94 15 0, Fax +49 (0) 40/22 94 15 88. www.visitnorway.com

**Schweden-Werbung für Reisen und Touristik, VisitSweden,** Michaelisstr. 22, 20459 Hamburg, Tel. +49/ (0) 40/32 55 13 55, Fax +49/ (0) 40/32 55 13 33. www.visitsweden.com. Schweden-Info: Tel. +49/ (0)69/22 22 34 96.

**Finnische Zentrale für Tourismus,** Lessingstr. 5, 60325 Frankfurt/Main, Tel. +49/ (0) 69-71 91 980, Fax +49/ (0) 69-72 41 725. www.visitfinnland.de.

Informationen aller möglicher Art über die **skandinavischen Länder** finden Sie, in deutscher Sprache, unter:

http://www.skandinavien.de

#### Konsularische Vertretungen

**Nordische Botschaften Berlin,** Rauchstr. 1, 10787 Berlin, www.nordischebotschaften.org.

Für alle 4 Länder Sammel-Tel. +49/ (0) 30-50 50 0, Fax +49 (0) 30/ 50 50 11 01.

**Botschaft der Bundesrepublik Deutschland**, Stockholmsgade 57, DK-2100 **Kopenhagen**, Tel. 00 45-35 26 16 22, Fax 00 45-35 26 71 05.

**Botschaft der Bundesrepublik Deutschland**, Forbundsrepublikken Tysklands Ambassade, Oscarsgate 45, N-0258 **Oslo** 2, Tel. 00 47-22 55 20 10, Fax 00 47-22 44 76 72.

**Botschaft der Bundesrepublik Deutschland**, Krogiuksentie 4, FIN-00340 **Helsinki**, Tel. 00 358-9-45 85 80, Fax 45 85 82 58.

**Botschaft der Bundesrepublik Deutschland**, Skarpögatan 9, S-11527 **Stockholm**, Tel. 00 46-8-670 15 00, Fax 00 46-8-670 15 72; www.stockholm-diplo.de.

#### Schiffahrtslinien

**Color Line GmbH**, Norwegenkai, 24103 Kiel, Tel. 0431-7300-0, Fax 0431/7300-400. www.colorline.com; eMail servicecenter@colorline.com.

**DFDS (Deutschland) GmbH**, Högerdamm 41, 20097 Hamburg, Tel. 01 805-30 43 50, Fax 040-38 903-120, www.dfds.de; eMail: post@dfds.com.

**Finnlines Passagierdienst**, Einsiedelstr. 43 - 45, 23554 Lübeck, Tel. 04 51/ 15 07-443, Fax 04 51/15 07-444, www.finnlines.de; eMail: passagierdienst@finnlines.com.

**Fjord Line A/S**, c/o Fjord Line GmbH, Nizzestr. 28, 18311 Ribnitz-Damgarten, Tel. 03 821-70 97 210, Fax 03821-70 97 219. www.fjordline.de. eMail: Buchung@fjordline.de.

**Hurtigruten**, Burchardstr. 14, 20095 Hamburg, Tel. 0 40-37 69 30, Fax 0 40-36 41 77, www.hurtigruten.de, eMail: ce.info@hurtigruten.com.

**Scandlines**, Hochhaus am Fährhafen, 18119 Rostock-Warnemünde, Tel. 01 805-11 66 88, Fax 03 81-543 56 78; www.scandlines.de; eMail: buchung@scandlines.com.

**Stena Line**, Schwedenkai 1, 24103 Kiel, Tel. 01 805-91 66 66, Fax 04 31/90 92 00; www.stenaline.de; eMail: info.de@stenaline.com.

**Tallink Silja GmbH**, Zeißstr. 6, 23560 Lübeck, Tel. 04 51-58 99-222, Fax 04 51-58 99-203; www.tallinksilja.de, www.ostseespecials.de; eMail: info.eu@tallinksilja.com.

**TT-Line GmbH & Co. KG**, Zum Hafenplatz 1, 23570 Lübeck-Travemünde, Tel. 04 502-801-81, Fax 04 502-801-407; www.ttline.com, eMail info@ttline.com.

**Viking Line Finnlandverkehr GmbH**, Große Altefähre 20-22, 23552 Lübeck, Tel. 04 51-38 46 30, Fax 04 51-38 46 399; www.vikingline.de; eMail: info@vikingline.de.

### CAMPING

#### Thema Stellplatz

Alle offiziell eingerichteten Stellplätze, die wir finden konnten, oder von denen wir erfahren haben, wurden registriert und erscheinen in diesem Reiseführer.

#### Dänemark

Kaum ein anderes Land in Europa bietet seinen Gästen ein so dichtes Netz an gut ausgebauten Campingplätzen wie Dänemark. Gut 550 Anlagen, klassifiziert mit ein bis fünf Sternen, verteilen sich auf das Inselreich. Hat man dann noch den **offiziellen Campingführer "Camping Danmark"** zur Hand, kann man rasch seine Wahl treffen.

Dänemark bietet Plätze für jeden Geschmack, vom Komfortplatz mit Sauna, erstklassigen Sanitäranlagen, Schwimmbad oder Tennisplatz bis zum naturnahen und ruhigen Platz.

Nur eines darf man in Dänemark nicht: Wild campen. Auch das Übernachten im Auto, Wohnmobil, Zelt oder Caravan auf Park- und Rastplätzen ist nicht erlaubt.

Viele dänische Campingplätze setzen Maßstäbe, sei es im Sanitärbereich, im Bereich des Freizeitangebots oder bei Einrichtungen für die kleinen Gäste. Warmwasser in den Waschbecken gehört ebenso zur Standardausrüstung, wie Warmduschen oder Geschirr- und Wäschewaschbecken mit Warmwasser und Waschmaschinen. Kaum ein Platz, der nicht mit einem Aufenthalts- oder Fernsehraum aufwartet. Für Kinder steht fast immer ein Spielplatz zur Verfügung.

Auch für das leibliche Wohl wird gesorgt. Einen Lebensmittelladen, auf großen Plätzen nicht selten einen richtiggehenden Supermarkt, bietet fast jede Campinganlage. Und obendrein gibt es häufig Kochgelegenheiten, ein Restaurant oder eine Imbisstheke.

Natürlich hält jeder Campingplatz gegen Gebühr Stromanschlüsse für Caravans bereit. Und fast alle Plätze bieten Miethütten.

Ganz besonders zu erwähnen sind die Bemühungen vieler dänischer Campingplatzhalter, die Platzeinrichtungen, hier besonders die Sanitäranlagen, auch körperbehinderten Feriengästen zugänglich zu machen. Immer mehr Plätze bieten speziell für Rollstuhlfahrer konzipierte Sanitärräume an.

Die Platzzufahrten sind gewöhnlich sehr gut beschildert.

Etwa ein Zehntel der dänischen Campinganlagen ist ganzjährig geöffnet, der überwiegende Rest steht zwischen dem 1. Mai und dem 1. September zur Verfügung. Allerdings muß auf vielen Plätzen ab Mitte August mit eingeschränktem Service gerechnet werden.

Alle offiziellen dänischen Campingplätze verlangen zur Anmeldung die Vorlage des CCI (Camping Carnet International). Hat man kein CCI, kann man auf den dänischen Campingplätzen ein befristetes Carnet für Ausländer erwerben.

Im Internet findet man Information über die Campingsituation in Dänemark unter www.campingraadet.dk.

**Wohnmobil-Stellplätze:** Dänemark weist zwischenzeitlich eine recht stattliche Anzahl offizieller Stellplätze für Wohnmobile aus. Gewöhnlich sind dies spezielle **"Quick Stop"-Stellplätze** bei Campingplätzen oder es handelt sich um schlichte Stellmöglichkeiten in Freizeithäfen oder bei Bauernhöfen.

„Quick Stop" bedeutet soviel, dass ein Campingplatz spezielle Stellplätze für Wohnmobile vor dem eigentlichen Campingplatz oder auf gesondertem Areal zur Verfügung stellt. Ankunft frühestens ab 20 Uhr, Abreise spätestens um 10 Uhr. Dafür sind die Übernachtunspreise reduziert. Die Einrichtungen des Platzes dürfen (evtl. gegen Gebühr) benutzt werden.

**Allerdings sei darauf hingewiesen**, dass sich die Angaben zu QuickStop-Stellplätzen immer wieder ändern können! Auf Campingplätzen, die in einem Jahr Quick-Stops angeboten haben, kann im nächsten Jahr dieser Service wieder gestrichen worden sein – oder umgekehrt!

Eine vollständige Liste aller QuickStop-Stellplätze in Dänemark gibt es unter www.dk-camp.dk oder über das Fremdenverkehrsamt www.visitdenmark.com.

**Norwegen**

Annähernd 1.400 Campinganlagen sind in Norwegen zu finden, wobei die Konzentration und Dichte von Süd nach Nord deutlich abnimmt. Die Plätze sind in offizielle Kategorien klassifiziert, die durch ein bis fünft Sterne symbolisiert werden.

Die Zufahrten sind in aller Regel sehr gut und deutlich beschildert.

Das Gelände, fast immer Wiesengelände, gelegentlich mit Waldanteil, ist bei der Mehrzahl der Plätze naturbelassen. Viele Campinganlagen zeichnen sich durch eine landschaftlich schöne Lage aus.

Das Herrliche an vielen, vor allem den kleinen, etwas abseits der Hauptreiserouten gelegenen Plätzen ist ihre sympathische Einfachheit und ihre Naturnähe. Andererseits muss auch bemerkt werden, dass manche Anlagen in den touristischen Ballungszentren wie Oslo, an der Südküste, bei Loen, Geiranger, Voss oder Trondheim im Hauptreisemonat Juli gelegentlich südländische Belegungsdichten aufweisen, mit entsprechenden Auswirkungen auf die Platzeinrichtungen.

Infos zu Campingplätzen in Norwegen erhalten Sie im Internet unter www.camping.no oder auch vom Norwegischen Automobilclub NAF unter www.nafcamp.com.

**Stellplätze:** Bislang haben ganz wenige Städte Stellplätze für Wohnmobile eingerichtet. Aber es kommt Bewegung in die Angelegenheit. Nun gibt es endlich auch bei Oslo einen Stellplatz. Und einzelne Gemeinden gestatten oder tolerieren zumindest das Übernachtparken von Wohnmobilen oder Caravans auf gewissen Parkplätzen.

Geradezu vorbildlich ist in Norwegen das dichte, im ganzen Lande gut und deutlich beschilderte Netz von **Entsorgungsstellen für Wohnmobilabwässer** ausgebaut. In jedem größeren Ort findet man einen dieser Automaten, die meist bei Tankstellen installiert sind, dort mitunter aber ein etwas verstecktes Dasein fristen. Die Automaten sind mit Geldmünzen zu betätigen, manche funktionieren aber auch kostenfrei. Zum Aufnehmen von Frischwasser ist es oft nützlich, einen eigenen Schlauch, einen Kanister, (Gießkanne, Wassersack) dabei zu haben.

## Schweden

In ganz Schweden stehen annähernd 750 Campingplätze zur Verfügung, die offiziell registriert sind und vom Schwedischen Amt für Tourismus überprüft werden. Die offizielle Klassifizierung wird durch ein bis drei Sterne angegeben.

Die meisten Campinganlagen sind von 1. Mai bis 1. September geöffnet. Eine ganze Reihe von Plätzen, vor allem in touristischen Ballungsgebieten oder an beliebten Küstenstrichen, sind aber auch ganzjährig geöffnet. Mit geöffneten Läden, Restaurants, Schwimmbädern, Tennisplätzen, Tanzböden u. ä. auf Campingplätzen kann aber nur in der Hochsaison gerechnet werden.

Übrigens: Zur Mittsommernacht und am darauffolgenden Wochenende geht es rund in Schweden, auch auf Campingplätzen. Die Übernachtungspreise werden an diesen Tagen oft erheblich angehoben.

Öffentliche Strandbäder und Campingplätze bilden in vielen schwedischen Gemeinden eine Einheit, sind also nicht getrennt oder abgegrenzt. Der Zugang zum Strand führt für die Tagesgäste dann nicht selten mitten durch das Campinggelände.

**Wohnmobil-Stellplätze:** Spezielle Stellplätze für Wohnmobilfahrer sind in Schweden noch nicht sehr verbreitet. Im zunehemenden Maße findet man aber in südlichen Landesteile für Wohnmobilfahrer eingerichtete Stellplätze. Seit einiger Zeit bieten manche Campingplätze Inhabern der Camping Card sog. **"QuickStops"** an. Darunter sind Stellplätze auf einem eigens dafür ausgewiesenen Areal (meist außerhalb vor dem eigentlichen Campingplatz) zu verstehen, die von Wohnmobilfahrern, die nur ein Nacht bleiben wollen, nicht vor 21 Uhr ankommen, nicht nach 9 Uhr abreisen und kein Vorzelt aufstellen, zu einem ermäßigten Preis benutzt werden können. Stromanschlüsse, falls vorhanden, werden zum Normaltarif berechnet.

Fast alle Campingplatzverwaltungen verlangen bei der Anmeldung die Vorlage der schwedischen **Campingkort** oder der Camping Card Scandinavia (*Internet: http://www.camping.se*). Die Karte, auf nahezu jedem Campingplatz in Schweden zu erwerben, selbst ist kostenlos. Sie müssen aber eine Wertmarke für die Campingkort kaufen (ca. 10,- Euro). Dieser Preis schließt noch keine Campinggebühren ein! Der Campingausweises CCI – Camping Carnet International hilft hier nicht weiter.

Bei Vorlage sog. **Campingschecks** gewähren bestimmte Campingplätze verbilligte Übernachtungspreise.

Eine Vorbildfunktion erfüllen etwa ein Drittel aller schwedischer Campingplätze in Bezug auf ihre **Behindertenfreundlichkeit.** Etwa 150 Plätze sind mit speziellen Toilettenanlagen ausgestattet, bei 200 weiteren sind zumindest behindertengerechte Zugänge zu den Einrichtungen vorhanden.

Das einmalige Übernachten im Wohnmobil oder Caravan auf öffentlichen Rast- oder Parkplätzen in Schweden ist gestattet. Wildes campen wird toleriert, solange die Rechte privater Anrainer nicht verletzt und die Natur nicht geschädigt wird. Wildes campen sollte also, schon aus Umweltgründen, nur praktiziert werden, wenn absolut keine Alternative zur Verfügung steht.

Beachten Sie unbedingt, dass offene Feuer im Gelände strikt verboten sind! Machen Sie niemals auf Felsen, in den Schären z. B., Feuer. Die Gefahr, dass die Steine springen und Splitter wie Geschosse Verletzungen verursachen, ist sehr groß und unberechenbar!

## Finnland

In Finnland stehen dem Besucher etwa 350 Campingplätze zur Verfügung. Auch in Finnland ist es so, dass die Dichte des Campingplatznetzes nach Süden hin zunimmt. Ähnlich wie in den skandinavischen Nachbarländern gibt es eine Einstufung der Qualität der Campinganlagen in amtliche Kategorien, die mit ein, zwei oder drei Sternen angezeigt werden.

Die meisten Campingplätze sind zwischen Juni und August geöffnet. Etwa 70 Plätze sind ganzjährig zugänglich. Am Wochenende um Mittsommer ist auf den Campingplätzen mit recht turbulentem und lautem Betrieb zu rechnen.

Immer mehr Plätze verlangen bei der Anmeldung die Vorlage des Camping Carnet International (CCI) oder einer skandinavischen Campingkarte. Wer nicht im Besitz eines solchen Campingausweises ist, kann sich auf einem finnischen Campingplatz eine auf Finnland beschränkte Campingkarte kaufen (ca. EUR 10,- pro Familie).

Im Internet erfährt man Angaben zur Campingsituation in Finnland unter www. camping.fi.

Außerhalb offizieller Campingplätze ist das Campen und vor allem das Entzünden offener Feuer nicht erlaubt, es sei denn, man erhält die ausdrückliche Erlaubnis des Grundeigentümers.

**Wohnmobil-Stellplätze:** Speziell für Wohnmobilfahrer eingerichtete Übernachtungsplätze sind in ganz Finnland noch ziemlich unbekannt, auch in der Hauptstadt Helsinki. Auch gibt es keine Einrichtungen seitens der Campingplatzbetreiber, die den QuickStops in Schweden zum Beispiel vergleichbar wären.

### Campinghütten

Wer nicht mit Zelt, Wohnwagen oder Wohnmobil durch Skandinavien reist, oder auf einer Radtour abends ein festes Dach über dem Kopf vorzieht, dennoch aber nicht in Hotels oder Gasthäusern übernachten will, findet auf fast jedem Campingplatz in Dänemark, Norwegen, Schweden und Finnland sog. **Campinghütten**. Sie sind in ganz Skandinavien sehr verbreitet und bieten eine recht komfortable, wenn auch rustikale, aber für Skandinavien relativ preiswerte Übernachtungsmöglichkeit.

Die aus Holz, oft in Blockhausmanier errichteten Häuschen bieten Platz für zwei bis sechs Personen. Sie sind in aller Regel recht zweckmäßig eingerichtet. Die Ausstattung reicht von der spartanischen Version mit Tisch, Stuhl und Bett bis zum komfortabel ausgestatteten und stilvoll möblierten Ferienhäuschen mit Dusche und WC, Hei-

zung, Kochgelegenheit mit Kühlschrank und Wohnecke. Oft ist eine kleine überdachte Veranda vorgebaut. Bettwäsche ist mitzubringen, kann aber gelegentlich auch geliehen werden. Saubermachen muß man selbst und auch für des eigene leibliche Wohl muß man selbst sorgen.

Vor allem im Hauptreisemonat Juli sollten Hütten unbedingt vorbestellt, oder sehr früh am Tage angefahren werden, da in dieser Zeit die Nachfrage überaus groß ist!

### Hinweise über Angaben zu Campingplätzen

Wir versuchen, die Platzeinrichtungen, so wie sie beim Besuch vorgefunden wurden, in etwa zu charakterisieren, wobei Zustand und Pflege der Gebäude und Installationen auch von Bedeutung waren. Die Übergänge zwischen den drei als grobe Anhaltspunkte geschaffenen Kategorien sind fließend.

**Mindestausstattung:** Einfacher Platz mit bescheidenen, veralteten oder vernachlässigten Einrichtungen.

**Standardausstattung,** mit den Varianten *einfache* oder *gute Standardausstattung*: Der Durchschnittscampingplatz mit WC's, Waschbecken mit Warmwasser, Warmduschen, Kochgelegenheit, Geschirrspül- und Wäschewaschbecken mit Warmwasser. Ordentlicher Gesamteindruck, einige Stromanschlüsse für Caravans.

**Komfortausstattung,** mit der Variante *gehobene Komfortausstattung*: Außer ausreichend WC's, Waschbecken mit Warmwasser und Warmduschen in zeitgemäßen, gepflegten Sanitäranlagen, werden auch Geschirr- und Wäschewaschbecken mit Warmwasser, Waschmaschine und Trockner, Küche und Aufenthaltsraum, Ausgüsse für Campingtoiletten, V & E Station für Wohnmobile und Stromanschlüsse für Caravans in ausreichender Zahl erwartet. Das Terrain soll durch Wege erschlossen sein, sowie Restaurant oder Cafeteria, Einkaufsmöglichkeit und möglichst Freizeit- oder Sporteinrichtungen aufweisen.

### Jedermannsrecht

Ein sehr tolerantes, großzügiges, traditionsreiches Recht in Norwegen, Schweden und Finnland ist das **Jedermannsrecht**, dessen Maxime lautet: *Nicht stören, nichts zerstören und den Hausfrieden respektieren.* In Norwegen kennt man es als "**Allemannsretten**", in Schweden als "**Allemannsrätten**". In

Dänemark gilt dieses Jedermannsrecht nicht! Und in Schweden fällt Caravaning ausdrücklich nicht unter das Allemannsrätten!

Überall in den drei genannten skandinavischen Ländern wird das Jedermannsrecht hoch geschätzt und von den Bürgern mit größter Verantwortung wahrgenommen. Das Jedermannsrecht erlaubt im Prinzip jeder Einzelperson (aber nicht Gruppen), sich auf öffentlichen Grund und Boden, an Küsten, Stränden, in staatlichen Wäldern, Berg- und Grünlandgebieten, frei zu bewegen, solange weder Mensch noch Natur gestört oder geschädigt werden. Auch der ausländische Besucher kommt in den Genuß dieses Rechts.

Die Entwicklungen in den vergangenen Jahren führten allerdings dazu, dass Autofahrer und Wohnmobilisten dieses Jedermannsrecht nicht mehr für sich in Anspruch nehmen dürfen, solange sie mit ihren Gefährten und nicht zu Fuß unterwegs sind.

Natürlich gibt es ein paar Spielregeln, an die man sich zu halten hat, wie z. B. an das strikte Verbot von offenen Feuern zwischen 15. April und 15. September. Respektieren Sie Fischgewässer, Jagdgebiete und geschützte Pflanzen und vor allem, schonen Sie die Natur, besonders im hohen Norden. Allgemein ist übrigens motorisierter Verkehr (Geländewagen, Motorrad, Wohnmobile etc.), aber auch das Fahren mit Mountainbikes im freien Gelände abseits der Fahrwege grundsätzlich nicht erlaubt.

### EINREISEBESTIMMUNGEN

#### Einreise mit dem Auto

Private Kraftfahrzeuge können von Besuchern vorübergehend zollfrei eingeführt werden. **Gültiger nationaler Führerschein** und **Kraftfahrzeugschein** sind ausreichend.

Die **Internationale „Grüne Versicherungskarte"** ist nicht zwingend vorgeschrieben, ihre Mitführung wird aber empfohlen. Das **Nationalitätskennzeichen** „D",„A",„CH" o. a. muss am Auto angebracht sein.

#### Haustiere

Mit der Einführung des blauen **EU-Heimtierpasses** wurde das Reisen mit Haustieren auch in den skandinavischen Ländern erleichter, wenn auch mit einigen Einschränkungen z. B. in Schweden. www.bmelv.de.

Gegen Tollwut geimpfte Hunde und Katzen dürfen nach **Dänemark** (Ausnahme Pit-Bull-Terrier und Tosa) und nach **Finnland** mitgebracht werden. Die Tollwutimpfung muß im EU-Heimtierpass attestiert sein. Finnland verlangt zudem eine Bescheinigung über eine tierärztliche Behandlung gegen Fuchsbandwurm.

Das Mitnehmen von Hunden und Katzen nach **Schweden** und **Norwegen** ist seit einigen Jahren bei Erfüllung bestimmter Voraussetzungen möglich.

Die Einfuhr bestimmter Hunderassen wie z. B. Pit Bull Terrier ist verboten.

Es empfiehlt sich dringend, sich sehr rechtzeitig vor Reiseantritt bei den Fremdenverkehrsämtern nach dem neuesten Stand der Vorschriften zu erkundigen!

Auf kürzeren Fähren müssen Haustiere während der Überfahrt im Auto bleiben. Auf längeren Fährstrecken müssen Haustiere in den auf den Fähren dafür vorgesehenen Käfigen untergebracht werden. Sind die Käfige belegt, kann das Haustier in aller Regel nicht mitgenommen werden! Einige Reedereien erlauben die Mitnahme eines Hundes z. B. mit an Deck oder in ein speziell gekennzeichnetes Areal in den Aufenthaltsräumen. Unbedingt vorher bei den Reedereien nach neuesten Stand der Vorschriften erkundigen!

#### Persönliche Dokumente

Dank der „Nordischen Passunion" zwischen Dänemark, Norwegen, Schweden und Finnland gelten die Staatsgebiete der vier nordischen Staaten als einheitliches Passgebiet. Zudem haben die fünf nordischen Länder (inkl. Island) Ende 1996 das Schengener Abkommen über Passfreiheit und politische Zusammenarbeit unterzeichnet.

Die EU-Mitglieder Dänemark, Schweden und Finnland sind Vollmitglieder des Abkommens, Norwegen und Island gingen eine Kooperationsabsprache ein. Zur Einreise in die skandinavischen Länder als Tourist benötigen Bürger aus EU-Ländern, aus der Schweiz und aus Liechtenstein lediglich einen gültigen Personalausweis oder Reisepass. Für Kinder unter 16 Jahren ist ein Kinderausweis oder der Eintrag im Pass der Eltern notwendig. Der vorläufige Aufenthalt ist auf insgesamt drei Monate beschränkt.

#### Zollbestimmungen (Auszug)

Persönliche Gegenstände und alle auf der Reise benötigten Artikel wie Sportgeräte können zollfrei eingeführt werden. Medikamente, die ausschließlich für den Gebrauch durch die Reisenden bestimmt sind, können mitgeführt werden. Über Medikamente (in Schweden Ration für max. fünf Tage), die Rausch- oder Betäubungsmittel enthalten, auf die der Reisende aber aus medizinischen Gründen nicht verzichten kann, ist eine ärztliche Bescheinigung mitzuführen, aus der eindeutig diese Notwendigkeit hervorgeht. www.zoll.de.

Freigrenzen für Reisende aus EU-Ländern:

**Dänemark** – Alle Waren für den persönlichen Gebrauch während des Urlaubs können aus einem anderen EU-Land zollfrei eingeführt werden.

Personen über 17 Jahre dürfen zoll- und abgabenfrei einführen: 90 l Wein, 110 l Bier, 10 l Spirituosen und 800 Zigaretten, 400 Zigarillos, 200 Zigarren und 1000 g Tabak. Bei der direkten Einreise aus einem Nicht-EU-Land gelten andere Bestimmungen.

Fahrzeuge ausländischer Touristen dürfen nicht an Einheimische verliehen werden.

**Norwegen** – Reisenden ab 18 Jahren ist die zollfreie Einfuhr erlaubt von: 200 Zigaretten oder 250 g andere Tabakwaren, 2 l Bier und 3 l Wein (bis 22 Vol. %) oder stattdessen 1,5 l Wein/Bier und 1 l Spirituosen.

Pro Person dürfen 3 kg aus EWR-Ländern stammendes und entsprechend gekennzeichnetes Fleisch (Fleischwaren) zum eignen Verbrauch eingeführt werden.

Einem Einfuhrverbot unterliegen u. a. Pflanzen, Eier, Kartoffeln, Rauschgifte, Waffen. Medikamente nur mit Sondergenehmigung. Besonderen Einfuhrbestimmungen unterliegen auch bestimmte Fischfanggeräte.

**Schweden** – Reisende aus EU-Ländern über 20 Jahre dürfen abgabenfrei einführen: 800 Zigaretten, 400 Zigarillos, 200 Zigarren und 1000 g Tabak, 10 Liter Spirituosen (über 22 Vol. %), 90 Liter Wein und 110 Liter Bier (über 3,5 Vol. %).

**Finnland** – Reisende aus EU-Ländern ist die Einfuhr besteuerter Waren für den eigenen Bedarf oder zur Weitergabe als Geschenk in unbegrenzter Menge erlaubt mit Ausnahme von Alkohol- und Tabakwaren. Dafür gelten folgende Begrenzungen, in Klammern die Mengen für Nicht-EU-Länder: 10 (1) Liter Spirituosen (über 22 Vol. %, erlaubt nur für Personen ab 20 Jahren), 90 (3) Liter Wein und 110 (2) Liter Bier. 800 (200) Zigaretten, 400 Zigarillos, 200 Zigarren und 1000 g (250 g) Tabak.

www.auto-reise-welt.de.

## ESSEN UND TRINKEN

Dass **Dänemark** ein ausgesprochenes Agrarland ist, wurde schon erwähnt. Was Wunder also, dass die ausgezeichneten landwirtschaftlichen Rohprodukte auch in Dänemarks Küche erfreuliche, sprich wohlschmeckende „Spuren" hinterlassen.

Auf einen Nenner gebracht: Die Chancen in Dänemark gut zu essen, sind gegeben.

Eine typische, echt dänische Spezialität gibt es eigentlich nicht. Nein, auch Smørrebrød, diese appetitlich belegten Butterbrote, sind keine ausschließlich dänische, sondern eher eine skandinavische Besonderheit. Aber etwas muß dänische Köche doch berühmt gemacht haben, so berühmt, dass einer ihrer Vertreter sogar als „Muppet" auf den Bildschirmen der ganzen Welt Stammgast war und in Amerika eine Gebäckart gar *Danish Pastry* heißt. In kaum einem anderen Land werden Schweinebraten, Hacksteak, Scholle und Dorsch so variantenreich zubereitet, wie auf den dänischen Inseln. Gerichte solcher Art findet man auf fast jeder Speisekarte, so dass man geneigt sein könnte, von typisch dänischen Gerichten zu reden.

Essen gehen, und noch dazu gut essen gehen, ist in allen skandinavischen Ländern eine recht teure Angelegenheit. Relativ preiswert kann man sich in Cafeterias, Snackbars, Selbstbedienungsrestaurants oder in den Restaurants der Warenhäuser verköstigen. In aller Regel gut und gepflegt, aber eben mit den entsprechend „gepflegten" Preisen, ißt man in Restaurants und Hotels.

Ja, und was trinkt man? Zum kalten Büfett und zum Smørrebrød natürlich Bier und Aquavit. Beides in Dänemark in bester Qualität, aber bestimmt nicht billig zu bekommen. Weine aus den großen europäischen Anbaugebieten stehen in der Gunst der Gäste weit hinter Bier und Aquavit.

Unter den nichtalkoholischen Getränken nehmen neben Kaffee (weniger Tee), Fruchtsäften und Limonaden jeder Art, Milch und Milchgetränke einen breiten Raum ein.

**Selbstversorger** haben in allen skandinavischen Ländern wahrlich keine Probleme etwas in ihre Töpfe zu bekommen. Überall finden sie ein ausgezeichnetes Angebot aller nur erdenklichen Lebensmittel in bester Qualität.

**Essen und Trinken in Schweden** kann zum Erlebnis werden. Aber, und das muss deutlich gesagt werden, es ist in aller Regel ein sehr teures Erlebnis, wenn man etwas mehr als einen einfachen Imbiss oder ein schnelles Tellergericht erwartet. Wahr ist auch, dass einige Lokale der gehobenen Klasse in jüngster Zeit schließen mussten, weil die Gäste die Preise nicht mehr bezahlen konnten oder wollten und ausblieben.

Von einer „schwedischen Küche" kann man eigentlich nicht sprechen, wie man etwa von der französischen oder der italienischen Küche spricht. Vielmehr sind es die lokalen Spezialitäten, vor allem aus Schonen (Skåne) und Südschweden und die *Husmanskost* (Hausmannskost), die den Reiz der schwedischen Kochkunst ausmachen. Oft sind Fische und Schalentiere die Basis der Gerichte.

Es heißt, dass man in Schweden nirgends so gut und so gerne ißt wie in Skåne. Die „Skåningar" haben ihre eigene Flagge, eine harmonische Mischung der dänischen und der schwedischen Farben – gelbes Kreuz auf rotem Grund – sie haben ihren eigenen Aquavit und sie machen kalte Büfetts, die ein Augen- und Gaumenschmaus sind.

Im Spätsommer z. B. gibt es Aal, auf die verschiedensten Arten köstlich zubereitet. Zum Aal trinkt man gerne Bier und natürlich ein Gläschen Aquavit oder Schnaps, der bei keinem guten Essen fehlen darf. In fröhlicher Runde läßt man den „schwedischen Landwein" oft mit dem Spruch hochleben: „Ein Hoch dem Norrland, ein Hoch dem Swealand und ein Hoch dem Kartoffelland, das uns den Branntwein schenkt".

Mitte August ist die Zeit der Krebse, die in verschiedenen köstlichen Varianten zubereitet werden. Wundern Sie sich nicht, wenn Sie um diese Jahreszeit ein Lokal betreten und an den Tischen Gäste mit lustigen Hütchen auf dem Kopf und Lätzchen um den Hals in ausgelassener Fröhlichkeit ihre Krebsgerichte verzehren sehen.

Und natürlich findet man in guten Gasthäusern das weltberühmte **Smörgåsbord**, ein Meer aus Delikatessen. 30 verschieden Gerichte und mehr sind keine Ausnahme, darunter sind geschmorter Rotkohl, Spanferkel und Mandelpudding schonische Spezialitäten.

Unterwegs wird man eher ein Café oder eine Bar frequentieren. Keine Sorge, es ist nicht schon wieder die Rede von Aquavit. Aber als „Bar" sind in Schweden oft Selbstbedienungsrestaurants gekennzeichnet

Die **finnische Küche** ist zumindest im Bereich der sog. Hausmannskost nicht ohne russischen Einschlag, ein Überbleibsel aus der Zarenzeit. Der gehobene Bürgerstand und hochherrschaftliche Häuser hatten damals nicht selten einen russischen Koch.

Die gängige, in Restaurants und Hotels heute angebotene Speisefolge ist aber eher der sog. internationalen und in manchen Bereichen und auf dem Gebiet der Rôtisserie der französischen Küche zuzurechnen. Richtig finnisch wird es bei den Nachtischen und Süßspeisen.

Die Finnen gelten als Weltmeister im Kaffeetrinken. Alkoholische Getränke aus einheimischer Produktion sind vor allem Liköre aus Wildbeeren.

### Alkoholische Getränke

**Dänemark** ist das einzige der skandinavischen Länder, in dem alkoholische Getränke, auch hochprozentige, im Supermarkt zu haben sind.

In **Norwegen, Schweden** und **Finnland** sind Weine und höherprozentige Alkoholika ausschließlich in den staatlichen Verkaufsstellen, „Vinmonopol" in Norwegen, „Systembolaget" in Schweden oder den staatlichen Monopolläden „Alko" in Finnland zu bekommen. Alkoholische Getränke sind sehr teuer. Es gibt Altersgrenzen (die auch kontrolliert werden) für den Erwerb von Alkohol. In Schweden z. B. wird Alkohol nur an Personen ab 20 Jahren abgegeben.

### GESETZLICHE FEIERTAGE

Neben kirchlichen Feiertagen wie Dreikönig, Karfreitag, Ostern, Christi Himmelfahrt, Pfingsten, Allerheiligen und Weihnachten, gelten folgende Feiertage, an denen öffentliche Einrichtungen geschlossen bleiben:

**Dänemark:** 1. Januar – Neujahrstag; 5. Juni – Grundlovsdag (Verfassungstag).

**Norwegen:** 1. Januar – Neujahrstag, 1. Mai – Tag der Arbeit; 17. Mai – Tag der Verfassung, Nationalfeiertag. Ende Juni St. Hans Tag und Mittsommerfest. Ende Juli – Olsokfest.

**Schweden:** 1. Januar – Neujahrstag; 1. Mai – Tag der Arbeit; 6. Juni – Nationalfeiertag; Ende Juni Mittsommerfest; 31. Oktober – Reformationstag. Wichtige weitere, aber nicht gesetzliche Feiertage sind die Walpurgisnacht am 30. April, oder das Luciafest am 13. Dezember.

**Finnland:** 1. Januar – Neujahrstag; 1. Mai; Ende Juni – Mittsommerfest; 6. Dezember – Unabhängigkeitstag.

## KLIMA

### Dänemark

Gemäßigtes ozeanisches Klima. Oft rasch wechselnde Wetterlage. Regenschauer sind auch im Sommer nichts ungewöhnliches. Lange, beständige Wetterperioden sind selten. Am ehesten kann in der Zeit zwischen Mai und Juni/Juli mit Schönwetterperioden gerechnet werden. Zumindest an den Küsten ständiger Wind.

Im Sommer liegen die Durchschnittstemperaturen am Tage um 20 Grad, die Meerestemperatur bei 18 Grad. Der wärmste Monat ist gewöhnlich der Juli, der kälteste der Februar.

### Norwegen

Man muss schon zweimal hinschauen, wenn man liest, dass Norwegen eines der wärmsten Länder der Erde ist – allerdings im Verhältnis zu seiner geographischen Lage gesehen.

Verantwortlich für diesen erstaunlichen Umstand ist der Golfstrom. Die größte und augenfälligste Auswirkung haben die warmen Wasserströmungen allerdings auf die Häfen des Landes, die alle während des langen Winters eisfrei bleiben.

Um so erstaunlicher klingt dann die Tatsache, dass nur rund 130 km Luftlinie von der Küste entfernt, im Inneren der Finnmark bei Kautokeino, winterliche Temperaturen weit unter –40°C keine Seltenheit sind. Andererseits werden dort im Sommer mitunter Höchstwerte von 30°C und mehr gemessen. Im allgemeinen Landesdurchschnitt bewegen sich die Sommertemperaturen zwischen 15°C und 21°C.

### Schweden

Die Auswirkungen des warmen Golfstroms im Atlantik beeinflussen selbst noch das Klima Schwedens. Dadurch liegen die Durchschnittstemperaturen im Lande höher, als sie es ohne Golfstrom wären.

Geprägt wird das Klima von atlantischen Tiefausläufern, die die skandinavische Halbinsel von Westen her überqueren. Die Folge sind häufige Wetterwechsel und Niederschläge.

Die durchschnittlichen Temperaturen betragen im Sommer in Nordschweden ca. 13 Grad Celsius, auf der Höhe Stockholms ca. 18°C und in Südschweden rund 17°C. Im Winter liegen die Durchschnittswerte im Norden bei –13°C, auf der Höhe Stockholms bei ca. –3°C und in Südschweden bei rund –1°C.

### Finnland

Selbst Finnland profitiert noch vom Golfstrom, der dem Land ein gemäßigtes Klima verschafft. Allerdings hat das finnische Klima spürbar kontinentalen Charakter. Das zeigt sich in lang anhaltenden, konstanten Wetterperioden im Sommer wie im Winter. Als wärmster Monat gilt der Juli.

In Lappland werden dann Temperaturen bis +32°C gemessen. Kältester Monat ist der Februar.

### Mückenschutz

Es lässt sich nicht leugnen, die summenden, blutsaugenden Plagegeister können Aktivitäten in freier Natur und den Spaß daran schon arg verleiden. Vor allem in windgeschützten, waldreichen Seengebieten oder in feuchten Niederungen können Stechmückenschwärme im Sommer den Aufenthalt im Freien für den Unvorbereiteten zum Martyrium werden lassen. Einziger kleiner Trost: Die in Skandinavien auftretenden Stechmücken übertragen keine Malaria wie es heißt.

Im Prinzip hilft nur, sich rechtzeitig vorher mit wirksamen Mitteln eincremen oder einsprühen. Die Sportgeschäfte und Apotheken in Skandinavien halten da recht wirksame Mittelchen bereit. Im Normalfall sollte das genügen.

Ist man allerdings im Sommer in Nordskandinavien oder in der seendurchsetzten Tundra auf Wander- oder Kanutour, wird eincremen alleine nicht genügen. Kleidung aus festem Stoff mit dichten Bünden an den Ärmeln und Hosenbeinen, spezielle Hemden, ein Hut mit Moskitonetz, Handschuhe u.ä. sind dann fast unerlässlich. Machen Sie sich vorher in einschlägiger Outdoor-Literatur kundig, was Spezialisten zu diesem Thema zu sagen haben.

***Mein Tipp!*** Machen Sie es wie die Kenner der Verhältnisse und verschieben Sie ihre Wandertour auf den Spätsommer bzw. Frühherbst, wenn in Nordskandinavien bereits die ersten leichten Nachtfröste eingesetzt haben, die Tage aber noch herrlich sonnig und warm sind. Dann ist die Mückenplage in aller Regel kein Thema mehr, die Landschaft in ihrer beginnenden Herbstfärbung aber noch traumhafter!

## MIT DEM AUTO DURCH SKANDINAVIEN

Ein dichtes, gut ausgebautes und ausgezeichnet beschildertes Straßennetz durchzieht ganz Dänemark und die skandinavische Halbinsel bis in den hohen Norden.

In allen skandinavischen Ländern gilt die **Anschnallpflicht** auf Vorder- und Rücksitzen. Das **Abblendlicht** (Fahrlicht) muss auch am Tage eingeschaltet sein! Standlicht genügt nicht! Die Strafen bei Verstößen gegen Verkehrsregeln oder bei Alkohol am Steuer sind empfindlich! Wer in Norwegen z. B. ein Rotlicht überfährt und erwischt wird, wird umgerechnet mit stattlichen 470,- Euro (nicht Kronen!) zur Kasse gebeten. Und wer etwa in Kopenhagen falsch parkt, wird um mindestens 70,- Euro erleichtert!

### Dänemark

Das dänische Straßennetz, ob Landstraßen oder Fernverbindungsstraßen, ob auf den Inseln oder auf Jütland kann nicht anders als vorzüglich bezeichnet werden. Selbst der kleinste Schleichweg ist geteert. Für Radfahrer ist häufig eine Fahrspur oder ein eigener Fahrweg vorgesehen. Die wenigen Autobahnstücke sind gebührenfrei.

Auch die Straßen- und Verkehrsbeschilderung ist ausgezeichnet. Einschränkend muss hier allerdings gesagt werden, dass in ländlichen Gebieten Wegweiser mit Ortsnamen nur in Kniehöhe und ohne Vorwegweiser unmittelbar am Abzweig angebracht sind. Wenn dann noch das Gras oder Getreide etwas hoch steht, sind sie vom Autofahrer leicht zu übersehen.

Im Sommer ist ein **Notrufdienst** für deutschsprachige Touristen eingerichtet: ADAC, c/o FDM-Huset, Firskovvej 32, DK-2800 Lyngby, Tel. 45 93 17 08.

**Verkehrsregeln** und Verkehrszeichen entsprechen den in Europa üblichen.

Vor allem beim Abbiegen nach rechts ist unbedingt auf geradeausfahrende Rad- oder Mopedfahrer zu achten. Fußgänger, die die Straße überqueren wollen, ob auf Zebrastreifen oder nicht, haben immer das Vorrecht (Achtung beim Rechtsabbiegen!). Weiße Dreiecke, sog. „Haifischzähne" auf der Fahrbahn bedeuten soviel wie Achtung! Vorfahrt gewähren!

Ein **Warndreieck** muss mitgeführt werden. **Anschnallpflicht**. Spikes sind erlaubt zwischen 1.10. und 30. 4.

**Motorradfahrer** müssen einen Schutzhelm tragen und bei Fahrten am Tage das Abblendlicht einschalten. **Promillegrenze:** 0,5. Alkohol und Medikamente am Steuer werden streng bestraft.

Uns fremd ist **Datostop/Datoparkering**. Es besagt, dass Halten/Parken an Tagen mit geradem Datum nur an der Straßenseite mit geraden Hausnummern, an ungeraden Daten nur vor ungeraden Hausnummern erlaubt ist.

Übrigens: Telefonieren mit dem Handy im Auto während der Fahrt, kann in Dänemark teuer werden.

Zulässige **Höchstgeschwindigkeiten**: Innerorts (ab Schild mit Ortssilhouette) 50 km/h, Abweichungen sind ausgeschildert. Pkw und Wohnmobile bis 3,5 t außerorts 80 km/h, auch auf Schnellstraßen; auf Autobahnen 110 km/h. Pkw mit Anhänger höchstens 70 km/h.

Wichtig für Caravan-Gespannfahrer: Anhänger hinter Pkw dürfen nicht länger als 12 m und nicht breiter als 2,5 m sein. Ist der Hänger mehr als 20 cm breiter als das Zugfahrzeug, sind vordere Begrenzungslichter am Anhänger vorgeschrieben.

### Norwegen

Große Anstrengungen wurden in Norwegen in der Vergangenheit unternommen, um Engpässe im Straßennetz, z.B. im Fjordgebiet oder in den Gebirgsregionen, zu entschärfen. Ganz erstaunliche Tunnelanlagen, wie der 24,5 km lange Lærdalstunnel, der längste Straßentunnel der Welt, dann gigantische Unterwassertunnels (z. B. zur Nordkap Insel Magerøya), Brückenkonstruktionen (z. B. Atlanterhavsveien) und ganz neue Trassen wurden angelegt.

Trotz dieser gravierenden Verbesserungen sind in den straßenbautechnisch oft schwierig zu meisternden Fjordregionen manche Straßenabschnitte immer noch relativ schmal (4 – 5 m).

Aber die Streckenanteile an den Hauptlandesstraßen, an den Fjorden oder über Gebirgspässe, die vom Norwegischen Straßenbauamt für Caravangespannfahrer als „grundsätzlich abzuraten" eingestuft sind, sind auf wenige kurze Teilstücke geschrumpft. Max. Caravanbreite von 2,3 m, bzw. 2,5 m (mit Einschränkungen).

Im ganzen Land gibt es deutlich beschilderte **Wohnmobil-Abwasserentsorgungsstellen** (s. u. Camping). Sie sind meist bei Tankstellen zu finden.

Die **Pannen-Notruf-Nummer** der NAF Alarmzentrale in Oslo ist 22 34 16 00.

In Norwegen gelten die international üblichen **Verkehrsregeln**. Kreisverkehr hat immer Vorfahrt! Mobiltelefone dürfen vom Fahrer während der Fahrt ohne Freisprecheinrichtung nicht benutzt werden! Rauchverbot am Steuer innerhalb geschlossener Ortschaften! Auch tagsüber ist **Abblendlicht** einzuschalten.

Die erlaubten **Höchstgeschwindigkeiten** betragen innerhalb geschlossener Ortschaften 50 km/h. Für Pkw und Wohnmobile bis 3,5 t gelten außerhalb geschlossener Ortschaften 80 km/h, auf Autobahnen 90 km/h. Für Pkw mit Anhänger (Caravan) gelten außerorts max. 80 km/h mit gebremstem Anhänger und 60 km/h mit ungebremstem Anhänger.

**Anschnallpflicht**. Die **Promillegrenze** ist auf 0,2 Promille festgesetzt. Vergehen gegen die Promillebeschränkung werden mit empfindlichen Strafen belegt.

Spikes sind erlaubt zwischen 1. November und Ostern, in Nordnorwegen von 17. Oktober bis 31. April.

**Wildwechselbeschilderung** ernst nehmen! Mitunter halten sich Schafe oder Rentiere in den Straßentunnels auf, was vor allem in unbeleuchteten Tunnels zu unliebsamen Überraschungen führen kann.

### Straßenmaut in Norwegen

Für die Benutzung gewisser Tunnel- oder Brückenbauten und Straßenabschnitte wird **Maut (bompenge)** erhoben, z. B. auf die Nordkapinsel. Außerdem werden für entlegene Bergstraßen, die oft Privatstraßen sind (z. B. zum Nigardsgletscher, zum Raubergstulen, nach Kjenndal u. a.) Maut erhoben.

**AutoPASS** – Fast alle Mautstellen in Norwegen werden automatisch betrieben. Die Kennzeichen aller Fahrzeuge ohne AutoPASS Chip oder ohne **„Visitor's Payment"** werden automatisch erfasst. Der Fahrzeugbesitzer wird später eine Rechnung ohne Extrakosten per Post zugestellt, dies ist auch für ausländische Fahrzeuge gültig. Dies kann bis zu 6 Monate dauern.

Um die Rechnungsstellung per Post zu vermeiden, kann bis spätestens 3 Tage nach Passieren in der Nähe der Mautstelle an ES-SO-Tankstellen bezahlt werden. Achten Sie auf das Zeichen „KR-Service".

Ausländische Fahrer können die Bezahlmethode „Visitor's Payment" benutzen. Dabei können Sie Ihre Kreditkarte vorab oder bis zu zwei Wochen nach dem ersten Passieren einer Mautstation registrieren. Dabei wird Ihnen ein Betrag im voraus abgebucht, von dem jeder Mautbetrag nach Passieren abgezogen wird.

Alle andere Mautstellen haben AutoPASS-Fahrspuren und Fahrspuren für manuelle Bezahlung. Wichtig zu wissen: Es wird Ihnen eine Strafgebühr von NOK 300,- berechnet, wenn Sie die AutoPASS-Fahrspur ohne AutoPASS-Vertrag oder ohne „Visitor's Payment" benutzen.

Gewöhnlich gibt es an Nichtautomischen-Mautstationen Durchfahrtsfurten mit der gelben Bezeichnung **„Mynt/Coin"** und der blauen Bezeichnung **„AutoPASS"**. Seltener gibt es an wichtigen Mautstellen eine Spur mit der weißen Bezeichnung „Manuell". Wenn besetzt, sind sie auf der Spur „Manuell" immer richtig und können mit norwegischen Münzen, Scheinen und meist auch mit Ihrer Kreditkarte bezahlen.

Mehr zum norwegischen AutoPASS erfährt man im Internet unter www.autopass. no/Besucher/AutoPASS/.

Nicht genug damit. Norwegens Großstädte wie Oslo, Bergen, Kristiansand, Trondheim u. a. erheben eine **Stadtmaut.** Die Stadtmaut in Oslo z.B. betrug zuletzt NOK 26,- (€ 3,30). Sie wird beim Hineinfahren in die Stadt erfasst und wie oben beschrieben berechnet. Auswärtsfahren kostet nichts. Für Motorräder/Mopeds gibt es keine Stadtmaut.

Sie dürfen die Mautstationen in die Städte passieren ohne anzuhalten! Die Fahrspuren sind dann mit „do not stop" markiert. Die Rechnung kommt - wie weiter oben beschreiben - per Post - ohne Mehrkosten! Die Fakturierung für ausländische Fahrzeuge wird über die Fa. Euro Parking Collection (EPC) in London abgewickelt. Betrieben werden alle Mautstationen von Fjellinjen AS, www.fjellinjen.no.

### Schweden

Das schwedische Straßennetz ist recht dicht, vor allem in südlichen Provinzen, und fast überall hervorragend in Stand.

**Notruf Pannendienst**: 020-91 20 12. Die allgemeinen **Straßenverkehrsregeln**

## Mitternachtssonne und Polarnacht

In dieser Zeit kann man die Mitternachtssonne bzw. die Polarnacht erleben:

| Ort | Mitternachtssonne von – bis | Polarnacht von – bis |
|---|---|---|
| **Norwegen** | | |
| Bodø | 03. Juni – 10. Juli | |
| Svolvær | 28. Mai – 15. Juli | |
| Harstad | 23. Mai – 22. Juli | |
| Tromsø | 19. Mai – 25. Juli | 25. Nov. – 18. Jan. |
| Alta | 17. Mai – 26. Juli | 24. Nov. – 18. Jan. |
| Hammerfest | 14. Mai – 29. Juli | 21. Nov. – 22. Jan. |
| Vardø | 16. Mai – 29. Juli | 22. Nov. – 20. Jan. |
| Nordkap | 12. Mai – 01. Aug. | 18. Nov. – 24. Jan. |
| Svalbard (Spitzbergen) | 20. Apr. – 24. Aug. | Nov. – Febr. |
| **Schweden** | | |
| Kebnekaise | 23. Mai – 22. Juli | |
| Kiruna | 26. Mai – 18. Juli | |
| Gällivare | 01. Juni – 12. Juli | |
| Porjus | 09. Juni – 04. Juli | |
| Abisko | 12. Juni – 14. Juli | |
| **Finnland** | | |
| Utsjoki | 18. Mai – 25. Juli | 26. Nov. – 16. Jan. |
| Ivalo | 24. Mai – 19. Juli | 05 Dez. – 09. Jan. |
| Sodankylä | 31. Mai – 12. Juli | 18. Dez. – 24. Dez. |
| Pello | 04. Juni – 07. Juli | |
| Rovaniemi | 06. Juni – 05. Juli | |
| Kuusamo | 15. Juni – 27. Juni | |

gleichen den in Europa allgemein gültigen.

Auch am Tage **Abblendlicht** einschalten. Nebelschlussleuchten dürfen nicht eingeschaltet werden. **Anschnallpflicht**. Die **Promillegrenze** ist auf 0,2 festgesetzt. Schon geringfügig Verstöße werden hart geahndet bis hin zur Einziehung der Fahrerlaubnis!

Beachten Sie besonders aufmerksam – vor allem in den Morgenstunden und in der Abenddämmerung – **Wildwechselbeschilderungen**. Elche und in nördlichen Regionen vor allem auch Rentiere queren gelegentlich völlig überraschend die Fahrbahn.

Ein striktes Fahrverbot gilt im Gelände außerhalb befestigter Wege!

Die **Höchstgeschwindigkeiten** betragen in Wohngebieten 30 km/h, in geschlossenen Ortschaften 50 km/h. Für Pkw und Wohnmobile bis 3,5 t gelten außerhalb geschlossener Ortschaften je nach Beschilderung zwischen 70 und 90 km/h und auf Autobahnen zwischen 90 und 100 km/h. Für Pkw Anhänger

(Wohnwagen) gelten auf Landstraßen und Autobahnen 80 km/h.

In Schweden sind zwischen 1. November und 30. April **Spikes** erlaubt.

### Finnland

Dem Autofahrer steht ein besonders in den südlichen Landesteilen dichtes und vorzüglich gepflegtes Straßennetz zur Verfügung. In nördlichen Landesteilen kann man gelegentlich auf unbefestigte oder mit „Öl-Sand" (Vorsicht bei Nässe!) bedeckte Straßen stoßen. In Finnland gibt es keine Straßenbenutzungsgebühr. Kurze Binnenautofähren sind kostenlos.

In Finnland ist „leiser Straßenverkehr" Vorschrift. Es gelten die in Europa allgemein gültigen **Verkehrsregeln**. **Abblendlicht** auch am Tage. **Anschnallpflicht**.

Die **Promillegrenze** liegt bei 0,5 Promille. Für Caravans und Wohnmobile gilt eine max. Breite von 2,6 m. Spikes sind erlaubt von 1. November bis 30. April.

Die **Höchstgeschwindigkeiten** betragen – falls nicht anders ausgeschildert – innerorts 50 km/h. Für Pkw und Wohnmobile bis 3,5 t gelten außerhalb von Orten 80 km bis 100 km/h (je nach Beschilderung), auf Autobahnen bis 120 km/h. Pkw mit Anhänger (Caravan) auf Landstraßen und Autobahnen 50 km/h mit ungebremstem und 80 km/h mit gebremstem Anhänger.

**Wildwechselbeschilderung** unbedingt beachten! Ein ausgewachsener Elchbulle bringt ohne weiteres ein Gewicht von 600 bis 800 kg auf die Waage. Unfallfolgen können also nicht nur für das Tier sondern auch für Auto und Insassen schlimmste Folgen haben. Nach einem Unfall mit Elch oder Rentier unbedingt sofort die nächste Polizeistation verständigen!

### Kraftstoffpreise

Selbstbedienung an den Zapfsäulen ist üblich. Vielfach sind Automaten angebracht, die mit Banknoten und/oder mit Kreditkarten zu aktivieren sind. Es empfiehlt sich, immer einen entsprechenden Vorrat an Banknoten oder eine Kreditkarte bei sich zu haben, besonders nachts, wenn man auf die Tankautomaten angewiesen ist.

Fast alle Tankstellen (geöffnet meist zw. 7.00 und 21.00 Uhr) akzeptieren Kreditkarten. Es ist kein Fehler, vor allem bei Reisen in Nordskandinavien, einen gefüllten Reservekanister mitzuführen.

**Dänemark:**
Normal - ca. DKK 10,57 (EUR 1,42)
Super - ca. DKK 11,76 (EUR 1,58)
SuperPlus - ca. DKK 11,38 (EUR 1,53)
Diesel - ca. DKK 10,12 (EUR 1,25)

**Norwegen:**
Normal - ca. NOK 12,36 (EUR 1,57)
Super - ca. NOK 13.07 (EUR 1,66)
SuperPlus - ca. NOK 13,39 (EUR 1,70)
Diesel - ca. NOK 12,52 (EUR 1,59)

**Schweden:**
Normal - ca. SEK 11,54 (EUR 1,24)
Super - ca. SEK 113,13 (EUR 1,41)
SuperPlus - ca. SEK 11,64 (EUR 1,25)
Diesel - ca. SEK 13,50 (EUR 1,45)

**Finnland:**
Normal - ca. EUR 1,31
Super - ca. EUR 1,47
SuperPlus - ca. EUR 1,52
Diesel - ca. EUR 1,24

## ÖFFNUNGSZEITEN

### Dänemark
**Geschäfte** Montag – Freitag 9/10 – 17.30/18 Uhr. Donnerstag oder Freitag bis 19/20 Uhr.

Samstag 9 – 12 oder 14, teils 21 Uhr. Sonntag geschlossen, außer Kioske und Bäckereien.
**Postämter** Montag bis Freitag 09.00 – 18.00 Uhr.
Samstag 09.00 – 12.00 Uhr.

### Finnland
**Geschäfte** Montag – Freitag 9 – 18, teils bis 21 Uhr.
Samstag 9 – 14, teils bis 18 Uhr.
Geschäfte in der Einkaufspassage unter dem Hauptbahnhof in Helsinki sind täglich bis 22 Uhr geöffnet.
**Banken** Montag – Freitag 9.15 – 16.15 Uhr. Bankschalter auf dem Flughafen Helsinki-Vantaa sind täglich von 6.30 bis 23 Uhr geöffnet.
**Postämter** Montag – Freitag 9 – 17 Uhr. Helsinki Hauptpostamt, Mannerheimintie 11F, Montag – Freitag 8 – 21 Uhr, Samstag 9 – 18 Uhr, Sonntag 11 – 21 Uhr.

## POST UND TELEFON
### Dänemark
**Porto** in EG-Länder: Postkarte und Standardbrief bis 20 g DKK 5,50.
**Notruf** (Polizei, Ambulanz, Feuerwehr): **112**, gebührenfrei, von Telefonzellen aus ohne Münzeinwurf erreichbar!
Vorwahlen:
Für **Dänemark: 00 45** (danach achtstellige Rufnummer).
Für **Deutschland: 00 49** (danach Ortsvorwahl ohne erste Null, dann Rufnummer).
Für **Österreich: 00 43** (danach Ortsvorwahl ohne erste Null, dann Rufnummer).
Für die **Schweiz: 00 41** (danach Ortsvorwahl ohne erste Null, dann Rufnummer).

### Norwegen
**Porto** nach Deutschland: Postkarte oder einen Standardbrief bis 20 g NOK 9,00.
In Norwegen ist die Ortsvorwahl ist in die achtstellige Rufnummer integriert!
**Notruf:** Feuerwehr **110**, Polizei **112**, Ambulanz **113**.
Vorwahlen:
Für **Norwegen: 00 47** (danach achtstellige Rufnummer).
Für **Deutschland: 00 49** (danach Ortsvorwahl ohne erste Null, dann Rufnummer).
Für **Österreich: 00 43** (danach Ortsvorwahl ohne erste Null, dann Rufnummer).
Für die **Schweiz: 00 41** (danach Ortsvorwahl ohne erste Null, dann Rufnummer).

## Schweden

**Porto** innerhalb Europas: Postkarte oder Standardbrief bis 20 g SEK 9,00.

Die internationale **Vorwahl von Schweden ins Ausland** ist **009**. Es folgt die Vorwahl für das gewünschte Land, für Deutschland z.B. 49. Danach ist ein **Signalton** abzuwarten bevor man weiterwählt. Beim Weiterwählen lässt man die erste Null der Ortskennzahl weg.

**Notruf** (Polizei, Ambulanz, Feuerwehr): **112**. Die bisherige Notrufnummer **90 000** behält aber weiterhin ihre Gültigkeit.

Öffentliche Fernsprechzellen sind mit einem Notrufknopf ausgerüstet, den man drückt und die Notrufnummer dann gebührenfrei wählen kann.

**Pannendienst** (Larmtjänst), landesweit, 24-Stunden-Bereitschaft: **0 20 - 91 00 40**.

Vorwahlen:

Für **Schweden: 00 46** (danach Ortsvorwahl ohne erste Null, dann Rufnummer).

Für **Deutschland: 009 49** (Signalton, dann Ortsvorwahl ohne erste Null, dann Rufnummer).

Für **Österreich: 009 43** (Signalton, danach Ortsvorwahl ohne erste Null, dann Rufnummer).

Für die **Schweiz: 009 41** (Signalton, danach Ortsvorwahl ohne erste Null, dann Rufnummer).

## Finnland

**Porto** in europäische Länder: Postkarten und Briefe bis 20 g EUR 0,65.

**Notruf** (Polizei, Ambulanz, Feuerwehr): **112**.

Vorwahlen:

Für **Finnland: 00 358** (danach Regionalkennzahl ohne erste Null, dann Rufnummer).

Für **Deutschland: (00) 49** (danach Ortsvorwahl ohne erste Null, dann Rufnummer).

Für **Österreich: (00) 43** (danach Ortsvorwahl ohne erste Null, dann Rufnummer).

Für die **Schweiz: (00) 41** (danach Ortsvorwahl ohne erste Null, dann Rufnummer).

Finnland ist dabei, sein gesamtes Telefonnetz umzustellen! Ein großer Teil der Rufnummern wird sich in den nächsten Jahren ändern! Notfalls hilft die Auskunft weiter, in Finnland 118, oder 100 13.

**Übrigens:** Namen die mit **Æ, Å, Ä, Ø** oder **Ö** beginnen, finden Sie in dänischen, norwegischen, schwedischen und finnischen Telefonbüchern **am Ende des Alphabets**!

## REISEZEIT UND KLEIDUNG

Als beste Zeit für eine Reise quer durch **Dänemark** ist wohl die Spanne zwischen Ende Mai und Anfang August geeignet. In aller Regel ist dann mit den sonnigsten und wärmsten Wetterabschnitten zu rechnen und alle touristischen Einrichtungen sind in Betrieb.

Wärmende, wind- und regenabweisende Kleidung sollten aber nie im Gepäck fehlen, weder im Sommerurlaub noch auf einer Reise in der Nebensaison.

Die beste Zeit für eine Reise durch **Norwegen** dürfte die Zeit von Ende Mai bis Anfang Juli sein. Nicht zuletzt der Mitternachtssonne wegen, die ja ein besonderes und typisches Nordlanderlebnis ist und gerade in dieser Zeit nördlich des Polarkreises am eindrucksvollsten erlebt werden kann, bietet sich die erwähnte Zeitspanne an.

Wer aber nach Norwegen fährt, um in erster Linie in der Finnmark zu wandern, wird sich den Frühherbst aussuchen. Und wer des Angelns wegen nach Norden reist, dem wird die für ihn günstigste Reisezeit von spezifischen Faktoren vorgegeben.

Bis Ende Mai kann man ab und zu Neuschnee erleben, dann aber nur noch in sehr hohen Lagen und ohne Beständigkeit. Zum Ende des Monats Mai hin ist bereits mit angenehmen Temperaturen zu rechnen. Das Wetter ist in aller Regel beständiger und die Sicht oft klarer als im Juli etwa. Allerdings ist um diese relativ frühe Reisezeit Ende Mai/Anfang Juni bei der Routenplanung darauf zu achten, ob die Wintersperren über bestimmte Bergpässe (gewöhnlich Mitte Oktober bis Ende Mai) schon aufgehoben sind.

Die turbulenteste Reisezeit ist gewöhnlich der Monat Juli. Es ist der Urlaubsmonat der Norweger schlechthin. In dieser Zeit ohne Anmeldung eine Campinghütte zu bekommen, kann Schwierigkeiten bereiten. Wer es einrichten kann, dem sei ans Herz gelegt, nicht in der Haupttreisezeit Juli zu fahren!

Die zweite Augusthälfte gehört in Norwegen, zumindest in nördlichen Landesteilen, schon zum Herbst. Es wird kühler und vor allen Dingen, die Tage werden rapide kürzer.

Anfang September kann man in der Finnmark mit den ersten Frösten rechnen. Diese frühe Herbstperiode ist die mit Abstand am besten geeignete Zeit für Wanderungen in der Finnmark. Die Laubfärbung der Birken und der zaghafte erste Schnee auf den Hügelköpfen lassen Fußmärsche in dieser Zeit unvergeßlich werden. Außerdem wird dann das Wandererlebnis nicht mehr von den im Sommer gelegentlich lästigen Stechmücken beeinträchtigt.

Als beste Reisezeit können für das südliche **Schweden** die Zeit zwischen Ende Mai und Anfang September und im nördlichen Schweden die Monate Ende Juni bis Mitte August angegeben werden. Zum Wandern eignen sich im Norden allerdings am besten die Wochen von Anfang August bis Mitte September.

Die beste Zeit für eine Reise durch **Finnland** wird die Zeitspanne etwa zwischen Ende Juni und Mitte August sein. Zum Wandern in Lappland bietet sich die farbenprächtige Ruskazeit im Herbst an.

Ähnlich wie die Norweger machen die meisten Finnen im Juli Sommerurlaub. Viele Betriebe fahren in dieser Zeit nur mit einer Notbelegschaft. Wer kann, vermeidet als Tourist diesen Monat. Wem das nicht möglich ist, der muss dank der Größe des Landes eigentlich nur in den Zentren des Tourismus (Saimaa-Seen-Gebiet, südliche Badeküsten, Inari-Region) mit Gedränge rechnen. In dieser Zeit sollte man auch Wartezeiten in den Fährhäfen an der Ostsee einkalkulieren.

Zur **Kleidung** – eine individuelle Frage, die sich ja ganz nach persönlichen Vorlieben oder geplante Urlaubsaktivitäten richten wird – für eine Urlaubsreise durch Skandinavien sei lediglich erwähnt, dass auch im Sommer dicke Wollpullover, winddichte Jacken und vor allem eine gute Regenbekleidung mit Gummistiefeln (mit denen es sich übrigens vorzüglich über die morastigen Hochebenen wandern lässt) im Reisegepäck nicht fehlen sollten.

## WÄHRUNG UND DEVISEN

In den skandinavischen Ländern gibt es bei der Ein- und Ausfuhr inländischer wie ausländischer Währung keinerlei Beschränkungen.

Die dänische Währung ist die **Dänische Krone** (DKK) zu 100 Øre.
1 EUR = ca. DKK 7,442.

Die norwegische Währungseinheit ist die **Norwegische Krone** (NOK) zu 100 Öre.
1 EUR = ca. NOK 7,874.

Die schwedische Währung ist die **Schwedische Krone** (SEK). Eine Krone unterteilt sich in 100 Öre.

1 EUR = ca. SEK 9,315.

**Finnlands Währung** ist seit 1. 1. 2002 nicht mehr die *Markka*, sondern der EURO.

Die Wechselkurse unterliegen Schwankungen.

International bekannte **Reiseschecks** und die gängigen **Kreditkarten** werden in vielen Geschäften, Tankstellen, Hotels, Restaurants etc. als Zahlungsmittel akzeptiert.

Sehr verbreitet sind inzwischen auch in Dänemark, Norwegen, Schweden und Finnland **Geldautomaten**, an denen Sie mit Ihrer EC-Karte oder Kreditkarte mit der geheimen PIN-Nummer rund um die Uhr Geld von Ihrem Konto abheben können.

## ZEITUNTERSCHIED

Finnland ist unserer Zeit „voraus". Es besteht das ganze Jahr über, also auch während der Sommerzeit, ein Zeitunterschied von plus einer Stunde zu den mitteleuropäischen Ländern (MEZ + 1).
Beispiel: Deutschland 12.00 Uhr
= Finnland 13.00 Uhr.

### Haftungsausschluss

Alle in diesem Reiseführer gemachten Angaben, sowie Reise- und Sicherheitshinweise sind nach den aktuell erreichbaren und dem Verlag zugänglichen Informationen mit Sorgfalt und nach bestem Wissen zusammengestellt. Eine Gewähr für die Richtigkeit und die Vollständigkeit der Angaben sowie eine Haftung für eventuell eintretende oder daraus entstehende Schäden kann nicht übernommen werden. Gesetze und Vorschriften können sich jederzeit ändern, ohne dass der Verlag davon erfährt. Die Entscheidung über die Durchführung einer Reise liegt in der Verantwortlichkeit des Lesers.

Verlag und Autor empfehlen, sich rechtzeitig vor Antritt der Reise nach den neuesten reiserelevanten Vorschriften zu erkundigen.

## ZEICHENERKLÄRUNG

| | | | |
|---|---|---|---|
| ⊛ | Hauptstadt | ⚠ | Campingplatz |
| ◉ | Etappen-Start-/Endpunkt | ▣ | Womo-Stellplatz |
| ◉ | Orte | ▦ | V & E Station |
| ✳ | Sehenswürdigkeit | ⛪ | Kirche, Kathedrale |
| ⓘ | Touristeninformation | ♜ | Burg, Kastell |
| 🏛 | Museum, Schloss | 🏃 | Wandermöglichkeit |
| 🏛 | Rathaus, öffentl. Gebäude | ⌘ | archäol. Stätte |
| 🚌 | Busbahnhof, Bahnhof | △ | Berg, Gipfel |
| P | Parkplatz | ⼌ | Rast-, Picknickplatz |
| 🅿 | Tiefgarage | ✗ | Grenzübergang |
| ✈ | Flughafen | ) ( | Pass |
| ✉ | Postamt | | Strand, Badeküste |
| ⌧ | Restaurant | ∩ | Höhle |
| 🏨 | Hotel | | |

**━━━━━━** Reiseweg, Route

**V & E für Wohnmobile** – Einrichtungen für Versorgung mit Trinkwasser sowie Entsorgung für Wohnmobilabwässer sind auf dem Platz vorhanden.

**Wegpunkt-Koordinaten** sind im Text in eckigen Klammern nach Orten, Campingplatz-namen o. ä. wie folgt dargestellt, z. B.: **[N 38° 53' 53.8" E 22° 39' 18.6"]**.

Bei den **Koordinaten** steht „N" für Nord, „E" für Ost und „W" für West. Die erste Zahl danach steht für Breiten- bzw. Längen-Grad, gefolgt von Minuten und Sekunden.

### Minuten/Sekunden ändern in Dezimalkoordinaten

Falls Sie Navigationskoordinaten in Ihr Autonavigationsgerät evtl. nur als **Dezimalko-ordinaten**, nicht aber im üblichen (und wie auf der Roadbook CD gespeicherten) **Grad/Minuten/Sekunden Format** eingeben können, ist das kein größeres Problem.

Koordinaten lassen sich von Grad/Minuten/Sekunden – so wie bei uns dargestellt – relativ einfach „per Hand" in Dezimalkoordinaten umrechnen und müssen dann gewöhnlich auch von Hand in das Navigationsgerät im Auto eingegeben werden.

Da das Minuten/Sekunden-System in 60er Schritten geht, darf man die Minuten- und Sekunden-Markierungen nicht einfach ignorieren und daraus Dezimalkoordinaten machen, sondern man muss die Daten durch 60 teilen. Umgekehrt ist das auch von Dezimalwerten in Minuten/Sekunden möglich (multiplizieren).

### Beispiel:

**Grad/Minuten/Sekunden-Format: N 39° 29' 12.6"** wird so zum Dezimalformat: 29 : 60 = 0,48, 12.6 : 60 = 0,21. Das wieder zusammengesetzte Format zeigt nun die **Dezi-malkoordinate: N 39,4821°.**

Oder: E 20° 15' 34.2" – entspricht dann E 20,2557° (alle Angaben ohne Gewähr).

Wichtige, am Anfang zu jeder Tour vermerkte Sehenswürdigkeiten sind ihrer Bedeu-tung entsprechend mit einem, zwei oder drei Sternchen versehen.

**\*** = sehenswert

**\*\*** = sehr sehenswert

**\*\*\*** = ein „Muss" auf der Reise

# REGISTER

*Personennamen in kursiver Schrift.*

(CP) bzw. (ST) hinter dem Ortsnamen weist darauf hin, dass in oder ganz in der Nähe des Ortes ein im Reiseführer beschriebener Campingplatz und/oder ein Wohnmobil-Stellplatz zu finden ist.

# REGISTER

# MOBIL REISEN

## Mobile Touring Highlights

## Unterwegs auf den schönsten Reiserouten

## Erlebnisreiche Reisen mit
## Auto, Motorrad, Caravan oder Reisemobil.

### Mobil Reisen: BALTIKUM

Die schönsten Reiserouten kombiniert zu einer erlebnisreichen Tour durch alle drei baltischen Länder - Litauen, Lettland und Estland. Mit einem Abstecher nach Kaliningrad. Reisetipps in Fülle. Plus Vorschläge zu sechs Radtouren.

Mit Wohnmobil-Stellplätzen u. Campingplätzen.

Von Michael Moll, 252 S., zahlr. Farbfotos, Karten und Stadtpläne.

ISBN 978-3-926145-32-1.

GPS-Roadbook-CD mit Navigationskoordinaten verfügbar!

### Mobil Reisen: BRETAGNE

Ein individueller Reiseführer mit Routenvorschlägen, ausgesuchten Touren für eine Reise von Nantes bis ans „Ende der Welt", der Finistère an die bretonische Atlantikküste. Historisches, Amüsantes, Kulinarisches und natürlich viele praktische Reisetipps. Jetzt mit noch mehr Wohnmobil-Stellplätzen.

Mit vor Ort erfassten GPS-Koordinaten.

264 S., zahlr. Farbfotos, Karten, Stadtpläne, Hotels, sowie viele Infos und die schönsten Campingplätze.

ISBN 978-3-926145-49-9

GPS-Roadbook-CD mit Navigationskoordinaten verfügbar!

### Mobil Reisen: GRIECHENLAND

Aus der Reisepraxis für die Reisepraxis geschrieben. Ein Reisehandbuch mit Routen, Touren und Reisetipps fürs Auto-, Motorrad-, Caravan- oder Reisemobil-Touring. Eine Fülle von Routenvorschlägen führt Sie durch alle Regionen Festlandgriechenlands, von den Badestränden der Chalkidiki-Halbinsel bis in den Süden des Peloponnes und natürlich zu allen archäologischen Stätten.

Mit vor Ort erfassten GPS-Navigationskoordinaten!

264 S., zahlr. Farbfotos; Karten, Stadt- u. Lagepläne, Stadtspaziergänge, Hotels und die schönsten Campingplätze.

ISBN 978-3-926145-36-9

GPS-Roadbook-CD mit Navigationskoordinaten verfügbar!

### Mobil Reisen: IRLAND – Mit Nordirland

Der ideale Urlaubsführer für alle, die den Charme der "Grünen Insel" auf eigene Faust entdecken wollen. Ausgesuchte Routenvorschläge fürs Auto-Touring von den südlichen Counties über die imposante Westküste bis hinauf ins abgeschiedene Donegal und durch Nordirland. Ausführlicher Dublin-Teil mit detaillierten Rundgängen. Kultur, Folklore, Tipps zu Pubs, Wandermöglichkeiten.
Mit vor Ort erfassten GPS-Navigationskoordinaten!
336 S., zahlr. Farbfotos, Karten, Stadtpläne, Hotels, viele Infos und die schönsten Campingplätze.
ISBN 978-3-926145-40-6
GPS-Roadbook-CD mit Navigationskoordinaten verfügbar!

### Mobil Reisen: KORSIKA

Korsika, „Ile de Beauté", die „Insel der Schönheit" besticht durch ihre wunderbare Berglandschaft und ihre herrliche, oft atemberaubende Küstenszenerie. Eine Herausforderung für alle unternehmungslustigen Wohnmobilisten und Caravaner und ein Eldorado für anspruchsvolle Wandertouren.
Hotels, Restaurants, Campingplätze und Menge Tipps und Infos.
Mit vor Ort erfassten GPS-Koordinaten.
ca. 240 S., zahlr. Farb-Abb., Karten, Stadtpläne.
ISBN 978-3-926145-41-3
GPS-Roadbook-CD mit Navigationskoordinaten verfügbar!

### Mobil Reisen: KROATIEN

Istrien, die Dalmatinische Küste und Kroatiens herrliche Adriainseln auf den schönsten Reisewegen erleben. Dieses praktische Reisehandbuch sagt Ihnen, wo's lang geht. Eine Fülle an Reisetipps, Infos zu Hotels und Campings.
240 S., zahlreiche Farb-Fotos, Karten, Stadtpläne, Stadtspaziergänge.
ISBN 978-3-926145-26-0
GPS-Roadbook-CD mit Navigationskoordinaten verfügbar!

### Mobil Reisen: LOIRETAL

Die schönsten Reisewege durch das Herz Frankreichs, der Landschaft, in der es sich leben lässt „wie Gott in Frankreich". Nicht umsonst entstanden hier die prächtigsten Schlösser Frankreichs. Aber auch wer weniger das Historische als viel mehr kulinarische Erlebnisse sucht, wird in der Gegend um das Loiretal auf seine Kosten kommen. Und dieser Reiseführer sagt Ihnen wo's lang geht.
NEU! Jetzt mit vielen Wohnmobil-Stellplätzen und mit vor Ort erfassten GPS-Navigationskoordinaten!
264 S., zahlr. Farbfotos, Karten, Stadtpläne, Hotels, sowie viele Infos und die schönsten Campingplätze.
ISBN 978-3-926145-38-3.
GPS-Roadbook-CD mit Navigationskoordinaten verfügbar!

### Mobil Reisen: NORMANDIE

Nicht nur ein praktisches Touren-Buch mit vielen Tipps, sondern ein Komplett-Reiseführer mit den interessantesten Reiserouten. Lernen Sie die schönsten Gegenden, Küstenlandschaften und Städte auf eigene Faust kennen. Ausgesuchte Touren für Selbstfahrer und Wohnmobil-Urlauber, aber auch für alle, die mit ihrem Pkw oder Motorrad unterwegs sind. Natürlich mit Camping- und Wohnmobil-Stellplätzen.

Von Michael Moll; 240 S., zahlr. Farbfotos, Karten, Stadtpläne, Hotels, sowie viele Reiseinfos.

ISBN 978-3-926145-33-8

GPS-Roadbook-CD mit Navigationskoordinaten verfügbar!

### Mobil Reisen: NORWEGEN

**Reisewege zum Nordkap**

ALLES NEU! Komplett überarbeitet! Aktualisiert!
Neue Touren und zusätzliche Routen! Noch übersichtlicher!
Jetzt mit praktischen „Tourenpaketen" zum Kombinieren, wie z. B. „Südnorwegen", „Gletscher, Fjells und Fjorde" oder „Finnmark und Nordkap".
Durchgehend farbig und noch mehr Fotos und Karten!
Verlässliche Kompetenz aus langjähriger Reiseerfahrung.
Jetzt mit vor Ort erfassten GPS-Koordinaten.

372 S., Stadtrundgänge, Wandervorschläge, viele Farbfotos, Karten, Stadtpläne, Hotels, sowie Reise-Infos in Fülle, dazu über 200 Campingplätze und zahlr. Stellplätze. ISBN 978-3-926145-47-5

GPS-Roadbook-CD mit Navigationskoordinaten verfügbar!

### Mobil Reisen: RUND UM DIE OSTSEE

Auf überlegt ausgesuchten Routen und Touren die schönsten Gegenden Pommerns und Masurens, sowie wunderschöne baltische Städte wie Vilnius, Riga und Tallinn sowie die russische Perle Sankt Petersburg erleben. Reisen Sie über Finnland, Schweden und die dänische Insel Seeland zurück. Dieser Reiseführer hilft – ob Wohnmobil-Tourer, Caravaner, Autourlauber oder Motorbiker – sowohl bei der Vorbereitung als auch auf der Reise unterwegs. Ein unvergessliches Reiseerlebnis!

360 S., Stadtrundgänge, zahlr. Farb-Abb., Karten, Stadtpläne, Hotels, sowie viele Infos und die schönsten Camping- und Wohnmobil-Stellplätze. ISBN 978-3-926145-34-5

GPS-Roadbook-CD mit Navigationskoordinaten verfügbar!

### Mobil Reisen: POLEN

Polen bequem auf eigene Faust kennen lernen. Über die Sudeten und über Schlesien, weiter durch die Karpaten, Zentral- und Ostpolen mit einem ausführlichen Teil über die Hauptstadt Warschau, durch Ermland, die Masurische Seenplatte, durchs Lebuser Land und über Pommern schließlich bis zur Ostseeküste. Alles in bequem nachvollziehbaren Reiserouten beschrieben.

Von Michael Moll, 240 S., viele Farbfotos; Karten, Stadt- u. Lagepläne, Stadtspaziergänge, Hotels und die schönsten Campingplätze.
ISBN 978-3-926145-28-4

### Mobil Reisen: PORTUGAL

Gesamt Portugal, vom grünen Norden bis zur sonnigen Algarveküste, vom kargen, ursprünglichen Alto Alentejo bis zu den Seebädern am Atlantik beschreibt dieser Band auf leicht nachvollziehbaren Touren, die einen kompletten Eindruck von diesem überaus interessanten Reiseland vermitteln. Besonders ausführlich die Weinstadt Porto und natürlich Lissabon, eine der schönsten Hauptstädte Europas.

Mit vor Ort erfassten GPS-Koordinaten.

ca. 300 S., zahlr. Farb-Abb., Karten, Stadtpläne, Hotels, sowie viele Infos und die schönsten Campingplätze.

ISBN 978-3-926145-43-7

### Mobil Reisen: SARDINIEN

Ein Reiseziel mit ganz unerwarteten Attraktionen – zauberhafte Küstenszenerien, das größte Dünengebiet ganz Italiens, wunderschöne Seegrotten, mystische Nuraghen, geisterhafte alte Minenstädte und einer der spektakulärsten Canyons in Europa.

Dieses Tourenbuch, gespickt mit jeder Menge Reisetipps, führt auf den schönsten Routen und Wohnmobil-Touren durch Sardinien. Mit Wohnmobil-Stellplätzen, Tipps zu Hotels und Restaurants, Campingplätzen. Mit GPS-Navigationskoordinaten!

240 S., zahlr. Farbfotos, Karten, Stadtpläne.

ISBN 978-3-926145-37-6

GPS-Roadbook-CD mit Navigationskoordinaten verfügbar!

### Mobil Reisen: SCHOTTLAND

Schottland auf neuen Wegen erleben. Eine variantenreiche Rundreise – von den Borders bis zu den Highlands, von den Western Isles bis zu den Orkneys. Detaillierte Beschreibung von Edinburgh, Glasgow, allen wichtigen Städten, Schlössern und Landschaften.

Außerdem Essen und Trinken, Whisky, Clans, Tartans und Dudelsäcke, Wandern u.v.m.

276 S., zahlr. Farbfotos., Karten, Stadtpläne, Hotels, sowie viele Infos und die schönsten Campingplätze.

ISBN 978-3-926145-46-8

### Mobil Reisen: SCHWEDEN

#### Mit Inseln Öland und Gotland

22 sorgfältig ausgewählte, vor Ort getestete Reise(mobil)routen und Autotouren durch die schönsten Landschaften, Städte und Regionen. Mit vielen Reisetipps und Informationen über Sehenswertes vom südlichen Schonen bis Lappland. Mit ausführlichem Stockholm-Teil, Stadtrundgänge u.a. durch Helsingborg, Göteborg, Uppsala, Kalmar, sowie die Inseln Öland und Gotland. Mit vor Ort erfassten GPS-Koordinaten.

288 S., zahlr. Farbfotos, Karten, Stadtpläne, Hotels, sowie viele Infos und die schönsten Campingplätze. Mit Wohnmobil-Stellplätzen.

ISBN 978-3-926145-48-2

GPS-Roadbook-CD mit Navigationskoordinaten verfügbar!

WERNER RAU VERLAG, Feldbergstraße 54, D - 70569 Stuttgart

e-mail: info@rau-verlag.de

Mobil Reisen: SKANDINAVIEN

© Werner Rau, Stuttgart, 1993

**Vorliegend: 10. Auflage 2012/2013**

# GPS–ROADBOOK–CD

## SKANDINAVIEN

**Alle Touren dieses Reiseführers können Sie als Roadbook-CD mit GPS-Navigationsdaten beim Verlag erwerben.**

**Die Navigations-Koordinaten sind im System WGS 84 („World Geodetic System 1984") entsprechend dem Verlauf der in diesem Reiseführer beschriebenen Routen und Touren angelegt. Sie berücksichtigen alle wichtigen Orte, Sehenswürdigkeiten, Campings und andere Points of Interest (POI's).**

Unsere „Roadbook-CD" stellt Ihnen vor Ort erfasste Original-Navigationsdaten im **Garmin-Format *.GPD** (garmin database) sowie im **Garmin MapSource *.mps-Format** zur Verfügung.

Darüberhinaus finden Sie auf der „Roadbook-CD" alternative Dateiformate wie **GPX** (global positioning exchange), **GoPal** (GoPal GPS track log (*.trk), **Magellan MapSend, Navigon Mobile Navigator** – *.rte files, TomTom*.ov2 poi files.

Zudem sind die Daten im **Microsoft® Excel® Format** abgelegt. Damit können Sie alle Koordinaten **ganz einfach ausdrucken**!

Die tatsächliche Lage der Wegpunkte (Ziele/Zwischenziele) kann von den angegebenen Koordinaten ggf. bis zu ca. 300 m abweichen!

Mit entsprechender Software „MapSource®, City Select Europe"® des Anbieters Garmin® können die Daten im Garmin-Format über einen PC oder über ein Notebook direkt in viele Garmingeräte eingelesen werden.

**NEU! Wissen wo's lang geht!** Mit den auf der Roadbook-CD abgelegten Dateien im GPX-Format können Sie in Verbindung mit Google Earth® (kostenloser Download) die Reiseroute, sowie alle als Wegpunkt markierten Stationen der Reise schon vorab aus der Vogelperspektive auf Ihrem PC ansehen, oder sich einzelne Abschnitte der Route im Google Earth Routenplaner berechnen lassen. Wie's geht und vieles mehr steht auf der CD.

Für die Richtigkeit der Koordinaten und deren Transformierung in andere Dateiformate kann keine Gewähr übernommen werden! Weitere Details finden Sie auf der jeweiligen CD und auf unserer Webseite www.rau-verlag.de.

**Unsere Roadbook-CD's können Sie gegen eine Schutzgebühr von EUR 9,90 nur direkt über den Verlag beziehen!**

Bestellungen bitte über unseren Webshop:
**www.rau-verlag.de**/onlineshop.

**Oder per Post** an: Werner Rau Verlag, Feldbergstr. 54, D-70569 Stuttgart, Tel. 0711-687 21 43, Fax 0711-68 22 47, E-Mail: info@rau-verlag.de.